tomatoⓘ 방송용 교재

합격으로 가는 하이패스

**기본서 반영
최신 개정판**

토마토패스

펀드투자
권유대행인

핵심정리문제집

송범용 · 조성 편저

저자직강 동영상강의 www.tomatopass.com

예문에듀
EDU

PROFILE
저자약력

송범용

국민대학교 경영대학원(금융보험)
전) 우송대학교 비즈니스센터 금융전문과정 강사
전) ST Unitas 금융단기 금융자격증 강사
전) 노량진 윌비스고시학원 계리직 공무원 금융상식 강사
전) 한국생산성본부 창구실무 장기교원연수과정 강사

현) 토마토패스 금융·경제 전문강사
현) 파이낸스에듀 대표
현) NCS·GSAT 필기시험 강사

- **보유자격**
  AFPK, 국가공인자산관리사(은행FP), 종합자산관리사(보험IFP), 펀드투자상담사(CFIA), 증권투자상담사(CSIA), 은행텔러(CBT), 변액보험판매관리사, 부동산투자상담사, 부동산권리분석사, 정교사2급(일반사회), 한국어교원2급

- **저서**
  - 명품펀드투자상담사(2015, 서울고시각)
  - 자산관리사 핵심요약집(2015, 에스티북스)
  - 우편 및 금융상식(2016, 윌비스)
  - 펀드투자권유대행인 핵심유형 총정리(2019, 시대고시)
  - 토마토패스 은행텔러 핵심이론+문제집(2024, 예문에듀)
  - 토마토패스 펀드투자권유대행인 핵심정리문제집(2024, 예문에듀)

- **출강**
  전국 50여 개 대학 및 기관, 특성화고 출강(금융자격증, 공기업 NCS 필기시험)

  ※ 출강문의(송범용, tomato1591@kakao.com)

- **방송**
  - 한국경제TV 생방송 '보험, 무엇이든 물어보세요' 전문 패널
  - 한국직업방송 'JOB매거진' 컨설턴트 출연
  - KBS 뉴스 '금융특공대' 출연

조성

상명대학교 금융보험학과 졸업
전) 대우금융전문학원 금융자격증 강사
전) 우송대 외래강사
전) 한국생산성 본부 강사
전) ST Unitas 금융단기 금융자격증 강사

현) 토마토패스 금융자격증 강사
현) 파이낸스에듀 교육팀장
현) 배움 대표 - 금융자격증 및 인적성 NCS 교육

- **보유자격**
  투자자산운용사(CIM), 재무위험관리사(FRM), 파생상품투자상담사(CDIA), 증권투자상담사(CSIA), 펀드투자상담사(CFIA), AFPK, 은행FP, 종합자산관리사(IFP), 은행텔러(CBT)

- **저서**
  명품투자상담사(2015, 서울고시각), 펀드투자권유대행인 핵심유형 총정리(2019, 시대고시), 토마토패스 은행텔러 핵심이론+문제집(2024, 예문에듀), 토마토패스 펀드투자권유대행인 핵심정리문제집(2024, 예문에듀)

  ※ 출강문의(조성, baeum_edu@naver.com)

PREFACE
머리말

한국금융투자협회 시행 투자권유대행인(Fund investment Solicitor) 자격증 시험을 준비하시는 수험생 여러분 반갑습니다. 투자권유대행인 자격시험은 집합투자증권(파생상품 등을 제외)의 매매를 권유하거나 투자자문계약, 투자일임계약 또는 신탁계약(파생상품 등에 투자하는 특정금전신탁 계약은 제외)의 체결을 권유하는 자격시험입니다.

편저자는 2015년부터 시행된 금융투자협회 펀드투자권유대행인 자격시험 강의를 통해 문제유형을 충실히 파악하여 본 교재에 충실히 반영하였고 그동안 다년간의 강의를 통해 많은 학생을 합격시켰습니다. 특히, 특성화 고교생들도 고득점 합격생을 다수 배출하면서 얻은 노하우를 반영하여 다음과 같은 사항에 중점을 두고 집필하였습니다.

첫째, 본서는 금융투자협회에서 발간하는 기본서에 근거를 두고 과목 순서 및 내용을 구성함으로써 최대한 펀드투자권유대행인 자격시험 준비에 도움이 될 수 있도록 구성했습니다.

둘째, 본서는 수험생들의 학습 부담을 줄이기 위해 출제 빈도가 높은 핵심이론을 위주로 반영하여 자격시험에 대비할 수 있도록 다양한 문제를 구성했습니다.

셋째, 본서는 요약집이라는 특성으로 인해 핵심이론에 다 담지 못한 내용 중 필요한 내용들은 문제와 해설을 통해 학습이 가능하도록 구성하였으며 지난 10년간 20회의 펀드투자권유대행인 자격시험을 통해 축적된 기출문제를 복기하여 만든 동형 문제를 담았습니다.

넷째, 본서는 대학생 등 현직자 등 일반인뿐만 아니라 금융권 취업을 희망하는 특성화고 학생들도 효율적으로 학습하고 펀드투자권유대행인 자격시험에 합격할 수 있도록 쉽게 내용을 구성하였습니다.

위 내용과 같이 저희 편저자 일동은 10여 년의 기간 동안 온라인과 학교 현장에서 금융자격증을 강의한 경험을 토대로 집필하였으며, 따라서 본서는 수험생분께 펀드투자권유대행인 자격시험에 도전하는 데 길잡이가 될 것이라 생각합니다. 그리고 본서와 함께 편저자의 토마토패스 펀드투자권유대행인 강의를 참고하시면 자격시험 합격의 기쁨을 누릴 것이라고 확신합니다.

펀드투자권유대행인 자격증을 준비하시는 전국의 모든 수험생분께 합격의 길잡이가 되기를 진심으로 바라며, 본서가 나오기까지 물심양면으로 지원을 아끼지 않으신 예문에듀와 토마토패스 임직원 여러분께 진심으로 감사의 말씀을 드립니다.

끝으로, 본서를 통해 펀드투자권유대행인 자격증 취득 합격과 함께 금융권 취업에 성공하시길 기원합니다. 감사합니다.

편저자 송범용, 조성

시험안내

펀드투자권유대행인 소개

펀드투자권유대행인(Fund investment Solicitor)이란 집합투자증권(파생상품 등을 제외)의 매매를 권유하거나 투자자문계약, 투자일임계약 또는 신탁계약(파생상품 등에 투자하는 특정금전신탁계약은 제외)의 체결을 권유하는 자를 말한다.

※ 집합투자증권(펀드)에 대한 매매체결 및 투자자문 업무 종사 불가(펀드투자권유자문인력 시험 합격 필요)

펀드투자권유대행인 시험제도

■ 시험정보 : 시험시간 120분, 총 3과목, 100문항

■ 합격기준 : 응시과목별 정답비율이 40% 이상인 자 중에서, 응시과목의 전체 정답 비율이 60%(60문항) 이상인 자.
과락 기준은 하단의 과목구성 참조

과목구성			세부과목구성	
과목명	문항수		세부과목명	문항수
	총	과락		
펀드투자	35	14	펀드 · 신탁의 이해	15
			투자관리	10
			펀드평가	10
투자권유	45	18	펀드 관련 법규	10
			영업실무	10
			직무윤리	10
			투자권유와 투자자분쟁예방	10
			투자권유 사례분석	5
부동산펀드	20	8	부동산펀드 관련 법규	5
			부동산펀드 영업실무	15

시험일정(2024)

구분	원서접수	시험일	합격자 발표
19회	2024.3.18. ~ 2024.3.22.	2024.4.14.(일)	2024.4.25.(목)
20회	2024.9.2. ~ 2024.9.6.	2024.9.29.(일)	2024.10.10.(목)

※ 시험 관련 사항은 변동이 있을 수 있으니 자세한 시험일정은 반드시 금융투자협회 자격시험센터(license.kofia.or.kr) 홈페이지를 확인하시기 바랍니다.

GUIDE
합격후기

토마토패스

펀드투자권유대행인 합격후기 -이*호

1. 취득 동기

현재 증권사 근무 중으로 금융투자협회에 존재하는 자격 전부를 취득하는 것이 목표라 취득하게 되었습니다. 투자자산운용사, 금융투자분석사를 공부할 때부터 꾸준하게 토마토패스를 이용해 왔기에 펀드투자권유대행인 또한 토마토패스를 통해 준비하는 것이 당연한 수순이었습니다.

2. 토마토패스 인터넷 강의를 선택한 이유

강사님께서 중요하다고 생각되는 부분만을 정리해서 강의를 제작해주시기 때문에, 기본서 기준 상당히 방대한 양임에도 불구하고 강의의 양이 상대적으로 적습니다. 오래 꾸준하게, 엉덩이 무겁게 공부를 못하는 저로서는 최적의 강의였습니다. 강사님이 풀이해주시는 문제 이외에도 추가적인 문제가 존재해 부족한 부분을 메꿔나가며 공부할 수 있습니다.

3. 공부 방법

기존 계획은 각 강의에 해당하는 문제(예 1강을 들으면 1강에 해당하는 문제풀기)를 전부 풀 생각이었습니다만, 여러 가지 일정이 겹쳐 시간이 부족했습니다. 결국 강사님이 풀이해주시는 문제만이라도 완벽히 보고 가자는 마음으로 공부에 임했습니다만, 직접 시험장에 가서 시험에 응시해보니 충분했다고 생각이 됩니다.

4. 합격 팁

시간이 얼마 없어서 강의를 듣고 → 스스로 공부하고 → 문제를 푸는 정석적인 형태의 강의 공부는 하지 못했습니다. 하여 선택한 방법이 강의를 여러 번 반복해서 듣자는 것이었습니다. 한 강의당 40~50분밖에 되지 않는 형태였기에 2배속으로 들으면 20~25분 분량의 강의였고, 강의를 듣고 → 문제를 바로 풀이하여 1회독 후부터는 식사 때나, 교통수단을 타고 이동할 때 그저 강의를 반복했습니다. 시험 하루 전날에는 마무리특강(6~7개) 강의 중 필요한 부분만 들었습니다. 마지막 3과목을 마무리특강으로 공부하고 갔던 것으로 기억하는데 상당히 도움이 많이 되었습니다. 실제로 3과목 20문제 중 3문제밖에 틀리지 않았네요. 만약 시간이 정말 부족하시다면 마무리특강이라도 꼭 듣고 가시길 추천합니다.

펀드투자권유대행인 쉽고 빠른 합격 - 김*창

1. 취득 동기

패스코드 모의고사가 워낙 유명해서 토마토패스를 처음 알게 됐습니다. 그 외에도 주변 선배님들이나 친구들 역시 금융자격증 준비할 때 토마토패스가 큰 도움이 됐다고 해서 펀드투자권유대행인 합격을 위해 고민 없이 토마토패스를 고르게 됐습니다.

2. 토마토패스 인터넷 강의를 선택한 이유

토마토패스에서 강의를 들으며 좋았던 점은 크게 두 가지입니다. 증권투자대행인과 동시에 수강할 경우 할인이 되어 매우 저렴한 수강료와 높은 강의 퀄리티입니다. 기본 교재도 두 권이나 주기 때문에 이 가격이면 고민할 필요가 없다고 생각합니다. 또한 강의 퀄리티가 정말 좋습니다. 강의만 쭉 들으면서 강조해주시는 포인트 위주로만 외워도 쉽게 합격이 가능한 것 같습니다. 구구절절 외우고 암기에 힘 안 쓰시고 편하게 들으시면서 중요 포인트만 잡아도 시험을 합격하실 수 있을 것 같아요.

3. 공부 방법

증권대행인을 취득한 후 1주간 매일 3~4시간 정도 공부했습니다. 노베이스 비전공자이기도 하고 다음 시험 기간이 길어서 넉넉히 준비했습니다. 저는 강의만 2배속으로 해서 다 1회독 돌려보고 시간이 남으면 기본 교재 모의고사 문제를 풀어보면서 예제를 익혔습니다. 강의에서 강조해주신 내용 위주로 숙지하고 문제 예제들을 외워가며 공부했는데 효과가 좋았던 것 같습니다.

4. 합격 팁

강의에서 강조하시는 포인트 위주로 암기하시는 게 가장 좋다고 생각합니다. 그리고 시험에서 모르거나 헷갈리는 내용이 나와도 강의에서 강조하신 내용 위주로 정답을 찾아가면 어떻게든 합격할 수 있다고 생각합니다. 저도 시험이 끝나고는 자신도 좀 없고, 이게 맞나 싶었는데 합격 컷도 낮고 맞다 싶은 걸로 고르면 얼추 다 맞는 것 같으니 자신감 가지고 시험 보시는 걸 추천합니다!

※ 해당 합격 후기는 모두 합격증이 웹상에 인증되어 있으며, 토마토패스 홈페이지 수강 후기에서 더 많은 후기들을 확인하실 수 있습니다.

GUIDE
이 책의 구성

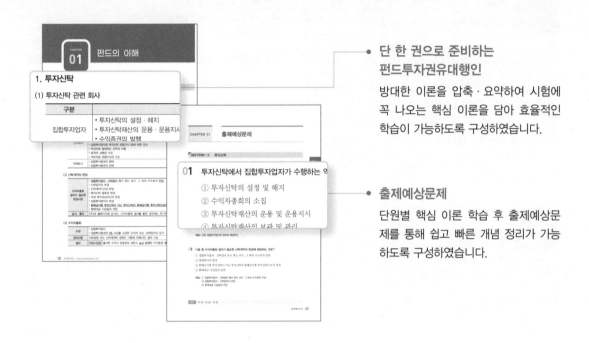

● 단 한 권으로 준비하는
 펀드투자권유대행인

방대한 이론을 압축·요약하여 시험에
꼭 나오는 핵심 이론을 담아 효율적인
학습이 가능하도록 구성하였습니다.

● 출제예상문제

단원별 핵심 이론 학습 후 출제예상문
제를 통해 쉽고 빠른 개념 정리가 가능
하도록 구성하였습니다.

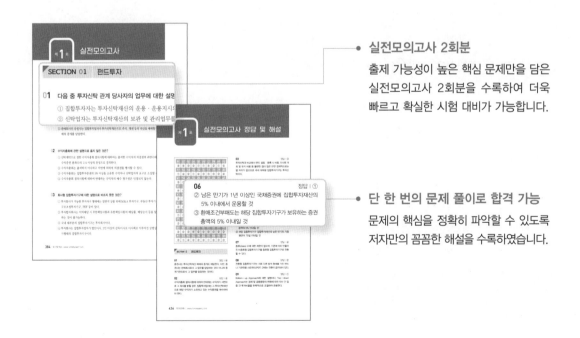

● 실전모의고사 2회분

출제 가능성이 높은 핵심 문제만을 담은
실전모의고사 2회분을 수록하여 더욱
빠르고 확실한 시험 대비가 가능합니다.

● 단 한 번의 문제 풀이로 합격 가능

문제의 핵심을 정확히 파악할 수 있도록
저자만의 꼼꼼한 해설을 수록하였습니다.

CONTENTS
목차

PART **01**

펀드투자

펀드의 이해

SECTION 01 | 집합투자기구의 유형

1. 투자신탁

(1) 투자신탁 관련 회사

구분	역할
집합투자업자	• 투자신탁의 설정 · 해지 • 투자신탁재산의 운용 · 운용지시 • 수익증권의 발행
신탁업자	• 투자신탁재산의 보관 및 관리 • 집합투자업자의 운용지시에 따른 자산의 취득 및 처분의 이행 • 집합투자업자의 운용지시에 따른 수익증권의 환매대금 및 이익금의 지급 • 투자신탁재산에서 발생하는 이자 · 배당 · 수익금 · 임대료 등 수령 • 집합투자업자의 투자신탁 운용지시 등에 대한 감시 • 무상으로 발생되는 신주의 수령 • 증권의 상환금 수입 • 여유자금 운용이자의 수입
판매회사	• 집합투자증권의 환매 • 집합투자증권의 판매

(2) 신탁계약의 변경

수익자총회 결의가 필요한 변경사항	• **집합투자업자 · 신탁업자** 등이 받는 보수, 그 밖의 수수료의 **인상** • 신탁업자의 변경 • 신탁계약기간의 변경 • 투자신탁 종류의 변경 • 주된 투자대상자산의 변경 • 집합투자업자의 변경 • **환매금지형 투자신탁이 아닌 투자신탁의 환매금지형 투자신탁으로의 변경(개방형 → 폐쇄형)** • 환매대금 지급일의 연장
공시 · 통지	인터넷 홈페이지에 공시(단, 수익자총회 결의를 통한 경우에는 추가적으로 수익자에게 통지)

(3) 수익자총회

소집		• 집합투자업자 • 집합투자증권의 **5%** 이상을 소유한 수익자 또는 신탁업자의 요구
결의사항		자본장법 또는 신탁계약에 정해진 사항에 대해서만 결의 가능
결의	자본시장법	출석한 수익자 의결권의 과반수 <u>and</u> 발행된 수익증권 총좌수의 <u>1/4</u> 이상의 찬성

	신탁계약	출석한 수익자 의결권의 과반수 <u>and</u> 발행된 수익증권 총좌수의 <u>1/5</u> 이상의 찬성
		서면에 의한 의결권 행사 가능
간주의결권 (Shadow voting)		• 수익자에게 의결권 행사 통지가 있었으나 행사되지 아니하였을 것 • 간주의결권 행사 방법이 규약에 기재되어 있을 것 • 수익자총회의 의결권 총좌수가 발행된 총좌수의 <u>1/10</u> 이상일 것 • 수익자 이익보호와 수익자총회 결의의 공정성 등을 위해 간주의결권행사 결과를 금융위원회가 정하여 고시하는 바에 따라 수익자에게 제공할 것
기타		• 수익자의 불참으로 수익자총회가 성립하지 않을 경우 연기수익자총회 개최 • 수익자총회 결의사항에 대하여 반대하는 수익자가 서면으로 그 의사를 밝힐 경우, 집합투자업자는 그 투자신탁재산으로 해당 수익자가 소유하고 있는 수익증권을 매수하여야 함(수익증권매수청구권)

(4) 투자신탁의 해지

해지 사유	• 신탁계약기간의 종료 • 수익자총회의 투자신탁 해지 결의 • 투자신탁의 피흡수합병 및 등록취소 • 수익자 총수가 1인이 되는 경우 • 금융위로부터 전문투자형 사모집합투자기구의 해지명령을 받은 경우 • 집합투자업자가 금융위의 승인을 받은 경우
금융위의 승인이 불필요한 투자신탁의 해지	• 수익자 <u>전원의 동의</u> • 수익증권 전부에 대한 환매청구 • 사모 집합투자기구가 아닌 투자신탁(공모 · 추가형)으로서 설정한 후 1년이 되는 날에 원본액이 <u>50억 원 미만</u>인 경우와 1년이 지난 후 1개월간 계속하여 원본액이 <u>50억 원 미만</u>인 경우
미지급금과 미수금 처리	투자신탁을 해지하는 시점에 발생한 미지급금과 미수금은 집합투자업자가 공정가액으로 투자신탁을 해지하는 날에 그 채권 또는 채무를 양수하거나 다른 펀드와 자전거래 가능

2. 회사형 집합투자기구

투자회사	• <u>집합투자업자가 법인이사이고, 2인 이상의 감독이사</u>인 이사회로 이루어진 상법상 주식회사 형태 • 업무를 대행해주는 <u>일반사무관리 회사</u>가 반드시 필요 • 단, 투자신탁의 경우 기준가격 산정을 위탁하지 않을 경우에는 반드시 일반사무관리회사가 필요한 것은 아님 • 실제 사람이 근무하지 아니하는 무인회사로 운영 • 투자신탁과 비교해서 펀드 설립 · 등록 시 비용, 이사회 개최 및 유지 비용 발생 등 불편한 점이 많은 반면 경제적으로는 별 차이가 없으므로 국내 대부분 집합투자기구는 투자신탁임 • 단, 법률행위의 주체가 명확해야 하는 경우는 오히려 투자회사가 적합함
투자 유한회사	• 집합투자업자가 법인이사인 상법상 유한회사 형태의 집합투자기구 • <u>감독이사제도가 없으므로</u> 청산감독인 관련 내용을 제외한 투자회사의 해산, 청산, 합병 규정을 준용
투자 합자회사	• <u>집합투자업자가 무한책임사원</u>이며 다수의 유한책임사원으로 이루어진 상법상 합자회사 형태의 집합투자기구 • 감독이사제도가 없으므로 청산감독인 관련 내용을 제외한 투자회사의 해산, 청산, 합병 규정을 준용 • 투자합자회사 　－ 유한책임사원은 출자를 이행한 금액을 한도로 책임 부담(상법상 합자회사) 　－ 유한책임사원은 출자가액에서 이미 이행한 부분을 공제한 금액을 한도로 책임 부담

	• 이익배당 시 무한책임사원과 유한책임사원의 배당률, 배당순서 등을 달리 적용 가능 • 단, 손실을 배분함에 있어서는 달리 적용 불가
투자유한 책임회사	• 집합투자업자가 업무집행자, 다수의 유한책임사원으로 이루어진 상법상 유한책임회사의 형태의 집합투자기구 • 자기의 투자액 한도 내에서 법적인 책임을 부담하는 회사로서 파트너쉽에 주식회사의 장점을 보완 • 주식회사처럼 유한책임을 지면서 이사나 감사를 의무적으로 선임하지 않아도 됨 • 회사의 설립 · 운영 · 구성 등에서 사적 영역을 인정하는 회사 형태

> **Tip** 투자신탁과 투자회사의 차이점

구분	투자신탁	투자회사
형태	계약관계 : 실체가 없어 펀드와 관련된 법 률행위의 주체가 될 수 없음	회사형태 : 실체가 있어 펀드와 관련된 법 률행위를 직접 수행
당사자	집합투자업자, 신탁업자, 수익자, 투자매매 업자 · 투자중개업자(판매회사)	집합투자업자, 신탁업자, 일반사무관리회사, 주주, 투자매매업자 · 투자중개업자(판매회사)
자산소유자	신탁업자	투자기구
법률행위 주체	신탁업자	투자기구
투자기구 관련 의사결정	대부분 집합투자업자 (단, 법에서 정하는 범위 내 수익자총회)	이사회, 주주총회 (단, 실무적으로 집합투자업자가 중요한 역 할 수행)
가능한 투자기구 형태	MMF, 주식형, 채권형 등 일반적 투자상품	일반적 상품 외에 M&A 투자기구, 부동산 투자기구, 기업구조조정 투자기구, PEF 등

3. 조합형 집합투자기구

'조합'의 개념	• 2인 이상의 특정인이 모여 공동사업을 하거나 영업자가 사업을 영위할 수 있도록 하고 그 사업의 결과를 자금을 출연한 투자자가 취하는 것 • 경제적 실질은 투자신탁과 동일
투자 합자조합	• 조합계약을 작성하여 집합투자업자인 업무집행조합원 1인과 유한책임조합원 1인이 기명날인 또는 서명함으로써 설립 • 집합투자업자는 무한책임조합원 • 유한책임조합원은 출자액을 한도로 책임 부담 • 이익배당 시 무한책임조합원과 유한책임조합원의 배당률, 배당순서 등을 달리 적용 가능 • 단, 손실을 배분함에 있어서 달리 적용 불가
투자 익명조합	• 익명조합계약서를 작성하여 집합투자업자인 영업자 1인과 익명조합원 1인이 기명날인 또는 서명 함으로써 설립 • **영업자 1인이 운용**(단독영업) • 상법상 익명조합원의 출자가 손실로 인하여 감소된 경우 그 손실을 전보한 후가 아니면 이익배당을 청구하지 못함 • 단, 당사자 간 다른 약정이 있는 경우 그 손실을 전보하지 않더라도 이익배당 청구 가능(투자익명조 합에서는 이를 배제)

1. 증권 집합투자기구

의의	• 집합투자재산의 **50%를 초과**하여 증권에 투자하는 집합투자기구 • 일반적으로 대부분의 투자기구
'증권'의 개념	기존 증권에서 제외되는 증권 외의 증권과 그 증권을 기초자산으로 한 파생상품
기존 증권 제외 증권	• 부동산, 지상권, 지역권, 전세권, 임차권, 분양권 등 부동산 관련 권리, 기업구조조정 촉진법에 따른 채권금융기관이 채권자인 금전채권, 특별자산에 해당하는 자산이 신탁재산, 집합투자재산 또는 유동화자산의 50% 이상을 차지하는 경우에 그 수익증권, 집합투자증권 또는 유동화증권 • 부동산투자회사가 발행한 주식 • 부동산개발회사가 발행한 증권 • 부동산 관련 자산을 기초로 하는 자산유동화증권의 유동화자산 가액이 70% 이상인 유동화증권 • 주택저당채권담보부채권 또는 주택저당증권 • 부동산투자목적회사가 발행한 지분증권 • 선박투자회사법에 따른 선박투자회사가 발행한 주식사회 기반시설에 대한 민간 투자법에 따른 법인이 발행한 주식과 채권 • 사회기반시설에 대한 민간 투자법에 따른 법인이 발행한 주식과 채권 또는 그 법인에 대한 대출채권을 취득하는 방식으로 투자하는 것을 목적으로 하는 법인의 지분증권 • 해외자원개발 전담회사와 특별자산에 대한 투자만을 목적으로 하는 법인이 발행한 지분증권·채무증권

2. 부동산 집합투자기구

의의		• 집합투자재산의 **50%를 초과**하여 부동산에 투자하는 집합투자기구 • 환매금지형 펀드 설정·설립 의무(공모형의 경우 **90일 이내** 상장의무) • 자본시장법상 법적 요건을 충족한 부동산펀드는 나머지 펀드재산으로 다른 자산 즉 '증권 및 특별자산'에 자유롭게 투자할 수 있음
투자 대상	부동산	부동산의 매각, 개발, 관리 및 개량, 임대 및 운영
	부동산 관련 권리	**지상권, 지역권, 전세권, 임차권, 분양권** 등 부동산 관련 권리, 기업구조조정 촉진법에 따른 채권금융기관이 채권자인 금전채권
	부동산 관련 증권	• 부동산, 지상권, 지역권, 전세권, 임차권, 분양권 등 부동산 관련 권리, 기업구조조정 촉진법에 따른 채권금융기관이 채권자인 금전채권이 신탁재산, 집합투자재산 또는 유동화자산의 50% 이상을 차지하는 경우에 그 수익증권, 집합투자증권 또는 유동화증권 • 부동산투자회사가 발행한 주식 • 부동산개발회사가 발행한 증권 • 부동산 관련 자산을 기초로 하는 자산유동화증권의 유동화자산의 가액이 70% 이상인 유동화증권 • 주택저당채권담보부채권 또는 주택저당증권 • 부동산투자목적회사가 발행한 지분증권
	부동산을 기초자산으로 하는 파생상품	
	부동산 관련 투자행위	부동산 개발과 관련된 법인에 대한 대출

운용 제한	공모, 사모 공통	부동산	(원칙 : 처분 제한) • 국내 부동산 중 주택 : **1년 이내**(단, 미분양은 정한 기간 내) • 국내 부동산 중 주택 외의 부동산 : **1년 이내** • **국외 부동산 : 정한 기간 내**
			(예외 : 처분 가능) • 부동산 개발사업에 따른 토지 · 건축물 등의 분양 • 투자자 보호를 위해 필요한 경우로 부동산펀드가 합병 · 해지 또는 해산되는 경우
		토지	(원칙 : 처분 제한) 부동산 개발사업을 진행하기 전까지
			(예외 : 처분 가능) • 부동산펀드가 합병 · 해지 또는 해산되는 경우 • 투자자 보호를 위해 필요한 경우로 부동산 개발사업을 하기 위하여 토지를 취득한 후 사업성이 떨어져, 개발사업을 수행하는 것이 곤란하다고 객관적으로 증명되어 처분이 불가피한 경우
	공모		타 공모펀드와 마찬가지로 투자자 보호를 위해 규정한 다양한 운용제한 규정을 적용
종류	실물형	매매형	펀드의 50%를 초과하여 부동산을 매입 · 매각하는 펀드
		임대형	펀드의 50%를 초과하여 부동산을 취득한 후 임차인에게 임대 후 매각하는 펀드
		개량형	펀드의 50%를 초과하여 부동산을 취득한 후 가치를 증대하기 위해 개량 후에 매각 또는 임대 후 매각하는 펀드
		경 · 공 매형	펀드의 50%를 초과하여 경 · 공매를 통해 부동산을 취득한 후 매각 또는 임대 후 매각 또는 개량 후 임대나 매각을 하는 펀드
		개발형	펀드의 50%를 초과하여 부동산을 취득한 후 개발사업을 통해 분양 또는 매각하거나 임대 후 매각하는 펀드
	대출형		• 펀드재산의 50%를 초과하여 '부동산 개발과 관련된 법인에 대한 대출' 형태의 투자행위를 하는 펀드 • 일반적으로 **프로젝트 파이낸싱(PF)형** 부동산펀드라 불림 • 개발사업을 진행하는 시행사에 소요 자금을 빌려주고, 사전에 약정한 대출이자와 원금을 상환받아 이를 재원으로 하여 부동산펀드의 투자자에게 이익분배금 및 상환금 등을 지급하 는 형태의 펀드
	권리형		• 펀드재산의 50%를 초과하여 '지상권, 지역권, 전세권, 임차권, 분양권 등 부동산 관련 권리 취득의 방법'으로 투자하는 형태의 펀드 • 펀드재산의 50%를 초과하여 '채권금융기관이 채권자인 금전채권 취득의 방법'으로 투자하 는 형태의 펀드
	증권형		펀드의 재산의 50%를 초과하여 '부동산과 관련된 증권'에 투자하는 형태의 펀드
	파생상품형		부동산을 기초자산으로 한 선물(선도) · 옵션 · 스왑에 투자하는 펀드

3. 특별자산 집합투자기구

정의	• 펀드재산의 50%를 초과하여 특별자산(증권 및 부동산 제외)에 투자하는 펀드로 나머지는 '**증권 및 부동산**'에 투자 가능 • 포괄주의에 의거 • 공모방식으로 설립되는 '공모선박투자회사'를 특별자산 집합투자상품으로 인정 • 원칙적으로 환매금지형 펀드로 설정 · 설립 의무화(공모형 90일 이내 상장의무)

운용대상	• 농산물, 축산물, 수산물, 임산물, 광산물, 에너지에 속하는 물품 등 일반상품
	• 동산(선박, 항공기, 기계, 자동차)
	• 미술품, 악기, 문화 콘텐츠(영화, 드라마, 뮤지컬, 오페라, 게임)
	• 특별자산에 해당하는 증권
	   − 특별자산이 50% 이상을 차지하는 수익증권, 집합투자증권, 유동화증권
	   − **선박투자회사법에 따른 선박투자회사가 발행한 주식**
	   − 사회기반시설에 대한 민간 투자법에 따른 법인이 발행한 주식과 채권
	   − 사회기반시설에 대한 민간 투자법에 따른 법인이 발행한 주식과 채권 또는 그 법인에 대한 대출채권을 취득하는 방식으로 투자하는 것을 목적으로 한 법인의 지분증권
	   − 해외자원개발 전담회사와 특별자산에 대한 투자만을 목적으로 하는 법인이 발행한 지분증권 · 채무증권
	• 통화, 일반상품, 신용위험 등을 합리적인 방법으로 산출이나 평가가 가능한 것을 기초자산으로 하는 파생상품
	• **어업권, 광업권, 탄소배출권, 지적재산권, 보험금지급청구권** 등의 권리
	• 기타 증권 및 부동산을 제외한 자산으로 경제적 가치가 있는 모든 투자대상자산

운용 관련 특이사항 (공모 운용제한 규정 예외)	※ 집합투자규약에 해당 내용을 정한 경우 예외적으로 펀드 **자산 총액의 100%까지 동일 종목**에 투자가 가능함 • 사회기반시설사업의 시행을 목적으로 하는 법인이 발행한 주식과 채권 • 사회기반시설사업의 시행을 목적으로 하는 법인에 대한 대출채권 • 사회기반시설사업의 시행을 목적으로 하는 법인이 발행한 주식, 채권 또는 그 법인에 대한 대출채권을 취득하는 방식으로 투자하는 것을 목적으로 한 법인의 지분증권은 자산총액으로 그 지분증권 • 상법에 따른 합자회사, 유한책임회사, 합자조합, 익명조합의 출자지분 • 민법에 따른 조합의 출자지분 • 그 밖에 특정 사업으로부터 발생하는 수익을 분배받을 수 있는 계약상의 출자지분 또는 권리 • 특별자산 투자목적회사가 발행한 지분증권
평가	• 특별자산펀드를 금융위원회에 등록하는 경우에는 특별자산 평가방법에 대해 별도의 서류를 첨부하여야 함 • **시가평가를 원칙**으로 하되, 신뢰할 만한 시가가 없는 경우 공정가액으로 평가

4. 혼합자산 집합투자기구

개념	• 집합투자재산을 운용함에 있어서 증권, 부동산, 특별자산 집합투자기구 관련 규정의 제한을 받지 않음(즉 투자대상 · **투자비율의 제한이 없음**) • 투자대상을 확정하지 아니하고 가치가 있는 모든 자산에 투자할 수 있는 펀드 • 사전에 특정되지 않아 보다 많은 투자수익을 향유할 수 있는 반면 투자손실의 가능성도 증가 • **환매금지형 집합투자기구**(폐쇄형)로 설정 · 설립되어야 함

5. 단기금융 집합투자기구(MMF)

개념	• 집합투자기구재산을 **장부가로 평가**하므로 기준가의 등락이 작아 일정한 수익을 기대할 수 있다는 장점을 지님 • 장부 가격과 시세 가격의 차이가 심한 경우에 투자자의 리스크로 작용되므로 다른 펀드보다 **강화된** 운용제한 규정을 적용 • 2022년 4월, 법인형 MMF부터 시가평가제도가 단계적으로 도입 • 단기자금을 일시적으로 투자하는 목적으로 주로 활용

단기금융 상품	원화표시	• 잔존만기 6개월 이내인 양도성 예금증서 • 잔존만기 5년 이내인 국채증권, 잔존만기 1년 이내인 지방채증권, 특수채증권, 사채권, 기업어음증권(주식 관련 사채권, 사모사채권 제외). 단, 환매조건부매수의 경우 잔존만기 적용 배제 • 만기 1년 이내의 기업어음증권을 제외한 금융기관이 발행, 할인, 매매, 중개, 인수 또는 보증하는 어음 • 단기대출, 만기가 6개월 이내인 금융기관 또는 체신관서에의 예치, 다른 단기금융 집합투자기구의 집합투자증권, 단기사채 등
	외화표시	외화 통화는 OECD 가입국가, 싱가포르, 홍콩, 중국 통화만으로 한정 • 상기 금융상품과 동일 • 상기 금융상품에 준하는 것으로서 금융위원회가 고시하는 금융상품

• 증권의 대여나 차입 금지
• 잔존만기가 1년 이상인 국채증권에 집합투자재산의 5% 이내로 운용
• 환매조건부매도는 보유한 증권 총액의 5% 이내
• 집합투자재산의 잔존만기의 가중평균이 75일 이내
• 하나의 MMF에 원화와 외화 단기금융상품의 공동 투자 금지
• 투자대상자산의 신용등급 및 신용등급별 투자한도, 남은 만기의 가중평균 계산 방법, 그 밖에 자산 운용의 안정성 유지에 관하여 금융위원회가 정하여 고시하는 내용을 준수할 것
• MMF의 집합투자재산 충족기준 요건

운용방법

구분 대상	MMF 재산 요건		재산 요건을 미충족하는 경우
	원화	외화	
개인 투자자	3천억 원 이상	1천 5백억 원 이상	• 다른 MMF의 설정 · 설립 금지 • 다른 MMF로부터 운용업무를 위탁받는 행위 금지 • 단, 여유자금을 통합하여 운용하는 MMF는 적용 배제
법인 투자자	5천억 원 이상	2천 5백억 원 이상	

강화된 운용제한	원화 MMF	• 자산의 원리금 또는 거래금액이 증권 또는 증권지수의 변동에 따라 변동되거나 계약한 시점에 미리 정한 특정한 신용사건의 발생에 따라 확대 또는 축소되도록 설계된 것에 대한 운용 금지 • 만기 또는 거래금액 등이 확정되지 않은 자산에 대한 운용 금지
		• 집합투자재산의 40% 이상을 채무증권에 운용(환매조건부채권매매 제외) • 채무증권의 신용평가 등급은 취득시점을 기준으로 상위 2개 등급 이내여야 함
		다음 자산의 합산 금액이 재산의 10% 미만인 경우 다음의 자산 외 자산 취득 금지 • 현금, 국채증권, 통화안정증권 • 잔존만기 1영업일 이내인 자산으로 다음 어느 하나에 해당하는 것 　－양도성예금증서, 정기예금 　－지방채증권, 특수채증권, 사채권, 기업어음증권 　－단기사채 • 환매조건부채권매수, 단기대출, 수시입출금이 가능한 금융기관에의 예치
		다음 자산의 합산 금액이 재산의 30% 미만인 경우 다음의 자산 외 자산 취득 금지 • 현금, 국채증권, 통화안정증권 • 잔존만기 7영업일 이내인 자산으로 다음 어느 하나에 해당하는 것 　－양도성예금증서, 정기예금 　－지방채증권, 특수채증권, 사채권, 기업어음증권 　－어음 　－단기사채 • 환매조건부채권매수, 단기대출, 수시입출금이 가능한 금융기관에의 예치

		• 자산의 원리금 또는 거래금액이 증권 또는 증권지수의 변동에 따라 변동되거나 계약한 시점에 미리 정한 특정한 신용사건의 발생에 따라 확대 또는 축소되도록 설계된 것에 대한 운용 금지 • 만기 또는 거래금액 등이 확정되지 않은 자산에 대한 운용 금지
강화된 운용제한	외화 MMF	집합투자재산의 **40% 이상**을 외화표시 채무증권에 운용(환매조건부채권매매 제외)
		다음 자산의 합산 금액이 재산의 **10% 미만**인 경우 다음의 자산 외 자산 취득 금지 • 외국통화, 외화표시 국채증권 또는 외국 정부가 발행한 국채증권, 외화표시 통화안정증권 또는 외국 중앙은행에 발행한 채무증권 • 잔존만기 **1영업일 이내**인 자산으로 다음 어느 하나에 해당하는 것 　－외화표시 양도성예금증서, 외화 정기예금 　－외화표시 채무증권 　－외화표시 어음 　－외화표시 단기사채 • 외화표시 환매조건부채권매수, 외화 단기대출, 수시입출금이 가능한 금융기관에의 외화예치
		다음 자산의 합산 금액이 재산의 **30% 미만**인 경우 다음의 자산 외 자산 취득 금지 • 외국통화, 외화표시 국채증권 또는 외국 정부가 발행한 국채증권, 외화표시 통화안정증권 또는 외국 중앙은행에 발행한 채무증권 • 잔존만기 **7영업일 이내**인 자산으로 다음 어느 하나에 해당하는 것 　－외화표시 양도성예금증서, 외화 정기예금 　－외화표시 채무증권 　－외화표시 어음 　－외화표시 단기사채 • 외화표시 환매조건부채권매수, 외화 단기대출, 수시입출금이 가능한 금융기관에의 외화예치
입출금 제도		원칙 : **익일입출금제도**
		예외 : **개인** MMF는 다음의 경우 **당일입출금제도 허용** • 증권 매도자금 및 펀드환매자금의 MMF 계좌로 자동입금되도록 약정 또는 정기적으로 수취하는 자금으로 MMF를 매수하기로 약정 • 증권 매수자금 및 펀드매수자금의 MMF 계좌로부터 자동출금되도록 약정 또는 정기적으로 발생하는 채무를 이행하기 위하여 MMF를 환매하기로 약정
		판매회사는 고유자금으로 MMF별 판매규모 **5%**와 **100억 원** 중 **큰 금액** 내에서 당일 기준가격으로 매입하여 **개인투자자에 한해서** 환매 가능

SECTION 03　특수한 형태의 집합투자기구

1. 환매금지형 집합투자기구

개념	• 집합투자기구에 투자한 이후 집합투자증권의 환매청구에 의하여 그 투자자금을 회수하는 것이 불가능하도록 만들어진 집합투자기구 • 존속기간을 정한 집합투자기구만 설정 가능 • 집합투자증권을 최초로 발행한 날부터 **90일 이내**에 상장의무
추가 **발행이** **가능한 경우**	• 이익금분배금 범위에서 추가 발행 • 기존투자자의 이익을 해할 우려가 없다는 것을 신탁업자로부터 확인받은 경우 • 기존투자자 전원의 동의를 받은 경우 • 기존투자자에게 집합투자증권의 보유비율에 따라 추가로 발행되는 집합투자증권의 우선매수기회를 부여하는 경우

환매금지형 펀드	• 부동산 집합투자기구, 특별자산 집합투자기구, 혼합자산 집합투자기구
	• 각 자산총액의 **20%를 초과**하여 시장성 없는 자산에 투자한 집합투자기구
	• 일반투자자를 대상으로 하는 펀드(MMF, ETF 제외)로서 자산총액의 50%를 초과하여 금융위원회가 정하여 고시하는 자산에 투자하는 펀드를 설정·설립하는 경우

2. 종류형 집합투자기구

개념	• 동일한 투자기구 내에서 다양한 판매 보수 또는 수수료 구조를 가진 클래스를 만든 집합투자기구
	• 여러 클래스에 투자된 자산을 합쳐서 운용하여 규모의 경제를 달성
	• 클래스가 다르다고 **집합투자업자의 운용 관련 비용 또는 신탁업자의 재산관리에 소요되는 비용이 차별화되지 않음**
	• 여러 종류의 집합투자증권 간에 전환할 수 있는 권리부여 가능(전환 시 환매수수료 부과 금지)
기타 관련 사항	• 특정 종류의 투자자만 이해관계가 있을 때 그 종류의 **투자자만으로 총회 개최 가능**
	• 펀드 설정을 하고자 하는 경우 종류별 보수와 수수료에 대한 사항을 포함하여 보고
	• 종류 수에는 **제한이 없고**, 비종류형 집합투자기구도 종류형 집합투자기구로 전환 가능
	• 장기투자를 유도할 목적으로 투자자가 일정 기간 이상을 투자할 경우 기존의 높은 판매보수에서 보다 낮은 판매보수가 적용되는 종류로 전환되는 구조(이연판매보수)로 추가 가능
	• 이연판매보수 구조에서 투자자금이 장기화될수록 낮은 판매보수가 적용되는 종류로 전환 시 장기투자자에게 유리하게 작용

3. 전환형 집합투자기구

개념	• 다양한 자산과 투자전략을 가진 투자기구를 묶어 하나의 투자기구 세트를 만들어 세트 내에서 **투자기구 간에 교체투자를 가능**하게 해주는 투자기구
	• 투자는 적극적인 의사결정으로 투자자산과 운용방법을 달리하여 투자자산 운용 가능
	• 투자자가 선택해서 투자하고 자펀드 내에서 연 12회 전환 가능
	• 투자기구 세트 내에 속하는 투자기구 간 교체 시 환매수수료를 적용하지 않음. 단, 마지막으로 투자한 투자기구에서 사전에 정한 기간에 미치지 못하고 환매할 경우에는 투자기간 중 유보하였던 환매수수료 재징수
요건	• 공통으로 적용되는 집합투자규약이 있을 것
	• 서로 다른 법적 형태를 가진 펀드나 기관전용 사모펀드(PEF) 간에는 전환이 금지되어 있을 것
목표 달성형 펀드	• 펀드의 수익이 일정 수준을 달성하면 펀드를 해지하거나 그 투자전략을 변경하여 기존에 달성한 수익을 확보하고자 하는 펀드
	• 전환형 펀드는 전환권이 부여되는 반면, 목표 달성형 펀드는 일정 수익이 달성되면 해지하거나 안정성이 높은 투자대상으로 변경하도록 하므로 두 개의 펀드는 서로 다른 유형임

4. 모자형 집합투자기구

개념	• **동일한 집합투자업자**의 투자기구를 상하구조로 나누어 하위투자기구(자펀드)의 집합투자증권을 투자자에게 매각하고, 매각된 자금으로 다시 상위투자기구(모펀드)에 투자하는 구조
	• 실제 투자는 모펀드에서 발생하므로 다수의 자펀드 대신 하나의 모펀드만 운용할 수 있게 되어 운용의 집중도·효율성이 향상됨
	• 기존 집합투자기구를 모자형 집합투자기구로 변경 가능(단, 분리나 합병 금지)
요건	• 자집합투자기구가 모집합투자기구의 집합투자증권 외의 다른 집합투자증권 취득 금지
	• 자집합투자기구 외의 자가 모집합투자기구의 집합투자증권 취득 금지
	• 자집합투자기구와 모집합투자기구의 집합투자업자가 동일할 것

재간접형 집합투자기구 (Fund of funds)	유사점	하나의 집합투자기구가 다른 집합투자기구에 투자하는 투자기구
	차이점	• 운용회사의 운용능력의 아웃소싱을 위해 도입 • 투자기구 자체에 투자자가 투자함(모자형의 경우 투자자가 자펀드에 투자) • 집합투자업자가 동일하지 않은 경우가 대부분

5. 상장지수 집합투자기구(ETF)

특징		인덱스펀드, 추가형, 개방형, 상장형, 일반적 펀드와 달리 증권 실물로 투자기구를 설정 및 해지
장점		• 주식과 같이 편리하게 투자 가능 • 투자자가 원하는 가격과 시간에 시장에서 매매 가능(시간적 차이가 발생하지 않음)
투자과정		• 일반적 집합투자기구와 달리 **유통시장과 발행시장이 동시에 존재** • **지정참가회사(AP)**라는 차익거래를 통해 두 시장에서의 거래가격을 근접시키므로 일반투자자는 발행시장에서 투자하는 것과 유사한 가격으로 유통시장에서 투자
	발행시장 (Primary Market)	지정참가회사(AP)를 통하여 ETF 설정·해지
	유통시장 (Secondary Market)	일반투자자들과 지정참가회사가 ETF 수익증권을 매매
적용배제사항		• 대주주와의 거래 제한 • 집합투자재산의 의결권 행사(Shadow voting만 가능) • 자산운용보고서 제공 의무 • 주식 등의 대량보유 등의 보고 • 내부자의 단기매매차익 반환 의무 • 임원 등의 특정증권 등 소유상황 보고 의무 • 환매청구 및 방법, 환매가격 및 수수료, 환매의 연기 • 집합투자기구 설정, 추가 설정 시 신탁원본 전액을 금전으로 납입
운용상 특례		• 동일종목에 자산총액의 **30%까지** 운용 가능 • 동일법인 등이 발행한 지분증권에 총수의 **20%까지** 운용 가능 • 이해관계인 간 거래 제한 적용 배제
상장폐지		상장폐지일로부터 **10일 이내**에 펀드를 해지해야 하며, 해지일로부터 **7일 이내**에 금융위에 보고

PART 01
PART 02
PART 03
PART 04
PART 05

SECTION 04 일반적 분류에 따른 펀드의 구분

1. 펀드성격에 따른 분류

구분	기준	분류
좌수추가 설정 여부	추가형	• 수익증권을 추가로 발행할 수 있는 형태 • 신탁계약기간 미정
	단위형	• 원본액을 추가로 증액하여 신탁 설정 불가(최근 일정 기간은 추가 설정 가능) • 신탁계약기간을 정함 • 장외파생상품에 투자하는 펀드, 부동산펀드 등
중도환매 가능 여부	개방형	• 계약기간 중도에 수익증권의 환매를 요구할 수 있는 펀드(대부분) • 마케팅의 용이성을 높이기 위하여 장외파생상품 펀드도 개방형으로 설정하나 환매청구를 최소화하기 위하여 높은 수준의 환매수수료(환매금액기준)를 부과

	폐쇄형	• 계약기간 중도에 수익증권의 환매를 요구할 수 없는 펀드 • 공모폐쇄형의 경우 상장의무	
투자대상 자산비중	주식형	• 펀드재산의 **60% 이상**을 주식 또는 주식 관련 파생상품에 투자하는 펀드 • 시장위험, 개별위험, 유동성위험이 있음	
		위험 / 시장위험	채권<주식, 시장 전체<섹터, 스타일
		위험 / 개별위험	개별 주식이 갖는 위험으로부터 발생하는 위험
		위험 / 유동성위험	대형주<중소형주, 상장주<비상장주
		종류 / 성장주 펀드	주가가 높게 형성됨, 변동성이 높음
		종류 / 가치주 펀드	내재가치에 비해 저평가된 기업, 장기투자에 적합
		종류 / 배당주 펀드	배당수익률이 높은 종목에 투자
	채권형	• 펀드재산의 **60% 이상**을 채권 또는 채권 관련 파생상품에 투자하는 펀드 • 시장위험, 개별위험, 유동성위험이 있음	
		위험 / 시장위험	• 금리(채권수익률)와 채권가격은 반비례 • 단기채<장기채, 다양한 발행주체<특정 기업이 발행
		위험 / 개별위험	채권발행기업 부도 시 투자원금 일부 또는 전부를 회수하지 못함
		위험 / 유동성위험	주식에 비해 유동성이 현저히 낮음
	혼합형	• 주식혼합형 : 최대주식 편입비율이 **50% 이상**인 펀드 • 채권혼합형 : 최대주식 편입비율이 **50% 미만**인 펀드 • 수익성과 안정성을 동시에 추구하는 펀드	
파생상품 투자 여부	증권형	파생상품의 매매에 따른 위험평가액이 펀드자산총액의 10% 이하인 펀드	
	파생형	파생상품의 매매에 따른 위험평가액이 펀드자산총액의 10% 초과인 펀드	
	파생형 추가 위험	장내파생상품만 투자	레버리지 리스크
		장외파생상품 투자	레버리지 리스크, 거래상대방 리스크
상장 여부	상장형	수익증권을 증권시장에 상장하여 거래할 수 있도록 한 펀드(사모펀드 상장의무 배제)	
	비상장형	수익증권을 증권시장에 상장하지 아니하는 펀드(대부분)	
판매 방법	모집식	• 펀드를 설정하기 전에 미리 투자자로부터 펀드의 투자에 대하여 청약을 받고 대금을 확보한 후 펀드의 설정을 요청하는 펀드 • 판매회사가 펀드 판매 시 자금의 부담이 없어 대부분 모집식	
	매출식	• 판매회사의 보유현금으로 자금을 납입하여 펀드를 설정한 후 판매회사가 보유 중인 수익증권을 고객에게 매각하는 펀드 • 판매회사의 자금부담과 수익증권 처분 손익의 부담으로 매출식은 거의 없음	
투자 방법	거치식	일시에 목돈을 투자하는 방식	
	적립식	• 일정 기간마다 일정 금액을 나누어 장기간 투자하는 방식 • 장기적 관점에서 **평균매입단가를 낮추는 효과**(Cost Averaging)가 있으므로 투자위험이 낮음(장점) • 만기 무렵 하락하거나 투자기간이 장기화되면 거치식 펀드와 동일화되어 원금 손실위험도 감수해야 함	
투자자	공모	• 50인 이상 다수의 투자자를 상대로 대규모 자금을 모집하는 것 • 사모에 비해 상대적으로 제약이 많음	
	사모	• 사모집합투자기구의 투자자의 수가 적으므로 공모보다 상대적으로 낮은 수준의 제약요건을 적용 • 투자자는 이미 투자에 대하여 어느 정도 이해하고 투자하는 것으로 간주 • 일반사모집합투자기구(헤지펀드)와 기관전용 사모집합투자기구(PEF)로 구분	

투자자	사모	※ 적용배제사항(특례) • 펀드 등록 전 판매 및 광고 금지, 판매보수 및 판매수수료 제한 • 자산운용의 제한 • 자기집합투자증권 취득 제한 • 금전차입 등의 제한 • 자산운용보고서 작성 및 제공 의무 • 수시공시 의무 • 집합투자재산에 관한 보고 의무 • 집합투자규약의 인터넷 홈페이지를 통한 공시 의무 • 파생상품, 부동산의 운용 특례 • 집합투자기구의 종류, 등록, 명칭, 등록취소 등 • 신탁계약 변경과 수익자총회 사항 • 좌수에 따라 균등한 상환 • 환매금지형 집합투자기구의 상장 • 환매청구 및 방법 등, 환매의 연기 • 기준가격 매일 공고 · 게시 의무 • 결산서류의 작성 · 비치 · 교부 의무 • 집합투자재산의 외부회계감사 수감 의무 • 회계감사인 손해배상책임 의무 • 신탁업자의 집합투자재산 운용 관련 운용행위 감시의무 • 자산보관 · 관리보고서 작성 및 제공 의무

2. 투자지역에 따른 분류

투자지역 기준	• 글로벌투자 : 투자지역을 특정하지 않음. 대부분 선진국 위주로 투자 • 지역투자 : 이머징마켓, 범중화권, 동남아, 중남미 등 투자 • 개별국가투자 : 중국, 인도, 일본 등 투자 • 투자 지역이 좁아질수록 변동성이 높아짐
투자대상 자산 기준	• 국내 펀드 투자대상 : 주로 주식과 채권 • 해외 펀드 투자대상 : 주식, 채권, 실물자산, 헤지펀드 등 다양한 투자대상 • 해외투자펀드는 국내에서는 실현할 수 없는 투자대상과 방법을 실현할 수 있는 수단으로 활용 • 단, 해외 투자펀드의 내재된 위험을 모두 파악할 수 없으므로 사전에 충분한 분석이 필요
해외투자 펀드의 추가적 리스크	• 환율변동 리스크 • 과도한 환헤지로 인한 손실 • 정확한 가치평가 곤란 • 거래정지 관련 정책 차이 • 복잡한 결제 과정 • 프런티어마켓인 경우 국가정책에 따른 송금 문제

3. 투자전략에 따른 분류

액티브 운용전략	두 가지 운용전략을 혼합하여 자산을 운용	
	Bottom – up Approach (상향식)	거시경제 및 금융변수에 따른 시장예측을 하지 않고 투자대상 종목의 저평가 여부만을 기준으로 판단
	Top – down Approach (하향식)	• 경제 및 금융동향의 변화에 따라 자산 간, 업종 간 투자비율을 탄력적으로 조절 • 전제 : 수익이 미치는 영향은 개별종목의 성과보다 투자비율의 성과가 더 큼
패시브 운용전략	개요	• 운용에 있어 체계적인 거래기법을 이용하여 운용되는 펀드(=시스템 펀드) • 통상 펀드매니저의 뇌동매매를 배제하기 위하여 통계적 분석을 이용 • 일반적으로 인덱스, 포트폴리오보험, 차익거래형, 롱숏형, 시스템트레이딩펀드
	인덱스 펀드 (대표적) ▸ 개념	• 비교대상 지수인 인덱스와 유사하거나 근접한 수익률을 올리는 것을 목표로 함 • 초과위험을 최소화하는 것이 목적인 펀드 • 펀드매니저는 펀드의 포트폴리오를 인덱스의 구성과 유사하도록 운용
	▸ 장점	저렴한 비용(보수), 투명한 운용, 시장수익률의 힘(장기투자 시 성과 우수)
	▸ <u>추적오차</u>	※ 발생원인 • 펀드에 부과되는 보수 등 비용(판매수수료 ×) • 포트폴리오 구축을 위한 거래비용 • 인덱스와의 포트폴리오 구성 차이 • 포트폴리오 구축 시 적용되는 가격과 실제 매매 가격과의 차이 등 • ETF가 인덱스 펀드에 비해 추적오차가 작음 • 인덱스펀드가 완전복제방법을 활용하는 경우 추적오차를 가장 작게 운 용할 수 있음
	▸ 투자포인트	• 보통 장기투자 시 인덱스 펀드보다 실현수익률이 높음 • **개별종목의 리스크를 제거하고 시장리스크만 남음**
	▸ 인핸스드 인덱스펀드	• 추적대상지수 수익률을 초과하는 수익률을 목표로 함 • 액티브펀드와는 달리 제한적 위험 부담 • 정통 인덱스 펀드에 비해 추적오차가 큼 • 알파추구전략, 차익거래

4. 대체투자 여부에 따른 분류

대체투자	• 장점 : 기존 전통적 자산과 **상관관계가 낮아** 대체투자상품에 투자하여 변동성을 완화시킬 수 있음 • 부동산 및 부동산 관련 자산 : 부동산펀드, Reits, SOC 투자펀드 등 • 기타 : 헤지펀드, PEF

출제예상문제

SECTION 01 | 투자신탁

01 투자신탁에서 집합투자업자가 수행하는 역할과 거리가 먼 것은?

① 투자신탁의 설정 및 해지
② 수익자총회의 소집
③ 투자신탁재산의 운용 및 운용지시
④ 투자신탁재산의 보관 및 관리

해설 | ④는 신탁업자의 업무에 해당한다.

02 투자신탁에서 신탁업자가 수행하는 역할과 거리가 먼 것은?

① 투자신탁재산 보관 및 관리
② 무상으로 발생되는 신주의 수령
③ 투자신탁의 설정 · 해지
④ 투자신탁 운용지시 등에 대한 감시

해설 | ③은 집합투자업자의 업무에 해당한다.

03 다음 중 수익자총회 결의가 필요한 신탁계약의 변경에 해당하는 것은?

① 집합투자업자 · 신탁업자 등이 받는 보수, 그 밖의 수수료의 인하
② 판매회사의 변경
③ 환매금지형 투자신탁이 아닌 투자신탁의 환매금지형 투자신탁으로의 변경
④ 환매대금 지급일의 단축

해설 | ① 집합투자업자 · 신탁업자 등이 받는 보수, 그 밖의 수수료의 인상
② 집합투자업자 · 신탁업자의 변경
④ 환매대금 지급일의 연장

정답 ┃ 01 ④ 02 ③ 03 ③

04 다음 중 투자신탁의 수익자총회에 대한 설명으로 올바른 것은?

① 수익자총회는 자본시장법 또는 신탁계약에 정해진 사항에 대해서만 결의할 수 있다.

② 수익자총회 결의는 출석한 수익자 의결권 과반수의 찬성으로 결의한다.

③ 수익자총회는 집합투자증권의 4% 이상을 소유한 수익자나 신탁업자의 요구로 소집할 수 있다.

④ 수익자총회는 출석하지 아니하고 서면에 의하여 의결권을 행사할 수 없다.

해설 | ② 자본시장법에서 정한 수익자총회 결의사항에 대하여는 출석한 수익자 의결권의 과반수와 발행된 수익증권 총좌수의 1/4 이상의 찬성으로 결의한다.
③ 수익자총회는 집합투자증권의 5% 이상을 소유한 수익자나 신탁업자의 요구로 소집할 수 있다.
④ 수익자총회는 출석하지 아니하고 서면에 의하여 의결권을 행사할 수 있다.

05 수익자총회 간주의결권을 인정할 수 있는 여건에 해당하지 않는 것은?

① 수익자에게 의결권 행사 통지가 있었으나 행사되지 아니하였을 것

② 간주의결권 행사 방법이 규약에 기재되어 있을 것

③ 수익자총회의 의결권 총좌수가 발행된 총좌수의 1/4 이상일 것

④ 수익자 이익 보호와 수익자총회 결의의 공정성 등을 위해 간주의결권행사 결과를 금융위원회가 정하여 고시하는 바에 따라 수익자에게 제공할 것

해설 | 수익자총회의 의결권 총좌수가 발행된 총좌수의 1/10 이상이어야 한다.

06 집합투자업자가 금융위원회의 승인 없이 투자신탁을 해지할 수 있는 경우에 해당되지 않는 것은?

① 사모 집합투자기구가 아닌 투자신탁(공모 · 추가형)으로서 설정한 후 1년이 되는 날에 원본액이 50억 원 미만인 경우

② 수익자 과반수의 동의

③ 수익증권 전부에 대한 환매청구

④ 사모 집합투자기구가 아닌 투자신탁(공모 · 추가형)으로서 1년이 지난 후 1개월간 계속하여 원본 액이 50억 원 미만인 경우

해설 | 수익자 전원의 동의가 있어야 집합투자업자가 금융위원회의 승인 없이 투자신탁을 해지할 수 있다.

07 다음 중 회사형 집합투자기구가 아닌 것은?

① 투자회사
② 투자유한회사
③ 투자합명회사
④ 투자유한책임회사

해설 | 투자합명회사는 존재하지 않는다.

08 회사형 집합투자기구 중 투자회사에 관한 설명으로 옳지 않은 것은?

① 투자회사는 집합투자업자가 법인이사이며, 2인 이상의 감독이사인 이사회로 이루어진 상법상 주식회사 형태의 집합투자기구이다.
② 투자회사의 집합투자업자는 투자신탁에서의 집합투자업자와 동일한 역할을 하고, 신탁업자 역시 마찬가지의 역할을 담당한다.
③ 투자회사의 경우 기준가격 산정을 위탁하지 않을 경우에는 반드시 일반 사무관리회사가 필요한 것은 아니다.
④ 투자회사는 회사형이어서 투자신탁의 비해 펀드 설립 비용 발생, 상법사 회사와 관련되는 규정 준수 등 불편한 점이 많다.

해설 | 투자신탁의 경우 기준가격 산정을 위탁하지 않을 경우에는 반드시 일반사무관리회사가 필요한 것은 아니나, 투자회사는 업무를 대행해주는 일반 사무관리회사가 반드시 필요하다.

09 다음 중 회사형 집합투자기구에 대한 설명으로 옳지 않은 것은?

① 투자회사는 투자신탁과 비교할 때 불편한 점이 많은 반면 경제적으로는 별 차이가 없다.
② 투자합자회사는 손실에 대한 배분에 있어 배분율 또는 배분순서를 달리 정할 수 없다.
③ 투자유한책임회사는 회사의 주주들이 채권자에 대하여 자기의 투자액의 한도 내에서 법적인 책임을 부담하는 회사로서 파트너쉽에 주식회사의 장점을 보완해서 만들어진 회사이다.
④ 투자유한회사는 주식회사처럼 유한책임을 지면서 이사나 감사를 의무적으로 선임하지 않아도 된다.

해설 | 투자책임회사에 대한 설명이다. 투자유한회사는 집합투자업자가 법인이사가 되고, 감독이사제도는 없다.

정답 04 ① 05 ③ 06 ② 07 ③ 08 ③ 09 ④

10 다음은 투자신탁과 투자회사의 차이점을 비교한 표이다. 바르게 표시되지 않은 것은?

구분	투자신탁	투자회사
① 형태	계약관계	회사형태
② 당사자	집합투자업자, 신탁업자, 수익자, 투자매매업자 · 투자중개업자(판매회사)	집합투자업자, 신탁업자, 일반사무관리회사, 주주, 투자매매업자 · 투자중개업자(판매회사)
③ 자산소유자	신탁업자	투자기구
④ 투자기구 관련 의사결정	수익자총회	이사회, 주주종회

해설 | 투자신탁의 의사결정은 대부분 집합투자업자에 의해 결정된다.

11 다음 중 투자회사가 가능한 투자기구 형태로 가장 거리가 먼 것은?

① 주식형 투자기구   ② 부동산 투자기구
③ PEF   ④ M&A 투자기구

해설 | 주식형, 채권형, MMF 일반적인 투자상품은 투자신탁의 형태가 적합하다.

SECTION 03 | 조합형 집합투자기구

12 다음 조합형 집합투자기구에 대한 설명으로 옳지 않은 것은?

① 투자익명조합은 출자가 손실로 인하여 감소된 때 당사자 간 다른 약정이 있는 경우 그 손실을 전보하지 않더라도 이익배당 청구가 가능하다.
② 투자합자조합은 이익배당 시 무한책임조합원과 유한책임조합원의 배당률, 배당순서 등을 달리 적용할 수 있다.
③ 조합형 집합투자기구의 경제적 실질은 투자신탁과 동일하다.
④ 투자익명조합재산은 영업자 1인이 운용한다.

해설 | 상법에서는 익명조합원의 출자가 손실로 인하여 감소된 경우 그 손실을 전보한 후가 아니면 이익배당을 청구하지 못하고, 당사자 간 다른 약정이 있는 경우 그 손실을 전보하지 않더라도 이익배당 청구가 가능하나 투자익명조합에서는 이를 배제한다.

SECTION 04 | 자본시장법상 집합투자기구의 종류

13 자본시장법상 집합투자기구의 종류에 대한 설명으로 바르지 못한 것은?

① 혼합자산 집합투자기구는 어떠한 자산이든 투자비율에 제한 없이 투자가 가능한 집합투자기구이다.

② 파생상품 집합투자기구는 파생상품의 매매에 따른 위험평가액이 펀드자산총액의 10%를 초과하는 집합투자기구이다.

③ 부동산 집합투자기구는 집합투자재산의 50%를 초과하여 부동산에 투자하는 집합투자기구이다.

④ 특별자산 집합투자기구는 펀드재산의 50%를 초과하여 특별자산(증권 및 부동산 제외)에 투자하는 집합투자기구이다.

해설 | 자본시장법상 파생상품 집합투자기구는 별도로 구분하지 않고, 일반적(실무적)으로 파생상품의 매매에 따른 위험평가액이 펀드자산총액의 10%를 초과하는 펀드를 "파생형"으로 분류한다.

14 다음 중 증권 집합투자기구가 주로 투자하는 투자 증권에 해당하는 것은?

① 원자재를 생산하는 기업의 주식

② 부동산개발회사가 발행한 증권

③ 선박투자회사가 발행한 주식

④ 사회기반시설사업의 시행을 목적으로 하는 법인이 발행한 주식

해설 | ② 부동산개발회사가 발행한 증권 – 부동산펀드 투자 대상
③ 선박투자회사가 발행한 주식 – 특별자산펀드 투자 대상
④ 사회기반시설사업의 시행을 목적으로 하는 법인이 발행한 주식 – 특별자산펀드 투자 대상

15 다음 중 부동산 집합투자기구에서 집합투자재산의 50%를 초과하여 투자하는 부동산과 관련된 증권에 해당하지 않는 것은?

① 부동산투자목적회사가 발행한 지분증권

② 부동산개발회사가 발행한 증권

③ 부동산이 자산의 대부분을 차지하는 상장회사 주식

④ 부동산투자회사가 발행한 주식

해설 | 부동산이 자산의 대부분을 차지하는 상장회사 주식은 증권집합투자기구의 투자대상에 해당한다.

정답 ▶ 10 ④ 11 ① 12 ① 13 ② 14 ① 15 ③

16 다음 중 부동산펀드에 대한 설명으로 바르지 못한 것은?

① 집합투자재산의 50%를 초과하여 부동산에 투자하는 펀드이다.

② 공모부동산펀드의 경우 해당 집합투자증권을 최초로 발행한 날부터 90일 이내에 그 집합투자증권을 증권시장에 상장하여야 한다.

③ 부동산을 기초자산으로 하는 파생상품 이외 파생상품은 편입대상에서 제외된다.

④ 부동산 개발과 관련된 법인에 대한 대출에 투자하는 것도 가능하다.

해설 | 자본시장법상 법적 요건을 충족한 부동산펀드는 나머지 펀드재산으로 다른 자산 즉 '증권 및 특별자산'에 자유롭게 투자할 수 있다.

17 다음 중 부동산펀드의 운용제한에 대한 내용으로 틀린 것은?

① 공모형 부동산펀드가 취득한 국내 부동산은 1년 이내에 처분하여서는 안 된다.

② 사모형 부동산펀드가 취득한 토지는 부동산 개발사업을 진행하기 전이라도 취득한 토지를 처분할 수 있다.

③ 부동산펀드가 취득한 국외 소재 부동산은 집합투자규약에서 정한 기간 이내에 처분할 수 없다.

④ 부동산펀드가 합병 · 해지 또는 해산되는 경우 부동산 개발사업을 진행하기 전에도 취득한 토지를 처분할 수 있다.

해설 | 토지의 처분 제한은 공모와 사모 공통으로 적용되는 운용제한 사항으로 부동산 개발사업을 진행하기 전까지는 취득한 토지를 처분하여서는 안 된다.

18 다음 중 부동산펀드의 종류에 대한 설명으로 옳지 않은 것은?

① 개발형 부동산펀드는 부동산을 취득한 후 가치를 증대하기 위해 개량 후에 매각 또는 임대 후 매각하는 펀드이다.

② 대출형 부동산펀드는 개발사업을 진행하는 시행사에게 소요 자금을 빌려주고, 사전에 약정한 대출이자와 원금을 상환받아 이를 재원으로 하여 부동산펀드의 투자자에게 이익분배금 및 상환금 등을 지급하는 형태의 펀드이다.

③ 권리형 부동산펀드는 '지상권, 지역권, 전세권, 임차권, 분양권 등 부동산 관련 권리의 취득의 방법'으로 투자하는 형태의 펀드이다.

④ 파생상품형 부동산펀드는 부동산을 기초자산으로 한 선물 · 옵션 · 스왑에 투자하는 펀드이다.

해설 | '개량형' 부동산펀드에 대한 설명이다. '개발형' 부동산펀드는 부동산을 취득한 후 개발사업을 통해 분양 또는 매각하거나 임대 후 매각하는 펀드이다.

19 다음 중 부동산펀드의 종류 중 성격이 다른 것은?

① 경 · 공매형
② 대출형
③ 임대형
④ 개발형

해설 | 경 · 공매형, 임대형, 개발형, 개량형, 매매형 부동산은 실물형 부동산펀드에 해당하고, 대출형 부동산은 펀드재산의 50%를 초과해서 '부동산 개발과 관련된 법인에 대한 대출' 형태의 투자행위를 하는 펀드이다.

20 다음 중 특별자산펀드에서 펀드 재산의 50%를 초과하여 투자해야 하는 특별 자산에 해당하는 것은?

① 오페라 하우스
② 수자원 관련 사업을 영위하는 회사의 주식
③ 원유연계 파생상품
④ 지상권

해설 | ① 오페라 하우스 – 부동산
② 수자원 관련 사업을 영위하는 회사의 주식 – 증권
④ 지상권 – 부동산 관련 권리

21 특별자산펀드에 대한 설명으로 가장 거리가 먼 것은?

① 자본시장법은 특별자산펀드에서 투자할 수 있는 특별자산을 포괄주의에 의거하여 증권 및 부동산을 제외한 경제적 가치가 있는 모든 것으로 정의하고 있다.
② 집합투자업자 등이 특별자산펀드를 공모로 설립하는 경우 원칙적으로 환매금지형으로 설정하여야 한다.
③ 특별자산펀드는 금융위원회에 등록하는 경우 특별자산에 대한 평가방법을 별도로 첨부하여야 한다.
④ 특별자산을 공정가액에 따라 평가하는 것을 원칙으로 하고, 공정가액 산정이 곤란한 경우 시가에 따라 평가한다.

해설 | 특별자산은 시가에 의해 평가하되, 평가일에 신뢰할 만한 시가가 없을 경우 공정가액으로 평가한다.

22 특별자산에 해당하는 증권이 아닌 것은?

① 특별자산이 50% 이상을 차지하는 수익증권

② 선박 투자회사가 발행한 주식

③ 사회기반시설사업의 시행을 목적으로 하는 법인에 대한 대출채권

④ 선박을 보유하고 있는 상장회사의 주식

해설 | 선박은 특별자산에 해당하나 선박을 보유하고 있는 상장회사의 주식은 기존 증권에 해당한다.

23 특별자산에 해당하는 권리가 아닌 것은?

① 어업권

② 지상권

③ 광업권

④ 지적재산권

해설 | 지상권은 지역권, 전세권, 임차권, 분양권 등 부동산 관련 권리이다.

24 특별자산펀드에 대한 설명으로 옳지 않은 것은?

① 공모방식으로 설립되는 '공모선박투자회사'를 특별자산 집합투자상품으로 인정한다.

② 영화와 드라마와 같은 문화 콘텐츠는 특별자산의 운용 대상이 될 수 있다.

③ 특별자산 투자목적회사가 발행한 지분증권에 펀드 재산의 100%까지 투자할 수 있다.

④ 부동산을 기초자산으로 한 파생상품은 특별자산펀드로 운용된다.

해설 | 부동산을 기초자산으로 한 선물(선도) · 옵션 · 스왑같은 파생상품에 투자하는 펀드는 파생상품형 부동산펀드로 운용된다.

25 특별자산펀드에 대한 설명으로 옳지 않은 것은?

① 환매금지형 공모특별자산 투자회사의 경우 집합투자증권을 최초로 발행한 날부터 90일 이내에 증권시장에 상장의무 적용이 배제된다.

② 공모 특별자산펀드는 자본시장법상 운용제한 규정에도 불구하고 집합투자규약에 해당 내용을 정한 경우 예외적으로 펀드 자산 총액의 100%까지 동일 종목에 투자가 가능하다.

③ 통화, 일반상품, 신용위험 등을 합리적인 방법으로 산출이나 평가가 가능한 것을 기초자산으로 하는 파생상품은 특별자산펀드의 운용대상이 될 수 있다.

④ 펀드재산의 50%를 초과하여 특별자산에 투자하는 펀드로 나머지는 '증권 및 부동산'에도 투자할 수 있다.

해설 | 환매금지형 공모특별자산 투자회사의 경우도 별도로 정관에 투자자의 환금성 보장 등을 위한 방법을 정하지 아니한 경우 집합투자증권을 최초로 발행한 날부터 90일 이내에 증권시장에 상장의무를 적용하여야 한다.

26 혼합자산 집합투자기구에 관한 설명으로 옳지 않은 것은?

① 혼합자산 집합투자기구란 집합투자재산을 운용함에 있어 증권 · 부동산 · 특별자산 집합투자기구 관련 규정의 제한을 받지 아니한다.
② 모든 자산에 투자할 수 있어 보다 많은 투자기회로 수익을 향유할 수 있으며 투자손실의 가능성도 낮다.
③ 법령상 주된 투자대상 및 최저 투자한도 등에 대한 제한이 없으므로 어떠한 자산이든 투자비율의 제한 없이 투자가 가능하다는 장점이 있다.
④ 반드시 환매금지형 집합투자기구로 설정 · 설립되어야 한다.

해설 | 많은 수익에 따른 투자손실 가능성이 높다.

27 단기금융 집합투자기구(MMF)의 투자대상인 단기금융상품에 해당하지 않는 것은?

① 다른 MMF의 집합투자증권
② 만기가 1년인 금융기관의 예치
③ 잔존 만기가 2개월인 양도성 예금증서
④ 잔존 만기가 3년인 국채증권

해설 | 금융기관 또는 체신관서에의 예치의 경우에는 만기가 6개월 이내여야 한다.

28 외화 MMF로 운용 가능한 통화의 종류가 아닌 것은?

① 인도   ② 싱가포르
③ 홍콩   ④ 중국

해설 | 편입자산의 안전성과 환금성을 위해 표시화폐를 OECD 가입국가, 싱가포르, 홍콩, 중국 통화만으로 한정하고 있다.

29 MMF의 운용방법에 대한 설명으로 옳지 않은 것은?

① 집합투자재산의 잔존만기의 가중평균이 90일 이내여야 한다.
② 잔존만기 1년 이상인 국채증권에 집합투자재산의 5% 이내로 운용하여야 한다.
③ 환매조건부매도는 보유한 증권 총액의 5% 이내여야 한다.
④ 하나의 MMF에 원화와 외화 단기금융상품을 함께 투자할 수 없다.

해설 | 집합투자재산의 잔존만기의 가중평균이 75일 이내여야 한다.

30 다음 중 신규 MMF 설정이 금지되는 MMF 집합투자재산의 일정 금액 기준요건이 적합하지 않은 것은?

① 개인투자자 대상 원화 MMF : 3천억 원 이상

② 개인투자자 대상 외화 MMF : 2천억 원 이상

③ 법인투자자 대상 원화 MMF : 5천억 원 이상

④ 법인투자자 대상 외화 MMF : 2천 5백억 원 이상

해설 | 개인투자자 대상 외화 MMF

1천 5백억 원 이상이며, 만약 위의 재산요건을 충족하지 못하는 경우 다른 단기금융 집합투자기구를 설정·설립하거나 다른 MMF로부터 운용업무 위탁을 받지 않아야 한다.

31 다음 중 원화 MMF의 운용제한에 대한 내용 중 옳지 않은 것은?

① 만기 또는 거래금액 등이 확정되지 않은 자산에 운용하여서는 아니 된다.

② 자산의 원리금 또는 거래금액이 증권 또는 증권지수의 변동에 따라 설계된 것에 운용할 수 없다.

③ 계약한 시점에 미리 정한 특정한 신용사건의 발생에 따라 확대 또는 축소되도록 설계된 것에 운용할 수 없다.

④ 집합투자재산의 10% 이상을 채무증권에 운용하여야 한다.

해설 | 집합투자재산의 40% 이상을 채무증권에 운용(환매조건부채권매매 제외)하여야 하며, 채무증권의 신용평가 등급은 취득시점을 기준으로 상위 2개 등급 이내여야 한다.

32 외화 MMF를 운용할 때 해당 자산의 합산 금액이 펀드재산의 10% 미만인 경우 합산 대상 자산 외의 자산은 취득을 할 수 없다. 이 경우 합산 대상에 포함되지 않는 자산은?

① 외국통화

② 외화표시 환매조건부채권매수

③ 외화표시 통화안정증권

④ 잔존만기가 7영업일 이내인 외화표시 정기예금

해설 | 잔존만기가 7영업일 이내인 외화표시 정기예금은 펀드재산의 30% 미만인 경우 합산 대상 자산 외의 자산은 취득을 할 수 없는 경우에 해당한다.

33 MMF의 입출금제도에 대한 설명으로 옳지 않은 것은?

① 개인 MMF는 당일 입출금제도가 시행되고 있다.

② 개인 MMF는 정기적으로 수취하는 자금으로 MMF를 매수하기로 약정되어 있는 경우 당일 설정이 가능하다.

③ 개인 MMF는 정기적으로 발생하는 채무를 이행하기 위하여 MMF를 환매하기로 약정하는 경우 그 결제일에 당일 환매가 가능하다.

④ 판매회사는 고유자금으로 MMF별 판매규모 5%와 100억 원 중 큰 금액 내에서 당일 기준가격으로 매입하여 개인투자자에 한해서 환매 청구에 응할 수 있다.

해설 | 법인·개인 MMF 모두 익일 출금제도가 시행되고 있으나 개인 MMF의 경우 거래 편의성을 위하여 예외적으로 정한 경우에는 당일 입출금제도가 가능하다.

34 다음 중 단기금융 집합투자기구(MMF)에 대한 설명으로 거리가 먼 것은?

① 일반 펀드에 비해 강화된 운용제한 규정을 적용한다.

② MMF의 집합투자재산 기준 요건을 충족하지 못하는 경우 다른 MMF를 설정·설립할 수 없다.

③ 단기금융상품에 투자하는 펀드로 장부가로 평가하여 기준가의 등락이 심하다.

④ 집합투자 재산의 40% 이상을 채무증권에 운용하여야 한다.

해설 | 집합투자기구재산을 장부가로 평가하므로 기준가의 등락이 작아 일정한 수익을 기대할 수 있다는 장점을 지니고 있다.

35 다음 중 단기금융 집합투자기구(MMF)에 대한 설명으로 옳지 않은 것은?

① 단기자금을 일시에 투자하는 목적인 경우 적합한 금융상품이다.

② 하나의 외화 MMF에 다양한 통화를 함께 투자할 수 있다.

③ 투자대상자산의 신용등급 및 신용등급별 투자한도, 남은 만기의 가중평균 계산 방법, 그 밖에 자산 운용의 안정성 유지에 관하여 금융위원회가 정하여 고시하는 내용을 준수하여야 한다.

④ 증권의 대여나 차입을 할 수 없다.

해설 | 하나의 외화 MMF에 단일 국가의 통화만 운용할 수 있다.

정답 ▶ 30 ② 31 ④ 32 ④ 33 ① 34 ③ 35 ②

36 환매금지형 집합투자기구에 관한 설명으로 옳지 않은 것은?

① 환매금지형 집합투자기구는 투자자가 집합투자기구에 투자한 이후 집합투자증권의 환매청구에 의하여 그 투자자금을 회수하는 것이 불가능하도록 만들어진 집합투자기구이다.

② 환매금지형 집합투자기구는 존속기간을 정하지 않은 집합투자기구에 대해서만 설정이 가능하다.

③ 환매금지형 집합투자기구는 집합투자증권을 최초로 발행한 날로부터 90일 이내에 증권시장에 상장하여야 한다.

④ 환매금지형 집합투자기구는 일반적으로 폐쇄형 집합투자기구라고 한다.

해설 | 환매금지형 집합투자기구는 존속기간을 정한 집합투자기구에 대해서만 설정이 가능하다.

37 다음 중 반드시 환매금지형 집합투자기구로 설정 · 설립하여야 하는 경우에 해당하지 않는 것은?

① 각 집합투자기구 자산총액의 10%를 초과하여 시장성 없는 자산에 투자할 수 있는 집합투자기구

② 부동산 집합투자기구

③ 특별자산 집합투자기구

④ 혼합자산 집합투자기구

해설 | 자산총액의 10%를 초과하여 시장성 없는 자산에 투자할 수 있는 집합투자기구의 경우 환매기간이 15일을 초과하여 정할 수 있으며, 자산총액의 10%를 초과하여 시장성 없는 자산에 투자할 수 있는 집합투자기구의 경우 환매금지형 펀드로 설정하여야 한다.

38 환매금지형 펀드가 집합투자증권을 추가 발행할 수 있는 경우에 해당하지 않는 것은?

① 환매금지형 펀드로부터 받은 이익분배금 범위 내에서 해당 펀드의 집합투자증권을 추가로 발행하는 경우

② 기존투자자의 이익을 해할 우려가 없다고 신탁업자로부터 확인을 받은 경우

③ 기존투자자 과반수의 동의를 받은 경우

④ 기존투자자에게 집합투자증권의 보유비율에 따라 추가로 발행되는 집합투자증권의 우선매수기회를 부여하는 경우

해설 | 기존투자자 전원의 동의를 받은 경우에 집합투자증권을 추가로 발행할 수 있다.

39 종류형 집합투자기구에 대한 설명으로 올바른 것은?

① 클래스별로 집합투자재산의 운용, 관리에 소요되는 비용을 다르게 설정할 수 있다.

② 여러 종류의 집합투자증권 간에 전환을 통해 다양한 자산에 교체투자가 가능하다.

③ 펀드의 종류는 12개로 제한되며, 기존 비종류형 집합투자기구도 종류형 집합투자기구로 전환을 할 수 있다.

④ 특정 종류의 투자자만 이해관계가 있을 때 그 종류의 투자자만으로 총회를 개최할 수 있다.

해설 ㅣ ① 클래스가 다르다고 하여 집합투자업자의 운용 관련 비용 또는 신탁업자의 재산관리에 소요되는 비용이 차별화되지 않는다.
② 여러 종류의 집합투자증권 간에 전환을 하여도 투자 대상은 바뀌지 않는다.
③ 종류(class) 수에 대한 제한이 없으며, 기존에 이미 만들어진 비종류형 집합투자기구를 종류형 집합투자기구로 전환할 수 있다.

40 종류형 집합투자기구에 대한 설명으로 거리가 가장 먼 것은?

① 동일한 투자기구 내에서 다양한 판매 보수 또는 수수료 구조를 가진 클래스를 만든 집합투자기구이다.

② 여러 클래스에 투자된 자산을 합쳐서 운용하여 규모의 경제를 달성할 수 있는 집합투자기구이다.

③ 투자자금이 장기화될수록 낮은 판매보수가 적용되는 종류로 전환하면 장기투자자에게 불리하게 작용된다.

④ 여러 종류의 집합투자증권 간에 전환하는 경우 전환에 따른 환매수수료가 부과되지 않는다.

해설 ㅣ 투자자금이 장기화될수록 낮은 판매보수가 적용되는 종류로 전환하면 장기투자자에게 유리하게 작용된다.

41 다음 중 전환형 집합투자기구에 대한 설명으로 옳지 않은 것은?

① 투자자는 적극적인 의사결정으로 투자자산과 운용방법을 달리하여 투자자산을 운용할 수 있다.

② 투자기구 세트 내에 속하는 투자기구 간에 교체 시 환매수수료를 적용하지 않는다.

③ 공통으로 적용되는 집합투자규약이 있어야 한다.

④ 일반사모집합투자기구(헤지펀드) 간에는 전환이 금지된다.

해설 ㅣ 서로 다른 법적 형태를 가진 펀드나 기관전용 사모펀드(PEF) 간에는 전환이 금지된다. 기관전용 사모펀드는 투자합자회사 사모펀드를 의미하며, 그 외의 사모펀드는 일반사모펀드를 말한다.

정답 ▶ 36 ② 37 ① 38 ③ 39 ④ 40 ③ 41 ④

42 전환형 집합투자기구에 대한 설명으로 옳은 것은?

① 투자기구 세트 내에서 투자기구를 전환하게 되면 펀드의 투자자산이 변경된다.

② 투자자가 선택해서 상위펀드 내에서 연 12회까지 전환할 수 있다.

③ 수익이 일정 수준을 달성하면 펀드를 해지하거나 그 투자전략을 변경하여 기존에 달성한 수익을 확보하고자 하는 펀드이다.

④ 투자기구세트에서 이탈하는 경우에도 환매수수료를 징수하지 않는다.

해설 | ② 투자자가 선택해서 하위펀드(자펀드) 내에서 연 12회까지 전환할 수 있다.
③ 목표달성형 펀드에 대한 설명이다.
④ 마지막으로 투자한 투자기구에서 사전에 정한 기간에 미치지 못하고 환매, 즉 투자기구세트에서 이탈하는 경우에 투자기간 중 유보하였던 환매수수료를 재징수하게 된다.

43 모자형 집합투자기구에 대한 설명으로 거리가 먼 것은?

① 하위펀드가 상위펀드 집합투자증권 외의 다른 집합투자증권을 취득할 수 없다.

② 투자자에게 모펀드의 집합투자증권을 매각한다.

③ 자집합투자기구와 모집합투자기구의 집합투자업자가 동일하여야 한다.

④ 펀드매니저 입장에서 운용의 집중도를 올릴 수 있다는 장점이 있다.

해설 | 모자형 펀드는 동일한 집합투자업자의 투자기구를 상하구조로 나누어 하위투자기구(자펀드)의 집합투자증권을 투자자에게 매각하고, 매각된 자금으로 다시 상위투자기구(모펀드)에 투자하는 구조이다. 즉, 판매회사는 모펀드의 집합투자증권을 투자자에게 판매하여서는 아니 된다.

44 재간접형 집합투자기구(Fund of funds)에 대한 설명으로 옳지 않은 것은?

① 운용회사의 운용능력에 대한 아웃소싱을 위해 도입된 제도이다.

② 대부분 투자대상 투자기구의 집합투자업자와 재간접형 집합투자기구의 집합투자업자가 동일하다.

③ 투자자는 재간접형 집합투자기구 자체의 집합투자증권에 투자한다.

④ 적은 돈으로 분산투자가 가능한 장점이 있다.

해설 | 재간접펀드는 모자형 펀드와는 다르게 대부분 투자대상 펀드와 재간접펀드의 집합투자업자가 동일하지 않은 경우가 대부분이다.

45 상장지수 집합투자기구의 특징이 아닌 것은?

① 인덱스 펀드
② 개방형
③ 단위형
④ 상장형

해설 | ETF는 펀드의 좌수를 추가로 설정이 불가능한 단위형과는 다르게 수익증권을 추가로 발행할 수 있는 추가형 투자기구이다.

46 상장지수 집합투자기구(ETF)에 대한 설명으로 거리가 먼 것은?

① 유통시장과 발행시장이 동시에 존재한다.
② 증권 실물로 투자기구를 설정 및 해지할 수 있다.
③ 지정참가회사(AP)는 ETF 수익증권의 순자산가치와 증권시장에서의 거래가격을 근접시키기 위하여 차익거래를 한다.
④ 동일법인 등이 발행한 지분증권에 총수의 30%까지 운용할 수 있다.

해설 | 동일법인 등이 발행한 지분증권에 총수의 20%까지 운용할 수 있으며, 자산총액의 30%까지 동일종목에 운용이 가능하다.

47 상장지수집합투자기구에 대한 설명으로 거리가 먼 것은?

① 증권시장에 상장이 되어 시장에서 보유증권의 회수를 통해 유동성을 확보할 수 있으므로 환매금지형으로 설정하는 펀드이다.
② 상장이 폐지되는 경우 상장폐지일로부터 10일 이내에 펀드를 해지해야 하며, 해지일로부터 7일 이내에 금융위에 보고하여야 한다.
③ 주식과 인덱스펀드의 장점을 모두 가지고 있다.
④ MMF의 설정을 목적으로 이해관계인과 증권의 매매, 그 밖의 거래를 할 수 있다.

해설 | ETF는 개방형(환매 가능) 펀드이며, 상장형 펀드이다.

48 ETF에 대한 설명으로 옳지 않은 것은?

① 거래가 용이한 펀드이다.
② 매매나 환매를 통하여 현금화가 가능하다.
③ 판매회사를 통하여 설정 및 해지가 발생한다.
④ 일반투자자는 유통시장(Secondary Market)에서 ETF 수익증권을 매매할 수 있다.

해설 | ETF는 발행시장에서 지정참가회사(AP)를 통하여 ETF를 설정 · 해지할 수 있다.

정답 ▶ 42 ① 43 ② 44 ② 45 ③ 46 ④ 47 ① 48 ③

49 펀드성격에 따른 집합투자기구의 분류에 대한 설명 중 옳지 않은 것은?

① 장외파생상품 펀드의 경우 단위형 펀드로 설정하는 것이 일반적이다.

② 보통 장외파생상품의 성격을 고려하여 폐쇄형 펀드로 설정하는 것이 일반적이다.

③ 판매회사가 펀드 판매 시 자금의 부담이 없어 대부분 모집식으로 펀드를 판매하고 있다.

④ 적립식 펀드는 장기적 관점에서 평균매입단가를 낮추는 효과가 있으므로 투자위험이 낮다는 장점이 있다.

해설 | 장외파생상품의 성격을 고려하며 폐쇄형이 적합할 수 있으나, 마케팅의 용이성을 높이기 위하여 개방형으로 하되 환매수수료를 높은 수준으로 적용하여 환매청구를 최소화하는 방식으로 하고 있다.

50 펀드성격에 따른 집합투자기구의 분류에 대한 설명 중 옳지 않은 것은?

① 주식형 펀드는 펀드재산의 60% 이상을 주식에 투자하는 펀드이다.

② 주식혼합형 펀드는 최대주식 편입비율이 60% 이상인 펀드이다.

③ 파생형 펀드는 파생상품의 매매에 따른 위험평가액이 펀드자산총액의 10%를 초과하는 펀드이다.

④ 채권형 펀드는 펀드재산의 60% 이상을 채권에 투자하는 펀드이다.

해설 | 최대주식 편입비율이 50% 이상인 펀드를 주식혼합형으로, 최대주식 편입비율이 50% 미만인 펀드를 채권혼합형으로 분류한다.

51 주식형 펀드에 대한 설명으로 옳지 않은 것은?

① 주식형 펀드는 채권형 펀드보다 가격 변동성이 크다.

② 펀드의 위험은 대부분 주식 고유의 위험으로부터 발생한다.

③ 섹터펀드나 스타일펀드가 시장 전체를 투자대상으로 하는 펀드보다 가격 변동성이 크다.

④ 일반적으로 중소형주가 대형주보다 유동성이 높다.

해설 | 일반적으로 중소형주가 대형주보다 유동성이 낮으며, 대형주라고 하더라도 대주주의 지분이 높아 유동 물량이 적은 경우에도 유동성이 낮을 수 있다.

52 다음 중 주식형 펀드가 투자하는 주식의 종류에 대한 설명으로 옳지 않은 것은?

① 성장주는 현재의 주가 수준이 매우 높게 형성된다.

② 국내 경기가 차츰 회복되고 주식시장이 안정될 때 가치주 펀드가 적합하다.

③ 배당주 펀드는 시세차익을 얻거나, 예상 배당금을 획득함으로써 주가 하락에 따른 자본손실을 만회하는 펀드이다.

④ 가치주는 성장주에 비해 변동성이 적어 주가 하락 시 손실 폭을 줄일 수 있다.

해설 | 국내 경기가 차츰 회복되고 주식시장이 안정될 때 가치주 펀드가 적합하고, 증시가 불안할 경우 가치주에 장기 투자 함으로써 저평가된 기업의 가치가 시장에서 적정주가로 재평가될 때 높은 수익을 얻을 수 있다.

53 채권형 펀드에 대한 설명으로 적합하지 않은 것은?

① 일반적으로 긴축재정 상황하에서는 시중의 유동성 부족으로 인하여 채권의 가격이 상승하게 된다.

② 일반적으로 금리 상승 국면에서 장기채권의 가격 하락이 단기채권의 가격 하락보다 크다.

③ 최악의 경우 채권 발행기업이 부도가 발생하는 경우에는 투자원금의 일부 또는 전부를 회수하지 못할 위험도 있다.

④ 채권의 거래단위는 주식의 거래단위보다 훨씬 크다.

해설 | 채권의 가격은 시장 금리의 방향과 반비례한다. 시중의 유동성이 부족하면 금리가 상승하고 채권의 가격은 하락하게 된다.

54 파생상품에 투자하는 펀드에 대한 설명으로 거리가 먼 것은?

① 자본시장법상 파생상품 집합투자기구는 별도로 구분하지 않는다.

② 파생상품의 매매에 따른 위험평가액이 펀드자산총액의 10%를 초과하고 위험회피의 목적이 아닌 경우 파생형으로 구분한다.

③ 장내파생상품만 투자하는 경우 레버리지 리스크 외 추가적으로 거래상대방 위험이 발생할 수 있다.

④ 장외파생상품은 거래 건마다 펀드의 운용을 담당하는 집합투자업자와 거래상대방이 계약을 체결해야 하므로 계약의 내용에 따라 다양한 위험이 발생할 수 있다.

해설 | 장내파생상품만 투자하는 경우 거래상대방 위험은 없다.

55 펀드성격에 따른 집합투자기구의 분류에 대한 설명으로 옳지 않은 것을 고르면?

① 적립식 펀드는 평균매입단가를 낮추는 효과가 있으므로 장기화되면 원금 손실에 대한 위험이 사라진다.

② 매출식 판매방식은 판매회사의 자금 부담과 수익증권 처분 손익의 부담으로 현재는 드문 상태이다.

③ 사모집합투자기구의 투자자 수가 적으므로 공모보다 상대적으로 낮은 수준의 제약요건을 요구한다.

④ 혼합형 펀드는 주식과 채권의 효율적 배분을 통해 수익성과 안정성을 동시에 추구한다.

해설 | 장기적 관점에서 평균매입단가를 낮추는 효과(Cost Averaging)가 있으므로 투자위험이 낮은 장점이 있으나 만기 무렵 하락하거나 투자기간이 장기화되면 거치식 펀드와 동일화되어 원금 손실위험도 감수해야 한다.

56 투자지역에 따른 집합투자기구에 분류에 대한 내용으로 거리가 먼 것은?

① 해외투자는 국내투자와 달리 시장의 리스크뿐 아니라 환율의 움직임에 따른 추가적인 리스크가 발생할 수 있다.

② 해외 투자펀드의 경우 환율에서 발생하는 리스크를 방지하기 위하여 환헤지로 리스크를 완전히 제거할 수 있다.

③ 지역 투자펀드는 일반적으로 글로벌 투자펀드에 비해 높은 수익을 기대할 수 있다.

④ 최근에는 특정 섹터에 투자하는 글로벌 투자도 확대되고 있다.

해설 | 환 변동이 과도하였을 경우에는 오히려 환헤지에서도 손실이 발생할 수 있다.

57 투자 전략에 따른 분류 중 액티브 운용전략 펀드에 대한 설명으로 바르지 않은 것은?

① Bottom-up Approach는 거시경제 및 금융변수에 따른 시장예측을 하지 않고 투자대상 종목의 저평가 여부만을 기준으로 판단하는 것이다.

② 액티브 운용전략은 효율적 증권시장에서 높은 수익을 실현하기는 어렵다.

③ Top-down Approach는 펀드 수익에 미치는 영향이 개별종목의 성과보다 주식 및 채권 간 투자비율이 더 크다는 전제하에서 출발한다.

④ 실제 대부분의 펀드매니저는 Top-down Approach와 Bottom-up Approach 중 한 가지 전략을 선택하여 자산을 운용한다.

해설 | 실제 대부분의 펀드매니저는 Top-down Approach와 Bottom-up Approach의 두 가지 운용전략을 혼합하여 자산을 운용하고 있다.

58 패시브 운용전략 펀드에 대한 설명으로 거리가 먼 것은?

① 통상 펀드매니저의 뇌동매매를 배제하기 위하여 통계적 분석을 이용하고 있다.

② 운용에 있어 체계적인 거래기법을 이용하여 운용되는 시스템 펀드이다.

③ 인덱스펀드는 대표적인 패시브 펀드이다.

④ 추적대상지수 수익률을 초과하는 수익률을 목표로 하는 인핸스드 인덱스 펀드는 액티브 펀드와 유사하다.

해설 | 인핸스드 인덱스 펀드는 액티브 펀드와는 달리 제한적 위험을 부담하는 패시브 펀드이다.

PART 01

PART 02

PART 03

PART 04

PART 05

59 다음 중 투자전략의 분류가 다른 것은?

① 가치주 펀드　　　　　　　② 포트폴리오 보험

③ 차익거래 펀드　　　　　　④ 시스템트레이딩 펀드

해설 | 가치주 펀드는 투자대상이 저평가되어 있는지를 분석하여 투자하는 Bottom-up Approach 전략을 구사하는 액티브 운영전략에 해당한다. ②~④는 패시브 운용전략 펀드이다.

60 인덱스 펀드에 관한 설명으로 바르지 못한 것은?

① 투자자가 보유 펀드의 수익률 예상을 명쾌히 할 수 있다.

② 인덱스 펀드가 완전복제방법으로 운용한다면 추적오차가 발생하지 않는다.

③ 인덱스 펀드는 저렴한 보수로 인해 기간을 장기화할 경우 액티브 펀드보다 실현 수익률이 높은 것이 일반적이다.

④ 상대적으로 액티브 펀드보다 증권의 매매 횟수가 적어 매매에 따른 거래비용도 저렴하다.

해설 | 완전복제방식으로 인덱스 펀드를 운용하더라도 비용 및 시간적 차이로 인해 추적오차를 완전히 제거할 수는 없다.

61 인덱스 펀드의 추적오차 발생 원인으로 거리가 먼 것은?

① 펀드에 부과되는 판매수수료

② 포트폴리오 구축을 위한 거래비용

③ 인덱스와의 포트폴리오 구성 차이

④ 포트폴리오 구축 시 적용되는 가격과 실제 매매 가격과의 차이

해설 | 판매수수료의 경우 집합투자기구 재산이 아닌 투자자가 직접 부담하는 비용으로 추적오차에 영향을 주지 않는다.

정답 ▶ 55 ① 56 ② 57 ④ 58 ④ 59 ① 60 ② 61 ①

62 인덱스 펀드에 대한 설명으로 옳지 않은 것은?

① 펀드매니저가 시장을 이기기 위해 별개의 투자기회를 포착할 필요가 없다.

② 인핸스드 인덱스 펀드에는 알파추구전략과 차익거래 전략이 있다.

③ 시장리스크를 피하기에 적합하다.

④ KOSPI200현물과 선물 간의 가격차를 활용하여 고평가된 자산은 매도하고 저평가된 자산은 매수함으로써 비교지수인 KOSPI200보다 높은 수익을 추구하는 방법이 있다.

해설 | 개별종목의 리스크는 분산되어 거의 0에 가깝고 시장리스크만 남게 된다. 따라서 인덱스 펀드는 개별 종목의 위험을 피하기에는 적합하다.

CHAPTER
02

신탁의 이해

SECTION 01 | 신탁

1. 신탁일반이론

정의	• 제3자에게 자신의 재산을 이전해주고, 그 재산을 이전받은 자로 하여금 자기가 지정한 자 또는 자기가 설정한 특정의 목적을 위하여 그 이전받은 재산을 관리, 운용 및 처분하도록 하는 법률관계 • 재산을 이전하지 않고 **담보권을 설정**하는 방식으로 가능	
신탁 관계인	① 위탁자 : 자신의 재산을 맡기고 신탁을 설정하는 사람 ② 수탁자 : 위탁자로부터 재산을 넘겨받아 관리 및 운용을 하는 사람 ③ 수익자 : 신탁재산과 그로부터 발생하는 이익을 받는 자(위탁자 또는 제3자)	
신탁의 기본구조	• 신탁의 설정 : 위탁자의 단독행위인 유언이나 신탁선언, 대부분 위탁자와 수탁자 간의 신탁계약 신탁계약은 계약당사자가 아닌 수익자로 지정된 자에게도 계약의 효력이 미침 • 신탁 설정의 효과 : 신탁재산의 소유자 및 권리자는 위탁자에서 수탁자로 변경(위탁자의 재산이 아님) • 수탁자는 수익자를 위해 신탁재산을 소유하며, 신탁의 원본과 이익은 모두 수익자에게 귀속 • 수익자는 실질적인 신탁재산의 소유자이므로 신탁사무를 감시·감독할 권한 부여	
<u>신탁재산의 법적 특성</u>	① **독립성** : 법률적, 형식적으로 수탁자가 신탁재산의 권리자라고 할지라도 수익자를 위하여 그 신탁재산을 소유한 것일 뿐이며, 수탁자의 재산도 아님. 즉, 위탁자의 재산으로 독립된 재산이며, 수탁자의 고유재산과도 독립된 재산 ② 강제집행의 금지 ※ 예외의 경우 : 신탁 설정 전 이미 저당권이 설정된 경우, 신탁 설정 후 수탁자가 신탁사무 처리를 하면서 저당권을 설정하여 준 경우 ③ 수탁자의 상속 및 파산으로부터의 독립(수탁자의 고유재산과 독립된 자산)	
독립성 활용	• 사업체의 퇴직연금 • 자산운용회사의 투자신탁 • 유동화증권에 대한 신탁 • 부동산 개발사업이나 선분양의 경우 • 부동산인 담보물권의 관리	
신탁 기본원칙	① 수탁자의 선관의무, 충실의무(**수익자를 위한** 사무처리) ② 신탁재산의 분별관리의무 ③ 실적배당의 원칙(연금신탁은 예외적으로 **원금 보장과 예금자 보호 가능**)	

신탁과 유사한 제도	집합 투자	유사점	간접투자상품
		차이점	• 펀드는 여러 투자자와 운용자의 재산을 집합하여 운용, 자산운용에 간여 불가 • 신탁은 투자자별 1:1로 맞춤형 운용, 운용자에게 직접 지시 또는 간여를 허용
	투자 일임	유사점	• 투자자별 투자재산을 구분하여 운용하는 간접투자제도임 • 자산운용에 규제가 상당 부분 동일
		차이점	• 투자일임은 투자재산의 소유권은 여전히 고객에게 있음 • 신탁은 재산의 소유권을 수탁자 명의로 하여 운용관리함

1. 신탁상품의 구분 및 내용

구분			내용
신탁 재산의 종류	금전 신탁		금전으로 설정하고 종료 시 금전 또는 운용현상을 수익자에게 교부
		특정 금전신탁	위탁자가 신탁재산인 금전의 운용방법을 지정
		불특정 금전신탁	• 위탁자의 운용지시 없이 수탁자가 신탁재산을 운용 • 집합투자기구와 같은 성격으로 보아 연금신탁에는 신규 수탁 금지
	재산 신탁		• 금전 외 재산으로 설정하고, 신탁 종료 시 운용현상을 수익자에게 교부 • 자산유동화 또는 자금조달 목적으로 주로 이용 • 증권신탁, 금전채권신탁, 동산신탁, 부동산신탁, 부동산권리신탁, 무체재산권신탁
종합재산신탁			금전 및 금전 외 재산을 하나의 계약으로 포괄적으로 설정하는 신탁(금전+재산)
담보부사채신탁			사채를 발행하는 회사(채무자)가 사채상환을 담보하기 위하여 사채권자를 수익자로 하여 자기재산의 신탁을 설정

2. 신탁상품별 상세 내용

(1) 특정금전신탁

개요	• 위탁자인 고객이 신탁재산의 운용방법을 수탁자인 신탁회사에 지시 • 실적배당, 단독운용(1 : 1 맞춤형)
가입금액	• 최저가입금액이 다른 금융펀드에 비해 높음 • 최저가입금액 법령상 제한 없음, 추가입금 가능
가입기간	제한 없음(하루도 가능)
수익자 지정	• 자익신탁 또는 타익신탁 가능 • 타익신탁 시 증여세 부과 유의
신탁재산 운용	• 위탁자의 지시대로 운용 • 위탁자가 지정한 방법대로 운용할 수 없는 잔액이 있는 경우 : 1일 만기 단기자산으로 운용 가능 • 필요시 운용지시를 신탁회사에 일부나 전부 위임 가능 • 신탁관계법령에서 금지하고 있지 않는 한 어떠한 자산으로도 운용 가능 • 단, 자본시장법에서는 **보험상품으로 운용하는 것을 원칙적으로 금지**
이익계산 및 지급	• 신탁의 해지일 또는 신탁계약으로 정한 이익지급일에 지급 • 실적배당으로 수익 및 손실 전부 수익자에게 귀속 • 신탁회사는 손실 보전 금지
신탁 보수	• 신탁계약에서 정한 바에 따라 일정한 금액을 신탁보수로 취득 • 고객과 신탁회사의 합의에 의하여 일정기준을 초과하는 수익의 일부를 수익보수로 취득 가능
신탁 해지	• 만기해지 원칙 • **중도해지 가능**(소정의 중도해지 수수료 발생) • 자산의 종류 및 상태에 따라 중도해지가 제한될 수 있으며, 일부손실 발생 가능 • 신탁회사와 협의하에 일부해지 가능 • 신탁재산을 현금화하지 않고 운용 현상을 그대로 교부 가능
종류	• 고객의 needs에 따라 무한한 상품 개발 가능 • 다른 펀드에 재투자하는 재간접투자상품으로 활용 가능 • 부동산에 투자하거나 대출로 운용 가능

확정금리형	확정금리를 지급하는 자산에 투자	
주식형	신탁회사의 전문적인 운용능력을 활용하여 주식을 운용	
자문형	투자자문사의 자문을 받아 신탁회사가 주식을 운용(자문+업무서비스)	
구조화형 (ELT)	• 파생상품 등에 투자하여 기대수익을 구조화 or 파생결합증권에 투자 • 다양한 수익구조로 설계 가능	
해외투자형	해외자산에 투자하는 상품으로 일반적 수익+환차익 기대	
단기자금관리 (MMT)	• 하루만 맡겨도 시장실세금리 수익을 얻을 수 있는 단기자금을 관리하는 상품 • 수시로 입출금 가능	
자사주신탁	• 경영권 방어나 주가관리 목적으로 자기회사 주식에 투자하는 상품 • 자사주 매매제한 완화 및 업무처리 대행	

(2) 연금저축신탁

개요	• 신규판매가 중지되었으나 기존 가입자의 추가 납입 인정 • 가입자와 신탁업자가 체결하는 신탁계약으로 예외적으로 신탁업자가 원본 보장	
가입대상	국내에 거주하는 자(가입연령 제한 없음), 자익신탁만 가능	
상품종류	채권형	채권과 대출 등으로만 운용
	주식형 (안정형)	총 자산의 **10% 범위 내**에서 주식에 투자
신탁금액	금융기관 합산 **연간 1,800만 원** 이내, 한도 내에서 1인 **여러 계좌** 개설 가능	
신탁기간	적립 기간	**5년 이상** 연 단위로 결정하되 연령이 **만 55세 이후**가 되는 때까지
	연금 수령 기간	가입일로부터 **5년이 경과**하고 만 **55세 이후부터 10년 차** 이상
연금의 수령	연금 지급 기간	**10년 이상** 연 단위로 정함
	연금 지급 주기	1개월, 3개월, 6개월, 1년 단위 가능
신탁이익 계산	**시가평가제를 적용**한 기준가격방식으로 실적 배당	
세제적용	**절세 효과**	• 세액공제와 이자소득세 비과세 혜택 • 단, 연금소득세를 납부하나 연금 수령 시까지 과세가 이연되며, 저율로 과세됨 • 적립기간 중 세액공제를 받지 않고 적립한 금액의 연금소득세 과세대상에서 제외
	적립금 납입 시	• 연간납입액 중 600만 원 한도로 13.2%(지방세 포함) 세액공제(최대 792,000원 공제) • 단, 종합소득액이 4,500만 원 이하인 경우에는 16.5% 공제
	연금 수령 시	• 세액공제 받은 금액과 신탁이익을 과세대상으로 하여 **5.5%~3.3%**로 연금소득세 과세(연령별로 만 55~69세 : 5.5%, 70~79세 : 4.4%, 80세 이상 : 3.3%) • 연금 수령 한도 외일 경우 **기타소득세 16.5%** 부과
중도해지 과세방법	연금개시 전 해지	• 기타소득세 부과(연금수령 외에 해당) • 단, 부득이한 사유의 경우 연금수령으로 간주
	연금수령 중 해지 시	• 연금수령 한도 내에는 연금소득세(5.5%~3.3%)로 징수 • 연금수령 한도 외일 경우 기타소득세 16.5%
부득이한 해지사유	천재지변, 가입자의 사망 또는 해외이주, 가입자 또는 그 부양가족의 질병 부상에 따라 3개월 이상의 요양이 필요한 경우, 가입자의 파산선고, 금융기관의 영업정지 등	
종합소득 신고	• 연금소득금액(사적연금)이 연간 1,500만 원을 초과하는 경우 : 분리과세 또는 종합과세 선택 • 중도해지 등으로 기타소득금액이 연간 3백만 원을 초과하는 경우 : 종합과세	
연금수령 한도	$$\frac{연금계좌평가액}{(11-연금수령연차)} \times 1.2$$	

(3) 금전채권신탁

개요	• 금전채권의 채권자가 위탁자가 되어 금전채권을 신탁회사에 신탁하면 신탁회사가 금전채권의 명의상 채권자가 되어 금전채권의 추심·관리업무를 수행하고 회수된 금전과 그 운용수익을 수익자에게 교부하는 신탁 • 금전채권신탁의 수익권을 제3자에게 양도함으로써 **자금을 조달하는 자산유동화 목적**으로 주로 이용
기본구조	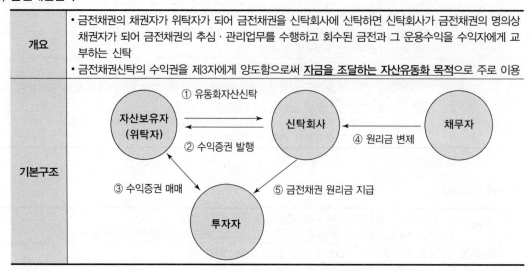

(4) 부동산신탁

개요		• 위탁자로부터 토지와 그 정착물, 즉 부동산을 신탁받아서 위탁자의 지시 또는 신탁계약에서 정한 바에 따라 신탁회사가 그 부동산을 관리, 운용, 처분 및 개발해주는 신탁상품 • 부동산신탁회사가 주로 취급하지만 은행, 증권 등의 신탁겸영금융회사에서도 취급
상품종류	담보신탁	부동산을 신탁한 후 신탁회사의 수익권증서를 담보로 하여 위탁자가 금융기관으로부터 자금을 차입하는 상품
	관리신탁	부동산의 관리업무를 신탁회사가 수행하는 상품
	처분신탁	처분업무 및 처분완료 시까지 관리업무를 하는 상품
	개발신탁 (토지신탁)	토지 등의 부동산에 신탁회사의 자금을 투입하여 개발사업을 시행한 후 이를 분양하거나 임대운용하여 수익을 교부
	관리형 개발신탁	• 신탁회사가 사업의 시행자가 되어서 개발사업을 진행하지만, 자금조달과 실질적인 사업진행은 위탁자가 책임지는 상품 • 장점 : 신탁회사의 위험부담 경감, 위탁자 도산 시도 사업진행 가능
	분양관리신탁	선분양 시에 피분양자를 보호하기 위하여 분양자금관리 업무 진행

SECTION 03 신탁상품의 판매

1. 신탁상품의 판매절차

(1) 단계별 투자권유 절차

구분		내용
1단계	투자자 정보파악	• 위탁자 일반투자자인지 전문투자자인지 확인 ※ **전문투자자의 경우 투자권유절차 생략 가능** • 일반투자자의 경우 '투자자 정보확인서'를 통해 파악 후 고객의 확인을 받아 유지ㆍ관리, 확인한 내용과 분류된 투자성향을 고객에게 제공 • 자신의 정보를 공개하지 않는 일반투자자는 거부의사를 서면으로 확인받은 후 정보파악 및 적합성테스트 등의 투자자 보호 절차 생략 가능 ※ 단, **비지정형 특정금전신탁 및 불특정금전신탁**의 경우 반드시 투자자 정보를 확인해야 하며, 투자정보 미제공 시는 신탁계약 체결 불가 • 위탁자가 **파생상품 등을 거래하고자 하는 경우** 적정성의 원칙에 따라서 반드시 투자자 정보를 신탁회사에 제공하여야 하며, 미제공 시에는 거래 불가
2단계	투자자 유형분류	• 파악한 신규 위탁자의 정보를 활용하여 위탁자의 위험성향을 위험등급 분류체계에 따라 일정 유형으로 분류하고, 위탁자에게 분류체계와 위탁자의 등급을 설명 • 이미 투자자 정보를 알고 있는 경우에는 기존 투자성향을 위탁자에게 알리고 투자를 권유
3단계	투자자에게 적합한 신탁상품 선정 및 권유	• 각 신탁상품별 객관적이고 합리적 방법으로 위험등급을 부여하며, 고객의 투자성향에 적합하다고 인정되는 상품만 투자권유 • 위탁자에게 적합하지 않은 신탁상품에 위탁자가 투자하고자 하는 경우 고객에게 위험성을 알리고 서명 등의 방법으로 고지 사실을 확인받아야 함 • **단, 비지정형 특정금전신탁의 경우** 고객이 자신의 성향보다 위험도가 높은 신탁상품에 투자하고자 하는 경우에는 위의 확인을 받더라도 계약 체결 불가

구분		내용	
4단계	신탁상품 및 운용자산에 대한 설명	위탁자에게 상품설명서를 교부하고 주요 사항을 설명하고, 일반투자자가 이해하였음을 상품설명서 및 상담확인서를 통해 확인 ※신탁상품 주요 사항	
		위탁자에게 설명할 사항	㉠ 상품의 명칭 및 종류 ⓛ 신탁재산의 운용방법, 운용제한 등에 관한 사항 ⓒ 신탁의 중도해지방법, 중도해지제한, 중도해지 수수료 관한 사항 ⓔ 신탁보수, 투자소득의 과세에 관한 사항 ⓜ 투자원금이 보장되지 않는다는 사실 등 투자위험에 관한 사항 ⓗ 기타 법령에 정한 사항
		특정금전 신탁의 추가 설명 사항	㉠ 위탁자가 금전의 운용방법을 지정하고, 그 지정에 따라 신탁회사는 운용한다는 사실 ⓛ 위탁자는 재산의 운용방법을 변경ㆍ지정하거나 계약 해지를 요구할 수 있으며, 신탁회사는 특별한 사유가 없는 한 응할 의무가 있다는 사실 ⓒ 위탁자는 자기의 재무상태, 투자목적 등에 대해 신탁회사의 임직원에게 상담을 요청하면 신탁회사는 그 상담요구에 응한다는 사실 ⓔ 운용내역 및 평가가액을 위탁자가 조회할 수 있다는 사실

구분		내용
5단계	위탁자 의사 확인 및 계약체결	• 가입의사를 최종적으로 확인한 후 계약체결 • 전문투자자인 고객에 대해서는 **2~4단계의 일부 생략은 가능** • 단, **상품설명서 및 상담확인서는 징구**하여야 함
6단계	사후 관리	• 고객이 수령을 거절하지 않은 경우 신탁회사는 **매 분기 1회** 이상 주기적으로 자산운용보고서를 작성한 후 제공 • 비지정형 신탁상품의 경우에는 매 분기 1회 이상 재무상태 등의 변경 여부를 확인한 후, 변경 사항이 있으면 신탁재산운용에 반영

(2) 파생상품 등이 포함된 투자권유 특칙 준수 사항

장외파생상품 이외 파생상품이 포함	• 투자성향과 투자상품의 위험도를 참조하여 적합성 여부를 판단 • 투자자의 연령과 파생상품에 대한 투자경험을 추가로 고려한 회사의 기준에 따라 투자권유
장외파생상품이 포함	• 일반투자자의 경우 **투자권유 여부와 상관없이 위험회피대상에 대하여** 미래에 발생하는 경제적 손실을 줄이기 위한 거래를 하는 경우에 한하여 거래 가능 • 임직원은 회피하려는 위험의 종류와 금액을 확인하고 자료를 보관하며 연령과 투자경험을 고려한 회사 기준에 따라 투자권유

(3) 비지정형 금전신탁상품의 투자권유 특칙 준수 사항

- 투자자 정보를 파악하여 투자자를 유형화하고 투자자로부터 확인(서명)받아 유지·관리하며, 확인한 투자자 정보와 유형을 고객에게 제공
- 하나 이상의 자산배분 유형군을 마련, 하나의 자산배분 유형군은 둘 이상의 세부 자산배분 유형으로 구분
- 투자자 유형에 적합한 세부자산배분 유형을 정하여 계약체결
- 계약을 체결하기 전에 투자자에게 다음 사항을 설명
  - 세부자산배분 유형 간 구분기준, 차이점 및 예상 위험 수준
  - 분산투자규정이 없을 수 있어 변동성이 펀드 등에 비해 커질 수 있다는 사실
  - 투자자의 유형별 위험도를 초과하지 않는 범위 내에서만 신탁재산의 운용에 투자자가 개입할 수 있다는 사실
  - 성과보수를 수취하는 경우 수취요건과 이로 인해 발생 가능한 잠재 위험

2. 신탁상품의 판매 관련 불건전 영업행위

개요	별도로 금융투자상품인 신탁상품에 대해서는 부당한 권유행위 금지도 준수
집합운용규제와 관련된 금지 사항	• 집합하여 운용한다는 내용으로 투자권유하거나 투자광고하는 행위 • 투자광고 시 특정 신탁계좌의 수익률 또는 여러 신탁계좌의 평균수익률을 제시하는 행위 • 투자자를 유형화하여 운용할 경우 반드시 각 유형별 가중평균수익률과 최고, 최저 수익률을 함께 제시하지 **않는** 행위
특정금전신탁에 대한 안내 및 홍보제한	운용대상이 사전에 정해져 있거나 운용지시가 정형화되어 있는 특정금전신탁 상품의 안내장이나 상품설명서를 영업점에 비치하거나 배포하는 등의 방법으로 불특정 다수의 투자자에게 홍보하는 행위 금지
신탁계약조건의 공시 관련 금지행위	• 확정되지 않은 사항을 확정적으로 표시하거나 포괄적으로 나타내는 행위 • 구체적인 근거와 내용을 제시하지 않고 현혹적이거나 타 신탁상품보다 비교우위가 있음을 막연하게 나타내는 행위 • 특정 또는 불특정 다수에 대하여 정보통신망을 이용하거나 상품안내장 등을 배포하여 명시적으로나 암시적으로 예정수익률을 제시하는 행위 • 오해 또는 분쟁의 소지가 있는 표현을 사용하는 행위
특정금전신탁 계약 시 주요사항의 사전고지	계약 체결을 권유함에 있어 금융위가 해당 계약서에 반드시 기재할 것으로 고시한 다음 사항에 대해서 사전에 위탁자에게 알리지 않는 행위 금지 • 위탁자가 금전의 운용방법을 지정하고, 그 지정에 따라 신탁회사는 운용한다는 사실 • 위탁자는 재산의 운용방법을 변경지정하거나 계약 해지를 요구할 수 있으며, 신탁회사는 특별한 사유가 없는 한 응할 의무가 있다는 사실 • 위탁자는 자기의 재무상태, 투자목적 등에 대해 신탁회사의 임직원에게 상담을 요청하면 신탁회사는 그 상담요구에 응한다는 사실 • 운용내역 및 평가가액을 위탁자가 조회할 수 있다는 사실

성과보수 기준지표 연동	• 금융위가 정한 3가지 요건을 충족하는 기준지표에 따라 성과보수를 산정하지 않는 행위 금지 • 단, 신탁업자와 투자자 간의 합의에 의해서 달리 정한 경우는 제외 ※ **3가지 요건** 　㉠ 증권시장 또는 파생상품시장에서 널리 사용되는 공인된 지수일 것 　㉡ 성과를 공정하고 명확하게 보여줄 수 있는 지수를 사용할 것 　㉢ 검증 가능하고 조작할 수 없을 것
기준을 초과하는 재산상의 이익 제공 및 수령 금지	• 수익자 또는 거래상대방에게 신탁상품의 판매와 관련하여 금융위가 고시하는 기준을 초과하여 직접 또는 간접으로 재산상의 이익을 제공하거나 제공받는 행위 금지 ※ 금융위가 고시하는 기준 : 제공하거나 제공받는 금전 · 물품 · 편익 등의 범위가 일반인 통상적으로 이해하는 수준에 반하지 않는 것
신탁업겸영 투자중개업자의 다른 수수료부과 금지	• 신탁업무와 투자중개업무가 결합된 자산관리계좌를 운용하는 경우 신탁보수 외에 위탁매매수료 등 다른 수수료를 부과하는 행위 금지 • 단, 투자자의 주식 매매 지시 횟수가 합의된 기준을 초과하는 경우 신탁보수를 초과하여 발생한 위탁 매매 비용은 실비 범위 내에서 청구 가능
신탁재산의 운용내역통보의무	• **매 분기별 1회 이상** 신탁재산의 운용내역을 통지(특정 금전신탁은 제외) • 단, 투자자가 서면으로 수령을 거절하거나 **수탁고가 10만 원 이하**인 경우는 제외
실적배당신탁의 수익률 공시 기준	• 실적배당신탁상품에 대하여 매일의 배당률 또는 기준가격을 영업장에 게시 • 배당률 또는 기준가격을 참고로 표시하는 경우에는 장래의 금리 변동 또는 운용실적에 따라 배당률 또는 기준가격이 변동될 수 있다는 사실을 기재 • 하나의 배당률로 표시하는 경우 : **전월 평균 배당률**로 기재 • 하나 이상의 배당률로 표시하는 경우 : **최근 배당률부터** 순차적으로 기재
기타 금지행위	• 일반투자자 대우를 받겠다는 전문투자자의 요구에 정당한 사유 없이 동의하지 않는 행위 금지 • 신탁 계약조건 등을 정확하게 공시하지 않는 행위 금지

CHAPTER 02

출제예상문제

01 신탁에 대한 설명으로 옳지 않은 것은?

① 신탁을 설정하는 자를 '위탁자', 신탁을 인수하는 자를 '수탁자'라 한다.

② 대부분의 신탁은 수익자와 수탁자 간의 신탁계약에 의해 설정되는 것이 일반적이다.

③ 위탁자는 재산을 이전하거나 담보권을 설정하는 방식으로 신탁 설정을 할 수 있다.

④ 수익자는 위탁자 본인이 될 수도 있고, 위탁자가 지정하는 제3자가 될 수도 있다.

해설 | 신탁은 단독행위(유언, 신탁선언)에 의해서도 설정이 가능하나 대부분의 경우 위탁자와 수탁자 간의 신탁계약에 의해 설정되는 것이 일반적이며, 수익자는 실제 신탁계약의 당사자는 아니나 계약의 효력이 미친다.

02 신탁재산의 법적 특성에 대한 설명으로 옳은 것은?

① 신탁을 설정하게 되면 신탁재산의 소유자 및 권리자는 위탁자에서 수탁자로 변경되어 수탁자는 실질적 재산의 소유자가 된다.

② 신탁이 존속하는 동안에는 수익자의 채권자라고 할지라도 신탁재산에 대하여는 강제집행을 할 수 없다.

③ 위탁자나 수탁자에게 채권을 가지고 있는 자라 할지라도 어떠한 경우라도 신탁재산에 대하여 강제집행, 담보권 실행 등을 위한 경매, 보전처분, 국세 등 체납처분을 할 수 없다.

④ 신탁재산은 수탁자가 사망하거나 파산하는 경우 상속재산이나 파산재산에 포함된다.

해설 | ① 신탁을 설정하게 되면 수탁자는 법률적, 형식적으로 수탁자가 신탁재산의 권리자이며, 수익자를 위하여 그 신탁재산을 소유한 것일 뿐이다. 즉, 신탁재산은 수탁자의 명의로 되어 있더라도 수탁자의 고유재산과 독립된 재산으로 수탁자의 재산이 아니다.

③ 신탁 설정 전 이미 저당권이 설정된 경우, 신탁 설정 후 수탁자가 신탁사무 처리를 하면서 저당권을 설정하여 준 경우에는 신탁재산일지라도 강제집행이 가능하다.

④ 신탁재산은 수탁자의 명의로 되어 있더라도 고유재산과 독립된 자산으로 상속재산과 파산재산에 포함되지 않는다.

03 신탁에 대한 내용 중 거리가 먼 것은?

① 신탁은 실적배당원칙에 따라 어떠한 경우에도 원금을 보장하지 않는다.

② 투자일임은 투자자별 투자재산을 구분하여 운용한다는 점에서 신탁과 유사하다.

③ 종업원의 퇴직연금 수급권을 보장하기 위하여 신탁이 활용된다.

④ 여러 투자자의 재산을 집합하여 운용하는가, 투자자별로 구분하여 운용하는가에 따라 집합투자와 신탁으로 구분된다.

해설 | 연금신탁은 예외적으로 원금 보장과 예금자 보호가 가능하다.

04 다음 중 신탁재산의 법적 특성 및 기본원칙에 대한 설명으로 적절하지 않은 것은?

① 신탁재산에 대하여는 강제집행, 담보권 실행을 위한 경매, 보전처분 또는 국세 등 체납처분을 할 수 없다.

② 신탁재산은 수탁자의 상속재산 및 수탁자의 파산재산에 속하지 않는다.

③ 수탁자는 신탁사무를 처리함에 있어 항상 위탁자를 위하여 처리하여야 한다.

④ 신탁재산에 손실이 발생한 경우 모두 수익자에게 귀속되는 것이 원칙이다.

해설 | 충실의무란 수탁자가 신탁사무를 처리함에 있어 항상 수익자를 위하여 처리하여야 한다는 의무이다.

SECTION 02 | 신탁상품별 상세 내용

05 특정금전신탁상품의 대한 설명으로 바르지 못한 것은?

① 단기운용신탁의 특성상 최저가입금액이 보통 1천만 원 이상으로 다른 금융상품에 비해 높은 편이다.

② 위탁자가 본인이 아닌 제3자를 수익자로 지정한 경우에는 증여세가 부과될 수 있다.

③ 위탁자는 자본시장법에서는 신탁재산인 금전을 어떠한 자산으로도 운용할 수 있다.

④ 고객의 Needs에 따라 무한한 상품개발이 가능하다.

해설 | 위탁자는 신탁관계법령에서 금지하고 있지 않는 한, 어떠한 자산으로도 운용할 수 있다. 단, 자본시장법에서는 신탁재산인 금전을 보험상품으로 운용하는 것을 원칙적으로 금지하고 있다.

06 다음 중 특정금정신탁에 대한 설명으로 옳지 않은 것은?

① 최저가입금액에 대한 법령상의 제한을 두어 일정 금액 이하의 투자자의 가입을 제한하고 있다.

② 신탁계약 체결 시 수익자를 특별히 지정하지 않으면, 위탁자 본인이 수익자가 된다.

③ 신탁자는 신탁재산을 위탁자인 고객이 지시하는 대로 운용한 후 실적 배당한다.

④ 신탁기간 만료 이전에도 해지가 가능하나 소정의 중도수수료가 부과된다.

해설 | 최저가입금액이 1천만 원 이상으로 다른 금융상품에 비하여 높은 편이나 이는 신탁회사별로 별도 정하는 것이며 최저가입금액에 대한 법령상에는 별도의 제한을 두지 않는다.

정답 ▶ 01 ② 02 ② 03 ① 04 ③ 05 ③ 06 ①

07 특정금전신탁에 대한 설명으로 옳은 것은?

① 위탁자가 지정한 방법대로 운용할 수 없는 잔액이 있는 경우 만기 10일 이내의 단기자산으로 운용할 수 있다.

② 신탁기간이 종료되기 전에는 해지가 불가하므로 유동성 문제를 고려하여 운용하여야 한다.

③ 특정금전신탁을 통해 다른 펀드에 재투자하는 재간접투자상품으로 운용하는 것을 금지하고 있다.

④ 고객과 신탁회사의 합의에 의하여 일정 기준의 수익을 초과하는 수익의 일부를 수익보수로 취득할 수 있다.

해설 | ① 위탁자가 지정한 방법대로 운용할 수 없는 잔액이 있는 경우 만기 1일 이내의 단기자산으로 운용할 수 있다.
② 신탁기간이 종료되기 전에는 중도해지가 가능하나 소정의 중도환매수수료가 부과된다.
③ 특정금전신탁을 통해 다른 펀드에 재투자하는 재간접투자상품으로 운용할 수 있다.

08 특정금전신탁에 대한 설명으로 적절하지 않은 것은?

① 특정금전신탁은 하루만 가입할 수도 있고 10년을 가입할 수도 있다.

② 위탁자가 본인이 아닌 제3자를 수익자로 지정한 경우에는 증여세가 부과될 수 있다.

③ 운용지시는 고객 본인이 투자판단에 따라 직접 결정해야 하며, 신탁회사에게 투자판단의 일부나 전부를 위임하거나 투자조언을 구할 수 없다.

④ 중도해지를 신청하더라도 운용 중인 자산의 종류 및 상태에 따라 중도해지가 제한될 수 있으며, 운용자산의 처분과정에서 일부 손실이 발생할 수도 있다.

해설 | 특정금전신탁이라 하더라도 필요에 따라 신탁회사에게 투자판단의 일부나 전부를 위임할 수 있다.

09 연금저축신탁에 대한 설명으로 옳지 않은 것은?

① 2018년부터는 신규 판매가 중지되어 해당 상품의 신규 가입과 기존 가입자의 추가 납입이 제한되었다.

② 국내에 거주하는 외국인도 가입대상에 해당한다.

③ 실적배당 상품이나 원본은 신탁업자가 보장한다.

④ 연금소득세는 적립기간 중 세액공제를 받은 납입액과 신탁의 이익에 대하여 과세한다.

해설 | 2018년부터는 신규 판매가 중지되어 기존 가입자에 대한 신뢰 보호를 위해 추가 납입에 대해서는 인정하고 있다.

10 연금저축신탁에 대한 설명으로 옳은 것은?

① 연간납입액 중 600만 원 한도로 13.2%(지방세 포함) 세액공제를 받을 수 있다.

② 연간 1,800만 원 이내에서 1인 1계좌의 형태로 개설이 가능하다.

③ 적립기간은 10년 이상 연 단위로 결정하며, 반드시 고객의 연령이 만 55세 이후가 되는 때까지로 정하여야 한다.

④ 연금소득금액이 연간 1,500만 원을 초과하는 경우 종합소득세로 확정신고를 해야 한다.

해설 | ② 전 금융기관을 합산한 금액으로 연간 1,800만 원 이내에서 1인 다계좌의 개설이 가능한 상품이다.
　　　③ 적립기간은 5년 이상 연 단위로 결정하며, 반드시 고객의 연령이 만 55세 이후가 되는 때까지로 정하여야 한다.
　　　④ 연금소득금액이 연간 1,500만 원을 초과하는 경우 종합과세와 분리과세 중 택할 수 있다.

11 다음 중 연금저축신탁의 세제적용에 대한 내용 중 옳지 않은 것은?

① 세액공제와 이자소득세의 비과세 혜택이 부여된다.

② 연금소득세가 부여되나 연금 수령 시까지 과세가 이연되는 절세효과가 있다.

③ 종합소득금액이 4,500만 원 이하인 경우에는 13.2% 세액공제 혜택을 받는다.

④ 연금 수령 한도 외일 경우 기타소득세 16.5%로 부과된다.

해설 | 종합소득금액이 4,500만 원 이하인 경우에는 연간납입액 중 600만 원 한도로 16.5% 세액공제 혜택을 받는다.

12 신탁상품에 대한 설명으로 옳은 것은?

① 금전신탁에는 특정금전신탁, 불특정금전신탁, 금전채권신탁이 있다.

② 금전채권신탁은 주로 추심관리를 목적으로 이용된다.

③ 부동산신탁은 부동산신탁을 전문적으로 취급하는 부동산신탁회사만 취급하고 있다.

④ 종합재산신탁은 금전 및 금전 외 재산을 하나의 계약으로 포괄적으로 설정하는 신탁이다.

해설 | ① 금전신탁에는 자산의 운용권한에 따라 특정금전신탁, 불특정금전신탁으로 분류되며, 금전채권신탁은 재산신탁의 대표적 상품이다.
　　　② 금전채권신탁은 주로 추심관리를 목적보다 금전채권신탁의 수익권을 제3자에게 양도함으로써 자금을 조달하는 자산유동화 목적으로 주로 이용된다.
　　　③ 부동산신탁은 부동산신탁을 전문적으로 취급하는 부동산신탁회사가 주로 취급하지만 은행, 증권 등의 신탁 겸영금융회사에서도 많이 취급하고 있다.

13 다음에서 설명하는 부동산신탁의 종류는?

> • 신탁회사가 사업의 시행자가 되어서 개발사업을 진행하지만, 자금조달과 실질적인 사업진행은 위탁자가 책임지는 상품
> • 사업 실패 시 신탁회사의 위험부담을 경감하면서 위탁자의 도산 시에도 계속 사업을 진행할 수 있는 장점이 있음

① 담보신탁   ② 관리형 개발신탁

③ 개발신탁   ④ 처분신탁

해설 | 관리형 개발신탁에 대한 설명이다.

SECTION 03 | 신탁상품의 판매

14 신탁상품의 단계별 투자권유절차에 대한 내용으로 옳지 않은 것은?

① 투자자 정보를 제공하지 않으면 일반투자자로서 보호를 받을 수 없다는 점을 통지하였음에도 불구하고 자신의 정보를 제공하지 않은 고객에 대하여는 그 거부 의사를 서면으로 확인받은 후 신탁상품의 판매를 권유할 수 있다.

② 비지정형 특정금전신탁의 경우 고객이 자신의 성향보다 위험도가 높은 신탁상품에 투자하고자 하는 경우에 위험성을 고객에게 알리고 서명 등의 방법으로 고지 사실을 확인한 후에 계약을 체결하여야 한다.

③ 전문투자자에 대해서는 투자권유절차를 생략할 수 있으나, 상품설명서 및 상담확인서는 징구하여야 한다.

④ 신탁회사는 고객이 수령을 거절하지 않은 경우 매 분기 1회 이상 주기적으로 자산운용보고서를 작성 · 제공하여야 한다.

해설 | 비지정형 특정금전신탁의 경우 고객이 자신의 성향보다 위험도가 높은 신탁상품에 투자하고자 하는 경우에 위험성을 고객에게 알리고 서명 등의 방법으로 고지 사실을 확인한 후에 계약을 체결할 수 없다.

15 특정금전신탁의 경우 추가적으로 설명해야 할 사항이 아닌 것은?

① 위탁자가 금전의 운용방법을 지정하고, 신탁회사는 지정된 운용방법에 따라 신탁재산을 운용한다는 사실

② 위탁자는 재산의 운용방법을 변경지정하거나 계약 해지를 요구할 수 있으며, 신탁회사는 특별한 사유가 없는 한 응할 의무가 있다는 사실

③ 신탁의 중도해지방법, 중도해지제한, 중도해지 수수료에 관한 사항

④ 운용내역 및 평가가액을 위탁자가 조회할 수 있다는 사실

해설 ㅣ 신탁의 중도해지방법, 중도해지제한, 중도해지 수수료 관한 사항은 위탁자에게 알려야 하는 주요 사항이다.

16 비지정형 금전신탁상품의 투자권유에 대한 특칙에 대한 내용으로 거리가 먼 것은?

① 신탁회사는 하나 이상의 자산배분 유형군을 마련하여야 하며, 하나의 자산배분 유형군에는 둘이상의 세부 자산배분 유형으로 구분하여야 한다.

② 투자자의 유형별 위험도를 초과하지 않는 범위 내에서만 신탁재산의 운용에 투자자가 개입할 수 있다는 사실을 계약을 체결하기 전에 투자자에게 설명해야 한다.

③ 분산투정규정이 없을 수 있어 변동성이 집합투자기구 등에 비해 커질 수 있다는 사실을 계약을 체결하기 전에 투자자에게 설명해야 한다.

④ 일반투자자의 경우 투자권유 여부와 상관없이 투자자가 보유하고 있거나 보유하려는 위험회피 대상에 대하여 미래에 발생하는 경제적 손실을 줄이기 위한 거래를 하는 경우에 한하여 거래를 할 수 있다.

해설 ㅣ 장외파생상품이 포함된 신탁상품에 대한 특칙에 대한 내용이다.

17 신탁상품의 판매 관련 불건전 영업행위에 관한 설명으로 거리가 먼 것은?

① 별도로 금융투자상품인 신탁상품에 대해서는 금융투자상품을 투자권유를 할 때 금지되는 부당한 권유행위 역시 준수하여야 한다.

② 투자자를 유형화하여 운용할 경우 반드시 각 유형별 가중평균수익률과 최고, 최저 수익률을 함께 제시하여서는 안 된다.

③ 운용대상이 사전에 정해져 있거나 운용지시가 정형화되어 있는 특정금전신탁 상품의 안내장이나 상품설명서를 영업점에 비치하거나 배포하는 등의 방법으로 불특정 다수의 투자자에게 홍보하는 행위를 해서는 안 된다.

④ 특정 또는 불특정 다수에 대하여 정보통신망을 이용하거나 상품안내장 등을 배포하여 명시적으로나 암시적으로 예정수익률을 제시하는 행위를 하여서는 안 된다.

해설 ㅣ 투자자를 유형화하여 운용할 경우 반드시 각 유형별 가중평균수익률과 최고, 최저 수익률을 함께 제시하지 않는 행위가 금지된다.

정답 ▶ 13 ② 14 ② 15 ③ 16 ④ 17 ②

18 신탁상품의 판매 관련 불건전 영업행위에 관한 설명으로 거리가 먼 것은?

① 투자광고 시 여러 신탁계좌의 평균수익률을 제시하여야 한다.

② 신탁업자는 수익률을 적용하는 상품에 대하여 하나 이상의 배당률로 표시하는 경우에는 최근 배당률부터 순차적으로 기재하여야 한다.

③ 투자자가 서면으로 수령을 거절하는 의사표시를 한 경우에는 신탁재산의 운용내역을 통지하지 아니한다.

④ 일반투자자 대우를 받겠다는 전문투자자의 요구에 정당한 사유 없이 동의하지 않는 행위가 금지된다.

해설 | 투자광고 시 특정 신탁계좌의 수익률 또는 여러 신탁계좌의 평균수익률을 제시하는 행위가 금지된다.

19 성과보수를 수취하는 경우 금융위원회가 정한 성과에 연동되는 기준지표의 요건에 해당하지 않는 것은?

① 증권시장 또는 파생상품시장에서 널리 사용되는 공인된 지수일 것

② 적용되는 자산의 바람직한 운용상을 표현하고 있는 지수일 것

③ 성과를 공정하고 명확하게 보여줄 수 있는 지수를 사용할 것

④ 검증 가능하고 조작할 수 없을 것

해설 | 벤치마크의 조건에 대한 내용이다.

20 신탁상품의 판매 관련 불건전 영업행위에 관한 설명으로 거리가 먼 것은?

① 기준을 초과하는 재산상의 이익 제공 및 수령이 금지된다.

② 매 반기별 1회 이상 신탁재산의 운용내역을 통지하여야 한다.

③ 투자자의 주식 매매 지시 횟수가 합의된 기준을 초과하는 경우 신탁보수를 초과하여 발생한 위탁매매 비용은 실비 범위 내에서 청구할 수 있다.

④ 운용지시가 정형화되어 있어 사실상 위탁자가 운용방법을 지정하기 곤란한 특정금전신탁의 경우에는 상품의 안내장이나 상품설명서를 영업점에 비치하거나 배포하는 등의 방법으로 불특정 다수의 투자자에게 홍보하는 행위는 금지된다.

해설 | 신탁업자는 매 분기별 1회 이상 신탁재산의 운용내역을 통지(특정금전신탁은 제외)하여야 한다. 단, 투자자가 서면으로 수령을 거절하거나 수탁고가 10만 원 이하인 경우는 제외된다.

투자관리

SECTION 01 | 자산배분과 투자관리

1. 투자관리의 핵심 솔루션 '자산배분'

투자관리란?	• 기대수익을 증가시키고 투자위험을 줄이기 위하여 합리적 투자대상을 선택하고 이를 매입하거나 보유 또는 매각하는 일련의 투자과정을 효율적으로 관리 · 운용하는 것 • 투자관리의 핵심 : **안전성**과 **수익성 고려**하여 성격이 다른 여러 가지 투자자산에 대하여 투자자금을 효율적으로 배분하여 투자목표를 설정하는 것
투자관리의 일차적 3가지 직면 과제	① 분산투자(자산배분)의 방법 ② 개별종목 선택 ③ 투자시점의 선택 ※ 이 중 투자관리에 근간이 되는 것은 자산배분과 종목선정의 문제
투자관리 방식	자산배분과 종목선정 중에 어느 것을 먼저 하는가에 따라 **성과의 차이**가 크며 상대적으로 상향식의 투자성과가 저조함 ① **상향식(bottom up)** : 자산배분은 종목선정 후에 수동적으로 결정되는 방식(대부분) ② **하향식(top down)** : 자산배분이 이루어진 다음에 종목을 선정하는 방식
통합적(하향식) 투자관리 과정	• 1단계 : 투자목표를 설정하고 사전 투자분석 실시 • 2단계 : 자산배분 실시(전략적 관점) • 3단계 : 개별종목 선택(전술적 관점) • 4단계 : 포트폴리오 수정과 투자성과의 사후통제

2. 자산배분

자산배분이란?	기대수익률과 위험수준이 다양한 여러 자산집단을 대상으로 투자자금을 배분하여 최적의 자산 포트폴리오를 구성하는 일련의 투자과정
종류	• **장기적** 관점 자산배분 : **최소의 위험**으로 중장기 투자자의 재무목표에 맞는 자산 포트폴리오를 구성하는 의사결정과정 • **단기적** 관점 자산배분 : 수익률을 제고하기 위하여 자본시장 변동을 반영하여 자산집단의 구성비율을 **적극적**으로 변경하는 행위 • 이종 간 자산배분 : 자본시장의 흐름에 **각기 다른 반응**을 보이는 자산을 대상으로 배분 • 동일자산 간 배분 : 자본시장 변동에 **동일한 반응**을 보이는 자산 내에서 배분(포트폴리오 전략)
필요성	• 포트폴리오 수익률의 절대적 부분이 자산배분전략에 의하여 결정 • 단기적으로 자산별 움직임을 정확히 예측하는 것은 어려우므로, 장기적인 자산구성에 변경을 통해 중장기적인 수익률 획득에 중점

**중요성이
부각되는 이유**
	① 투자대상자산군이 증가
	② 투자위험에 대한 관리 필요성이 증대
	③ 투자수익률 결정에 자산배분 효과가 절대적인 영향력을 미침(자산배분이 91.5% 차지)
	※ 시장예측이나 증권선택이 총수익률에 미치는 영향력이 낮은 이유
	  • 자산시장의 높은 변동성을 지속적으로 추적하기가 어려움
	  • 거래비용의 발생이 마이너스 요인으로 작용

1. 자산배분 FLOW

자산배분과정	계획(Plan) – 실행(Do) – 평가(See)의 3단계 활동이 긴밀하게 연결된 의사결정체계
자산배분 : ①~⑤와 같은 기능을 지속적으로 반복하는 과정	① 고객성향 파악 : 고객의 투자목적, 제약조건, 선호도 인식 등(고객의 특성)을 파악하고 가공하여 투자정책을 명확히 하는 과정 ② 경제, 사회, 정치, 산업, 기업의 상황 변화에 따른 자본시장을 예측하고 자산집단의 기대수익률과 위험을 측정하여 자산배분 전략 수립의 기초자료로 사용 ③ 고객의 성향과 자본시장 예측치를 결합하여 최적의 자산배분 결합 • 전략적 자산배분과 전술적 자산배분 중 최적의 전략을 선택하여 실행 • 자산배분 모델을 택하여 자산집단 간의 비중을 정함 ④ 시장상황, 자산의 상대적 가치, 투자자 환경 등 변수의 변화에 대한 모니터링을 반영하여 리밸런싱 또는 업그레이딩 실시 ⑤ 자산배분전략에 따라 투자를 집행하고, 주기적으로 투자성과를 측정하고 평가

2. 계획 단계(Plan)

(1) 투자목표의 설정

재무목표 설정		• 투자목표를 설정하기 **전에** 투자자의 재무목표를 설정 • 물가상승률을 고려하여 재무적 목표금액과 목표달성 시기를 명확히 하여야 함
투자목표 설정 제약조건	투자시계	• 현재 결정은 얼마간 지속될 것인가? • 투자성과는 언제 거두고자 하는가? • 장기투자인가, 단기투자인가?
	위험수용도	• 위험은 어느 정도까지 수용할 수 있는가? • 투자원본을 잃을 가능성은 어느 정도까지 감내할 수 있는가?
	세금 관계	면세, 종합금융소득세가 적용되는가?
	법적 규제	투자비율의 제한, 소형주에 대한 투자금지가 적용되는가?
	투자자금의 성격	• 단기자금을 잠시 융통하는가? • 새로운 자금의 계속적 유입이 있는가?
	고객의 특별한 요구사항	중도 유동성 요구액
	투자목표	• 어느 정도 투자수익을 기대하는가? • 수익성, 안정성, 환금성에 대한 투자 기본방침 수립

(2) 고객 성향 파악

고객 성향 파악이란?	고객의 특성을 파악하여 투자정책을 수립하는 과정을 의미
파악 방식	고객의 요구사항을 파악하는 과정을 표준화하고 효과적으로 만들어야 하므로 **고객질문서, 대화방법 등을 이용**
필요 정보	• 투자목표, 자산운용의 제약 요건, 선호도 등 • 자산배분 전에 고객과 명확히 소통하여야 함

(3) 자본시장 예측

① 자산배분 전략 수립 시 기초자료로 사용하는 기능을 의미 : 각종 경제상황과 경제변수를 규명하여, 자산 집단의 기대수익률에 영향을 주는 변수들을 규명하고 미래 수익률을 예측하거나 변수 간의 상관관계를 파악하는 활동을 의미
② 예측의 정확성을 제고하기 위해 국내뿐만 아니라 해외 경제나 산업에 관한 정보가 필요
③ 사전적인 정보수집(리서치센터, 경제연구소 등 이용)과 투자분석의 과정이 필요

(4) 투자분석

투자가치의 평가			• 자산집단들의 투자가치를 기대수익과 위험의 두 가지 요인만 고려하여 평가 • 기대수익과 위험을 측정이 가능할 경우 기대수익이 동일하다면 위험이 작은 자산집단의 비중을 확대하고, 위험이 동일하다면 기대수익이 자산집단의 비중을 확대함으로써 최적의 자산배분이 가능
기대수익률 측정	추세 분석법		• 자산집단의 과거 장기간 수익률을 분석하여 미래의 수익률로 사용하는 방법 • 한국처럼 자본시장의 역사가 짧은 경우 사용이 어려움
	시나리오 분석법		• 여러 가지 경제변수의 상관관계를 고려하여 시뮬레이션함으로써 수익률을 추정하는 방법 • 주요 거시경제변수의 예상 변화과정을 시나리오로 구성하고 각각의 시나리오별로 발생확률을 부여하여 자산의 기대수익률을 측정하는 방법 • 미래 각 상황별로 발생 가능한 수익률에 그 상황이 발생한 확률을 곱한 다음 이것의 합으로 계산 • 실제 실현수익률과 기대수익률과 다른 것이 일반적(즉, 실현되지 않을 위험 고려)
	펀더멘털 분석법		• 과거의 자료를 바탕으로 하되 미래의 발생상황에 대한 **기대치(리스크 프리미엄)**를 추가하여 수익률을 예측하는 방법 • 회사채기대수익률=무위험이자율+신용리스크프리미엄+잔존만기리스크프리미엄 • 주식기대수익률=무위험이자율+주식시장위험프리미엄 • 무위험이자율은 **3년 만기** 국고채수익률 사용 가능
	시장 공동 예측치 사용법		• 시장 참여자 간에 공통적으로 가지고 있는 미래 수익률에 대한 추정치를 사용하는 방법 • 주식 기대수익률 : 배당평가모형, 현금흐름모형 등 사용 • **채권** 기대수익률 : **채권수익률 곡선**에서 추정
		※ 주식의 기대수익률 측정 방법	
		1/PER	• PER의 역수 • PER=주가(P)/주당순이익(EPS)
		배당수익률+EPS 장기 성장률	• 미래의 예측치를 사용한다는 점에서 기대수익률 측정에 가장 부합 • EPS 장기 성장률은 전략적 자산배분의 경우 미래 3년 또는 미래 5년 평균을, 전술적 자산배분의 경우 미래 1년치를 사용하는 것이 바람직
위험 측정	위험이란?		• 미래의 불확실성 때문에 투자로부터 발생할 것으로 예상되는 손실 가능성 • 미래 기대수익률의 분산 또는 투자수익의 변동 가능성 • 기대한 투자수익이 실현되지 않을 가능성 • 실제 결과가 기대 예상과 다를 가능성
	분산도 (위험의 정도)		• 범위=최대치−최소치 • 분산$(\sigma^2)=\sum [r_i - E(R)]^2 \times p_i$ • 표준편차$(\sigma)=\sqrt{\sum [r_i - E(R)]^2 \times p_i}$ • 변동계수$(CV)=\sigma/E(R)$

위험 측정	측정 방법	• **분산** 혹은 **표준편차**를 이용하는 것이 합리적 • 분산은 발생 가능한 수익률의 평균수익률로부터의 **편차의 제곱**들을 평균한 값으로 변동성의 크기를 측정한 값 • $\sigma^2 = \sum [r_i - E(R)]^2 \times p_i$
	정규분포 신뢰구간	• Z=1일 때 (평균)±1×표준편차 : 68.27% • Z=2일 때 (평균)±2×표준편차 : 95.54% • Z=3일 때 (평균)±3×표준편차 : 99.97%

(5) 벤치마크 선정

의의	• 자산집단의 투자성과와 위험도를 측정하기 위해서 **사전에** 벤치마크를 설정하는 것이 필요 • 운용성과와 위험을 측정할 때 기준이 되는 구체적인 포트폴리오 • 평가기준인 동시에 특별 정보가 없는 경우 바람직한 포트폴리오 • 자산운용자의 운용계획을 표현하는 수단 • 투자자와 커뮤니케이션 수단
3가지 조건	① 벤치마크 운용 전에 구체적인 내용을 명확히 할 것(사전에 정의, 명확성) ② 벤치마크의 운용성과를 운용자가 추적하는 것이 가능할 것(측정 · 투자 가능성) ③ 적용되는 자산의 바람직한 운용상을 표현하고 있을 것(적합성)

자산집단	벤치마크
국내주식	KOSPI 또는 KOSPI200
해외주식	MSCI ACWI
대안투자	Reuters Jefferies CRB+FTSE EPRA NAREIT Global Index
채권	KRX 채권 종합지수
예금	**3년** 정기예금 금리
단기금융상품	CD **91일물**

위 표의 좌측 라벨: **종류 (예시)**

※ 상기의 벤치마크는 실제 사용되는 사례를 제시한 것으로 자산집단을 가장 잘 표현할 수 있는 다른 지수를 **별도로** 만들어 벤치마크로 사용 가능

(6) 자산배분 전략

	투자관리 전략	**증시의 효율성**	위험부담	정보수집 · 분석의 노력과 비용부담	타이밍 고려
투자전략 기준 선택	전술적(적극적) 전략	**비효율적**	일정한 위험수준에 상응하는 투자수익 이상의 **초과수익** 추구	높음	단기
	전략적(소극적) 전략	**효율적**	**시장 평균 수준의 투자수익**을 얻거나 투자위험을 최소화	낮음	중장기
자산배분 모델 선택	• 구체적인 투자자산의 **투자비중을 결정하는 과정** • 모델을 이용하는 이유 : **일관성과 객관성** 확보 가능 • 블랙리터만의 자산배분 모델, 마코위츠의 평균－분산 모델이 주로 이용				

(7) 투자정책(서)

① 투자기간의 수익률 목표와 투자기간을 고려한 위험 허용도, 유동성, 세금 규제 등 특별한 사항들을 반영한 명문화된 문서를 의미
② 투자자가 원하는 투자지침에 따라 자산배분을 시행하는 것을 의미하며 고객과 운용대상 및 운용방법에 대해 사전에 명확히 하여야 함(포괄적인 투자 가이드라인)

3. 실행 단계(Do)

(1) 자산배분 자산집단의 선정

기본적 성격		• **분산 가능성** : 자산집단 내에 분산투자가 가능하도록 충분히 많은 개별증권이 존재해야 함 • **독립성** : 하나의 자산집단은 다른 자산집단과 **상관관계가 충분히 낮아야** 분산투자 시 위험 감소효과가 있어야 함
기본적 자산집단	이자지급형 자산	• 금융기관이나 채권 발행자에게 자금을 빌려주고 대가로 지급하는 이자수익을 주목적으로 하는 자산 • 단기금융상품, 예금, 채권
	투자자산	• 투자수익이 확정되어 있지 않고, 투자성과에 따라 수익이 달라지는 자산 • 높은 변동성으로 이자자산보다 수익과 손실이 큼 • 국내주식, 해외주식, 대안투자
종류	자산집단	세부 자산
	국내주식	대형주 – 소형주, 가치주 – 성장주, 테마주, ETF, 국내 펀드
	해외주식	대형주 – 소형주, 가치주 – 성장주, 테마주, ETF, 해외 펀드
	대안투자	부동산펀드, REITs, 곡물 · 원자재 등 상품 펀드, 파생상품 등
	채권	• 단기, 중기, 장기채권 • 국채, 회사채 • 신용등급별 채권(우량채, 정크본드) • 각종 신종채권, 외국채권
	예금	정기예금, 정기적금
	단기금융상품	요구불예금, 콜론, 어음, MMF, CMA, 기타 현금성 자산

(2) 투자 실행

4. 평가 단계(See)

(1) 투자변수에 대한 모니터링

① 끊임없이 변화하는 고객성향과 자본시장의 여건변화를 자산배분전략에 반영
② 모니터링은 지속적으로 하되, 단기적인 변화에 대응한 잦은 전략변경은 거래비용과 초과 수익기회를 놓칠 위험이 존재하므로 전략의 실제 반영에 대해 전략적 자산배분은 3년간의 중장기적 관점에서 접근하며, 대개 **6개월**의 간격을 두고 전략을 반영하고, 전술적 자산배분은 **1개월** 단위로 변화를 자산배분에 반영

(2) 자산배분 전략 수정

의의	미래의 투자 상황의 예측이 잘못되었거나, 새로운 상황의 전개로 인하여 기존 자산배분 포트폴리오를 개편해 나가는 것	
수정 방법	**리밸런싱**	• 상황 변화가 있을 경우 자산포트폴리오가 갖는 원래의 특성을 그대로 유지하고자 하는 것 • 자산집단의 상대가격 변동에 따른 투자비율의 변화를 원래의 비율로 환원시키는 방법 • 장점 : 자금의 재배분을 통해 자본이득의 가능성이 사라진 주식에서 앞으로 그 가능성이 큰 주식으로 옮겨감
	업그레이딩	• 자산집단의 매입 · 매각을 통해서 업그레이딩을 실행 • 위험에 비해 상대적으로 높은 기대수익을 얻고자 하거나, 기대수익에 비해 상대적으로 낮은 위험을 부담하도록 자산 포트폴리오의 구성을 수정하는 것 • 대부분 큰 손실을 가져다주는 자산을 식별하여 포트폴리오에서 제거하는 방법을 사용

(3) 성과 측정 및 피드백(Feedback)

의의			• 단순한 수익률과 위험의 측정이 아니라 투자성과 전체를 진단함으로써 궁극적으로는 투자목적을 달성할 수 있도록 피드백기능을 수행 • 자산배분을 통해 구성한 자산 포트폴리오의 투자성과를 일정한 척도에 의해 평가하는 중요한 단계
투자수익률 계산방법	단일기간 수익률		단일기간 수익률 = 총투자수익/기초투자액 = [배당 또는 이자 + 시세차익(차손)]/기초투자액
	다기간 수익률	금액가중 수익률 (내부 수익률)	• 서로 상이한 시점에서 발생하는 현금흐름의 크기와 화폐의 시간적 가치가 고려된 평균투자 수익률개념으로 현금유출액의 현재가치와 현금유입액의 현재가치를 일치시켜 주는 할인율을 계산하여 측정 • 기간별 투자금액의 크기와 최종 시점에서의 부의 크기가 고려되는 계산 • 기간별 상이한 **투자금액의 크기**에 가중치가 주어져 **금액가중평균수익률**이라고도 함
		시간가중 수익률 (산술평균 수익률)	• 기간별 단일기간수익률을 모두 합한 다음 이를 관찰 수(기간 수)로 나누어 측정 • 복리로 증식되는 것을 감안하지 않음 • 기간별 투자금액의 크기를 고려하지 않고 **기간에만 가중치**가 주어지므로 **시간가중평균수익률**이라고 함 • **자금운용자가 중도 투자금액이나 현금흐름에 재량권이 없는 경우 더 적절함** • 미래 기대수익률 계산에 적합
		기하평균 수익률	• 중도현금흐름이 재투자가 되어 증식되는 것(복리)을 감안한 평균수익률 계산방법 • 중도 재투자수익률이 변동하는 경우에도 적용 가능 • **중도 현금이 재투자되고 최종 시점의 부의 크기가 감안된 계산방법** • 산술평균수익률보다 합리적 계산방법 • 과거 일정 기간의 투자수익률 계산에 적합

1. 전략적 자산배분 전략

정의		• 투자목적을 달성하기 위해 장기적인 포트폴리오의 자산구성을 정하는 의사결정 • 묵시적으로 투자기간 중 기본적인 가정이 변화하지 않는 이상 포트폴리오의 자산구성을 변경하지 않는 장기적인 의사결정 • 장기적인 자산구성비율과 중기적으로 개별자산이 취할 수 있는 **투자비율의 한계**(분산투자의 상하한선)를 결정
이론적 배경	포트폴리오 이론	• 전략적 자산배분전략의 이론적 토대 • 여러 자산에 분산투자 시 구성자산들의 평균 위험보다 포트폴리오 위험이 낮아진다는 점에 근거
	효율적 포트폴리오	정해진 위험수준하에서 가장 높은 수익률을 달성하는 포트폴리오
	효율적 투자기회선	• 효율적 포트폴리오를 수익률과 위험의 공간에서 연속선으로 연결한 선 • 개별 증권보다 자산집단의 기대수익률과 위험을 대상으로 의사결정

	최적화	• 일정한 위험수준하에서 최대의 기대수익을 달성하도록, 일정한 기대수익률하에서 최소의 위험을 부담하는 자산포트폴리오를 구성하는 것
		• **최적화의 문제점**
		  - (원인) 수익률, 표준편차, 자산 간 상관관계 등 통계추정치의 오류＋추정오차
		  - (결과) 과잉·과소투자, 비효율적 포트폴리오 구성 → 현실적으로 진정한 효율적 투자기회선 규명이 어려움

실행 방법	**시장가치접근법**	• 포트폴리오 내 구성비중을 각 자산이 시장에서 차지하는 **시가총액의 비율과 동일**하게 포트폴리오를 구성하는 방법 • **CAPM(자본자산가격결정모형)이론에 근간**을 둠 • 소규모자금으로 구성하는 경우 **시장 균형 포트폴리오** 형성이 어렵기 때문에 부적절
	위험－수익 최적화방법	• 이론적 최적 포트폴리오의 방법 • 입력변수의 수준변화에 지나치게 민감하다는 단점 존재 **효율적 포트폴리오** 기대수익과 위험 간의 관계를 고려하여 동일한 위험수준에서 최대한으로 보상받을 수 있는 지배원리에 의하여 포트폴리오를 구성 ⇩ **효율적 투자기회선** 기대수익과 위험을 축으로 효율적 투자곡선을 도출 ⇩ **최적 포트폴리오** 효율적 투자곡선과 투자자 **효용함수**가 만나는 **접점**
	투자자별 특수상황을 고려하는 방법	• 운용기관의 위험, 최소 요구수익률, 다른 자산들과의 잠재적인 결합 등을 고려하여 수립하는 투자 전략 • 정형화되기보다 투자자의 요구사항을 고려한 다양한 방법이 존재
	다른 유사한 기관투자관의 자산배분을 모방	• 기관투자자들이 시장에서 실행하고 자산배분을 모방하여 자산을 구성 • 보편화되어 있는 방법

실행 과정	기본 가정		• 장기적인 자본시장 예측치를 사용하므로 중단기적으로는 자산의 기대수익률, 위험, 상관관계가 일정하다고 가정하므로 단기적인 시장상화 변화에 무관한 자산으로 구성하며 사용 자료도 시장 상황 변화에도 불구하고 **재조정하지 않음** • 자본시장의 각종 변수들에 대한 추정치가 고정적이고, 자본시장 상황의 변화에 따 른 투자자의 **위험허용 정도의 변화가 없다고 가정**하므로 현실은 투자자들의 위험 선호는 변화할 수밖에 없으나 위험선호도의 단기적인 변화를 반영하지 않음
	펀드운용자 가치판단 여부	불가	투자자산의 과대 · 과소를 판단할 수 없으므로 투자자산을 그대로 유지
		가능	투자자산의 가치가 균형 가격에서 벗어났다는 사실을 알고 있으므로 구 성자산에 대한 투자비중을 적극적으로 조정해 나가는 전략(전술적 자산 배분전략) 수행 가능

2. 전술적 자산배분 전략

정의			• 시장의 변화 방향을 예상하여 사전적으로 자산구성을 변동시켜 나가는 전략 • 저평가된 자산을 매수하고 고평가된 자산을 매도함으로써 펀드의 투자성과를 높이고자 하는 **적극적**인 전략 • 전략적 자산배분 수립 시점에 세웠던 각종 가정들이 변화함으로써 자산집단들의 상대적 가치가 변화하 는 경우, 투자이익을 획득하기 위해 일정 기간별로 자산 구성을 변경하는 **적극적** 투자 전략 • 펀드운용자가 의사결정자로 **운용자의 책임**하에 투자비중을 **적극적**으로 조정 가능
이론적 배경	**균형가격 산출** **(＝내재가치)**		• 전술적 자산배분은 균형가격 산출에서 출발 • 정확한 균형가격 산출보다 균형가격의 **변화 방향성**을 추정하고 다른 자산과의 **상대적** **가격비교가 더 중요** • 어떠한 모형이나 이론으로도 규명이 어려우므로 주관적인 가격 판단을 활용하는 경우 도 많음
	과잉반응 현상		새로운 정보에 대해 지나치게 낙관적이거나 비관적인 반응으로 인하여 내재가치로부터 상당히 벗어나는 가격착오현상인 과잉반응을 활용하는 전략
	평균반전과정		자산집단의 가격이 단기적으로는 적정가치에서 벗어나지만, 중장기적으로는 내재가치 로 복귀한다는 가정을 이용
	역투자전략		• 시장가격이 **상승(고평가)하면 매도**하고, 시장가격이 **하락(저평가)하면 매수**하여 시장 가격의 움직임과 반대활동을 하는 전략 • 내재가치와 시장 가격 간의 비교를 통해서 실행 • **내재가치는 중장기적이고 변동성이 낮음** • 시장 가격은 변동성이 높음
실행과정	가치평가과정		• 내재가치 변화를 추정하는 가치평가 기능이 중요 • 자산 집단의 기대수익률, 위험, 상관관계의 변화를 중기적으로 예측기능 강조
	투자위험 인내과정 (위험 허용 여부)		• 투자자의 **위험허용치는** 실현수익률이라는 **상황변화에 영향을 받지 않는다고 가정** • 실제로는 실현수익률에 따라 위험 허용도가 증가 또는 감소함 • 시장가격의 상승과 하락에 관계없이 저평가된 자산집단 매수, 고평가된 자산집단 매 도를 지향
실행도구	**가치평가모형**	기본적 분석	주식의 이익할인 · 배당할인 · 현금흐름할인 모형, 채권의 현금흐름할인 모형
		요인모형방식	CAPM, APT, 다변량회귀분석
	기술적 분석		• 자산집단의 가치평가 시 과거 일정 기간 동안의 변화의 모습을 활용하는 방법 • 추세분석, 이동평균으로 계산한 이격도
	포뮬러플랜		• 막연하게 시장과 역으로 투자함으로써 고수익을 지향하고자 하는 전략 • 역투자전략 : 주가가 하락하면 주식을 매수하고, 주가가 상승하면 주식을 매도 • 정률법, 정액법

CHAPTER 03 **출제예상문제**

SECTION 01 ┃ 자산배분과 투자관리

01 다음 중 투자관리의 일차적인 3가지 직면 과제에 해당하지 않은 것은?

① 투자자의 위험 수용도
② 개별종목 선택
③ 투자시점의 선택
④ 분산투자(자산배분)의 방법

해설 ┃ 투자자의 위험 수용도는 투자목표를 설정하기 위한 고려사항일 뿐 투자관리의 직면 과제에는 해당하지 않는다.

02 투자관리에 대한 설명으로 옳지 않은 것은?

① 기대수익을 증가시키고 투자위험을 줄이기 위하여 합리적 투자대상을 선택하고 이를 매입하거나 보유 또는 매각하는 일련의 투자과정을 효율적으로 관리·운용하는 것을 말한다.
② 투자관리에 근간이 되는 것은 자산배분과 종목선정의 문제이다.
③ 많은 경우 투자관리는 자산배분이 이루어진 다음에 종목을 선정하는 방식(하향식)으로 진행되는 경향이 있다.
④ 상대적으로 상향식(bottom up)이 투자성과가 저조한 것으로 알려지고 있다.

해설 ┃ 대부분 종목선정이 먼저 이루어지고, 자산배분은 수동적으로 나중에 결정되도록 하는 상향식 방식으로 진행되는 경향이 있다.

03 통합적 투자관리 과정이 순서대로 바르게 연결된 것은?

> 가. 전략적 관점에서 자산배분을 실시
> 나. 포트폴리오 수정과 투자성과의 사후통제
> 다. 전술적 관점에서 개별 종목 선택
> 라. 투자목표를 설정하고 사전 투자분석 실시

① 라 – 나 – 다 – 라
② 라 – 가 – 다 – 나
③ 라 – 가 – 나 – 다
④ 라 – 다 – 가 – 나

해설 ┃ 통합적 투자관리 과정은 자산배분을 한 다음에 종목 선정을 하는 하향식(top down)의 방법으로 투자성과를 높인다.

정답 ┃ 01 ① 02 ③ 03 ②

04 자산배분에 대한 설명으로 옳지 않은 것은?

① 기대수익률과 위험수준이 다양한 여러 자산집단을 대상으로 투자자금을 배분하여 최적의 자산 포트폴리오를 구성하는 일련의 투자과정을 말한다.

② 개별종목이나 펀드의 선정보다 장기적인 자산배분이 더 중요하다.

③ 자산배분은 단기적으로는 수익률을 제고하기 위하여 자본시장 변동을 반영하여 자산집단의 구성 비율을 적극적으로 변경하는 행위라고 할 수 있다.

④ 장기적인 자산구성의 변경을 통한 중장기적인 수익률은 투자성과가 높지 않으므로, 단기적으로 자산별 움직임을 예측하여 초과수익 획득에 중점을 두고 있다.

해설 | 단기적으로 자산별 움직임을 정확히 예측하는 것은 어려우므로, 장기적인 자산구성의 변경을 통해 중장기적인 수익률 획득에 중점을 두고 있다.

05 자산배분의 중요성이 부각된 이유에 대한 설명으로 적절하지 않은 것은?

① 다양한 상품의 등장으로 투자자들의 투자상품이 다양화됨에 따라 위험을 적절히 분산시킬 필요성이 생겨나게 되었다.

② 국민소득 증가와 금융자산의 확대로 다양한 상품에 자산을 배분할 필요성이 높아졌다.

③ 글로벌 금융시장의 벽이 없어지고, 투자자금의 국가 간 이동이 자율화됨에 따라 국가별 자산에 대한 변동성이 낮아졌다.

④ 높은 변동성을 지속적으로 따라가기가 어렵고 거래비용이 발생하여 수익률에 부정적인 요인으로 작용하기 때문에 시장예측능력과 종목 선택은 총수익률에 미치는 영향도가 낮다.

해설 | 글로벌 금융시장의 벽이 없어지고, 투자자금의 국가 간 이동이 자율화됨에 따라 국가별 자산에 대한 높은 변동성을 줄이기 위한 위험회피 전략으로 자산배분의 필요성과 중요성이 높아지고 있다.

SECTION 03 | 계획(Plan)

06 투자목표 설정 시 고려하여야 할 사항이 바르게 연결되지 않은 것은?

① 투자자금의 성격 – 중도 유동성 요구액
② 위험수용도 – 투자원본을 잃은 가능성은 어느 정도 감내할 수 있는가?
③ 투자시계 – 장기투자인가, 단기투자인가?
④ 투자목표 – 수익성, 안정성, 환금성에 대한 투자 기본방침 수립

해설 | • 투자자금의 성격 : 단기자금을 잠시 융통하는가, 새로운 자금의 계속적 유입이 있는가?
　　　　• 고객의 특별한 요구사항 : 중도 유동성 요구액

07 자산배분 실행에 대한 설명으로 적절하지 않은 것은?

① 자산배분과정은 계획(Plan), 실행(Do), 평가(See)의 3단계 활동이 긴밀하게 연결된 의사결정체
　계이다.
② 고객의 요구사항을 파악하는 과정을 좀 더 표준화하고 효과적으로 만들어야 하므로 고객질문서,
　대화방법 등을 이용하여야 한다.
③ 자본시장예측은 각종 경제상황과 경제변수들을 규명하여, 자신집단의 기대수익률에 영향을 주는
　변수들을 규명하고 미래 수익률을 예측하거나 변수 간의 상관관계를 파악하는 활동을 의미한다.
④ 투자정책은 고객의 특성을 파악하여 투자정책을 수립하는 과정을 의미한다.

해설 | 고객의 특성을 파악하여 투자정책을 수립하는 과정은 고객 성향 파악을 의미하며, 투자정책은 투자자가 원하는
　투자지침에 따라 자산배분을 시행하는 것을 의미한다.

08 다음 내용의 (　　)에 들어갈 말로 적절한 것은?

> 최적의 투자결정이 이루어지 위해서는 자산집단들의 투자가치가 평가되어야 한다. 현대 포트폴리오
> 이론에서는 자산집단들의 투자가치를 (　　)과 (　　)의 두 가지 요인만을 고려하여 평가하고 있다.

① 기대수익, 위험
② 실제수익, 위험
③ 실제수익, 환금성
④ 기대수익, 환금성

해설 | 기대수익과 위험 두 가지 요인만을 고려하여 투자가치를 평가하고 있다.

정답 ▶ 04 ④　05 ③　06 ①　07 ④　08 ①

09 기대수익률 측정방법에 대한 설명으로 적절하지 못한 것은?

① 추세분석법은 미국과 영국처럼 자본시장이 발달하여 장기간의 수익률 자료를 얻을 수 있는 경우에는 사용하기 편한 방법이지만, 한국처럼 자본시장의 역사가 짧은 경우 사용이 어려운 상황이다.

② 시나리오분석법은 주요 거시경제변수의 예상 변화과정을 시나리오로 구성하고 각각의 시나리오별로 발생확률을 부여하여 자산의 기대수익률을 측정하는 방법이다.

③ 펀더멘털 분석법은 과거시계열 자료를 토대로 각 자산별 리스크프리미엄 구조를 반영하는 기법이다.

④ 시장 공동 예측치 사용법은 수익률 곡선을 추정하여 주식의 기대수익률을 측정한다.

해설 | 시장 공동 예측치 사용법은 수익률 곡선을 추정하여 채권의 기대수익률을 측정한다.

10 펀더멘털 분석법에 대한 설명으로 옳은 것은?

① 자산집단의 과거 장기간 수익률을 분석하여 미래의 수익률로 사용하는 방법이다.

② 실제로 해당기간이 지난 후 실현수익률은 기대수익률과 다른 것이 일반적이다.

③ 무위험이자율은 3년 만기 국고채수익률을 사용할 수 있다.

④ 미래의 예측치를 사용한다는 점에서 기대수익률 측정에 부합되는 방법이다.

해설 | ① 추세분석법에 대한 설명이다.
　　　　② 시나리오분석법에 대한 내용이다.
　　　　④ 시장 공동 예측치 사용법에 대한 내용이다.

11 시장 공동 예측치 사용법에 대한 설명으로 옳지 않은 것은?

① 시장 참여자들 간에 공통적으로 가지고 있는 미래 수익률에 대한 추정치를 사용하는 방법이다.

② 주식의 기대수익률은 배당평가모형이나 현금흐름모형 등이 사용된다.

③ 주당순이익이 1,000원이고 주가가 10,000인 경우 PER은 10배로 주식의 기대수익률은 10%이다.

④ EPS 장기 성장률은 전술적 자산배분의 경우 과거 1년치를 사용하는 것이 바람직하다.

해설 | EPS 장기 성장률은 전략적 자산배분의 경우 미래 3년 또는 미래 5년 평균을, 전술적 자산배분의 경우 미래 1년치를 사용하는 것이 바람직하고, 미래의 예측치를 사용한다는 점에서 기대수익률 측정에 가장 부합한다.

12 주식의 기대수익률을 측정하는 방식이 다른 하나는?

① 배당평가모형

② 무위험이자율＋주식시장위험프리미엄

③ PER의 역수

④ 배당수익률＋EPS 장기 성장률

해설 | ②는 펀더멘털 분석법에 의한 주식의 기대수익률 측정방법이고, 나머지는 시장 공동 예측치 사용법이다.

PART
01

PART
02

PART
03

PART
04

PART
05

13 다음의 각 주식의 확률분포표에서 주식 A와 B에 투자비중을 동일하게 투자한 경우 포트폴리오의 기대수익률은?

상황	확률	예상 수익률	
		주식 A	주식 B
호황기	0.4	20%	5%
정상	0.4	10%	10%
불경기	0.2	−15%	15%

① 7%   ② 8%

③ 9%   ④ 10%

해설 | $E(R_A) = 0.4 \times 0.2 + 0.4 \times 0.1 + 0.2 \times (-0.15) = 0.09 \quad \therefore 9\%$

$E(R_P) = 0.5 \times 0.09 + 0.5 \times 0.09 = 0.09 \quad \therefore 9\%$

$E(R_B) = 0.4 \times 0.05 + 0.4 \times 0.1 + 0.2 \times 0.15 = 0.09 \quad \therefore 9\%$

14 펀더멘털 분석방법을 이용하여 자산집단의 기대수익률을 측정하기 위하여 다음과 같은 항목별 추정치를 얻었다. 이때 회사채의 기대수익률로 옳은 것은?

3년 만기 국고채 수익률	신용 위험 프리미엄	잔존만기 위험 프리미엄	주식시장 위험 프리미엄
4.5%	1.5%	1%	4%

① 5.5%   ② 7%

③ 8.5%   ④ 11%

해설 | 회사채의 기대수익률＝무위험수익률＋신용 위험 프리미엄＋잔존만기리스크프리미엄

$\therefore 4.5\% + 1.5\% + 1\% = 7\%$

15 해당 기업의 주당순이익(EPS)이 1,000원이고 주가가 5,000원인 경우 주식의 기대수익률은?

① 5%   ② 20%

③ 25%   ④ 50%

해설 | PER = 주가(P)/주당순이익(EPS) = 5,000/1,000 = 5(배)
　　주식의 기대수익률 = 1/PER = 1/5 = 0.2 ∴ 20%

16 위험에 대한 설명으로 적절하지 않은 것은?

① 표준편차는 발생 가능한 수익률의 평균수익률로부터의 편차의 제곱들을 평균한 값으로 변동성의 크기를 측정한 것이다.

② 투자로 인한 손실 가능성은 투자로부터 예상되는 미래 기대수익률의 분산 정도가 클수록 커지게 된다.

③ 위험을 측정하는 합리적인 방법은 분산 혹은 표준편차를 이용하는 것이다.

④ 미래의 불확실성 때문에 투자로부터 발생할 것으로 예상되는 손실 가능성을 의미한다.

해설 | 분산에 대한 설명이며, 표준편차는 분산의 제곱근이다.
　　※ 분산$(\sigma^2) = \sum[r_i - E(R)]^2 \times p_i$

17 위험의 정도를 미래의 수익률을 이용하여 측정하는 분산도에 해당하지 않는 것은?

① 범위   ② 분산

③ 상관계수   ④ 변동계수

해설 | 상관계수는 자산들 간의 특정한 상관 관계의 정도를 수치적으로 나타낸 계수를 의미하며, 포트폴리오의 위험을 측정하기 위해 필요한 변수이다.

18 표준정규분포를 가정한 경우 신뢰구간이 95%(Z = 2)인 주식의 기대수익률이 15%이고, 표준편차가 10%인 주식의 기대수익률 구간과 예상기대수익률 범위 이상의 수익을 얻을 가능성은?

① 5~25%, 5%   ② −5~35%, 5%

③ 5~25%, 2.5%   ④ −5~35%, 2.5%

해설 | Z = 2일 때 기대수익률의 범위는 '(평균)±2 · 표준편차'이므로 15%±2 · 10% = −5~35%이다. 이는 투자수익률이 −5~35%일 확률이 95%임을 뜻하고, 범위를 벗어날 확률은 5%임을 뜻한다. 정규분포를 가정하므로 −5% 이하로 얻어질 가능성은 2.5%이고, 35% 이상의 수익을 얻을 가능성도 2.5%가 된다.

19 기대수익률[$E(R)$]이 10%이고 분산(σ^2)이 25%인 주식의 변동계수(CV) 측정치는?

① 0.5　　　　　　　　　　　　　② 1.5

③ 2　　　　　　　　　　　　　　④ 2.5

해설 | 변동계수(CV) $= \sigma / E(R)$. 즉, 표준편차/기대수익률 $= \sqrt{25}/10 = 5/10$ ∴ 0.5

20 벤치마크에 대한 설명으로 옳지 않은 것은?

① 자산집단의 투자성과와 위험도를 측정하기 위해서 평가 시점에 벤치마크를 설정하여야 한다.

② 특별 정보가 없는 경우의 바람직한 포트폴리오가 된다.

③ 자산운용자의 운용계획을 표현하는 수단인 동시에 투자자와 커뮤니케이션 수단이 된다.

④ 자산집단을 가장 잘 표현할 수 있는 별도의 지수를 벤치마크로 사용할 수 있다.

해설 | 자산집단의 투자성과와 위험도를 측정하기 위해서 사전에 벤치마크가 설정되어 있어야 한다.

21 벤치마크의 조건에 해당하지 않는 것은?

① 구체적인 내용이 운용되기 이전에 명확할 것

② 자산 유형에 소속된 모든 대상을 종목에 포함시킬 것

③ 벤치마크의 운용성과를 운용자가 추적하는 것이 가능할 것

④ 적용되는 자산의 바람직한 운용상을 표현하고 있을 것

해설 | ②는 벤치마크의 조건에 해당하지 않는다. 벤치마크는 모든 대상뿐만 아니라 특정 분야나 성격만을 포함시킬 수도 있으며, 2개 이상의 지수를 합성하여 사용할 수 있다.

22 자산집단의 성과를 대표할 수 있는 벤치마크 활용 사례가 바르게 연결되지 않은 것은?

① 국내주식 : KOSPI200

② 대안투자 : MSCI ACWI

③ 채권 : KRX 채권 종합지수

④ 예금 : 3년 정기예금 금리

해설 | • 해외주식 : MSCI ACWI
　　　• 대안투자 : Reuters Jefferies CRB + FTSE EPRA NAREIT Global Index
　　　• 단기금융상품 : CD 91일물

정답 ▶ 15 ② 16 ① 17 ③ 18 ④ 19 ① 20 ① 21 ② 22 ②

23 다음 중 전략적 자산배분전략에 대한 설명으로 옳은 것은?

① 소극적인 투자 관리의 방법이다.

② 증시가 비효율적인 것을 전제로 한다.

③ 단기적인 투자 관리이다.

④ 과소 혹은 과대평가된 증권에 투자하여 일정한 위험 수준에 상응하는 투자수익 이상의 초과수익을 추구한다.

해설 | ②~④는 전술적 자산배분전략에 대한 설명이다.

24 다음 중 전술적 자산배분전략에 대한 올바른 설명을 모두 고르시오.

> ㉠ 적극적 투자 관리 전략이다.
> ㉡ 증시가 효율적인 것을 전제로 한다.
> ㉢ 시장 평균 수준의 투자수익을 얻거나 투자위험을 최소화하고자 한다.
> ㉣ 단기적인 투자관리 방법이다.
> ㉤ 정보수집 · 분석의 노력과 비용이 많이 소요된다.

① ㉠, ㉡, ㉣   ② ㉠, ㉢, ㉤

③ ㉡, ㉣, ㉤   ④ ㉠, ㉣, ㉤

해설 | ㉡, ㉢은 전략적 자산배분 전략에 해당한다.

25 최적자산배분에 대한 설명으로 옳지 않은 것은?

① 최종투자비중을 결정할 때 일관성과 객관성을 유지하기 위해서는 모델을 이용한다.

② 어떠한 투자관리방법을 선택할 것인가는 증시의 효율성에 대한 인식과 위험부담의 정도, 정보수집 · 분석의 노력과 비용부담, 타이밍 고려 정도에 따라 결정된다.

③ 현재 많이 활용되고 있는 모델로는 블랙리터만의 자산배분 모델, 마코위츠의 평균−분산 모델이 있다.

④ 자산배분 모델 선정은 자산배분과 자산집단 중 투자자산을 구체화시키는 과정이다.

해설 | 투자전략 기준의 선택이 자산배분과 자산집단 중 투자자산을 구체화시키는 과정이며, 자산배분 모델 선정은 구체적인 투자자산의 투자비중을 결정하는 과정이다.

26 다음 중 자산 집단의 기본적 성격에 해당하지 않는 것은?

① 상관관계가 충분히 높아야 한다.

② 자산집단 내에 충분하게 많은 개별 증권이 존재해야 한다.

③ 독립성을 갖추어야 한다.

④ 분산 가능성을 충족해야 한다.

해설 | 하나의 자산집단은 다른 자산집단과 상관관계가 충분히 낮아 분산투자 시 위험 감소효과가 있어야 한다.

27 다음 중 이자지급형 자산에 대한 올바른 설명으로 바르게 묶은 것은?

> ㉠ 금융기관이나 채권 발행자에게 자금을 빌려주고 대가로 지급하는 이자수익을 주목적으로 하는 자산이다.
> ㉡ 높은 변동성으로 높은 수익도 얻을 수 있는 반면 손실도 볼 수 있는 자산이다.
> ㉢ 투자지역에 따라 해외주식과 국내주식으로 나뉜다.
> ㉣ 언제든지 현금화가 가능한 단기금융상품을 말한다.

① ㉠, ㉡   ② ㉠, ㉣

③ ㉡, ㉢   ④ ㉡, ㉣

해설 | ㉡, ㉢은 투자자산에 대한 설명이다. 투자자산은 투자수익이 확정되어 있지 않고, 투자성과에 따라 수익이 달라지는 자산을 말한다.

28 다음 중 대안 투자의 세부자산에 해당하는 것은?

① 파생상품   ② 정크본드

③ CMA   ④ ETF

해설 | 대안 투자의 세부자산에는 부동산펀드, REITs, 곡물 · 원자재 등 상품 펀드, 파생상품 등이 있다.

29 다음 중 리밸런싱에 관한 내용을 모두 고르시오.

> ㉠ 상황 변화가 있을 경우 자산포트폴리오가 갖는 원래의 특성을 그대로 유지하고자 하는 것이다.
> ㉡ 위험에 비해 상대적으로 높은 기대수익을 얻고자 하거나, 기대수익에 비해 상대적으로 낮은 위험을 부담하도록 자산 포트폴리오의 구성을 수정하는 것이다.
> ㉢ 자산집단의 상대가격의 변동에 따른 투자비율의 변화를 원래대로의 비율로 환원시키는 방법이다.
> ㉣ 대부분 높은 성과를 지닌 자산을 식별하는 것보다 큰 손실을 가져다주는 자산을 식별하여 포트폴리오에서 제거하는 방법을 사용한다.

① ㉠, ㉢   ② ㉠, ㉣
③ ㉡, ㉢   ④ ㉡, ㉣

해설 | ㉡, ㉣은 업그레이딩에 대한 설명이다.

30 다음 중 모니터링과 자산배분 전략의 수정에 대한 내용에 해당하지 않는 것은?

① 끊임없이 변화하는 고객성향과 자본시장의 여건변화를 자산배분전략에 반영하는 노력이 필요하다.
② 전략적 자산배분은 3년간의 중장기적 관점에서 접근하며, 대개 3개월의 간격을 두고 전략을 반영하고, 전술적 자산배분은 1개월 단위로 변화를 자산배분에 반영한다.
③ 자산배분을 수정하는 방법으로 리밸런싱과 업그레이딩이 있다.
④ 수정을 하는 경우 엄격한 비용·수익 분석이 선행될 필요가 있다.

해설 | 전략적 자산배분은 3년간의 중장기적 관점에서 접근하며, 대개 6개월의 간격을 두고 전략을 반영하고, 전술적 자산배분은 1개월 단위로 변화를 자산배분에 반영한다.

31 다음 중 업그레이딩에 대한 설명으로 옳은 것은?

① 자산집단의 매입·매각을 통해서 포트폴리오를 재구성하는 것을 말한다.
② 위험에 비해 상대적으로 높은 기대수익을 얻는 방식으로만 포트폴리오의 구성을 수정한다.
③ 대부분 높은 성과를 지닌 자산을 식별하여 포트폴리오에 포함시키는 방법을 사용한다.
④ 자금의 재배분을 통해 자본이득의 가능성이 사라진 주식에서 앞으로 그 가능성이 큰 주식으로 옮겨가게 되는 장점이 있다.

해설 | ② 위험에 비해 상대적으로 높은 기대수익을 얻고자 하거나, 기대수익에 비해 상대적으로 낮은 위험을 부담하 도록 자산 포트폴리오의 구성을 수정하는 것을 말한다.

③ 많은 경우 높은 성과를 지닌 자산을 식별하는 것보다 큰 손실을 가져다주는 자산을 식별하여 포트폴리오에 서 제거하는 방법을 사용한다.

④ 자금의 재배분을 통해 자본이득의 가능성이 사라진 주식에서 앞으로 그 가능성이 큰 주식으로 옮겨가게 되 는 장점이 있는 것은 리밸런싱의 장점에 해당한다.

32 다음 중 내부수익률에 대한 설명으로 옳지 않은 것은?

① 서로 상이한 시점에서 발생하는 현금흐름의 크기와 화폐의 시간적 가치가 고려된 평균투자 수익 률개념이다.

② 현금유출액의 현재가치와 현금유입액의 현재가치를 일치시켜 주는 할인율을 계산하여 측정한다.

③ 기간별 상이한 투자금액의 크기에 가중치가 주어져 시간가중평균수익률이라고도 한다.

④ 수익률이 저조한 기간에 투자금액이 많아지면 평균 투자수익률이 낮아진다.

해설 | 기간별 상이한 투자금액의 크기에 가중치가 주어져 금액가중평균수익률이라고도 한다.

33 다음 중 산술평균수익률에 대한 내용을 모두 고르시오.

> ㉠ 기간별 투자금액의 크기와 최종 시점에서의 부의 크기가 고려되어 계산된다.
> ㉡ 기간별 단일기간수익률을 모두 합한 다음 이를 관찰 수(기간 수)로 나누어 측정한다.
> ㉢ 자금운용자가 중도 투자금액이나 현금흐름에 재량권이 없는 경우 더 적절하다.
> ㉣ 중도 현금흐름이 재투자되어 증식되는 것을 감안한 평균수익률 계산방법이다.

① ㉠, ㉢   ② ㉡, ㉢

③ ㉠, ㉣   ④ ㉡, ㉣

해설 | ㉠은 내부수익률에 대한 설명이며, ㉣은 기하평균수익률에 대한 설명이다.

34 다음 중 기하평균수익률에 대한 설명으로 바르지 않은 것은?

① 중도 재투자수익률이 변동하는 경우에는 적용이 어려운 한계가 있다.

② 산술평균수익률보다 합리적인 계산방법이다.

③ 중도 현금이 재투자되고 최종 시점의 부의 크기가 감안된 계산방법이다.

④ 복리증식을 감안한 수익률 측정방식이다.

해설 | 기하평균수익률은 중도 재투자수익률이 변동하는 경우에도 적용될 수 있는 계산방법이다.

35 다음 중 투자수익률 측정방식에 대한 설명으로 바르지 못한 것은?

① 내부수익률은 기간별 상이한 투자금액의 크기에 가중치가 주어져 금액가중평균수익률이라고도 한다.

② 산술평균수익률은 기간별 투자금액의 크기를 고려하지 않고 기간에만 가중치가 주어지므로 시간가중평균수익률이라고 한다.

③ 자금운용자가 중도 투자금액이나 현금흐름에 재량권이 없는 경우에는 시간가중평균수익률의 계산이 더 적절하다.

④ 기하평균수익률은 미래기대수익률의 계산에 적합하다.

해설 | 기하평균수익률은 과거 일정 기간에 대한 투자수익률의 계산에 적합한 측정방식이다.

36 주식을 첫째 해 초 10,000원에 매입하여 연말에 500원의 배당금을 받고, 둘째 해 초에 동일 주식을 10,600원에 매각하였다면, 1년간 투자수익률은 얼마인가?

① 1% ② 5%
③ 6% ④ 11%

해설 | 단일기간 수익률 = [배당 + 시세차익(차손)]/기초투자액 = [500 + 600]/10,000 = 0.11 ∴11%

37 첫째 해 초에 주식에 1,000만 원을 투자하였는데 1년 후 가격 상승으로 2,000만 원이 되었다가 2년 말에는 다시 가격하락으로 1,000만 원이 되었을 경우 산술평균수익률과 기하평균수익률을 차례대로 계산한 것을 고르면?

① 25%, 0% ② 0%, 25%
③ 100%, −50% ④ −50%, 100%

해설 | 1기간의 수익률은 100%이고 2기간의 수익률은 −50%이므로,
산술평균수익률 = [100% + (−50%)]/2 = 25%
기하평균수익률 = $\sqrt{(1+1.0)(1-0.5)} - 1 = 0\%$

38 전략적 자산배분전략에 대한 설명으로 옳지 않은 것은?

① 단기적인 시장상황 변화에 무관하게 자산을 구성하며 시장 상황 변화에도 불구하고 사용 자료를 재조정하지 않는다.

② 자본시장 상황의 변화에 따른 투자자의 위험 허용정도 변화가 없다고 가정한다.

③ 중기적으로 개별자산이 취할 수 있는 투자비율의 한계를 결정하는 의사결정을 뜻한다.

④ 장기적인 운용전략이므로 운용자는 투자자산의 가치가 균형 가격에서 벗어났다는 사실을 알고 있더라도 투자자산을 그대로 유지하여야 한다.

해설 | 펀드운용자가 투자자산의 가치가 균형 가격에서 벗어났다는 사실을 알고 있으므로 구성자산에 대한 투자비중을 적극적으로 조정해 나가는 전략(전술적 자산배분전략)으로 수행 가능하다.

39 다음 중 포트폴리오 이론에 관한 설명으로 옳지 않은 것은?

① 효율적 포트폴리오란 효율적 투자곡선과 투자자 효용함수가 만나는 접점을 말한다.

② 효율적 포트폴리오를 수익률과 위험의 공간에서 연속선으로 연결한 선을 효율적 투자기회선이라고 한다.

③ 최적화란 일정한 위험수준하에서 최대의 기대수익을 달성하도록, 일정한 기대수익률하에서 최소의 위험을 부담하는 자산포트폴리오를 구성하는 것이다.

④ 통계추정치의 오류와 추정오차로 인하여 현실적으로 진정한 효율적 투자기회선 규명이 어렵다.

해설 | ①은 최적 포트폴리오에 대한 내용이다. 효율적 포트폴리오란 기대수익과 위험 간의 관계를 고려하여 동일한 위험수준에서 최대한으로 보상받을 수 있는 지배원리에 의하여 포트폴리오를 구성하는 것이다.

40 다음 중 전략적 자산배분의 이론적 배경에 관한 내용으로 가장 거리가 먼 것은?

① 균형가격 산출   ② 효율적 투자기회선
③ 지배원리   ④ 최적화

해설 | 균형가격의 산출은 전술적 자산배분 전략의 이론적 배경이다.

정답 ▶ 35 ④ 36 ④ 37 ① 38 ④ 39 ① 40 ①

41 다음 중 최적화의 문제점에 해당하지 않는 것은?

① 현실적으로 진정한 효율적 투자기회선 규명이 어려움

② 기통계추정치의 오류와 추정오차

③ 비효율적인 포트폴리오의 구성

④ 입력변수의 수준변화에 둔감

해설 | 최적화 방법은 입력변수의 수준변화에 지나치게 민감하다는 단점이 존재한다.

42 전략적 자산배분의 실행방법과 거리가 먼 것은?

① 시장가치접근법   ② 위험−수익 최적화 방법

③ 투자자별 특수상황을 고려하는 방법   ④ 기본적 분석

해설 | 기본적 분석은 전술적 자산배분 전략의 실행도구이다.

43 전략적 자산배분 전략의 실행방법 중 운용기관의 위험, 최소 요구수익률, 다른 자산들과의 잠재적인 결합 등을 고려하여 수립하는 투자 전략에 해당하는 것은?

① 시장가치접근법

② 위험−수익 최적화방법

③ 투자자별 특수상황을 고려하는 방법

④ 다른 유사한 기관투자가의 자산배분을 모방

해설 | 전략적 자산배분 전략의 실행방법 중 투자자별 특수상황을 고려하는 방법에 대한 설명으로 투자자의 요구사항을 고려한 다양한 방법이 존재한다.

44 다음 내용은 전략적 자산배분 실행방법 중 무엇에 대한 설명인가?

> • 포트폴리오 내 구성비중을 각 자산이 시장에서 차지하는 시가총액의 비율과 동일하게 두는 방법
> • CAPM(자본자산가격결정모형)이론에 근간을 둠
> • 소규모자금으로 구성하는 경우 시장 균형 포트폴리오 형성이 어렵기 때문에 부적절

① 시장가치접근법

② 위험−수익 최적화방법

③ 투자자별 특수상황을 고려하는 방법

④ 다른 유사한 기관투자가의 자산배분을 모방

해설 | 시장가치접근법에 관한 내용이다.

45 전술적 자산배분 전략에 해당하는 것을 모두 고르시오.

> ㉠ 저평가된 자산을 매수하고 고평가된 자산을 매도함으로써 펀드의 투자성과를 높이고자 하는 적극적인 전략
> ㉡ 새로운 정보에 대해 지나치게 낙관적이거나 비관적인 반응으로 인하여 내재가치로부터 상당히 벗어나는 가격착오현상인 과잉반응을 활용하는 전략
> ㉢ 내재가치 변화를 추정하는 가치평가 기능이 중요
> ㉣ 투자자의 위험허용치는 실현수익률이라는 상황변화에 영향을 받지 않는다고 가정

① ㉠, ㉡, ㉢, ㉣
② ㉠, ㉡, ㉢
③ ㉠, ㉡
④ ㉠

해설 | ㉠~㉣ 모두 전술적 자산배분 전략에 해당한다.

46 전술적 자산배분 전략에 대한 설명으로 옳지 않은 것은?

① 정확한 균형가격 산출보다 균형가격의 변화 방향성을 추정하고 다른 자산과의 상대적 가격비교가 더 중요하다.
② 투자자의 위험허용치는 실현수익률에 따라 위험 허용도가 변화한다고 가정한다.
③ 시장가격은 내재가치보다 변동성이 높다.
④ 저평가된 자산을 매수하고 고평가된 자산을 매도함으로써 펀드의 투자성과를 높이고자 하는 적극적인 전략이다.

해설 | 전술적 자산배분 전략은 실제로는 실현수익률에 따라 위험 허용도가 변화하지만, 투자자의 위험허용치는 실현수익률이라는 상황변화에 영향을 받지 않는다고 가정한다.

47 전술적 자산배분 전략의 이론적 배경에 해당하지 않는 것은?

① 역투자 전략
② 과잉반응 현상
③ 최적화
④ 가격착오 현상

해설 | 최적화는 전략적 자산배분 전략의 이론적 배경이다.

PART 01

PART 02

PART 03

PART 04

PART 05

48 전술적 자산배분전략의 가치평가 모형 중 기본적 분석에 해당하는 것을 모두 고르시오.

㉠ 현금흐름할인 모형	㉡ 자본자산가격결정모형(CAPM)
㉢ 배당할인 모형	㉣ 포뮬러플랜

① ㉠, ㉡　　　　　　　　　　　② ㉠, ㉢

③ ㉡, ㉢　　　　　　　　　　　④ ㉢, ㉣

해설 | 기본적 분석에는 주식의 이익할인 · 배당할인 · 현금흐름할인 모형, 채권의 현금흐름할인모형 등이 있다.

49 전술적 자산배분 전략의 실행도구에 해당하지 않는 것은?

① 요인모형방식　　　　　　　　② 추세분석

③ 시장가치접근법　　　　　　　④ 정률법

해설 | 시장가치접근법은 전략적 자산배분 전략의 실행방법이다.

50 다음은 전술적 자산배분 전략의 실행도구 중 무엇에 관한 내용인가?

- 막연하게 시장과 역으로 투자함으로써 고수익을 지향하는 전략이다.
- 주가가 하락하면 주식을 매수하고, 주가가 상승하면 주식을 매도하는 역투자 전략이다.
- 정률법과 정액법이 있다.

① 기본적 분석　　　　　　　　② 요인모형방식

③ 포뮬러플랜　　　　　　　　④ 기술적 분석

해설 | 포뮬러플랜에 대한 설명이다.

SECTION 01 | 집합투자기구의 성과평가

1. 투자프로세스와 투자성과요인

(1) 투자프로세스

계획(Plan)	• 투자자의 성향 및 위험 감내도 등을 분석 • 필요자금의 현금흐름 및 과부족을 예측하여 목표수익률을 설정 • 시장분석을 통해 자산별로 기대 수익률과 위험을 추정하여 고객의 자산배분계획을 수립
실행(Do)	• 자산배분계획에 맞는 펀드를 선택하고 투자 • 자산별 투자금액을 조정하기도 함
평가(See)	투자 결과에 대한 평가가 피드백되어 투자계획이나 투자실행을 조정

(2) 투자성과요인

① 자산배분의 선택	적절한 비율로 분산 투자
② 시장예측을 통한 투자시점의 결정	• 시장의 등락이 심할 것으로 예상 : 분할 투자 • 시장의 지속적 상승 추세가 예상 : 일시불로 투자
③ 투자한 펀드의 운용수익률	선택한 펀드의 시장 또는 다른 펀드 대비 높은 성과

※ 이들 세 요소는 상호작용을 하기 때문에 한 가지 요소만으로는 높은 성과를 내기 어려움

2. 성과평가의 종류

투자자 관점의 성과평가 (절대적)	• 투자자의 투자목표가 성공적으로 달성되고 있는지 평가하는 것(기대수익 달성 여부) • 실제 수익규모를 측정하는 것을 기반으로 함 • 자산배분의 선택, 투자시점의 결정, 집합투자기구의 선택 모두가 성과평가 대상임
펀드의 성과평가 (상대적)	• 펀드의 운용결과가 양호했는지 여부에 초점을 둠 • 운용자와 운용회사의 운용능력 평가하기 위함 • 운용자는 투자자의 자산배분이나 투자시점을 예측하기 어렵기 때문에 운용자가 역할을 수행할 수 있는 펀드 성과에만 초점을 맞춤 • 투자자가 해당 펀드에 일시불로 투자한 경우에는 투자자 관점의 성과평가결과와 동일

1. 펀드 분석 및 평가의 목적

(1) 의의

① **펀드 분석이란?** : 펀드의 **특징**을 찾아내는 과정

② **펀드 평가란?** : 평가 대상 펀드의 운용성과를 측정하여 **우열이나 순위**를 가리는 과정

(2) 펀드 분석 및 평가의 과정

목적		내용
펀드 선정		• 좋은 펀드를 고르기 위함 • 계량성과가 양호한 펀드를 최종 선택하고자 하는 펀드의 2~3배수로 선정한 후 추가적으로 정성평가를 통하여 펀드를 선택
	일차적 평가 (=계량적, 정량적)	• 절대적 · 상대적 수익률은 **높고**, 위험은 **낮고**, 위험조정성과가 **높고**, 등급은 **높은** 집합투자기구 • 성과의 우열을 가리는 목적, 미래에도 지속된다는 것을 보장해 주지 않음
	이차적 평가 (=질적, 정성적)	• 성과 요인 분석, 포트폴리오 분석, 운용자와 운용회사 분석 • 미래의 지속성 예측 가능, 성과 원인 및 특성을 파악 • 분석에 많은 시간과 노력이 소요
펀드 모니터링		• 의의 : 정상적으로 운용되고 있는지 판단하기 위함 • 펀드 성과 점검(수익률, 위험, 위험조정성과, 등급) : 성과의 우열보다 시장상황과 성과 원인에 중점을 두는 게 바람직 • 보유자산과 매매현황 점검 : 포트폴리오(스타일)의 분석 • 운용자 및 운용회사 점검 • 자금흐름(수탁고 변화) 점검 : 종합적인 상황을 반영한 결과임
펀드 운용 결과 분석		• 의의 : 운용결과의 성공 및 실패 여부를 분석하고 재투자 여부를 판단하기 위함 • 역할 　－단순한 단기운용의 결과를 분석을 넘어 장기 운용의 성공과 실패로 연결될지 여부를 파악 　－일차적으로 성과를 판단하고, 이러한 성과의 원인을 판단하여 성과의 지속 여부를 판단

2. 집합투자기구 분석 및 평가

(1) 집합투자기구 분석 및 평가 대상

분석 및 평가 대상	이유
가격정보(기준가격, 설정좌수, 분배율 등)	성과(수익, 위험, 위험조정성과, 등급)를 측정하기 위하여 필요한 정보
포트폴리오 정보	성과의 우열 발생 원인과 펀드의 특징을 파악
운용자나 운용회사 관련 정보	• 운용자 · 운용회사의 능력 파악 • 약관, 상품설명서, 운용계획 및 규정 · 법규 준수 여부 파악

(2) 집합투자기구 평가 프로세스

① 성과 평가의 기준	㉠ 집합투자기구 유형 분류, ㉡ 벤치마크 설정
② 성과의 우열 가리기	㉠ 수익률 측정, ㉡ 위험 측정, ㉢ 위험조정성과 측정, ㉣ 등급 부여
③ 성과의 질적 특성 파악하기	㉠ 성과요인 분석, ㉡ 포트폴리오 분석, ㉢ 운용회사, 운용자 정성평가

SECTION 03 | 집합투자기구의 평가프로세스 세부 사항

1. 집합투자기구의 유형 분류

① 집합투자기구의 성과를 **상대적**으로 비교 측정하기 위하여 집합투자기구 투자목적, 투자자산, 투자전략, 투자스타일, 특징 등이 유사한 집합투자기구들끼리 묶어놓은 동류집단
② 공정성과 객관성을 확보하기 위해 성격이 비슷한 것들끼리 분류
   ㉠ 채권형 펀드 스타일에 따른 분류 : 장단기 채권의 편입비율에 따라 장 · 중 · 단기채로 구분
   ㉡ 주식형 펀드 스타일에 따른 분류 : 대형주 및 중소형주의 편입비율에 따라 대 · 중 · 소형주로 구분
   ㉢ 해외투자지역에 따른 분류 : 유럽 주식형 펀드, 중국 주식형 펀드, 국내 주식형 펀드 등
③ 동일한 유형의 집합투자기구라면 비슷한 수익과 위험의 구조 및 벤치마크가 유사하다는 특징을 지님. 이는 거꾸로 **수익, 위험** 구조와 **벤치마크**가 유형분류의 기준임의 의미
④ 어떤 유형에 속하는가에 따라 상대적인 우열이 상이하므로 상품 판매 시 평가회사의 유형분류 기준을 먼저 파악
⑤ 투자자는 개별 펀드를 고르기 위해 펀드의 유형을 알고, 적절한 투자비율을 정하여 분산투자하는 것이 바람직

2. 벤치마크 설정

의미 및 역할	• 사전적인 의미로 기준 또는 잣대 • 운용자 관점에서 운용목표와 전략을 나타내는 운용지침 역할 • 투자자 관점에서 투자 여부를 사전에 판단할 수 있는 투자지침 역할 • 성과평가의 기준 역할 • 집합투자기구별로 벤치마크를 정함		
종류	**시장지수**	• 자산유형에 소속된 **모든 대상** 종목을 포함한 것으로 가장 넓은 대상을 포함 • 운용에 특이한 제약조건이 없는 경우에 적합	종합주가지수, 종합채권지수
	섹터/스타일 지수	• 자산유형 중 **특정한 분야**나 **특정한 성격**을 지는 대상만 포함 • 특정 분야에 집중투자하는 경우 적합	중소형주, 가치주, 성장주, 국공채, 회사채
	합성지수	• 2개 이상의 시장지수나 섹터지수를 **합성**하여 별도로 계산 • 복수 자산유형에 투자하는 경우에 적합	혼합형 집합투자기구를 위한 벤치마크
	맞춤 포트폴리오	• 특정 집합투자기구 운용과 평가를 위한 포트폴리오 • **일반성이 적은** 집합투자기구를 평가하기 위함	포트폴리오 보험전략

3. 수익률 계산

(1) 개요

펀드 평가사에서 개별 집합투자기구 수익률과 펀드 유형에 대한 수익률과 운용사 수익률을 측정하여 발표

(2) 개별 집합투자기구 수익률

$$집합투자기구\ 수익률 = \frac{비교시점\ 기준가 \cdot \Pi(1 + 분배율_t)}{기준시점\ 기준가} - 1$$

$$단,\ 분배율_t = \frac{분배금액_t}{분배일\ 기준가_t}$$

① 중도에 결산 등으로 분배가 있으면 수익률 계산 시 **분배율을 고려**해야 함

② 분배율을 고려하지 않으면 수익률이 **매우 낮게** 나타남

③ 이유 : 분배가 있는 날의 집합투자기구 **기준가는 일반적으로 떨어짐**

∴ 측정기간 동안의 기준가격의 **등락률을 감안**해야 함

(2) 운용회사 · 집합투자기구 유형 그룹 수익률

① 운용회사 또는 집합투자기구유형에 속한 집합투자기구 전체를 하나의 집합투자기구인 것으로 간주하고 수익률을 측정하는 방식

② 신규 펀드의 생성은 자금의 유입으로, 펀드의 소멸은 자금의 유출로 보고 펀드의 기준가격 산출과 동일한 방식을 적용

③ **운용회사의 그룹수익률을 산출하는 이유**

　㉠ 일부 집합투자기구들만으로 성과를 측정하여 비교하는 경우 전체 성과를 정확히 나타내지 못하는 **대표계정의 오류를 제거**하기 위함

　㉡ 현재 시점에서 존재하는 집합투자기구만을 대상으로 평가함으로써 부실한 운용으로 중단된 집합투자구의 성과를 정확히 나타내지 못하는 **생존계정의 오류를 제거**하기 위함

　㉢ **측정기간을 일치**시키면 객관적으로 운용사간의 **성과비교가 가능**. 단, **투자결과의 이전 가능성 문제**가 발생할 수 있음

(3) 수익률에 따른 운용성과의 판단

① **벤치마크수익률**은 **절대적**인 운용성과 판단에 중요

② **유형평균(＝그룹)수익률**과 펀드의 수익률을 비교하여 **상대적**인 운용성과 판단에 중요

③ 벤치마크 대비 성과 여부에 상관없이 동일 유형평균보다 양호한 성과를 실현하면 상대적으로 운용이 성공적이었다고 할 수 있음

4. 위험의 측정

위험이란?	• 예상하지 못했던 사건으로 예상한 것과는 다른 결과가 나타나는 것 • 실제수익률이 기대수익률 또는 예상한 수익률과 같지 않을 가능성이 존재 • 위험이 클수록 높은 수익률을 기대	
절대적 위험	표준편차, 분산, VaR	수익률의 안정성을 중시하는 전략에 적합
상대적 위험	공분산, 초과수익률, 베타(β), 상대 VaR, 추적오차	사전에 자산배분이 정해지고, 실제 운용단계에서는 벤치마크를 추구하는 집합투자기구의 위험 측정에 사용되기에 적합
표준편차	• 일정 기간 동안의 수익률이 동일 기간의 평균수익률과 대비하여 변동한 범위를 측정한 것 • 평균수익률과의 편차가 **작을수록** 위험이 **작은 것**이라고 가정한 수치 • 일반적으로 주식형 펀드는 채권형 펀드에 비해 표준편차가 큰 편임 • 같은 유형의 집합투자기구들 간에 비교해야 함	
베타(β)	• 집합투자기구의 수익률이 벤치마크수익률(＝시장)의 변동에 대하여 어느 정도 민감도를 가지고 있는가를 나타내는 지표 • 베타>1 : 공격적으로 운용 • 베타<1 : 방어적으로 운용 • 베타가 큰 펀드는 작은 펀드에 비해 상대적으로 변동성이 큰 개별 종목을 많이 편입하여 공격적인 운용전략을 사용하였음을 의미	

트래킹에러 (=추적오차)	• 일정 기간 펀드의 수익률이 이에 대응 하는 지수(벤치마크)수익률에 비해 어느 정도의 차이를 보이는가를 측정한 지표, 추적오차라고도 함 • 펀드의 기간수익률과 이에 대응하는 벤치마크 지표수익률과의 편차에 대한 변동성으로 측정 • **추적오차가 클수록 펀드가 투자한 종목의 구성이나 편입비율이 벤치마크와 상이하다는 것을 의미** • 위험의 측정치로 간주되지만 평가의 **핵심은 부담한 위험에 상응하는 초과수익률을 얻었는지의 여부임**. 이를 측정하는 지표를 **정보비율**이라 함

5. 위험 조정성과 측정

수익률과 위험 두 가지를 동시에 고려한 펀드 성과 지표

샤프비율 (S)	• 위험(표준편차) 1단위당 무위험 이자율을 초과 달성한 포트폴리오 수익률 • 샤프비율 $= \dfrac{\text{펀드평균수익률} - \text{무위험 이자율}}{\text{펀드의 표준편차(총위험)}}$ • 높으면 성과가 좋은 것이고 낮으면 성과의 부진으로 해석 • 샤프비율 성과 분석 시 **유의점** 　– 평가 기간과 유형이 동일한 펀드 간에만 비교해야 함 　– 수익률 구간(일간, 주간, 월간)에 따라 결과가 달라짐 　– 정규분포의 통계적인 속성에 따라 장기수익률을 측정 　– 초과수익률이 (−)인 경우에는 설명이 어려움
트레이너 비율(T)	• **체계적 위험** 한 단위당 무위험 초과수익률을 나타내는 지표 • 분산투자가 가능한 경우 비체계적 위험은 투자수익에 기여할 수 없어 체계적인 위험만이 초과수익에 기여한다는 관점에서 위험으로 총위험(=표준편차)가 아닌 베타를 사용
젠센알파	• **집합투자기구 실제수익률이 시장균형을 가정한 경우의 기대수익률보다 얼마나 높은지, 즉 집합투자기구 수익률에서 균형하에서의 기대수익률을 차감한 값** • 젠센α = 펀드 실제 수익률 − 펀드의 기대수익률 　단, 펀드의 기대수익률 = 무위험이자율 + (시장수익률 − 무위험이자율) × 펀드의 베타 • 알파 > 0 : 펀드의 기대수익률 보다 실제 펀드의 수익률이 더 높았다는 것을 의미하므로 양호한 집합투자기구로 봄 • 운용자의 종목선택 및 시장 움직임에 대한 정보 분석능력을 측정하는 유용한 지표 • **단, 종목선택정보와 시장예측정보를 정확하게 구분하지 못함(단점)**
정보비율 (=평가 비율)	• 적극적 투자활동의 결과로 발생한 초과수익률과 집합투자기구의 초과수익률에 대한 표준편차(추적오차)의 비율로 평가비율이라고도 함 • 일반적으로 높은 정보비율은 집합투자기구 운용자의 능력이 탁월한 것을 의미하나 절대적 수준에 대한 **이론적 근거는 없음** • 단, 실무적으로 0.5 이상 "우수", 0.75 이상 "매우 우수", 1.0 이상 "탁월" • 운용자의 능력을 평가하기 위해서는 성과 측정기간이 충분해야 함

6. 집합투자기구 등급

① 펀드의 급수를 몇 개의 급수로 나누어 평가하는 것
② 집합투자기구의 수익률과 위험 또는 위험조정지표 등을 활용하여 종합적으로 판단할 수 있도록 산출한 평가결과물
③ 일반투자자들이 한눈에 판단할 수 있도록 도식화된 기호로 표현된 등급을 부여
④ **등급은 순수하게 과거의 계량적인 성과만을 이용하여 측정된 결과이기 때문에 미래성과를 보장하지 않으므로 절대적인 것으로 맹신하는 것은 바람직하지 않음**

7. 성과요인 분석

① 성과의 원인을 파악하는 일련의 계량 분석 과정
② 각각의 원인이 성과에 기여한 정도를 분석하기 위함
③ 성과요인 분석을 통해 투자자는 해당 능력이 큰 집합투자기구별로 자금을 배정하거나 분산 투자하여 자산배분 전략의 하나로 활용 가능
④ 성과요인
　　㉠ **시장예측능력** : 시장의 흐름을 예측하여 저점에서 매수 고점에서 매도하는 전략
　　㉡ **종목선정능력** : 시장의 흐름과 **무관하게** 상대적으로 저평가되었거나 향후 상승 가능성이 높은 종목을 선택하는 운용방법

8. 포트폴리오 분석

포트폴리오란?	투자된 증권의 묶음
포트폴리오 분석	• 결과물이 아닌 포트폴리오 자체의 특성을 분석하는 것 • 집합투자기구 내 자산의 **투자비중을 분석**하는 것부터 시작하는 것이 일반적 • 투자비중을 분석하는 이유 　– 집합투자기구 운용자의 시장에 대한 운용전략 파악 　– 과거 성과의 원인을 개괄적으로 파악
스타일 분석	• **성과에 가장 큰 요인을 주는 변수**를 골라내 **이를 기준으로** 펀드를 분류하는 기법 　– **주식형 펀드 : 주식의 규모(대형주, 중형주, 소형주)와 가치평가정도(가치주, 성장주)로 분류** 　– **채권형 펀드 : 신용등급의 높고 낮음(고·중·저)과 평균만기의 길고 짧음(단기·중기·장기채)** • 스타일 분석을 하는 이유 　– 사전적으로 향후 시장을 예측하여 특징에 맞는 집합투자기구를 고르는 판단 요소 　– 사후적으로 과거 집합투자기구성과의 원인을 설명 　– 스타일의 지속성을 보이는 스타일별 펀드에 분산투자하여 효과적인 투자 방안을 마련

9. 운용회사 · 운용자의 질적 분석

① 분석의 이유 : 운용회사의 질적인 특성을 분석하여 성과 분석, 성과요인 분석, 포트폴리오 분석들과 비교함으로써 집합투자기구의 성과가 우연에 의해 나타난 성과인지 운용회사 질적 특성에 의해 나타난 성과인지를 파악하기 위해 분석
② 운용회사의 질적 특성을 구성하는 변수
　　㉠ 운용회사의 안정성(수익성, 재무구조, 지배구조 등)
　　㉡ 조직, 인력(운용 관련 인력수와 경력, 지원 관련 인력수와 경력, 권한 배분의 적정성 등)
　　㉢ 운용프로세스, 위험관리능력 및 컴플라이언스, 운용규모, 고객지원 서비스 등

1. 집합투자기구 평가보고서 개요

평가보고서란?	개별 펀드에 대한 성과를 객관적으로 상대적 · 절대적 관점에서 평가하고, 펀드의 스타일이나 상과 요인을 판단하기 위한 펀드의 포트폴리오를 분석한 보고서
평가보고서 내용	• 성과분석 : 기본 정보, 수익률 · 위험(벤치마크, 유형 비교 포함), 성과 추이 분석 등 • 포트폴리오 분석 : 종목 분석, 업종 분석, 포트폴리오 특성 분석 • 기타 : 성과요인 분석, 분석 의견 등

2. 집합투자기구 평가보고서 주요 사항 분석

(1) 기간누적수익률

① 평가보고서 작성 기준일로부터 최근 6개월 · 1년 · 3년 등의 누적수익률

② 운용회사의 수익률은 운용회사의 평가대상이 되는 펀드들을 대상으로 매일 금액 가중한 평균수익률을 구해 시간가중수익률 방식으로 계산

(2) % 순위

전체 비교 대상 집합투자기구를 100개로 가정했을 때 상대 순위를 말하며, **백분위 순위**라고도 함

PART 01

PART 02

PART 03

PART 04

PART 05

출제예상문제

01 다음 중 투자프로세스와 투자성과요인에 대한 설명으로 옳지 않은 것은?

① 일반적으로 투자자가 성공적인 펀드를 투자하기 위해서는 계획(Plan), 실행(Do), 평가(See)의 단계를 거친다.

② 다양한 유형의 펀드에 적절한 비율로 분산하여 투자하면 특정 유형에만 집중하여 투자하는 것보다 위험을 낮추고 수익을 높이는 좀 더 나은 성과를 기대할 수 있다.

③ 시장이 지속적인 상승추세가 예상되는 경우에는 투자 가능한 전체 자금을 분할하여 몇 차례 나누어 투자하면 보다 나은 수익을 기대할 수 있다.

④ 펀드를 잘 선택하였다 할지라도 자산배분이나 투자시점의 선택에 실패하였다면 높은 수익을 기대하기 어렵다.

해설 | 시장이 등락이 심할 것으로 예상되는 경우에는 투자 가능한 전체 자금을 분할하여 몇 차례 나누어 투자하고, 시장이 지속적인 상승추세가 예상되는 경우에는 일시불로 투자하면 보다 나은 수익을 기대할 수 있다.

02 투자자관점의 성과평가에 대한 설명으로 옳지 않은 것은?

① 투자목표가 성공적으로 달성되고 있는지를 평가한다.

② 잘못된 계획이나 투자실행으로 인행 발생한 위험을 효율적으로 관리할 수 있도록 하여야 한다.

③ 펀드의 운용결과가 양호했는지 여부에 초점을 맞춘다.

④ 자산배분, 투자시점, 선정한 펀드의 성과 등을 모두 고려하여 수익이 만족할 만한 수준이었는지를 판단한다.

해설 | 펀드의 운용결과가 양호했는지 여부에 초점을 맞추는 것은 펀드의 성과평가에 대한 설명이다.

03　집합투자기구의 성과평가에 대한 설명으로 옳지 않은 것은?

① 운용자는 투자자의 자산배분이나 투자시점을 예측하기 어렵기 때문에 운용자가 역할을 수행할 수 있는 펀드 성과에만 초점을 맞춘다.

② 펀드의 성과평가란 펀드를 운용하는 펀드운용자와 운용회사의 운용능력을 평가하기 위한 것이다.

③ 펀드의 성과평가는 펀드의 운용결과가 양호했는지 여부에 초점을 맞춘다.

④ 펀드의 성과평가는 투자자가 펀드에 자금을 분할하여 투자하는 경우에는 투자자 관점의 성과평가 결과와 동일하다.

해설 | 펀드의 성과평가는 투자자가 펀드에 일시불로 투자한 이후 평가기간 말기까지 추가로 투자하거나 환매하지 않는 경우, 투자자 관점의 성과평가 결과와 동일하다.

SECTION 03　펀드 분석 및 평가의 목적

04　다음 중 펀드 분석 및 평가의 목적에 관한 설명 중 옳지 않은 것은?

① 펀드의 분석은 펀드의 운영성과를 측정하여 그 우열이나 순위를 가리는 과정을 의미한다.

② 펀드를 분석하고 평가하는 목적은 투자하기 좋은 펀드를 고르기 위해서이다.

③ 투자한 펀드가 정상적으로 운용되고 있는지를 판단하기 위해서 펀드 분석 및 평가 정보를 이용한다.

④ 투자기구 운용 결과의 성공 및 실패 여부를 분석하고 재투자 여부를 판단하기 위해 펀드 분석 및 평가 정보를 이용한다.

해설 | ①은 펀드평가에 대한 설명이다. 펀드의 분석은 분석대상 펀드의 특징을 찾아내는 과정을 말한다.

05　펀드 평가에서 일차적으로 집합투자기구의 계량적인 성과로 판단하는 경우 양호한 집합투자기구가 아닌 것은?

① 수익률이 절대적 · 상대적으로 높은 펀드

② 위험이 절대적 · 상대적으로 낮은 펀드

③ 위험조정성과가 절대적 · 상대적으로 낮은 펀드

④ 평가등급이 높은 펀드

해설 | 위험조정성과가 절대적 · 상대적으로 높을수록 양호한 펀드로 본다.

정답 01 ③　02 ③　03 ④　04 ①　05 ③

06 다음 중 펀드 분석 및 평가의 목적에 관한 설명 중 옳지 않은 것은?

① 일차적으로 측정한 계량적인 성과는 과거의 성과가 양호했다는 결과일 뿐 미래에도 계속해서 지속된다는 것을 보장해 주지는 않는다.

② 향후에도 양호한 펀드가 유지될 수 있는지 여부를 판단하기 위해서는 성과요인 분석, 포트폴리오 분석, 운용자 및 운용회사의 평가와 같은 질적(정성적) 평가를 하여야 한다.

③ 질적 평가는 많은 시간과 노력을 필요로 하며 판매되는 모든 집합투자기구를 대상으로 분석하는 것은 현실적으로 불가능하다.

④ 계량적 분석이 펀드의 성과의 원인 및 특성을 파악하는 것이라면 정성적 분석은 펀드의 성과의 우열을 가리기 위한 것이다.

해설 | 질적 평가가 펀드의 성과의 원인 및 특성을 파악하기 위함이며 계량적 분석이 펀드의 성과의 우열을 가리기 위한 것이다.

07 집합투자기구 모니터링(Monitoring) 점검 항목에 해당하지 않는 것은?

① 집합투자기구의 성과
② 집합투자기구의 자금흐름
③ 집합투자기구의 포트폴리오
④ 집합투자기구의 판매회사

해설 | 집합투자기구의 판매회사는 모니터링 항목에 포함되지 않는다.

08 집합투자기구 모니터링(Monitoring)에 대한 설명으로 틀린 것은?

① 펀드가 정상적인 상태로 운용되고 있는지 판단하기 위해서 투자자 및 집합투자판매인이 정기적으로 점검을 하여야 한다.

② 집합투자기구의 성과에 대한 모니터링은 성과의 우열을 따지는 것보다 펀드가 투자하는 시장상황과 성과원인에 중점을 두는 것이 바람직하다.

③ 펀드 성과 부진의 원인이 시장상황에 있다면 펀드를 일부 또는 전부 환매하는 조치를 하는 것이 바람직하다.

④ 펀드의 포트폴리오와 운용자 및 운용회사를 모니터링하는 것은 펀드의 성과원인과 특성의 변화 여부를 파악하기 위해서이다.

해설 | 시장상황에 비해 지나치게 부진한 성과이거나 비정상적인 원인으로 인해 부진한 성과가 발생한 경우에 한하여 펀드를 일부 또는 전부 환매하는 조치를 하는 것이 바람직하다.

09 집합투자기구 운용결과 분석에 대한 설명으로 틀린 것은?

① 펀드의 사후적인 운용결과를 분석하는 이유는 계획과 대비하여 결과가 성공했는지, 실패했는지 여부를 판단하고 개선할 수 있는 방법을 찾기 위함이다.

② 단순한 단기운용의 성공과 실패를 분석하는 차원에서 나아가 장기 운용의 성공과 실패로 연결될지 여부를 파악하여야 한다.

③ 운용결과에 대한 책임은 투자자가 부담하지만 펀드의 운용에는 간섭할 수가 없으므로 펀드의 운용 결과 분석을 통해 투자자가 취할 수 있는 방안은 별도로 없다.

④ 장기간 운용의 성공과 실패를 판단하기 위해서 일차적으로 집합투자기구의 성과가 절대적 · 상대적으로 양호하였는지 판단하고, 이러한 성과가 나타난 원인이 무엇인지를 판단하여 해당 성과가 지속될지 여부를 판단하여야 한다.

해설 | 펀드의 운용 결과 분석을 통해 투자자가 취할 수 있는 방안은 (일부)환매 여부 또는 재투자 여부를 결정하는 것이다.

SECTION 04 | 집합투자기구 분석 및 평가

10 집합투자기구 분석 및 평가를 위해 필요한 정보와 가장 거리가 먼 것은?

① 집합투자기구 가격정보(기준가격, 설정좌수, 분배율 등)

② 집합투자기구 판매회사 정보

③ 집합투자기구의 운용자 및 운용회사 관련정보

④ 집합투자기구의 포트폴리오

해설 | 판매회사는 펀드의 가입과 환매를 담당하고 실제 펀드 운용에는 영향을 미치지 않는다.

11 다음 중 집합투자기구의 가격정보에 해당하지 않는 것은?

① 기준가격 　　　　　　　　　② 설정좌수

③ 분배율 　　　　　　　　　　④ 수익률

해설 | 가격정보는 수익, 위험, 위험조정성과 등급과 같은 펀드의 성과를 측정하기 위하여 필요한 정보로 가격정보에는 기준가격, 설정좌수, 분배율 등이 있다.

12 다음은 집합투자기구의 평가 프로세스에 관한 내용이다. ㉠~㉢에 알맞은 단어를 순서대로 나열한 것은?

> • (㉠) : 집합투자기구 유형 분류 → 벤치마크 설정
> • (㉡) : 수익률 측정 → 위험 측정 → 위험조정 성과 측정 → 등급 부여
> • (㉢) : 성과요인 분석 → 포트폴리오 분석 → 운용회사운용자 정성평가

	㉠	㉡	㉢
①	성과평가의 기준 설정	성과우열 가리기	성과의 질적 특성 파악하기
②	성과의 질적 특성 파악하기	성과우열 가리기	성과평가의 기준 설정
③	성과평가의 기준 설정	성과의 질적 특성 파악하기	성과우열 가리기
④	성과우열 가리기	성과평가의 기준 설정	성과의 질적 특성 파악하기

해설 | 집합투자기구 평가 프로세스는 성과평가의 기준 설정, 성과우열 가리기, 성과의 질적 특성 파악하기 순으로 진행한다.

SECTION 05 집합투자기구의 유형 분류

13 집합투자기구의 유형 분류에 관한 설명으로 옳지 않은 것은?

① 집합투자기구 평가의 공정성과 객관성을 확보하기 위해 투자목적 등 성격이 비슷한 것들로 분류하는데, 이를 집합투자기구 유형이라 한다.

② 집합투자기구의 성과를 상대적으로 비교 측정하기 위하여 집합투자기구 투자목적, 투자자산, 투자전략, 투자스타일, 특징 등이 유사한 집합투자기구들끼리 묶어놓은 동류집단을 말한다.

③ 동일한 유형의 집합투자기구라면, 수익과 위험의 구조가 유사하고 벤치마크가 유사하다는 특징을 지니며, 역으로 수익·위험 구조와 벤치마크가 유형분류의 기준이 되기도 한다.

④ 집합투자기구가 어떤 유형에 속하는가에 상관없이 상대적인 순위는 바뀌지 않는다.

해설 | 집합투자기구가 어떤 유형에 속하는가에 따라 상대적인 우열(순위 등)이 바뀔 수 있다.

14 집합투자기구의 유형 분류에 관한 설명으로 옳지 않은 것은?

① 주식형 펀드의 경우에는 대형주 및 중소형주 편입비율에 따라 가치주·성장주·혼합주로 분류한다.

② 채권형 펀드의 경우에는 장단기 채권의 편입비율에 따라 장기·중기·단기채권형으로 분류한다.

③ 스타일 분류는 각 스타일의 집합투자기구들이 시장의 국면 변화에 따라 상이한 운용성과를 나타낸다.

④ 유형 분류는 객관적인 평가를 위해 필요한 요소이다.

해설 | 주식형 펀드의 경우에는 대형주 및 중소형주 편입비율에 따라 대·중·소형주로 분류한다.

SECTION 06 | 벤치마크 설정

15 벤치마크(Benchmark)에 관한 설명으로 옳지 않은 것은?

① 집합투자기구의 벤치마크는 집합투자기구의 운용목표와 전략을 가장 잘 나타내는 운용지침 역할을 한다.

② 집합투자기구의 벤치마크는 투자자로 하여금 해당 집합투자기구에 투자할지를 사전에 판단할 수 있는 투자지침 역할을 한다.

③ 집합투자기구의 벤치마크는 집합투자기구의 성과평가 기준 역할도 한다.

④ 특성이 다른 집합투자기구들을 동일한 기준에 의해 상호 비교하여 객관적인 평가를 해야 한다.

해설 | 펀드별로 투자대상이나 운용전략이 상이하기 때문에 집합투자기구별로 벤치마크가 정해진다.

16 벤치마크(Benchmark)의 종류에 대한 내용으로 적절하지 않은 것은?

① 운용에 특이한 제약 조건이 없는 경우에는 시장지수가 적합하다.

② 자산의 유형 중 특정한 분야에 집중하여 투자하는 경우에는 섹터지수가 적합하다.

③ 시장시수나 섹터지수는 각각 구분하여 별도로 계산하여야 하며 투자자의 혼동을 막기 위해 합성하여 사용하는 것을 금하고 있다.

④ 일반성이 적은 집합투자기구를 평가하기 위해서는 맞춤포트폴리오가 적합하다.

해설 | 복수의 자산유형에 투자하는 경우에는 2개 이상의 지수를 합성하여 별도로 계산한 합성지수를 벤치마크로 사용할 수 있다.

SECTION 07 | 수익률 계산

17 개별 집합투자기구의 수익률에 대한 설명으로 옳지 않은 것은?

① 분배율은 분배금액을 분배일의 기준가격으로 나누어서 계산한다.

② 중도에 결산 등으로 인해 분배가 있으면 수익률 계산 시 결산이익분배율을 감안하여야 한다.

③ 분배율을 고려하지 않고 환매 시 기준가와 가입 시 기준가격만을 이용하여 수익률을 계산하면 수익률이 매우 낮게 나타난다.

④ 분배가 있는 날의 집합투자기구의 기준가는 일반적으로 상승하는 경향이 있다.

해설 | 분배가 있는 날의 집합투자기구의 기준가는 일반적으로 떨어지므로 환매 시 기준가와 가입 시 기준가격만을 이용하여 수익률을 계산하면 수익률이 매우 낮게 나타난다.

정답 ▶ 12 ① 13 ④ 14 ① 15 ④ 16 ③ 17 ④

18 운용회사 · 집합투자기구 유형 그룹 수익률에 대한 설명으로 옳지 않은 것은?

① 운용회사 또는 집합투자기구유형에 속한 집합투자기구 전체를 하나의 집합투자기구인 것으로 간주하고 수익률을 측정하는 방식으로 측정기간을 일치시키면 객관적으로 운용사 간의 성과비교가 가능하다.

② 유형 그룹 수익률과 집합투자기구의 수익률을 비교하여 집합투자기구가 절대적으로 운용을 잘했는지를 판단하기 위해 중요하다.

③ 현재 시점에서 존재하는 집합투자기구만을 대상으로 평가함으로써 부실한 운용으로 중단된 집합투자구의 성과를 정확히 나타내지 못하는 생존계정의 오류를 제거하기 위해서 산출한다.

④ 일부 집합투자기구들만으로 성과를 측정하여 비교하는 경우 전체 성과를 정확히 나타내지 못하는 대표계정의 오류를 제거할 수 있다.

해설 | 벤치마크수익률이 절대적인 운용성과를 판단하기 위해 중요하다면 운용회사 · 집합투자기구 유형 그룹 수익률은 유형 그룹 수익률과 집합투자기구의 수익률을 비교하여 집합투자기구가 상대적으로 운용을 잘했는지를 판단하기 위해 중요하다.

SECTION 08 | 위험의 측정

19 다음 중 절대적 위험 측정방법에 해당하는 것은 모두 몇 개 인가?

• 표준편차 • 공분산 • 초과수익률 • 베타(β) • 상대 VaR • 추적오차

① 0개   ② 1개
③ 2개   ④ 3개

해설 | 해당 자료에서 표준편차만 절대적 위험이다.

---

20 다음 중 절대적 위험 측정치인 표준편차에 대한 설명으로 적절하지 못한 것은?

① 사전에 자산배분이 정해지고, 실제 운용단계에서는 벤치마크를 추구하는 집합투자기구의 위험 측정에 사용되기에 적합하다.

② 일정 기간 동안의 수익률이 동일 기간의 평균수익률과 대비하여 변동한 범위를 측정한 것이다.

③ 평균수익률과의 편차가 작을수록 위험이 작은 것이라고 가정한 수치이다.

④ 일반적으로 주식형 펀드는 채권형 펀드에 비해 표준편차가 큰 편이다.

해설 | 절대적 위험은 수익률의 안정성을 중시하는 전략에 적합하며, 상대적 위험은 사전에 자산배분이 정해지고, 실제 운용단계에서는 벤치마크를 추구하는 집합투자기구의 위험 측정에 사용되기에 적합하다.

21 상대적 위험지표인 베타에 대한 설명으로 적절하지 못한 것은?

① 펀드 수익률의 시장과의 민감도를 나타내는 지표로 채권의 듀레이션과 같은 개념이다.

② 집합투자기구의 베타가 1.2일 때 종합주가지수가 +10%로 움직인다면 집합투자기구는 +12%로 움직인다고 해석된다.

③ 베타가 큰 펀드는 작은 펀드에 비해 상대적으로 변동성이 작은 개별 종목을 많이 편입하여 방어적인 운용전략을 사용하였음을 의미한다.

④ 집합투자기구 수익률과 벤치마크수익률 간의 상대적인 관계로 파악하는 위험지표이다.

해설 | 베타가 큰 펀드는 작은 펀드에 비해 상대적으로 변동성이 큰 개별 종목을 많이 편입하여 공격적인 운용전략을 사용하였음을 의미한다.

22 트래킹 에러(Tracking Error)에 대한 설명으로 옳지 않은 것은?

① 펀드의 기간 수익률과 이에 대응하는 벤치마크 지표 수익률과의 편차에 대한 변동성으로 측정한다.

② 트래킹 에러가 클수록 펀드가 투자한 종목의 구성이나 편입비율이 벤치마크와 유사하다는 것을 의미한다.

③ 위험의 측정치로 간주되지만 평가의 핵심은 부담한 위험에 상응하는 초과수익률을 얻었는지의 여부이다.

④ 정보비율을 산출할 때 상대적 위험인 트래킹 에러가 활용된다.

해설 | 트래킹 에러가 클수록 펀드가 투자한 종목의 구성이나 편입비율이 벤치마크와 상이하다는 것을 의미한다.

SECTION 09 위험 조정성과 측정

23 샤프비율에 대한 설명으로 적절하지 못한 것은?

① 샤프비율이 높으면 성과가 좋은 것이고 낮으면 성과의 부진으로 해석된다.

② 펀드 수익률에서 무위험이자율을 차감한 초과수익률을 펀드의 표준편차로 나누어서 측정한다.

③ 평가 기간과 유형이 동일한 펀드 간에만 비교해야 한다.

④ 초과 수익률이 (−)인 경우에도 설명이 명확해 수익률과 위험을 동시에 고려하여 펀드의 성과를 측정할 때 주로 활용된다.

해설 | 초과 수익률이 (−)인 경우에도 설명이 곤란하다.

24 A펀드의 수익률이 7%, 무위험 이자율이 3%, A펀드의 표준편차가 1%, 시장의 표준편차가 0.5%일 경우 샤프비율은 얼마인가?

① 4.0

② 7.0

③ 8.0

④ 14.0

해설 | 샤프비율 $= \dfrac{\text{펀드평균수익률} - \text{무위험이자율}}{\text{펀드의 표준편차(총위험)}} = \dfrac{7-3}{1} = 4.0$

25 젠센의 알파에 대한 설명으로 적절하지 못한 것은?

① 집합투자기구 수익률에서 균형하에서의 기대수익률을 차감한 값을 나타낸다.

② 알파가 0보다 크다는 것은 펀드의 기대수익률보다 실제 펀드의 수익률이 더 높았다는 것을 의미하므로 양호한 집합투자기구라 할 수 있다.

③ 운용자의 종목선택 및 시장 움직임에 대한 정보 분석능력을 측정하는 유용한 지표이다.

④ 시장 예측활동과 종목 선택활동을 모두 활용하는 집합투자기구에 대해서 적절한 평가지표로 활용된다.

해설 | 운용자의 종목선택 및 시장 움직임에 대한 정보 분석능력을 측정하는 유용한 지표이나 종목선택정보와 시장예측정보를 정확하게 구분하지 못하는 단점을 지니고 있어 시장 예측활동과 종목 선택활동을 모두 활용하는 집합투자기구에 대해서 적절한 평가지표가 되지 못한다.

26 A펀드의 수익률이 20%, 무위험 수익률이 4%, 시장 수익률이 9%, 펀드의 베타가 1.6, 펀드의 표준편차가 10%일 경우 젠센의 알파는 얼마인가?

① 1.6

② 8

③ 10

④ 12

해설 | • 젠센α = 펀드 실제 수익률 − 펀드의 기대수익률
　　• 단, 펀드의 기대수익률 = 무위험 이자율 + (시장수익률 − 무위험 이자율) × 펀드의 베타
　　• 먼저 펀드의 기대수익률을 구하면 다음과 같다.
　　　A펀드의 기대수익률 = 4 + (9 − 4) × 1.6 = 12
　　• 이제 젠센의 알파를 구하면 다음과 같다.
　　　A펀드의 젠센의 알파 = 20 − 12 = 8

27 정보비율에 대한 설명으로 적절하지 않은 것은?

① 적극적 투자활동의 결과로 발생한 초과수익률과 집합투자기구의 초과수익률에 대한 표준편차(추적오차)의 비율로 평가비율이라고도 한다.

② 운용자의 능력을 평가하기 위한 성과 측정기간이 짧을수록 정보비율에 대한 신뢰도가 높아진다.

③ 일반적으로 높은 정보비율은 집합투자기구 운용자의 능력이 탁월한 것을 의미하나 어느 정도 값이 높은 수준인가에 대한 이론적 근거는 없다.

④ 자산운용에 있어서 벤치마크지수를 맹목적으로 추적하지 않음에 따라 추가적으로 부담하는 상대적인 위험인 추적오차(tracking error)에 대한 보상비율을 의미한다.

해설 | 성과 측정기간이 짧으면 성과가 펀드운용자의 능력 이외에 운(luck) 등 다른 요인이 작용했을 가능성이 있기 때문에 성과 측정기간은 충분히 잡는 것이 좋다.

SECTION 10 | 성과의 질적 특성 파악하기

28 다음 중 펀드의 질적 특성 파악하기에 해당하지 않는 것은?

① 성과요인 분석
② 포트폴리오 분석
③ 운용회사 및 운용자 분석
④ 위험조정성과 분석

해설 | 위험조정성과 측정은 성과의 우열을 가리는 정량적(양적) 평가에 해당한다.

29 집합투자기구 성과요인 분석에 관한 설명으로 옳지 않은 것은?

① 성과요인 분석이란 성과의 원인을 파악하는 일련의 계량분석과정을 말한다.

② 집합투자기구 성과평가(수익률, 위험, 위험조정성과, 등급)를 통해 성과요인을 분석하는 것이다.

③ 일반적으로 성과요인을 크게 시장예측능력과 종목선정능력으로 나눌 수 있다.

④ 종목선정이란 시장이 강세일 때는 민감도가 높은 종목의 편입비중을 늘리고 시장이 약세일 때는 민감도가 낮은 종목을 편입하거나 편입비중을 줄임으로써 나은 성과를 추구하는 운용방법이다.

해설 | ④는 시장예측능력에 대한 설명이다. 종목선정 능력이란 시장의 흐름과 무관하게 상대적으로 저평가되었거나 향후 상승 가능성이 높은 종목을 선택하는 운용방법을 말한다.

정답 ▶ 24 ① 25 ④ 26 ② 27 ② 28 ④ 29 ④

30 포트폴리오 분석에 대한 설명으로 옳지 않은 것은?

① 포트폴리오가 주는 성과의 결과물인 수익률, 위험, 위험조정성과 등을 살펴보는 과정을 의미한다.

② 집합투자기구 내 자산의 투자비중을 분석하는 것에서부터 시작하는 것이 일반적이다.

③ 주식형 펀드는 주식의 규모에 따라 대형주, 소형주, 중형주로 분류하고 가치평가 정도에 따라 가치주, 성장주 등으로 분류한다.

④ 채권형 펀드는 채권의 신용등급의 높고 낮음과 평균만기의 길고 짧음에 따라 펀드를 분류한다.

해설 | 포트폴리오 분석은 성과의 결과물이 아닌 포트폴리오 자체의 특성을 분석하는 것이다.

31 펀드 평가 업무 중 운용회사 및 운용자에 대한 질적 분석 업무와 관련된 설명으로 적절하지 않은 것은?

① 운용회사의 지배구조는 운용회사의 안정성을 볼 수 있는 질적 특성을 구성하는 변수이다.

② 운용회사 · 운용자의 질적 분석을 하는 이유는 성과가 우연에 기인하는지 질적 특성에 의한 것인지를 구분하기 위해 실시한다.

③ 대형 연기금의 경우 과거 성과가 미흡한 운용회사에 대해서도 별도의 제안 기회를 부여할 만큼 질적 평가결과를 중시하기도 한다.

④ 실사나 면접은 평가자마다 다른 기준이 적용될 수 있어 질적 분석의 방법으로 적절하지 못하다.

해설 | 비계량정보의 경우 실사나 면접 등을 통해 평가가 이루어진다.

SECTION 11   집합투자기구 평가보고서

32 다음 중 펀드평가 보고서에 포함되는 내용으로 적절한 것은?

① 베타가 높다는 것은 펀드의 성과가 우수했음을 의미한다.

② 스타일 분석은 펀드 내 자산의 투자 비중을 분석하는 것이다.

③ 표준편차란 일정 기간 동안의 수익률이 동일 기간의 평균수익률과 대비하여 변동한 정도를 측정한 것이다.

④ 포트폴리오 분석은 펀드의 성적을 몇 개의 급수로 나누어 평가하는 것이다.

해설 | ① 베타는 체계적 위험의 크기를 말한다. 베타가 높다고 항상 성과가 높다고 할 수 없다.
② 포트폴리오 분석에 대한 설명이다. 스타일 분석은 주식과 채권의 성격을 규정하여 그 위험과 수익성을 용이하게 예측하기 위함이다.
④ 등급에 관한 설명이다.

33 펀드 평가보고서에 대한 설명으로 옳지 않은 것은?

① 펀드 등급은 과거의 계량적인 성과만을 이용하여 측정된 결과이기 때문에 미래성과를 보장하지 않으므로 절대적인 것으로 맹신하는 것은 바람직하지 않다.

② 성장형 펀드는 매출과 이익이 앞으로 크게 성장할 것으로 기대되는 주식에 편입비율이 높은 집합투자기구이다.

③ 운용회사의 수익률은 펀드의 운용규모가 큰 집합투자기구일수록 일별 운용회사 평균수익률에 끼치는 영향력이 크다.

④ 200개 중 100위를 한 집합투자기구의 % 순위는 100위에 해당한다.

해설 | % 순위는 전체 비교 대상 집합투자기구를 100개로 가정했을 때 상대 순위를 말한다. 100위는 절대 순위에 해당하고 상대적 순위는 50위가 된다.

정답 ▶ **30** ① **31** ④ **32** ③ **33** ④

MEMO

PART 02

투자권유

펀드 관련 법규

SECTION 01

1. 투자펀드의 개념

투자펀드 정의	투자펀드(Investment fund)란 다수의 투자자로부터 자금을 모아(pooling) 증권 등의 자산에 투자하고 그 수익을 투자지분에 따라 투자자에게 배분하는 집단적·간접적 투자제도를 말함
개념 요소	• **2인** 이상의 자에게 판매할 것 • 투자자로부터 모은 금전 등을 집합하여 운용할 것 • 투자자의 일상적인 운용지시를 받지 않을 것 • 재산적 가치가 있는 투자대상자산을 취득·처분 그 밖의 방법으로 운용할 것 • 운용결과는 투자자에게 귀속할 것
용어 정의	• '투자펀드' 용어는 '집합투자기구'로 변경됨(2009.2.4., 자본시장과 금융투자업에 관한 법률) • "**2인** 이상의 자에게 투자권유를 하여" → "**2인** 이상의 투자자로부터 모은"으로 개정(2015.1.1. 이후 시행) • 집합투자기구(펀드) / 집합투자업자(자산운용회사) / 투자자(수익자 주주), 집합투자증권(수익증권 주식)

2. 투자펀드의 특징

집단성과 간접성	투자펀드에서는 자금제공자(투자자)와 자금운용자가 분리되고 자금은 집합되어 운용되며 자금운용과정에서 투자자는 소극적 역할만을 담당 ※ 투자자(자금제공자)≠자산운용회사(자금운용)
실적배당의 원칙	투자펀드의 운용실적은 펀드 투자자에게 귀속
투자자 평등의 원칙	펀드 투자자는 펀드의 수익과 의결권 등에 있어 투자지분에 따라 동등한 권리를 지님
펀드자산의 분리	집합된 자금은 펀드운용자(자산운용회사)의 고유재산과 법적으로 엄격히 분리됨

3. 투자펀드의 분류

법적 형태에 따른 분류	• 신탁형(투자신탁) • 회사형(투자회사·투자유한회사·투자합자회사 및 투자유한책임회사) • 조합형(투자합자조합·투자익명조합) ※ 합명회사 : 법적 형태에 따른 분류에 해당되지 않음
운영 구조에 따른 분류	• 개방형 펀드(환매 ○) • 폐쇄형 펀드(환매 ×) ※ 폐쇄형은 비유동자산에 대한 투자도 가능하다는 장점이 있고, 펀드 지분이 거래소에 상장되어 거래되므로 투자자는 시장거래를 통해 투자자금 회수

모집 방식	• 공모 펀드(모집 · 매출 / 일반투자자 **50인 이상**) • 사모 펀드(일반투자자는 **49인 이하**, 기관을 제외한 전문투자자를 포함하는 경우 **100인**까지 가능, 투자자의 적격이 제한)
적용 법률	• 내국 펀드 • 외국 펀드
추가 모집	• 추가형 펀드 • 단위형 펀드

4. 집합투자기구

PART
01

PART
02

PART
03

PART
04

PART
05

투자신탁	• 집합투자업자가 투자신탁계약서에 따라 신탁업자와 신탁계약을 체결하고, 동 투자신탁의 수익증권을 투자자에게 판매하여 모은 재산을 집합투자업자가 주식 등에 투자운용하고 그 결과를 투자자에게 귀속시키는 집합투자기구 • 투자신탁의 당사자(집합투자업자, 신탁업자 및 수익자) 　-집합투자업자 : 투자신탁의 설정 · 해지, 투자신탁재산의 투자 · 운용, 수익증권 발행 　-신탁업자 : 투자신탁재산의 보관관리, 집합투자업자의 운용지시에 따른 자산의 취득 및 처분, 환매대금 및 이익금 지급, 집합투자업자가 작성한 투자설명서 및 투자신탁재산의 평가와 기준가격 산정의 적정성 여부 확인, 집합투자업자 감시기능을 수행 　-수익자(투자자) : 신탁원본의 상환 및 이익의 분배 등에 관하여 수익권 좌수에 따른 균등한 권리, 수익증권 환매 청구, 투자신탁재산에 관한 장부 · 서류 열람거나 등본 · 초본 교부 청구, 수익자총회에서 자본시장법에서 정하는 사항을 의결
투자회사	• 집합투자업자 등이 발기인이 되어 주식회사(투자회사)를 설립한 후 투자회사의 주식을 투자자에게 판매하여 조성된 자금(자본금)을 주식 등에 투자운용하고 그 결과를 투자자에게 귀속시키는 집합투자기구 • 서류상회사(Paper company) : 주식회사 형태를 취하고 있지만 집합적 · 간접적 투자를 위한 수단(vehicle)에 불과 　-투자회사는 투자업무 외의 업무를 할 수 없음 　-본점 외의 영업소를 둘 수 없고, 직원을 고용하거나 상근임원을 둘 수 없음 　-모든 업무를 외부의 전문가에게 위탁(자산운용은 집합투자업자, 자산보관은 신탁업자, 주식의 판매 및 환매는 투자매매업자 · 투자중개업자, 기타 업무는 일반사무관리회사)

5. 투자신탁 : 수익자총회

구성	수익자총회는 전체 수익자로 구성
결의사항	합병, 환매연기, 신탁계약의 중요내용 변경 • 집합투자업자 · 신탁업자 등이 받는 보수 및 수수료 인상 • 신탁업자 및 집합투자업자의 변경(판매업자 변경 ×) • 신탁계약기간 및 투자신탁의 종류 변경 • 투자신탁의 종류의 변경 • 주된 투자대상 자산의 변경 및 투자대상 자산에 대한 투자한도의 변경 • 개방형 펀드에서 폐쇄형 펀드로 변경 • 환매대금 지급일 연장
소집 및 운영	• 원칙 : 집합투자업자가 소집 • 예외 : 신탁업자, **5% 이상** 보유한 수익자 ※ 신탁업자 또는 발행된 수익증권 총좌수의 **5% 이상**을 보유한 수익자가 서면으로 수익자총회 소집을 집합투자업자에게 요청할 경우 **1개월** 이내 수익자총회 소집

	• 집합투자업자는 수익자총회를 소집하는 경우 예탁결제원에 위탁하여 각 수익자에 대해 총회일의 **2주** 전에 서면으로 총회소집 통지
의결	• 법으로 정한 결의사항 : 출석한 수익자 의결권의 과반수 & 발행된 수익증권 총좌수의 **4분의 1** 이상 • 신탁계약으로 정한 결의사항 : 출석한 수익자 의결권의 과반수 & 발행된 수익증권 총좌수의 **5분의 1** 이상 • 수익자는 수익자총회에 출석하지 않고 서면에 의한 의결권 행사 가능
연기 수익자총회	• 투자신탁을 설정한 집합투자업자는 수익자총회의 결의가 이루어지지 않은 경우 **2주** 이내에 소집 • **1주** 전까지 소집 통지 • 법으로 정한 결의사항 : 출석한 수익자의 의결권의 과반수 & 발행된 수익증권 총좌수의 **8분의 1** 이상 • 신탁계약으로 정한 결의사항 : 출석한 수익자의 의결권의 과반수 & 발행된 수익증권 총좌수의 **10분의 1** 이상
반대수익자의 수익증권매수청구권	• 대상 : 신탁계약의 변경 또는 합병에 대한 수익자총회의 결의에 반대하는 수익자 • **20일** 이내에 수익증권 매수 청구

6. 투자회사

이사	법인이사(해당 투자회사의 집합투자업자) **1인** & 감독이사 **2인** 이상
이사회	• 법인이사와 감독이사로 구성 • 이사회 소집 : 각 이사 • 의결 : 과반수 출석 과반수 찬성 • 의결대상 : 자본시장법 및 정관에서 정하는 사항

7. 집합투자기구의 설립

투자신탁	집합투자업자가 신탁계약서에 따라 신탁업자와 신탁계약을 체결함으로써 설립
투자회사	**1인** 이상의 발기인이 정관을 작성하여 기명날인(발기설립의 방법만)

8. 집합투자기구의 등록

등록의무자	• 투자신탁 및 투자익명조합 : 해당 집합투자업자 • 회사형 펀드 : 해당 회사 • 투자합자조합 : 해당 조합 ※ 회사는 회사가, 조합은 조합이, 나머지는 집합투자업자
자본금 및 출자금	투자신탁 외 형태의 펀드(회사형 펀드, 투자합자조합, 투자익명조합)는 등록신청 당시 자본금 또는 출자금이 **1억 원** 이상 ※ 투자신탁은 투자신탁원본액이 **1억 원** 이상
변경등록	집합투자기구 관련 사항이 변경된 경우 **2주** 이내에 금융위에 변경등록

9. 집합투자증권의 발행

투자신탁 수익증권	• 신탁업자의 확인을 받아 집합투자업자가 발행 　- 원칙적으로 금전납입이 원칙 　- 사모투자신탁은 수익자 전원 동의를 받은 경우 실물납입이 가능 • 무액면 · 기명식 발행, 발행가액은 기준가격에 기초 • 예탁결제원을 명의인으로 하여 일괄예탁 발행
투자회사 주권	• 해당 투자회사가 발행 • 무액면 · 기명식, 보통주로만 발행, 발행가액은 기준가격에 기초 • 예탁결제원을 명의인으로 하여 일괄예탁 발행

10. 집합투자증권의 공모발행

증권신고서	• 제출의무자 : 해당 증권의 발행인 ※ 법인형 집합투자기구(투자회사, 투자유한회사, 투자합자회사, 투자유한책임회사, 투자합자조합)는 해당 집합투자기구, 비법인형 집합투자기구(투자신탁, 투자익명조합)는 해당 집합투자업자 • 증권신고서 효력발생기간 : 개방형 · 폐쇄형 모두 원칙적으로 <u>15일</u>(정정신고서는 원칙적으로 <u>3일</u>) • 일괄신고서 　- 계속적으로 집합투자증권을 발행하는 개방형 집합투자기구 　- 일괄신고서 제출 후 집합투자증권 발행 시 추가 서류 제출의무 ×
투자설명서	• 법정 투자권유문서로 증권을 공모함에 따라 청약의 권유를 하고자 하는 경우에는 반드시 투자설명서에 의해야 함 • 투자설명서의 내용은 원칙적으로 증권신고서 내용과 동일 • 투자설명서 종류 　- 예비투자설명서 : 증권신고서 효력 발생 전에 사용, 효력 미발생 사실 표시 　- (본)투자설명서 : 증권신고서 효력 발생 후에 사용 　- 간이투자설명서 : 투자설명서 내용 중 일부를 생략하거나 중요사항만 발췌하여 기재, 증권신고서 수리 후에 사용한다는 점에서 예비투자설명서와 같지만 효력발생 전 · 후 모두 사용 • 투자설명서 교부 : 증권신고서의 효력이 발생한 집합투자증권을 취득하고자 하는 투자자에게는 반드시 투자설명서 또는 간이투자설명서를 교부 ※ 예외 : 전문투자자, 모집매출 기준인 <u>50인</u> 산정대상에서 제외되는 자 및 투자설명서 받기를 거부한다는 의사를 표시한 자(서면 · 전화 · 모사전송, 전자우편 등), 이미 취득한 것과 같은 집합투자증권을 계속하여 추가로 취득하려는 자 • 투자설명서 갱신 : 최초 투자설명서 제출 후 매년 1회 이상 정기 갱신(변경등록한 경우에는 <u>5일</u> 이내 갱신)

11. 집합투자증권의 투자권유

(1) 투자권유준칙

금융투자업자는 투자권유를 함에 있어 그 임직원이 준수해야 할 구체적인 기준 및 절차를 정해야 하며, 인터넷 홈페이지 등을 통해 공시

※ 파생상품 등에 대해서는 일반투자자의 투자목적 · 재산상황 및 투자경험 등을 고려하여 투자자 등급별로 차등화된 투자권유준칙 마련

(2) 투자권유대행인

① 정의 : 금융투자회사로부터 위탁을 받아 금융투자상품(파생상품 등 제외)의 투자권유를 수행하는 자

② 요건

 ㉠ 투자권유자문인력시험 합격자

 ㉡ 투자운용인력시험 합격자

 ㉢ 보험설계사, 보험대리점 또는 보험중개사 등록요건을 갖춘 개인이며 보험모집에 종사하고 있는 자로서, 일정한 교육을 수료한 자

 ㉣ 기등록되지 않아야 하며(1사 전속주의), 등록이 취소된 경우 등록취소일로부터 3년이 경과한 자

③ 금지행위

 ㉠ 투자권유대행인 외의 자에게 투자권유를 대행하게 하는 행위

 ㉡ 금융투자업자는 투자권유대행인이 투자권유를 대행함에 있어서 법령을 준수하고 건전한 거래질서를 해치는 일이 없도록 관리

 ㉢ 투자권유대행기준 제정

12. 판매보수 및 수수료

판매보수	• 집합투자증권을 판매한 투자매매업자 또는 투자중개업자가 투자자에게 지속적으로 제공하는 용역의 대가로 집합투자기구로부터 받는 금전(집합투자기구 → 판매회사) • 한도 : 집합투자재산의 연평균가액의 **100분의 1(1%)** ※ 투자매매업자 · 투자중개업자 : 판매회사 • 수취방법 : 매월의 집합투자재산 규모에 비례하여 집합투자기구로부터 받는 방법
판매수수료	• 집합투자증권을 판매하는 대가로 판매회사가 투자자로부터 직접 받는 금전(투자자 → 판매회사) • 한도 : 납입금액 또는 환매금액의 **100분의 2(2%)** • 수취 방법 : 판매(선취) 또는 환매(후취) 시 일시에 투자자로부터 받거나 투자기간 동안 분할하여 투자자로부터 받는 방법(1회성) • 판매수수료는 집합투자규약으로 정하는 바에 따라 판매방법, 투자매매업자 · 투자중개업자, 판매금액, 투자기간 등을 기준으로 차등적용 가능
판매보수 및 수수료 공통	• 판매보수와 판매수수료는 그 징구근거가 다르기 때문에 두 가지를 모두 받을 수도 있고 판매보수만 받거나 판매수수료만 받을 수 있음 • 집합투자기구의 운용실적에 연동하여 판매수수료 또는 판매보수를 받아서는 안 됨 • 사모펀드는 적용 안 됨

13. 판매가격

판매 시 적용되는 기준가격	투자자가 집합투자증권의 취득을 위하여 금전을 납입한 후 최초로 산정되는 기준가격으로 판매해야 함

14. 집합투자증권의 환매

환매방법	• 집합투자재산을 처분하여 조성된 금전으로 지급 • 예외 : 투자자 전원 동의 시 해당 집합투자기구에서 보유하고 있는 집합투자재산으로 지급 가능 • 판매업자 · 집합투자업자 · 신탁업자는 자기의 계산으로 취득하거나 타인에게 취득하게 해서는 안 됨(원칙적으로 소각 처리)

예외적 취득이 가능한 경우	• MMF를 판매한 투자매매 · 투자중개업자가 MMF판매규모의 <u>5%</u>와 <u>100억 원</u> 중 큰 금액 범위 내에서 매입하는 경우 • 불가피한 경우 : 투자자가 금액 기준으로 환매청구일에 집합투자증권(MMF 제외)의 환매를 청구 함에 따라 불가피하게 매수하는 경우
환매기간	• 원칙적으로 <u>15일</u> 이내 • 예외(15일을 초과할 수 있는 경우) 　－ 집합투자기구 자산총액의 <u>10%를 초과</u>하여 시장성 없는 자산에 투자한 경우 　－ 집합투자기구 자산총액의 <u>50%를 초과</u>하여 외화자산에 투자한 경우 　－ 사모투자재간접집합투자기구의 경우 　－ 부동산 · 특별자산투자재간접집합투자기구의 경우

15. 환매연기

의의	자산의 처분이 불가능한 경우 등의 사유가 발생하여 일정 기간 환매를 중단하는 것
환매연기사유	• 집합투자재산의 처분이 불가능하여 사실상 환매에 응할 수 없는 경우 • 투자자 간의 형평성을 해칠 염려가 있는 경우 • 환매를 청구받거나 환매에 응할 것을 요구받은 투자매매업자 또는 투자중개업자, 집합투자업자, 신탁업자, 투자회사 등이 해산 등으로 인하여 환매할 수 없는 경우 • 교차판매 집합투자기구의 집합투자증권에 대한 투자자의 환매청구 금액이 환매청구일 현재 해 당 교차판매 집합투자기구의 집합투자재산 순자산가치의 100분의 10을 초과하는 경우 • 그 밖에 금융위가 환매연기가 필요하다고 인정하는 경우(현재는 없음)
환매연기 절차	• 투자신탁이나 투자익명조합의 집합투자업자 또는 투자회사 등이 환매연기 결정 • 환매연기를 결정한 날부터 6주 이내에 집합투자자 총회(수익자총회, 주주총회)에서 환매에 관한 사항 의결 • 집합투자자총회에서 환매에 관한 사항이 의결되거나 환매연기를 계속하는 경우 지체 없이 투자 자에게 통지 • 환매연기 사유의 전부 또는 일부가 해소된 때에는 연기된 투자자에 대하여 환매환다는 뜻을 통지하고 환매대금 지급
부분 환매연기	집합투자재산의 일부가 환매연기사유에 해당하는 경우 그 일부에 대해서는 환매를 연기하고 나머 지에 대해서는 환매에 응하는 것
펀드분리	펀드 내 자산의 일부에 대해서만 환매연기사유가 발생한 경우에 환매연기대상 자산을 정상자산으 로부터 분리하여 그 환매연기대상 자산을 현물로 납입하고 별도의 펀드를 설립하는 것(정상펀드 는 판매 및 환매 재개, 부실펀드는 계속 환매연기)

16. 환매가격 및 환매수수료

환매가격	• 환매청구일 후에 산정되는 기준가격으로 함 • 예외 　－ 투자자의 이익 또는 집합투자재산의 안정적 운용을 해할 우려가 없는 경우 　－ MMF은 당일가격 기준 가능
환매수수료	• 집합투자규약에서 정하는 기간 이내에 환매하는 경우에 부과하는 수수료로서 해당 투자자가 부 담하여 당해 집합투자재산에 귀속(환매신청한 투자자 → 집합투자재산) • 환매금액 또는 이익금 등을 기준으로 부과 • 환매금액 : 집합투자증권 환매 시 적용하는 기준가격에 환매하는 집합투자증권의 수를 곱한 금액 (세금은 감안 ×) • 이익금 : 집합투자증권 환매 시 적용하는 기준가격과 집합투자증권 매입 시 적용된 기준가격의 차에 환매하는 집합투자증권의 수를 곱한 금액으로 지급된 이익분배금은 합산(세금은 감안 ×) ※ 2015년 10월 금융감독원의 환매수수료 자율화 방침에 따라 환매수수료를 부과하지 않는 펀드가 증가

17. 신의성실의무, 선관의무 및 충실의무

신의성실의무	• 집합투자업자를 포함한 금융투자업자에게 공통으로 적용 • 정당한 사유 없이 투자자의 이익을 해하면서 자기(금융투자업자)가 이익을 얻거나 제3자가 이익을 얻도록 해서는 안 됨
선관의무 · 충실의무	• 집합투자업자에게만 적용 • 투자자에 대해 선량한 관리자의 주의로써 집합투자재산을 운용하여야 하며, 투자자의 이익을 보호하기 위해 해당 업무를 충실하게 수행

18. 자산운용의 지시 및 실행

운용대상 자산	• 자본시장법에서는 투자대상 자산을 한정하지 않고 '재산적 가치가 있는 모든 자산'으로 규정 • 단, MMF에 대해서는 그 특성을 고려하여 운용대상 자산 등에 대해 일정한 규제를 말함
투자회사	• 집합투자기구 자체에 법인격이 있으므로 집합투자업자는 당해 집합투자기구의 명의로 투자대상 자산의 취득 및 처분 • 신탁업자에게 자산의 보관 및 관리에 필요한 지시를 하고 신탁업자는 집합투자업자의 지시 이행
투자신탁	• 집합투자기구 자체에 법인격이 없으므로 신탁재산에 대한 운용은 집합투자업자가 투자신탁재산별로 투자대상자산의 취득·처분 등에 관하여 필요한 운용지시를 하고 신탁업자가 지시 이행 • 투자신탁의 경우 원칙적으로 신탁업자를 통해서 자산의 취득·매각을 실행해야 하지만, 투자운용의 효율성과 적시성 확보를 위해 정하는 경우(상장증권의 매매, 장내파생상품의 매매, 단기대출, 양도성예금증서서의 매매 등)에는 집합투자업자가 직접 자산의 취득 및 매각을 실행할 수 있도록 하고 있음

19. 자산운용의 제한

(1) 증권

동일종목 투자제한	• 각각의 집합투자기구는 동일종목 증권에 자산총액의 <u>10%</u>를 초과하는 투자 금지(사모펀드는 적용 제외) • 예외 　－<u>100%</u> : 국채, 통안증권, 정부원리금보증채권(국정통) 　－<u>30%</u> : OECD 회원국 또는 중국정부 발행 채권, 특수채, 파생결합증권, 지방채('오특파지') 　－시가총액 비중 : 시가총액이 10%를 넘는 지분증권은 그 시가총액 비중까지
동일법인 투자제한	• 각각의 집합투자기구는 동일법인이 발행한 지분증권에 <u>10%</u> 초과 투자 금지 • 집합투자업자가 다수의 집합투자기구를 운용하는 경우 운용 중인 모든 집합투자기구의 자산총액으로 동일법인이 발행한 지분증권에 <u>20%</u> 초과 투자 금지 • 사모펀드는 적용 제외

(2) 파생상품

장외파생상품 거래상대방 제한	적격요건을 갖추지 못한 자와 거래 금지(공·사모 모두 해당)
파생상품 매매에 따른 위험평가액	각 집합투자기구의 자산총액에서 부채총액을 뺀 가액의 **100%** 초과 금지(사모는 **400%**까지)
동일증권을 기초자산으로 한 파생상품 투자에 따른 위험평가액 제한	각 집합투자기구 자산총액의 **10%** 초과 투자 금지
장외파생상품 거래상대방 위험평가액 제한	각 집합투자기구 자산총액의 **10%** 초과 투자 금지

(3) 부동산

국내 소재 부동산 취득	취득일로부터 **1년** 이내 처분 제한 ※ 예외 : 부동산 개발사업에 따라 조성하거나 설치한 토지·건축물 등을 분양하는 경우
국외 동산을 취득	집합투자규약으로 정하는 기간 동안 처분 제한

(4) 집합투자증권

동일한 집합투자업자 투자 제한	동일한 집합투자업자가 운용하는 집합투자기구들에 대한 투자는 집합투자기구 자산총액의 **50%** 초과 금지
동일한 집합투자기구 투자 제한	동일한 집합투자기구에 대한 투자는 집합투자기구 자산총액의 **20%** 초과 금지
사모집합투자기구 투자 제한	사모집합투자기구에 투자 금지

(5) 기타

① 각 집합투자기구에 속하는 증권총액의 **50%**를 초과하는 환매조건부매도 금지
② 각 집합투자기구에 속하는 증권의 **50%**를 초과하는 증권 대여 금지
③ 각 집합투자기구 자산총액의 **20%**를 초과하는 증권 차입 금지

20. 금전차입 및 대여 제한 등

(1) 금전차입 제한

원칙	집합투자기구의 재산으로 금전차입 금지(집합투가재산의 부실화 방지)
예외 사유 (일시적 자금부족 대응)	• 환매청구가 대량으로 발생하여 일시적으로 환매대금 지급이 곤란하게 된 경우 • 집합투자자총회 안건에 반대하는 투자자의 매수청구가 대량으로 발생하여 일시적으로 매수대금 지급이 곤란한 경우 • 차입 상대방은 금융기관 등이어야 하며, 차입금 총액은 차입 당시 집합투자기구 순자산총액의 **10%** 초과 금지 • 차입금 전액을 변제하기 전에는 투자대상 자산을 추가로 매수(파생상품의 전매와 환매는 제외)할 수 없음

(2) 금전대여 제한

원칙	금전을 타인에게 대여할 수 없음
예외	콜론(금융기관 등에 대한 30일 이내의 단기대출)은 허용

(3) 보증 및 담보제공 금지

집합투자재산을 운용함에 있어 집합투자재산으로 해당 집합투자기구 외의 자를 위하여 채무보증이나 담보제공을 할 수 없음

21. 이해관계인과의 거래 등에 대한 제한

이해관계인 범위	• 집합투자업자의 임직원 및 그 배우자 • 집합투자업자의 대주주 및 그 배우자 • 집합투자업자의 계열회사, 계열회사의 임직원 및 그 배우자 • 집합투자업자가 운용하는 전체 집합투자기구의 집합투자증권을 **30%** 이상 판매 · 위탁판매한 투자매매업자 또는 투자중개업자 • 집합투자업자가 운용하는 전체 집합투자기구의 집합투자증권을 **30%** 이상 보관 · 관리하고 있는 신탁업자 • 집합투자업자가 법인이사인 투자회사의 감독이사
예외(이해관계인과 거래 허용)	이해상충 우려가 없는 거래로서 • 이해관계인이 되기 **6개월** 이전에 체결한 계약에 따른 거래 • 증권시장 등 불특정 다수인이 참여하는 공개시장을 통한 거래 • 일반적인 거래조건에 비추어 집합투자기구에 유리한 거래
집합투자업자가 발행한 증권	취득 금지
집합투자업자의 계열사 발행 증권	취득 한도 규제 • 지분증권 : 자신이 운용하는 전체 집합투자기구 자산총액 중 지분증권에 투자 가능한 금액의 **5%** 및 각 집합투자기구 자산총액의 **25%** 초과 금지 • 계열회사 전체가 그 집합투자업자에 대해 출자한 비율 해당금액 초과 금지

22. 불건전 영업행위 금지

금지 행위	• 금융투자상품 기타 투자대상 자산의 가격에 중대한 영향을 줄 수 있는 매수 · 매도의사를 결정한 후 이를 실행하기 전에 집합투자업자가 자기계산으로 매수 · 매도하거나 제3자에게 매수 · 매도를 권유하는 행위 • 자기 또는 관계인수인이 인수한 증권을 집합투자재산으로 매수하는 행위 • 자기 또는 관계인수인이 인수업무를 담당한 법인의 특정 증권 등에 대해 인위적인 시세를 형성하기 위해 집합투자재산으로 그 특정 증권 등을 매매하는 행위 • 특정 집합투자기구의 이익을 해하면서 자기 또는 제3자의 이익을 도모하는 행위 • 특정 집합투자재산을 집합투자업자의 고유재산 또는 그 집합투자업자가 운용하는 다른 집합투자재산, 투자일임재산, 신탁재산과 거래하는 행위 • 제3자와의 계약 또는 담합 등에 의해 집합투자재산으로 특정 자산에 교차하여 투자하는 행위 • 투자산운용인력이 아닌 자에게 집합투자재산을 운용하게 하는 행위 ※ 다만, 투자자 보호 및 건전한 거래질서를 해칠 우려가 없는 경우로서 대통령령으로 정하는 경우는 예외적으로 허용

23. 공모 성과보수 요건

원칙	집합투자업자는 원칙적으로 집합투자기구의 운용실적에 연동하여 미리 정해진 산정방식에 따른 성과보수 수수 금지(사모 펀드는 성과보수 제한 없음)
예외적 허용 (공모 펀드의 성과보수를 받을 수 있는 요건)	• 사모집합투자인 경우 • 공모집합투자기구라도 투자자 보호 및 건전 거래질서 저해 우려가 없는 경우로서 일정한 조건을 갖춘 경우 　– 집합투자업자가 임의로 변경할 수 없는 객관적인 지표 또는 수치(기준지표)를 기준으로 성과보수를 산정할 것 　– 운용성과가 기준 지표 등의 성과보다 낮은 경우 성과보수를 적용하지 않는 경우보다 적은 운용보수를 받을 것 　– 환매금지형 집합투자기구인 경우에는 최소 존속기한이 <u>1년</u> 이상이어야 하며, 이에 해당하지 아니하는 집합투자기구인 경우에는 존속기한이 없을 것 　– 성과보수의 상한을 갖출 것[종전에는 공모펀드의 운용성과가 기준 지표의 성과를 초과하더라도 해당 운용성과가 부(−)의 수익률을 나타내거나 성과보수를 지급하게 됨으로써 당해 집합투자기구의 운용성과가 부의 수익률을 나타내게 되는 경우에는 성과보수를 받을 수 없도록 한 조항 삭제 → 성과보수 지급 기준 완화]

24. 성과보수

성과보수 구분	• 운용보수와 별도로 성과보수를 정하는 방식(별도 성과보수 방식) • 운용보수가 성과보수로 정하여지는 경우(성과연동형 운용보수 방식)
기재내용	• 성과보수 산정 방식 • 성과보수가 지급된다는 뜻과 그 한도 • 성과보수를 지급하지 않는 펀드보다 더 높은 위험에 노출될 수 있다는 사실 • 성과보수를 포함한 보수 전체에 관한 사항 • 기준지표 및 성과보수의 상한 • 성과보수 지급시기 • 성과보수가 지급되지 않는 경우에 관한 사항 • 집합투자기구의 운용을 담당하는 투자운용인력의 경력과 운용성과 등 ※ 투자설명서 및 집합투자규약에 성과보수에 관한 사항을 기재하고 그 내용을 자산운용보고서 및 자산보관·관리보고서에 각각 기재

25. 의결권 제한

의결권 행사	• 집합투자기구에서 취득한 주식에 대한 의결권 행사는 운용의 한 부분이므로 집합투자업자가 행사 • 투자자의 이익을 보호하기 위하여 집합투자재산에 속하는 주식의 의결권을 충실히 행사해야 함
의결권 행사내용 등의 기록·유지	집합투자업자는 의결권 공시대상법인에 대한 의결권 행사 여부 및 그 내용을 기록·유지
의결권 행사내용 공시	• 의결권 행사 대상인 주식발행이 의결권 공시대상법인인 경우 　– 주총 의안과 관계없이 구체적인 행사내용 및 그 사유 　– 의결권을 행사하지 아니한 경우에는 그 구체적인 사유 • 주식발행인이 의결권 공시대상법인이 아닌 경우 : 합병, 영업양수도, 임원임면, 정관변경 등 경영권 변경과 관련된 주총의안에 대해 의결권을 행사한 때
공시방법	직전년도 4월 1일부터 1년간 의결권 행사 내용을 4월 30일까지 증권시장을 통하여 공시

26. 자산운용에 관한 공시

(1) 자산운용보고서(정기공시)

자산운용보고서 작성 · 교부	• 집합투자업자는 자산운용보고서를 작성하여 해당 집합투자재산을 보관 · 관리하는 **신탁업자의 확인**을 받아 **3개월마다 1회 이상** 집합투자증권을 판매한 투자매매업자 · 투자중개업자를 통하여 기준일로부터 2개월 이내에 해당 집합투자기구의 투자자에게 직접 또는 전자우편의 방법으로 교부 • 자산운용보고서 작성 · 교부비용은 **집합투자업자가 부담**(투자자 부담 ×)
자산운용보고서 제공 예외	• 투자자가 자산운용보고서의 수령을 거부한다는 의사를 서면, 전화 · 전신 · 팩스, 전자우편 또는 이와 비슷한 전자통신의 방법으로 표시한 경우 • MMF에 대하여 매월 1회 이상 집합투자업자, 판매회사 및 금융투자협회의 인터넷 홈페이지를 이용하여 자산운용보고서를 공시하는 경우 • 환매금지형 집합투자기구에 대하여 3개월마다 1회 이상 집합투자업자, 판매회사 및 금융투자협회 인터넷 홈페이지를 이용하여 자산운용보고서를 공시하는 경우 • 투자자가 소유하고 있는 집합투자증권의 평가금액이 **10만 원** 이하인 경우로서 집합투자규약에 자산운용보고서를 교부하지 아니한다고 정하고 있는 경우 ※ 다만, 투자자가 해당 집합투자기구에 투자한 금액이 **100만 원** 이하이거나 투자자에게 전자우편 주소가 없는 등의 경우에는 수시공시의 방법(전자우편 제외)에 따라 공시하는 것으로 갈음

(2) 수시공시

수시공시 사항	• 투자운용인력 변경이 있는 경우(변경된 사실과 운용경력) • 환매연기 또는 환매재개의 결정 및 그 사유 • 대통령령으로 정하는 부실자산이 발생한 경우 그 명세 및 상각률 • 집합투자자총회의 결의내용 • 그 밖에 투자자 보호를 위하여 필요한 사항으로서 대통령령으로 정하는 사항
수시공시 방법	**3가지 모두의 방법**으로 이행(3가지 중 1가지 방법을 선택하는 것이 아님) ① 집합투자업자, 판매회사, 금융투자협회의 인터넷 홈페이지 공시 ② 집합투자증권을 판매한 판매회사가 전자우편을 이용하여 투자자에게 알리는 방법 ③ 집합투자업자, 판매회사의 본점과 지점, 영업소에 게시하는 방법

(3) 집합투자재산에 관한 보고 등

정기보고사항	• 집합투자업자는 집합투자재산에 관한 매 분기 영업보고서를 작성하여 매 분기 종료 후 2개월 이내에 금융위 및 금융투자협회에 제출 • 작성내용 　– 투자신탁의 설정 현황 또는 투자익명조합의 출자금 변동 상황 　– 집합투자재산의 운용 현황과 집합투자증권의 기준가격표 　– 의결권 공시대상법인에 대한 의결권의 행사 여부 및 그 내용이 기재된 서류 　– 집합투자재산에 속하는 자산 중 주식의 매매회전율과 자산의 위탁매매에 따른 투자중개업자별 거래금액 · 수수료와 그 비중에 관한 서류
수시보고사항	• 집합투자기구의 회계기간 종료 • 집합투자기구의 계약기간 또는 존속기간 종료 • 집합투자기구의 해지 또는 해산 사유가 발생한 경우 ※ 사유발생일로부터 2개월 이내에 금융위 및 금융투자협회에 결산서류 제출
운용실적 비교공시	• 금융투자협회는 각 집합투자재산의 순자산가치의 변동명세가 포함된 운용실적을 비교하여 그 결과를 인터넷 홈페이지 등을 이용하여 공시

	• 비교공시에 포함되는 내용 　- 집합투자기구의 명칭 　- 투자운용인력 　- 보유하고 있는 자산의 유형별 금액 및 비중 　- 자산규모 및 기준가격 　- 기준가격의 변동에 관한 사항 　- 수익률 및 분배율의 내용

(4) 장부서류의 열람 및 공시

장부서류 열람	투자자는 집합투자업자(판매회사 포함)에게 영업시간 내에 이유를 기재한 서면으로 그 투자자와 관련된 집합투자재산에 관한 장부·서류의 열람이나 등본 또는 초본의 교부 청구
열람청구 대상이 되는 장부·서류	• 집합투자재산명세서 • 집합투자증권기준가격대장 • 재무제표 및 그 부속명세서 • 집합투자재산 운용내역서
거부할 수 있는 정당한 사유	매매주문내역 등이 포함된 장부·서류를 제공함으로써 다음의 경우 • 제공받은 자가 그 정보를 거래나 업무에 이용하거나 타인에게 제공할 것이 뚜렷하게 염려되는 경우 • 다른 투자자에게 손해를 입힐 것이 명백한 경우 • 해지·해산된 집합투자기구에 관한 장부·서류로서 보존기한 경과 등의 사유로 열람제공 요청에 응하는 것이 불가능한 경우 등

27. 파생상품 운용 특례

파생상품 매매에 따른 **위험평가액**이 집합투자기구 자산총액의 <u>**10%**</u>를 초과하여 투자할 수 있는 집합투자기구의 파생상품에 운용하는 경우	계약금액, 위험지표를 인터넷 홈페이지 등을 이용하여 공시
장외파생상품 매매에 따른 위험평가액이 집합투자기구 자산총액의 <u>**10%**</u>를 초과하여 투자할 수 있는 집합투자기구의 파생상품에 운용하는 경우	위험관리방법을 작성하여 신탁업자의 확인을 받아 금융위에 신고

28. 부동산 운용 특례

금전차입	• 집합투자재산으로 부동산을 취득하는 경우 금융기관 등(금융기관, 보험회사, 국가재정법에 따른 기금, 다른 부동산 집합투자기구, 이에 준하는 외국 금융기관)으로부터 자금 차입 가능 • 차입한도 　- 부동산 집합투자기구 : 자산총액에서 부채총액을 뺀 가액의 <u>**200%**</u> 　- 부동산 집합투자기구가 아닌 경우 : 그 집합투자기구에 속하는 부동산 가액의 <u>**70%**</u> • 차입금은 부동산에 운용하는 방법 외의 방법으로 운용 금지 ※ 단, 차입한 금전으로 부동산에 투자할 수 없는 불가피한 사유가 발생하여 일시적으로 현금성 자산에 투자하는 경우에는 부동산에 운용하는 방법 이외의 방법으로 운용 ※ 집합투자자총회에서 달리 의결한 경우 그 의결에 따라 차입 가능
금전대여	부동산개발사업을 영위하는 법인(부동산신탁업자, 부동산 투자회사, 다른 집합투자기구를 포함)에 대하여 금전 대여 가능 • 집합투자규약에서 금전의 대여에 관한 사항을 정하고 있을 것 • 집합투자업자가 부동산에 대하여 담보권을 설정하거나 시공사 등으로부터 지급보증을 받는 등 대여금을 회수하기 위한 적절한 수단을 확보할 것 • 한도 : 해당 집합투자기구의 자산총액에서 부채총액을 뺀 가액의 <u>**100분의 100**</u>

실사보고서	• 부동산 취득 · 처분 시 실사보고서 작성 · 비치 의무 • 포함내용 : 부동산 현황, 거래가격, 거래비용, 부동산과 관련된 재무자료, 부동산 수익에 영향을 미치는 요소, 담보권 설정 등 부동산과 관련된 권리의무관계에 관한 사항, 실사자에 관한 사항 등
사업계획서	• 부동산 개발사업 시 사업계획서 공시 • 포함내용 : 추진일정, 추진방법 등 • 사업계획서를 작성하여 감정평가법인 등으로부터 사업계획서의 적정성에 대해 확인을 받아야 하며, 인터넷 홈페이지 등을 통해 공시
부동산 등기 방법	투자신탁재산으로 부동산을 취득하는 경우 그 신탁원부에 수익자를 기록하지 아니할 수 있음

29. 집합투자기구의 종류

(1) 자본시장법상 집합투자기구의 종류 : '증부특혼단'(파생상품 집합투자기구 ×)

증권 집합투자기구	• 집합투자재산의 50%를 초과하여 증권에 투자하는 집합투자기구 • 실무상 분류 : 주식형, 채권형, 혼합형 • '증권'의 개념에는 부동산 또는 특별자산 관련 증권은 제외되며, 부동산 또는 특별자산 관련 증권 외의 증권을 기초자산으로 한 파생상품 포함
부동산 집합투자기구	• 집합투자재산의 50%를 초과하여 부동산에 투자하는 집합투자기구 • '부동산'의 개념에는 부동산 외에 부동산을 기초자산으로 한 파생상품, 지상권 등 부동산 관련 권리, 금전채권(부동산을 담보로 한 경우만 해당), 부동산 관련 증권 등, 부동산 개발 관련 법인에 대한 대출, 부동산의 개발 · 관리 · 개량 · 임대 및 운영의 방법으로 운용하는 것을 포함
특별자산 집합투자기구	집합투자대상의 50%를 초과하여 특별자산(증권 및 부동산을 제외한 투자대상 자산)에 투자하는 집합투자기구
혼합자산 집합투자기구	집합투자재산을 운용함에 있어 투자대상 자산(증권, 부동산, 특별자산)의 비율 제한을 받지 않는 집합투자기구
단기금융 집합투자기구 (MMF ; Money Market Fund)	• 집합투자재산 전부를 단기금융상품에 투자하는 집합투자기구 • '단기'는 투자대상 자산의 잔존만기가 단기라는 의미 • 기설립 · 설정한 MMF이 집합투자재산이 일정 규모(개인전용 MMF : 3천억 원, 법인 전용 MMF 5천억 원) 이하인 경우에는 추가로 MMF 설립 · 설정 불가 • 장부가 평가(2022년 4월부터는 법인형 MMF부터 시가평가제도가 단계적으로 도입)

30. 단기금융 집합투자기구

MMF가 투자할 수 있는 단기금융상품	• 잔존 만기가 6개월 이내인 양도성예금증서 • 잔존 만기가 5년 이내인 국채증권, 잔존 만기가 1년 이내인 지방채증권, 특수채증권, 사채권, 기업어음증권 ※ 환매조건부매수의 경우에는 잔존만기에 대한 제한 적용 배제 • 남은 만기가 1년 이내인 기업어음증권을 제외한 금융기관이 발행 · 할인 · 매매 · 중개 · 인수 또는 보증하는 어음 • 단기대출 • 만기가 6개월 이내인 금융기관 또는 체신관서에의 예치 • 다른 MMF 집합투자증권 • 단기사채 등

| 운용제한 | • 투자대상은 단기금융상품으로 제한
• 증권을 대여하거나 차입하지 아니할 것
• 남은 만기가 **1년 이상**인 국채증권에 집합투자재산의 **5%** 이내에서 운용할 것
• 환매조건부매도는 해당 집합투자기구가 보유하는 증권 총액의 5% 이내일 것
• 남은 만기의 가중평균기간이 **75일** 이내일 것
• 채무증권의 신용평가등급이 상위 **2개** 등급 이내일 것
• 동일인이 발행한 채무증권에 대한 투자는
  －최상위등급의 경우 **5%** 초과 투자 금지
  －차상위등급의 경우 **2%** 초과 투자 금지 |

31. 자본시장법상 집합투자기구(펀드) 투자대상 자산 규제

구분	증권펀드	부동산펀드	특별자산펀드	MMF	혼합자산펀드
증권	O	O	O	O	O
파생상품	O	O	O	×	O
부동산	O	O	O	×	O
특별자산	O	O	O	×	O

32. 특수한 형태의 집합투자기구

환매금지형 집합투자기구	투자자가 집합투자기구에 투자한 이후 집합투자증권의 환매청구에 의하여 그 투자자금을 회수하는 것이 불가능하도록 만들어진 집합투자기구
종류형 집합투자기구 (멀티클래스펀드)	판매보수의 차이로 인하여 기준가격이 다르거나 판매수수료가 다른 여러 종류의 집합투자증권을 발행하는 집합투자기구
전환형 집합투자기구 (엄브렐러펀드)	복수의 집합투자기구 간에 공통으로 적용되는 집합투자규약에 의하여 각 집합투자기구의 집합투자자가 소유하고 있는 집합투자증권을 다른 집합투자기구의 집합투자증권으로 전환할 수 있는 집합투자기구
모자형 집합투자기구	다른 집합투자기구(모집합투자기구)가 발행하는 집합투자증권을 취득하는 구조의 집합투자기구(자집합투자기구)
상장지수 집합투자기구(ETF)	기초자산의 가격 또는 기초자산의 종류에 따라 다수 종목의 가격 수준을 종합적으로 표시한 지수의 변화에 연동하여 운용하는 것을 목표로 하는 집합투자기구

33. 환매금지형 집합투자기구(폐쇄형 펀드)

폐쇄형 펀드로 설립해야 하는 경우	① 부동산펀드, ② 특별자산펀드, ③ 혼합자산펀드, ④ 펀드자산 총액의 **20%**를 초과하여 시장성 없는 자산에 투자하는 펀드
증권시장 상장	집합투자증권을 최초로 발행한 날부터 **90일** 이내에 증권시장에 상장
펀드존속기간 설정	존속기간을 설정한 펀드에 한하여 폐쇄형으로 설정
집합투자증권의 추가발행	• 이익분배금 범위 내 • 기존 집합투자자 이익을 해할 우려가 없는 경우로서 신탁업자의 확인을 받은 경우 • 기존 투자자에게 집합투자증권의 보유비율에 따라 추가로 발행하는 집합투자증권의 우선 매수기회를 부여하는 경우
적용 특례	기준가격의 산정 및 공고에 관한 규정 미적용

34. 종류형 집합투자기구(Class Fund)

집합투자자 총회	특정 종류의 투자자에 대해서만 이해관계가 있는 경우에는 그 종류의 투자자만으로 종류 집합투자자 총회 개최 가능
등록신청서 기재사항	• 여러 종류의 집합투자증권별 판매수수료와 판매보수에 관한 사항 • 집합투자증권 간에 전환할 수 있는 권리를 투자자에게 주는 경우 그 전환에 관한 사항 • 각 종류의 집합투자재산이 부담하는 비용에 관한 사항 • 여러 종류의 집합투자증권별 취득 자격에 제한이 있는 경우 그 내용 • 여러 종류의 집합투자증권별 환매수수료에 관한 사항 • 여러 종류의 집합투자증권의 기준가격 산정에 관한 방법 • 종류 집합투자자 총회에 관한 사항 등
비용부담	판매보수, 판매수수료를 제외하고 각 종류의 집합투자증권별로 동일
투자설명서	• 집합투자증권의 종류 • 각 종류의 집합투자증권별 판매보수, 판매수수료의 금액, 부과방법 및 부과기준 • 투자자가 각 종류의 집합투자증권 간 전환할 수 있는 전환절차, 전환조건, 전환방법 등 전환에 관한 사항
종류형 집합투자기구의 설명의무 강화	• 판매수수료나 판매보수가 다른 여러 종류의 집합투자증권이 있다는 사실 • 각 종류별 집합투자증권의 차이

35. 전환형 집합투자기구(Umbrella Fund)

미리 전환 가능한 것으로 정해진 다른 집합투자기구로 전환하는 때에는 환매수수료를 징구하지 않음

36. 모자형 집합투자기구(Master – Feeder Fund)

규모의 경제효과	동일한 투자대상과 투자전략을 가지는 다수의 펀드(자펀드)의 자산을 하나의 펀드(모펀드)에 모아서 통합운용함
요건	• 자펀드가 모펀드 외의 다른 펀드를 취득하는 것이 허용되지 아니할 것 • 자펀드 외의 자가 모펀드를 취득하는 것이 허용되지 아니할 것 • 자펀드와 모펀드의 집합투자업자가 동일할 것
규제	투자매매업자 또는 투자중개업자는 모펀의 집합투자증권을 투자자에게 판매 금지

37. 상장지수집합투자기구(ETF)

개념	• 지수의 추적을 목표로 하는 인덱스펀드의 일종이지만 인덱스펀드의 단점을 제도적으로 보완한 특수한 형태의 인덱스펀드 • 집합투자증권을 시장에 상장하여 매수 · 매도
요건	• 기초자산의 가격 또는 기초자산의 종류에 따라 다수 종목의 가격 수준을 종합적으로 표시하는 지수의 변화에 연동하여 운용하는 것을 목표 • 해당 ETF의 환매가 허용되며, 설정일로부터 <u>30일</u> 이내에 증권시장에 상장

38. 집합투자재산의 평가

시가평가	• 집합투자업자는 집합투자재산을 시가로 평가 • '시가' : 증권시장(해외 증권시장 포함)에서 거래된 최종 시가, 장내파생상품이 거래되는 파생상품시장에서 공표하는 가격(단, 기관전용 사모집합투자기구가 경영 참여 목적으로 지분증권에 투자하는 경우에는 취득가격으로 평가)
공정가액 평가	• 평가일 현재 신뢰할 만한 시가가 없는 경우 • '공정가액' : 집합투자재산에 속한 자산의 종류별로 집합투자재산평가위원회가 충실의무를 준수하고 평가의 일관성을 유지하여 평가한 가격(단, 투자대상 자산의 취득 가격, 거래 가격, 전문가가 제공한 가격, 환율, 집합투자증권의 기준 가격 고려)
장부가 평가(MMF)	• MMF는 그 집합투자증권이 현금등가물로 처리되기 때문에 장부가로 평가 • 장부가에 따라 평가한 금액이 기준가격과 시가 · 공정가액으로 평가한 기준가격의 차이가 **1,000분의 5**를 초과하거나 초과할 염려가 있는 경우에는 집합투자규약에서 정하는 필요한 조치를 취해야 함

39. 기준가격

산정방법	• 집합투자기구의 순자산가치를 보여줄 뿐 아니라 집합투자증권의 판매 및 환매 시 거래 가격 • 기준가격 공고 · 게시일 전일의 집합투자기구 대차대조표상에 계상된 자산총액에서 부채총액을 뺀 금액을 그 공고 · 게시일 전일의 집합투자증권 총수로 나누어 산정 ※ 기준가격 = (자산총액 − 부채총액)/집합투자증권발행 총수
공고 · 게시	집합투자업자 또는 투자회사 등은 기준가격을 매일 공고 · 게시 ※ 예외 • 집합투자재산을 외화자산에 투자하는 경우 • 사모투자재간접집합투자기구 • 부동산 · 특별자산 투자재간접집합투자기구로서 기준가격을 매일 공고 · 게시하는 것이 곤란한 경우에는 집합투자규약에서 공고 · 게시 주기를 15일 이내의 범위에서 별도로 정함
기준가격 변경	• 기준가격이 잘못 계산된 경우에는 지체 없이 기준가격을 변경한 후 다시 공고 · 게시 • 투자신탁이나 투자익명조합의 집합투자업자 또는 투자회사 등이 기준가격을 변경하는 때에는 준법감시인 및 신탁업자의 확인을 받아야 하며, 변경내용은 금융위에 보고

40. 집합투자재산의 회계

(1) 회계처리 및 결산서류 작성

펀드회계	• 펀드에서 투자하여 보유하는 자산을 공정하게 평가하여 펀드의 대차대조표 및 손익계산서에 기재 • 일반기업과 다른 회계처리기준(집합투자기구 회계처리기준) 적용 • 펀드회계는 손익확정의 의미는 없고 수익을 확정
결산서류 작성 · 비치	• 집합투자업자 또는 투자회사 등은 집합투자기구의 결산기마다 대차대조표, 손익계산서, 자산운용보고서 및 그 부속명세를 작성 · 비치 • 투자자 및 채권자는 영업시간 중 언제든지 비치된 서류를 열람 · 등본 또는 초본 교부 청구 가능

(2) 회계감사

회계감사 수감	• 집합투자업자 또는 투자회사 등은 각 집합투자재산에 대해 회계기간의 말일 등부터 **2개월** 이내에 회계감사인의 감사를 받아야 함 • 회계감사 예외 　– 자산총액이 **300억 원 이하**인 집합투자기구 　– 자산총액이 **300억 원 초과~500억 원 이하**인 집합투자기구로서 이전 6개월 동안 집합투자증권을 추가로 발행하지 않은 경우 • 회계감사인을 선임하거나 교체한 경우에는 지체 없이 집합투자기구의 신탁업자에게 통보 • 회계감사에 따른 비용은 펀드가 부담
회계감사보고서 작성	회계감사인은 기준가격 산정업무 및 집합투자재산의 회계처리업무를 감사함에 있어 집합투자재산 평가기준을 준수하는지 감사하고 그 결과를 집합투자업자의 감사(감사위원회) 또는 투자회사 등에 통보
회계감사인의 손해배상책임	중요사항에 관하여 거짓의 기재 또는 표시가 있거나 중요사항이 기재 또는 표시되지 않음으로 이를 이용한 투자자에게 손해를 끼친 경우 투자자에 대해 손해배상책임 발생

(3) 이익금 분배

① 집합투자업자 또는 투자회사 등은 집합투자재산의 운용에 따라 발생한 이익금을 투자자에게 금전 또는 새로 발행하는 집합투자증권으로 분배

② 다만, 집합투자기구(MMF 제외)의 집합투자규약이 정하는 바에 따라 이익금 분배 유보 가능

③ 이익금의 분배방법 및 시기는 집합투자규약에서 정함

④ 이익금을 초과하여 분배할 필요가 있는 경우 현금으로 초과분배 가능(사전에 집합투자규약에 그 뜻을 기재하고 이익금의 분배방법 및 시기를 정할 것)

41. 선관주의 의무 등

(1) 선관주의 의무

집합투자재산을 보관·관리하는 신탁업자는 선량한 관리자의 주의로써 집합투자재산을 보관·관리해야 하며, 투자자의 이익을 보호해야 함

(2) 집합투자재산의 구분관리 및 예탁

집합투자재산의 구분관리	신탁업자는 집합투자재산을 자신의 고유재산, 다른 집합투자재산 또는 제3자로부터 보관을 위탁받은 재산과 구분하여 관리(집합투자기구별로 관리)
증권 등의 예탁결제원 예탁	신탁업자는 집합투자재산 중 증권, 원화표시 양도성예금증서, 어음(기업어음 제외), 기타 예탁결제원이 지정하는 것은 자신의 고유재산과 구분하여 집합투자기구별로 예탁결제원에 예탁

(3) 신탁회사의 업무제한

① 계열회사에 대한 보관·관리 금지

② 집합투자기구별 자산관리

③ 고유재산 등과의 거래제한

④ 이해관계인과의 거래제한

⑤ 집합투자재산에 관한 정보 이용제한

(4) 운용행위 감시 등

운용행위 감시	• 투자신탁은 집합투자업자의 운용행위에 위반사항이 있는 경우 신탁업자가 집합투자업자에 대해 시정을 요구 • 투자회사의 경우 신탁업자는 감독이사에게 위반사항을 보고하고 감독이사가 집합투자업자에게 시정 요구
신탁업자 확인사항	• 투자설명서가 법령 · 집합투자규약에 부합하는지 여부 • 자산운용보고서의 작성이 적정한지 여부 • 장외파생상품 운용에 따른 위험관리방법의 작성이 적정한지 여부 • 집합투자재산의 평가가 공정한지 여부 • 기준가격 산정이 적정한지의 여부 ※ 집합투자업자가 산정한 기준가격과 신탁업자 산정한 기준가격의 편차가 <u>1,000분의 3</u> 이내면 적정한 것으로 봄(편차가 1,000분의 3을 초과하는 경우에는 지체 없이 집합투자업자에게 시정을 요구하거나 투자회사의 감독이사에 보고) • 운용지시 등 시정요구 등에 대한 집합투자업자의 이행 명세 • 폐쇄형 펀드 집합투자증권 추가 발행 시 기존 투자자의 이익을 해할 우려가 없는지 여부
자산보관 · 관리 보고서	• 신탁업자는 집합투자기구의 회계기간 종료, 존속기간 종료 등의 사유 발생일부터 2개월 이내에 자산보관 · 관리보고서를 작성하여 투자자에게 교부 ※ 자산보관 · 관리보고서를 미교부하는 경우 　－투자자가 수령 거부의사를 서면으로 표시한 경우 　－MMF, 폐쇄형 펀드, ETF의 자산보관 · 관리보고서를 인터넷 홈페이지 등을 통해 공시하는 경우 　－투자자가 소유하고 있는 집합투자증권의 평가금액이 <u>10만 원</u> 이하인 경우로서 집합투자규약에서 미교부를 정하고 있는 경우 • 자산보관 · 관리보고서 기재 내용 　－집합투자규약의 주요 변경사항 　－투자운용인력 변경 　－집합투자자총회 결의사항 　－신탁업자의 확인사항 　－이해관계인과의 거래의 적격 여부를 확인하는 경우에는 그 내용 　－회계감사인의 선임, 교체 및 해임에 관한 사항 • 직접 또는 전자우편방법으로 교부 • 자산보관 · 관리보고서를 작성 · 교부하는 비용은 신탁업자가 부담

42. 집합투자기구(투자신탁)의 해지 · 해산

① 해지권자(집합투자업자)의 일방적 의사표시로 투자신탁계약의 효력을 장래에 향하여 소멸시키는 행위로서, 사유에 따라 임의해지와 법정해지로 구분

② 투자신탁이 해지되면 투자신탁관계는 종료되고 신탁재산은 투자자에게 지급

③ 개방형 펀드의 경우는 투자신탁 계약기간이 정해지지 않고 투자신탁 최초 설정일로부터 투자신탁 해지일까지로 정하는 것이 일반적

④ 폐쇄형 펀드의 경우는 계약기간이 정해지나 계약기간 만료 전에 투자신탁계약 해지 가능

43. 임의해지와 법정해지

(1) 임의해지

원칙	투자신탁 해지 시 사전 금융위 승인
예외	※ 금융위 승인 없이 해지 • 수익자 전원이 동의하는 경우 • 투자신탁 수익증권 전부에 대한 환매청구를 받아 신탁계약을 해지하는 경우 • 공모·추가형 펀드로서 설정 후 <u>1년</u>이 되는 날의 원본액이 <u>50억 원</u> 미만인 경우 • 공모·추가형 펀드를 설정하고 <u>1년</u>이 지난 후 <u>1개월간</u> 계속하여 투자신탁의 원본액이 <u>50억 원</u>에 미달하는 경우

(2) 법정해지

원칙	• 해지 후 금융위 보고 • 지체 없이 투자신탁을 해지하고 금융위에 보고
법정해지 사유	• 신탁계약에서 정한 신탁계약기간의 종료 • 수익자총회에서 투자신탁 해지 결의 • 투자신탁의 피흡수합병 • 투자신탁의 등록취소 • 수익자의 총수가 <u>1인</u>이 되는 경우(거래질서를 해할 우려가 없는 경우 제외) • 투자신탁인 일반 사모집합투자기구가 그 요건을 갖추지 못하고 해지명령을 받은 경우

(3) 일부해지

일부해지 사유	• 수익자의 환매청구에 응하는 경우 • 발행한 수익증권이 판매되지 아니한 경우 • 수익자가 수익증권의 환매를 청구한 경우 • 반대수익자가 수익증권매수청구권을 행사한 경우

(4) 상환금 등의 지급

집합투자업자는 투자신탁의 해지로 투자신탁관계가 종료되면 투자신탁재산을 결산하여 상환금과 이익분배금을 수익자에게 지급(투자신탁계약기간이 만료되는 경우에도 동일)

(5) 미수금과 미지급금의 처리

집합투자업자는 투자신탁 해지 시점에 미수금 채권 또는 미지급금 채무가 있는 경우에는 해지일에 공정가액으로 양수

44. 집합투자기구의 합병

의의	투자신탁과 투자신탁 간, 투자회사와 투자회사 간의 합병만 허용
합병 절차	• 수익자총회(주주총회)의 승인 ※ 소규모 투자신탁의 합병은 예외 • 공시 : 합병대차대조표 등을 수익자총회(주주총회) 2주 전부터 합병일 이후 6월이 경과하는 날까지 본점 및 판매회사, 영업소에 비치 • 금융위 보고
효력 발생	존속하는 투자신탁(투자회사)의 집합투자업자가 금융위에 합병보고를 한 때

45. 사모펀드

사모펀드	• 투자자의 수나 자격을 제한하는 펀드 • 일반 사모펀드와 기관 사모펀드로 구분
사모펀드 규제	원칙적으로 펀드 관련 법규를 사모펀드에 대해서도 적용하고, 대신 일부 규정의 적용을 면제하여 특례를 인정해 주는 방식
사모집합 투자기구 의의	• 집합투자증권을 사모로 발행하는 집합투자기구로서 • 기관투자자 등을 제외한 투자자의 총수가 **100인** 이하 (100인을 산정할 때 다른 집합투자기구가 그 집합투자기구의 집합투자증권 발행 총수의 **10%** 이상을 취득하는 경우 그 다른 집합투자기구의 투자자 수를 합하여 산정)
자본시장법상 사모집합 투자기구 종류 (2015.10.25. 개편)	• 전문투자형 사모집합투자기구(일반사모펀드와 헤지펀드 통합) : 경영권 참여, 사업구조 또는 지배구조 개선 등을 위하여 지분증권 등에 투자 · 운용하는 투자합자회사인 사모집합투자기구 • 경영참여형 사모집합투자기구(PEF 펀드) : 전문투자형 사모집합투자기구를 제외한 사모집합투자기구
현재 (2021.4.20. 개편)	• 기관전용 사모펀드 : 전문성 · 위험관리능력을 고려하여 자본시장법령에서 정한 투자자만 투자할 수 있도록 투자자가 제한된 사모펀드 • 일반 사모펀드 　– 자본시장법령에서 정한 적격투자자[전문투자자＋최소투자금액(3억 원) 이상 투자하는 일반투자자]가 투자하는 사모펀드 　– 일반 사모펀드는 사모운용사(금융투자업자)가 설정 · 운용 • 일반투자자 대상 일반 사모펀드 : 일반투자자(전문투자자가 아닌 자)가 투자할 수 있는 일반 사모펀드 • 강화된 투자자 보호장치 도입 : 핵심상품설명서 교부, 자산운용보고서 교부, 외부감사, 판매사 · 수탁사의 운용감시 등

46. 일반 사모집합투자기구

등록 요건	금융위원회에 일반사모집합투자업을 등록 • **10억 원** 이상의 자기자본을 갖출 것 • 투자운용인력을 **3명** 이상 갖추는 등 인력, 전산설비, 물적설비, 건전한 재무상태와 건전한 사회적 신용을 갖출 것 • 일반사모집합투자업자와 투자자 간, 특정투자자와 다른 투자자 간의 이해상충을 방지하기 위한 체계를 갖출 것
투자자	국가, 한국은행 등 금융기관, 주권상장법인, 그 밖에 전문성 또는 위험감수능력을 갖춘 자로서 대통령령으로 정하는 투자자 등
투자광고	일반 사모집합투자기구의 집합투자증권을 판매하는 금융투자업자는 투자자가 적격투자자인지를 확인하여야 하며 핵심상품설명서를 작성하여 투자권유 또는 판매하는 자에게 제공하여 투자자에게 교부
설정 · 설립 보고	2주일 이내에 금융위원회에 보고하며 보고한 사항이 변경된 경우에는 변경된 날로부터 2주일 이내에 금융위원회에 변경 보고
적용특례	• 운용제한 : 원칙적으로 펀드 운용 관련 제한규정 미적용 　– 파생상품 매매에 따른 위험평가액 : 순자산의 **400%** 초과 금지 　– 국내 소재 부동산 취득 : **1년** 이내 처분 제한 　※ 미분양주택을 취득하는 경우 집합투자규약에서 정하는 기간 　– 건축물, 그 밖의 공작물이 없는 토지 : 부동산 개발사업 시행 전

	• 공시의무 등 : 공시, 회계, 신탁업자의 감시의무 등의 규정 미적용 • 증권 등의 자산의 납입 : 객관적인 가치평가가 가능하고 다른 투자자의 이익을 해칠 우려가 없는 경우에 금전 이외의 증권, 부동산, 실물자산 기타 노무와 신용 등으로 납입(단, 다른 투자자 전원의 동의가 있어야 하고, 집합투자재산평가위원회가 정한 가격으로 납입)

47. 기관전용 사모집합투자기구

설립 및 보고	설립등기일로부터 2주일 이내에 집합투자재산의 운용에 관한 사항 등을 기재한 보고서를 금융위에 제출
사원 및 출자	1인 이상의 무한책임사원과 1인 이상의 유한책임사원으로 하되, 사원의 총수는 100인 이하
운용방법	금융위 보고 사항 • 파생상품 매매 및 그에 따른 위험평가액 현황 • 채무보증 또는 담보제공 현황 • 금전차입 현황

48. 외국집합투자증권의 등록

외국 집합투자업자 적격 요건	• 최근 사업연도 말 현재의 자산운용규모가 1조 원 이상일 것 • 국내에서 판매하려는 외국 집합투자기구의 종류에 따라 집합투자업 인가업무 단위별 최저 자기자본 이상일 것 • 최근 **3년간** 금융업에 상당하는 영업과 관련하여 본국 또는 감독기관으로부터 업무정지 이상에 해당하는 행정처분을 받거나 벌금형 이상에 상당하는 형사처벌을 받은 사실이 없을 것 • 적격 연락책임자(집합투자업자, 판매회사, 법무법인, 회계법인 등)를 국내에 둘 것
외국 집합투자증권 판매적격 요건	• OECD 가맹국(속령 제외), 홍콩, 싱가포르 법률에 따라 발행되었거나 발행이 예정되어 있을 것 • 보수·수수료 등 투자자가 부담하는 비용에 관한 사항이 명확히 규정되어 있고 국제관례에 비추어 지나치게 높은 금액이 아닐 것 • 투자자의 요구에 따라 직간접적으로 환매 등의 방법으로 투자금액 회수가 가능할 것 • 기타 금융위가 정하는 요건을 갖출 것
등록 취소 사유	금융위 등록 취소 • 허위등록한 경우 • 등록요건을 갖추지 못하게 된 경우 • 변경등록을 하지 아니한 경우 • 적격요건을 갖추지 못하게 된 경우 • 국내 판매규정을 위반한 경우 • 감독검사에 따른 명령을 위반한 경우

49. 외국 집합투자증권의 국내 판매방법 등

판매방법	국내 판매회사를 통해 판매
투자권유 등	외국 집합투자증권의 가격 변동뿐만 아니라 통화가치의 변동에 따라서도 손실이 발생할 수 있다는 사실 등 투자유의사항을 서면에 의한 방법으로 교부하고 이를 서명 또는 기명날인 등의 방법으로 확인
자산운용보고서의 제공	**3개월에 1회 이상** 투자자에게 제공
장부서류 열람청구권	영업시간 중에 집합투자재산에 관한 장부서류의 열람이나 등본 또는 초본의 교부 청구 가능
판매정보 공시 등	국내에서 판매하는 외국 집합투자증권의 기준가격을 국내에서 판매를 대행하는 판매회사의 본·지점에 매일 공고·게시
판매광고	외국집합투자기구 등록 전 국내 판매를 위한 광고 금지

50. 외국 집합투자업자에 대한 감독 · 검사

국내 판매현황 보고	외국 집합투자업자는 외국 집합투자증권의 국내 판매현황을 매월 말일 기준으로 **다음 달 20일 까지** 판매를 대행한 판매회사를 통해 금융감독원장 및 금융투자협회에 보고
감독 · 검사	금융위는 투자자를 보호하고 건전한 거래질서를 유지하기 위해 외국 집합투자업자 또는 외국 투자회사 등에 대해 해당 외국 집합투자재산의 공시 등 필요한 조치를 명하거나 검사를 할 수 있음

출제예상문제

SECTION 01 | 펀드법규 총설

01 집합투자의 속성에 해당되지 않는 것은?

① 집단성　　　　　　　　　　② 직접성
③ 실적배당의 원칙　　　　　　④ 펀드자산의 분리

해설 | 직접성이 아닌 간접성의 속성이 있다.

02 다음 중 자본시장법상 집합투자에 대한 설명으로 올바르지 않은 것은?

① 2인 이상의 투자자로부터 자금을 모집해야 한다.
② 투자자로부터 모은 금전 등을 투자자별로 구분하여 집합하여 운용한다.
③ 투자자로부터 일상적인 운용 지시를 받아 운용한다.
④ 운용 결과는 투자자에게 귀속된다.

해설 | 투자자에게 일상적인 운용지시를 받지 않는다. 투자자는 소극적인 역할(자금 제공자)만 한다.

03 다음 중 집합투자의 정의에 대한 설명으로 적절하지 않은 것은?

① 2인 이상을 대상으로 투자권유를 하여야 하는 것일 뿐 반드시 2인 이상이 투자하여야 하는 것은 아니다.
② 집합투자업자는 투자자로부터 일상적인 운용지시를 받지 아니하여야 한다.
③ 집합투자업자는 집합투자재산을 운용한 결과를 투자자에게 귀속시켜야 한다.
④ 집합투자재산으로 재산적 가치가 있는 투자대상 자산을 취득·처분 그 밖의 방법으로 운용하여야 한다.

해설 | 2015년 1월 1일 법 개정으로 집합투자기구는 2인 이상을 대상으로 투자 권유를 하는 것으로는 부족하고 반드시 2인 이상이 실제로 투자하여야 하는 것으로 변경되었다.

04 공모투자펀드의 특징에 관한 설명으로 옳지 않은 것은?

① 투자펀드의 운용실적은 펀드 투자자에게 귀속된다.

② 집합된 자금이 펀드운용자(자산운용회사)의 고유재산과 법적으로 엄격하게 분리된다.

③ 펀드 투자자는 펀드의 수익과 의결권 등에 있어 투자지분에 따라 동등한 권리를 가진다.

④ 투자펀드에서 자금은 집합되어 운용되며 자금운용과정에서 투자자는 적극적인 운용 지시를 한다.

해설 | 자금운용과정에서 투자자는 소극적인 역할만을 담당한다.

투자펀드의 특징

집단성과 간접성	투자펀드에서는 자금제공자와 자금운용자가 분리되고 자금은 집합되어 운용되며 자금운용과정에서 투자자는 소극적인 역할만을 담당함
실적배당의 원칙	투자펀드의 운용실적(수익과 손실)은 펀드 투자자에게 귀속됨
투자자평등의 원칙	펀드 투자자는 펀드의 수익과 의결권 등에 있어 투자자분에 따라 동등한 권리를 가짐
펀드자산의 분리	집합된 자금이 펀드운용자(자산운용회사)의 고유재산과 법적으로 엄격하게 분리됨

05 다음 중 자본시장법상 집합투자기구의 법적 형태가 아닌 것은?

① 주식회사   ② 투자신탁

③ 합명회사   ④ 익명조합

해설 | 법적 형태에 따른 펀드의 분류

신탁형 펀드	투자신탁(계약형)
회사형 펀드	투자회사(주식회사), 투자유한회사, 투자합자회사, 투자유한책임회사
조합형 펀드	투자익명조합(상법상 익명조합), 투자합자조합(민법상 조합)

06 투자펀드의 분류에 대한 설명으로 옳지 않은 것은?

① 공모펀드란 공모(모집 · 매출)방식으로 투자자를 모으는 펀드이며, 사모펀드란 사모방식으로만 투자자를 모으고 투자자의 수(100인 이하)나 자격이 제한되는 펀드이다.

② 사모펀드에 대해서는 원칙적으로 신탁형 펀드만을 인정한다. 다만, 투자전문회사(PEF)에 대해서는 합자회사형태의 펀드로 하도록 하고 있다.

③ 내국펀드란 우리나라 법률에 의해 만들어진 펀드를 말하며, 외국펀드란 외국의 법률에 따라 만들어진 펀드를 말한다.

④ 외국펀드는 원칙적으로 외국법의 적용을 받지만, 외국펀드를 내국인에게 판매하는 경우에는 제한적으로 국내법의 적용을 받게 된다.

해설 | 사모펀드에 대해서는 원칙적으로 회사형 펀드(주식회사 형태)와 신탁형 펀드만을 인정한다. 다만, 투자전문회사(PEF)에 대해서는 합자회사형태의 회사형 펀드를 하도록 하고 있다.

정답 ▶ 01 ② 02 ③ 03 ① 04 ④ 05 ③ 06 ②

07 다음은 어떤 형태의 펀드에 대한 설명인가?

> 펀드 지분을 환매하지 않으며, 펀드 지분을 계속적으로 발행하지 않는 펀드로서 펀드지분이 거래소에 상장되어 거래되므로 투자자는 시장거래를 통해 투자자금을 회수

① 단위형 펀드
② 상장형 펀드
③ 개방형 펀드
④ 폐쇄형 펀드

해설 | 폐쇄형 펀드(환매금지형)에 관한 설명이다.

08 우리나라의 투자펀드에 대한 규제체계를 설명한 내용으로 ㉠~㉢에 알맞은 말은?

> 투자펀드에 관한 공적 규제기관은 (㉠)이며, 그 집행은 (㉡)이/가 있다. 그리고 (㉢)은/는 회원사인 집합투자업자 등에 대하여 투자자 보호 차원에서 자율 규제를 한다.

	㉠	㉡	㉢
①	금융감독원	금융위원회	한국금융투자협회
②	금융위원회	한국금융투자협회	금융감독원
③	한국금융투자협회	금융감독원	한국거래소
④	금융위원회	금융감독원	한국금융투자협회

해설 | • 공적 규제 기관 : 금융위원회, 금융감독원
　　　• 자율 규제 기관 : 금융투자협회

09 현재 우리나라 금융시장을 규율하는 3대 법률로 볼 수 없는 것은?

① 자본시장법
② 은행법
③ 증권거래법
④ 보험업법

해설 | 우리나라 금융시장을 규율하는 3대 법률은 자본시장법, 은행법, 보험업법이다. 자본시장법(자본시장과 금융투자업에 관한 법률)은 종전의 증권거래법, 자산운용업법, 선물거래법, 신탁업법, 종합금융회사에 관한 법률 및 한국거래소법 등 6개의 자본시장 관련 법률을 통합한 법률이며, 우리나라 자본시장을 규율하는 단일법률이다. 자본시장법상 펀드 규정은 여러 법에 흩어져 있다.

10 집합투자의 개념요소와 거리가 먼 것은?

① 2인 이상의 자에게 투자권유를 할 것

② 투자자로부터 모은 금전 등을 집합하여 운용할 것

③ 투자자는 자산운용에 관여를 하지 않을 것

④ 재산적 가치가 있는 투자대상자산을 취득 · 처분 또는 그 밖의 방법으로 운용하며, 운용결과는 투자자에게 귀속할 것

해설 | 집합투자의 개념요소
- 2인 이상의 자에게 판매할 것
- 투자자로부터 모은 금전 등을 집합하여 운용할 것
- 투자자로부터 모은 금전 등을 집합하여 운용할 것
- 투자자로부터 일상적인 운용지시를 받지 않을 것(투자자의 운용관여는 펀드 투자자총회를 통한 간접적인 관여만 허용)
- 재산적 가치가 있는 투자대상자산을 취득 · 처분 또는 그 밖의 방법으로 운용할 것
- 운용결과를 투자자에게 배분하여 귀속

11 ㉠, ㉡에 알맞은 것은?

> 자본시장법 제11조에 따르면 누구든지 (㉠)을 (㉡)하지(받지) 아니하고는 집합투자업을 영위할 수 없다.

	㉠	㉡
①	집합투자업	등록
②	집합투자업	인가
③	신탁업	등록
④	탁업	인가

해설 | 집합투자업을 하려면 금융위원회의 인가를 받아야 한다(무인가 집합투자업 영업행위 금지).

12 투자신탁관계에서의 당사자에 해당되지 않는 자는?

① 집합투자업자   ② 신탁업자

③ 수익자   ④ 판매업자

해설 | 투자신탁관계에서의 3면 당사자는 집합투자업자, 신탁업자, 판매업자이다.

위탁자(집합투자업자)	수탁자(신탁업자)	수익자(투자자)
펀드의 설정과 해지, 운용지시	자산의 보관, 관리, 감시 기능	실적의 투자자 귀속

정답 07 ④ 08 ④ 09 ③ 10 ① 11 ② 12 ④

13 투자신탁계에서의 3면관계를 잘못 설명한 것은?

① 투자신탁은 위탁자(집합투자업자)와 수익자(투자자) 간의 신탁계약을 통해 설정한다.

② 위탁자(집합투자업자)는 펀드의 설정 · 해지와 자산을 운용 · 지시한다.

③ 수탁자(신탁업자 · 자산보관업자)는 펀드재산의 보관과 위탁자의 운용지시에 따른 자산의 취득 · 처분, 투자결과를 투자자에게 배분한다.

④ 수익자(투자자)는 위탁자가 설정한 펀드에 투자를 하지만 운용지시는 할 수 없다.

해설 | 투자신탁은 집합투자업자(위탁자)와 신탁업자(수탁자) 간의 신탁계약에 의해 성립한다.

14 투자신탁에서 집합투자업자의 업무에 해당하는 것을 모두 고르면?

| ㉠ 투자신탁의 설정 · 해지 | ㉡ 수익증권의 발행 |
| ㉢ 투자신탁재산의 투자 · 운용 | ㉣ 환매대금 및 이익금의 지급 |

① ㉠　　　　　　　　　　　　② ㉠, ㉡

③ ㉠, ㉡, ㉢　　　　　　　　④ ㉠, ㉡, ㉢, ㉣

해설 | 환매대금 및 이익금의 지급은 신탁업자의 업무이다.

15 투자신탁에서 투자신탁재산의 보관관리, 자산평가 및 기준가격 산정의 적정성 여부 확인 등의 업무를 하는 자는?

① 집합투자업자　　　　　　　② 신탁업자

③ 수익자　　　　　　　　　　④ 판매업자

해설 | 신탁업자의 업무이다.

집합 투자업자	• 투자신탁의 설정 · 해지 • 투자신탁재산의 투자 · 운용
신탁업자	• 투자신탁재산의 보관 관리 • 집합투자업자의 운용지시에 따른 자산의 취득 및 처분 • 환매대금 및 이익금 지급 • 집합투자업자가 작성한 투자설명서 및 투자신탁재산의 평가와 기준가격 산정의 적정성 여부 확인 • 집합투자업자 감시기능을 수행
수익자 (투자자)	• 신탁원본의 상환 및 이익의 분배 등에 관하여 수익권 좌수에 따른 균등한 권리 • 수익증권 환매 청구 • 투자신탁재산에 관한 장부 · 서류를 열람하거나 등본 · 초본 교부 청구, 의결권 • 수익자총회에서 자본시장법에서 정하는 사항을 의결할 수 있음

16 투자회사에 관한 설명으로 옳지 않은 것은?

① 투자회사는 투자업무 외의 업무를 할 수 없다.

② 본점 외의 영업소를 둘 수 없다.

③ 직원을 고용하거나 상근임원을 둘 수 없다.

④ 투자회사는 업무를 외부에 위탁할 수 없다.

해설 | 투자회사는 서류상회사(Paper company) 성격을 가지게 되므로 모든 업무를 외부의 전문가에게 위탁하여야 한다.

투자회사
- 집합투자업자 등이 발기인이 되어 주식회사(투자회사)를 설립한 후 투자회사의 주식을 투자자에게 판매하여 조성된 자금(자본금)을 주식 등에 투자운용하고 그 결과를 투자자에게 귀속시키는 집합투자기구
- 서류상회사(Paper company) : 주식회사 형태를 취하고 있지만 집합적·간접적 투자를 위한 수단(vehicle) 에 불과
  - 투자회사는 투자업무 외의 업무를 할 수 없음
  - 본점 외의 영업소를 둘 수 없고, 직원을 고용하거나 상근임원을 둘 수 없음
  - 모든 업무를 외부의 전문가에게 위탁(자산운용은 집합투자업자, 자산보관은 신탁업자, 주식의 판매 및 환매 는 투자매매업자·투자중개업자, 기타 업무는 일반사무관리회사)

PART
01

PART
02

PART
03

PART
04

PART
05

17 다음 중 자본시장법에서 정하고 있는 수익자총회의 결의사항이 아닌 것은?

> ㉠ 집합투자업자·신탁업자 등이 받는 보수 및 수수료의 인상
> ㉡ 신탁업자의 변경 및 신탁계약기간의 변경
> ㉢ 투자신탁의 종류의 변경
> ㉣ 폐쇄형(환매금지형) 펀드에서 개방형 펀드로의 변경

① ㉠
② ㉡
③ ㉢
④ ㉣

해설 | 폐쇄형(환매금지형) 펀드에서 개방형 펀드로의 변경은 수익자총회의 결의사항이 아니다.

결의사항
- 합병, 환매연기, 신탁계약의 중요내용 변경
- 집합투자업자·신탁업자 등이 받는 보수 및 수수료 인상
- 신탁업자 및 집합투자업자의 변경(판매업자 변경 ×)
- 신탁계약기간 및 투자신탁의 종류 변경
- 투자신탁의 종류의 변경
- 주된 투자대상 자산의 변경 및 투자대상 자산에 대한 투자한도의 변경
- 개방형 펀드에서 폐쇄형 펀드로 변경
- 환매대금 지급일 연장

18 투자신탁의 수익자총회에 관한 설명으로 옳지 않은 것은?

① 수익자총회는 전체 수익자로 구성된다.

② 수익자총회의 의장은 집합투자업자이다.

③ 수익자총회는 집합투자업자가 소집한다.

④ 수익자총회를 소집하는 경우 각 수익자에 대해 총회일의 2주 전에 서면으로 총회소집을 통지해야 한다.

해설 | 수익자총회의 의장은 수익자 중에서 선출한다.

19 다음은 수익자총회 소집에 대한 설명이다. ㉠, ㉡에 순서대로 들어갈 말로 적절한 것은?

> (㉠) 또는 발행된 수익증권 총좌수의 (㉡) 이상을 보유한 수익자가 서면으로 수익자총회의 소집을 집합투자업자에게 요청하는 경우 1개월 이내에 수익자총회를 소집하여야 한다.

① 신탁업자, 1%   ② 판매회사, 1%

③ 신탁업자, 5%   ④ 투자매매업자, 3%

해설 | 수익자총회는 집합투자업자가 소집하되, 신탁업자 또는 5% 이상 보유 수익자는 집합투자업자에게 수익자총회의 소집을 요구할 수 있다.

20 투자신탁의 수익자총회에 관한 설명으로 옳지 않은 것은?

① 발행된 수익증권 총좌수의 과반수를 보유하는 수익자의 출석으로 수익자총회가 성립한다.

② 수익자총회는 출석한 수익자의 의결권의 과반수와 발행된 수익증권 총좌수의 4분의 1 이상의 수로 결의한다. 다만, 신탁계약으로 정한 결의사항에 대해서는 출석한 수익자의 의결권의 과반수와 발행된 수익증권 총좌수의 5분의 1 이상의 수로 결의할 수 있다.

③ 수익자는 수익자총회에 출석하지 않고 서면으로 의결권을 행사할 수 없다.

④ 연기수익자총회에서는 과반수가 출석하지 않더라도 출석한 수익자의 의결권의 과반수와 발행된 수익증권 총좌수의 8분의 1 이상으로 의결할 수 있다.

해설 | 수익자는 수익자총회에 출석하지 않고 서면으로 의결권을 행사할 수 있다. 집합투자업자는 수익자총회의 결의가 이루어지지 아니한 경우 그날부터 2주 이내에 연기된 수익자총회를 소집하여야 하는데, 이를 연기수익자총회라 한다. 연기수익자총회 소집 시에는 연기수익자총회일 1주 전까지 소집을 통지하여야 한다.

21 다음 중 투자신탁의 수익자에게 수익증권 매수청구권이 인정되지 않는 경우는?

> ㉠ 신탁계약의 변경에 대한 수익자총회 결의에 반대하는 경우
> ㉡ 투자신탁의 합병 결의에 대한 수익자총회 결의에 반대하는 경우
> ㉢ 수익증권의 환매를 연기하는 경우

① ㉠

② ㉡

③ ㉢

④ ㉠, ㉡, ㉢

해설 | 수익자에게 매수청구권이 인정되는 경우는 투자신탁 신탁계약의 변경 및 투자신탁 합병 결의로 한정되며, 환매 연기는 해당되지 않는다. 반대수익자가 매수청구권을 행사하는 경우 매매수수료 등 기타 비용을 부담시킬 수 없다.

22 투자회사에 대한 설명으로 옳지 않은 것은?

① 투자회사도 일반 주식회사와 마찬가지로 이사, 이사회, 주주총회가 있다.

② 투자회사의 이사는 감독이사와 법인이사(집합투자업자)로 구분되며, 투자회사는 법인이사 1인과 감독이사 2인 이상으로 구성된다.

③ 법인이사란 투자회사를 대표하고 투자회사 업무를 집행하는 이사로서 당해 투자회사의 집합투자업자가 법인이사가 된다.

④ 외부감사가 없는 대신 내부감사가 의무화되어 있다.

해설 | 투자회사는 내부감사가 없는 대신 외부감사가 의무화되어 있다. 감독이사란 집합투자업자의 업무집행을 감독하고 투자회사 업무 및 재산상황을 감독하는 이사로서 독립적인 감독기능 수행을 위해 집합투자업자 등과 일정한 관계에 있는 자는 감독이사가 될 수 없다.

23 다음 중 괄호 안에 들어갈 내용이 순서대로 나열된 것은?

> 투자회사의 (   )는 (   )의 운용지시가 법령·정관·투자설명서에 위반되는지 여부를 확인하고 위반이 있는 경우 투자회사의 (   )에(게) 보고하여야 한다.

① 감독이사, 집합투자업자, 자산보관회사

② 자산보관회사, 집합투자업자, 감독이사

③ 감독이사, 집합투자업자, 준법감시인

④ 준법감시인, 집합투자업자, 회계감시인

해설 | 투자회사의 자산보관회사는 집합투자업자의 운용지시가 법령 등에 위반되는지 여부를 확인하여 위반 시 감독이사에게 보고해야 한다.

24 투자회사의 이사회에 관한 설명으로 옳지 않은 것은?

① 이사회는 법인이사 및 감독이사로 구성된다.

② 이사회 소집은 각 이사가 하며, 과반수 출석과 출석이사 과반수의 찬성으로 의결한다.

③ 이사회는 자본시장법 및 정관에서 정하는 사항에 한해 의결한다.

④ 감독이사는 3월마다 1회 이상 업무집행상황 및 자산운용내역을 이사회에 보고해야 한다.

해설 | 업무집행상황 및 자산운용내역을 이사회에 보고해야 하는 자는 법인이사이다. 법인이사는 투자회사를 대표하고 업무를 집행하는 이사이며, 법인이사의 업무집행과 재산상황에 대한 감독은 감독이사이다.

25 다음 중 환매금지형 집합투자기구로 설정·설립할 수 있는 경우가 아닌 것은?

① 부동산 집합투자기구를 설정·설립하는 경우

② 특별자산 집합투자기구를 설정·설립하는 경우

③ 집합투자기구 자산총액의 20%를 초과하여 시장성이 없는 자산에 투자할 수 있는 집합투자기구를 설정·설립하는 경우

④ 집합투자기구 자산총액의 20%를 초과하여 파생결합증권, 국채 등에 혼합 투자할 수 있는 집합투자기구를 설정·설립하는 경우

해설 | 폐쇄형 펀드는 투자대상자산의 현금화가 곤란한 집합투자기구로 ①~③이 이에 해당한다.

26 투자회사의 설립에 관한 설명으로 옳지 않은 것은?

① 투자회사를 설립하기 위해서는 1인 이상의 발기인이 정관을 작성하여 기명날인해야 한다.

② 투자회사는 발기설립과 모집설립의 방법 중에서 선택할 수 있다.

③ 발기인에 대해서는 일반적 결격사유(집합투자업자의 임원결격사유 준용)만 있고 특별한 자격요건은 없다.

④ 투자회사의 정관변경은 이사회 결의로서 한다. 다만, 중요한 사항을 변경하고자 하는 경우에는 사전에 주주총회 결의를 거쳐야 한다.

해설 | 발기인은 설립 시 발행하는 주식총수를 인수해야 하므로 투자회사는 발기설립의 방법으로만 설립해야 한다. 발기설립이란 발기인만이 설립 시에 발행하는 주식 모두를 인수하고 출자를 이행하는 방법이며, 모집설립은 회사 설립 시에 발행하는 주식의 일부를 발기인이 인수하고, 나머지는 주주를 모집하는 방식이다. 발기인은 설립 시 발행하는 주식 인수가액 납입이 완료되면 이사를 선임하고 이사는 설립경과를 조사하여 이사회 및 발기인에게 보고하고, 이상이 없으면 설립등기를 함으로써 투자회사의 설립이 완료된다.

27 집합투자기구의 등록에 대한 설명으로 옳지 않은 것은?

① 투자신탁 및 투자익명조합의 경우 해당 집합투자업자가, 회사형 펀드 및 투자합자조합의 경우 당해 회사 및 조합이 금융위에 집합투자기구 등록을 해야 한다.

② 투자신탁 외에 형태의 펀드(회사형 펀드, 조합형 펀드)는 등록신청 당시 자본금 또는 출자금이 5천만 원 이상이어야 한다.

③ 집합투자업자 또는 투자회사 등은 금융위에 등록한 집합투자기구 관련 사항이 변경된 경우에는 2주 이내에 그 내용을 금융위에 변경등록해야 한다.

④ 공모펀드의 경우 집합투자기구 등록신청서와 증권신고서를 동시에 제출하는 경우에는 증권신고서 절차로 일원화하여 증권신고서가 수리된 때에 등록된 것으로 본다.

해설 | 투자신탁 외의 형태의 펀드는 등록신청 당시 자본금 또는 출자금이 1억 원 이상이어야 한다. 자본시장법에서는 집합투자기구를 금융위원회에 등록하도록 하여 집합투자규약의 내용이 투자자 보호에 문제가 없는지 등을 검토하도록 하고 있다. 증권신고서 효력 발생 후 정정신고서를 제출하는 경우에는 정정신고서 효력 발생 시 변경등록한 것으로 본다.

SECTION 03 | **집합투자증권의 발행 · 판매 · 환매**

---

28 투자신탁의 수익증권과 투자회사의 주권에 대한 설명으로 틀린 것은?

① 투자신탁의 수익증권은 무액면 · 기명식으로 발행한다.

② 수익증권의 발행가액은 기준가격에 기초하여 정한다.

③ 투자회사의 주권은 투자신탁과 달리 무액면 · 무기명식으로 발행한다.

④ 투자회사는 우선주 · 후배주 · 혼합주 · 상환주 · 전환주 등 보통주 이외의 주식은 발행할 수 없다.

해설 | 투자회사의 주권도 투자신탁의 수익증권과 마찬가지로 무액면 · 기명식으로 발행하고 매일 변동하는 기준가격으로 발행가액이 정해진다. 또한 투자회사의 주식은 오직 보통주의 형태로만 발행된다.

　　수익증권을 무액면 · 기명식으로 발행하는 이유
　　• 무액면 발행 : 액면가는 자본금의 금액을 결정하는 의미가 있다. 즉 자본금＝액면가×주식수이다. 수익증권은 자본금을 구성하지도 않을 뿐더러 매일 기준가격을 산정하므로 액면가격이 의미가 없다. 따라서 무액면으로 발행한다.
　　　※ 기준가격＝순자산가치/총수익증권(＝주가와 유사한 개념)
　　• 기명식 발행 : 기명주는 주권과 주주명부에 이름이 표시된 주식(혹은 수익증권)이며, 그렇지 않은 것이 무기명식이다. 기명주식은 회사가 현주주 현황을 정확히 파악할 수 있는 장점이 있고, 무기명주는 명의변경 없이 거래할 수 있다는 거래의 편리성이 장점이다. 수익증권은 실적 배당상품이므로 주주(수익자)에게 수익을 배당하기 편리한 제도가 더 필요하므로 기명식으로 발행한다.

29 투자신탁 수익증권의 발행에 대한 설명으로 옳지 않은 것은?

① 투자신탁의 수익증권은 집합투자업자가 발행하며, 집합투자업자는 발행가액 전액이 납입된 경우 신탁업자의 확인을 받아 수익증권을 발행한다.

② 수익증권은 무액면·무기명식으로 발행한다.

③ 투자신탁의 수익증권은 실물증권 발행에 따르는 문제점들을 제거하기 위해 예탁결제원을 명의로 하여 일괄예탁방법으로 발행한다.

④ 일괄예탁방법에 따라 수익자명부에는 투자자가 아닌 예탁결제원이 수익자로 등재된다.

해설 | 수익증권은 무액면·기명식으로 발행한다.

30 다음 중 투자신탁의 수익증권 발행가액을 금전이 아닌 현물로 납입할 수 있는 경우는?

① 사모투자신탁인 경우

② 다른 수익자 전원의 동의를 얻은 경우

③ 사모투자신탁으로서 다른 수익자 전원의 동의를 얻은 경우

④ 부동산투자신탁으로서 다른 수익자 전원의 동의를 얻은 경우

해설 | 수익증권 발행가액의 납입은 원칙적으로 금전으로 해야 하나, 사모투자신탁으로서 다른 수익자 전원의 동의를 받은 경우에 한해 현물납입(증권, 부동산 또는 실물자산)이 가능하다.

31 증권신고서에 대한 설명으로 옳지 않은 것은?

① 증권신고서는 집합투자증권을 공모하려는 집합투자업자가 그 수리를 받기 위해 금융위원회에 제출하는 것이다.

② 어떤 집합투자기구라도 증권신고서의 수리 없이는 모집이나 매출을 할 수 없다.

③ 증권신고서를 제출해야 하는 자는 당해 증권의 발행인이다.

④ 계속적으로 집합투자증권을 발행하는 개방형 집합투자기구에 대해서는 일괄신고서를 제출할 수 있다.

해설 | 증권신고서는 공모의 경우에만 제출의무가 있다. 사모집합투자기구는 증권신고서 제출 의무가 면제된다.

32 집합투자증권의 공모발행에 대한 설명으로 옳지 않은 것은?

① 집합투자증권을 공모로 발행하는 경우 증권신고서 규정을 적용받게 된다. 다만, 펀드의 특성을 감안하여 일정 부분 특례를 두고 있다.

② 증권신고서를 금융위에 제출하여 수리되기 전에는 집합투자증권을 모집 또는 매출(공모발행)할 수 없다.

③ 집합투자증권의 투자권유는 법령에서 정한 투자설명서에 의해서만 할 수 있다.

④ 집합투자증권을 공모발행한 경우에는 발행실적보고서 제출을 생략할 수 있다.

해설 | 집합투자증권을 공모발행한 후에는 발행실적보고서를 제출해야 한다. 자본시장법에서는 집합투자증권의 공모발행에 대해서도 일반사업법인의 증권발행과 동일하게 공모규제를 적용받도록 하고, 대신 펀드의 특성을 감안하여 일정 부분 특혜를 두고 있다.

33 증권신고서에 대한 설명으로 옳지 않은 것은?

① 증권신고서 제출의무자는 당해 증권의 발행인이다.

② 법인형 집합투자기구는 당해 집합투자업자가, 비법인형 집합투자기구는 집합투자기구가 당해 발행인이므로 증권신고서 제출의무를 지게 된다.

③ 증권신고서의 효력발생기간은 개방형·폐쇄형 모두 원칙적으로 15일이며, 정정신고서의 효력발생기간은 원칙적으로 3일이다.

④ 계속적으로 집합투자증권을 발행하는 개방형 집합투자기구에 대해서는 일괄신고서를 제출할 수 있다.

해설 | 법인형 집합투자기구(투자회사, 투자유한회사, 투자합자회사, 투자유한책임회사, 투자합자조합)는 당해 집합투자기구가, 비법인형 집합투자기구(투자신탁, 투자익명조합)는 당해 집합투자업자가 발행인이므로 증권신고서 제출의무를 지게 된다.

34 다음은 증권신고서의 내용에 대하여 금융위원회가 정정신고할 것을 요구할 수 있는 경우에 대하여 설명한 것이다. 다음의 사례 중 정정신고를 요구할 수 있는 사례로서 옳지 않은 것은?

① 증권신고서의 형식을 제대로 갖추지 아니한 경우

② 증권신고서의 주요 사항에 관하여 거짓의 기재 또는 표시가 있는 경우

③ 증권신고서에 기재된 집합투자업자의 보수의 수준이 너무 높다고 판단되는 경우

④ 증권신고서의 주요 사항이 기재 또는 표시되지 아니한 경우

해설 | 금융위원회는 집합투자업자의 보수가 높다고 해서 그 내용을 정정하도록 요구할 수 없다.

정답 ▸ 29 ② 30 ③ 31 ② 32 ④ 33 ② 34 ③

35 다음 중 일괄신고서에 대한 설명으로 적절하지 않은 것은?

① 일괄신고서는 개방형 집합투자기구가 증권 발행을 효율적으로 할 수 있도록 도입된 제도이다.

② 일괄신고서는 집합투자업자가 증권신고서를 최초 신고할 때 일정 기간 모집하거나 매출할 증권의 총액 및 모집하거나 매출할 판매회사를 정하여 신고한 후 신고된 범위 내에서 해당 집합투자업자의 권한으로 증권을 발행하는 제도이다.

③ 집합투자기구 증권 발행을 위한 일괄신고서에서 발행예정기간은 해당 집합투자기구의 존속기간으로 한다.

④ 일괄신고서를 제출한 경우 해당 집합투자기구는 발행예정기간 중 최초 3회 이상의 증권을 발행하여야 한다.

해설 | 일괄신고서에 판매회사를 정할 필요는 없다. 만약 판매회사를 정할 경우 판매회사가 추가되거나 변경될 때마다 해당 신고서를 변경하여야 하므로 효율성이 반감된다. 따라서 이를 감안하여 일괄신고서에는 판매회사를 정하지 아니한다.

36 빈칸을 바르게 채운 것은?

> 증권신고서의 효력 발생 기간은 개방형, 폐쇄형 펀드 모두 원칙적으로 (   )일이며, 정정신고서의 효력 발생기간은 원칙적으로 (   )일이다.

① 15일, 7일 ② 15일, 3일
③ 10일, 3일 ④ 7일, 1일

해설 | 15일, 3일이다.

37 투자설명서에 대한 설명으로 옳지 않은 것은?

① 증권신고와 투자설명서는 원칙적으로 내용도 같고 그 교부목적도 같다.

② 예비투자설명서는 효력발생 전, 간이투자설명서는 효력발생 전후에 사용 가능하다.

③ 사모의 경우 증권신고서 제출의무가 없으므로 투자설명서를 교부하지 않아도 된다.

④ 투자설명서는 최초 투자설명서를 제출한 이후에 매년 1회 이상 정기적으로 투자설명서를 갱신해야 한다.

해설 | 증권신고서와 투자설명서의 내용은 원칙적으로 같으나 교부목적은 다르다. 증권신고서는 '발행의 진실성을 확보'하는 차원에서 금융위원회의 수리를 받기 위해 제출하는 것이며, 투자설명서는 투자권유를 하기 위해 투자자에게 제공하는 것이다.

38 다음 중 투자설명서에 대한 설명으로 적절하지 않은 것은?

① 투자설명서는 증권신고서의 효력이 발생한 이후 15일 이내에 금융위원회에 제출하여야 한다.
② 투자설명서는 발행인인 집합투자업자의 본점, 금융위원회, 한국거래소, 청약사무를 취급하는 판매회사의 청약사무 담당 장소 등에 비치하여야 한다.
③ 투자설명서는 증권신고서에 기재된 내용과 다른 내용을 표시하거나 그 기재사항을 누락하면 안된다.
④ 집합투자업자는 연 1회 이상 다시 고친 투자설명서를 금융위원회에 추가로 제출하여야 한다.

해설 | 집합투자업자는 투자설명서를 증권신고의 효력이 발생하는 날에 금융위원회에 제출하여야 한다.

39 투자설명서에 대한 설명으로 옳지 않은 것은?

① 투자설명서는 법정 투자권유문서이다.
② 증권을 공모함에 있어 청약의 권유를 하고자 하는 경우에는 반드시 투자설명서에 의하여야 한다.
③ 투자설명서의 내용은 증권신고서 기재내용과 원칙적으로 동일해야 한다.
④ 집합투자업자는 투자설명서의 내용이 법령, 집합투자규약 또는 증권신고서 내용에 부합하는지 여부를 확인할 의무가 있다.

해설 | 투자설명서의 내용이 법령, 집합투자규약 또는 증권신고서 내용에 부합하는지 여부를 확인할 의무는 신탁업자에게 있다.

40 투자설명서에 대한 설명으로 옳지 않은 것은?

① 투자설명서 필수기재사항을 법에서 정하고 있다.
② 투자설명서는 판매회사가 작성한다.
③ 투자설명서에 적힌 운용계획에 따라 펀드를 운용하고 있다.
④ 투자자에게 제공하고, 그 주요내용을 설명해야 한다.

해설 | 투자설명서는 집합투자업자가 작성한다.

41 투자설명서의 종류 및 사용제한에 대한 설명으로 옳지 않은 것은?

① (정식)투자설명서는 증권신고서를 금융위가 수리한 후부터 사용할 수 있다.
② 예비투자설명서는 증권신고의 효력이 발생하지 않았다는 사실을 덧붙여 적은 투자설명서로서, 증권신고서 수리 후 효력 발생 전에 사용할 수 있다.
③ 간이투자설명서는 증권신고서 수리 후 효력 발생은 물론이고 효력 발생 후에도 사용할 수 있다.
④ 간이투자설명서는 투자설명서 내용 중 일부를 생략하거나 중요사항만 발췌하여 기재한 투자설명서(신문 등을 이용한 광고, 홍보전단 등)로서, 증권신고서 수리 후에 사용할 수 있다.

해설 | (정식)투자설명서는 수리 후 일정 기간이 지난 다음 증권신고서의 효력이 발생한 후부터 사용할 수 있다.

정답 ▶ 35 ② 36 ② 37 ① 38 ① 39 ④ 40 ② 41 ①

42 투자설명서의 교부 및 갱신에 대한 설명으로 옳지 않은 것은?

① 증권신고의 효력이 발생한 집합투자증권을 취득하고자 하는 자에게는 반드시 (정식)투자설명서 또는 간이투자설명서를 교부해야 한다.

② 개방형 펀드는 집합투자증권을 발행할 때마다 별도의 증권신고서를 추가로 제출하여야 한다.

③ 개방형 펀드는 최초 투자설명서 제출 후 매년 1회 이상 정기적으로 투자설명서를 갱신해야 한다.

④ 집합투자기구 등록사항을 변경등록한 경우 변경등록통지를 받은 날로부터 5일 이내에 그 내용을 반영하여 투자설명서를 갱신해야 한다.

해설 | 개방형 펀드는 최초 공모 시에만 증권신고서를 제출하고 이후에는 별도의 증권신고서를 추가로 제출하지 않고도 집합투자증권을 계속 발행할 수 있다.

43 다음 중 투자설명서를 교부하지 않아도 되는 자가 아닌 것은?

① 전문투자자

② 모집 · 매출 기준인 50인 산정대상에서 제외되는 자

③ 투자설명서 받기를 거부한다는 의사를 구두로 표시한 자

④ 이미 취득한 것과 같은 집합투자증권을 계속하여 추가로 취득하려는 자

해설 | 구두로 표시하면 안 된다. 투자설명서를 받기를 거부한다는 의사를 서면, 전화 · 전신 · 모사전송(팩스), 전자우편 및 이와 비슷한 전자통신, 그 밖에 금융위원회가 정하여 고시하는 방법으로 표시한 자에게는 투자설명서를 교부하지 않아도 된다.

44 다음 중 모집 · 매출 기준인 50인 산정대상에서 제외되는 자가 아닌 것은?

① 자본시장법상 전문투자자

② 회계법인

③ 신용평가회사

④ 발행인의 사업내용을 잘 아는 연고자

해설 | 전문투자자는 50인 산정에 포함된다. ②~④ 외에도 발행인에게 용역을 제공하고 있는 전문자격자(법무법인, 세무법인 등)가 이에 해당된다.

45 다음 중 자본시장법상 전문투자자가 아닌 자는?

① 일반투자자
② 회계법인
③ 신용평가회사
④ 전자우편으로 투자설명서를 받기를 거부한다는 의사를 표시한 자

해설 | 증권신고의 효력이 발생한 집합투자증권을 취득하고자 하는 일반투자자에게 반드시 투자설명서를 교부하여야 한다.

46 투자권유대행인에 대한 설명으로 옳지 않은 것은?

① 투자권유대행인은 투자권유를 위탁한 금융투자업자의 명칭을 투자자에게 미리 알려야 한다.
② 투자권유대행인은 금융투자상품의 매매, 그 밖에 거래에 관한 정보는 금융투자업자가 관리하고 있다는 사실을 투자자에게 미리 알려야 한다.
③ 투자권유대행인은 자신이 투자권유대행인이라는 사실을 나타내는 표지를 제시하거나 증표를 투자자에게 내보여야 한다.
④ 투자권유대행인도 설명의무 및 고객파악 의무를 준수해야 하며, 의무위반으로 인해 고객에게 끼친 손해를 배상할 책임이 있다. 그러나 투자권유대행인에게 투자권유를 위탁한 금융투자업자는 배상책임을 지지 않는다.

해설 | 투자권유대행인에게 투자권유를 위탁한 금융투자회사도 사용자로서 배상책임을 진다.

47 투자권유대행인의 요건 및 등록에 관한 설명으로 옳지 않은 것은?

① 법인은 투자권유대행인이 될 수 없으며, 파생상품 집합투자증권을 포함한 파생상품 등은 투자권유대행인이 투자권유를 할 수 없다.
② 투자권유자문인력시험 또는 투자운용인력시험 합격자로서 일정한 교육을 수료한 자는 투자권유대행인이 될 수 있다.
③ 보험설계사, 보험대리점 또는 보험중개사 등록요건을 갖춘 개인이자 보험모집에 종사하고 있는 자(집합투자증권의 투자권유 대행만 가능)로서, 일정한 교육을 수료한 자는 투자권유대행인이 될 수 있다.
④ 금융투자회사가 투자권유대행인으로 하여금 투자권유를 하게 하려면, 먼저 금융위원회의 등록업무를 위탁받은 금융감독원에 그 투자권유대행인을 등록해야 한다.

해설 | 금융위원회의 등록업무를 위탁받은 금융투자협회에 투자권유대행인을 등록해야 한다. 투자권유대행인이란 금융투자회사로부터 위탁을 받아 금융투자상품의 투자권유를 수행하는 자를 말한다. 투자자가 금융투자회사의 영업점을 방문하지 않고도 금융투자상품에 대해 다양한 경로를 통해 접근할 수 있도록 해주기 위한 것이다.

정답 ▶ 42 ② 43 ③ 44 ① 45 ① 46 ④ 47 ④

48 다음 중 투자권유대행인의 금지행위와 거리가 먼 것은?

① 투자자 또는 위탁한 금융투자업자를 대리하여 계약을 체결하는 행위

② 투자자로부터 금전·증권, 그 밖의 재산을 수취하는 행위

③ 투자자로부터 금융투자상품에 대한 매매권한을 위탁받는 행위

④ 단 하나의 금융투자업자와 투자권유 위탁계약을 체결하는 행위

해설 | 둘 이상의 금융투자업자와 투자권유 위탁계약을 체결하는 행위는 금지된다(1사 전속주의).

49 판매보수 및 판매수수료에 대한 설명으로 옳지 않은 것은?

① 판매보수는 집합투자증권을 판매한 투자매매업자 또는 투자중개업자가 투자자에게 지속적으로 제공하는 용역의 대가로 투자자로부터 받는 금전을 말한다.

② 판매수수료는 집합투자증권을 판매하는 행위에 대한 대가로 투자자로부터 직접 받은 금전을 말하는데, 판매시점에 취득하는 선취판매수수료와 환매시점에 취득하는 후취판매수수료 두 종류가 있다.

③ 투자매매업자 또는 투자중개업자는 집합투자기구의 운용실적에 연동하여 판매보수 및 판매수수료를 받아서는 아니 된다.

④ 판매보수와 판매수수료는 상한이 정해져 있지만, 사모집합투자기구에는 한도를 적용하지 않는다.

해설 | 판매보수는 집합투자증권을 판매한 투자매매업자 또는 투자중개업자가 투자자에게 지속적으로 제공하는 용역의 대가로 집합투자기구로부터 받는 금전을 말한다. 즉, 개별투자자로부터 직접 받는 금전이 아니다.

50 판매보수 및 판매수수료에 대한 설명으로 옳지 않은 것은?

① 판매보수는 집합투자재산의 연평균가액의 100분의 2를, 판매수수료는 납입금액 또는 환매금액의 100분의 1을 초과할 수 없다.

② 판매수수료는 집합투자규약으로 정하는 바에 따라 판매방법, 투자매매업자·투자중개업자, 판매금액, 투자기간 등을 기준으로 차등하여 받을 수 있다.

③ 집합투자규약으로 정하는 경우, 판매보수는 매일의 집합투자재산의 규모에 비례하여 집합투자기구로부터 받을 수 있다.

④ 집합투자규약으로 정하는 경우, 판매수수료는 판매 또는 환매 시 일시에 투자자로부터 받거나 투자기간 동안 분할하여 투자자로부터 받을 수 있다.

해설 | 판매보수는 집합투자재산의 연평균가액의 100분의 1(예외적인 경우 1.5%)을, 판매수수료는 납입금액 또는 환매금액의 100분의 2를 초과할 수 없다.

51 판매보수 및 판매수수료에 대한 설명으로 옳지 않은 것은?

① 판매보수는 집합투자재산의 일정 비율로 징구한다.
② 판매금액에 따라 판매수수료를 달리 받을 수 없다.
③ 판매수수료는 가입시점 또는 환매시점에 받는다.
④ 판매수수료는 분할하여 받을 수 있다.

해설 | 판매금액에 따라 판매수수료를 달리 받을 수 있다.

52 판매보수 한도의 예외적용에 대한 설명이다. ㉠, ㉡에 알맞은 것은?

> 판매보수는 집합투자재산의 연평균가액의 100분의 (㉠)을/를 초과할 수 없다. 다만, 투자자의 투자기간에 따라 판매보수율이 감소하는 경우로서 금융위원회가 정하여 고시하는 기간(2년)을 넘는 시점에 적용되는 판매보수율이 100분의 1 미만인 경우 그 시점까지는 100분의 1에서부터 1,000분의 (㉡)까지의 범위에서 정할 수 있다.

	㉠	㉡
①	1	1.5
②	1	15
③	2	1.5
④	2	15

해설 | 판매보수는 집합투자재산의 연평균가액의 100분의 1을 초과할 수 없다. 다만, 체감보수율이 적용되는 경우에는 1,000분의 15(100분의 1.5)까지는 가능하다.

53 다음 중 환매수수료에 대한 설명으로 가장 적절한 것은?

① 환매수수료는 집합투자기구로부터 징수한다.
② 환매는 펀드자금을 회수하는 수단으로써 투자자가 환매청구를 할 경우 환매수수료를 무조건 부담할 수밖에 없다.
③ 환매수수료는 징벌적으로 부과하는 성격으로 볼 수 있다.
④ 투자자가 부담한 환매수수료는 판매회사에 귀속된다.

해설 | 환매수수료는 단기간에 환매를 청구하면 포트폴리오를 재조정해야 하는 등 손실이 발생하고 이는 기존 투자자의 부담이 된다. 따라서 지나친 단기매매에 대한 징벌적 성격으로 부과된다고 할 수 있으며, 투자자로부터 징구된 환매수수료는 집합투자기구에 귀속된다.
① 투자자로부터 징수한다.
② (단기간의) 일정 기간이 지나면 환매수수료가 부과되지 않는다.
③ 집합투자재산에 귀속된다.

정답 ▶ 48 ④ 49 ① 50 ① 51 ② 52 ② 53 ③

54 판매수수료와 환매수수료를 비교한 것이다. 잘못 연결한 것은?

① 판매수수료는 판매금액 또는 환매금액의 2% 이내이다.

② 환매수수료는 환매금액의 1% 이내이다.

③ 판매수수료는 판매업자에게 귀속된다.

④ 환매수수료는 기준가격에 영향을 미친다.

해설 | 공모형 펀드의 경우 판매수수료 한도는 판매금액 또는 환매금액의 100분의 2이다. 판매보수는 집합투자재산의 연평균가액의 100분의 1한도인데 환매수수료는 별도의 한도가 없다.

구분	판매수수료	환매수수료
수수료 납부 이유	펀드판매행위에 대한 대가	환매에 대한 대가
수수료 한도	판매금액 또는 환매금액의 2%	환매금액의 1%
수수료 귀속	판매업자(투자매매 · 중개업자)	집합투자기구
기준가격에의 영향	영향을 미치지 않음	영향을 미침

55 집합투자증권의 환매방법에 관한 설명으로 옳지 않은 것은?

① 투자자는 자신에게 집합투자증권을 판매한 투자매매업자 · 투자중개업자에게 집합투자증권의 환매를 청구할 수 있다.

② 환매청구를 받은 투자매매업자 · 투자중개업자는 집합투자업자 또는 투자회사 등에 대하여 지체없이 환매에 응할 것을 요구해야 한다.

③ 환매청구를 받은 집합투자업자 또는 투자회사 등은 집합투자재산의 범위 내에서 집합투자재산으로 환매대금을 지급해야 한다.

④ 집합투자증권을 판매한 투자매매업자 · 투자중개업자, 집합투자재산을 운용하는 집합투자업자, 집합투자재산을 보관 · 관리하는 신탁업자는 환매청구를 받은 집합투자증권을 자기의 계산으로 취득하거나 타인에게 취득하게 해서는 안 된다.

해설 | 환매청구를 받은 집합투자업자 또는 투자회사 등은 집합투자재산의 범위 내에서 집합투자재산으로 보유 중인 금전 또는 집합투자재산을 처분하여 조성한 금전으로만 환매대금을 지급해야 한다. 예외적으로 당해 집합투자기구의 집합투자자 전원의 동의를 받은 경우에는 당해 집합투자기구에서 보유하고 있는 집합투자재산으로 지급할 수 있다.

56 다음은 집합투자증권의 환매기간에 관한 설명이다. 빈칸에 적절한 말을 바르게 나타낸 것을 고르면?

> 환매기간은 (㉠)일을 넘지 않는 범위 내의 집합투자규약에서 정할 수 있다. 다만, 집합투자기구 자산 총액의 (㉡)%를 초과하여 시장성 없는 자산에 투자하는 경우, 집합투자기구 자산총액의 (㉢)%를 초과하여 외화자산에 투자하는 경우에는 환매기간을 (㉠)일을 초과하여 정할 수 있다.

	㉠	㉡	㉢
①	15	10	50
②	15	20	50
③	10	20	50
④	10	10	20

해설 | 환매청구 후 실제 환매금을 지급하는 때까지의 기간을 환매기간이라 하며, 환매기간은 15일을 넘지 않는 범위 (예외적인 경우 15일 초과 가능) 내에서 집합투자규약에서 정할 수 있다.

57 집합투자증권의 환매연기에 관한 것은?

① 환매연기란 순자산가치 산정 곤란 등의 사유가 발생하여 일정 기간 환매를 중단하는 것을 말한다.
② 환매연기 기간 중이라도 환매연기 대상 집합투자증권의 발행 및 판매 행위를 계속할 수 있다.
③ 부분환매연기란 집합투자재산의 일부가 환매연기 사유에 해당하는 경우 그 일부에 대하여는 환매를 연기하고 나머지에 대하여는 환매에 응하는 것을 말한다.
④ 펀드가 분리되면 정상펀드에 대해서는 집합투자증권의 판매 및 환매를 재개할 수 있으며, 환매연기자산만으로 구성된 부실펀드의 경우에는 계속 환매가 연기된다.

해설 | 환매연기 기간 중에는 환매연기 대상 집합투자증권의 발행 및 판매 행위도 금지된다. 펀드분리란 펀드 내 자산의 일부에 대해서만 환매연기 사유가 발생한 경우에 환매연기 대상자산을 정상자산으로부터 분리하여 그 환매연기 대상자산을 현물로 납입하여 별도의 펀드를 설립하는 것을 말한다. 정상자산만으로 구성되는 펀드를 정상펀드, 환매연기자산만으로 구성된 펀드를 부실펀드로 구분한다.

58 자본시장법에서 정하고 있는 환매연기가 가능한 사유와 거리가 먼 것은?

① 집합투자재산의 처분이 불가능하여 사실상 환매에 응할 수 없는 경우
② 투자자 간의 형평성을 해칠 염려가 있는 경우
③ 환매를 청구받거나 응할 것을 요구받은 투자매매업자 또는 중개업자, 집합투자업자, 신탁업자, 투자회사 등이 해산 등으로 인하여 환매에 응할 수 없는 경우
④ 집합투자업자가 환매연기가 필요하다고 인정하는 경우

해설 | ①~③까지 준하는 경우로서 금융위원회가 환매연기가 필요하다고 인정하는 경우에는 환매를 연기할 수 있다.

정답 ▶ 54 ② 55 ③ 56 ① 57 ② 58 ④

59 다음 중 투자신탁에서의 환매연기 절차로 옳은 것은?

① 집합투자업자 환매연기 결정 → 수익자총회 결의 → 수익자 통지
② 수익자총회 결의 → 집합투자업자 환매연기 결정 → 수익자 통지
③ 집합투자업자 환매연기 결정 → 수익자총회 결의 → 금융위 보고 → 수익자 통지
④ 집합투자업자 환매연기 결정 → 금융위 보고 → 수익자총회 결의 → 수익자 통지

해설ㅣ 환매연기 결정 시 금융위 보고는 필요하지 않다. 집합투자업자는 환매연기를 결정한 날로부터 6주 이내에 수익자총회에서 환매에 관한 사항을 의결한 후, 지체 없이 서면 또는 컴퓨터통신으로 수익자에게 통지한다(예탁결제원에 위탁 가능).

60 환매가격 및 환매수수료에 대한 설명으로 옳지 않은 것은?

① 투자신탁의 집합투자업자 또는 투자회사 등은 집합투자증권을 환매하는 경우 환매청구일 이후에 산출한 기준가격(환매청구일부터 기산하여 제2영업일 이후에 공고되는 기준가격), 단 기준시점을 지나서 환매하는 경우에는 제3영업일로 하여야 한다.
② 투자자의 이익 또는 집합투자재산의 안정적 운용을 해할 우려가 없는 경우로서 시행령으로 정하는 경우에는 환매청구일 이전에 산정된 기준가격으로 환매할 수 있다.
③ 환매수수료는 집합투자규약에서 정하는 기간 이내에 환매하는 경우에 부과하는 수수료로서 당해 투자자가 부담한다.
④ 환매수수료는 환매금액을 기준으로만 부과할 수 있다. 그리고 징수한 환매수수료는 집합투자증권을 판매한 투자매매ㆍ중개업자에 귀속한다.

해설ㅣ 환매수수료는 환매금액 또는 이익금 등을 기준으로 부과할 수 있다. 그리고 징수한 환매수수료는 당해 집합투자재산에 귀속된다.

환매금액	집합투자증권의 환매 시 적용하는 기준가격에 환매하는 집합투자증권의 수를 곱한 금액 → 관련 세금은 감안하지 않음
이익금	집합투자증권의 환매 시 적용하는 기준가격과 매입 시 적용된 기준가격의 차이에 환매하는 집합투자증권의 수를 곱한 금액 → 이익분배금은 합산하며, 관련 세금은 감안하지 않음

61 환매에 대한 설명으로 옳지 않은 것은?

① 현금 환매가 원칙이나 집합투자자 전원의 동의가 있으면 실물지급이 가능하다.

② 집합투자업자가 집합투자증권을 직접 판매하는 경우 MMF에 한해 제한적으로 고유재산으로 재매수할 수 있다.

③ 투자자가 금융투자상품의 매수결제대금을 지급하기 위해 MMF의 집합투자증권을 환매하기로 투자매매 · 중개업자와 미리 약정한 경우에는 환매청구일에 공고되는 기준가격(환매청구일 이전에 산정된 기준가격)으로 환매할 수 있다.

④ 2015년 10월 금융감독원의 환매수수료 자율화 방침에 따라 환매수수료를 부과하지 않은 펀드가 증가하고 있다.

해설 | 집합투자업자는 집합투자증권을 직접 판매하는 경우에도 재매수를 할 수 없다.

PART
01

PART
02

PART
03

PART
04

PART
05

62 집합투자증권의 거래가격(판매가격 및 환매가격)에 관한 설명이다. ㉠, ㉡에 알맞은 것은?

> • 집합투자증권, 즉 투자신탁 수익증권과 투자회사 주식의 판매가격과 환매가격은 집합투자재산의 순자산가치(㉠)로 해야 한다. 따라서 집합투자증권을 순자산가치에 비해 할증 또는 할인하여 판매하거나 환매할 수 없다.
> • 자본시장법은 투자자로부터 집합투자증권의 매수 또는 환매청구를 받은 이후에 최초로 산정된 순자산가치(㉡)로 판매 및 환매가격을 정하도록 규정하고 있다.

① 미래가격, 과거가격 ② 기준가격, 미래가격

③ 기준가격, 과거가격 ④ 과거가격, 미래가격

해설 | 집합투자증권의 환매가격은 집합투자재산의 순자산가치(기준가격)로 해야 하며, 그 적용 기준가격은 미래가격으로 한다.

63 집합투자증권의 판매 시 적용되는 기준가격(판매가격)에 관한 설명으로 옳지 않은 것은?

① 판매가격은 투자자가 집합투자증권의 취득을 위하여 금전을 납입한 후 최초로 산정되는 기준가격(미래가격)으로 판매해야 하는 것이 원칙이다.

② 투자자가 매수청구일을 구분하기 위한 기준시점을 지나서 금전 등을 납입하는 경우에는 금전 등의 납입일에 공고되는 기준가격으로 한다.

③ 투자자가 금융투자상품 등의 결제대금으로 결제일에 MMF의 집합투자증권을 매수하기로 미리 약정한 경우에는 금전 등의 납입일에 공고되는 기준가격으로 한다.

④ 외국환평형기금에 MMF의 집합투자증권을 판매하는 경우에는 금전 등의 납입일에 공고되는 기준가격으로 한다.

해설 | 투자자가 집합투자규약으로 정한 집합투자증권을 구분하기 위한 기준시점을 지나서 금전 등을 납입하는 경우 금전 등의 납입일로부터 기산하여 제3영업일(T + 2)에 공고되는 기준가격으로 한다.

정답 ▶ 59 ① 60 ④ 61 ② 62 ② 63 ②

출제예상문제 **145**

64 집합투자증권의 환매 시 적용되는 기준가격(환매가격)에 관한 설명으로 옳지 않은 것은?

① 환매가격은 환매청구일 이후에 산출된 기준가격(환매청구일로부터 기산하여 제2영업일 이후에 공고되는 기준가격)으로 해야 한다.

② 환매가격은 자금납입 후 최초로 산출되는 기준가격으로 하도록 하는 반면에, 판매가격은 환매청구일 이후에 최초로 산출된 기준가격일 것을 요하지 않는다는 점에서 차이가 있다.

③ 투자자가 금융투자상품의 매매에 따른 결제자금을 지급하기 위하여 MMF를 환매하기로 미리 약정한 경우에는 환매청구일에 공고되는 기준가격으로 환매청구일에 환매한다는 내용을 집합투자규약에 정하는 것이 인정된다.

④ 투자자가 정기적으로 발생하는 채무를 이행하기 위하여 MMF를 환매하기로 미리 약정한 경우 및 외국환평형기금에 판매한 MMF를 환매하는 경우에는 환매청구일에 공고되는 기준가격으로 환매청구일에 환매한다는 내용을 집합투자규약에 정하는 것이 인정된다.

해설 | 판매가격의 경우 자금납입 후 최초로 산출되는 기준가격으로 하도록 하는 반면에, 환매가격의 경우 환매청구일 이후에 최초로 산출된 기준가격일 것을 요하지 않는다는 점에서 차이가 있다.

65 다음 괄호 안에 알맞은 말은?

> 투자매매업자 또는 투자중개업자가 집합투자증권을 판매하는 경우 그 가격은 투자가가 집합투자증권의 취득을 위하여 (　　　　　　) 기준가격으로 한다.

① 금전을 최초로 납입한 후 최초로 산정되는

② 금전 등의 납입일에 공고되는

③ 금전 등의 납입일부터 기산하여 제3영업일에 공고되는

④ 금전 등의 납입일부터 기산하여 제3영업일 또는 그 이후에 공고되는

해설 | 투자매매업자 또는 투자중개업자가 집합투자증권을 판매하는 경우 그 가격은 집합투자증권의 취득을 위하여 금전을 납입한 후 최초로 산정되는 기준가격으로 한다.

66 자본시장법상 집합투자증권의 거래가격 산정에 대한 설명으로 옳지 않은 것은?

① 집합투자증권의 판매가격과 환매가격은 집합투자증권의 순자산가치에 비해 할증 또는 할인하여 판매하거나 환매할 수 없다.

② 집합투자증권의 판매가격과 환매가격은 매수 또는 환매 청구를 받은 이후에 최초로 산정된 순자산가치를 적용해야 한다.

③ 외국환평형기금에게 단기금융 집합투자기구(MMF)를 판매하는 경우 판매가격은 금전 등의 납입일에 공고되는 기준가격으로 한다.

④ 투자신탁이나 투자익명조합의 집합투자업자 또는 투자회사 등은 집합투자증권을 환매하는 경우 환매청구일 이전에 산정되는 기준가격으로 하여야 한다.

해설 | 투자신탁이나 투자익명조합의 집합투자업자 또는 투자회사 등은 집합투자증권을 환매하는 경우 환매청구일 후에 산정되는 기준가격으로 하여야 한다.

67 자본시장법에서 별도로 규정하고 있는 집합투자업자에게만 적용되는 의무는?

① 신의성실의무

② 선관의무 및 충실의무

③ 공정성의무

④ 법규준수의무

해설 | 자본시장법은 집합투자업자를 포함한 모든 금융투자업자에게 공통적으로 적용되는 신의성실의무 등을 규정하고 있다.

68 자본시장법상 집합투자업자의 자산운용에 대한 설명으로 옳지 않은 것은?

① 자본시장법은 집합투자기구에서 투자할 수 있는 자산을 명시적으로 열거하여 규정하고 있다.

② MMF에 대해서는 운용대상자산 등에 대해 일정한 규제를 하고 있다.

③ 회사형 집합투자기구(투자회사 등)는 그 자체 법인격이 있으므로 집합투자업자는 당해 집합투자기구의 명의로 투자대상자산의 취득·처분을 한다.

④ 회사형 집합투자기구에서 집합투자업자는 신탁업자에게 자산의 보관관리에 필요한 지시를 하여야 하며, 신탁업자는 집합투자업자의 지시에 따라야 한다.

해설 | 자본시장법에서는 집합투자기구에서의 투자대상자산을 한정하지 않고 '재산적 가치가 있는 자산'으로 규정하고 있다. 따라서 펀드에서는 재산적 가치가 있는 자산이면 모두 투자를 할 수 있다. 다만, MMF에 대해서는 그 특성을 고려하여 운용대상자산 등에 대해 일정한 규제를 하고 있다.

69 자본시장법상 집합투자업자의 자산운용에 대한 설명으로 옳지 않은 것은?

① 회사형 집합투자기구에서 집합투자업자가 투자대상자산의 취득·처분 등에 관하여 필요한 운용지시를 신탁업자에게 하고, 신탁업자는 이 지시에 따라 매매 및 기타 거래를 행하게 된다.

② 투자신탁은 그 자체로 법인격이 있으므로 집합투자업자는 당해 집합투자기구의 명의로 투자대상자산의 취득·처분 등을 한다.

③ 투자운용의 효율성과 적시성 확보 등을 위해 일정한 경우 투자신탁에도 집합투자업자가 직접 자산의 취득·매각을 실행할 수 있다.

④ 하나의 집합투자업자가 여러 개의 투자신탁을 설정하여 다수의 투자신탁재산을 운용하는 것이 일반적이다.

해설 | 투자신탁은 그 자체로는 법인격이 없으므로 집합투자업자가 투자신탁재산별로 투자대상자산의 취득·처분 등에 관하여 필요한 운용지시를 신탁업자에게 하고, 신탁업자는 이 지시에 따라 매매 및 기타 거래를 행하게 된다.

정답 64 ② 65 ① 66 ④ 67 ② 68 ① 69 ②

70 자본시장법상 집합투자업자의 자산운용에 대한 설명으로 옳지 않은 것은?

① 하나의 집합투자업자가 설정한 다수의 투자신탁에서 동일한 자산을 매매하는 경우, 특정 투자신 탁을 위해 자산을 부당 배분할 소지가 있어 통합매매는 불허한다.

② 집합투자업자는 투자신탁재산별로 가격, 수량 등을 기재한 주문서와 투자신탁재산별로 배분내역 을 기재한 자산배분명세서를 작성해야 한다.

③ 준법감시인은 주문서와 자산배분명세서의 적정성과 그 이행 여부를 확인해야 한다.

④ 집합투자업자 및 신탁업자는 투자신탁재산으로 투자대상자산을 취득·처분 등을 한 경우 그 투 자신탁재산으로 이행책임을 진다.

해설 ㅣ 다수의 투자신탁재산에서 동일한 자산을 매매하는 경우 규모의 경제 효과 등을 고려하여 통합매매를 허용한다. 그러나 이 경우 특정 투자신탁을 위해 자산을 부당 배분할 소지가 있어 자본시장법은 투자신탁재산별로 미리 정해진 자산배분명세에 따라 취득·처분결과를 공정하게 배분하도록 하고 있다.

71 다음 중 괄호 안에 들어갈 내용이 순서대로 나열된 것은?

> 투자회사의 (   )는 (   )의 운용지시가 법령·정관·투자설명서에 위반되는지 여부를 확인하고 위반 이 있는 경우 투자회사의 (   )에 보고하여야 한다.

① 감독이사, 집합투자업자, 자산보관회사   ② 자산보관회사, 집합투자업자, 감독이사

③ 감독이사, 집합투자업자, 준법감시인   ④ 준법감시인, 집합투자업자, 회계감사인

해설 ㅣ 투자회사의 자산보관회사는 집합투자업자의 운용지시가 법령 등에 위반되는지 여부를 확인하여 위반 시 감독 이사에게 보고해야 한다.

72 다음 중 자본시장법상 투자신탁의 집합투자업자가 투자신탁재산의 효율적 운용을 위하여 자신의 명의로 직접 투자대상 자산을 취득·처분하기 위한 방법 등을 설명한 것으로 적절하지 않은 것은?

① 집합투자업자는 투자신탁재산별로 미리 정하여진 자산배분 명세에 따라 취득·처분 등의 결과를 공정하게 배분하여야 한다.

② 집합투자업자는 투자신탁재산을 취득·처분하기 전에 투자신탁재산별로 주문금액, 가격, 수량 등을 기재한 주문서와 배분내용을 기재한 자산배분 명세서를 작성해야 한다.

③ 집합투자업자는 상장채권의 취득·처분 시 상장채권의 운용을 담당하는 업무와 취득·처분 등의 실행을 담당하는 업무를 동일인이 수행하게 할 수 있다.

④ 집합투자업자의 준법감시인은 투자신탁재산의 취득·처분 등의 주문서와 자산배분 명세서의 적 정성 및 그 이행 여부를 확인하여야 한다.

해설 ㅣ 자본시장법 제80조 및 동법 시행규칙 제10조 제4항의 규정에 의하면 집합투자업자는 상장채권의 취득·처분 시 상장채권의 운용을 담당하는 직원과 취득·처분 등의 실행을 담당하는 직원을 구분하여야 한다.

73 다음 중 자본시장법상 집합투자증권의 거래 가격 산정에 대한 설명으로 적절하지 않은 것은?

① 집합투자증권의 판매 가격과 환매 가격은 집합투자증권의 순자산가치에 비해 할증 또는 할인하여 판매하거나 환매할 수 없다.

② 집합투자증권의 판매 가격은 금전 납입 후에 최초로 산정된 순자산가치로 산정해야 한다.

③ 장 마감 후 거래란 예외적으로 주문접수 종료 시점 이후에 접수된 주문을 종료시점 이전 접수주문과 같은 거래 가격으로 적용하는 합법적인 거래를 말한다.

④ 외국환평형기금에 단기금융 집합투자기구의 집합투자증권을 판매하는 경우 판매 가격은 금전 등의 납입일에 공고된 기준가격으로 한다.

해설 | 장 마감 후 거래란 매매주문 접수 종료 시점 이후에 접수된 주문을 종료 시점 이전 접수주문과 같은 거래 가격으로 적용하는 불법적인 거래이다.

74 집합투자기구의 증권에 대한 동일종목 투자한도가 잘못된 것은?

① 각각의 공모 집합투자기구는 동일종목 증권에 자산총액의 10%를 초과하여 투자할 수 없다.

② 국채 · 통안증권 · 정부원리금 보증채권 등과 같이 위험이 거의 없는 증권은 100%까지 투자할 수 있다.

③ 지방채 · 특수채증권 · 파생결합증권 · OECD 회원국 또는 중국 정부 발행채권 등은 50%까지 투자할 수 있다.

④ 시가총액비중이 10%를 넘는 지분증권에 대해서는 그 시가총액비중까지 투자할 수 있다.

해설 | 지방채 · 특수채증권 · 파생결합증권 · OECD 회원국 또는 중국 정부 발행채권 등은 30%까지 투자할 수 있다. 또한 자산총액의 50% 이상을 5% 이하씩 나누어 투자하는 등 요건을 갖춘 펀드의 경우에는 동일종목 증권에 자산총액의 20%까지 투자할 수 있다.

75 다음 중 투자한도가 가장 큰 것은?

① 지방채
② 특수채
③ OEDCD 회국국 발행채
④ 통화안정증권

해설 | 통화안정증권의 투자한도는 100%까지 투자할 수 있고 나머지는 30%까지 투자할 수 있다.

76 집합투자기구의 동일법인 발행 지분증권 투자제한에 관한 설명으로 옳지 않은 것은?

① 각각의 집합투자기구는 자산총액으로 동일 법인이 발행한 지분증권 총수의 10%를 초과하여 투자할 수 없다.

② 집합투자업자가 다수의 집합투자기구를 운용하는 경우에는 운용 중인 모든 집합투자기구의 자산총액으로 동일 법인이 발행한 지분증권 총수의 30%를 초과하여 투자할 수 없다.

③ 이 규제는 특정회사의 지분증권을 과다 취득할 경우 당해 회사를 지배할 수 있게 되는 점과 집중투자에 따른 리스크 증가 등의 문제를 방지하기 위한 것이다.

④ 동일법인 발행 지분증권 투자한도 규제도 공모펀드에만 적용된다.

해설 | 집합투자업자가 다수의 집합투자기구를 운용하는 경우에는 운용 중인 모든 집합투자기구의 자산총액으로 동일 법인이 발행한 지분증권 총수의 20%를 초과하여 투자할 수 없다.

77 집합투자기구의 파생상품 투자제한에 관한 설명으로 옳지 않은 것은?

① 일정한 적격요건을 갖추지 못한 자와 장외파생상품을 거래할 수 없다(장외파생상품 거래상대방 제한).

② 파생상품 매매에 따른 위험평가액이 각 집합투자기구의 자산총액에서 부채총액의 **뺀** 가액의 50%를 초과하여 투자하는 행위는 금지된다.

③ 기초자산 중 동일법인 등이 발행한 증권의 가격변동으로 인한 위험평가액이 각 집합투자기구 자산총액의 10%를 초과하여 투자하는 행위는 금지된다.

④ 동일 거래상대방과의 장외파생상품 매매에 따른 거래상대방 위험평가액이 각 집합투자기구 자산총액의 10%를 초과하여 투자하는 행위는 금지된다.

해설 | 파생상품 매매에 따른 위험평가액이 각 집합투자기구의 자산총액에서 부채총액을 뺀 가액의 100%를 초과하여 투자하는 행위는 금지된다.

78 다음은 집합투자기구의 부동산 투자제한에 관한 설명이다. ㉠, ㉡에 알맞은 것은?

> • 집합투자기구에서 국내소재 부동산을 취득한 경우에는 취득일로부터 (㉠) 이내에는 처분하지 못한다.
> • 집합투자기구에서 국외에 있는 부동산을 취득하는 경우에는 (㉡) 이내에는 처분하지 못한다.

	㉠	㉡
①	1년	집합투자규약으로 정하는 기간
②	1년	6개월
③	집합투자규약으로 정하는 기간	집합투자규약으로 정하는 기간
④	3년	집합투자규약으로 정하는 기간

해설 | 집합투자기구에서 국내소재 부동산을 취득한 경우에는 취득일로부터 1년 이내에는 처분하지 못하며, 국외에 있는 부동산을 취득하는 경우에는 집합투자규약으로 정하는 기간 이내에는 처분하지 못한다.

79 집합투자기구의 집합투자증권 투자제한에 관한 설명으로 옳지 않은 것은?

① 동일한 집합투자업자가 운용하는 집합투자기구들에 대한 투자는 집합투자기구 자산총액의 40%를 초과할 수 없다.

② 동일한 집합투자기구에 대한 투자는 집합투자기구 자산총액의 20%를 초과할 수 없다.

③ 다른 집합투자기구에 주로 투자하는 펀드(Fund of Fund)에 대한 투자는 금지된다.

④ 사모집합투자기구에 투자하는 것도 금지된다.

해설 | 동일한 집합투자업자가 운용하는 집합투자기구들에 대한 투자는 집합투자기구 자산총액의 50%를 초과할 수 없다. 재간접투자기구(Fund of Fund)란 집합투자기구 자산의 40% 이상을 다른 집합투자기구에 투자할 수 있는 집합투자기구를 말한다.

PART
01

PART
02

PART
03

PART
04

PART
05

80 집합투자기구의 투자제한에 관한 설명으로 옳지 않은 것은?

① 동일한 집합투자기구 집합투자증권 발행총수의 20%를 초과하여 투자할 수 없다.

② 각 집합투자기구에 속하는 증권총액의 50%를 초과하여 환매조건부매수를 할 수 없다.

③ 각 집합투자기구에 속하는 증권의 50%를 초과하여 증권을 대여할 수 없다.

④ 각 집합투자기구 자산총액의 20%를 초과하여 증권을 차입할 수 없다.

해설 | 각 집합투자기구에 속하는 증권총액의 50%를 초과하여 환매조건부매도(증권을 일정 기간 후에 환매수할 것을 조건으로 매도하는 것)를 할 수 없다.

81 다음 중 자본시장법상 집합투자업자의 영업행위 규제에 대한 설명으로 적절하지 않은 것은?

① 일반적으로 동일종목의 증권에 각 집합투자기구 자산총액의 10%를 초과하여 투자할 수 없다.

② 집합투자기구에서 자기 집합투자증권 취득은 권리행사 및 매수청구권 행사의 경우로 제한된다.

③ 일반적인 거래조건에 비추어 집합투자기구에 유리한 경우에는 예외적으로 이해관계인과 집합투자기구 간 거래는 허용된다.

④ 집합투자기구에서 국내 소재 부동산을 취득한 경우에는 일반적으로 취득일로부터 3년 이내에는 처분하지 못한다.

해설 | 자본시장법 시행령 제80조 제7항의 개정으로 1년 이내에 처분하지 못한다.

82 집합투자기구의 금전차입 및 금전대여 제한 등에 관한 설명으로 옳지 않은 것은?

① 집합투자업자는 집합투자기구의 계산으로 금전을 차입할 수 없다. 다만, 예외적으로 일시적 자금 부족에 대응하기 위한 차입이 인정되는 경우가 있다.

② 차입을 제한하는 것은 집합투자재산의 부실화를 유발할 소지를 줄이기 위함이다.

③ 차입이 허용되는 경우에도 차입상대방은 금융기관 등이어야 한다.

④ 차입금총액은 차입 당시 집합투자기구 순자산총액의 50%를 초과할 수 없으며, 차입금 일부를 변제하기 전에는 투자대상자산을 매수할 수 없다.

해설 | 차입이 허용되는 차입금총액은 차입 당시 집합투자기구 순자산총액이 10%를 초과할 수 없다. 그리고 차입금 전액을 변제하기 전에는 투자대상자산을 추가로 매수할 수 없다.

83 다음 중 자본시장법상 집합투자업자의 금전차입에 대한 설명이다. 빈칸에 들어갈 내용을 올바르게 나열한 것은?

> 집합투자업자는 집합투자자 총회 안건에 반대하는 투자자의 매청구가 대량으로 발생하여 일시적으로 매수대금 지급이 곤란한 경우 당시 집합투자기구 순자산총액의 (　　)을/를 초과하지 않는 범위 내에서 차입할 수 있다. 그리고 차입금의 (　　)을/를 변제하기 전에는 투자대상 재산을 추가로 매수할 수 없다.

① 10%, 전액　　　　　　　　　　　② 전액, 50%

③ 10%, 50%　　　　　　　　　　　④ 50%, 50%

해설 | 집합투자업자는 집합투자자총회 안건에 반대하는 투자자의 매수청구가 대량으로 발생하여 일시적으로 매수대금 지급이 곤란한 경우 당시 집합투자기구 순자산총액의 10%를 초과하지 않는 범위 내에서 차입할 수 있으며, 차입금의 전액을 변제하기 전에는 투자대상 재산을 추가로 매수할 수 없다.

84 집합투자기구의 금전차입 및 금전대여 제한 등에 관한 설명으로 옳지 않은 것은?

① 집합투자업자는 집합투자기구의 재산으로 금전을 차입할 수 없다. 다만, 예외적으로 일시적 자금 부족에 대응하기 위한 차입이 인정되는 경우가 있다.

② 차입을 제한하는 것은 집합투자재산의 부실화를 유발할 소지를 줄이기 위함이다.

③ 집합투자업자는 집합투자재산인 금전을 타인에게 대여할 수 없다. 다만, 예외적으로 콜론(금융기관 등에 대한 30일 이내의 단기대출)은 허용한다.

④ 집합투자업자는 집합투자재산으로 해당 집합투자기구 외의 자를 위하여 채무보증은 가능하지만 담보제공을 할 수 없다.

해설 | 집합투자업자는 집합투자재산을 운용함에 있어 집합투자재산으로 해당 집합투자기구 외의 자를 위하여 채무 보증이나 담보제공을 할 수 있다.

85 집합투자기구에서 예외적으로 금전을 차입할 수 있는 경우에 대한 설명으로 옳지 않은 것은?

① 환매청구가 대량으로 발생하여 일시적으로 환매대금 지급이 곤란하게 된 경우에는 차입이 허용된다.

② 집합투자자총회 안건에 반대하는 투자자의 매수청구가 대량으로 발생하여 일시적으로 매수대금 지급이 곤란한 경우에는 차입이 허용된다.

③ 차입이 허용되는 경우에도 차입상대방은 금융기관 등이어야 한다.

④ 차입금 총액은 차입 당시 집합투자기구 순자산총액에서 50%를 초과할 수 없으며, 차입금 일부를 변제하기 전에는 투자대상자산을 추가로 매수할 수 없다.

해설 | 차입이 허용되는 경우에도 차입금총액은 집합투자기구 순자산총액의 10%를 초과할 수 없다. 그리고 차입금 전액을 변제하기 전에는 투자대상자산을 추가로 매수할 수 없다.

86 집합투자업자의 이해관계인과의 거래 제한에 관한 설명으로 옳지 않은 것은?

① 집합투자업자는 집합투자재산을 운용함에 있어 이해관계인과 거래를 할 수 있다.

② 집합투자업자는 집합투자기구의 계산으로 그 집합투자업자가 발행한 증권을 취득할 수 없다.

③ 집합투자업자는 집합투자기구의 계산으로 집합투자업자의 계열사가 발행한 지분증권에 투자할 수 없다.

④ 집합투자업자는 계열사가 발행한 지분증권 외의 증권에 투자하고자 하는 경우 계열회사 전체가 그 집합투자업자에 대해 출자한 비율 해당금액을 초과할 수 없다.

해설 | 집합투자업자는 집합투자기구의 계산으로 집합투자업자의 계열사가 발행한 지분증권에 투자할 수 있다. 다만, 이 경우 취득 한도가 제한된다. 즉, 계열사가 발행한 지분증권에 투자하고자 하는 경우 자신이 운용하는 전체 집합투자기구 자산총액 중 지분증권에 투자 가능한 금액의 5% 및 각 집합투자기구 자산총액의 25%를 초과할 수 없다.

87 다음 중 집합투자업자가 거래할 수 없는 이해관계인에 해당되지 않는 자는?

① 집합투자업자의 임직원 및 그 배우자, 집합투자업자의 계열회사, 계열회사의 임직원 및 그 배우자

② 집합투자업자가 운용하는 전체 집합투자기구의 집합투자재산의 30% 이상을 보관·관리하고 있는 신탁업자

③ 집합투자업자가 법인이사인 투자회사의 감독이사

④ 집합투자업자가 운용하는 전체 집합투자기구의 집합투자증권에 5% 이상 투자자

해설 | 투자자는 집합투자업자의 이해관계인에 해당하지 않는다. ①~③ 외에도 집합투자업자가 운용하는 전체 집합투자기구의 집합투자증권을 30% 이상 판매·위탁판매한 투자매매업자 또는 투자중개업자도 이해관계인이다.

88 이해관계인과 거래 제한에도 불구하고 집합투자업자가 예외적으로 할 수 있는 거래가 아닌 것은?

① 이해관계인이 되기 6개월 이전에 체결한 계약에 따른 거래
② 증권시장 등 불특정다수인이 참여하는 공개시장을 통한 거래
③ 일반적인 거래조건에 비추어 집합투자기구에 유리한 거래
④ 집합투자업자의 계열회사 임직원과의 거래

해설 | 집합투자업자의 계열회사 임직원은 이해관계인이므로 거래를 할 수 없다. 예외적으로 집합투자기구와 이해상충이 없는 거래는 제한하지 않는다.

89 다음 중 집합투자업자의 펀드운용과 관련한 불건전한 영업행위와 거리가 먼 것은?

① 투자운용인력에게 집합투자재산을 운용하게 하는 행위
② 투자대상자산의 가격에 중대한 영향을 줄 수 있는 매수 · 매도 의사를 결정한 후 이를 실행하기 전에 집합투자업자 자기계산으로 매수 · 매도하거나 제3자에게 매수 · 매도를 권유하는 행위
③ 자기 또는 관계인수인이 인수한 증권을 집합투자재산으로 매수하는 행위
④ 제3자와의 계약에 의해 집합투자재산으로 특정 자산에 교차하여 투자하는 행위

해설 | 투자운용인력이 아닌 자에게 집합투자재산으로 특정 자산에 교차하여 투자하는 행위

90 자본시장법상 집합투자업자의 행위준칙에 반하는 것으로 보기 어려운 것은?

① 통상의 거래조건에 비해 불리한 조건으로 거래하는 행위
② 계열증권회사가 인수한 투자증권을 인수일로부터 3개월이 지난 후 취득하는 행위
③ 집합투자재산 관련 정보를 자기의 고유재산 운용에 이용하는 행위
④ 집합투자재산으로 투자자가 아닌 자기 또는 제3자의 이익을 도모하는 행위

해설 | 관계인수인(계열증권회사)이 인수한 투자증권을 3개월이 지난 후 취득하는 행위는 가능하다.

91 집합투자업자의 성과보수에 대한 설명으로 옳지 않은 것은?

① 집합투자업자는 집합투자기구의 운용실적에 연동하여 미리 정해진 산정방식에 따른 성과보수를 받을 수 없다.
② 사모집합투자기구는 성과보수를 받을 수 없다.
③ 성과보수를 받는 펀드는 투자설명서 및 집합투자규약에 성과보수에 관한 사항(산정방식, 한도, 기준지표, 지급시기 등)을 기재해야 한다.
④ 공모집합투자기구에서 성과보수를 받을 수 있기 위해서는 금융위가 정하는 최소투자금액 이상을 투자한 투자자로 구성되어야 한다.

해설 | 사모집합투자기구는 성과보수를 받을 수 있다. 공모집합투자기구라 하더라도 투자자 보호 및 건전한 거래질서 저해 우려가 없는 경우로서 일정한 요건을 충족하는 경우는 예외적으로 성과보수를 받을 수 있다.

92 다음 중 공모집합투자기구에서 성과보수를 받을 수 있는 요건으로 옳지 않은 것은?

① 성과보수가 금융위가 정하는 일정한 기준지표에 연동하여 산정될 것

② 운용성과가 기준지표의 성과보다 낮은 경우, 성과보수를 적용하지 않는 경우보다 적은 운용보수를 받게 되는 보수체계를 갖출 것

③ 운용성과가 기준지표의 성과를 초과하더라도 해당 운용성과가 부(−)의 수익률을 나타내거나 일정성과가 금융위가 정하는 기준에 미달하는 경우에는 성과부수를 받지 않을 것

④ 최소 존속기간이 3년 이상이어야 하며, 개방형 펀드 형태여야 하며, 집합투자증권을 추가로 발행할 것

해설 | 공모집합투자기구에서 성과보수를 받을 수 있기 위해서는 최소 존속기간이 1년 이상이어야 하고, 폐쇄형 펀드 형태여야 하며, 집합투자증권을 추가로 발행하지 않아야 한다.

93 집합투자기구에서 취득한 주식에 대한 의결권 행사와 관련된 설명으로 옳지 않은 것은?

① 집합투자기구에서 취득한 주식에 대한 의결권 행사는 신탁업자가 행사하게 된다.

② 집합투자업자는 의결권 행사 시 선관주의 의무와 충실의무를 지켜야 한다.

③ 집합투자업자는 의결권공시대상법인에 대한 의결권 행사 여부 및 그 내용을 영업보고서에 기재해야 한다.

④ 집합투자업자는 주권상장법인의 주식에 대해 의결권을 행사하는 경우 그 내용을 공시해야 한다.

해설 | 집합투자기구에서 취득한 주식에 대한 의결권 행사는 운용의 한 부분에 해당되므로 집합투자업자가 행사한다.

94 집합투자기구에서 취득한 주식에 대한 의결권 행사와 관련된 설명으로 옳지 않은 것은?

① 주식발행인이 의결권공시대상법인인 경우에는 주총의안이 무엇인지에 관계없이 구체적인 행사내용 및 사유(행사하지 않은 경우에는 구체적인 사유)를 공시해야 한다.

② 주식발행인이 의결권공시대상법인이 아닌 경우에는 경영권 변경(합병, 영업양수도, 임원임면, 정관 변경 등)과 관련된 주총의한에 대해 의결권을 행사한 때에 한해 그 구체적인 행사내용 및 사유을 공시해야 한다.

③ 공시방법은 직전 연도 4월 1일부터 1년간 의결권 행사내용을 4월 20일까지 증권시장을 통해 공시해야 한다.

④ 의결권공시대상법인은 각 집합투자기구에서 소유하는 주식이 그 집합투자기구 자산총액의 10% 이상이거나 100억 원 이상의 경우의 그 주식발행법인이다.

해설 | 의결권공시대상법인은 각 집합투자기구에서 소유하는 주식이 그 집합투자기구 자산총액의 5% 이상이거나 100억 원 이상인 경우의 그 주식발행법인이다.

95 집합투자재산의 주식에 대한 의결권 행사와 관련된 설명으로 옳지 않은 것은?

① 주식발행인이 집합투자업자의 계열회사인 경우 등 일정한 경우에는 적극적으로 의결권을 행사해야 한다.

② 집합투자업자가 동일종목 투자한도 등을 위반하여 취득한 주식에 대해서는 의결권 행사가 제한된다.

③ 제3자와의 계약에 의하여 의결권을 교차하여 행사하는 등 의결권 행사 제한에 관한 규정의 적용을 면탈하기 위한 행위는 금지된다.

④ 의결권 행사 내용을 공지해야 한다.

해설 | 주식발행인이 집합투자업자의 계열회사인 경우 등 일정한 경우에는 중립투표(Shadow voting)를 해야 한다.

96 자산운용보고서에 관한 설명으로 옳지 않은 것은?

① 자산운용보고서는 집합투자업자가 작성하며, 신탁업자의 확인을 받아야 한다.

② 자산운용보고서는 3개월마다 1회 이상 해당 집합투자기구의 투자자에게 직접 또는 전자우편의 방법으로 교부해야 한다.

③ 투자자가 수시로 변동되는 등 투자자의 이익을 해할 우려가 없는 경우로서 대통령령이 정하는 경우에는 자산운용보고서를 교부하지 않을 수 있다.

④ 자산운용보고서를 작성·교부하는 비용은 투자자가 부담한다.

해설 | 자산운용보고서를 작성·교부하는 비용은 집합투자업자가 부담한다.

97 집합투자업자의 집합투자기구 수시공시에 관한 설명으로 옳지 않은 것은?

① 집합투자업자는 법령에서 정하는 집합투자기구 수시공시사항이 발생한 경우에는 지체 없이 공시해야 한다.

② 수시공시 방법으로는 ㉠ 집합투자업자, 판매회사 및 금융투자협회의 홈페이지를 이용하여 공시하는 방법, ㉡ 판매회사로 하여금 전자우편을 이용하여 투자자에게 공시하는 방법, ㉢ 집합투자업자, 판매회사의 본점과 지점, 그 밖의 영업소에 게시하는 방법 등 3가지가 있다.

③ 집합투자업자의 수시공시는 3가지 방법 중 한 가지 방법을 선택해서 해야 한다.

④ 투자운용인력 변경, 집합투자자총회의 결의내용 등은 수시공시 사항이다.

해설 | 집합투자업자의 수시공시는 3가지 모두의 방법으로 이행해야 한다(3가지 중 1가지 방법을 선택하는 것이 아님).

98 다음 중 집합투자기구 수시공시 사항이 아닌 것은?

① 투자운용인력 변경

② 집합투자증권 총수의 5% 이상 대량환매 발생

③ 부실자산 발생내역 및 상각률

④ 투자설명서 변경

해설 | 대량환매 발생 사실은 수시공시 대상에 해당하지 않는다.

PART
01

PART
02

PART
03

PART
04

PART
05

99 장부 · 서류 열람 및 공시에 관한 설명으로 옳지 않은 것은?

① 투자자는 집합투자업자(판매회사 포함)에게 영업시간 내에 서면으로 집합투자재산에 관한 장부 · 서류의 열람이나 등 · 초본 교부를 청구할 수 있다.

② 집합투자업자 · 투자회사 및 판매회사는 정당한 사유가 없는 한 투자자의 열람청구에 응해야 한다.

③ 장부 · 서류 열람은 일정 비율 이상의 집합투자증권을 소유한 투자자만이 요구할 수 있다는 점에서 일반 주식회사의 회계장부열람권과 유사하다.

④ 집합투자업자는 집합투자규약을 인터넷 홈페이지 등을 이용하여 공시해야 한다.

해설 | 장부 · 서류 열람은 일반 주식회사의 회계장부열람권과 비슷하지만, 일정 비율 이상의 집합투자증권 소유를 요구하지 않는다는 점에서 차이가 있다.

100 다음 중 투자자의 열람청구 대상이 되는 장부 · 서류에 해당하지 않는 것은?

① 집합투자업자의 투자위원회 회의록

② 집합투자재산명세서 및 집합투자재산 운용내역서

③ 집합투자증권 기준가격대장

④ 재무제표 및 그 부속명세서

해설 | 열람청구 대상이 되는 장부 · 서류는 ②~④이며 집합투자업자의 투자위원회 회의록은 열람청구의 대상에 해당되지 않는다.

101 집합투자업자의 집합투자재산에 관한 보고 등을 설명한 내용으로 옳지 않은 것은?

① 집합투자업자는 집합투자재산에 관한 매 분기 영업보고서를 작성하여 매 분기 종료 후 2개월 이내에 금융위 및 금융투자협회에 제출해야 한다(정기보고 사항).

② 집합투자업자는 ㉠ 집합투자기구의 회계기간 종료, ㉡ 집합투자기구의 계약기간 또는 존속기간 종료, ㉢ 집합투자기구의 해지 또는 해산 사유가 발생한 경우 사유발생일로부터 2월 이내에 금융위 및 금융투자협회에 결산서류를 제출해야 한다(수시보고사항).

③ 집합투자업자는 각 집합투자재산의 순자산가치의 변동명세가 포함된 운용실적을 비교하여 그 결과를 인터넷 홈페이지 등을 이용하여 공시하여야 한다.

④ 각 집합투자재산의 운용실적을 비교 · 공시하는 경우에는 항목별로 구분하여 금융위원회가 정하여 고시하는 기준에 따라 비교 · 공시하여야 한다.

해설 | 각 집합투자재산의 순자산가치의 변동명세가 포함된 운용실적을 비교하여 그 결과를 인터넷 홈페이지 등을 이용하여 공시하는 것은 금융투자협회가 한다.

102 집합투자재산의 파생상품 운용에 관한 설명으로 옳지 않은 것은?

① 집합투자업자는 파생상품 매매에 따른 위험평가액이 집합투자기구 자산총액의 20%를 초과하여 투자할 수 있는 집합투자기구의 집합투자재산을 파생상품에 운용하는 경우에는 계약금액, 위험지표를 인터넷 홈페이지 등을 이용하여 공시해야 한다.

② 이 경우 투자설명서에는 위험지표의 개요 및 위험지표가 공시된다는 사실을 기재해야 한다.

③ 집합투자업자는 장외파생상품 매매에 따른 위험평가액이 집합투자기구 자산총액의 10%를 초과하여 투자할 수 있는 집합투자기구의 집합투자재산을 장외파생상품에 운용하는 경우에는 장외파생상품 운용에 따른 위험관리방법을 작성하여야 한다.

④ 장외파생상품 위험관리방법은 그 집합투자재산을 보관 · 관리하는 신탁업자의 확인을 받아 금융위에 신고해야 한다.

해설 | 집합투자업자는 파생상품 매매에 따른 위험평가액이 집합투자기구 자산총액의 10%를 초과하여 투자할 수 있는 집합투자기구의 집합투자재산을 파생상품에 운용하는 경우에는 계약금액, 위험지표를 인터넷 홈페이지 등을 이용하여 공시해야 한다.

103 집합투자재산의 부동산 운용에 관한 설명으로 옳지 않은 것은?

① 집합투자업자는 집합투자재산으로 부동산을 취득하는 경우에는 금융기관 등(금융기관, 보험회사, 국가재정법에 따른 기금, 다른 부동산 집합투자기구, 이에 준하는 외국금융기관)으로부터 자금을 차입할 수 있다.

② 부동산 취득 시 자금의 차입한도는 부동산 집합투자기구의 경우 자산총액에서 부채총액을 뺀 가액의 100%이며, 부동산 집합투자기구가 아닌 경우에는 부동산 가액의 50%이다.

③ 차입금은 부동산 취득에만 사용해야 하며, 집합투자자총회의의결로 차입한도와 차입대상을 달리할 수 있다.

④ 집합투자업자는 집합투자재산으로 부동산개발사업을 영위하는 법인에 대하여 해당 집합투자기구의 자산총액에서 부채총액을 뺀 가액의 100%를 한도로 금전을 대여할 수 있다.

해설 | 부동산 취득 시 자금의 차입한도는 부동산 집합투자기구의 경우 자산총액에서 부채총액을 뺀 가액의 200%이며, 부동산 집합투자기구가 아닌 경우에는 부동산가액의 70%이다.

104 다음은 집합투자재산의 부동산 운용에 관한 설명이다. ㉠, ㉡에 적절한 단어를 순서대로 나열한 것은?

> • 집합투자업자는 집합투자재산으로 부동산을 취득하거나 처분하는 경우 그 부동산의 현황, 거래가격, 거래비용, 부동산과 관련된 재무자료, 부동산 수익에 영향을 미치는 요소 등이 기재된 (㉠)를 작성 · 비치하여야 한다.
> • 집합투자업자는 집합투자재산으로 부동산개발사업을 투자하고자 하는 경우에는 추진일정과 추진방법 등이 기재된 (㉡)를 작성하여 감정평가업자로부터 적정성에 대해 확인을 받아야 하며, 이를 인터넷 홈페이지 등을 통해 공시해야 한다.

① 실사보고서, 사업계획서   ② 사업계획서, 실사보고서
③ 실사보고서, 영업계획서   ④ 현장보고서, 영업계획서

해설 | 부동산 취득 · 처분 시에는 실사보고서, 부동산개발사업 시에는 사업계획서를 작성한다. 참고로 투자신탁재산으로 부동산을 취득하는 경우 그 신탁원부에 수익자를 기록하지 아니할 수 있다.

105 자본시장법상 집합투자업자의 영업행위 규제에 대한 설명으로 옳지 않은 것은?

① 동일종목의 증권에 각 집합투자기구 자산총액의 10%를 초과하여 투자할 수 없다.

② 투자신탁의 경우 집합투자재산의 법적 소유인은 신탁업자이다.

③ 집합투자기구에서 국내소재 부동산을 취득하는 경우에는 원칙적으로 취득일로부터 3년 이내에는 처분하지 못한다.

④ 공모집합투자기구는 성과보수를 받는 것이 원칙적으로 금지된다.

해설 | 자본시장법 시행령의 개정으로 1년 이내에 처분하지 못한다.

106 자본시장법상 집합투자업자의 영업행위 규제에 대한 설명으로 옳지 않은 것은?

① 집합투자기구에서 자기집합투자증권 취득은 권리행사 및 매수청구권 행사의 경우로 제한된다.

② 집합투자업자는 인터넷 홈페이지, 전자우편, 본점 게시 중 어느 하나의 방법을 선택하여 수시공시를 할 수 있다.

③ 일반적인 거래조건에 비추어 집합투자기구에 유리한 경우에는 예외적으로 이해관계인과 집합투자기구 간 거래가 허용된다.

④ 집합투자업자는 3개월마다 1회 이상 해당 집합투자기구의 투자자에게 자산운용보고서를 교부하여야 한다.

해설 ┃ 집합투자업자는 수시공시사항이 발생한 경우 집합투자업자가 인터넷 홈페이지 공시, 전자우편으로 공시, 집합투자업자 본점 등에 게시하는 방법 모두를 이행하여야 한다.

SECTION 05 | 집합투자기구의 종류

107 펀드의 주된 투자대상에 따라 분류한 자본시장법상의 집합투자기구에 해당되지 않는 것은?

① 증권 집합투자기구　　　　　　　　② 부동산 집합투자기구
③ 파생상품 집합투자기구　　　　　　④ 혼합자산 집합투자기구

해설 ┃ 자본시장법은 파생상품펀드를 별도로 분류하고 있지 않다.

108 다음 중 파생상품에 투자할 수 없는 집합투자기구는?

① 증권 집합투자기구　　　　　　　　② 단기금융 집합투자기구
③ 부동산 집합투자기구　　　　　　　④ 특별자산 집합투자기구

해설 ┃ 자본시장법은 단기금융 집합투자기구를 제외한 모든 종류의 집합투자기구에서 파생상품에 투자할 수 있도록 하고 파생상품펀드를 별도로 분류하지 않았다.

구분	증권펀드	부동산펀드	특별자산펀드	MMF	혼합자산펀드
증권	○	○	○	○	○
파생상품	○	○	○	×	○
부동산	○	○	○	×	○
특별자산	○	○	○	×	○

109 증권 집합투자기구에 대한 설명으로 옳지 않은 것은?

① 집합투자재산의 50%를 초과하여 증권에 투자하는 집합투자기구를 말한다.

② 실무적으로는 주식형, 채권형 및 혼합형으로 세분된다.

③ '증권'의 개념에는 부동산 또는 특별자산 관련 증권은 제외된다.

④ '증권'의 개념에는 부동산 또는 특별자산 관련 증권 외에 증권을 기초자산으로 하는 파생상품은 제외된다.

해설 | 증권집합투자기구에서 '증권'의 개념에는 부동산 또는 특별자산 관련 증권을 기초자산으로 하는 파생상품을 포함한다.

PART
01

PART
02

PART
03

PART
04

PART
05

110 부동산 집합투자기구에 대한 설명으로 옳지 않은 것은?

① 집합투자재산의 50%를 초과하여 부동산에 투자하는 집합투자기구를 말한다.

② '부동산'의 개념에는 부동산 외에 부동산을 기초로 한 파생상품, 지상권 등 부동산 관련 권리, 금전채권(부동산을 담보로 한 경우), 부동산 관련 증권을 포함한다.

③ '부동산'의 개념에는 부동산개발 관련 법인에 대한 대출을 포함한다.

④ '부동산'의 개념에는 부동산이 개발 · 관리 · 개량 · 임대 · 중개의 방법으로 운용하는 것을 포함한다.

해설 | '부동산'의 개념에는 부동산의 개발 · 관리 · 개량 · 임대 · 중개의 방법으로 운용하는 것을 포함한다.

111 다음 중 집합투자재산을 투자 · 운용함에 있어 투자대상자산의 제한을 받지 않는 집합투자기구는?

① 특별자산 집합투자기구   ② 혼합자산 집합투자기구

③ 부동산 집합투자기구   ④ 단기금융 집합투자기구

해설 | 혼합자산 집합투자기구는 주된 투자대상자산을 특정하지 않고 언제나 어떤 자산에나 자유롭게 운용할 수 있는 집합투자기구이다.

112 재간접 투자기구(Fund of Fund)는 다음 중 어떤 유형의 집합투자기구로 볼 수 있는가?

① 특별자산 집합투자기구   ② 혼합자산 집합투자기구

③ 증권 집합투자기구   ④ 단기금융 집합투자기구

해설 | 재간접 투자기구는 집합투자재산의 40% 이상을 다른 집합투자기구가 발행한 집합투자증권에 투자하는 투자기구로서, 운용대상 자산의 유형상 증권 집합투자기구에 해당하는 점을 감안하여 자본시장법에서는 별도로 분류하지 않은 것이다.

정답   106 ②   107 ③   108 ②   109 ④   110 ④   111 ②   112 ③

113 MMF에 대한 규제내용으로 옳지 않은 것은?

① 편입자산의 잔존기간

② MMF를 포함한 다른 집합투자증권에 대한 투자 금지

③ 편입자산의 신용등급 제한

④ 편입자산의 분산투자 강화

해설 | MMF는 다른 MMF의 집합투자증권에는 투자할 수 있지만 그 밖의 다른 집합투자증권에는 투자할 수 없다.

114 단기금융 집합투자기구(MMF)에 관한 설명으로 옳지 않은 것은?

① 기설립·설정한 MMF의 집합투자재산이 일정규모(개인전용 MMF는 3천억 원, 법인전용 MMF는 5천억 원) 이하인 경우에는 추가로 MMF를 설립·설정하지 못한다.

② MMF는 회계처리상 현금등가물로 취급되고 MMF 보유자산을 장부가로 평가하게 되므로 투자대상자산, 신용등급, 만기 등에 대해 엄격한 규제가 행해진다.

③ 투자대상은 단기금융상품으로 제한되며, 집합투자재산의 남은 만기의 가중평균된 기간이 60일 이내여야 한다.

④ 투자대상인 채무증권(CD, 금융기관이 발행·매출·중개한 어음 및 채무증서 포함)의 취득시점의 신용평가등급이 상위 2개 등급이어야 한다.

해설 | 투자대상은 단기금융상품으로 제한되며, 집합투자재산의 남은 만기의 가중평균된 기간이 75일 이내여야 한다. 또한, 동일인이 발행한 채무증권에 대한 투자는 ㉠ 최상위등급의 경우 5%, ㉡ 차상위등급의 경우 2%를 초과할 수 없다. 그리고 동일인이 발행한 채무증권과 그 자와의 거래금액의 합계액이 10%를 초과할 수 없다.

115 다음 중 MMF에서 투자 가능한 단기금융상품이 아닌 것은?

① 남은 만기가 6개월 이내인 양도성예금증서

② 남은 만기가 5년 이내인 국채

③ 다른 MMF 집합투자증권

④ 전환사채(CB)

해설 | 전환사채(CB)는 주권 관련 사채권이므로 투자할 수 없다.

116 다음은 MMF의 채무증권 운용에 대한 내용이다. 빈칸에 알맞은 숫자는?

> 집합투자업자는 MMF 집합투자재산의 100분의 (   ) 이상을 채무증권에 운용하여야 한다. 단, 국채증권, 지방채증권, 특수채증권, 사채권, 기업어음증권에 한하여 환매조건부채권 매매는 제외한다.

① 20   ② 30

③ 40   ④ 50

해설 | MMF는 집합투자재산의 100분의 40 이상을 채무증권에 운용하여야 한다.

117 환매금지형 집합투자기구(폐쇄형 펀드)에 대한 설명으로 옳지 않은 것은?

① 신탁업자의 확인을 받은 경우 집합투자증권을 추가로 발행할 수 있다.

② 펀드존속기간을 정해야 하지만 최장 만기제한은 없다.

③ 매월 1회 기준가격을 산정하여 공고해야 한다.

④ 집합투자증권을 최초로 발행한 날부터 90일 이내에 그 집합투자증권을 증권시장에 상장해야 한다.

해설 | 폐쇄형 펀드는 기준가격의 산정 및 공고에 관한 규정이 적용되지 않는다(다만, 집합투자증권을 추가 발행하는 집합투자기구는 적용됨). 집합투자증권을 계속적으로 발행하거나 환매하지 않으므로 기준가격을 매일 산정할 필요가 별로 없기 때문이다. 폐쇄형 펀드는 환매를 해주지 않기 때문에 환매자금 마련을 위한 불필요한 포트폴리오 처분을 하지 않아도 되므로 펀드자산을 안정적으로 운용할 수 있다. 또한, 존속기간을 정한 집합투자기구에 한하여 폐쇄형으로 만들 수 있다.

118 다음 중 반드시 폐쇄형 펀드로 설립해야 하는 펀드는?

① 증권펀드   ② 특별자산펀드

③ 상장지수펀드   ④ 단기금융펀드

해설 | 집합투자기구가 부동산펀드, 특별자산펀드, 혼합자산펀드, 펀드자산총액의 20%를 초과하여 시장성 없는 자산(부동산, 특별자산 등)에 투자하는 펀드인 경우에는 반드시 폐쇄형 펀드로 설립해야 한다. 다만, 시가 또는 공정가액으로 조기에 현금화가 가능한 경우는 제외한다.

119 다음 중 폐쇄형 펀드에서 집합투자증권을 추가 발행할 수 있는 경우를 모두 고르면?

> ㉠ 기존 투자자의 이익을 해할 우려가 없는 경우로서 신탁업자의 확인을 받은 경우
> ㉡ 이익분배금의 범위 내에서 집합투자증권을 추가로 발행하는 경우
> ㉢ 기존투자자 전원의 동의를 받은 경우
> ㉣ 증권시장에 상장되어 매매거래가 개시되는 경우

① ㉠, ㉡, ㉢　　　　　　　　　　② ㉠, ㉢, ㉣
③ ㉡, ㉢, ㉣　　　　　　　　　　④ ㉠, ㉡, ㉣

해설 | 폐쇄형 펀드에서 집합투자증권을 추가 발행할 수 있는 경우는 ㉠~㉢의 경우에 한한다. 폐쇄형 펀드의 시장가격은 순자산가치보다 낮은 것이 보통이므로, 집합투자증권을 추가 발행할 경우 발행가격은 기준가격과 시장거래가격을 고려하여 산정한 기준가격으로 할 수 있다.

120 종류형 집합투자기구(Class Fund)에 관한 설명으로 옳지 않은 것은?

① 집합투자기구에 부과되는 보수나 수수료의 차이로 인하여 기준가격이 다른 수종의 집합투자증권을 발행하는 집합투자기구이다.
② 특정 종류의 집합투자증권의 집합투자자에 대하여만 이해관계가 있는 때에는 그 종류의 집합투자자만으로 총회 개최가 가능하다.
③ 운용보수, 수탁보수를 제외하고는 각 종류의 집합투자증권별로 비용부담이 같도록 해야 한다.
④ 종류형 집합투자증권을 판매하는 경우 판매보수나 판매수수료가 다른 여러 종류의 집합투자증권이 있다는 사실과 각 종류별 집합투자증권 간의 차이를 설명해야 한다.

해설 | 판매보수, 판매수수료 및 환매수수료를 제외하고는 각 종류의 집합투자증권별로 비용부담이 같도록 해야 한다. 종류형 집합투자기구를 통상 멀티클래스펀드라고 한다.

121 복수의 집합투자기구 간에 공통으로 적용되는 집합투자규약에 의하여 각 집합투자기구의 집합투자자가 소유하고 있는 집합투자증권을 다른 집합투자기구의 집합투자증권으로 전환할 수 있는 권리를 집합투자자에게 부여하는 구조의 집합투자기구는?

① 환매금지형 펀드　　　　　　　　② 전환형(엄브렐라) 펀드
③ 종류형(멀티클래스) 펀드　　　　④ 모자형 펀드

해설 | 전환형 집합투자기구를 엄브렐라펀드라고 한다. 전환형 집합투자기구의 경우 미리 전환 가능한 것으로 정해진 다른 집합투자기구로 전환하는 때에는 환매수수료를 징구하지 않는다.

122 다른 집합투자기구가 발행하는 집합투자증권을 취득하는 구조의 집합투자기구로서, 동일한 투자대상과 투자전략을 가지는 다수의 펀드의 자산을 하나의 펀드에 모아서 통합운용함으로써 규모의 경제를 얻기 위한 펀드는?

① 환매금지형 집합투자기구
② 전환형 집합투자기구
③ 종류형 집합투자기구
④ 모자형 집합투자기구

해설 | 모자형 집합투자기구는 다른 집합투자기구(모집합투자기구)가 발행하는 집합투자증권을 취득하는 구조의 집합투자기구(자집합투자기구)를 말한다. 동일한 투자대상과 투자전략을 가지는 다수의 자펀드 자산을 하나의 모펀드에 모아서 통합운용함으로써 규모의 경제효과를 얻기 위한 펀드구조이다. 모자형 집합투자기구를 통상 마스터피더(Master-Feeder Fund)펀드라고 한다.

123 모자형 집합투자기구의 요건 및 규제 내용으로 옳지 않은 것은?

① 자펀드가 모펀드 외의 다른 펀드에 투자하지 말아야 한다.
② 자펀드와 모펀드의 집합투자업자가 동일해야 한다.
③ 자펀드 외의 자가 모펀드에 투자하지 말아야 한다.
④ 투자매매업자 또는 투자중개업자는 모펀드의 집합투자증권을 투자자에게 판매하여야 한다.

해설 | 투자매매업자 또는 투자중개업자는 모펀드의 집합투자증권을 투자자에게 판매하여서는 아니 된다. 투자자에게 환매하는 것은 자펀드의 집합투자증권이다.

124 ETF에 관한 설명으로 옳지 않은 것은?

① ETF는 기본적으로 증권지수의 추적을 목표로 하는 인덱스펀드의 일종이지만, 전통적인 인덱스펀드의 단점을 제도적으로 보완한 특수한 형태의 인덱스펀드이다.
② ETF는 전통적인 인덱스펀드와는 달리 집합투자증권을 시장에 상장하여 일반투자자들이 시장에서 집합투자증권를 매수·매도하도록 한다.
③ ETF는 기초자산의 가격 또는 지수의 변화에 연동하여 운용하는 것을 목표로 해야 한다.
④ ETF는 환매가 허용되지 않는다.

해설 | 투자자는 ETF 집합투자증권을 판매한 투자매매업자·투자중개업자 또는 지정참가회사에 대하여 집합투자증권의 환매를 청구할 수 있다.

125 ETF에 관한 설명으로 옳지 않은 것은?

① ETF 설정일로부터 90일 이내에 상장되어야 한다.

② ETF는 자산총액의 30%까지 동일종목의 증권에 투자할 수 있다.

③ 각 ETF에서 동일법인 등이 발행한 지분증권 총수의 20%까지 투자할 수 있다.

④ 이해관계인과의 거래제한 규정에도 불구하고, ETF를 설정할 목적으로 이해관계인과의 거래를 할 수 있다.

해설 | ETF 설정일로부터 30일 이내에 상장되어야 한다. 한편 ETF에 대해서는 자본시장법 중 일부규정은 적용이 배제된다. 집합투자증권 환매, 계열사 발행주식에 대한 중립투표 의무, 자산운용보고서, 내부자의 단기매매차익 반환, 임원 등의 특정증권 소유상황보고 등에 관한 규정은 ETF에 적용되지 않는다.

SECTION 06   집합투자기구 재산의 평가 및 회계

126 집합투자재산의 평가에 대한설명으로 옳지 않은 것은?

① 집합투자업자는 집합투자재산의 평가업무를 수행하기 위하여 집합투자재산평가위원회를 구성하여 운용해야 한다.

② 집합투자재산평가위원회는 평가담당임원, 운용담당임원, 준법감시인이 포함되어야 한다.

③ 신탁업자는 집합투자업자의 확인을 받아 집합투자재산평가기준을 마련해야 한다.

④ 집합투자업자는 평가위원회가 집합투자재산을 평가한 경우, 평가명세를 지체 없이 집합투자재산을 보관·관리하는 신탁업자에 통보해야 한다.

해설 | 집합투자업자는 신탁업자의 확인을 받아 집합투자재산평가기준을 마련해야 하며, 신탁업자는 집합투자업자의 집합투자재산에 대한 평가가 법령 및 집합투자재산평가 기준에 따라 공정하게 이루어졌는지를 확인해야 한다.

---

127 다음은 집합투자재산의 평가방법에 관한 설명이다. ㉠∼㉢에 순서대로 들어갈 평가방식은?

> • 집합투자재산은 원칙적으로 (㉠)(으)로 평가한다.
> • (㉠)을/를 구할 수 없는 경우에는 (㉡)(으)로 평가해야 한다. 다만 MMF에 대해서는 (㉢)평가를 허용하고 있다.

① 시가, 공정가액, 장부가

② 장부가, 공정가액, 시가

③ 공정가액, 장부가, 시가

④ 시가, 장부가, 공정가액

해설 | 집합투자재산은 원칙적으로 시가로 평가한다. MMF는 그 집합투자증권이 현금등가물로 처리되기 때문에 그 보유자산을 장부가로 평가하도록 예외를 인정한다.

128 집합투자재산의 평가에 대한 설명으로 옳지 않은 것은?

① 시가란 증권시장(해외시장 포함)에서 거래된 최종시가, 장내파생상품이 거래되는 파생상품시장(해외시장 포함)에서 공표하는 가격을 말한다.

② 평가일 현재 신뢰할 만한 시가가 없는 경우에는 장부가로 평가해야 한다.

③ 부도채권 등 부실화된 자산에 대해서는 4단계(부실우려, 발생, 개선, 악화)로 분류하고 적정하게 평가해야 한다.

④ 채무증권의 장부가 평가는 취득원가와 만기 액면가액 차이를 상환기간에 걸쳐 유효이자율법에 따라 상각하여 취득원가와 이자수익에 가감하여 산정한 가격이다.

해설 | 평가일 현재 신뢰할 만한 시가가 없는 경우에는 공정가액으로 평가해야 한다.

129 집합투자재산에 속한 자산의 종류별로 집합투자재산평가위원회가 충실의무를 준수하고 평가의 일관성을 유지하여 평가한 가격은?

① 시가
② 공정가액
③ 장부가
④ 기준가격

해설 | 공정가액 평가 시에는 투자대상자산의 취득가격, 거래가격, 전문가가 제공한 가격, 환율, 집합투자증권의 기준가격을 고려하여야 한다. 전문가란 채권평가회사, 회계법인, 신용평가업자, 감정평가업자, 인수업을 영위하는 투자매매업자 등을 말한다.

130 다음은 장부가 평가에 대한 내용이다. 빈칸에 알맞은 수는?

> 집합투자업자는 장부가에 따라 평가한 MMF의 기준가격과 시가 · 공정가액으로 평가한 기준가격의 차이가 1,000분의 (   )을/를 초과하거나 초과할 염려가 있는 경우에는 집합투자규약에서 정하는 바에 따라 필요한 조치를 취해야 한다.

① 1
② 3
③ 5
④ 10

해설 | 장부가에 따라 평가한 기준가격과 시가 · 공정가액으로 평가한 기준가격의 차이가 1,000분의 5를 초과하거나 초과할 염려가 있는 경우에는 집합투자규약에서 정하는 바에 따라 필요한 조치(시가로 조정 등)를 취해야 한다.

131 다음은 무엇에 관한 설명인가?

> • 특정한 집합투자기구의 순자산가치를 보여줄 뿐만 아니라 집합투자증권의 판매 및 환매 시 거래가격이 된다.
> • (펀드 자산총액 − 펀드 부채총액)/집합투자증권발행총수

① 기준가격　　　　　　　　　　　② 시가
③ 공정가액　　　　　　　　　　　④ 장부가

해설 | 기준가격은 펀드의 순자산가치로서 집합투자증권의 거래가격이 되므로, 주식으로 따지면 주식가격에 해당한다.

132 기준가격에 대한 설명으로 옳지 않은 것은?

① 원칙적으로 집합투자업자 또는 투자회사 등은 기준가격을 매주 공고 · 게시해야 한다.
② 투자재산을 외화자산에 투자하는 경우로서 매일 공고 · 게시가 곤란할 경우에는 집합투자규약에서 공고 · 게시주기를 15일 이내의 범위에서 별도로 정할 수 있다.
③ 공고 · 게시한 기준가격이 잘못 계산된 경우에는 지체 없이 기준가격을 변경한 후 다시 공고 · 게시하여야 한다.
④ 기준가격을 변경하는 때에는 사전에 준법감시인 및 신탁업자의 확인을 받아야 하며, 변경내용을 금융위에 보고해야 한다.

해설 | 집합투자업자 또는 투자회사 등은 기준가격을 매일 공고 · 게시해야 한다.

133 집합투자재산의 회계에 관한 설명으로 옳지 않은 것은?

① 펀드회계란 펀드에서 투자하여 보유하는 자산을 공정하게 평가하여 펀드의 재무상태표 및 손익계산서에 기재하는 것을 말한다.
② 자본시장법은 펀드에 대해서는 일반기업과 다른 회계처리기준을 적용하도록 하고 있다.
③ 펀드회계는 결산이 갖는 손익확정 의미는 없으나, 계산기간 중에 발생한 수익을 확정하고 분배재원을 확보하는 의미를 가진다.
④ 자본시장법은 펀드 회계기간에 대해서 매 1년마다 펀드를 결산하는 회계처리를 하도록 규정하고 있다.

해설 | 자본시장법은 펀드 회계기간에 대해서는 아무런 규정을 두고 있지 않다. 다만, 소득세법상 요건 충족을 위해서는 매 1년마다 결산과 분배를 실시하여야 한다.

134 결산서류 작성 및 비치에 관한 설명으로 옳지 못한 것은?

① 신탁회사는 집합투자기구의 결산기마다 재무상태표, 손익계산서, 자산운용보고서 및 그 부속명세를 작성해야 한다.

② 투자회사의 경우 법인이사는 결산서류의 승인을 위하여 이사회 개최 1주 전까지 당해 결산서류를 이사회에 제출하여 승인을 얻어야 한다.

③ 집합투자업자 또는 투자회사 등은 결산서류, 회계감사보고서, 집합투자자총회 의사록, 이사회의사록(투자회사)을 본점에 비치하고, 판매회사에 송부하여 그 영업소에 비치하도록 해야 한다.

④ 집합투자기구의 투자자 및 채권자는 영업시간 중에 언제든지 비치된 서류를 열람 및 그 서류의 등본 또는 초본의 교부를 청구할 수 있다.

해설 | 집합투자기구의 결산기마다 재무상태표, 손익계산서, 자산운용보고서 및 그 부속명세서를 작성해야 하는 대상은 집합투자업자 또는 투자회사이다.

135 회계감사에 대한 설명으로 옳지 않은 것은?

① 집합투자업자 또는 투자회사 등은 각 집합투자재산에 대한 회계기간의 말일 등부터 3개월 이내에 회계감사인의 감사를 받아야 한다.

② 집합투자업자 또는 투자회사 등은 회계감사인을 선임하거나 교체한 경우에는 지체 없이 신탁업자에게 그 사실을 통지하여야 하며, 선임일 또는 교체일로부터 1주일 이내에 그 사실을 금융위에 보고해야 한다.

③ 회계감사인은 외부감사법에 따른 회계감사를 실시해야 한다.

④ 회계감사인이 회계감사결과 중요한 사항을 회계감사보고서에 기재하지 아니하거나 허위로 기재함으로써 투자자에게 손해를 끼친 경우에는 당해 투자자에 대하여 손해를 배상할 책임을 진다.

해설 | 회계기간의 말일 등(계약기간 종료일, 해지일 또는 해산일)부터 2개월 이내에 회계감사인의 감사를 받아야 한다.

136 다음은 회계감사에 관한 설명이다. ㉠, ㉡에 순서대로 알맞은 숫자는?

> • 자산총액이 (㉠)억 원 이하인 집합투자기구는 외부감사를 받지 않아도 된다.
> • 자산총액이 (㉠)억 원 초과 500억 원 이하인 집합투자기구로서 기준일 이전 (㉡)개월 동안 집합투자증권을 추가로 발행하지 아니한 경우는 외부감사를 받지 않아도 된다.

① 100, 3 ② 200, 6

③ 300, 6 ④ 100, 3

해설 | ㉠ 300, ㉡ 6

137 이익금 분배에 관한 설명으로 옳지 않은 것은?

① 집합투자업자 또는 투자회사 등은 집합투자재산의 운용에 따라 발생한 이익금을 투자자에게 금전 또는 새로 발행하는 집합투자증권으로 분배해야 한다.

② MMF를 제외한 집합투자기구의 경우 집합투자규약이 정하는 바에 따라 이익금 분배를 유보할 수 있다.

③ 이익금의 분배방법 및 시기는 집합투자규약에서 정한다.

④ 이익금을 초과하여 분배할 필요가 있는 경우에는 이익금을 초과하여 금전 또는 새로 발행하는 집합투자증권으로 분배해야 한다.

해설 | 이익금을 초과하여 분배할 필요가 있는 경우에는 이익금을 초과하여 현금으로 분배 가능하다. 이 경우에는 집합투자규약에 그 뜻을 기재하고 이익금의 분배방법 및 그 시기 등을 미리 정해야 한다.

SECTION 07 | 집합투자재산의 보관 및 관리

138 ( )에 알맞은 말은?

> 집합투자재산을 보관 · 관리하는 ( )는 선량한 관리자의 주의로써 집합투자재산을 보관 · 관리해야 하며, 투자자의 이익을 보호해야 한다.

① 집합투자업자   ② 신탁업자
③ 일반사무관리회사   ④ 투자매매 · 중개업자

해설 | 신탁업자는 선량한 관리자의 주의로써 집합투자재산을 보관 · 관리해야 하며(선관주의 의무), 투자자의 이익을 보호해야 한다. 신탁업자는 집합투자재산의 보관 · 관리뿐만 아니라 집합투자업자의 자산운용행위 등을 감시하는 임무도 수행한다.

139 집합투자재산의 보관에 관한 설명으로 옳지 않은 것은?

① 투자회사재산은 투자회사 명의로 자산보관회사가 보관한다.

② 투자신탁재산은 집합투자업자 명의로 신탁업자가 보관한다.

③ 집합투자업자가 집합투자재산을 직접 보관하는 경우는 드물다.

④ 대부분의 유가증권은 최종적으로 예탁결제원에 보관하게 된다.

해설 | 투자신탁재산은 신탁업자 명의로 신탁업자가 보관한다. 투자신탁의 경우 신탁법리상 투자신탁재산의 법적 소유자(명의자, 수탁자)는 신탁업자가 된다. 투자회사의 경우 신탁업자가 민법상 위임법리에 따라 수임인(보관대리인)으로서 보관한다.

140 집합투자재산의 보관 · 관리에 대한 설명으로 옳지 않은 것은?

① 신탁업자는 집합투자재산을 자신의 고유재산, 다른 집합투자재산 또는 제3자로부터 보관을 위탁받은 재산과 구분하여 관리해야 한다.

② 구분관리 시 집합투자재산이라는 사실과 위탁자를 명기하여 모든 집합투자기구의 재산을 통합하여 관리해야 한다.

③ 펀드재산과 신탁업자 고유재산을 분리하는 것은 펀드재산을 신탁업자의 파산재산과 분리시키고, 펀드의 독립적인 운용을 저해하는 상황이 발생하는 것을 방지하기 위한 것이다.

④ 신탁업자는 집합투자재산 중 증권, 원화표시 양도성예금증서, 어음(기업어음 제외) 등은 자신의 고유재산과 구분하여 집합투자기구별로 예탁결제원에 예탁해야 한다.

해설 | 구분관리 시 집합투자재산이라는 사실과 위탁자를 명기하여 각각의 집합투자기구별로 관리해야 한다.

PART
01

PART
02

PART
03

PART
04

PART
05

141 집합투자재산을 보관 · 관리하는 신탁업자의 업무제한에 관한 설명으로 옳지 않은 것은?

① 신탁업자는 당해 집합투자기구의 집합투자업자와 계열회사 관계에 있지 않아야 하며, 당해 집합투자기구와도 계열회사 관계에 있지 않아야 한다.

② 집합투자업자의 운용지시가 있는 경우 신탁업자는 집합투자기구별로 이를 이행하여야 하며, 증권 등의 경우에는 증권의 인수 · 인도와 대금의 지급 · 수령을 동시에 결제하는 방법으로 이행해야 한다.

③ 신탁업자는 자신이 보관 · 관리하는 집합투자재산을 그 이해관계인의 고유재산과 거래해서는 안 된다.

④ 신탁업자는 자신이 보관 · 관리하는 집합투자재산을 자신의 고유재산, 다른 집합투자재산 또는 제3자로부터 보관을 위탁받은 재산과 절대로 거래해서는 안 된다.

해설 | 신탁업자는 자신이 보관 · 관리하는 집합투자재산을 자신의 고유재산, 다른 집합투자재산 또는 제3자로부터 보관을 위탁받은 재산과 거래해서는 아니 된다. 다만, 집합투자재산을 효율적으로 운용하기 위해 필요한 경우로서 예외적인 경우에는 허용된다. 신탁업자는 그 집합투자기구의 집합투자재산에 관한 정보를 자기의 고유재산의 운용, 자기가 운용하는 집합투자재산의 운용, 자기가 판매하는 집합투자증권의 판매를 위해 이용하여서는 아니 된다.

142 운용행위 감시에 대한 설명으로 옳지 않은 것은?

① 신탁업자는 집합투자업자의 운용지시가 법규 등을 위반하는지 확인하고, 위반사항이 있는 경우 집합투자업자에 대하여 시정을 요구해야 한다.

② 투자회사의 경우 신탁업자는 법인이사에게 위반사항을 보고해야 하고, 법인이사가 집합투자업자에게 시정을 요구해야 한다.

③ 집합투자업자가 그 요구를 제3영업일 이내에 이행하지 아니하는 경우에는 신탁업자 또는 감독이사는 그 사실을 금융위에 보고하고 공시해야 한다.

④ 집합투자업자는 신탁업자 등의 요구에 대해 금융위의 이의를 신청할 수 있으며, 이 경우 관련 당사자는 금융위의 결정에 따라야 한다.

해설 | 투자회사의 경우 신탁업자는 감독이사에게 위반사항을 보고해야 하고, 법인이사가 집합투자업자에게 시정을 요구해야 한다.

143 집합투자재산을 보관·관리하는 신탁업자의 확인사항과 거리가 먼 것은?

① 집합투자업자의 투자운용인력 및 투자운용절차의 적정성 여부

② 투자설명서가 법령·집합투자규약에 부합하는지 여부

③ 집합투자재산의 평가가 공정한지 여부

④ 기준가격 산정이 적정한지 여부

해설 | 집합투자업자의 투자운용인력 및 투자운용절차의 적정성 여부는 신탁업자의 확인사항이 아니다.

144 다음은 기준가격 산정의 적정 여부에 관한 내용이다. ㉠에 알맞은 숫자는?

> 집합투자업자는 산정한 기준가격과 신탁업자가 산정한 기준가격의 편차가 1,000분의 (㉠) 이내이면 적정한 것으로 본다. 편차가 1,000분의 (㉠)을/를 초과하는 경우에는 지체 없이 집합투자업자에게 시정을 요구하거나 투자회사의 감독이사에게 보고하여야 한다.

① 2   ② 3

③ 4   ④ 5

해설 | 집합투자업자는 산정한 기준가격과 신탁업자가 산정한 기준가격의 편차가 1,000분의 3 이내이면 적정한 것으로 본다. 편차가 1,000분의 3을 초과하는 경우에는 지체 없이 집합투자업자에게 시정을 요구하거나 투자회사의 감독이사에게 보고하여야 한다.

145 자산보관 · 관리보고서에 대한 설명으로 옳지 않은 것은?

① 신탁업자는 집합투자기구의 회계기간 종료, 존속기간 종료 등의 사유 발생일로부터 2개월 이내에 자산보관 · 관리보고서를 작성하여 투자자에게 제공해야 한다.

② 신탁업자가 투자자에게 자산보관 · 관리보고서를 교부하는 경우에는 집합투자증권을 판매한 판매회사를 통하여 직접 또는 전자우편의 방법으로 교부하여야 한다.

③ 투자자가 우편발송을 원하는 경우에는 그에 따라야 한다.

④ 자산보관 · 관리보고서를 작성 · 교부하는 데 드는 비용은 집합투자업자가 부담한다.

해설 | 자산보관 · 관리보고서는 신탁업자가 작성하므로 이를 작성 · 교부하는 데 드는 비용은 신탁업자가 부담한다.

146 다음 중 신탁업자가 투자자에게 자산보관 · 관리보고서를 제공하지 않아도 되는 경우가 아닌 것은?

① 집합투자재산의 평가액이 10억 원 미만인 경우

② 투자자가 수령거부의사를 서면으로 표시한 경우

③ MMF, 폐쇄형 펀드, ETF의 자산보관 · 관리보고서를 인터넷 홈페이지 등을 통해 공시하는 경우

④ 10만 원 이하 투자자의 경우로서 집합투자규약에서 미교부를 정하고 있는 경우

해설 | 집합투자재산의 평가액과 관계없이 자산보관 · 관리보고서를 제공해야 한다.

SECTION 08 │ 집합투자기구의 해산 등

147 투자신탁의 해지에 관한 설명으로 옳지 않은 것은?

① 투자신탁의 해지(전부해지)란 해지권자(집합투자업자)의 일방적인 의사표시로 투자신탁계약의 효력을 장래에 향하여 소멸시키는 행위이다.

② 투자신탁이 해지되면 투자신탁관계는 종료하고 신탁재산은 투자자에게 지급된다.

③ 개방형 펀드의 경우는 투자신탁계약기간이 정해지지 않고 투자신탁 최초 설정일부터 투자신탁 해지일까지 정하는 것이 일반적이다.

④ 폐쇄형 펀드의 경우에는 계약기간이 정해지기 때문에 계약기간 만료 전에 투자신탁계약을 해지할 수 없다.

해설 | 폐쇄형 펀드의 경우는 계약기간이 정해지나 계약기간의 만료 전에 투자신탁계약을 해지할 수 있다. 해지는 임의해지와 법정해지로 구분된다.

148 다음은 투자신탁의 해지에 관한 설명이다. ⑤에 알맞은 말은?

> 투자신탁의 (⑤)란 투자신탁계약은 존속하는 상태에서 발행한 수익증권의 좌수 중 일부만을 소각하는 행위를 말한다. (⑤)는 발행한 수익증권이 매각되지 않거나 수익자의 환매(매수)청구가 있는 경우에 하게 된다.

① 전부해지   ② 일부해지
③ 임의해지   ④ 법정해지

해설 | 일부만을 소각하였으므로, 투자신탁의 일부해지에 관한 설명이다.

149 자본시장법상 지체 없이 투자신탁을 해지하고 그 사실을 금융위에 보고하여야 하는 신탁의 법정해지 사유와 거리가 먼 것은?

① 신탁계약에서 정한 신탁계약기간의 종료
② 수익자총회에서 투자신탁 해지결의
③ 투자신탁의 피흡수합병
④ 수익자 전원이 동의하는 경우

해설 | 수익자 전원이 동의하는 경우는 법정해지 사유가 아닌 임의해지 사유에 해당한다.

150 다음 중 집합투자업자가 금융위의 승인을 받지 않고도 투자신탁을 임의해지할 수 있는 경우가 아닌 것은?

① 수익자 전원이 동의하는 경우
② 투자신탁의 등록 취소
③ 공모 · 개방형 펀드로서 설정 후 1년 되는 날의 투자신탁의 원본액이 50억 원 미만인 경우
④ 당해 투자신탁 수익증권 전부에 대한 환매청구를 받아 신탁계약을 해지하고자 하는 경우

해설 | 투자신탁의 등록 취소는 법정해지 사유에 해당한다.

151 다음은 투자신탁의 해지와 관련된 설명이다. ㉠, ㉡에 순서대로 알맞은 말은?

> - 집합투자업자는 투자신탁 해지로 인하여 투자신탁관계가 종료되면 투자신탁재산을 결산하여 (㉠) 과 이익분배금을 수익자에게 지급하여야 한다.
> - 집합투자업자는 투자신탁 해지시점에 미수금 채권 또는 미지급금 채무가 있는 경우에는 해지일에 (㉡)(으)로 양수하여야 한다.

① 상환금, 공정가액   ② 상환금, 시가

③ 수익금, 공정가액   ④ 수익금, 장부가

해설 | 집합투자업자는 투자신탁 해지시점에 미수금 또는 미지급금 채무가 있는 경우에는 해지일에 공정가액으로 양수하여야 한다. 다만, 자전거래를 통해 다른 집합투자기구에서 양수하는것도 가능하다.

152 집합투자기구의 합병에 관한 설명으로 옳지 않은 것은?

① 집합투자기구도 일반 사업법인과 같이 합병할 수 있다.

② 집합투자기구의 합병은 투자신탁과 투자신탁 간 그리고 투자회사와 투자회사 간의 합병만 허용된다.

③ 합병계획서를 작성하여 합병하는 각 투자신탁(투자회사)의 수익자총회(주주총회)의 승인을 얻어야 하며, 합병한 경우 그 사실을 금융위에 보고해야 한다.

④ 합병의 효력발생 시기는 합병하는 각 투자신탁(투자회사)의 수익자총회(주주총회)의 승인을 얻은 때이다.

해설 | 합병의 효력발생 시기는 합병하는 각 투자신탁(투자회사)의 집합투자업자가 금융위에 합병보고를 한 때이다. 합병으로 소멸되는 투자신탁(투자회사)은 합병과 동시에 해지(해산)된 것으로 간주한다.

153 다음은 사모집합투자기구에 관한 설명이다. 빈칸에 들어갈 적절한 숫자를 순서대로 나열하면?

> • 사모집합투자기구란 집합투자증권을 사모로만 발행하는 집합투자기구로서, 기관투자자 등을 제외한 투자자의 총수가 (㉠)인 이하인 것을 말한다.
> • 이 경우 (㉠)인을 산정할 때, 다른 집합투자기구가 그 집합투자기구의 집합투자증권 발행총수의 (㉡)% 이상을 취득하는 경우에는 그 다른 집합투자기구의 투자자의 수를 합하여 산정한다.

① 100, 10   ② 50, 10
③ 49, 20   ④ 50, 20

해설 | 사모집합투자기구란 기관투자자 등을 제외한 투자자의 총수가 100인 이하인 것을 말한다.

154 사모집합투자기구에 대한 설명으로 옳지 않은 것은?

① 자본시장법상 사모펀드는 기관전용 사모펀드와 일반 사모펀드로 구분하고 있다.
② 기관전용 사모펀드는 전문투자자로서 법령에서 정한 자만을 사원으로 하는 사모집합투자기구를 의미한다.
③ 일반 사모펀드는 기관전용 사모펀드를 제외한 사모펀드를 의미한다.
④ 기관전용 사모펀드는 투자합명회사인 사모집합투자기구를 의미한다.

해설 | 기관전용 사모펀드는 투자합자회사인 사모집합투자기구를 의미한다.

155 다음 중 사모집합투자기구에도 적용되는 규제는?

① 투자설명서 제공, 주요내용 설명규제
② 의결권 행사 제한
③ 자산운용보고서 제공
④ 회계감사 수감

해설 | 펀드 편입주식의 의결권 행사 제한 규제는 사모펀드에 적용된다.

156 일반 사모집합투자기구에 대한 설명으로 옳지 않은 것은?

① 일반 사모집합투자업을 영위하려는 자는 금융위원회에 일반 사모집합투자업을 등록하여야 한다.

② 일반 사모집합투자업 등록을 위해서는 10억 원 이상의 자기자본을 갖추어야 한다.

③ 일반 사모집합투자업 등록을 위해서는 상근 임직원인 투자운용인력을 5명 이상 갖추어야 한다.

④ 일반 사모집합투자기구의 투자자는 적격투자자에 한정한다.

해설 | 일반 사모집합투자업 등록을 위하여는 상근 임직원인 투자운용인력을 3명 이상 갖추어야 한다.

157 일반 사모집합투자기구에 대한 설명으로 옳지 않은 것은?

① 일반 사모집합투자기구의 집합투자증권을 판매하는 금융투자업자는 투자자가 적격투자자인지를 확인하여야 한다.

② 일반 사모집합투자기구의 집합투자증권을 투자권유 또는 판매하는 자에게 핵심상품설명서를 제공하여야 한다.

③ 집합투자업자 등은 일반 사모집합투자기구를 설정·설립한 경우 그날로부터 2주일 이내에 금융위원회에 보고하여야 한다.

④ 자본시장법 제81조부터 제83조에 정하는 펀드 운용 관련 제한 규정은 일반 사모집합투자기구에도 적용된다.

해설 | 자본시장법 제81조부터 제83조에 정하는 펀드 운용 관련 제한 규정은 일반 사모집합투자기구에 적용되지 않는다.

158 일반 사모집합투자기구에 대해 적용되는 특례에 대한 설명으로 옳지 않은 것은?

① 자산운용보고서 제공의무는 일반 사모집합투자기구에는 적용되지 않는다.

② 일반 사모집합투자업자는 일반 사모집합투자기구의 파생상품 매매 현황 등을 집합투자재산 총액이 100억 원 이상인 경우에는 매년 12월 31일로부터 1개월 이내에 금융위원회에 보고하여야 한다.

③ 일반 사모집합투자기구에 대해서는 납입수단이나 출자의 방법을 금전으로 제한하지 않는다.

④ 일반 사모집합투자기구의 투자자는 그 집합투자증권을 적격투자자가 아닌 자에게 양도해서는 아니 된다.

해설 | 일반 사모집합투자업자는 일반 사모집합투자기구의 파생상품 매매 현황 등을 집합투자재산 총액이 100억 원 미만인 경우에는 매년 12월 21일로부터 1개월 이내에 금융위원회에 보고하여야 하며, 집합투자재산 총액이 100억 원 이상인 경우에는 매년 6월 30일 및 12월 31일로부터 1개월 이내에 금융위원회에 보고하여야 한다.

159 기관전용 사모집합투자기구에 대한 설명으로 옳지 않은 것은?

① 기관전용 사모집합투자기구의 사원 총수는 50인 미만으로 한다.

② 기관전용 사모집합투자기구의 사원은 1인 이상의 무한책임사원과 1인 이상의 유한책임사원으로 한다.

③ 기관전용 사모집합투자기구의 정관은 총 사원이 기명날인 또는 서명하여야 한다.

④ 기관전용 사모집합투자기구는 설립등기일로부터 2주일 이내에 법정 등기사항 등을 기재한 보고서를 금융위원회에 제출하여야 한다.

해설 | 기관전용 사모집합투자기구의 사원 총수는 100인 이하로 한다.

SECTION 10 | 외국 집합투자증권에 대한 특례

160 외국집합투자기구의 등록에 대한 설명으로 옳지 않은 것은?

① 외국법령에 따라 설립된 외국집합투자증권을 국내에서 판매하려면 해당 외국집합투자기구를 금융위에 등록해야 한다.

② 외국집합투자기구를 금융위에 등록하기 전에 외국집합투자증권을 국내에서 판매할 수 없다. 단, 판매광고는 허용된다.

③ 외국집합투자기구 등록요건은 외국집합투자업자 요건과 외국집합투자증권 요건으로 나누어져 있다.

④ 외국집합투자기구가 등록요건을 갖추지 못하게 된 경우에 금융위는 등록을 취소할 수 있다.

해설 | 외국집합투자기구를 금융위에 등록하기 전에 외국집합투자증권을 국내에서 판매할 수 없으며, 판매광고도 금지된다.

161 외국집합투자기구 등록 시 필요한 외국집합투자업자의 요건으로 옳지 않은 것은?

① 최근 사업연도 말 현재의 자산운용규모가 2조 원 이상일 것

② 국내에서 판매하려는 외국집합투자기구의 종류에 따라 집합투자업 인가업무 단위별 최저자기자본 이상일 것

③ 최근 3년간 본국 또는 국내감독기관으로부터 업무정지 이상에 해당하는 행정처분을 받거나 벌금형 이상에 해당하는 형사처벌을 받은 사실이 없을 것

④ 적격 연락책임자(집합투자업자, 판매회사, 법무법인, 회계법인)을 국내에 둘 것

해설 | 최근 사업연도 말 현재의 자산운용규모가 1조 원 이상이어야 한다.

162 외국집합투자기구 등록 시 필요한 외국집합투자증권 요건으로 옳지 않은 것은?

① OECD 가맹국(속령 제외), 홍콩, 싱가포르 법률에 의하여 발행될 것

② 보수 · 수수료 등 투자자가 부담하는 비용에 관한 사항이 명확히 규정되어 있고 국제관례에 비추어 지나치게 낮은 금액이 아닐 것

③ 투자자의 요구에 따라 직 · 간접적으로 환매 등의 방법으로 투자금액 회수가 가능할 것

④ 기타 금융위가 정하는 요건을 갖출 것

해설 | 보수 · 수수료 등 투자자가 부담하는 비용에 관한 사항이 명확히 규정되어 있고 국제관례에 비추어 지나치게 높은 금액이 아니어야 한다.

PART
01

PART
02

PART
03

PART
04

PART
05

163 외국집합투자증권의 국내 판매방법 등에 관한 설명으로 옳지 않은 것은?

① 외국집합투자증권은 판매회사를 통해 판매해야 한다. 그리고 외국집합투자증권을 공모하고자 하는 경우에는 금융위에 증권신고서를 제출해야 한다.

② 외국집합투자증권 투자를 권유하는 경우에는 외국집합투자증권의 가격변동뿐만 아니라 통화가치의 변동에 따라서도 손실이 발생할 수 있다는 사실 등 투자유의사항을 서면에 의한 방법으로 교부하고 이를 서명 등의 방법으로 확인하여야 한다.

③ 외국집합투자증권의 매매거래계약의 체결은 금융투자업자가 만든 개별약관에 따라야 한다.

④ 외국집합투자업자는 자산운용보고서를 작성하여 3개월마다 1회 이상 투자자에게 제공해야 한다.

해설 | 외국집합투자증권의 매매거래계약의 체결은 금융투자협회가 제정하는 외국집합투자증권 매매거래에 관한 표준약관에 따라야 한다. 또한 외국집합투자업자는 국내에서 판매하는 외국집합투자증권의 기준가격을 국내 판매회사 본 · 지점에 매일 공고 · 게시해야 한다.

164 외국집합투자증권에 대한 설명으로 옳은 것은?

① 외국집합투자업자 또는 외국투자회사 등은 국내에서 판매하는 외국집합투자증권의 기준가격을 공고 · 게시하지 않아도 된다.

② 외국집합투자업자는 외국집합투자증권의 국내판매현황을 매월 말일 기준으로 다음 달 20일까지 판매회사를 통하여 금융감독원장 및 금융투자협회에 보고해야 한다.

③ 금융투자협회는 외국집합투자업자 또는 외국투자회사 등에 대해 해당 외국집합투자재산의 공시 등 필요한 조치를 명할 수 있다.

④ 금융위는 외국집합투자업자 또는 외국투자회사 등에 대해 검사를 할 수 없다.

해설 | ① 외국집합투자업자 또는 외국투자회사 등은 국내에서 판매하는 외국집합투자증권의 기준가격을 판매회사의 본 · 지점에 매일 공고 · 게시해야 한다.
③ 금융위가 외국집합투자업자 또는 외국투자회사 등에 대해 해당 외국집합투자재산의 공시 등 필요한 조치를 명할 수 있다.
④ 금융위는 외국집합투자업자 또는 외국투자회사 등에 대해 검사를 할 수 있다.

금융소비자보호법

1. 제정 배경

① 2008년 국내외 금융위기 등을 겪으면서 금융소비자의 권익을 신장함과 동시에 금융산업에 대한 국민적 신뢰 제고를 위한 통합적이고 집약적인 금융규제체계를 마련

② 기존의 은행법, 자본시장법, 보험업법 등 개별 금융업 법령에 산재된 금융소비자 보호 규제를 통합하여 규율하는 법률(시행일 2021.3.25.)

2. 금융소비자의 정의

① 금융소비자 : 금융거래의 상대방으로서 금융업자와 금융상품을 거래하는 당사자(광의)

※ 거래단계나 형태에 따라 거래당사자, 고객, 투자자, 예금자, 보험계약자 등이 사용

② 금융소비자 보호의 대상으로서의 금융소비자는 전문금융소비자와 구분하여 일반금융소비자로 협의의 정의를 적용

③ 특정 소비자군에 대해서는 취약소비자로 별도 정의하고, 보다 적극적인 보호를 제공

3. 금융소비자보호법 시행 후 주요 제도 변화 – 금융소비자

구분	제도	금소법 제정 전	금소법 제정 후
신설된 권리	청약철회권 (청약철회 시 소비자 지급금액 반환)	투자자문업, 보험	일부 상품에 한정 (단위형 고난도펀드 등)
	위법계약해지권	없음	일부 상품에 한정 (계속적 계약+해지 시 재산상 불이익 발생)
	자료열람요구권	금융투자업	소송, 분쟁조정 시 자료 열람 요구 가능
사후 구제	소액분쟁 시 금융회사의 분쟁조정 이탈 금지	없음	신설
	분쟁조정 중 소 제기 시 법원의 소송 중지		
	손해배상 입증책임 전환		설명의무 위반 시 고의·과실 존부 입증에 적용
	판매제한명령		재산상 현저한 피해 우려가 명백한 경우 발동

4. 금융소비자보호법 시행 후 주요 제도 변화 – 금융회사 등

구분	제도	금소법 제정 전	금소법 제정 후
사전 규제	6대 판매규제	자본시장법 등 일부 금융업법	원칙적으로 모든 금융상품
	소비자보호 관련 내부통제	법령상 규율 없음	기준 마련 의무 부과
사후 제재	금전적 제재	과태료 최대 5천만 원	징벌적 과징금 신설 과태료 **최대 5천만 원**
	형벌	3년 이하 징역, 1억 원 이하 벌금	**5년** 이하 징역, **2억 원** 이하 벌금

5. 금융소비자법의 내용상 주요 체계 – 금융상품

① 동일기능 · 동일규제 원칙이 적용될 수 있도록 금융상품 및 판매업 등의 유형을 재분류
② 모든 금융상품과 서비스를 투자성 · 예금성 · 보장성 · 대출성 상품으로 분류

Tip 금융상품 구분

구분	개념	대상
투자성	자본시장법상 금융투자상품 및 이와 유사한 것으로서 대통령령으로 정하는 것	펀드 등 금융투자상품, 신탁계약, 투자일임계약
예금성	은행법상 예금 및 이와 유사한 것으로서 대통령령으로 정하는 것	예 · 적금
보장성	보험업법상 보험상품 및 이와 유사한 것으로서 대통령령으로 정하는 것	보험상품 등
대출성	은행법상 대출 및 이와 유사한 것으로서 대통령령으로 정하는 것	대출상품, 신용카드 등

6. 금융소비자법의 내용상 주요 체계 – 금융상품 – 금융상품판매업자 등

① 금융상품직접판매업자(금융회사), 금융상품판매대리 · 중개업자, 금융상품자문업자로 분류
② 자본시장법상 집합투자업자도 직접판매업을 영위하는 경우에는 금융상품직접판매업자에 해당

Tip 금융상품판매업자 등 구분

구분	개념	대상(예시)
직접 판매업자	자신이 직접 계약의 상대방으로서 금융상품에 관한 계약체결을 영업으로 하는 자 ※ 투자성 상품의 경우 자본시장법에 따라 투자중개업자를 포함	금융투자업자(증권회사 · 선물회사 등) 및 겸영금융투자업자 • 은행, 보험, 저축은행 등 • 신협중앙회 공제사업부문, P2P사업자, 대부업자, 증권금융 등 • 신용협동조합 등
판매대리 · 중개업자	금융회사와 금융소비자의 중간에서 금융상품 판매를 중개하거나 금융회사의 위탁을 받아 판매를 대리하는 자	투자권유대행인, 보험설계사, 보험중개사, 보험대리점, 카드모집인, 대출모집인 등
자문업자	금융소비자가 본인에게 적합한 상품을 구매할 수 있도록 자문을 제공	• 투자자문업자(자본시장법) • 독립자문업자(금소법)

7. 6대 판매원칙

판매원칙	주요내용
적합성 원칙	• 판매업자 등은 일반금융소비자의 재산상황, 금융상품 취득·처분 경험 등에 비추어 부적합한 금융상품 계약체결의 권유를 할 수 없음 • 과거 금융투자상품 및 변액보험에만 도입되어 있었으나, 대출성 상품, 보장성 상품 등으로 적용 확대
적정성 원칙	• 일반금융소비자가 자발적으로 구매하려는 금융상품이 소비자의 재산 등에 비추어 부적정할 경우 이를 고지·확인 • 과거 파생상품, 파생결합증권 등에 대해서만 도입되어 있었으나 대출성 상품과 보장성 상품으로 확대
설명의무	금융상품 계약 체결을 권유하거나 일반금융소비자가 설명을 요청시 상품의 중요한 사항을 일반금융소비자가 이해할 수 있도록 설명
불공정영업행위	판매업자 등이 금융상품 판매 시 우월적 지위를 이용하여 금융소비자의 권익을 침해하는 행위 금지 • 대출과 관련하여 다른 금융상품 계약을 체결하는 강요하는 행위 • 대출과 관련하여 부당한 담보를 요구하는 행위 • 대출과 관련하여 제3자의 연대보증을 요구하는 행위 • 업무와 관련하여 편익을 요구하는 행위 • 연계·제휴서비스를 부당하게 축소·변경하는 행위 등 ※ 대출성 상품과 관련하여 대출 실행 후 3년 경과 시 중도상환수수료 부과도 금지 대상 : 전 판매채널(직접판매, 대리·중개, 자문)에 적용
부당권유금지	판매업자 등이 금융상품 계약 체결의 권유 시 금융소비자가 오인할 수 있는 허위 사실 등을 알리는 행위 금지 • 불확실한 사항에 대한 단정적인 판단을 제공하거나 불확실하다고 오인하게 할 소지가 있는 내용을 알리는 행위 • 금융상품의 내용 사실과 다르게 알리는 행위 • 금융상품의 가치에 중대한 영향을 미치는 사항을 알리지 않는 행위 • 금융상품 내용의 일부에 대하여 비교대상 및 기준을 밝히지 아니하거나 객관적 근거 없이 금융상품을 비교하는 행위 • 내부통제기준에 따른 직무수행 교육을 받지 않은 자에게 계약체결 권유와 관련된 업무를 하게 하는 행위 등
광고규제	판매업자 등이 금융상품 또는 판매업자 등의 업무에 관한 광고 시 필수적으로 포함해야 하는 사항과 금지행위 등을 금융소비자법에 규정 ※ 필수 포함사항 • 금융상품 설명서 및 약관을 읽어볼 것을 권유하는 내용 • 금융상품판매업자 등의 명칭, 금융상품의 내용 • 보장성 상품 : 보험료 인상 및 보장내용 변경 가능 여부 • 투자성 상품 : 운용실적이 미래수익률을 보장하지 않는다는 사항 등 ※ 금지행위 • 보장성 상품 : 보장한도, 면책사항 등을 누락하거나 충분히 고지하지 않는 행위 • 투자성 상품 : 손실보전 또는 이익보장이 되는 것으로 오인하게 하는 행위 • 대출성 상품 : 대출이자를 일 단위로 표시하여 저렴한 것으로 오인하게 하는 행위

8. 적합성 원칙

절차	• 금융소비자가 일반금융소비자인지 전문금융소비자인지 확인 • 면담 · 질문 등을 통하여 일반금융소비자의 금융상품 취득 또는 처분의 목적, 재산상황, 취득 또는 처분 경험 등의 정보를 고려한 투자성향 파악 • 투자성향에 적합하지 아니하다고 인정되는 때에는 계약체결 권유 금지 • 파악된 정보 등은 일반금융소비자의 확인을 받아 유지 · 관리하며, 확인받은 내용을 일반금융소비자에게 지체 없이 제공 • 계약체결의 권유가 있는 경우에만 적용
적용대상	모든 투자성 상품(온라인소액투자중개대상증권, 연계투자계약 등 제외)
적용특례	• 일반 사모펀드 판매 시에는 원칙적으로 적합성 원칙 적용 면제되지만 적격투자자 중 일반금융소비자가 요청 시 적합성 원칙 적용 ※ 요청 방법 : ㉠ 서면 교부, ㉡ 우편 또는 전자우편, ㉢ 전화 또는 팩스, ㉣ 휴대전화 문자서비스 또는 이에 준하는 전자적 의사표시 방법 • 금융판매업자 등도 일반금융소비자에게 적합성 원칙을 적용받을 수 있다는 사실을 계약체결의 권유를 하기 전에 서면, 전자우편 등의 방법으로 미리 고지

> **Tip** 금융상품별 파악해야 하는 일반금융소비자 정보 내용

투자성 상품	대출성 상품
• 금융상품 취득 · 처분 목적 • 재산상황(부채를 포함한 자산 및 소득에 관한 사항) • 금융상품의 취득 · 처분 경험 • 소비자의 연령 • 금융상품에 대한 이해도 • 기대이익(손실) 등을 고려한 위험에 대한 태도	• 재산상황(부채를 포함한 자산 및 소득에 관한 사항) • 신용 및 변제계획 • 소비자의 연령 • 계약체결의 목적(대출에 한정)

9. 적정성 원칙

절차	• 위험성이 높은 투자성 상품 또는 대출성 상품에 대해 계약체결의 권유가 없는 경우에도 해당 일반금융소비자의 적정성 여부를 확인하고 알려야 함(일반금융소비자 보호 강화) • 면담 · 질문 등을 통하여 일반금융소비자의 금융상품 취득 또는 처분의 목적, 재산상황, 취득 또는 처분 경험 등의 정보를 고려한 투자성향 파악 • 적정성 판단기준에 따라 해당 상품이 해당 일반금융소비자에게 적정하지 않다고 판단되는 경우 이를 일반금융소비자에게 알리고 확인받아야 함 • 적정성 판단 결과와 그 이유를 기재한 서류 및 상품설명서를 함께 제공 • 계약체결의 권유가 없이 소비자가 자발적으로 계약체결 의사를 밝힌 경우에도 적용
적용대상	• 투자성 상품 • 대출성 상품(신용거래융자 · 신용대주, 증권담보대출, 청약자금대출 등 신용공여 상품)
적용특례	• 일반 사모펀드 판매 시에는 원칙적으로 적합성 원칙의 적용이 면제되지만 적격투자자 중 일반금융소비자가 요청 시 적합성 원칙 적용 ※ 요청 방법 : ㉠ 서면 교부, ㉡ 우편 또는 전자우편, ㉢ 전화 또는 팩스, ㉣ 휴대전화 문자서비스 또는 이에 준하는 전자적 의사표시 방법 • 금융판매업자 등도 일반금융소비자에게 적합성 원칙을 적용받을 수 있다는 사실을 계약체결의 권유를 하기 전에 서면, 전자우편 등의 방법으로 미리 고지

구분	대상상품
투자성 상품	• 파생상품 • 파생결합증권 • 고난도금융투자상품, 고난도금전신탁계약, 고난도투자일임계약 • 파생형 집합투자증권 • 집합투자재산의 50%를 초과하여 파생결합증권에 운용하는 집합투자기구의 집합투자증권 등
대출성 상품	신용공여(신용거래융자, 신용거래대주, 증권담보융자) 등 대출성 상품

10. 설명의무

개요	• 일반금융소비자에게 계약을 체결을 권유하거나 일반금융소비자가 요청하는 경우 금융상품에 관한 중요한 사항을 이해할 수 있도록 설명(전문금융소비자는 설명의무 면제) • 본인이 아닌 대리인에게 설명하는 경우 : 전문금융소비자 여부는 본인 기준으로 판단, 설명의무 이행 여부는 대리인 기준으로 판단
설명사항	일반금융소비자가 원하는 경우 중요 사항 중 특정 사항만을 설명

설명서	• 금소법에서는 금융소비자의 의사와 관계없이 설명서 교부 의무 부과
	• 교부방법 : 서면, 우편 또는 전자우편 외에 휴대전화 문자메시지 또는 이에 준하는 전자적 의사표시(금소법 추가)
	• 자본시장법 : 공모집합투자증권의 투자설명서 또는 간이설명서, 사모집합투자증권의 핵심상품설명서 및 고난도 금융투자상품 · 고난도 투자일임계약 · 고난도 금전신탁계약에 대한 요약설명서의 경우 투자자가 원치 않으면 미교부
	• 금소법상 설명서 미교부
	  − 기존 계약과 동일한 내용으로 계약을 갱신하는 경우
	  − 기본계약을 체결하고 그 체결내용에 따라 계속적 · 반복적으로 거래를 하는 경우

구분		설명서		고난도 금융투자상품
공모	집합증권투자 증권 외	투자설명서	금소법상 설명서	요약설명서
	집합투자증권	투자설명서 또는 간이투자설명서		
기타	사모펀드	사모펀드 핵심설명서	금소법상 설명서	−
	일임, 신탁	금소법상 설명서		고난도 상품에 대한 요약설명서

• 자본시장법상 투자설명서 또는 간이투자설명서에 기재된 내용은 금소법상 설명서에서 제외 가능
• 공모펀드의 경우 간이투자설명서 교부 시, 사모펀드의 경우에는 핵심상품설명서 제공 시에는 고난도 상품 요약설명서 교부의무 면제

11. 불공정영업행위

개요	• 금융상품 판매 시 우월적 지위를 이용하여 부당한 금융상품 거래를 유발시키는 등 금융소비자의 권익침해를 제한하는 행위 • 주로 대출성 상품과 관련된 규제
적용대상	금융소비자(일반금융소비자, 전문금융소비자 모두 해당)
불건전영업행위 유형	• 대출과 관련하여 다른 금융상품 계약을 체결하는 강요하는 행위 • 대출과 관련하여 부당한 담보를 요구하는 행위 • 대출과 관련하여 제3자의 연대보증을 요구하는 행위 • 업무와 관련하여 편익을 요구하는 행위 • 연계 · 제휴서비스를 부당하게 축소 · 변경하는 행위 등
투자성 상품 관련 유의해야 하는 불공정영업행위 유형	• 금융소비자에게 제3자의 명의를 사용하여 다른 금융상품(투자성 상품, 보장성 상품 등)의 계약을 체결할 것을 강요하는 행위 • 금융소비자에게 다른 금융상품직접판매업자를 통해 다른 금융상품에 관한 계약을 체결할 것을 강요하는 행위 • 금융소비자가 중소기업인 경우 그 대표자 또는 관계인에게 다른 금융상품의 계약체결을 강요하는 행위 ※ 관계인 : 중소기업의 대표자 · 임원 · 직원 및 그 가족(민법상 배우자 및 직계혈족) • 대출성 상품에 관한 계약을 체결하고 최초로 이행된 전 · 후 <u>1개월</u> 내에 다른 금융상품에 대한 계약체결을 하는 행위(꺾기 규제)

Tip 금융상품 꺾기 규제

판매제한 금융상품	취약차주	그 밖의 차주 (투자성 상품의 경우 개인에 한정)
일부 투자성 상품 (펀드, 금전신탁, 일임계약에 한정)	금지	<u>1%</u> 초과 금지
보장성 상품	금지	<u>1%</u> 초과 금지
예금성 상품	<u>1%</u> 초과 금지	규제 없음

※ 취약차주 : 중소기업 및 그 기업의 대표자, 개인신용평점이 하위 10%에 해당하는 사람, 피성년후견인 또는 피한정후견인

12. 부당권유행위 금지

개요	금융상품 계약의 체결을 권유할 때 금융소비자가 오인할 우려가 있는 허위의 사실, 단정적인 판단 등을 제공하여 금융소비자의 올바른 판단 형성에 방해를 주는 행위
적용대상	금융소비자(일반금융소비자 및 금융전문소비자)
부당권유행위 유형	• 불확실한 사항에 대한 단정적인 판단을 제공하거나 불확실하다고 오인하게 할 소지가 있는 내용을 알리는 행위 • 금융상품의 내용 사실과 다르게 알리는 행위 • 금융상품의 가치에 중대한 영향을 미치는 사항을 알리지 않는 행위 • 금융상품 내용의 일부에 대하여 비교대상 및 기준을 밝히지 아니하거나 객관적 근거 없이 금융상품을 비교하는 행위 • 내부통제기준에 따른 직무수행 교육을 받지 않은 자에게 계약체결 권유와 관련된 업무를 하게 하는 행위 등

투자성 상품 관련 유의해야 하는 불공정영업행위 유형	• 금융소비자로부터 계약의 체결권유를 해줄 것을 요청받지 않고 방문 · 전화 등 실시간 대화의 방법을 이용하는 행위(불초청 권유 금지)
	• 계약의 체결권유를 받은 금융소비자가 이를 거부하는 의사를 표시하였는데도 계약의 체결권유를 계속하는 행위(재권유 금지)
	※ 재권유 금지 예외
	  − 거부하는 의사를 표시한 후 <u>1개월</u>이 지난 경우
	  − 다른 유형의 투자성 상품

13. 광고규제

개요	금융상품 또는 금융상품판매업자의 업무에 관한 광고 시 필수 포함사항 및 금지행위 등을 규정하고 광고주체를 제한하는 등의 규제로 허위 · 과장광고로부터 금융소비자를 보호
광고 포함사항	• 금융상품 설명서 및 약관을 읽어볼 것 • 금융상품의 명칭, 수수료, 투자에 따른 위험 • 과거 운용실적을 포함하는 경우에는 그 운용실적이 미래의 수익률을 보장하지 않는다는 사실 • 금융상품의 이자, 수익 지급시기 및 지급제한 사유
광고 금지사항	• 손실보전 또는 이익보장이 되는 것으로 오인하게 하는 행위 • 수익률이나 운용실적을 표시하는 경우 수익률이나 운용실적이 좋은 기간의 수익률이나 운용실적만을 표시하는 경우

14. 금융소비자 권익강화 제도

계약서류 제공의무	• 금융상품직접판매업자 및 금융상품자문업자는 계약을 체결하는 경우 금융소비자에게 지체 없이 교부 • 계약서류 : ㉠ 금융상품 계약서, ㉡ 금융상품의 약관, ㉢ 금융상품 설명서(금융상품판매업자만 해당) • 제공방법 : 서면교부, 우편 또는 전자우편, 휴대전화 문자메시지 또는 이에 준하는 전자적 의사표시

자료의 기록 및 유지 · 관리 등	• 유지 · 관리 기간 : 원칙적으로 <u>10년</u>(내부통제기준의 제정 및 운영 등에 관한 자료는 <u>5년</u>)
	• 열람요구 : 분쟁조정 또는 소송 수행을 위하여 요구 가능
	• 열람제공 : 자료열람을 요구받은 날로부터 8일 이내
	• 열람제한
	  − 법령에 따라 열람을 제한하거나 거절할 수 있는 경우
	  − 다른 사람의 생명 · 신체를 해할 우려가 있거나 다른 사람의 재산과 이익을 부당하게 침해할 우려가 있는 경우
	  − 해당 금융회사의 영업비밀이 현저히 침해될 우려가 있는 경우
	  − 열람하려는 자료가 열람목적과 관련이 없다는 사실이 명백한 경우

청약의 철회	• 일반금융소비자는 투자성 상품 중 청약철회가 가능한 상품에 한하여 다음의 어느 하나에 해당되는 날로부터 <u>7일</u> 내에 청약 철회 가능
	  − 계약서류를 받은 날
	  − 계약체결일
	  ※ 대출성 상품은 <u>14일</u> 내 청약 철회 가능
	• 청약철회가 가능한 투자성 상품
	  − 고난도금융투자상품
	  − 과난도투자일임계약, 고난도금전신탁계약
	  − 비금전신탁

금융분쟁의 조정	• 금융소비자 및 이해관계인은 금융과 관련하여 분쟁이 있을 때에는 금융감독원장에게 분쟁조정을 신청(당사자가 조정안 수락 시 재판상 화해와 동일한 효과) • 시효중단 효과 : 분쟁조정이 신청된 경우 시효중단 효력 발생 • 분쟁조정 관련 주요 신규제도 　－ 소송중지제도 : 분쟁조정 신청 전 · 후에 소가 제기되면, 법원은 조정이 있을 때까지 소송절차 중지 　－ 소액사건 조정이탈금지제도 : 금융회사는 일반금융소비자가 신청한 소액(권리가액 **2천만 원** 이내)분쟁 사건에 대해 조정안 제시 전까지 소 제기 불가 　－ 분쟁조정위원회 객관성 확보
손해배상책임	• 금융소비자의 입증책임을 완화하고 금융상품판매대리 · 중개업자와 관련된 손해에 대해서 금융상품직접판매업자에게도 손해배상책임 부과함으로써 금융소비자 보호에 대한 실효성 제고 • 입증책임의 전환 : 설명의무를 위반하여 금융소비자에게 손해를 입힌 경우에 금융상품판매업자에게 손해배상책임 부과 • 금융상품직접판매업자의 사용자책임 : 금융상품판매대리 · 중개업자 등이 판매과정에서 소비자에게 손해를 발생시킨 경우, 금융상품직접판매업자에게도 손해배상책임 부과

PART 01

PART 02

PART 03

PART 04

PART 05

15. 판매원칙 위반 시 제재 강화

위법계약 해지권	• 금융소비자가 5대 판매규제를 위반한 계약에 대해 일정 기간 내에 해당 계약을 해지할 수 있는 권리로 금융상품판매업자 등이 금융소비자의 해지요구를 수락하거나 금융소비자가 금융소비자법에 따라 해지하는 경우, 해당 계약은 장래에 대하여 효력 상실 ※ 5대 판매규제 : 적합성 원칙, 적정성 원칙, 설명의무, 불공정영업행위금지, 부당권유금지(**광고규제 위반은 제외**) • 해지요구 기간 : 계약체결일로부터 **5년** 이내(금융소비자가 위법사실을 인지한 경우에는 위법사실을 안 날로부터 **1년**) • 금융소비자의 해지요구권 등에 따라 해당 계약이 종료된 경우 금융상품판매업자 등은 금융소비자에게 해지 관련 비용(수수료, 위약금 등) 요구 금지
판매제한명령	• 금융상품의 판매과정에서 소비자 피해가 가시화되거나 확대되는 것을 미연에 방지하여 소비자 피해 최소화 • 발동요건 : 금융소비자의 재산상 현저한 피해가 발생할 우려가 있다고 명백히 인정되는 경우 • 명령권 행사절차 : 사전고지 → 의견제출 → 대외공시 • 판매제한 · 금지명령 제한 : 금융소비자의 재산상 피해발생 우려를 제거하거나 신규 판매행위를 중단한 경우(홈페이지에 게시)
징벌적 과징금	• 위법행위로 인해 발생한 수입의 환수 등을 통해 위법행위 의욕을 사전에 제거하는 등 규제의 실효성 확보 • 금융상품직접판매업자 또는 금융상품자문업자가 주요 판매원칙을 위반할 경우 위반행위로 인한 수입 등의 **50%**까지 부과 • 적용 대상 : 설명의무 위반, 불공정영업행위, 부당권유행위, 광고규제 등(적합성의 원칙, 적정성의 원칙은 징벌적 과징금 대상 아님) • 부과 대상 : 금융상품직접판매업자 또는 금융상품자문업자
과태료	• 위반행위 유형별로 과태료 상한액을 규정 • 부과사유 : 6대 판매원칙 위반, 내부통제기준 미수립, 계약서류 제공의무 위반(적합성 · 적정성 원칙 위반행위에 대해 과태료 **3천만 원** 부과 규정 신설) • 과태료 부과대상을 '위반한 자'로 규정하여, 과징금과 달리 금융상품대리 · 중개업자도 직접 부과 가능

구분	과징금	과태료	
부과 목적	부당이득 환수로 징벌적 목적	의무위반에 부과(행정처분)	
부과 대상	• 금융상품직접판매업자(원칙적으로 소속 임 직원, 대리 · 중개업자 위반행위 시에도 책임) • 금융상품자문업자	규정위반자(부과대상 제한 없음)	
부과 사유	• 설명의무 위반 • 불공정영업행위금지 위반 • 부당권유금지 위반 • 광고규제 위반	_1억 원_	• 설명의무 위반 • 불공정영업행위금지 위반 • 부당권유금지 위반 • 광고규제 위반 • 내부통제기준 미수립 • 계약서류제공의무 위반 • 자문업자 영업행위준칙 마련 • 자료유지의무 위반 • 검사거부 · 방해 · 기피
법정 한도액	업무정지처분에 갈음한 과징금의 경우 → 업무정지기간(_6월 내_) 동안 얻을 이익	_3천만 원_	• 적합성 · 적정성 원칙 위반 • 판매대리 · 중개업자 금지의무 및 고지 의무 위반
		_1천만 원_	변동보고의무 위반

CHAPTER 02

출제예상문제

01 금융소비자보호법에서 규정하고 있는 소비자보호장치가 아닌 것은?

① 위법계약해지권   ② 소액사건 분쟁조정이탈금지

③ 징벌적 과징금   ④ 손해배상금액 추정

해설 | 손해배상금액 추정 조항은 자본시장법에 규정되어 있고 금융소비자보호에 관한 법률에는 설명의무 위반에 대하여 고의 또는 과실이 없음을 금융상품판매업자 등에게 지우는 입증책임의전환 조항이 신설되어 있다.

02 금융소비자보호법상 금융상품의 구분으로 옳지 않은 것은?

① 투자성   ② 예금성

③ 여신성   ④ 보장성

해설 | 금융소비자보호법상 금융상품은 투자성, 예금성, 보장성, 대출성 4가지로 구분된다.

03 투자성 상품 중 청약철회권이 적용되지 않는 상품은 무엇인가?

① 파생결합증권   ② 고난도 투자일임계약

③ 고난도 금전신탁계약   ④ 부동산투자신탁

해설 | 금융소비자보호에 관한 법률상 청약철회권 적용대상 상품은 투자일임계약, 고난도 금전신탁계약, 비금전신탁계약 그리고 일정 기간에만 모집하고 그 기간이 종료된 후에 집합투자를 실시하는 고난도 금융투자상품(단위형 펀드 : ELF, DLF 등)이므로 파생결합증권은 해당하지 않는다.

04 금융소비자법에 대한 내용으로 옳지 않은 것은?

① 자본시장법상의 투자권유대행인은 금융소비자보호법상 금융상품판매대리·중개업자에 해당한다.

② 금융소지자가 자발적으로 구매하려는 금융상품이 소비자의 재산 등에 비추어 부적절할 경우 이를 고지하고 확인을 받는 것은 적정성의 원칙이다.

③ 금융소비자보호법은 금융상품을 보장성 상품, 투자성 상품, 예금성 상품, 대출성 상품의 4가지로 분류한다.

④ 적정성의 원칙은 보장성 상품, 투자성 상품, 대출성 상품을 대상으로 적용한다.

해설 | 보장성 상품, 투자성 상품, 대출성 상품을 대상으로 적용하는 원칙은 적합성의 원칙이다.

05 금융소비자보호법에 따른 전문금융소비자의 내용과 다른 것은?

① 국가, 한국은행, 금융회사를 제외한 주권상장법인 등은 장외파생상품 거래 시 전문금융소비자와 같은 대우를 받겠다는 의사를 회사에 서면통지한 경우에 전문금융소비자 대우를 한다.

② 투자권유대행인은 투자성 상품과 관련하여 전문금융소비자이다.

③ 대출성 상품의 경우 상시근로자 10인 이상 법인도 전문금융소비자이다.

④ 대부업자는 대출성 상품에는 전문금융소비자이지만 투자성 상품에는 일반금융소비자이다.

해설 | 금융소비자보호법상 대부업자는 대출성 상품, 투자성 상품, 보장성 상품에 대하여 전문금융소비자로 분류된다.

06 다음 중 전문금융소비자의 분류에 대한 설명으로 옳지 않은 것은?

① 금융소비자법은 현행 자본시장법상 전문투자자 범위를 기본 토대로 전문금융소비자 범위를 정하되 투자성·보장성·대출성·예금성 상품의 개별 특성을 감안하여 전문금융소비자 범위를 보완하는 방법으로 규정하였다.

② 장외파생상품 거래의 경우 주권상장법인은 일반금융소비자로 대우받다가 전문금융소비자와 같은 대우를 받겠다는 의사를 서면으로 표시하면 전문금융소비자로 취급할 수 있다.

③ 판매대리·중개업자의 경우 투자성 상품만 제외하고 각각 상품별로 전문금융소비자로 포함되었다.

④ 대부업자의 경우에는 예금성 상품을 제외하고 투자성 상품, 보장성 상품, 대출성 상품에서 모두 전문금융소비자로 신규 포함되었다.

해설 | 판매대리·중개업자의 경우 예금성 상품만 제외하고 각각 상품별로 전문금융소비자로 포함되었다.

07 금융소비자보호법상 금융상품판매 6대 원칙이 아닌 것은?

① 적합성 원칙　　　　　　　　　　　② 충실의무
③ 붕공정영업행위 금지　　　　　　　　④ 설명의무

해설 | 금융소비자보호법상 금융상품판매 6대 원칙은 적합성 원칙, 적정성 원칙, 설명의무, 불공정영업행위 금지, 부당권유행위 금지, 광고규제 등이 있다.

08 금융소비자보호법상 금융상품판매 6대 원칙에 대한 설명 중 옳지 않은 것은?

① 적합성 원칙, 적정성 원칙, 설명의무는 일반금융소비자만을 대상으로 한다.
② 적합성 원칙은 과거 금융투자상품 및 변액보험에만 적용되었으나 대출성 상품 및 보장성 상품으로 적용이 확대되었다.
③ 적정성 원칙은 파생상품, 파생결합증권 등에 대해서만 도입되어 있었으나 대출성 상품과 일부 보장성 상품으로 확대되었다.
④ 판매업자 등이 금융상품 판매 시 우월적 지위를 이용하여 금융소비자의 권익을 침해하는 행위는 부당권유행위 금지에 해당한다.

해설 | 판매업자 등이 금융상품 판매 시 우월적 지위를 이용하여 금융소비자의 권익을 침해하는 행위는 불공정영업행위 금지에 해당한다.

09 다음 중 금융소비자보호법 제20조에 규정되어 있는 불공정영업행위에 속하지 않는 것은?

① 대출과 관련하여 다른 금융상품 계약을 강요하는 행위
② 대출과 관련하여 부당한 담보를 요구하는 행위
③ 불확실한 사항에 대해 단정적 판단을 제공하는 행위
④ 업무와 관련하여 편익을 요구하는 행위

해설 | **불공정영업행위 유형**
- 대출과 관련하여 다른 금융상품 계약을 강요하는 행위
- 대출과 관련하여 부당한 담보를 요구하는 행위
- 업무와 관련하여 편익을 요구하는 행위
- 연계 · 제휴서비스를 부당하게 축소 · 변경하는 행위

10 금융소비자보호법에서 정하고 있는 부당권유행위 금지와 관련한 내용이 틀린 것은?

① 증권에 대해서도 금융소비자로부터 요청받지 아니하고 방문 또는 전화 등 실시간 대화의 방법으로 계약의 권유를 할 수 없다.

② 보호받을 수 있는 대상은 일반금융소비자와 전문금융소비자이다.

③ 적합성 원칙을 적용받지 않고 권유하기 위해 일반금융소비자로부터 투자권유 불원 의사를 서면 등으로 받는 행위를 하여서는 아니 된다.

④ 투자성 상품에 관한 계약체결을 권유하면서 일반금융소비자가 요청하지 않은 다른 대출성 상품을 안내하거나 관련정보를 제공해서는 아니 된다.

해설 | 금융소비자보호법에도 과거 자본시장법과 동일하게 증권 또는 장내파생상품은 불초청권유금지 조항에 대한 적용이 예외된다(불초청권유 : 금융소비자로부터 계약의 체결권유를 해줄 것을 요청받지 아니하고 방문 · 전화 등 실시간 대화의 방법으로 권유하는 행위).

11 금융소비자보호법에서 정하고 있는 내용과 상이한 것은?

① 청약철회에 대한 특약으로 투자자에게 불리한 것은 무효이다.

② 위법계약해지의 효력은 소급하여 무효이다.

③ 금융소비자의 자료열람요구에도 법령이 정한 경우 또는 다른 사람의 생명 · 신체를 해칠 우려가 있는 등의 사유가 있을 때는 제한할 수 있다.

④ 금융감독원 분쟁조정위원회의 회의 시 구성위원은 소비자 단체와 금융업권 추천위원이 각각 동수(同數)로 지명된다.

해설 | 금융소비자보호법상 위법계약해지권의 도입 취지는 해지수수료 등의 불이익이 없이 위법한 계약으로부터 신속하게 탈퇴할 수 있는 기회를 부여하고 이후에 손해배상 등의 책임을 물을 수 있기 때문에 위법계약해지는 장래에 대해서만 효력이 있다.

12 금융소비자보호법에 따라 방문판매원 등이 금융소비자에게 미리 사전안내하고 해당 금융소비자가 응한 경우 방문(전화권유)판매를 할 수 있으나 투자성 상품 및 금융소비자 유형별로는 방문판매원 등의 사전연락이 금지된 경우도 있다. 사전연락 금지에 대한 기술이 잘못된 것은?

① 고난도금융투자상품 대상 방문판매 목적으로 일반금융소비자에게 사전연락을 할 수 없다.

② 전문금융소비자에게는 장내파생상품을 방문판매하기 위하여 사전연락을 할 수 있다.

③ 장외파생상품을 방문판매하기 위하여 일반금융소비자에게 사전연락을 할 수 없다.

④ 장외파생상품을 방문판매하기 위하여 전문금융소비자에게 사전연락을 할 수 있다.

해설 | 장외파생상품의 경우에는 일반금융소비자든 전문금융소비자든 구분 없이 방문판매원 등이 먼저 금융소비자에게 연락해서 방문판매의 뜻을 전달하는 것이 금지되어 있다.

13 다음 중 부당권유행위에 속하지 않는 것은?

① 불확실한 사항에 대해 단정적 판단을 제공하는 행위

② 금융상품의 내용을 사실과 다르게 알리는 행위

③ 금융상품의 가치에 중대한 영향을 미치는 사항을 알리지 않는 행위

④ 대출과 관련하여 다른 금융상품 계약을 강요하는 행위

해설 | ④는 불공정영업행위 유형이다. ①~③ 외에도 객관적 근거 없이 금융상품을 비교하는 행위 등이 부당권유행위에 속한다.

14 다음 중 광고규제 관련 필수 포함사항 및 금지행위로 적절하지 않은 것은?

① 금융상품 설명서 및 약관을 읽어 볼 것을 권유하는 내용

② 보장성 상품 : 보험료 인상 및 보장내용 변경 가능 여부

③ 대출성 상품 : 대출이자를 월 단위로 표시하여 저렴한 것으로 오인하게 하는 행위

④ 투자성 상품 : 운용실적이 미래수익률을 보장하지 않는다는 사실

해설 | 대출이자를 일 단위로 표시하여 저렴한 것으로 오인하게 하는 행위가 금지행위이다.

15 다음 중 계약서류 제공의무에 대한 내용이다. 적절하지 않은 것은?

① 금융소비자보호법에서 정하는 계약서류의 종류에는 금융상품 계약서, 금융상품의 약관, 금융상품 설명서(금융상품판매업자만 해당)가 있다.

② 금융상품직접판매업자 및 금융상품자문업자는 금융소비자와 금융상품 또는 금융상품자문에 관한 계약을 체결하는 경우 금융소비자에게 지체 없이 교부하여야 한다.

③ 자본시장법에 따라 온라인소액투자중개업자로서 같은 법에 따라 계약서류가 제공된 경우에는 금융소비자보호법상 계약서류 제공의무를 면제한다.

④ 계약서류를 제공하는 때에는 서면교부, 우편 또는 전자우편 방법만 가능하다.

해설 | 계약서류 제공방법에는 1. 서면교부, 2. 우편 또는 전자우편, 3. 휴대전화 문자메세지 또는 이에 준하는 전자적 의사표시가 있다.

16 금융소비자 보호에 관한 감독규정에 따라 계약서류 제공의무가 면제되는 경우가 아닌 것은?

① 기본계약을 체결하고 그 계약내용에 따라 계속적 · 반복적으로 거래하는 경우

② 기존 계약과 동일한 내용으로 계약을 갱신하는 경우

③ 계약금액이 10만 원 이하인 경우

④ 법인인 전문금융소비자와 계약을 체결하는 경우(설명서에 한하여 제공의무 면제)

해설 | 계약금액에 따라 계약서류 제공의무가 면제되는 것은 아니다.

정답 ▶ 10 ① 11 ② 12 ④ 13 ④ 14 ③ 15 ④ 16 ③

17 금융소비자법상 판매원칙 위반 시의 제재사항과 관련하여 ㉠~㉢에 적절한 단어를 순서대로 나열한 것은?

> • (위법계약 해지권) 금융소비자가 금융상품판매업자 등의 행위로 금융상품에 대한 계약을 체결한 경우 계약체결일로부터 (㉠)의 범위 내에서 서면 등으로 계약을 해지할 수 있음
> • (손해배상 입증책임 전환) 설명의무 위반에 따른 손해배상청구 소송 시 고의·과실 입증책임을 (㉡) 등으로 전환
> • (징벌적 과징금) 주요 판매원칙 위반 시 관련 수입 등의 (㉢)%까지 과징금 부과

① 3년, 금융회사, 50%

② 3년, 금융소비자, 100%

③ 5년, 금융회사, 50%

④ 5년, 금융소비자, 100%

해설 | ㉠ 5년, ㉡ 금융회사, ㉢ 50%이다.

18 금융소비자법상 청약철회기간에 대한 설명으로 적절하지 않은 것은?

① 예금성 상품은 계약서류작성일로부터 5일 이내에 청약을 철회할 수 있다.

② 투자성 상품은 계약서류작성일 또는 계약체결일로부터 7일 이내로 청약을 철회할 수 있다.

③ 보장성 상품은 보험증권 수령일로부터 15일 내로 청약을 철회할 수 있는데, 청약일로부터 30일까지를 한도로 한다.

④ 대출성 상품은 계약서류제공일, 계약체결일 또는 계약에 따른 금전·재화 제공일로부터 14일 이내로 청약을 철회할 수 있다.

해설 | 예금성 상품은 청약철회권이 인정되지 않는다.

19 금융분쟁의 조정에 대한 설명으로 적절하지 않은 것은?

① 금융소비자법에 따라 분쟁조정이 신청된 경우 시효중단의 효력이 있다.

② 분쟁조정 신청 전·후에 소가 제기되면, 법원은 조정이 있을 때까지 소송절차를 중지할 수 있다.

③ 합의권고를 하지 아니하거나 조정위원회에 회부하지 아니한 때에는 시효중단의 효력이 없다.

④ 금융회사는 전문금융소비자가 신청한 소액(권리가액 2천만 원 이내) 분쟁 사건에 대하여 조정안 제시 전까지 소 제기가 불가하다.

해설 | 금융회사는 일반금융소비자가 신청한 소액(권리가액 2천만 원 이내) 분쟁 사건에 대하여 조정안 제시 전까지 소 제기가 불가하다.

20 금융소비자법에서 정하고 있는 내용으로 적절하지 않은 것은?

① 적합성 원칙과 적정성 원칙 위반 시 징벌적 과징금이 부과된다.

② 금융위원회는 금융상품으로 인하여 금융소비자의 재산상 현저한 피해가 발생할 우려가 있다고 명백히 인정되는 경우 판매업자에게 해당 금융상품 계약 체결의 권유 금지를 명할 수 있다.

③ 분쟁조정 관련 주요 신규제도에는 소송중지제도, 소액사건 조정이탈금지제도, 분쟁조정위원회 객관성 확보 등이 있다.

④ 설명의무를 위반하여 금융소비자에게 손해를 입힌 경우에 금융상품판매업자 등에게 손해배상책임을 부과하고 있다.

해설 | 적합성 원칙과 적정성 원칙 위반은 징벌적 과징금 대상이 아닌 과태료(3천만 원 이하) 부과 대상이 될 수 있다.

PART
01

PART
02

PART
03

PART
04

PART
05

CHAPTER 03 영업실무

SECTION 01 펀드 판매절차

1. 펀드 판매절차 개요

(1) 펀드 판매 단계(영업점을 방문한 경우를 전제, 1~4단계 투자권유 단계로 투자권유준칙 준용)

구분		세부 절차
1단계	투자자 정보 파악	① 투자자가 판매회사 영업점 방문 ② 투자자의 방문목적을 확인한 후 펀드 상담 또는 매수를 원할 경우 펀드판매창구로 안내 ③ 투자자가 일반투자자인지 전문투자자인지 확인 ④ 일반투자자에 대해 '투자자 정보확인서'를 통하여 투자자의 투자목적, 재산상황 및 투자경험 등의 정보 파악 ⑤ 투자자가 투자자 **정보파악절차를 거부하는 경우** 확인서에 투자자의 서명 등을 받고, 투자자가 요구하는 펀드 판매
2단계	투자자 유형 분류	⑥ '투자자 정보확인서'를 활용하여 투자자 성향 분류 ⑦ 투자자에게 본인의 투자자 성향을 알려주고 해당 결과가 나오게 된 과정 및 그 의미를 설명
3단계	투자자에게 적합한 펀드 선정	⑧ 투자자 정보 파악 절차에 따라 파악된 투자자 성향 등급에 부합하는 펀드 선정 및 투자 권유 ⑨ 투자자가 투자자 성향에 따른 판매회사 권유 펀드를 거부하고 **더 높은 위험수준의 펀드 매수를 요청하는 경우** 부적합 금융투자상품 거래확인내용이 포함된 확인서를 받고 판매하거나 거래 중단
4단계	펀드에 대한 설명	⑩ 투자자에게 설명 자료를 이용하여 투자권유 펀드의 주요 사항을 구체적으로 설명
5단계	투자자 의사 확인	⑪-1 설명을 들은 투자자가 펀드 매수를 원하지 않는 경우 투자자 의사를 재차 확인하고 해당 펀드의 투자권유를 중지 ⑪-2 설명을 들은 투자자가 펀드 매수를 원할 경우 "설명서 교부 및 주요내용 설명확인서"를 징구하고, 투자금 수령, 통장 교부 등 펀드 매수 절차 진행 ※ **신규투자자, 고령투자자 및 초고령투자자**에게 ELS, ELF, ELT, DLS, DLT를 판매하는 경우 계약체결 이전에 투자자에게 '적합성보고서' 교부
6단계	사후 관리	⑫ 사후관리 서비스 : 판매절차 적정성 점검, 펀드잔고 통보, 자산운용보고서 발송 등

2. 수익증권 저축거래

(1) 수익증권 저축의 의의

의의	• 판매회사가 저축가입자로부터 저축금을 받아 그 자금으로 수익증권을 매입하고 보관, 관리함으로써 저축자의 편익을 도모하는 제도 • 수익증권 현물거래의 불편함(양·수도, 보관·관리, 분실이나 오손·훼손 시 재교부 등) 해소
수익증권 저축약관	• 판매회사와 저축자를 당사자로 하여 저축의 종류와 방법, 저축자의 의무, 판매회사의 면책사항 등을 규정하여 정형화한 계약조항 • 저축자와 대량적·반복적 거래를 직접규율하는 보통거래약관으로서의 성질을 지님

(2) 수익증권 저축계약의 성립

계약 성립 시기	판매회사가 저축자로부터 **저축가입 신청과 저축금을 받을 때**
법적 성질	투자신탁가입계약(매매) + 혼장임치계약(보관 및 관리) → **혼합계약**
계약 당사자	• 판매회사와 저축자 • 저축자는 저축재산의 관리에 필요한 일체의 사항을 판매회사에게 위임
수익증권 저축 대상 종목 요건	• 운용을 담당하는 금융투자업자가 금융감독원장에게 증권신고서를 제출하고 그 효력이 발생한 수익증권 • 단, 사모 수익증권의 경우 등록이 완료된 수익증권
저축의 종류 및 종목의 선정	저축 가입 신청 시 종류 및 종목과 관련된 세부사항은 판매회사와 저축자가 합의하여 정함

(3) 수익증권 저축의 종류

구분			내용
임의식			• 저축자가 저축금 인출요건, 저축기간, 저축금액 및 저축목표금액을 정하지 않고 임의로 저축하는 방식 • 동일계좌에 추가납입, 일부인출 가능, 수익금 범위 내에서의 인출 불가 • 저축재산의 인출 시 환매수수료 징구
목적식	공통		• 저축자가 저축금 인출요건, 저축기간, 저축금액 및 저축목표금액을 정하여 저축하는 방식 • 판매회사는 저축자의 요청에 따라 기존에 정한 저축기간의 종료 또는 저축목표금액 도달과 관계없이 저축기간을 연장하거나 저축금액을 감액 또는 증액 가능 • 저축금액을 완납하고 저축기간 종료된 이후 일부 인출 시 환매수수료 면제
	거치식	수익금 인출식	• 일정 금액을 일정 기간 이상 저축하면서 저축기간 중 수익금 범위 내에서 인출할 수 있는 방식 • 동일계좌에 추가납입 불가 필요시 별도로 계좌 추가 개설 • 저축기간 중 일부 인출로 인해 원본금액이 감액된 경우 이를 일부해약으로 보고 잔여금액을 원본금액으로 하여 저축기간이 계속되는 것으로 봄
		일정 금액 인출식	• 일정 금액을 일정 기간 이상 저축하면서 저축기간 중 사전에 정한 일정 금액(수익금 우선)의 저축재산을 매월 인출할 수 있는 방식 • 다른 내용은 수익금 인출식과 동일
	적립식	정액 적립식	• 저축기간을 일정 기간 이상으로 정하고 저축기간 동안 일정 금액 또는 좌수를 정하여 매월 저축하는 방식 • 저축기간 중 저축재산 일부 인출 가능하나 환매수수료 징구 • 계속하여 **6개월 이상** 미납 시 저축자에게 **14일** 이상으로 정한 기한을 부여하여 추가납입을 요구하고 그 기간 동안에도 미납입 저축금이 있는 경우 판매회사가 저축계약 해지 가능 • 약정한 만기일이 도래하였으나 미납입 저축금이 있는 경우 이를 납입 완료한 다음 영업일을 만기지급일로 함

		자유 적립식	• 저축기간을 일정 기간 이상으로 정하고 저축기간 동안 금액에 제한 없이 수시로 저축하는 방식 • 저축기간 중 저축재산 일부 인출 가능하나 환매수수료 징구
목적식	목표식		• 저축목표금액을 정하여 일정 기간 이상 수시로 저축하는 방식 • 만기는 저축금액이 저축목표금액에 달하고 저축기간이 종료된 때 • 약정 만기일에 저축목표금액을 미달한 경우 저축기간 연장 • 입금누계액이 저축목표금액에 달한 경우에는 추가납입 불가 • 저축기간 중 저축재산 일부 인출 가능하나 환매수수료 징구 • 저축기간 종료 시 환매수수료를 면제하는 **적립식의 장점**과 저축금액 및 납입횟수에 제한 없이 수시로 입금이 가능한 **임의식의 장점**을 혼합한 방식

(4) 수익증권 저축의 주요내용

저축금액	• 저축금액의 최고 및 최저한도는 제한하지 않는 것이 원칙. 단, 특정한 경우 저축한도를 제한 • 임의식은 저축금액을 약정하지 않지만, 목적식은 저축금액을 정하여야 함
저축기간	• 임의식 저축은 저축기간을 약정하지 않지만, 목적식 저축은 저축기간을 정함 • 저축기간은 변경신고에 의해 변경 가능(연장은 가능하나 단축은 예외적으로 인정) • 투자신탁의 신탁계약이 해지되는 경우에는 **그 해지 결산일까지 저축기간**으로 정함 • 저축기간은 수익증권의 **최초 매수일부터 시작**
저축금의 납입	• 현금 또는 즉시 받을 수 있는 수표 · 어음 등으로 저축금 납입 가능 • 수납한 수표 · 어음 등이 지급거절된 경우에는 권리보전 절차를 밟지 않고 저축자 또는 계좌송금 의뢰인에게 지급거절된 수표 · 어음 등을 반환 • 판매회사는 납입받은 저축금을 수익증권 매수 전까지 관리함에 있어 선량한 관리자의 주의의무 수행 • 판매회사는 저축금을 양도하거나 담보로 제공 불가, 저축금 이용료를 지급
수익증권 매수	• 저축자가 지정한 종목 및 종류에 따라 수익증권을 매수하여 저축 • 판매회사는 수익증권을 **1좌 단위**로 매각 또는 환매 • 1매의 수익증권을 별도로 분할하지 않고 2 이상의 저축자에게 수익증권 단위 범위 내 매각 가능

매매거래 등의
통지
	• 매매가 체결된 후 지체 없이 매매의 유형, 종목, 수량, 가격, 수수료 등 모든 비용, 그 밖의 거래내
	  용을 통지
	• 매매가 체결된 경우, 매월 마지막 날까지 펀드에서 발생한 모든 비용을 반영한 실질 투자 수익률,
	  투자원금 및 환매예상 금액, 총 보수와 판매수수료 각각의 요율을 통지할 것
	• 다음의 방법 중 판매회사와 저축자간의 미리 합의된 방법으로 통지
	  − 서면
	  − 전화, 전신 또는 모사전송
	  − 전자우편
	  − 한국예탁결제원의 기관결제참가자인 저축자에 대하여 예탁결제원의 전산망을 통하여 매매확
	    인서를 교부하는 방법
	  − 인터넷 또는 모바일시스템을 통해서 수시로 확인할 수 있도록 하는 방법
	  − 회사가 모바일시스템을 통해 문자메시지 또는 이와 비슷한 방법으로 통지하는 방법
	• 단, 영업점에서 고객이 확인 가능하도록 마련하거나 인터넷 홈페이지에서 확인을 가능케 함으로
	  써 통지를 대신할 수 있는 경우
	  − **저축자가 보유한 집합투자증권이 ETF, MMF, 사모펀드의 집합투자증권인 경우**
	  − **저축자가 보유한 집합투자증권이 평가기준일의 평가금액이 10만 원 이하인 경우**
	  − **통지받기를 원하지 않을 경우**

만기지급일	• 저축기간을 **월 또는 연 단위**로 정한 경우 : 저축기간이 만료되는 월의 최초 납입 상당일을 만기지
	  급일로 함. 다만, 만료되는 월에 그 해당일이 없는 때에는 그 월의 말일이 만기지급일
	• 저축기간을 **일 단위**로 정한 경우 : 수익증권의 최초 매수일부터 계산하여 저축기간이 만료되는
	  날의 다음 영업일이 만기지급일

		• 투자신탁의 신탁계약을 해지하는 경우 : 투자신탁의 신탁계약의 해지로 인하여 저축기간이 종료되는 경우에는 **해지결산 후** 첫 영업일이 만기지급일
저축재산의 인출	인출청구	• 환매가 제한된 경우를 제외하고 언제든지 저축재산의 전부 또는 일부에 대하여 인출 청구 가능 • 단, 저축기간 종료 이전 환매 시 환매수수료 부담
	일부 인출 시 지급 순서	저축재산의 일부를 지급하는 경우 **선입선출법**이 원칙
	저축기간 종료 이후의 저축재산 관리	저축계약 해지 또는 저축기간의 종료에도 불구하고 재산을 인출 청구하지 않는 경우에는 인출 청구 시까지 저축기간이 **계속**된 것으로 봄
	수익증권 현물의 지급	• 저축재산 인출 시 수익증권현물을 요구하는 경우 판매회사는 특별한 사유가 없는 한 수익증권 현물로 지급 • 단, 최소 단위 미만의 저축재산은 환매하여 현금으로 지급
판매회사의 저축계약 해지		• 정액적립식 저축자가 계속하여 6개월 이상 소정의 저축금을 납입하지 아니한 때 판매회사가 저축자에게 14일 이상으로 정한 기한을 부여하고 추가납입을 요구하고 그 기간 동안 저축자가 적절한 조치를 취하지 아니한 경우 • 해당 집합투자규약에 의거하여 신탁계약이 해지된 경우
사고 · 변경 사항의 신고		• 저축자가 저축통장, 신고인감을 분실, 멸실, 도난, 훼손하였을 때에는 지체 없이 회사에 신고하여야 함 • 저축자는 성명, 주소, 전화번호 등 회사에 신고한 사항이 변경되거나 인감(또는 서명감), 비밀번호 등을 변경하고자 하는 경우에는 지체 없이 회사에 신고하여야 함 • 신고의 효력은 회사가 저축자로부터 분실, 멸실, 도난, 훼손 및 변경의 **통지를 받은 때**로부터 발생하며, 회사는 저축자의 책임 있는 사유로 인한 신고지연으로 발생한 손해에 대하여 회사의 책임 있는 사유가 없는 한 책임을 지지 않음
통지의 방법		• 회사는 저축자가 신고한 주소 또는 전화번호를 이용하여 저축자에게 서면 또는 전화 등 저축자와 사전에 합의한 방법에 의하여 통지 • 저축자에 대한 통지의 효력은 **도달한 때**로부터 발생 • 다만, 회사의 책임 있는 사유 없이 통지가 주소이전 등 저축자의 책임 있는 사유로 연착하거나 도착되지 아니하는 때에는 통상 도착하여야 하는 때에 도착된 것으로 간주
양도 및 질권 설정		저축자는 판매회사의 동의를 얻어 저축금 및 수익증권을 양도하거나 질권을 설정 가능

(5) 저축자에 대한 우대조치

개요	• 수익증권 저축자에 대해 개별신탁의 신탁계약에 우선하여 환매수수료의 면제 등 우대조치 • 투자신탁에 대한 투자수요 확대 및 장기저축을 유도하기 위함
목적식 저축의 저축기간 종료	• 저축기간을 **1년 이상**으로 하는 목적식 저축의 경우 저축기간 종료 이후 수익증권을 환매하는 경우 환매수수료 면제 • 저축자가 저축기간을 연장한 경우 기존에 정한 저축기간의 종료 이후 수익증권을 환매하는 경우 그 수익증권의 환매수수료를 면제
거치식 저축의 수익금 또는 일정 금액 인출	• 거치식 저축의 저축기간 중 수익금에 상당하는 금액의 수익증권을 환매하거나 사전에 정한 일정 금액에 상당하는 수익증권을 환매하는 경우 환매수수료 면제 • 단, 환매수수료 받는 기간 중에 당초 저축한 금액의 전부 또는 일부에 해당하는 수익증권 환매 시 이미 환매한 수익증권에 대하여 면제된 **환매수수료 징구**
재투자	이익분배금은 별도의 약정이 없는 한 해당 투자신탁의 수익증권을 매수하고 그 수익증권을 환매하는 경우 환매수수료 면제

소규모 집합투자기구 해지	소규모 투자신탁 또는 집합투자기구를 해지함에 있어 저축자가 그 상환금으로 판매회사가 정한 수익증권을 매수하여 저축하는 경우 선취판매수수료를 면제하고 그 수익증권을 환매하는 경우에도 후취판매수수료 및 환매수수료를 면제
수익증권 양도 시 보유기간 과세	• 저축자가 수익증권의 양도에 저축자 간 과세금액을 확정하기 위하여 저축자가 수익증권 전부를 환매하고 즉시 그 환매자금으로 해당 수익증권을 재매수하는 때에는 환매하는 수익증권의 환매수수료를 면제 • 이 경우 재매수한 수익증권의 환매수수료 계산시작일은 **당초 수익증권 매수일**로 함
소득정산	• 저축자가 세금정산 목적으로 수익증권 전부를 환매하고 즉시 그 환매자금으로 해당 수익증권을 재매입하는 때에는 환매하는 수익증권의 환매수수료 및 매입하는 수익증권의 판매수수료는 **연 2회**에 한하여 면제 • 이 경우 재매수한 수익증권의 환매수수료 계산시작일은 **당초 수익증권 매수일**로 함

(6) 수익증권 매매 시의 입·출금 처리

입금	입금거래 유형	금액 입금	현금 또는 판매회사가 인정하는 수표, 어음 등 추심할 수 있는 증권으로 납입
		단체 입금	특정단체의 소속계좌 전체를 동시에 입금
		현물 입금	현물매수, 현물예탁 및 현물수납의 경우
	입금산식	**좌수 절상 :** 금액을 좌수로 환산하는 경우	• **(수납 시)** 매수좌수＝저축금액÷(매수 시 기준가격/1,000) • 좌 미만 **절상** • (지급 시) 환매좌수＝저축금액÷(환매 시 기준가격/1,000) • 좌 미만 절사
		금액 절사 : 좌수를 금액으로 환산하는 경우	• **(수납 시)** 저축금액＝매수좌수×매수 시 기준가격/1,000 • 원 미만 **절사** • (지급 시) 지급금액＝환매좌수×환매 시 기준가격/1,000 • 원 미만 절상
		평가금액 : 평가일의 총잔고금액 계산 시	• 평가금액＝잔고좌수×평가일 기준가격/1,000 • 원 미만 절상
출금	출금거래 유형	금액 출금	가장 일반적인 출금 거래 형태로 일정 금액을 정하여 출금하는 경우
		좌수 출금	금액이 아닌 좌수를 기준으로 출금하는 경우
		이익금 출금	거치식 저축의 수익금을 환매수수료를 부담하지 않고 출금하는 경우 이익금 전액출금과 이익금 일부 출금으로 구분
		이익분배금 및 상환금 출금	투자신탁의 결산 후 재투자하지 않고 현금 분배하는 이익분배금의 당일 출금 또는 투자신탁의 신탁계약기간의 종료로 인한 상환금의 당일 출금 시 처리하는 방식
		현물 출금	현물 환매, 현물 지급, 현물 보유 수익자의 이익분배금 및 이익분배금 및 상황금 지급의 경우
	출금산식	출금금액＝환매 시 평가금액－환매수수료－세액	
		• 환매 시 평가금액＝환매좌수×환매 시 기준가격/1,000원 미만 절상 • 환매수수료＝{환매좌수×(환매 시 기준가격－매수 시 기준가격)/1,000}×환매수수료율, 원 미만 절사 • 세액＝과세소득×적용세율, 10원 미만 절사 • 과세소득＝환매좌수×(환매 시 과표기준가격－매수 시 과표기준가격)/1,000－**환매수수료**	

3. 펀드 세제

(1) 집합투자기구와 세제

집합투자기구의 세제 단계 구분	내용
펀드 단계	• 소득에 대해 **별도의 과세 없음** • 투자회사의 경우 배당소득 공제를 통해 펀드과세 단계에서 과세가 제외될 수 있도록 함
투자자 단계	• 집합투자기구의 이익은 원칙적으로 배당소득으로 과세 • 배당소득은 금융소득에 해당되며 금융소득 종합과세제도의 적용을 받음 • 역외ETF 등 투자회사형 펀드로 해외주식에 해당되는 경우에는 양도 시 양도소득으로 과세

(2) 소득세법의 일반적 내용 : 금융소득과 금융소득종합과세

개요	• 금융상품이나 금융투자상품에서 발생하는 소득은 대체로 이자소득과 배당소득 또는 양도소득에 해당 • 이자소득 및 배당소득은 금융상품의 보유이익의 성격으로서 통상적인 '금융소득' • 양도소득은 광의의 금융소득이나 현행 소득세법은 별도로 분류하여 과세(분류과세) • 현행 소득세법은 거주자별 연간 금융소득의 합계액이 2천만 원 이하인 경우에는 원천징수로써 납세의무를 종결하며, **2천만 원**을 초과하는 경우에는 그 **초과분**은 다른 소득과 합산하여 누진세율로 과세

이자소득	① 채권·증권의 이자와 할인액
	② 국내 또는 국외에서 받는 예금·적금의 이자 : 시장지수연동 정기예금(ELD)
	③ 상호저축은행법에 의한 신용계 또는 신용부금으로 인한 이익
	④ 채권 또는 증권의 환매조건부 매매차익
	⑤ **저축성 보험차익(단, 다음에 어느 하나에 해당하는 경우에는 제외)**
	  ㉠ 계약자 1명당 납입할 보험료 합계액이 **1억 원 이하**인 저축성 보험계약으로 보험료 납입 최초 납입일로부터 만기일 또는 중도해지일까지의 기간이 **10년 이상**인 것
	  ㉡ 다음 요건을 모두 충족하는 **월적립식** 저축성 보험계약
	    • 최초납입일로부터 만기일 또는 중도해지일까지 기간이 **10년 이상**일 것
	    • 최초납입일로부터 납입기간이 **5년 이상**인 월 적립식 계약일 것
	    • 최초납입일부터 매월 납입하는 기본보험료가 **균등**하고, 선납기간이 **6개월 이내**일 것
	    • 계약자 1명이 납입하는 월 보험료가 **150만 원 이하**일 것
	  ㉢ 다음 요건을 모두 충족하는 **종신형 연금보험계약**
	    • 보험료 납입계약 만료 후 **55세 이후**부터 사망 시까지 보험금·수익 등을 연금으로 지급받는 계약
	    • 연금 외의 형태로 보험금·수익 등을 지급하지 아니하는 계약
	    • 사망 시 보험계약 및 **연금재원이 소멸**할 것
	    • 계약자와 피보험자 및 수익자가 동일한 계약으로 최초 연금지급개시 이후 사망일 전에 계약을 중도해지할 수 없는 계약
	    • 매년 수령하는 연금액이 일정 수준을 초과하지 않을 것
	  ㉣ 피보험자의 사망, 질병, 부상 그 밖의 신체상의 상해로 인하여 받거나 자산의 멸실 또는 손괴로 인하여 받는 **보험금**
	⑥ 직장공제회 초과반환금
	⑦ 비영업대금의 이익
	⑧ 유사 이자소득(유형별 포괄주의) : **채권대차거래**
	⑨ 위 ①에서 ⑧까지의 어느 하나에 해당하는 거래 또는 행위와 파생상품이 결합된 경우 해당 파생상품 거래 또는 행위로부터의 이익 : 외화예금을 기초자산으로 한 선도계약에서 발생한 이익은 이자소득에 해당

배당소득	① 이익배당 : 내국법인으로부터 받은 이익이나 잉여금의 배당 또는 분배금 ② 법인으로 보는 단체로부터 받는 배당 또는 분배금 　㉠ 국세기본법에 의하여 법인으로 보는 법인격 없는 사단·재단 등의 단체로부터 받은 배당 또는 　　분배금 　㉡ **법인으로 보지 아니하고 공동사업자라로 보는 단체로부터 받은 분배금은 사업소득에 해당** 　㉢ 출자공동사업자가 분배받은 금액은 배당소득에 해당 ③ 의제배당 ④ 인정배당 ⑤ 국내 또는 국외에서 받은 집합투자기구로부터의 이익 ⑥ 국내 또는 국외에서 받은 아래에 해당하는 파생결합증권 또는 파생결합사채로부터의 이익 　㉠ 파생결합증권(ELS, DLS)으로부터 발생한 이익(단, **ELW로부터 발생한 이익은 제외**) 　㉡ 파생결합증권 중 기초자산의 가격·이자율·지표·단위 또는 이를 기초로 하는 지수 등과 　　연계하여 미리 정해진 방법에 따라 이익을 얻거나 손실을 회피하기 위한 계약상의 권리를 　　나타내는 것으로 증권시장에 상장되어 거래되는 증권 또는 증서(ETN, ETF)를 거래하여 발생 　　한 이익(단, **국내주식형 ETN, 또는 ETF을 거래하여 발생한 이익은 제외**) 　㉢ 파생결합사채(ELB, DLB)로부터 발생한 이익 ⑦ 외국법인으로부터의 배당 ⑧ 조세피난방지세제 규정에 따라 특정 외국법인의 배당 가능한 유보소득 중 내국인이 배당받는 　것으로 간주되는 금액 ⑨ 상기 소득과 유사한 소득으로서 수익분배의 성격이 있는 것 : 주식대차거래 ⑩ 위 ①에서 ⑨까지의 어느 하나에 해당하는 거래 또는 행위와 파생상품이 결합된 경우 해당 　파생상품 거래 또는 행위로부터의 이익
양도소득	• 과세대상 　– **토지, 건물 등 부동산과 그 권리** 　– **주식 등 일정한 지분증권** 　– **과세 대상 파생상품(선물, 옵션, 스왑)** • 지분증권 이외의 채무증권, 파생결합증권 등의 매매차익은 소득세법상 비열거소득에 해당 • **과세대상 파생상품 : 주가지수 관련** 파생상품, 주가지수 관련 주식워런트증권(ELW), 해외시장에 　서 거래되는 장내파생상품, 주가지수 관련 장외파생상품, 차액결제거래(CFD) • 파생상품에 대한 양도소득세 과세는 **탄력세율 10%**(기본세율 20%) 적용

(3) 집합투자기구 세제

① 세법상 집합투자기구와 신탁, 변액보험의 구분

집합투자기구와 신탁	• 신탁 형태의 집합투자기구(투자신탁)로부터의 이익은 배당소득으로 과세하고, 그 외의 신탁의 　이익은 재산권에서 발생한 소득의 내용별로 과세 • 투자신탁도 신탁의 범주에 속하지만 세법을 적용함에 있어 그 외의 신탁과 달리 과세
변액보험	• 변액보험 = 저축성보험 + 자본시장법상 투자신탁 • **변액보험**을 세법상 집합투자기구에서 제외하고 있어 **저축성 보험의 보험차익(이자소득)으로 과세**

② 집합투자기구로부터의 이익

개요	• 세법상 투자신탁으로 간주하는 추가된 집합투자기구 : 투자합자조합, 투자익명조합 • 세법상 투자회사로 간주하는 추가된 집합투자기구 : 투자합자회사, 투자유한회사 • 세법상 요건과 집합투자기구로부터의 이익의 계산 등의 규정은 모든 집합투자기구에 차별 없이 　적용

세법상 요건	① 자본시장법에 의한 집합투자기구일 것
	② 당해 집합투자기구의 설정일부터 매년마다 **1회 이상** 결산·분배할 것
	
	※ 이익금 분배 유보 가능 사유
	  • 이익금이 0보다 적은 경우
	  • ETF가 지수 구성종목을 교체하거나 파생상품에 투자함에 따라 계산되는 이익
	  • 집합투자재산의 평가이익
	  • 회계처리기준에 따른 집합투자재산의 매매이익
	
	③ 금전으로 위탁받아 금전으로 환급할 것
	④ 자본시장법에 의한 사모집합투자기구로서 다음 각 호의 요건을 모두 갖춘 집합투자기구에 해당하지 아니할 것
	  ㉠ 투자자가 거주자 1인이거나 거주자 1인 및 그와 특수관계에 있는 자로만 이루어진 경우
	  ㉡ 투자자가 사실상 자산운용에 관한 의사결정을 하는 경우	

효과	요건을 모두 충족하는 경우		• 집합투자기구에 귀속되는 모든 소득은 통산되어 투자자가 환매 또는 결산분배를 통해 그 이익을 수령할 때 과세 • 그 이익 중 일정한 손익은 과세 제외되고 운용보수 등 각종 수수료를 과세소득계산에 있어 차감할 수 있음
	요건 모두를 충족하지 못하는 경우	**투자신탁**	집합투자기구 외의 신탁의 이익으로 보아 과세(즉, 재산에서 발생한 소득의 내용별로 과세)
		투자회사, PEF	• **일부손익과세 제외규정의 적용 없이** 집합투자기구에 귀속된 모든 손익이 통산되어 배당소득으로 과세 • 세법상 요건 ②와 ④를 충족시키지 못하는 경우 **법인세도 부담**

과세소득의 계산	일부손익 과세 제외	개요	• 과세 제외 증권 등에 대한 매매평가손익은 모두 과세 제외 • 직접투자와의 형평성을 고려한 규정이나 완전한 과세형평은 아님 • 이익뿐 아니라 손실도 과세 제외되어 그 손실이 소득을 초과하여 원금 대비 투자손실이 발생한 경우에도 과세가 됨
		제외 대상	① 증권시장에 상장된 증권(**채권, 외국집합투자기구의 주식 또는 수익증권은 제외**) ② 벤처기업의 주식 또는 출자지분 ③ 상기 ①의 증권을 대상으로 하는 장내파생상품
	수수료 공제		• 특정금전신탁과 투자신탁의 이익은 자본시장법에 따른 각종 보수·수수료 등을 뺀 금액으로 함 • 집합투자업자, 신탁업자, 투자매매업자, 투자중개업자가 받는 모든 보수와 환매수수료, 판매수수료 등 각종 수수료는 투자자의 과세소득을 계산함에 있어서 차감

수입시기	• 집합투자기구의 경우 소득이 신탁재산에 귀속되는 때가 아니라 **투자자에게 소득이 분배되는 때**
	  – 집합투자기구로부터의 이익을 지급받은 날(현금으로 그 이익을 수령하는 날)
	  – 원본에 전입하는 뜻의 특약이 있는 분배금은 그 특약에 의하여 원본에 전입되는 날(**현금수령이 없더라도 재투자특약에 의하여 원본에 전입하는 경우에도 이를 지급받은 것으로 간주**)
	• 원본손실 가능성이 있는 투자자산의 매매차익을 결산 시 과세하지 않고 투자기간 동안 전체 손익을 통산하여 환매 시 과세함

소득 구분	세법 개정으로 투자신탁에 편입된 자산의 비중과 관계없이 **모두 배당소득**으로 구분

③ 집합투자증권의 양도

의의	• 환매의 방법이 원리금회수 방법에 주로 이용되나 집합투자증권을 양도하는 방법으로도 원금과 이익을 실현 가능 • 집합투자증권 현물거래는 수시환매가 불가능한 폐쇄형 투자펀드나 사모투자펀드에서 주로 발생하며 개방형 펀드의 경우에도 증여나 상속 또는 양도의 목적으로 이루어짐

집합투자증권의 양도와 세금	• 집합투자증권의 양도로 발생한 이익도 소득세법상 **집합투자기구로부터의 이익에 해당**하는 것으로 함으로써 **배당소득으로 과세** • 단, 외국시장에 상장된 주식에 해당하는 회사형 집합투자증권(역외상장 투자회사형 ETF) 등의 양도에 대해서는 양도소득으로 과세 • 국내주식형 ETF증권의 양도는 비과세

④ 부동산 집합투자기구 운용에 따른 과세

부동산 취득	취득세(**지방세**), 등록면허세(**지방세**)		
부동산 보유	재산세 (**지방세**)	**토지**	• **종합합산과세대상, 별도합산과세대상, 분리과세대상 토지로 구분** • 부동산펀드의 경우 별도합산과세 대상 토지를 소유하는 경우에도 별도합산과세대상으로 보지 않고 분리과세대상으로 구분하여 과세 • 단, 사모부동산펀드의 경우 2020년 6월부터 취득한 토지에 대해서는 별도합산과세 대상으로 구분
		건축물	골프장, 고급오락장용, 공장용, 상가 등 기타건축물로 구분하여 건별 과세(각각 다른 세율 적용)
	종합부동산세 (**국세**)	토지	부동산 집합투자기구의 경우 분리과세 대상이 되는 토지에 대해서는 종부세 과세대상이 아니므로 종합합산과세대상(나대지) 토지를 보유한 경우 종부세 과세대상
		주택	분리과세 규정은 토지에 한하므로 부동산 집합투자기구가 소유한 주택에 대해서는 종부세 과세대상
부동산 처분	• 부동산펀드의 양도소득이 발생하는 경우 예정신고의무 없음 • 부동산 집합투자기구에 귀속된 부동산 양도소득은 부동산 집합투자기구 단계에서 과세되지 아니하고 투자신탁에 귀속되는 다른 소득과 통산되어 투자자가 환매금 또는 이익분배금을 수령할 때에 배당소득으로 과세		
부가가치세	• 부동산을 취득·보유·처분하는 과정에서 부가가치세가 과세 • 재화와 용역의 공급에 대하여 과세 • 토지와 건물을 일체로 공급하는 경우 건물분에 대해서만 부가가치세 납부. 즉, **토지는 면세**		
법인세	• 투자신탁의 경우 법인세 과세 면제 • 투자회사의 경우 결산기에 **배당 가능이익의 90% 이상**을 투자자에게 분배한 경우 소득금액에서 공제하여 사실상 **법인세 면제**		

(4) 투자자 단계에서의 과세

① 투자자가 거주자인 경우

금융소득 종합과세	종합소득과세	• 거주자의 소득 : 종합소득, **양도소득, 퇴직소득**으로 분류 • 종합소득 합산과세 : 이자소득, 배당소득, 사업소득, 근로소득, 연금소득, 기타소득으로 구분하여 이를 합산하여 **누진세율**로 과세
	금융소득 종합과세 방법	• 원천징수 : 금융소득을 지급할 때 14%로 원천징수(지방소득세 포함 15.4%) • 종합과세 여부 판단 ① 무조건분리과세 : 원천징수로 납세의무 종결 ② 조건부종합과세 : 다음의 ㉠과 ㉡ 중 큰 금액으로 적용하고 종합과세기준금액(2,000만 원)을 초과하지 않는 경우에는 ㉡을 적용 ㉠ (다른 종합소득＋2천만 원 초과금융소득)×누진세율＋2천만 원×14% ㉡ 다른 종합소득×누진세율＋금융소득×원천징수세율(14%) ③ 무조건 종합과세되는 금융소득은 원천징수가 되지 않는 예외적인 금융소득에 대하여 적용

집합투자기구 이익에 대한 적용	• 투자신탁의 이익을 지급 시 : 14%로 원천징수(지방소득세 포함 15.4%) • 무조건 분리과세의 경우 : 원천징수로서 납세의무 종결 • 무조건 분리과세 이외의 투자신탁의 이익 　－다른 금융소득과 합산하여 2천만 원을 초과하는 경우 : 종합소득에 합산하여 누진세 　－금융소득이 2천만 원 이하인 경우 : 14%로 납세의무 종결 • **투자신탁의 이익은 배당소득세액공제대상 배당소득에 해당하지 않아 공제받을 수 없음**

② 투자자가 내국법인인 경우

　㉠ 내국법인에게 귀속되는 소득 중 이자소득에 대해서만 원천징수 대상

　㉡ 단, **투자신탁의 이익(배당소득)은 예외적으로 원천징수대상에 해당**(투자회사의 이익 제외)

　㉢ 원천징수된 투자신탁의 이익도 당해 법인의 익금에 합산하여 과세되며, 원천징수된 세액은 기납부세
　　액으로 차감

구분		소득구분	납세자의무자별 원천징수 의무		
			거주자	내국법인	금융법인
집합투자기구	투자신탁의 이익	배당소득	있음	있음	없음
	투자회사의 이익	배당소득	있음	없음	없음

출제예상문제

SECTION 01 | 펀드 판매 절차

01 일반투자자가 판매회사의 영업점을 방문하여 투자하는 경우 펀드 판매 절차를 순서대로 바르게 나열한 것은?

① 투자자 정보 파악 – 투자자 유형 분류 – 적합한 펀드 선정 – 의사 확인 – 펀드에 대한 설명 – 사후 관리

② 투자자 정보 파악 – 투자자 유형 분류 – 적합한 펀드 선정 – 펀드에 대한 설명 – 의사 확인 – 사후 관리

③ 투자자 유형 분류 – 투자자 정보 파악 – 적합한 펀드 선정 – 의사 확인 – 펀드에 대한 설명 – 사후 관리

④ 투자자 유형 분류 – 투자자 정보 파악 – 적합한 펀드 선정 – 펀드에 대한 설명 – 의사 확인 – 사후 관리

해설 | 일반투자자가 판매회사의 영업점을 방문하여 투자하는 경우 투자자 정보 파악 – 투자자 유형 분류 – 적합한 펀드선정 – 펀드에 대한 설명 – 의사 확인 – 사후 관리의 순서대로 펀드 판매가 이루어진다.

02 펀드 판매 절차 중 투자자에게 본인의 투자자 성향을 알려주고 해당 결과가 나오게 된 과정 및 그 의미를 설명해야 하는 단계는?

① 투자자 정보 파악   ② 투자자 유형 분류

③ 적합한 펀드 선정   ④ 펀드에 대한 설명

해설 | 투자자 유형 분류 단계에 대한 설명이다. '투자자 정보확인서'를 활용하여 투자자 성향을 분류하고 투자자에게 본인의 투자자 성향을 알려주고 해당 결과가 나오게 된 과정 및 그 의미를 설명하는 단계이다.

03 펀드판매 절차에 대한 설명으로 옳지 않은 것은?

① 온라인 · 전화판매 또는 전문투자자를 대상으로 판매 등에 대해서는 판매절차를 달리 적용할 수 있다.

② 투자자가 투자자 정보 파악 절차를 거부하는 경우 펀드 판매를 중단하여야 한다.

③ 설명을 들은 투자자가 펀드 매수를 원하지 않는 경우 투자자 의사를 재차 확인하고 해당 펀드의 투자권유를 중지하여야 한다.

④ 투자자 정보 파악 절차에 따라 파악된 투자자 성향 등급에 부합하는 펀드 선정 및 투자 권유를 해야 한다.

해설 | 투자자가 투자자 정보 파악 절차를 거부하는 경우 확인서에 투자자의 서명 등을 받고, 투자자가 요구하는 펀드를 판매할 수 있다.

PART 01

PART 02

PART 03

PART 04

PART 05

04 펀드 판매절차에 대한 설명으로 옳지 않은 것은?

① 일반투자자에 대해 '투자자 정보확인서'를 통하여 투자자의 투자목적, 재산상황 및 투자경험 등의 정보를 파악해야 한다.

② 투자자가 투자자 정보 파악 절차를 거부하는 경우 확인서에 투자자의 서명 등을 받고, 투자자가 요구하는 펀드를 판매해야 한다.

③ 투자자가 투자자 성향에 따른 판매회사 권유 펀드를 거부하고 더 높은 위험수준의 펀드 매수를 요청하는 경우 거래를 중단해야 한다.

④ 설명을 들은 투자자가 펀드 매수를 원할 경우 '설명서 교부 및 주요내용 설명확인서'를 징구하고, 투자금 수령, 통장 교부 등 펀드 매수 절차를 진행해야 한다.

해설 | 투자자가 투자자 성향에 따른 판매회사 권유 펀드를 거부하고 더 높은 위험수준의 펀드 매수를 요청하는 경우 부적합 금융투자상품 거래 확인내용이 포함된 확인서를 받고 판매하거나 거래를 중단해야 한다.

05 신규투자자, 고령투자자 및 초고령투자자에게 계약체결 이전에 투자자에게 「적합성 보고서」를 교부해야 하는 금융투자상품에 해당하지 않는 것은?

① ETF　　　　　　　　　　　② ELS

③ ELF　　　　　　　　　　　④ DLS

해설 | 「적합성 보고서」 교부 대상은 금융 투자상품 중 투자자가 위험도를 파악하기 어려운 ELS, ELF, ELT, DLS, DLT 등에 적용된다. 현재도 적합성 원칙이 적용되고 있으나, 다소 형식적으로 운영되고, 투자자의 구체적인 투자수요와 상황이 반영되지 않는 측면이 있어 투자성향뿐 아니라 투자권유 사유 및 핵심 유의사항을 「적합성 보고서」에 서술식으로 기재하고, 투자자에게 제공함으로써 적합성 원칙을 실효성 있게 운용하기 위해 도입되었다.

정답 ▶　01 ②　02 ②　03 ②　04 ③　05 ①

06 다음 중 수익증권 저축에 대한 설명으로 바르지 못한 것은?

① 판매회사가 저축가입자로부터 저축금을 받아 그 자금으로 수익증권을 매입하고 보관, 관리함으로써 저축자의 편익을 도모하는 제도를 말한다.

② 양·수도에 따른 번거로움, 보관·관리에 따른 불편, 분실이나 오손·훼손 시 재교부 절차의 복잡 등 수익증권현물거래의 불편함을 해소하기 위해 도입되었다.

③ 수익증권 저축은 판매회사가 저축자로부터 저축가입 신청과 저축금을 받고 수익증권 저축통장을 교부할 때 계약이 성립한다.

④ 수익증권 저축계약은 저축자와 판매회사 간에 수익증권의 매수를 포함하는 투자신탁가입계약과 매수된 수익증권의 보관 및 관리를 위한 혼장임치계약의 혼합계약으로 볼 수 있다.

해설 | 수익증권 저축계약은 판매회사가 저축자로부터 저축가입 신청과 저축금을 받음으로써 성립한다.

07 수익증권 저축의 종류 중 목적식 저축에 해당하지 않는 것은?

① 임의식   ② 수익금 인출식

③ 정액적립식   ④ 목표식

해설 | 목적식은 거치식(수익금 인출식, 일정 금액 인출식), 정액·자유적립식, 목표식으로 구분한다.

08 수익증권 저축의 종류에 대한 설명으로 적절하지 않은 것은?

① 임의식은 동일계좌에 추가 납입과 수익금 범위 내에서의 일부 인출이 가능하다.

② 거치식은 동일계좌에 추가 납입은 할 수 없으며 필요시 별도의 계좌를 추가로 개설하여야 한다.

③ 자유적립식은 저축기간을 일정 기간 이상으로 정하고 저축기간 동안 금액에 제한 없이 수시로 저축하는 방식이다.

④ 목표식은 저축목표금액을 정하여 일정 기간 이상 수시로 저축하는 방식이다.

해설 | 임의식은 동일계좌에 추가 납입과 일부 인출이 가능하나 수익금 범위 내에서의 인출은 할 수 없다.

09 수익증권 저축에 대한 설명으로 옳은 것은?

① 거치식 저축은 저축기간 중 일부 인출로 인해 원본금액이 감액된 경우 이를 전부 해약으로 보고 저축기간이 종료되는 것으로 간주한다.

② 정액정립식은 저축기간 중에는 일부 인출을 할 수 없다.

③ 목표식 저축의 경우 저축목표금액의 증액은 할 수 있으나 감액은 제한하고 있다.

④ 판매회사는 저축자의 요청에 따라 기존에 정한 저축기간의 종료에 관계없이 저축기간을 연장할 수 있다.

해설 | ① 거치식의 경우 저축기간 중 일부 인출로 인해 원본금액이 감액된 경우 이를 일부 해약으로 보고 잔여금액을 원본금액으로 하여 저축기간이 계속되는 것으로 본다.
② 정액정립식은 저축기간 중에 저축재산의 일부 인출이 가능하나 환매수수료를 징구한다.
③ 목표식 저축의 경우 저축목표금액의 증액과 감액을 할 수 있다.

10 수익증권 저축의 종류에 대한 설명으로 옳지 않은 것은?

① 거치식에는 수익금 인출식과 일정 금액 인출식이 있다.

② 정액정립식의 경우 저축자가 계속하여 6개월 이상 미납 시 저축자에게 14일 이상으로 정한 기한을 부여하여 추가납입을 요구하고 그 기간 동안에도 미납입 저축금이 있는 경우 판매회사가 고객의 동의 없이 저축계약을 해지할 수 있다.

③ 목표식은 저축기간 종료 시 환매수수료를 면제하는 적립식의 장점과 저축금액 및 납입횟수에 제한 없이 수시로 입금이 가능한 임의식의 장점을 혼합한 방식이다.

④ 정액적립식은 약정한 만기일이 도래하였으나 미납입 저축금이 있는 경우 이의 납입을 완료한 영업일을 만기지급일로 한다.

해설 | 정액적립식은 약정한 만기일이 도래하였으나 미납입 저축금이 있는 경우 이의 납입을 완료한 다음 영업일을 만기지급일로 한다.

11 수익증권 저축의 종류 중 목표식 저축에 대한 내용으로 적절하지 않은 것은?

① 저축목표금액을 정하여 일정 기간 이상 수시로 저축하는 방식

② 약정 만기일에 저축목표금액이 미달된 경우 저축기간이 연장된다.

③ 입금누계액이 저축목표금액에 달한 경우에도 추가납입을 할 수 있다.

④ 저축기간 종료 시 환매수수료를 면제하는 적립식의 장점과 저축금액 및 납입횟수에 제한 없이 수시로 입금이 가능한 임의식의 장점을 혼합한 방식이다.

해설 | 목표식의 경우 입금누계액이 저축목표금액에 달한 경우에도 추가납입을 할 수 없다.

PART 01

PART 02

PART 03

PART 04

PART 05

정답 ▶ 06 ③ 07 ① 08 ① 09 ④ 10 ④ 11 ③

12 수익증권 저축거래의 주요 내용에 대한 설명으로 거리가 먼 것은?

① 저축금액의 최고 및 최저한도는 제한하지 않는 것이 원칙이다.

② 판매회사는 저축자로부터 받은 저축금을 양도하거나 담보로 제공할 수 없다.

③ 판매회사는 수익증권을 1좌 단위로 매각 또는 환매할 수 있다.

④ 저축기간은 수익증권의 최초 매수일 다음 영업일부터 시작한다.

해설 | 저축기간은 수익증권의 최초 매수일부터 시작한다.

13 수익증권 저축의 주요 내용에 대한 설명으로 옳지 않은 것은?

① 투자신탁의 신탁계약의 해지로 인하여 저축기간이 종료되는 경우에는 해지결산 후 첫 영업일을 만기지급일로 한다.

② 1매의 수익증권을 별도로 분할하지 않고 2 이상의 저축자에게 매각할 수 없다.

③ 정액적립식 저축자가 계속하여 6개월 이상 소정의 저축금을 납입하지 아니한 때 판매회사가 저축자에게 14일 이상으로 정한 기한을 부여하여 추가납입을 요구하고 그 기간 동안 저축자가 적절한 조치를 취하지 아니한 경우 판매회사가 저축계약을 해지할 수 있다.

④ 판매회사는 저축자의 책임 있는 사유로 인한 신고지연으로 발생한 손해에 대하여 회사의 책임 있는 사유가 없는 한 책임을 지지 않는다.

해설 | 판매회사는 수익증권을 1좌 단위로 매각할 수 있으며, 1매의 수익증권을 별도로 분할하지 않고 2 이상의 저축자에게 수익증권 단위 범위 내에서 매각할 수 있다.

14 수익증권 저축의 주요 내용에 대한 설명으로 옳은 것은?

① 투자신탁의 신탁계약이 해지되는 경우에는 그 해지 결산일 후 첫 영업일까지를 저축기간으로 정한다.

② 저축자는 판매회사의 동의 없이 저축금 및 수익증권을 양도하거나 질권을 설정할 수 있다.

③ 저축기간은 변경신고에 의해 저축기간의 연장은 가능하지만 저축기간의 단축은 할 수 없다.

④ 저축자에 대한 통지의 효력은 도달한 때로부터 발생한다.

해설 | ① 투자신탁의 신탁계약이 해지되는 경우에는 그 해지 결산일까지를 저축기간으로 정한다.
② 저축자는 판매회사의 동의를 얻어 저축금 및 수익증권을 양도하거나 질권을 설정할 수 있다.
③ 저축기간은 변경신고에 의해 저축기간의 연장은 가능하지만 저축기간의 단축은 특정한 조건하에서 예외적으로 인정된다.

15 수익증권 저축 만기지급일에 대한 설명으로 옳지 않은 것은?

① 저축기간을 월 또는 연 단위로 정한 경우 저축기간이 만료되는 월의 최초 납입상당일

② 저축기간을 월 단위로 정한 경우 만료되는 월에 그 해당일이 없는 때에는 그 월의 말일

③ 저축기간을 일 단위로 정한 경우 수익증권의 최초 매수일 다음 날부터 계산하여 저축기간이 만료되는 날

④ 투자신탁의 신탁계약의 해지로 인하여 저축기간이 종료되는 경우에는 해지결산 후 첫 영업일

해설 | 저축기간을 일 단위로 정한 경우 수익증권의 최초 매수일부터 계산하여 저축기간이 만료되는 날의 다음 영업일이 만기지급일이다.

16 수익증권 저축의 만기지급일에 대한 설명으로 옳지 않은 것은?

① 2××5년 8월 31일에 수익증권을 매수하고 저축기간이 1년인 경우 만기지급일은 2××6년 8월 31일이다.

② 2××5년 8월 31일에 수익증권을 매수하고 저축기간이 6개월인 경우 만기지급일은 2××6년 2월의 말일이다.

③ 2××5년 7월 10일에 수익증권을 매수하고 저축기간이 10일인 경우 만기지급일은 2××5년 7월 19일이다.

④ 투자신탁의 신탁계약을 해지하는 경우 투자신탁의 신탁계약의 해지로 인하여 저축기간이 종료되는 경우에는 해지결산 후 첫 영업일을 만기지급일로 한다.

해설 | 저축기간을 일 단위로 정한 경우에는 수익증권의 최초 매수일부터 계산하여 저축기간이 만료되는 날의 다음 영업일을 만기지급일로 하므로 만기지급일은 2××5년 7월 20일이다.

17 수익증권 저축의 저축재산의 인출에 대한 설명으로 바르지 못한 것은?

① 저축자는 환매가 제한된 경우를 제외하고 언제든지 저축재산의 전부 또는 일부에 대하여 인출을 청구할 수 있다.

② 판매회사는 저축자의 청구에 따라 저축재산의 일부를 지급하는 경우 후입선출법에 의하여 지급한다.

③ 저축계약 해지 또는 저축기간의 종료에도 불구하고 재산을 인출 청구하지 않는 경우에는 인출 청구 시까지 저축기간이 계속된 것으로 본다.

④ 저축재산 인출 시 수익증권현물을 요구하는 경우 판매회사는 특별한 사유가 없는 한 수익증권 현물로 지급하여야 한다.

해설 | 판매회사는 저축자의 청구에 따라 저축재산의 일부를 지급하는 경우 선입선출법에 의하여 지급한다.

정답 ▶ **12** ④ **13** ② **14** ④ **15** ③ **16** ③ **17** ②

18 수익증권의 매매가 체결된 경우 판매회사가 영업점에서 고객이 확인 가능하도록 마련하거나 인터넷 홈페이지에서 확인을 가능케 함으로써 저축자에게 통지하는 것을 대신할 수 있는 경우가 아닌 것은?

① 저축자가 보유한 집합투자증권이 ETF인 경우
② 저축자가 보유한 집합투자증권이 사모집합투자기구인 경우
③ 저축자가 보유한 집합투자증권이 평가기준일의 평가금액이 30만 원 이하인 경우
④ 저축자가 통지받기를 원하지 않은 경우

해설 | 저축자가 보유한 집합투자증권이 평가기준일의 평가금액이 10만 원 이하인 경우 판매회사가 영업점에서 고객이 확인 가능하도록 마련하거나 인터넷 홈페이지에서 확인을 가능케 함으로써 통지를 대신할 수 있다.

SECTION 04 | 저축자에 대한 우대조치

19 소규모 투자신탁을 해지함에 있어 저축자가 그 상환금으로 판매회사가 정한 수익증권을 매수하여 저축하고 그 수익증권을 환매하는 경우 면제받는 비용이 아닌 것은?

① 선취판매수수료   ② 판매보수
③ 후취판매수수료   ④ 환매수수료

해설 | 소규모 투자신탁 또는 집합투자기구를 해지함에 있어 저축자가 그 상환금으로 판매회사가 정한 수익증권을 매수하여 저축하는 경우 선취판매수수료를 면제하고 그 수익증권을 환매하는 경우에도 후취판매수수료 및 환매수수료를 면제한다.

20 다음은 수익증권 저축약관 중 저축자의 우대에 대한 내용이다 빈칸에 들어갈 단어가 바르게 나열된 것은?

> • 저축자가 세금정산 목적으로 수익증권 전부를 환매하고 즉시 그 환매자금으로 해당 수익증권을 재매입하는 때에는 환매하는 수익증권의 환매수수료 및 매입하는 수익증권의 판매수수료는 (   )회에 한하여 면제
> • 이 경우 재매수한 수익증권의 환매수수료 계산시작일은 (   )로 함

① 연 1, 수익증권 재매수일
② 연 1, 당초 수익증권 매수일
③ 연 2, 수익증권 재매수일
④ 연 2, 당초 수익증권 매수일

해설 | 저축자가 세금정산 목적으로 수익증권 전부를 환매하고 즉시 그 환매자금으로 해당 수익증권을 재매입하는 때에는 환매하는 수익증권의 환매수수료 및 매입하는 수익증권의 판매수수료는 연 2회에 한하여 면제한다. 이 경우 재매수한 수익증권의 환매수수료 계산시작일은 당초 수익증권 매수일로 한다.

21 수익증권 저축자의 우대조치에 대한 내용으로 바르지 못한 것은?

① 저축기간을 1년 이상으로 하는 목적식 저축은 저축기간 종료 이후 수익증권을 환매하는 경우 환매수수료를 면제한다.

② 거치식 저축의 저축기간 중 수익금에 상당하는 금액의 수익증권을 환매하는 경우 환매수수료를 면제한다.

③ 이익분배금은 별도의 약정이 없는 한 해당 투자신탁의 수익증권을 매수하고 그 수익증권을 환매하는 경우 환매수수료를 면제한다.

④ 저축자가 수익증권의 양도에 저축자 간 과세금액을 확정하기 위하여 저축자가 수익증권 전부를 환매한 경우 재매수한 수익증권의 환매수수료 계산시작일은 수익증권 재매수일로 한다.

해설 | 저축자가 수익증권의 양도에 저축자 간 과세금액을 확정하기 위하여 저축자가 수익증권 전부를 환매한 경우 재매수한 수익증권의 환매수수료 계산시작일은 당초 수익증권 매수일로 한다.

22 수익증권 저축자의 우대조지에 대한 설명으로 틀린 것은?

① 목적식 저축의 경우 저축자가 저축기간을 연장한 경우 기존에 정한 저축기간의 종료 이후 수익증권을 환매하는 경우 그 수익증권의 환매수수료를 면제한다.

② 거치식 저축의 경우 환매수수료를 받는 기간 중에 당초 저축한 금액의 전부 또는 일부에 해당하는 수익증권 환매 시 이미 환매한 수익증권에 대하여 면제된 환매수수료를 받는다.

③ 저축자가 수익증권의 양도에 저축자 간 과세금액을 확정하기 위하여 저축자가 수익증권 전부를 환매하고 즉시 그 환매자금으로 해당 수익증권을 재매수하는 때에는 환매하는 수익증권의 환매수수료를 면제한다.

④ 저축자가 세금정산 목적으로 수익증권 전부를 환매하고 즉시 그 환매자금으로 해당 수익증권을 재매입하는 때에는 환매하는 수익증권의 환매수수료 및 매입하는 수익증권의 판매수수료를 횟수에 제한 없이 면제한다.

해설 | 저축자가 세금정산 목적으로 수익증권 전부를 환매하고 즉시 그 환매자금으로 해당 수익증권을 재매입하는 때에는 환매하는 수익증권의 환매수수료 및 매입하는 수익증권의 판매수수료를 연 2회에 한하여 면제한다.

23 2××5.10.5.에 저축기간 1년의 월정액 적립식 A펀드에 가입한 후 매월 5일에 10만 원씩 매수한 경우 환매매수수료 징수 여부에 대한 설명으로 바르지 못한 것은? (단, 환매수수료 징수기간은 90일 미만임)

① 만기지급일은 2××6.10.6.이며, 그 이후에 환매 시 환매수수료가 전액 면제된다.

② 만기 전인 2××6.5.31.에 전액 환매를 청구하는 경우 매수 건별로 환매수수료를 징수한다.

③ 만기 전인 2××6.8.15.에 전액 환매를 청구하는 경우 5월, 6월, 7월 매수분에 대하여 환매수수료를 징수한다.

④ 저축기간을 1년 이상으로 연장하고 2××7.4.25.에 환매 청구 시에는 환매수수료가 면제된다.

해설 | 만기 전인 2××6.8.15.에 전액 환매를 청구하는 경우 보유기간이 90일 미만인 6월, 7월, 8월 매수분에 대하여 환매수수료를 징수한다.

24 저축자가 2××5.7.1. 펀드를 가입한 후에 2××5.12.10.에 세금정산을 목적으로 소득을 정산하고 2××6.7.20. 환매하는 경우에 대한 설명으로 적합하지 않은 것은?

① 환매수수료 기산일은 2××5.7.1.이다.

② 2××5.12.10.에 수익증권을 전부 환매청구 시 환매수수료를 면제한다.

③ 2××5.12.10.에 세후 금액으로 해당 수익증권을 재매수하는 경우 판매수수료를 받는다.

④ 저축자는 2××5년과 2××6년으로 소득의 귀속시기를 달리할 수 있다.

해설 | 저축자가 세금정산 목적으로 수익증권 전부를 환매하고 즉시 그 환매자금으로 해당 수익증권을 재매입하는 때에는 환매하는 수익증권의 환매수수료 및 매입하는 수익증권의 판매수수료는 연 2회에 한하여 면제되므로 2××5.12.10.에 세후 금액으로 다행 수익증권을 재매수하는 경우 판매수수료를 받지 않는다.

> ### SECTION 05   수익증권 매매 시의 입·출금 처리

25 다음 중 수익증권 매매 시의 출금 유형에 해당하지 않는 것은?

① 금액 출금   ② 좌수 출금

③ 단체 출금   ④ 이익분배금 출금

해설 | 단체 입금은 가능하나 단체 출금은 제한된다.

26 수익증권 매매 시 입·출금 처리에 대한 설명으로 바르지 못한 것은?

① 입금거래 유형에는 금액 입금, 단체 입금, 현물 입금이 있다.

② 세액을 계산하는 경우 10원 미만은 절사한다.

③ 금액 출금은 가장 일반적인 출금 거래 형태로 일정 금액을 정하여 출금한다.

④ 금액을 좌수로 환산하는 경우 수납 시에는 절사하고 지급 시에는 절상한다.

해설 | 좌수절상 제도는 금액을 좌수로 환산하는 경우 수납 시에는 절상하고 지급 시에는 절사한다. 금액절사 제도는 좌수를 금액으로 환산하는 경우 수납 시에는 절사하고 지급 시에는 절상한다.

27 수익증권 매매 시 입·출금 처리에 대한 설명으로 바르지 못한 것은?

① 이익금 출금은 투자신탁의 결산 후 재투자하지 않고 현금을 분배하는 이익분배금의 당일 출금 시 처리하는 방식이다.

② 출금금액은 환매 시 평가금액에서 환매수수료와 세액을 차감하여 구한다.

③ 금액을 수납하는 경우 '매수 좌수＝저축금액÷(매수 시 기준가격/1,000)'으로 계산하고, 좌 미만은 절상한다.

④ '환매 시 평가금액＝환매좌수×환매 시 기준가격/1,000'으로 계산하고, 원 미만은 절상한다.

해설 | 이익분배금 출금에 대한 설명이다. 이익금 출금은 거치식 저축의 수익금을 환매수수료를 부담하지 않고 출금하는 경우 이익금 전액 출금과 이익금 일부 출금으로 구분한다.

28 저축자의 수익증권 저축금액이 100만 원이고 매수 시 기준가격이 1,200.00원이라면 투자자가 매수한 좌수는 얼마인가?

① 83,333좌   ② 83,334좌

③ 833,333좌   ④ 833,334좌

해설 | '매수 좌수＝저축금액÷(매수 시 기준가격/1,000)'으로 계산하고, 좌 미만은 절상한다. 1,000,000/1.2≒ 833,333.34이고, 좌 미만은 절상하므로 저축자가 보유하는 좌수는 833,334좌이다.

29 다음은 수익증권 매매 시 출금 산식이다. (　　)에 들어갈 내용은?

> • 세액＝과세소득×(ㄱ), 10원 미만 절사
> • 과세소득＝환매좌수×(환매 시 과표기준－매수 시 과표기준가격)/1,000－(ㄴ)

① ㄱ : 환매수수료율, ㄴ : 환매수수료

② ㄱ : 적용세율, ㄴ : 과표 환매수수료

③ ㄱ : 환매수수료율, ㄴ : 과표 환매수수료

④ ㄱ : 적용세율, ㄴ : 환매수수료

해설 | • 세액＝과세소득×적용세율, 10원 미만 절사
       • 과세소득＝환매좌수×(환매 시 과표기준가격－매수 시 과표기준가격)/1,000－환매수수료

정답   23 ③   24 ③   25 ③   26 ④   27 ①   28 ④   29 ④

30 개인이 수익증권을 다음 표와 같이 거래하였다고 가정하였을 때 2××5.5.20. 전액 환매를 하는 경우 출금금액은 얼마인가? (환매수수료율 : 90일 미만 이익금의 70%, 원천징수세율 : 15.4%)

거래일자	기준가격	과표 기준가격	거래구분	입출금 금액
2××5.1.10.	1000.00	1,000.00	입금	10,000,000
2××5.5.20.	1,200.00	1,150.00	전액출금	( )

① 10,369,000원

② 10,500,000원

③ 11,769,000원

④ 12,000,000원

해설 | 먼저 보유(매수)좌수를 구한다.
(1) 매수좌수 = 저축금액÷(매수 시 기준가격/1,000), 좌 미만 절상
10,000,000원/1 = 10,000,000좌 보유
(2) 환매 시 평가금액 = 환매좌수×환매 시 기준가격/1,000원 미만 절상
10,000,000좌×1.2원 = 12,000,000원
(3) 환매수수료는 수익증권 보유기간이 90일 이상이므로 환매수수료는 '0'원이다.
(4) 과세소득 = 환매좌수×(환매 시 과표기준가격 − 매수 시 과표기준가격)/1,000 − 환매수수료
10,000,000좌×(1.15 − 1) = 1,500,000원
(5) 세액 = 과세소득×적용세율, 10원 미만 절사
1,500,000×0.154 = 231,000
(6) 출금금액 = 환매 시 평가금액 − 환매수수료 − 세액
(1) − (3) − (5) = 12,000,000 − 0 − 231,000 = 11,769,000원

SECTION 06 　집합투자기구에서 발생하는 소득

31 다음 중 집합투자기구와 세제에 대한 내용으로 적절하지 않은 것은?

① 집합투자기구에는 투자신탁, 투자회사, 투자유한회사, 투자합자회사, 투자유한책임회사, 투자합자조합, 투자익명조합이 있다.

② 집합투자기구의 세제는 펀드 단계와 투자자 단계로 나뉜다.

③ 투자자 단계에서 별도의 과세는 없다.

④ 집합투자기구의 이익은 원칙적으로 배당소득으로 과세된다.

해설 | 펀드 단계에서 별도의 과세는 없으며, 투자자 단계에서 집합투자기구의 이익은 원칙적으로 배당소득으로 과세된다.

32 소득세법의 일반적인 내용으로 거리가 먼 것은?

① 통상적으로 금융소득이라 함은 이자소득과 배당소득을 말한다.

② 금융상품이나 금융투자상품에서 발생하는 소득은 대체로 이자소득과 배당소득 또는 양도소득에 해당된다.

③ 배당소득은 지분투자에 대한 이익의 분배금을 말한다.

④ 현행 소득세법은 거주자별 연간 금융소득의 합계액이 2천만 원을 초과하는 경우에는 모든 금융소득을 다른 소득과 합산하여 누진세율로 과세한다.

해설 | 현행 소득세법은 거주자별 연간 금융소득의 합계액이 2천만 원 이하인 경우에는 원천징수로써 납세의무를 종결하며, 2천만 원을 초과하는 경우에는 그 초과분을 다른 소득과 합산하여 누진세율로 과세한다.

33 다음 중 소득세법상 이자소득에 해당하지 않는 것은?

① 파생결합증권으로부터 발생한 이익

② 저축성 보험차익

③ 채권대차거래

④ 외화예금을 기초자산으로 한 선도계약에서 발생한 이익

해설 | 파생결합증권(ELS, DLS)으로부터 발생한 이익은 배당소득에 해당한다. 단, ELW로부터 발생한 이익은 제외한다.

34 소득세법상 저축성 보험차익에서 제외되는 월 적립식 저축성 보험계약의 요건에 해당하지 않는 것은?

① 최초납입일로부터 만기일 또는 중도해지일까지 기간이 10년 이상일 것

② 최초납입일로부터 납입기간이 5년 이상인 월 적립식 계약일 것

③ 최초납입일부터 매월 납입하는 기본보험료가 균등하고, 선납기간이 5개월 이내일 것

④ 계약자 1명이 납입하는 월 보험료가 150만 원 이하일 것

해설 | 최초납입일부터 매월 납입하는 기본보험료가 균등하고, 선납기간이 6개월 이내여야 한다.

35 소득세법상 저축성 보험차익에서 제외되는 종신형 연금보험계약의 요건에 해당하지 않는 것은?

① 보험료 납입계약 만료 후 55세 이후부터 사망 시까지 보험금 · 수익 등을 연금으로 지급받는 계약일 것

② 연금 외의 형태로 보험금 · 수익 등을 지급하지 아니하는 계약일 것

③ 사망 시 보험계약 및 연금재원이 소멸할 것

④ 계약자와 피보험자 및 수익자가 동일한 계약으로 최초 연금지급개시 이후 사망일 전에 계약을 중도해지할 수 있는 계약일 것

해설 | 계약자와 피보험자 및 수익자가 동일한 계약으로 최초 연금지급개시 이후 사망일 전에 계약을 중도해지를 할 수 없는 계약이 적절하다.

정답 30 ③   31 ③   32 ④   33 ①   34 ③   35 ④

36 소득세법상 배당소득에 해당하는 것은?

① ELD로부터 발생한 이익

② 국내주식형 ETN을 거래하여 발생한 이익

③ ELW로부터 발생한 이익

④ ELB로부터 발생한 이익

해설 | 파생결합사채로부터 발생한 이익은 배당소득에 해당하며, ELD로부터 발생한 이익은 이자소득이고, 국내주식형 ETN을 거래하여 발생한 이익은 상장주식을 투자하는 개인투자자의 형평성을 고려하여 과세하지 않는다. ELW로부터 발생한 이익은 실질적으로는 파생결합증권이 아닌 옵션과 구조와 성질이 유사한 파생상품으로 볼 수 있어 ELW의 매매차익이나 권리행사로 인한 소득은 비과세한다.

37 다음 중 소득세법상 배당소득에 해당하지 않는 것은?

① 내국법인으로부터 받은 이익이나 잉여금의 배당 또는 분배금

② 법인으로 보지 아니하고 공동사업자로 보는 단체로부터 받은 분배금

③ 국외에서 받은 집합투자기구로부터의 이익

④ 주식대차거래

해설 | 법인으로 보지 아니하고 공동사업자로 보는 단체로부터 받은 분배금은 사업소득으로 본다. 단, 출자공동사업자가 분배받은 금액은 배당소득에 해당한다.

38 소득세법상 금융소득에 대한 설명으로 적절하지 않은 것은?

① 시장지수 연동예금(ESD)은 이자소득으로 과세한다.

② 계약자 1명당 납입할 보험료 합계액이 2억 원 이하인 저축성 보험계약으로 보험료 납입 최초납입일로부터 만기일 또는 중도해지일까지의 기간이 10년 이상인 경우 저축성 보험차익으로 보지 않아 이자소득세가 과세되지 않는다.

③ 주가연계증권(ELS)에서 발생한 수익은 배당소득으로 과세한다.

④ 상장지수증권(ETN)을 거래하여 발생한 이익은 배당소득으로 과세한다.

해설 | 저축성 보험차익의 비과세 요건은 계약자 1명당 납입할 보험료 합계액이 1억 원 이하인 저축성 보험계약으로 보험료 납입 최초납입일로부터 만기일 또는 중도해지일까지의 기간이 10년 이상이어야 한다.

39 다음 중 소득세법상 양도소득 과세대상에 해당하지 않는 것은?

① 토지, 건물 등 부동산과 그 권리
② 주식 등 일정한 지분증권
③ 주가지수 관련 옵션
④ 주가지수 관련 ELS

해설 | 파생결합증권으로부터 발생한 이익은 배당소득으로 과세되며, 파생결합증권의 양도에 따른 별도의 규정이 없어 과세되지 않는다. 단, 주가지수 관련 ELW의 매매차익은 양도소득 과세대상이다.

40 다음 중 소득세법상 양도소득에 대한 설명으로 바르지 못한 것은?

① 채무증권의 매매차익은 과세되지 않는다.
② 개별주식 관련 파생상품에 대한 매매차익은 양도소득 과세대상이다.
③ 파생상품에 대한 양도소득세 과세는 탄력세율 10%를 적용한다.
④ 주가지수 관련 장외파생상품에 대한 매매차익은 양도소득 과세대상이다.

해설 | 과세대상에 해당하는 파생상품에는 주가지수 관련 파생상품, 주식워런트증권(ELW), 해외시장에서 거래되는 장내파생상품, 주가지수 관련 장외파생상품, 차액결제거래 파생상품(CFD)이 있다.

41 소득세법상 일반적인 내용이 아닌 것은?

① DLS를 매매하여 발생한 차익은 비과세한다.
② 주가지수 관련 ELW의 권리행사로 인한 소득은 비과세한다.
③ ELD에서 발생한 소득은 이자소득으로 과세한다.
④ 국내 주식형 ETF을 거래하여 발생한 매매차익은 배당소득으로 과세한다.

해설 | 국내 주식형 ETF를 양도하여 발생한 차익에 대해서는 과세하지 않는다.

42 세법상 집합투자기구에 대한 설명으로 바르지 못한 것은?

① 신탁 형태의 집합투자기구로부터의 이익은 배당소득으로 과세하고, 그 외의 신탁의 이익은 그 밖에 처분이 된 재산권에서 발생한 소득의 내용별로 과세소득을 구분한다.

② 변액보험은 자본시장법상 투자신탁에 해당하므로 배당소득으로 과세한다.

③ 투자신탁이 세법상 요건 모두를 충족하지 못하는 경우 집합투자기구 외의 신탁의 이익으로 보아 과세한다.

④ 세법상 요건과 집합투자기구로부터의 이익의 계산 등의 규정은 모든 집합투자기구에 차별 없이 적용된다.

해설 | 변액보험은 세법상 집합투자기구에서 제외하고 있어 저축성보험의 보험차익(이자소득)으로 과세한다.

43 소득세법상 투자신탁의 요건이 아닌 것은?

① 자본시장법에 의한 집합투자기구일 것

② 당해 집합투자기구의 설정일부터 매년마다 2회 이상 결산·분배할 것

③ 금전으로 위탁받아 금전으로 환급할 것

④ 자본시장법에 의한 사모집합투자기구로서 투자자가 사실상 자산운용에 관한 의사결정을 하며 투자자가 거주자 1인이거나 거주자 1인 및 그와 특수관계에 있는 자로만 이루어진 경우에 해당하지 아니할 것

해설 | 당해 집합투자기구의 설정일부터 매년마다 1회 이상 결산·분배할 것을 세법상 요건으로 규정하고 있다.

44 집합투자기구로부터의 이익에 대한 설명으로 적합하지 않은 것은?

① 소득세법상 요건을 모두 갖춘 투자신탁의 이익은 집합투자기구에 소득이 귀속된 때 과세된다.

② 소득세법상 요건 모두를 갖추지 못한 투자회사의 이익은 일부손익과세 제외규정의 적용 없이 집합투자기구에 귀속된 모든 손익이 통산되어 배당소득으로 과세된다.

③ 소득세법상 일정 요건을 충족시키지 못한 투자회사는 법인세도 부담하게 된다.

④ 이익금이 0보다 적은 경우에 분배를 유보할 수 있다.

해설 | 집합투자기구에 귀속되는 모든 소득은 통산되어 투자자가 환매 또는 결산분배를 통해 그 이익을 수령할 때 과세한다.

45 집합투자기구의 과세소득에 대한 설명으로 올바른 것은?

① 각종 수수료는 투자자의 과세소득을 계산함에 있어서 차감된다.

② 일부손익 과세제외 규정으로 직접투자와의 과세형평성을 완전히 실현하였다.

③ 원금 대비 투자손실이 발생한 경우에는 과세가 되지 않는다.

④ 주가지수를 기초대상으로 하는 장내파생상품은 거래나 평가로 인하여 발생한 손익은 과세 제외한다.

> **해설 |** ② 일부손익 과세제외 규정은 직접투자와의 형평성을 고려한 규정이나 완전한 과세형평을 실현하지 못한다.
> ③ 이익뿐 아니라 손실도 과세 제외되어 그 손실이 소득을 초과하여 원금 대비 투자손실이 발생한 경우에도 과세가 이루어질 수 있다.
> ④ 증권시장에 상장된 증권을 대상으로 하는 장내파생상품은 거래나 평가로 인하여 발생한 손익은 과세 제외한다.

PART
01

PART
02

PART
03

PART
04

PART
05

46 일부손익 과세 제외 대상에 해당하는 증권 또는 파생상품을 고르면?

① 증권 시장에 상장된 채권

② 외국집합투자기구의 주식

③ 상장 주식을 대상으로 하는 선물

④ 외국법인이 발행한 채권

> **해설 |** 일부손익 과세 제외 대상에는 증권시장에 상장된 증권(채권, 외국집합투자기구의 주식 또는 수익증권은 제외), 벤처기업의 주식 또는 출자지분, 증권시장에 상장된 증권을 대상으로 하는 장내파생상품이 있다.

47 상장채권과 상장주식을 기초자산으로 하는 선물에 투자하는 펀드에 가입한 투자자가 집합투자증권을 환매하여 아래와 같은 손익으로 구성되었을 경우, 원천징수 대상이 되는 세법상 집합투자기로부터의 이익은?

투자대상자산	이자 · 배당소득	매매 · 평가손익
상장채권	1,000,000원	3,000,000원
상장주식	500,000원	−5,000,000원

① 0원   ② 500,000원

③ 1,500,000원   ④ 4,500,000원

> **해설 |** 상장주식을 대상으로 하는 장내파생상품의 매매평가손익은 일부손익 과세제외 제도에 따라 원친징수 대상이 되지 않으므로 500,000원 손실에도 불구하고 상장주식 선물의 배당소득(500,000원)과 상장채권 선물의 이자소득(1,000,000원) 및 매매차익(3,000,000원)을 합산한 4,500,000원이 과세 대상이 된다.

48 소득법상 집합투자기구의 이익에 대한 설명으로 바르지 못한 것은?

① 신탁재산에 귀속되는 때가 아니라 투자자에게 소득이 분배되는 때를 수입시기로 한다.

② 투자신탁에 편입된 자산의 비중에 따라 이자소득과 배당소득으로 구분한다.

③ 현금수령이 없더라도 재투자특약에 의하여 원본에 전입하는 경우에도 이를 지급받은 것으로 보아 수입시기로 한다.

④ 원본손실 가능성이 있는 투자자산의 매매차익을 결산 시 과세하지 않고 투자기간 동안 전체 손익을 통산하여 환매 시 과세한다.

해설 | 세법 개정으로 투자신탁에 편입된 자산의 비중과 관계없이 모두 배당소득으로 구분한다.

49 소득세법상 집합투자기구의 양도에 대한 설명으로 옳지 않은 것은?

① 집합투자증권 현물거래는 개방형 펀드에서 주로 발생한다.

② 환매 이외에 집합투자증권을 양도하는 방법에 의하여 원금과 이익을 실현할 수 있다.

③ 집합투자증권의 양도로 발생한 이익도 소득세법상 집합투자기구로부터의 이익에 해당하는 것으로 함으로써 배당소득으로 과세한다.

④ 국내 주식시장에 상장된 주식형 ETF증권의 양도는 과세하지 않는다.

해설 | 집합투자증권 현물거래는 수시환매가 불가능한 폐쇄형 투자펀드나 사모투자펀드에서 주로 발생하며 개방형 펀드의 경우에도 증여나 상속 또는 양도의 목적으로 이루어진다.

50 부동산 집합투자기구 운용에 따른 과세 중 성격이 다른 하나는?

① 취득세
② 등록면허세
③ 재산세
④ 종합부동산세

해설 | 취득세, 등록면허세, 재산세는 지방세에 속하며, 종합부동산세는 국세에 해당한다.

51 부동산 집합투자기구 운용에 따른 과세에 대한 설명으로 바르지 못한 것은?

① 부동산은 취득할 때, 보유할 때, 처분할 때에 세금이 발생할 수 있다.

② 부동산펀드가 재산세 토지 중 별도합산과세 대상 토지를 소유하는 경우에도 별도합산과세대상으로 보지 않고 분리과세대상으로 구분하여 분리과세한다.

③ 부동산 집합투자기구의 경우 분리과세대상이 되는 토지에 대해서는 종부세 과세대상이 아니므로 종합합산과세대상 토지를 보유한 경우 종합부동산세 과세대상이 된다.

④ 부동산 집합투자기구에 귀속된 부동산 양도소득은 투자신탁에 귀속되는 다른 소득과 통산되어 투자자가 환매금 또는 이익분배금을 수령할 때에 양도소득으로 과세된다.

해설 | 부동산 집합투자기구에 귀속된 부동산 양도소득은 부동산 집합투자기구 단계에서 과세되지 아니하고 투자신탁에 귀속되는 다른 소득과 통산되어 투자자가 환매금 또는 이익분배금을 수령할 때에 배당소득으로 과세된다.

52 부동산 집합투자기구 운용에 따른 과세에 대한 설명으로 바르지 못한 것은?

① 부동산 집합투자기구가 보유하던 부동산을 처분하여 양도소득이 발생한 경우에는 우선 예정신고를 하고 다음 해 5월 31일까지 확정신고를 하여야 한다.

② 분리과세 규정은 토지에 한하므로 부동산 집합투자기구가 소유한 주택에 대해서는 종합부동산세 과세대상이다.

③ 토지와 건물을 일체로 공급하는 경우 건물분에 대해서만 부가가치세를 납부한다.

④ 투자회사의 경우 결산기에 배당 가능이익의 90% 이상을 투자자에게 분배한 경우 사실상 법인세의 부담이 없다.

해설 | 부동산 집합투자기구가 보유하던 부동산을 처분하여 양도소득이 발생한 경우에는 예정신고의무가 없다.

SECTION 08 ┃ 투자자 단계에서의 과세

53 다음 중 종합소득과세대상에 포함되지 않는 것은?

① 사업소득　　　　　　　　　② 연금소득

③ 양도소득　　　　　　　　　④ 기타소득

해설 | 매년 경상적으로 발생하는 소득으로서 이자소득, 배당소득, 사업소득, 근로소득, 연금소득, 기타소득으로 구분하여 이를 합산하여 누진세율로 과세하고, 양도소득과 퇴직소득은 별도로 분류하여 과세한다.

54 투자자 단계에서의 과세에 대한 내용으로 옳지 않은 것은?

① 개인 투자자가 무조건 분리과세 대상인 투자신탁의 이익을 지급할 경우 15.4%(지방소득세 포함) 원천징수로 납세의무가 종결된다.

② 무조건분리과세되는 경우 이외의 투자신탁이익은 다른 금융소득과 합산하여 2천만 원을 초과하는 경우에는 종합소득에 합산하여 단일세율로 과세한다.

③ 집합투자기구의 이익은 배당소득세액공제대상 배당소득에 해당하지 않아 공제받을 수 없다.

④ 투자자가 내국법인인 경우 예외적으로 투자신탁의 이익도 원천징수한다.

해설 | 무조건분리과세되는 경우 이외의 투자신탁이익은 다른 금융소득과 합산하여 2천만 원을 초과하는 경우에는 종합소득에 합산하여 누진세율로 과세한다.

55 투자자 단계에서의 과세에 대한 내용으로 옳지 않은 것은?

① 투자자가 거주자인 경우로 다른 금융소득과 합산하여 2천만 원을 초과하는 경우에는 그 초과분은 종합소득에 합산하여 과세한 금액이 다른 금융소득과 모든 금융소득에 대해 원천징수로 과세한 금액보다 작은 경우에는 둘 중 큰 금액으로 적용한다.

② 투자자가 내국법인인 경우 투자회사의 이익은 예외적으로 원천징수 대상에 해당한다.

③ 투자자가 내국법인인 경우 원천징수된 집합투자기구의 이익도 당해 법인의 익금으로 합산되어 과세되며, 원천징수된 세액은 기납부세액으로 차감하여 납부한다.

해설 | 투자자가 내국법인인 경우 원칙적으로 이자소득에 대해서만 원천징수 대상이나 예외적으로 투자신탁의 이익 (배당소득)에 한하여 원천징수한다.

CHAPTER
04

직무윤리

1. 직무윤리 일반

① 법의 성격이나 방향이 윤리와 다르지만, 법은 그 기초에 있어서 윤리원칙에 입각하고 윤리에 합당한 내용을 갖지 않으면 아니 됨

② 법은 최소한의 직업윤리 : 법은 직업윤리(도덕)의 최소한이며, 윤리가 포괄적인 개념(윤리가 법을 보완)

③ 법적 강제와 윤리적 자율성 : 법규는 강행적 성격, 윤리는 자율규제 성격

④ 기업윤리와 직무윤리

기업윤리	직무윤리
• 경영전반에 걸쳐 조직의 모든 구성원들에게 요구되는 윤리적 행동을 강조하는 포괄적 개념 • 거시적 개념 • '윤리강령' 등의 형태를 지닌 추상적인 선언문 형태	• 조직 구성원 개개인들이 자신이 맡은 업무를 수행하면서 지켜야 하는 윤리적 행동과 태도를 구체화한 것 • 미시적 개념 • '임직원 행동강령' 등의 구체적인 기준

⑤ 직무윤리의 핵심 : 자신과 상대방의 이해가 상충하는 상황에서는 상대방 이익의 입장에서 자신에 대한 상대방의 신뢰를 저버리지 않는 행동을 선택하는 것

⑥ 직무윤리 2대 핵심원칙 : 고객우선의 원칙, 신의성실의 원칙

2. 윤리경영과 직무윤리가 강조되는 이유 – 윤리경쟁력의 시대

윤리경쟁력은 해당 기업을 평가하는 하나의 잣대가 되고 있으며, 기업의 지속적인 생존 여부와 직결됨

환경의 변화	고도의 정보화 기술 및 시스템에 의해 움직이는 사회에서 이를 잘못 사용할 경우에 초래될 재난을 방지하기 위해 고도의 직무윤리를 요구
위험과 거래비용	개인은 위험을 통제함으로써 가장 작은 거래비용이 발생할 수 있도록 거래와 관련된 자들에게 직무윤리를 요구함 ※ 위험비용 : 상대방이 자신의 이익에 반하는 행동을 할 경우의 비용(부실한 자산관리에 따른 손해 위험)
생산성 제고	• 직무윤리는 더 많은 경제적 효용의 산출을 위해 필요한 투입요소 • 생산성 제고를 통한 장기적 생존의 목적으로 윤리경영의 중요성 강조
신종 자본	직무윤리는 새로운 무형의 자본으로 인정되고 있음(금융상품은 신용도가 가장 중요한 자산)
인프라 구축	• 윤리는 공정하고 자유로운 경쟁의 전제조건 • 윤리는 지속적인 성장을 위한 인프라의 하나(윤리 인프라)
사회적 비용의 감소	• 비윤리적 행동은 더 큰 사회적 비용(규제비용 등)을 가져오며, 이를 규제하기 위한 법적 규제와 같은 타율적인 규제 증가 • 규제법령 준수를 위한 기관과 조직의 운영비용 증가→ 사회적 전체 비용 증가

3. 금융투자업에서의 직무윤리가 더욱 강조되는 이유

산업의 고유속성	고객의 자산을 위탁받아 운영·관리하는 것을 주요 업무로 하므로 고객의 이익을 침해할 가능성(이해상충발생 가능성)이 높음
상품의 특성	금융투자상품은 투자성(원본 손실 가능성)을 내포하고 있어 고객과의 분쟁 가능성 상존
금융소비자의 질적 변화	금융투자상품의 전문화·복잡화·다양화로 인해 단순한 정보제공의 차원을 넘어 금융소비자의 보호를 위한 노력이 요구됨
안전장치	• 직무윤리를 준수하는 것은 금융투자업종사자들을 보호하는 안전장치 역할 • 직무윤리를 준수하도록 하는 것은 외부의 부당한 요구로부터 금융투자업종사자 스스로를 지켜주는 안전판 내지 자위수단이 됨

4. 윤리경영의 국제적 환경

OECD	• 국제 공통의 기업윤리강령 발표 • 강제 규정은 아니지만 이에 따르지 않는 기업에 대해서는 불이익을 주도록 하고 있음
국제투명성 기구	• 국제투명성 기구(TI ; Transparency International) 　－국가별 부패인식지수를 발표 　－공무원과 정치인들의 부패 수준이 어느 정도인지에 대한 인식의 정도를 지수로 나타낸 것 　※ 우리나라는 아직도 경제규모에 비해 윤리수준이 낮게 평가됨 • 영국의 BITC(Business in the community), CR Index(Corporate Responsibility Index) : 윤리경영을 평가하는 지수

5. 윤리경영의 국내적 환경

① 2016.9.28.부터 시행된 부정청탁 및 금품 수수 등의 금지에 관한 법률(청탁금지법, 김영란법) : 공직자 등(일반 국민 전체가 적용 대상)이 직무 관련성, 대가성 등이 없더라도 금품 등의 수수를 하는 경우에는 제재가 가능

② <u>윤리경영 실천 노력을 평가하기 위한 척도</u>

산업정책연구원 (KoBEX ; Korea Business Ethics index)	• 공통지표(CI ; Common Index) : 공기업과 민간기업에 상관없이 모든 조직에 적용되는 지표(총 52개 항목) • 추가지표(SI ; Supplementary Index) : 공기업과 민간기업의 특성에 따라 추가로 개발된 지표(총 26개 항목)
전국경제인연합회 윤리경영 자율진단지표	• 자율진단영역(7개 부분) : 윤리경영제도 및 시스템, 고객, 종업원, 주주 및 투자자, 경쟁업체, 협력업체 및 사업파트너, 지역 및 국제사회 등 • 5개 업종 : 생산재 제조업, 소비재 제조업, 금융업, 건설업, 유통서비스업 등

6. 직무윤리의 적용대상

① 투자 관련 직무에 종사하는 일체의 자는 직무윤리 적용대상

② 관련 자격증을 보유하고 있는 자(금융투자전문인력), 자격을 갖기 이전에 관련 업무에 실질적으로 종사하는 자, 직접 또는 간접적으로 이와 관련되어 있는 자를 포함

③ 회사와의 위임계약관계 또는 고용계약관계 및 보수의 유무, 고객과의 법률적인 계약관계 및 보수의 존부를 불문함

④ 회사와 정식 고용계약관계에 있지 않거나 무보수로 일하는 자도 직무윤리를 준수해야 함
⑤ 아직 아무런 계약관계를 맺지 않은 잠재적 고객에 대해서도 직무윤리를 준수해야 함

7. 금융투자업 직무윤리

2대 기본 원칙	• 고객 우선의 원칙 • 신의성실의 원칙 ※ 직무윤리의 법제화 : 금융소비자보호의무, 이해상충방지의무		
이해상충 방지의무	• 공시 또는 회피의 원칙(공시 – 조정 – 거래중지) • 이익 우선 순위 : 고객(신규고객과 장기고객 동일)>회사 및 주주>임직원 · 자기거래 금지		
금융소비자 보호의무	• 상품 개발 단계의 금융소비자 보호 • 상품 판매 이전 단계의 금융소비자 보호 • 상품 판매 단계의 금융소비자 보호 • 상품 판매 이후 단계의 금융소비자 보호		
본인, 회사 및 사회에 대한 윤리	본인에 대한 윤리	• 법규준수 • 품위유지 • 사적 이익 추구 금지	• 자기혁신 • 공정성 및 독립성 유지
	회사에 대한 윤리	• 상호존중 • 경영진의 책임 • 위반행위의 보고 • 고용계약 종료 후의 의무	• 공용재산의 사적 사용 및 수익 금지 • 정보보호 • 대외활동
	사회 등에 대한 윤리	• 시장질서 존중 • 사회적 책임	• 주주가치 극대화

8. 신임의무와 직무윤리의 기본원칙

신임의무	<2대 기본원칙>	<직무윤리의 법제화>
	고객우선의 원칙	이해상충 방지의무
	신의성실의 원칙	금융소비자보호의무

① 신임의무는 위임자로부터 신임을 받은 수임자가 자신에게 신뢰를 부여한 위임자에 대하여 진실로 충실하고, 또한 직업적 전문가로서 충분한 주의를 가지고 업무를 처리해야 할 의무를 지님
② 신임의무는 고객우선의 원칙과 신의성실의 원칙의 근간이 됨
③ 직무윤리의 법제화 : 이해상충방지의무, 금융소비자보호의무

9. 고객우선의 원칙

① 회사와 임직원은 항상 고객의 입장에서 생각하고 고객에게 보다 더 나은 금융서비스를 제공하기 위해 노력해야 함(금융투자회사 표준윤리준칙 제2조)
② 이익 우선순위 : 고객(신규고객과 장기고객 동일)>회사 및 주주>임직원

10. 신의성실의 원칙

① 회사와 임직원은 정직과 신뢰를 가장 중요한 가치관으로 삼고, 신의성실의 원칙에 입각하여 맡은 임무를 충실히 수행해야 함(금융투자회사 표준윤리준칙 제4조)
② 신의성실은 금융투자업종사자의 직무수행에 있어서 가장 중요한 원칙
③ 금융투자업에서의 신의성실은 윤리적 원칙에 그치지 않고 법적 의무(양면성)를 지님
④ 자본시장법에서는 금융소비자에 대한 보호의무를 구체화함(금융투자상품의 개발 단계부터 판매 단계 및 판매 이후의 단계까지 모든 단계에 걸쳐 금융소비자보호 의무 적용)
⑤ 금융투자업종사자가 선관주의 의무 또는 충실의무를 위반하는 경우 불법행위에 대한 손해배상책임 부담을 짐

11. 신의성실의 양면성 : 윤리적 원칙이자 법적 의무

① 권리의 행사와 의무를 이행함에 있어서 행위준칙이 되며, 법률관계를 해석함에 있어서 해석상의 지침이 됨
② 신의성실의 원칙은 법규의 형식적 적용에 의하여 야기되는 불합리와 오류를 시정하는 역할을 함
③ 계약이나 법규에 흠결이나 불명확한 점이 있는 경우, 신의칙은 이를 메워 주고 명확하게 하는 기능을 함
④ 권리의 행사가 신의칙에 반하는 경우에는 권리남용이 되어 권리행사로서의 법률효과가 인정되지 않음
⑤ 신의칙 위반이 법원에서 다루어지는 경우, 이는 강행법규의 위반이기 때문에 당사자가 주장하지 않더라도 법원은 직권으로 신의칙 위반 여부를 판단할 수 있음

12. 이해상충의 방지체계

① 이해상충 발생 가능성의 파악 등 관리 의무
② 이해상충 발생 가능성 고지 및 저감 후 거래 의무
③ 이해상충 발생 회피 의무 : 금융투자업자는 이해상충 발생 가능성을 낮추는 것이 곤란하다고 판단되는 경우에는 매매, 그 밖의 거래를 하여서는 안 됨
※ 준법감시인 사전 보고 후 거래(×)
④ 정보교류의 차단(Chiness Wall 구축) 의무
⑤ 조사분석자료의 작성 및 제공의 제한 : 금융투자협회의 영업 및 업무에 관한 규정에서는 금융투자업자 자신이 발행하였거나 관련되어 있는 대상에 대한 조사분석자료의 공표와 제공을 원천적으로 금지
⑥ 자기거래의 금지 : 금융투자업종사자는 금융소비자가 동의한 경우를 제외하고는 금융소비자와의 거래당사자가 되거나 자기 이해관계인의 대리인이 되어서는 안 됨(단, 증권시장 또는 파생상품시장을 통하여 매매가 이루어지는 경우에는 자기거래 금지 규정이 적용되지 않음)

13. 이익이 상충되는 경우 우선순위를 정하는 방법(표준내부통제기준)

① 고객의 이익은 회사와 주주 및 임직원의 이익에 우선
② 회사의 이익은 임직원의 이익에 우선
③ 모든 고객의 이익은 동등하게 다루어져야 함
※ 신규고객의 이익＝장기(기존)고객 이익(동일 우선순위)

> **Tip** 정보교류차단의무(금지 행위)
>
> - 정보제공행위
> - 겸직행위
> - 공간 및 시설 공동이용행위(공동 출입문 사용)
> - 그 밖에 이해상충 발생 가능성이 있는 행위

14. 상품 판매 단계의 금융소비자보호

(1) 적합성의 원칙

적합성의 원칙(금융소비자보호법 제17조)
<ul><li>금융상품판매업자 등은 금융상품계약 체결 등을 하거나 자문업무를 하는 경우에는 상대방인 금융소비자가 일반금융전문소비자인지 전문금융소비자인지 확인하여야 함</li><li>금융상품판매업자 등은 **일반금융소비자**에게 금융상품 계약체결을 권유하는 경우에는 면담·질문 등을 통하여 상품별로 다음의 정보를 파악하고, 일반금융소비자로부터 서명(전자서명 포함), 기명날인, 녹취, 그 밖에 대통령령으로 정하는 방법으로 확인을 받아 이를 유지·관리하여야 하며, 확인받은 내용을 일반금융소비자에게 지체 없이 제공하여야 함 - 투자성 상품 : 일반금융소비자의 해당 금융상품 취득 또는 처분 목적, 재산상황, 취득 또는 처분경험 - 대출성 상품 : 일반금융소비자의 재산상황, 신용 및 변제계획 - 그 밖에 대통령령으로 정하는 사항</li><li>금융상품판매업자 등은 파악한 일반금융소비자의 정보를 고려하여 그 일반금융소비자에게 적합하지 아니하다고 인정되는 계약체결을 권유해서는 아니 됨</li></ul>

KYC(Know – Your – Costomer – Rule) 실행 순서 (투자권유 및 투자상담 시 금융소비자의 정보를 파악)
<ul><li>금융소비자가 투자권유를 원하는지, 원하지 않는지 확인</li><li>해당 금융소비자가 일반금융소비자인지, 전문금융소비자인지 확인</li><li>일반금융소비자인 경우 면담·질문 등을 통해 투자목적, 재산상황, 투자경험 파악</li><li>파악된 금융소비자의 투자성향 등 정보를 서명(전자서명 포함), 기명날인, 녹취, 전자우편, 전자통신, 우편, 전화, 자동응답시스템 등의 방법으로 확인을 받음</li><li>확인받은 내용을 해당 금융소비자에게 지체 없이 제공</li></ul>

(2) 적정성 원칙

적정성 원칙(금융소비자보호법 제18조)
<ul><li>금융상품판매업자는 대통령령으로 각각 정하는 보장성 상품, 투자성 상품 및 대출성 상품에 대하여 **일반금융소비자**에게 계약체결을 권유하지 아니하고, 금융상품 판매계약을 체결하려는 경우에는 미리 면담·질문 등을 통하여 일반금융소비자의 정보를 파악</li><li>금융상품판매업자는 확인한 사항을 고려하여 해당 금융상품이 그 일반금융소비자에게 적정하지 않다고 판단되는 경우에는 그 사실을 알리고, 그 일반금융소비자로터 서명, 기명날인, 녹취, 그 밖에 대통령으로 정하는 방법으로 확인을 받아야 함</li></ul>

※ 적정성 원칙은 적합성 원칙과 유사하나 적합성 원칙과는 달리 계약체결을 권유하지 않는 경우에 적용

(3) 설명의무

<table>
<tr><td colspan="3" align="center">설명의무(금융소비자보호법 제19조)</td></tr>
<tr><td colspan="3">

- 금융상품판매업자 등은 **일반금융소비자**에게 계약체결을 권유하는 경우 및 일반금융소비자가 설명을 요청하는 경우에는 금융상품에 관한 중요한 사항을 일반금융소비자가 이해할 수 있도록 설명
- 금융상품판매업자 등은 설명에 필요한 설명서를 일반금융소비자에게 제공하여야 하며, 설명한 내용을 일반금융소비자가 이해하였음을 서명, 기명날인, 녹취, 그 밖에 대통령으로 정하는 방법으로 확인
- 금융상품판매업자 등은 설명을 할 때 일반금융소비자의 합리적인 판단 또는 금융상품이 가치에 중대한 영향을 미칠 수 있는 사항을 거짓 또는 왜곡(불확실한 사항에 대하여 단정적 판단을 제공하거나 확실하다고 오인하게 할 소지가 있는 내용을 알리는 행위를 말함)하여 설명하거나 중요한 사항을 빠뜨려서는 아니 됨
- ※ 설명하여야 하는 사항
  - 금융투자상품의 투자성에 관한 구조와 성격
  - 수수료에 관한 사항
  - 조기상환조건이 있는 경우 그에 관한 사항
  - 계약의 해제·해지에 관한 사항
- ※ 서면교부, 우편 또는 전자우편, 휴대전화 문자메시지 또는 이에 준하는 전자적 의사표시를 통해 교부
- 중요한 사항을 설명하지 않거나, 설명서를 사전에 제공하지 않거나, 설명하였음을 일반금융소비자로부터 확인받지 아니한 경우 금융회사에 대해 해당 금융상품의 계약으로부터 얻는 수입의 최대 <u>50%</u> 이내에서 과징금을 부과할 수 있으며, 별도로 최대 <u>1억 원</u> 이내에서 과태료를 부과할 수 있음
- 금융소비자에게 제공하는 정보의 요건 : 정확성, 시의성, 접근성 및 용이성, 권익침해 표시 금지
- 청약철회권 : 금융상품판매업자 등과 보장성 상품, 투자성 상품, 대출성 상품 또는 금융상품 자문에 관한 계약의 청약을 한 일반금융소비자는 다음에 따른 기간 내에 청약을 철회할 수 있음
</td></tr>
</table>

구분	기준	철회기간
대출성 상품	• 계약서류를 제공받은 날 • 계약체결일	<u>14일</u> 이내
• 투자성 상품 • 금융상품 자문	• 계약서류를 제공받은 날 • 계약체결일	<u>7일</u> 이내

(4) 불공정영업행위의 금지

<table>
<tr><td align="center">불공정영업행위의 금지(금융소비자보호법 제20조)</td></tr>
<tr><td>

금융상품판매업자 등은 우월적 지위를 이용하여 금융소비자의 권익을 침해하는 다음 어느 하나에 해당하는 행위를 해서는 안 됨
- 금융소비자의 의사에 반하여 다른 금융상품의 계약체결을 강요하는 행위
- 부당하게 담보를 요구하거나 보증을 요구하는 행위
- 금융상품판매업자 등 또는 그 임직원이 업무와 관련하여 편익을 요구하거나 제공받는 경우
- 대출성 상품의 경우 수수료, 위약금 또는 어떤 명목이든 중도상환수수료를 부과하는 행위(단, 대출계약이 성립한 날로부터 3년 이내에 상환하는 경우, 다른 법령에 따라 중도상환수수료 부과가 허용되는 경우는 부과 가능)
</td></tr>
</table>

(5) 부당권유의 금지

부당권유의 금지(금융소비자보호법 제20조)	
거짓의 내용을 알리는 행위, 불확실한 사항에 대하여 단정적 판단을 제공하거나 확실하다고 오인하게 할 소지가 있는 내용을 알리는 행위	
합리적 근거 제공의무	금융소비자에 대한 투자정보 제공 및 투자권유는 정밀한 조사·분석에 의한 자료에 기하여 합리적이고 충분한 근거에 기초하여야 하고, 여러 관련 요소 중에서 선택하여야 할 사항이 있는 경우, 그 취사 여부는 합리적 판단에 기초하여야 함

적정한 표시 의무	• 중요 사실에 대한 정확한 표시 의무
	  – '중요한 사실' : 금융소비자의 투자판단에 중요한 영향을 미친다고 생각되는 사실(국내에 영향을 미칠 수 있는 외국의 중요 정보도 중요 사실에 해당)
	  – '정확한 표시' : 투자판단에 필요한 중요한 사항은 빠짐없이 모두 포함시켜야 하고, 그 내용이 충분하고 명료할 것을 의미
	• 투자성과보장 등에 관한 표현의 금지
	• 허위·과장·부실표시의 금지
	  – 실적의 허위·과장·부실표시의 금지 규정은 집합투자기구의 운용역뿐만 아니라 투자중개업이나 투자자문업에 종사하는 자에게도 적용
	  – 운용실적을 산출과정에서 여러 가지 선택 가능한 방법 중에서 자의적으로 취사선택을 함으로써 고객을 오인시킬 소지가 있는 행위도 허용하지 않음
	  – 수탁된 자산규모를 부풀리거나, 운용실적이 좋은 펀드매니저를 대표 펀드매니저로 제시하는 행위도 허용되지 않음

요청하지 않은 투자권유 금지	• 투자권유는 금융소비자가 원하는 경우에만 하여야 함
	• 특히 장외파생상품은 원본 손실의 가능성이 매우 크고 분쟁 가능성이 크기 때문에 요청하지 않은 투자권유를 하여서는 아니 됨(단, 투자자 보호 및 건전한 거래질서를 해할 우려가 없는 행위로서 증권과 파생상품의 투자권유는 가능)
	• 투자권유를 받은 금융소비자가 이를 거부하는 취지의 의사를 표시한 경우에는 투자권유를 계속하여서는 안 되며, 다음의 경우에만 예외적으로 허용
	  – 투자권유를 받은 투자자가 이를 거부하는 취지의 의사를 표시한 후 금융위원회가 정하여 고시하는 기간(1개월)이 지난 후에 다시 투자권유를 하는 행위
	  – 다른 종류의 금융투자상품에 대하여 투자권유를 하는 행위

손실보전 등의 금지	• 투자자가 입을 손실의 전부 또는 일부를 보전하여 줄 것을 사전에 약속하는 행위 • 투자자가 입을 손실의 전부 또는 일부를 사후에 보전하여 주는 행위 • 투자자에게 일정한 이익을 보장할 것을 사전에 약속하는 행위 • 투자자에게 일정한 이익을 사후에 제공해 주는 행위
권한남용의 금지	• 회사의 대출, 용역 등 서비스 제공과 관련하여 금융소비자의 의사에 반하는 다른 금융상품이 구매를 강요하는 행위 • 회사의 대출 등과 관련하여 부당하거나 과다한 담보 및 보증을 요구하는 행위 • 회사 또는 그 임직원에게 부당한 금품, 편익 등의 제공을 요구하는 행위 • 회사 및 투자권유대행인 등의 실적을 위해 금융소비자에게 가장 유리한 계약 조건의 금융상품을 추천하지 않고 다른 금융상품을 추천하는 행위

15. 상품 판매 이후 단계의 금융소비자를 위한 제도

판매 후 모니터링 제도(해피콜 서비스)	금융소비자와 판매계약을 맺은 날로부터 **7영업일** 이내에 판매직원이 아닌 제3자가 해당 금융소비자와 통화하여 판매직원의 설명의무 이행 여부를 확인하는 절차
미스터리 쇼핑	금융소비자임을 가장하여 영업점을 방문해서 판매과정에서 금융투자업 종사자의 규정 준수 여부 등을 확인하는 것
위법계약해지권	금융소비자는 금융상품판매업자 등이 법령을 위반하여 금융상품에 관한 계약을 체결한 경우 **5년** 이내에 서면 등으로 해당 계약의 해지를 요구할 수 있음
법원의 소송 중지	조정이 신청된 사건에 대하여 신청 전 또는 신청 후 소가 제기되어 소송이 진행 중일 때에는 수소법원은 조정이 있을 때까지 소송절차를 중지할 수 있음
소액분쟁사건의 분쟁조정 이탈 금지	조정대상기관은 일반금융소비자가 신청한 사건으로 권리나 이익의 가액이 **2천만 원** 이내인 분쟁사건에 대하여 조정절차가 개시된 경우에는 조정안을 제시받기 전에는 소를 제기할 수 없음
손해배상책임	• 금융상품판매업자 등이 고의 또는 과실로 법을 위반하여 금융소비자에게 손해를 발생시킨 경우에는 그 손해를 배상할 책임이 있음 • 이 경우 손해배상의 입증책임은 금융회사에 있음

16. 본인에 대한 윤리

(1) 법규준수

① 법에 대한 무지는 변명되지 아니함 → 금융투자업종사자가 법규의 존재 여부와 내용을 알지 못하여 위반한 경우라도 그에 대한 법적 제재가 가해진다는 뜻

② 준수해야 할 법규는 직무와 직접적으로 관련 있는 법령뿐만 아니라, 직무와 관련하여 적용되는 인접분야의 법령 및 자율적으로 만든 사규까지도 포함

③ 준수해야 할 법규는 법조문으로 되어 있는 것은 물론이고, 그 법정신과 취지에 해당하는 것도 포함

(2) 자기혁신

① 금융투자업종사자가 본인이 담당하고 있는 직무에 관한 이론과 실무를 숙지하고 전문지식을 배양하는 것

② 금융투자업종사자가 윤리경영 실천에 대한 의지를 스스로 제고하기 위해 노력하는 것

(3) 품위유지

일정한 직업 또는 직책을 담당하는 자가 그 직업이나 직책에 합당한 체면과 위신을 손상하는 데 직접적인 영향이 있는 행위를 하지 아니하여야 할 것을 말함

(4) 공정성 및 독립성 유지의무

① 금융투자업종사자는 다양한 이해관계의 상충 속에서 어느 한쪽으로 치우치지 아니하고 특히 금융소비자 보호를 위하여 항상 공정한 판단을 내릴 수 있도록 하여야 함 → 온정주의나 적당한 타협주의는 업무의 공정성과 독립성을 해치는 데 가장 큰 걸림돌임

② 상급자는 본인의 직위를 이용하여 하급자에게 부당한 명령이나 지시를 하지 않아야 하며, 부당한 명령이나 지시를 받은 직원은 이를 거절해야 함

③ 직무수행의 공정성을 기하기 위해서는 금융투자업종사자 스스로가 독립적으로 판단하고 업무를 수행하여야 함

④ '독립성'이란 자기 또는 제3자의 이해관계에 의하여 영향을 받는 업무를 수행하여서는 안 되며, 독립성과 객관성을 유지하기 위하여 합리적 주의를 기울여야 한다는 것을 의미

Tip	조사분석업무의 독립성(협회 영업규정)

- 금융투자회사 및 그 임직원은 금융투자분석사에게 부당한 압력이나 권한을 행사하여서는 안 됨
- 금융투자회사는 금융투자분석사가 조사분석업무를 독립적으로 수행할 수 있도록 내부통제기준의 제정 등 필요한 조치를 취하여야 함

(5) 사적 이익 추구 금지

① 부당한 금품 등의 제공 및 수령 금지 : 금융투자협회의 '금융투자회사의 영업 및 업무에 관한 규정'에서는 부당한 재산상 이익의 제공 및 수령을 강력히 금지하고 있음. 다만, 동 규정을 일부 개정하여 재산상 이익의 제공 및 수령 등에 관한 한도규제를 폐지하는 대신 다음과 같이 내부통제절차를 강화함

  ㉠ 공시의무 신설 : 금융투자회사(및 그 종사자)가 거래상대방에게 제공하거나 거래상대방으로부터 수령한 재산상 이익의 가액이 **10억 원**을 초과하는 즉시 인터넷 홈페이지를 통하여 공시하도록 의무화

  ㉡ 재산상 이익의 제공에 대한 적정성 평가 및 점검 : 재산상 이익을 거래상대방에게 제공하는 경우 금융투자회사가 자율적으로 정한 일정 금액을 초과하거나 금액과 무관하게 전체 건수에 대해 금융투자회사는 그 제공에 대한 적정성을 평가하고 점검하여야 함

  ㉢ 이사회의 사전 승인 : 금융투자회사는 이사회가 정한 금액 이상을 초과하여 동일한 거래상대방과 재산상 이익을 제공하거나 수령하는 경우 이사회의 사전승인을 받아야 함

  ㉣ 제공(수령) 내역 요청 시 임직원의 동의 의무 : 거래상대방에게 해당 내역의 제공을 요청하려는 경우에는 소속 임직원의 동의를 반드시 받은 후 대표이사 명의의 서면으로 요청하여야 함

② 직무 관련 정보를 이용한 사적 거래 제한

  ㉠ 금융투자업종사자는 직무수행 중 알게 된 (중요 미공개) 정보를 이용하여 금융투자상품, 부동산 등과 관련된 재산상 거래 또는 투자를 하거나, 다른 사람에게 그러한 정보를 제공하여 재산상 거래 또는 투자를 도와주는 행위를 해서는 아니 됨

  ㉡ 자본시장법 및 관련 규정은 이러한 행위들을 '미공개 중요 정보의 이용 금지' 및 '시장질서 교란행위'로 규정하고, 직무수행 중 알게 되는 정보를 이용하거나 이를 다른 사람에게 알리는 유통행위를 엄격하게 금지하고 있음

③ 지위의 사적 이용 금지

  ㉠ 금융투자업종사자는 직무의 범위를 벗어나 사적 이익을 위하여 회사의 명칭이나 직위를 공표, 게시하는 등의 방법으로 이용하거나 이용하게 해서는 아니 됨

  ㉡ 일상적이고 특정인의 이익을 위한 목적이 아닌 경우에는 윤리기준 위반행위로 볼 수 없음 → 경조사 봉투 및 화환 등에 회사명 및 직위를 기재하는 행위나 지점 개업식 또는 계열회사의 창립기념일에 화환 등을 보내면서 회사의 명칭을 기재하는 것 등은 위반행위에 해당하지 않음

17. 회사에 대한 윤리

(1) 상호존중

상호존중에 해당하는 것 중 하나는 성희롱 방지로, 넓은 의미의 품위유지의무에도 해당하나 그 이상의 것이 포함됨 → 금융투자회사는 정부의 권고에 따라 매년 **1회** 이상 성희롱 예방 등에 관한 교육을 정기적으로 실시함

(2) 공용재산의 사적 및 수익 금지

① 금융투자업종사자는 회사의 업무용 차량, 부동산 등 회사 소유의 재산을 부당하게 사용하거나 정당한 사유 없이 사적인 용도로 사용해서는 아니 됨

② 회사의 재산은 회사의 이익을 위한 용도로만 사용되어야 하고, 회사의 이익이 아닌 개인의 사적 이익을 위하여 부당하게 사용되거나 유출되어서는 아니 됨

③ 회사의 재산 : 매우 넓은 개념으로 동산, 부동산, 무체재산권, 영업비밀과 정보, 고객관계, 영업기회 같은 유형 · 무형의 것이 모두 포함되며, 회사가 임직원에게 부여한 지위도 개인의 것이 아니고 넓은 의미에서의 회사 재산이 됨

④ 회사 재산을 부당하게 유용하거나 유출하는 행위는 형사법상 처벌의 대상 : 횡령죄, 배임죄, 절도죄, 업무방해죄

> **Tip** 회사 재산의 사적 사용 및 수익금지 위반 행위
>
> • 회사의 비품이나 자재를 사적인 용도로 사용하는 행위
> • 회사의 정보를 무단으로 유출하는 행위
> • 회사의 업무와 무관한 인터넷사이트 · PC통신 · E-mail, 게임을 하는 경우
> • 사적인 용도로 회사 전화를 장시간 사용하는 행위

(3) 경영진의 책임

① 회사 및 그 경영진은 스스로 법규 및 직무윤리기준을 준수하여야 함은 물론, 당해 회사 소속 업무종사자가 관계 법규 등에 위반하지 않고 직무윤리를 준수하도록 필요한 지도와 지원을 하여야 함

② 지도의 부족으로 소속 업무당사자가 업무수행과 관련하여 타인에게 손해를 끼친 경우, 회사와 경영진은 사용자로서 피해자에게 배상책임(사용자책임)을 질 수도 있음

(4) 정보보호

① 정보차단벽이 설치된 사업부서 또는 사업기능 내에서 발생한 정보는 우선적으로 비밀이 요구되는 비밀정보로 간주

② 비밀정보는 회사에서 정한 기준에 따라 정당한 권한을 보유하고 있거나 권한을 위임받은 자만이 열람 가능

③ 임직원은 회사가 요구하는 업무를 수행하기 위한 목적 이외의 어떤 경우라도 자신 또는 제3자를 위하여 비밀정보를 이용하여서는 안 됨

④ 특정한 정보가 비밀정보인지 불명확한 경우 그 정보를 이용하기 전에 준법감시인의 사전 확인을 받아야 하며, 준법감시인의 사전 확인을 받기 전까지 당해 정보는 비밀 정보로 분류 · 관리되어야 함

(5) 위반행위의 보고

금융투자업종사자는 업무와 관련하여 법규 또는 윤리기준의 위반 사실을 발견하거나 위반할 가능성이 있는 것을 알게 되면 즉시 정해진 절차에 따라 회사에 보고하여야 함 → 이를 위해 권장되고 있는 것이 내부제보(Whistle Blower) 제도

(6) 대외활동

① 임직원이 외부 강연이나 기고, 언론매체의 접촉, SNS 등 전자적 전자통신수단을 이용한 대외활동을 하는 경우 다음 각 호의 사항을 준수하여야 함

    ㉠ 회사가 공식의견이 아닌 경우 사견임을 명백하게 표현하여야 함

    ㉡ 대외활동으로 인하여 회사의 주관 업무 수행에 지장을 주어서는 아니 됨

    ㉢ 대외활동으로 인하여 금전적인 보상을 받게 되는 경우 회사에 신고하여야 함

    ㉣ 불확실한 사항을 단정적으로 표현하거나 다른 금융투자회사를 비방하여서는 아니 됨

> **Tip**   **대외활동의 범위**
>
> - 외부 강연, 연설, 교육, 기고 등의 활동
> - 신문, 방송 등 언론매체 접촉활동(투자광고를 위한 활동은 적용 제외)
> - 회사가 운영하지 않는 온라인 커뮤니티[블로그, 인터넷 카페 등, 소셜 네트워크 서비스(SNS), 웹사이트 등(이하 "전자통신수단"을 이용한 대외 접촉활동)]

② 대외활동 시 금지사항 및 중단

    ㉠ 회사가 승인하지 않은 중요자료나 홍보물 등을 배포하거나 사용하는 행위

    ㉡ 불확실한 사항을 단정적으로 표현하는 행위 또는 오해를 유발할 수 있는 주장이나 예측이 담긴 내용을 제공하는 행위

    ㉢ 합리적인 논거 없이 시장이나 특정 금융투자상품의 가격 또는 증권발행기업 등에 영향을 미칠 수 있는 내용을 언급하는 행위

    ㉣ 자신이 책임질 수 없는 사안에 대해 언급하는 행위

    ㉤ 주가조작 등 불공정거래나 부당권유 소지가 있는 내용을 제공하는 행위

    ㉥ 경쟁업체의 금융투자상품, 인력 및 정책 등에 대하여 사실과 다르거나 명확한 근거 없이 부정적으로 언급하는 행위

※ 임직원이 대외활동으로 인하여 회사로부터 부여받은 주된 업무를 충실히 수행하지 못하거나 고객, 주주 및 회사 등과의 이해상충이 확대되는 경우 회사는 그 대외활동의 중단을 요구할 수 있으며, 이 경우 해당 임직원은 회사의 요구에 즉시 따라야 함

(7) 고용계약 종료 후의 의무

> **금융투자회사의 표준윤리준칙 제5조(고용계약 종료 후의 의무)**
> 임직원은 회사를 퇴직하는 경우 업무 관련 자료의 반납 등 적절한 후속조치를 취하여야 하며, 퇴직 이후에도 회사와 고객의 이익을 해하는 행위를 하여서는 아니 된다.

① 고용기간이 종료된 이후에도 회사로부터 명시적으로 서면에 의한 권한을 부여받지 않으면 비밀정보를 출간, 공개 또는 제3자가 이용하도록 하여서는 아니 됨

② 고용기간의 종료가 동시에 또는 회사의 요구가 있을 경우에는 보유하고 있거나 자신의 통제하에 있는 기밀정보를 포함한 모든 자료를 회사에 반납하여야 함

③ 고용기간이 종료되면 어떠한 경우에도 회사명, 상표, 로고 등을 사용하여서는 아니 되고, 고용기간 동안 본인이 생산한 지적재산물은 회사의 재산으로 반환하여야 하며, 고용기간이 종료한 후라도 지적재산물의 이용이나 처분권한은 회사가 갖는 것이 원칙

18. 사회 등에 대한 윤리

사회질서 존중	**금융투자회사의 표준윤리준칙 제5조(시장질서 존중)** '회사와 임직원은 공정하고 자유로운 시장경제 질서를 존중하고, 이를 유지하기 위하여 노력하여야 한다.' • 금융투자업종사자는 자본시장의 건전성을 훼손하거나 시장질서를 교란하는 행위가 발생하지 않도록 노력해야 함 • 과거 : 미공개 중요정보의 내부자, 준내부자, 1차 수령자만이 제재 대상 • 현재 : 미공개 중요정보의 내부자, 준내부자, 1차 수령자 + 이를 전달한 자, 자신의 직무와 관련하여 정보를 알게 된 자, 해킹 · 기망 등의 부정한 방법으로 정보를 알게 된 자 등으로 적용대상 확대 → 목적 : 시장질서를 교란하는 행위 사전에 예방
주주가치 극대화	**금융투자회사의 표준윤리준칙 제9조(주주가치 극대화)** '회사와 임직원은 합리적인 의사결정과 투명한 경영활동을 통하여 주주와 기타 이해관계자의 가치를 극대화하기 위해 최선을 다하여야 한다.'
사회적 책임	**금융투자회사의 표준윤리준칙 제10조(사회적 책임)** '회사와 임직원 모두 시민사회의 일원임을 인식하고, 사회적 책임과 역할을 다하여야 한다.'

19. 직무윤리의 준수절차

(1) 내부통제

의미	회사의 임직원이 업무수행 시 법규를 준수하고 조직운영의 효율성 제고 및 재무보고의 신뢰성을 확보하기 위하여 회사 내부에서 수행하는 모든 절차와 과정
내부통제체계 구축	금융투자업자는 효과적인 내부통제 활동을 수행하기 위한 조직구조, 위험평가, 업무분장 및 승인절차, 의사소통 · 모니터링 · 정보시스템 등이 종합적인 체계로서 '내부통제체계' 구축
준법감시제도	• 내부통제의 수단 • 회사의 임직원 모두가 '신의성실의 원칙'과 '고객우선의 원칙'을 바탕으로 금융소비자에 대한 선량한 관리자의 의무에 입각하여 금융소비자의 이익을 위해 최선을 다했는지, 업무를 수행함에 있어 직무윤리를 포함한 제반 법규를 엄격히 준수하고 있는지에 대하여 사전적으로 또는 상시적으로 통제 · 감독하는 장치
내부통제기준	금융투자업자가 법령을 준수하고, 자산을 건전하게 운용하며, 이해상충방지 등 금융소비자를 보호하기 위해 그 금융투자업자의 임직원이 직무를 수행함에 있어서 준수하여야 할 적절한 기준 및 절차를 정한 것(내부통제기준을 제정하거나 변경하는 경우 이사회의 결의 필요)

(2) 준법감시인

① 준법감시인은 이사회 및 대표이사의 지휘를 받아 금융투자회사 전반의 내부통제 업무를 수행

② 표준내부통제기준에서는 금융투자회사가 준법감시인을 임면하려는 경우에는 이사회의 의결을 거쳐야 하며, 해임할 경우에는 이사 총수의 **2/3 이상**의 찬성으로 의결하도록 규정

③ 준법감시인은 위임의 범위와 책임의 한계 등이 명확히 구분된 경우 준법감시업무 중 일부를 준법감시업무를 담당하는 임직원에게 위임

④ 회사는 효율적인 내부통제를 위하여 회사의 업무절차 및 전산시스템을 적절한 단계로 구분하여 집행될 수 있도록 설계하여야 하고, 준법감시업무가 효율적으로 수행될 수 있도록 충분한 경험과 능력을 갖춘 적절한 수의 인력으로 구성된 지원조직('준법감시부서')을 갖추어 준법감시인의 직무수행 지원

⑤ 준법감시인은 내부통제기준을 기초로 내부통제의 구체적인 지침, 컴플라이언스 매뉴얼(법규 준수 프로그램 포함 가능), 임직원 윤리강령 등을 제정 · 시행

| Tip | 준법감시인 및 준법감시부서 직원이 수행할 수 없는 업무 |

- 자산 운용에 관한 업무
- 회사의 본질적 업무 및 그 부수업무
- 위험관리 업무(예외사항 있음)

(3) 내부통제 관련 제도

준법서약 등	금융투자업 종사자는 회사가 정하는 준법서약서를 작성하여 준법감시인에게 제출
윤리강령의 제정 및 운영	회사는 임직원이 금융투자업무를 수행하는 데 필요한 직무윤리와 관련된 윤리강령을 제정·운영하여야 함
임직원 겸직에 대한 평가·관리	• 회사의 경영건전성을 저해하는지 여부 • 고객과의 이해상충을 초래하는지 여부 • 금융시장의 안정성을 저해하는지 여부 • 금융거래질서를 문란하게 하는지 여부
내부제보(고발) 제도	• 회사는 내부통제의 효율적인 운영을 위하여 임직원이 회사 또는 다른 임직원의 위법·부당한 행위 등을 회사에 신고할 수 있는 내부제보제도를 운영 • 내부제보자가 제보행위를 이유로 인사상 불이익을 받은 것으로 인정되는 경우 준법감시인은 회사에 대해 시정 요구
명령휴가제도	• 회사는 임직원의 위법·부당한 행위를 사전에 방지하기 위하여 명령휴가제도를 운영 • 명령휴가제도란 금융사고 발생 우려가 높은 업무를 수행하고 있는 임직원을 대상으로 일정 기간 휴가를 명령하고, 동 기간 중 해당 임직원의 업무수행 적정성을 점검하는 제도
직무윤리기준 및 신상품 도입 관련 업무절차	회사는 입·출금 등 금융사고 발생 우려가 높은 단일거래에 대해 복수의 인력이 참여하도록 하거나, 해당 업무를 일선, 후선 통제절차 등으로 분리하여 운영토록 하는 직무윤리기준을 마련·운영하여야 함

(4) 영업점에 대한 내부통제

① 영업점별 영업관리자

자격 요건	• 영업점에서 <u>1년</u> 이상 근무한 경력이 있거나 준법감시·감사업무를 <u>1년</u> 이상 수행한 경력이 있는 자로서 당해 영업점에 상근하고 있을 것 • 본인이 수행하는 업무가 과다하거나 수행하는 업무의 성격으로 인하여 준법감시 업무에 곤란을 받지 아니할 것 • 영업점장이 아닌 책임자급일 것(당해 영업점의 직원 수가 적어 영업점장을 제외한 책임자급이 없는 경우에는 예외) • 준법감시업무를 효과적으로 수행할 수 있는 충분한 경험과 능력, 윤리성을 갖추고 있을 것
1명의 영업관리자 2 이상의 영업점 관리	• 감독대상 영업직원 수, 영업규모와 내용 및 점포의 지역적 분포가 단일 영업관리자만으로 감시·감독하는 데 특별한 어려움이 없을 것 • 해당 영업관리자가 대상 영업점 중 <u>1개</u>의 영업점에 상근하고 있을 것 • 해당 영업관리자가 수행할 업무의 양과 질이 감독업무 수행에 지장을 주지 아니할 것

② 회사가 특정 고객을 위하여 고객전용공간을 제공하는 경우 준수사항

  ㉠ 당해 공간은 직원과 분리하여야 하며, 영업점장 및 영업관리자의 통제가 용이한 장소에 위치하여야 함

  ㉡ 사이버룸의 경우 반드시 '사이버룸'임을 명기하고 외부에서 내부를 관찰할 수 있도록 개방형 형태로 설치되어야 함

ⓒ 다른 고객이 사이버룸 사용 고객을 직원으로 오인하지 않도록 명패, 명칭, 개별 직통전화 등을 사용하도록 하거나 제공해서는 아니 됨

ⓔ 영업점장 및 영업관리자는 고객전용공간에서 이루어지는 매매거래의 적정성을 모니터링하고 이상매매가 발견되는 경우 지체 없이 준법감시인에게 보고해야 함

(5) 내부통제기준 위반 시 회사의 조치 및 제재

조치 대상	내용
개인	회사는 내부통제기준 위반자에 대한 처리기준을 사전에 규정하고 위반자에 대한 조치를 취해야 함 ※ 위반자의 범위 : 내부통제기준을 직접 위반한 자, 지시·묵인·은폐 등에 관여한 자, 다른 사람의 위반사실을 고의로 보고하지 않은 자, 기타 내부통제기준의 운영을 저해한 자 포함

회사	① **1억 원** 이하의 과태료 부과
	• 내부통제기준을 마련하지 아니한 경우
	• 준법감시인을 두지 않은 경우
	• 사내이사 또는 업무집행책임자 중에서 준법감시인을 선임하지 않은 경우
	• 이사회 결의를 거치지 아니하고 준법감시인을 임면한 경우
	• 금융위원회가 위법·부당한 행위를 한 회사 또는 임직원에게 내리는 제재조치를 이행하지 않은 경우
	② **3천만 원** 이하의 과태료 부과
	• 준법감시인에 대해 별도의 보수지급 및 평가기준을 마련·운영하지 않은 경우
	• 준법감시인이 아래 업무를 겸직하거나 이를 겸직하게 한 경우
	  -자산 운용에 관한 업무
	  -해당 금융회사의 본질적 업무 및 그 부수업무
	  -해당 금융회사의 겸영업무
	  -(금융지주회사의 경우) 자회사 업무
	  -그 밖에 이해상충할 우려가 있거나 내부통제 및 위험관리업무에 전념하기 어려운 경우로서 대통령령으로 정하는 업무
	③ **2천만 원** 이하의 과태료 부과 : 준법감시인의 임면 사실을 금융위원회에 보고하지 않은 경우

20. 직무윤리 위반행위에 대한 제재

(1) 자율규제

① 금융투자협회는 회원 및 그 임직원에 대한 자율규제업무를 담당

② 주요 직무 종사자의 등록 및 관리권과 회원의 제명 또는 그 밖의 제재권(회원의 임직원에 대한 제재의 권고를 포함)을 발동할 수 있음

(2) 행정제재

금융감독기구인 금융위원회, 증권선물위원회, 금융감독원 등에 의한 제재가 중심

Tip	금융위원회 제재·조치권	
금융투자업자에 대한 제재권	조치명령권, 금융투자업 인가 또는 금융투자업 등록의 취소권	
금융투자업자의 임원에 대한 조치권	해임요구, **6개월** 이내의 직무정지, 문책경고, 주의적 경고, 주의, 그 밖에 자본시장법 시행령으로 정하는 조치 등	
금융투자업자의 직원에 대한 조치권	면직, **6개월** 이내의 정직, 감봉, 견책, 경고, 주의, 그 밖에 자본시장법 시행령으로 정하는 조치 등	
청문 및 이의신청	금융위원회의 처분 또는 조치에 대해 불복하는 자는 해당 처분 또는 조치의 고지를 받는 날로부터 **30일** 이내에 그 사유를 갖추어 금융위원회에 이의신청을 할 수 있음	

(3) 민사책임

법률행위의 실효	• 법률행위에 중대한 하자가 있는 경우에는 무효로 하고, 가벼운 하자가 있는 경우에는 취소할 수 있음 • 계약당사자 일방의 채무불이행으로 계약의 목적을 달성할 수 없는 경우, 일시적인 거래인 경우에는 계약을 해제할 수 있고, 계속적인 거래인 경우에는 계약을 해지할 수 있음
손해배상	• 채무불이행(계약책임) 또는 불법행위에 의하여 손해를 입은 자는 손해를 배상을 청구할 수 있음 • 불법행위책임은 계약관계의 존부를 불문하고 고의 또는 과실의 위법행위로 타인에게 손해를 가한 경우를 말하고, 가해자는 피해자에게 발생한 손해를 배상하여야 함

(4) 형사책임

죄형법정주의	법에서 명시적으로 규정하고 있는 것에 한하여 그 절차는 형사소송법에 의함
양벌규정	행위자와 법인 양자를 모두 처벌

(5) 시장에의 통제

직무윤리 위반행위에 대해 아무런 법적 제재를 받지 아니할 수도 있으나 고객과 시장으로부터의 신뢰상실과 명예실추, 고객과의 단절을 통해 업무에 종사하는 자에게 가해지는 가장 무섭고 만회하기 어려운 제재가 됨

CHAPTER 04

출제예상문제

SECTION 01 | 직무윤리 일반

01 다음 중 직무윤리와 기업윤리에 대한 설명으로 적절하지 않은 것은?

① 기업윤리는 조직 구성원 개개인이 지켜야 하는 윤리적 행동과 태도를 구체화한 것이다.

② 기업윤리와 직무윤리는 흔히 혼용되어 사용되기도 한다.

③ 직무윤리는 미시적인 개념이며, 기업윤리는 거시적인 개념으로 본다.

④ 윤리 경영은 직무윤리를 기업의 경영방식에 도입하는 것으로 간단히 정의될 수 있다.

해설 | ①은 직무윤리에 대한 설명이다.

02 다음 중 법과 윤리(기업윤리, 직무윤리)에 대한 설명으로 적절하지 않은 것은?

① 기업윤리는 '임직원 행동강령'이라는 추상적 선언문 형태를 지니고 있고 직무윤리는 '윤리강령'이라는 구체적 기준을 지니고 있다.

② 윤리에 합당한 법을 '있어야 할 법'이라고 한다.

③ 윤리경영은 기업의 사회적 책임과 고객의 신임관계로부터 파생되는 문제들까지 포괄하는 통합적 개념이다.

④ 윤리가 좀 더 개인적이고 내면적인 규범으로 되면 '도덕'이라고 하고, 그것이 사회적인 범위로 확장되면 '정의'라고 부른다.

해설 | 직무윤리는 '임직원 행동강령'이라는 '구체적 기준'을 지니고 있고 기업윤리는 '윤리강령'이라는 '추상적 선언문' 형태를 지니고 있다.

03 윤리경영과 직무윤리의 필요성이 강조되는 이유에 관한 설명으로 적절하지 않은 것은?

① 현대 사회는 고도의 정보화 기술 및 시스템에 의해 움직이는 사회인데, 이를 잘못 사용하는 경우에 초래될 재난을 방지하기 위하여 이를 다루는 자들에게 직무 윤리가 요구된다.

② 현대 사회에서는 위험비용을 제외한 거래비용의 최소화를 요구하기 때문이다.

③ 현대 사회에서 직무윤리는 공정하고 자유로운 경쟁의 전제조건이기 때문이다.

④ 현대 사회에서 직무윤리는 새로운 무형의 자본으로 인정되고 있기 때문이다.

해설 | 위험비용을 포함하여 거래비용의 최소화를 요구하기 때문이다. 개별 경제주체는 눈에 보이는 비용(거래수수료 등) 이외에 상대방이 자신의 이익에 반하는 행동을 할 경우에 발생하는 위험비용(부실한 자산관리에 따르는 손해 위험 등)을 거래비용에 포함시켜 그 거래비용이 가장 작은 쪽을 선택해야 한다.

04 직무윤리가 더욱 강조되는 금융투자산업의 이유로 가장 거리가 먼 것은?

① 금융투자상품은 불특정다수의 비대면 거래에 의하는 거래방식이므로 불공정성이 내재되어 있어서 타 상품에 비해 더 많은 규제가 필요하다.

② 금융투자상품은 고객의 자산을 위탁받아 운영 · 관리하는 것을 주요 업무로 하기 때문에 그 속성상 고객의 이익을 침해할 가능성이 다른 산업에 비해서 훨씬 높다.

③ 자본시장에서 취급하는 금융투자상품은 대부분 원본손실 가능성(투자성)을 띠고 있기 때문에 고객과의 분쟁 가능성이 상존한다.

④ 직무윤리를 준수하는 것은 금융투자업 종사자들을 보호하는 안전장치(safeguard)가 되는데 이러한 역할은 금융투자산업에 국한된다.

해설 | 직무윤리 준수가 직원을 보호하는 안전장치 역할을 하는 것은 모든 산업에 공통된다(금융투자업의 특성상 그 역할이 금융투자업에 더 클 뿐이다).

05 다른 산업에 비하여 금융투자산업에서 직무윤리가 특히 강조되는 이유와 가장 거리가 먼 것은?

① 금융투자상품의 전문화 · 복잡화 등으로 고객이 관련 상품의 내용을 정확하게 파악하는 것이 어렵다.

② 직무윤리를 준수하는 것이 관련 업무종사자들을 보호하는 안전장치가 된다.

③ 금융소비자의 자산을 관리하는 산업의 속성상 이익상충의 가능성이 크다.

④ 자본시장에서 취급하는 금융투자상품은 손실위험의 가능성을 지닌다.

해설 | 직무윤리를 준수하는 것이 관련 업무종사자들을 보호하는 안전장치가 되는데, 이것은 금융산업뿐만이 아니라 비금융산업을 포함한 모든 산업에서 직무윤리가 요구되는 공통의 이유가 된다.

06 자본시장법에서의 직무윤리의 역할에 대한 설명으로 옳은 것은?

① 자본시장법에서 금융투자상품을 포괄적으로 정의함으로써 그 적용대상과 범위가 확대됨에 따라 법의 사각지대를 메워 주는 직무윤리의 중요성이 커졌다.

② 자본시장법상 직무윤리는 금융소비자에 대한 배려차원에서 법적의무 부여보다는 금융기관 자체 서비스중심의 금융소비자법을 강조한다.

③ 자본시장법상 전문투자자의 경우 법상 주된 보호대상에서 제외됨에 따라 직무윤리 책임도 한결 완화된 측면이 있다.

④ 자본시장법은 금융소비자 보호와 금융투자업자의 평판리스크 관리를 위해 내부통제 중심의 자발적 직무윤리를 강조하였다.

정답 01 ①   02 ③   03 ②   04 ④   05 ②   06 ①

해설 | 자본시장법에서는 투자자 보호에 관한 법제적 장치가 강화되어, 종전에는 고객 배려차원에서 이루어지던 서비스의 상당 부분이 고객(특히 일반투자자)에 대한 법적 의무로 제도화되었다. 전문투자자는 자본시장법에서는 보호대상에서 빠져 있지만, 이에 대한 윤리적 책임까지 완전히 면제되는 것은 아니다. 자본시장법에서는 투자자 보호를 위한 법적 규제 수준이 높아짐에 따라 윤리적 의무의 수준도 한층 높아졌다. 따라서, 전문지식의 습득과 고객에 대한 고도의 윤리의식으로 고객의 신뢰를 확보하는 것은 평판위험을 관리하는 차원에서도 금융투자업 종사자들에게 더욱 중요한 자질로 인식되고 있다.

07 다음은 직무윤리의 사상적 배경 중 어디에 해당하는가?

> • 금욕적인 생활윤리에 기반한 노동과 작업은 신성한 것이다.
> • 근검, 절약, 절제를 통하여 부를 얻는 행위는 신앙인의 정당하고 신성한 의무라고 강조한다.

① 루터의 소명적 직업관
② 칼뱅의 금욕적 생활윤리
③ 마르크스의 유물사관
④ 막스 베버의 프로테스탄티즘의 윤리와 자본주의 정신

해설 | 칼뱅과 베버의 직무윤리

칼뱅	• 금욕적 생활윤리(근검, 정직, 절제) → 종교적인 일과 세속적인 일을 구분하는 카톨릭에 반대, 모든 신앙인은 노동과 직업이 신성하다는 소명을 가져야 한다고 역설 • 자본주의 발전의 정신적 원동력이자 지주로서의 역할(초기 자본주의 발전의 정신적 토대가 된 직업윤리의 중요성을 강조)
베버	프로테스탄티즘(개신교)의 윤리와 자본주의 정신(합리성, 체계성, 합법성) → 자본주의는 탐욕의 산물이 아니라 합리적으로 자본을 축적하고 사업을 경영함으로써 생긴 이윤축적의 결과(근대 자본주의 발전의 동인을 설명하는 이론의 하나)

08 국제투명성기구(TI ; Transparency International)와 관련된 설명으로 옳지 않은 것은?

① 1995년 이래 매년 각 국가별 부패인식지수(CPI)를 발표하고 있다.
② 전문가, 기업인, 애널리스트들의 견해를 반영하여 공무원들과 정치인들의 부패수준이 어느정도인지에 대한 인식의 정도를 지수로 나타낸 것이다.
③ 부패인식지수의 점수가 높을수록 부패정도가 심한 것이다.
④ 우리나라는 아직도 경제규모에 비해 윤리수준이 낮게 평가됨으로써 국제신인도와 국제경쟁력에 부정적인 영향을 미치고 있는 실정이다.

해설 | 부패인식지수의 점수가 낮을수록 부패정도가 심한 것이다.

09 2016년 9월 28일부터 시행된 '부정청탁 및 금품 수수 등의 금지에 관한 법률'(이하 '청탁금지법')에 대한 설명으로 옳지 않은 것은?

① 법안을 발의한 당시 국민권익위원회의 위원장이었던 김영란 전 대법관의 이름을 따 '김영란법'이라고도 불린다.

② 그동안 우리나라에서 관행, 관습이라는 이름하에 묵인되어 왔던 공직자 등에 대한 부정청탁 행위 및 부당한 금품 등을 제공하는 행위 등을 강력하게 금지하고 있다.

③ 단순히 공직자 등에게만 국한된 것이 아니라 일반 국민 전체를 적용대상으로 하고 있다는 점에서 그 영향력이 매우 크며, 위반 시 제재조치 또한 강력하다.

④ 공직자 등이 직무 관련성, 대가성 등이 있는 금품 등의 수수를 하는 경우에는 제재가 가능하도록 하고 있다.

해설 | 공직자 등이 직무 관련성, 대가성 등이 없더라도 금품 등의 수수를 하는 경우에는 제재가 가능하도록 하고 있다.

PART
01

PART
02

PART
03

PART
04

PART
05

▌**SECTION 02** ┃ 금융투자업 직무윤리

10 직무윤리의 적용대상에 관한 설명으로 적절하지 않은 것은?

① 투자권유자문인력 등의 전문자격증을 소유하고 있지 않으나, 관련 업무에 실질적으로 종사하는 자

② 잠재적 고객은 아직 정식 고객이 아니므로 직무윤리를 준수할 대상이 아니다.

③ 직무윤리의 적용대상인 직무행위란 금융투자업에 관련된 일체의 직무활동을 말한다.

④ 금융투자전문인력이 아니더라도 금융투자행위에 종사하는 자는 직무윤리 적용대상이다.

해설 | 잠재적 고객도 금융투자업종사자가 준수해야 할 직무윤리의 대상이다.

11 직무윤리의 적용대상에 대한 설명으로 부적절한 것은?

① 회사와의 위임, 고용관계, 고객과의 법률관계 및 보수의 유무를 불문하고 모든 금융투자업종사자는 직무윤리를 준수해야 한다.

② 무보수직 및 임시직도 직무윤리를 준수해야 하지만, 회사와 정식 고용관계에 있지 않은 자나 고객과 아무런 계약관계를 맺고 있지 않은 잠재적 고객은 적용대상에서 제외된다.

③ 직무윤리를 인지하지 못한 자도 준수해야 한다.

④ 직무윤리의 적용대상이 되는 직무행위는 자본시장과 금융투자업에 직접 또는 간접적으로 관련된 일체의 직무행위를 포함한다.

해설 | 무보수직 및 임시직도 직무윤리를 준수해야 하고, 회사와 정식 고용관계에 있지 않은 자 또는 고객과 아무런 계약관계를 맺고 있지 않은 잠재적 고객에 대해서도 직무윤리를 준수해야 한다.

정답 ▶ **07** ② **08** ③ **09** ④ **10** ② **11** ②

12 금융투자회사 임직원이 업무를 수행함에 있어 지켜야 할 직무윤리와 관련하여 금융투자협회에서 작성한 표준은?

① 표준윤리준칙   ② 직무윤리준칙

③ 표준윤리강령   ④ 직무윤리강형

해설 | 금융투자회사는 금융투자협회가 제시하는 표준윤리준칙을 기준으로, 각 회사별 특성에 맞추어 직무윤리와 관련된 규정을 제정 · 운영하게 된다.

13 다음 중 신의성실의 원칙에 관한 설명으로 옳지 않은 것은?

① 상대방의 정당한 이익을 배려하여 형평에 어긋나거나 신뢰를 저버리는 일이 없도록 성실하게 행동해야 한다는 것을 말한다.

② 윤리적 원칙이면서 동시에 법적 의무이다.

③ 이해상충의 방지 및 금융소비자보호와 관련된 기본원칙이다.

④ 상품 판매 이전 단계에만 적용되는 원칙이다.

해설 | 상품 판매 전의 개발 단계부터 모든 단계에서 적용한다.

14 ㉠~㉢에 들어갈 말로 순서대로 나열한 것은?

> 금융투자회사의 표준윤리준칙 제4조에서는 "회사와 임직원은 (㉠)와/과 (㉡)을/를 가장 중요한 가치관으로 삼고 (㉢)에 입각하여 맡은 업무를 충실히 수행하여야 한다."라고 규정하고 있다.

① 정직, 신뢰, 신의성실의 원칙

② 공정, 공평, 독립성의 원칙

③ 합리, 이성, 효율성의 원칙

④ 중립, 평등, 선관주의 원칙

해설 | 금융투자회사의 표준윤리준칙 제4조에서는 "회사와 임직원은 정직과 신뢰를 가장 중요한 가치관으로 삼고 신의성실의 원칙에 입각하여 맡은 업무를 충실히 수행하여야 한다."라고 규정하고 있다.

15 신의성실의 원칙(신의칙)이 가지는 기능에 대한 설명으로 옳지 않은 것은?

① 권리의 행사와 의무를 이행함에 있어서 행위준칙이며, 법률관계를 해석함에 있어서 해석상의 지침이 된다.

② 계약이나 법규에 흠결이나 불명확한 점이 있는 경우, 신의칙은 이를 메워 주고 명확하게 하는 기능을 한다.

③ 권리의 행사가 신의칙에 반하는 경우에는 권리남용이 되어 권리행사로서의 법률효과가 인정되지 않는다.

④ 신의칙 위반이 법원에서 다루어지는 경우, 당사자의 주장이 있는 경우에만 법원은 신의칙 위반 여부를 판단할 수 있다.

해설 | 신의칙 위반이 법원에서 다루어지는 경우, 이는 강행법규에 대한 위반이기 때문에 당사자가 주장하지 않더라도 법원은 직권으로 신의칙 위반 여부를 판단할 수 있다. 또한 신의성실의 원칙은 법규의 형식적 적용에 의하여 야기되는 불합리의 오류를 시정하는 역할을 한다.

16 다음 중 이해상충 방지에 대한 설명으로 적절하지 않은 것은?

① 금융투자업자는 이해상충 발생 가능성을 파악 · 평가하고 적절히 관리하여야 한다.

② 금융투자업자는 이해상충 발생 가능성이 있는 경우 그 사실을 해당 투자자에게 미리 알렸다면 별도의 조치 없이 매매 등 그 밖의 거래를 할 수 있다.

③ 금융투자업자는 영위하는 금융투자업 간 또는 계열회사 및 다른 회사와의 이해상충의 발생을 방지하기 위해 정보교류 차단벽(Chiness Wall)을 구축할 의무가 있다.

④ 이해상충 발생을 방지하기 위해 금융소비자가 동의한 경우를 제외하고는 금융투자업자가 거래당사자가 되거나 자기 이해관계인의 대리인이 되어서는 안 된다.

해설 | 이해상충 발생 가능성을 금융소비자에게 미리 알리고 이해상충 발생 가능성을 충분히 낮춘 후에만 거래할 수 있다.

17 이해상충 방지 의무에 대한 설명으로 옳지 않은 것은?

① 금융투자업자는 금융투자업을 영위함에 있어 정당한 사유 없이 투자자의 이익을 해하면서 자기가 이익을 얻거나 제3자가 이익을 얻도록 하여서는 아니 된다.

② 금융투자업종사자는 신의성실의 원칙에 입각하여 투자자의 이익을 최우선으로 하여 임무를 수행하여야 한다.

③ 이해상충 방지 의무는 금융투자업종사자의 충실의무와 직접적인 연관성이 있다.

④ '최선의 이익'이란 결과에 있어서 최대의 수익률을 얻어야 한다는 뜻이다.

해설 | '최선의 이익'이란 단순히 결과에 있어서 최대의 수익률을 얻어야 한다는 뜻이 아니라 결과와 과정 양자 모두에 있어서 최선의 결과를 얻도록 노력하여야 한다는 뜻이다. 즉 '최선의 이익'이란 소극적으로 고객 등의 희생 위에 자기 또는 제3의 이익을 도모해서는 안 된다는 것에 그치는 것이 아니고, 적극적으로 금융소비자 등의 이익을 위하여 실현 가능한 최대한의 이익을 추구하여야 하는 것을 말한다(집행의무).

정답 12 ① 13 ④ 14 ① 15 ④ 16 ② 17 ④

18 다음 중 이해상충의 발생원인과 거리가 먼 것은?

① 회사 내의 사적 업무영역에서 공적 업무영역의 정보를 이용하기 때문이다.

② 금융투자업자와 금융소비자 간 존재하는 정보의 비대칭 때문이다.

③ 금융투자업종사자가 금융소비자의 이익을 희생하여 본인 또는 제3자의 이익을 추구할 가능성이 항상 존재하기 때문이다.

④ 금융투자업자의 겸영 업무 허용범위가 넓어졌기 때문이다.

해설 | 금융투자업자 내부 문제로서 금융투자업을 영위하는 회사 내에서 공적 업무영역에서 사적 업무영역의 정보를 이용하기 때문이다.

19 일반적으로 금융투자업자와 금융소비자 사이에서 대표적으로 발생하는 이해상충의 사례는?

① 선행매매   ② 과당매매

③ 스캘핑   ④ 시세조종

해설 | 금융투자중개업자인 경우 금융소비자로부터 많은 수수료 수입을 창출하여야 하는 반면, 금융소비자는 보다 저렴한 수수료를 부담하기 원하는 경우가 일반적이다. 이때, 금융투자중개업자에 속하는 임직원이 회사 또는 자신의 영업실적을 증대시키기 위해 금융소비자의 투자경험 등을 고려하지 않고, 지나치게 자주 투자권유를 하여 매매가 발생하는 경우 이해상충이 발생하게 된다. 자본시장법 시행령에서는 '일반투자자의 투자목적, 재산상황 및 투자경험 등을 고려하지 아니하고 일반투자자에게 지나치게 투자권유를 하는 행위'를 금지하고 있다.

20 과당매매와 관련하여 특정 거래가 빈번한 거래인지 또는 과도한 거래인지를 판단할 때에 고려되어야 할 사항으로 부적절한 것은?

① 일반투자자가 부담하는 수수료의 총액

② 일반투자자의 재산상태 및 투자목적에 적합한지 여부

③ 일반투자자가 당해 거래로 인하여 실제 투자손실을 입었는지의 여부

④ 일반투자자가 투자지식이나 경험에 비추어 당해 거래에 수반되는 위험을 잘 이해하고 있는지 여부

해설 | 일반투자자가 실제 손해를 입었는지 혹은 이익을 입었는지는 과당매매의 판단 기준이 아니다. 이 외에도 개별 매매거래 시 권유 내용의 타당성 여부 등을 종합적으로 고려하여 판단한다.

21 자본시장법상의 이해상충 방지 체계에 관한 설명으로 옳지 않은 것은?

① 자본시장법에서는 금융투자업 간 겸영 허용 범위가 넓어짐에 따라 이해상충 방지 체계를 금융투자업의 인가 · 등록 시부터 갖추도록 의무화하고 있다.

② 금융투자업자는 이해상충이 발생할 가능성을 파악 · 평가하고, 내부통제 기준이 정하는 방법 및 절차에 따라 이를 적절히 관리하여야 한다.

③ 금융투자업자는 이해상충이 발생할 가능성이 있는 경우에는 그 사실을 미리 해당 투자자에게 알려야 하며, 이해상충이 발생할 가능성을 투자자 보호에 문제가 없는 수준으로 낮춘 후 매매, 그 밖의 거래를 하여야 한다.

④ 금융투자업자는 이해상충이 발생할 가능성을 낮추는 것이 곤란하다고 판단되는 경우에는 준법감시인의 승인 후 거래를 하여야 한다.

해설 | 금융투자업자는 이해상충이 발생할 가능성을 낮추는 것이 곤란하다고 판단되는 경우에는 매매, 그 밖의 거래를 하여서는 아니 된다.

22 자본시장법상의 이해상충 방지 체계에 관한 설명으로 옳지 않은 것은?

① 금융투자업자는 영위하는 금융투자업 간 또는 계열회사 및 다른 회사와의 이해상충 발생을 방지하기 위하여 정보교류 차단벽(Chiness Wall)을 구축할 의무가 있다.

② 금융투자협회의 영업규정에서는 금융투자업자가 자신이 발행하였거나 관련되어 있는 대상에 대한 조사분석자료를 공표 · 제공하는 것을 원칙적으로 금지하고 있다.

③ 금융투자업자는 금융소비자의 거래당사자가 되거나 자기 이해관계인의 대리인이 될 수 없다.

④ 자기거래 금지 규정에서 '자기 이해관계인'에는 법률적 이해관계인을 의미한다.

해설 | '자기 이해관계인'에는 친족이나 소속 회사 등과 같이 경제적으로 일체성 내지 관련성을 갖는 자 등이 모두 포함되는데 법률적 이해관계인에 국한하지 않고 사실상의 이해관계까지도 모두 포함된다. 이를 위반한 경우 형사처벌의 대상이 된다.

23 이익이 상충되는 경우 이익의 우선순위를 바르게 나타낸 것은?

① 고객 > 임직원 > 회사, 주주

② 고객 > 회사, 주주 > 임직원

③ 주주 > 고객 > 회사 > 임직원

④ 고객 > 주주 > 임직원 > 회사

해설 | 금융투자회사의 표준내부통제기준에서는 이익이 상충되는 경우 우선순위를 다음과 같이 정하고 있다.
- 고객의 이익은 회사와 회사의 주주 및 임직원의 이익에 우선
- 회사의 이익은 임직원의 이익에 우선
- 모든 고객의 이익은 동등학 다루어져야 함(신규고객의 이익 = 잠재고객의 이익)

24 다음에서 설명하고 있는 이해상충 방지체계를 무엇이라 하는가?

> 금융투자업종사자는 금융소비자가 동일한 경우를 제외하고는 금융소바자와의 거래 당사자가 되거나 자기 이해관계인의 대리인이 되어서는 아니 된다.

① 임의매매 금지   ② 일임매매 금지
③ 자기거래 금지   ④ 과당매매 금지

해설 | 자기거래의 금지에 관한 설명이다.

25 금융투자업 직무윤리에 관한 설명으로 옳은 것은?

① 직무윤리는 일종의 자율규제의 성격을 지닌다.
② 금융투자업에서 이해상충의 문제가 발생하는 경우는 많지 않다.
③ 직무윤리 위반 시 대부분 윤리적 비난을 받고, 법적 제재는 받지 않는다.
④ 고객에 대한 이해상충의 문제가 발생되는 경우 장기고객의 이익은 신규고객의 이익에 우선한다.

해설 | ② 정보의 비대칭 등으로 인해 금융투자업에서 이해상충 문제가 많이 발생한다.
       ③ 직무윤리 위반 시 윤리적 비난 및 법적 제재도 상존한다.
       ④ 고객에 대한 이해상충의 문제가 발생되는 경우 장기고객의 이익은 신규고객의 이익과 동일시된다.

26 금융소비자보호를 위한 각종 제도에 대한 설명으로 옳은 것은?

① 금융회사는 금융소비자보호 총괄책임자(CCO)를 대표이사의 직속으로 두고, 독립적인 지위를 부여해야 한다.
② 금융소비자모범규준은 금융소비자를 위한 제반사항의 이행을 촉구하고 강화하기 위해 자본시장법에서 제정한 것이다.
③ 금융소비자보호법이 제정되었지만 아직 시행되지 않고 있다.
④ 금융회사는 임직원이 금융소비자 보호 의무를 충실히 이행하고 있는지에 대한 평가를 정기적으로 실시하는데, 이는 의무가 아닌 권장사항이다.

해설 | ② 모범규준은 감독당국에서 제시하는 규준 즉, 권장사항이다(법률로 제정된 것이 아님).
       ③ 금융소비자보호법은 2021년 3월 25일부로 시행되었다.
       ④ 임직원에 대한 평가는 정기적으로 시행하는 의무이다.

27 다음 중 금융소비자보호 총괄책임자(CCO)가 수행하는 직무가 아닌 것은?

① 금융소비자보호에 필요한 절차 및 기준의 수립

② 금융상품 판매의 전 단계에서 소비자보호 체계에 관한 관리, 감독 업무

③ 민원업무의 분석과 평가 및 대표이사 보고

④ 금융소비자보호 관련 관계부서 간 피드백 업무 총괄

해설 | 금융소비자보호 전담부서의 업무이다.

PART
01

PART
02

PART
03

PART
04

PART
05

28 다음 중 금융소비자보호의무와 관련된 설명으로 적절하지 않은 것은?

① 상품의 개발단계에서부터 판매 이후의 단계까지 전 단계에 걸쳐 적용된다.

② 금융투자업 종사자의 '전문가로서의 주의의무'와 관련된다.

③ 우리나라는 현재 금융소비자보호법에 따라 관련 절차 등이 규정되어 있다.

④ CCO는 상근감사 직속의 독립적 지위를 갖는다.

해설 | CCO는 대표이사 직속이다.

29 다음 설명 중 틀린 것은?

① 금융투자업 직무윤리의 기본적인 핵심은 '고객우선의 원칙'과 '신의성실의 원칙'이다.

② 직무윤리가 법제화된 대표적인 사례는 '금융소비자보호의무'와 '이해상충방지의무'이다.

③ 금융소비자를 두텁게 보호하기 위해 대표이사는 법령에 규정된 의무를 모두 본인이 수행하여야 하며, 다른 임원 등에게 위임할 수 없다.

④ 금융소비자 보호에 관한 인식은 국내외를 막론하고 점차 강해지고 있다.

해설 | 금융소비자보호법에서는 대표이사의 고유 권한 중 일부를 금융소비자보호 총괄책임자에게 위임할 수 있도록 허용하고 있다.

30 다음 중 상품 판매 이전단계에서의 금융소비자보호의무와 가장 거리가 먼 것은?

① 상품 판매 개시 이후 적정한 판매절차를 거쳤는지 점검하는 절차를 마련한다.

② 판매임직원 등의 판매자격 관리절차를 마련한다.

③ 판매임직원 등 대상 교육체계를 마련한다.

④ 해당 상품에 대한 미스터리쇼핑을 자체적으로 실시한다.

해설 | 미스터리쇼핑은 상품 판매 이후 단계에서 실행하는 절차이다.

정답 ▶ 24 ③ 25 ① 26 ① 27 ③ 28 ④ 29 ③ 30 ④

31 금융소비자를 보호하기 위한 상품 판매 단계에서 이행해야 하는 의무는?

① 상품개발 단계에서 금융소비자보호를 위한 부서의 의견 반영

② 불완전판매를 예방하기 위해 적정한 자격증 확보와 보수교육의 이행

③ 요청하지 않는 투자권유의 금지, 부당한 투자권유의 금지 등 준수

④ 미스터리 쇼핑, 해피콜 서비스, 불완전한 판매 배상제도 등의 운영

해설 | ① 상품개발 단계, ② 상품 판매 이전 단계, ④ 상품 판매 이후 단계

32 금융소비자 보호 의무의 이행에 있어 '상품 판매 단계'의 내용이 아닌 것은?

① 금융투자업자는 일반투자자에게 투자권유를 하는 경우에는 일반투자자의 투자목적, 재산상황 및 투자경험 등에 비추어 그 일반투자자에게 적합하지 않다고 인정되는 투자권유를 해서는 아니 된다.

② 금융투자업자는 일반투자자의 투자목적, 재산상황 및 투자경험 등에 비추어 해당 파생상품 등이 일반투자자에게 적정하지 아니하다고 판단되는 경우에는 대통령령으로 정하는 바에 따라 그 사실을 알리고, 일반투자자로부터 서명 등의 방법으로 확인을 받아야 한다.

③ 금융투자업자는 일반투자자를 상대로 투자권유를 하는 경우에는 금융투자상품의 내용, 투자에 따르는 위험, 그 밖에 대통령령으로 정하는 사항을 일반투자자가 이해할 수 있도록 설명하여야 한다.

④ 금융투자업자는 직무상 알게 된 정보로서 외부에 공개되지 아니한 정보를 정당한 사유없이 자기 또는 제3자의 이익을 위하여 이용해서는 아니 된다.

해설 | ④는 '정보의 누설 및 부당이용의 금지'이며 '상품 판매 이후 단계'에 속한다.
① 적합성의 원칙
② 적정성의 원칙
③ 설명의무

33 금융소비자보호의 기본원칙인 주의의무에 관한 설명으로 옳지 않은 것은?

① 금융투자업종사자는 금융소비자 등의 업무를 수행함에 있어서 그때마다의 구체적인 상황에서 전문가로서의 주의를 기울여야 한다.

② 금융투자업종사자는 일반인에게 요구되는 정도의 주의를 기울여 그 업무를 수행하여야 한다.

③ 주의업무를 다하는 것인가는 구체적 업무내용에 따라서 다르지만, 일반적으로 '신중한 투자자의 원칙(Prudent Investor Rule)'이 기준이 된다.

④ 수탁자가 포트폴리오 이론에 따라서 자산운용을 한다면 그것은 일반적으로 적법한 것으로 인정된다.

해설 | 금융투자업종사자는 일반인(아마추어)에게 요구되는 것 이상의 '전문가로서의 주의'를 기울여 그 업무를 수행하여야 한다.

34 주의의무에 관한 설명으로 옳지 않은 것은?

① '전문가로서의'라는 것은 일반인 내지 평균인(문외한) 이상의 당해 전문가집단에 평균적으로 요구되는 수준의 주의가 요구된다는 뜻이다.

② 주의의무는 사무 처리의 대가가 유상인 업무에 대해서만 요구된다.

③ 금융투자업자는 금융기관의 공공성으로 인하여 일반 주식회사에 비하여 더욱 높은 수준의 주의의무를 요한다.

④ 주의의무는 금융소비자가 금융투자상품을 매수하는 거래 이전과 매수한 이후 모두 적용된다.

해설 | 주의의무는 업무수행이 신임관계에 의한 것인 한 사무처리의 대가가 유상이든 무상이든 묻지 않고 요구된다.

PART
01

PART
02

PART
03

PART
04

PART
05

35 투자권유의 순서가 올바르게 연결된 것은?

> ㉠ 투자권유를 원하는 고객인지 원하지 않는 고객인지 확인
> ㉡ 일반투자자인지, 전문투자자인지를 확인
> ㉢ 투자목적, 투자경험, 재산상황 등을 파악
> ㉣ 일반투자자가 이해할 수 있도록 설명

① ㉠ → ㉡ → ㉢ → ㉣
② ㉡ → ㉢ → ㉣ → ㉠
③ ㉡ → ㉠ → ㉢ → ㉣
④ ㉢ → ㉠ → ㉡ → ㉣

해설 | 전문투자자도 투자권유를 희망할 수 있으므로 ㉠이 먼저이며, 투자권유를 희망하는 고객 중 일반투자자만을 상대로 투자권유준칙을 이행한다.

36 Know – Your – Customer – Rule에 관한 설명으로 옳지 않은 것은?

① 투자권유를 하기 전에 먼저 당해 고객이 투자권유를 원하는지 아니면 원하지 않는지를 확인하여야 하며, 투자권유를 원하지 않는 고객에 대해서는 투자권유를 하여서는 아니 된다.

② 상대방이 일반투자자인지, 전문투자자인지 확인하여야 한다.

③ 일반투자자인 경우 면담 · 질문 등을 통하여 투자목적 · 재무상황 및 투자경험 등의 정보를 파악하여야 한다.

④ 파악한 정보를 서명(전자서명 제외), 기명날인 및 그 밖의 방법으로 확인받고, 확인받은 내용을 투자자에게 지체 없이 제공하여야 한다.

해설 | 파악한 정보를 서명(전자서명 포함), 기명날인, 녹취, 그 밖의 전자우편 또는 이와 비슷한 전자통신, 우편, 전화 자동응답시스템(ARS)의 방법으로 확인받고, 확인받은 내용을 투자자에게 지체 없이 제공하여야 한다.

정답 ▸ 31 ③ 32 ④ 33 ② 34 ② 35 ① 36 ④

37 적합성의 원칙에 관한 설명으로 옳지 않은 것은?

① 금융투자업자는 일반투자자에게 투자권유를 하는 경우에는 일반투자자의 투자목적 · 재산상황 및 투자경험 등에 비추어 적합하지 아니하다고 인정되는 투자권유를 하여서는 아니 된다.

② 적합성의 원칙에는 소극적 원칙뿐만 아니라 금융소비자의 투자의향 · 경험 및 자금력 등에 가장 적합한 금융투자상품을 권유해야 한다는 적극적 원칙까지를 포함한다.

③ 합리적 근거 없이 투기적인 증권투자를 권유하는 과잉권유(Boiler Room)는 적합성의 원칙에 반한다.

④ 자본시장법은 일반투자자와 전문투자자 모두에 대해서 적합성 원칙과 설명의무를 부과하고 있다.

해설 | 자본시장법은 투자자를 일반투자자와 전문투자자로 구분하고, 일반투자자에 대해서만 적합성 원칙과 설명의무를 부과하고 전문투자자에 대해서는 이를 적용하지 않고 있다.

38 적정성의 원칙에 대한 설명이다. 가장 거리가 먼 것은?

① 금융투자업자는 일반투자자에게 투자권유를 하지 아니하고 파생상품 등을 판매하려는 경우에는 면담 · 질문 등을 통하여 그 일반투자자의 투자목적 · 재산상황 · 투자경험 등의 정보를 파악해야 한다.

② 금융투자업자는 일반투자자의 투자목적 · 재산상황 · 투자경험에 비추어 해당 파생상품 등이 일반투자자에게 적정하지 아니하다고 판단되는 경우에는 대통령령이 정하는 바에 따라 그 사실을 해당 투자자에게 알리고 그 사실을 서명, 기명날인, 녹취 등의 방법으로 확인을 받아야 한다.

③ 파생상품 등에 대하여는 일반투자자의 투자목적 · 재산상황 · 투자경험 등을 고려하여 투자자등급별로 차등화된 투자권유준칙을 마련하여야 한다.

④ 금융투자업자는 비상근임원 1인 이상의 파생상품업무책임자를 두어야 한다.

해설 | 파생상품업무의 중요성을 감안하여 상근임원 1인 이상을 책임자로 둔다. ①에서 '일반투자자에게 투자권유를 하지 아니하고'는 '투자권유불원고객'을 대상으로 함을 의미한다.

39 금융투자업종사자의 설명의무와 가장 거리가 먼 것은?

① 중요한 내용에 대해서는 고객이 이해할 수 있도록 설명해야 한다.

② '중요한 내용'이란 사회통념상 투자 여부의 결정에 영향을 미칠 수 있는 사안으로, 투자의 합리적인 투자판단 또는 해당 금융투자상품의 가치에 중대한 영향을 미칠 수 있는 사항을 말한다.

③ 설명의무의 대상인 금융투자상품에 대해서 어떤 경우에도 허위로 설명하거나 누락해서는 안 된다.

④ 금융투자업자는 설명의무를 다한 후 일반투자자가 이해하였음을 서명, 기명날인, 녹취, 그 밖에 대통령령으로 정하는 방법 중 하나 이상의 방법으로 확인을 받아야 한다.

해설 | 허위나 누락 금지대상은 중요한 내용에 국한한다.

40 금융소비자 보호를 위한 설명의무에 대한 설명으로 옳지 않은 것은?

① 금융투자업자는 일반투자자를 상대로 투자권유를 하는 경우에는 금융투자상품의 내용, 투자에 따르는 위험 등을 일반투자자가 이해할 수 있도록 설명하여야 한다.

② 금융투자업자는 설명내용을 일반투자자가 이해하였음을 서명, 기명날인, 녹취 등의 방법으로 확인을 받아야 한다.

③ 중요사항을 거짓 또는 왜곡하여 설명하거나 누락하여서는 아니 된다.

④ 투자자의 투자경험 등 투자자의 이해수준을 고려하여 설명의 정도를 달리하여서는 아니 된다.

해설 | 투자자의 투자경험과 금융투자상품에 대한 지식수준 등 투자자의 이해수준을 고려하여 설명의 정도를 달리할 수 있다. 금융투자업종사자는 설명의무 위반으로 인하여 발생한 일반투자자의 손해를 배상할 책임이 있다.

41 '약관의 규제에 관한 법률'상 명시·설명의무에 대한 설명으로 옳지 않은 것은?

① 약관이란 그 명칭이나 형태를 불문하고, 계약의 당사자가 일방의 상대방과 계약을 체결하기 위하여 일정한 형식에 의해 미리 마련한 계약의 내용을 말한다.

② 사업자는 계약을 체결할 때에는 고객에게 약관의 내용을 분명히 밝히고, 고객이 요구할 경우 약관의 사본을 내주어 고객이 약관의 내용을 알 수 있게 하여야 한다.

③ 사업자는 약관에 정해져 있는 중요한 내용을 설명해야 한다.

④ 사업자가 명시·설명의무를 위반하여 계약을 체결한 때에는 해당 약관을 계약의 내용으로 주장할 수 없다.

해설 | 약관이란 그 명칭이나 형태를 불문하고, 계약의 일방 당사자가 다수의 상대방과 계약을 체결하기 위하여 일정한 형식에 의하여 미리 마련한 계약의 내용을 말한다.

42 다음 중 금융투자업 종사자가 고객에게 투자를 권유하거나 이와 관련된 직무를 수행함에 있어 따라야 할 기준으로 적절하지 않은 것은?

① 투자권유 전 고객의 재무상황, 투자경험, 투자목적에 관하여 적절한 조사를 해야 한다.

② 투자권유 시 환경 및 사정변화가 발생하더라도 일관성 있는 투자권유를 위해 당해 정보를 변경하여서는 안 된다.

③ 고객을 위하여 각 포트폴리오 또는 각 고객별로 투자권유의 타당성과 적합성을 검토하여야 한다.

④ 파생상품 등과 같이 투자위험성이 큰 경우 일반 금융투자상품에 요구되는 수준 이상의 각별한 주의를 기울여야 한다.

해설 | 투자권유가 환경 및 사정의 변화를 반영할 수 있도록 당해 정보를 변경하여야 한다.

43 퇴직 후 안정적인 소득을 얻고자 하는 투자자에게, 향후 주식시장의 상승 전망을 설명하고 주식형 펀드에 투자를 하여 손실을 입혔다. 이 경우 투자권유를 한 자는 어떤 직무윤리를 위반한 것인가?

① 적정성의 원칙   ② 적합성의 원칙

③ 선관주의 의무   ④ 신의성실 원칙

해설 | 고객의 투자목적에 적합하지 않은 투자권유를 한 경우이므로 투자목적 등에 적합하여야 할 의무, 즉 적합성의 원칙을 위반한 경우이다.

44 투자상담업무를 담당하고 있는 자가 객관적이고 중립적인 자료에 근거하여 투자권유를 하지 않고 미래에 대한 낙관적인 전망을 기초로 하여 투자를 권유하였다면, 이는 어떤 윤리기준을 위배한 것인가?

① 충실 의무   ② 선관주의 의무

③ 합리적 근거를 제시할 의무   ④ 품위유지 의무

해설 | 투자상담업무 종사자는 고객에게 객관적인 근거에 기초하여 합리적 근거를 가지고 투자권유를 하여야 한다.

45 다음은 중요사실에 대한 정확한 표시의무에 관한 설명이다. 옳지 않은 것은?

① 중요한 사실에 대해서는 모두 정확하게 표시하여야 한다.

② '중요한 사실'이란 고객의 투자판단에 중요한 영향을 미친다고 생각되는 사실이며, 국내에 영향을 미칠 수 있는 외국의 정보도 중요 사실에 해당한다.

③ '정확한 표시'란 투자판단에 필요한 중요한 사항은 빠짐없이 모두 포함시켜야 하고, 그 내용이 충분하고 명료할 것을 의미한다.

④ 상대방에게 불필요한 오해를 유발할 소지가 있는 경우라도 모든 사실은 빠짐없이 정확하게 표시하여야 한다.

해설 | 전체적 맥락에서 당해 정보가 불필요한 오해를 유발할 소지가 있는 경우인지, 내용의 복잡성이나 전문성에 비추어 정보의 전달방법이 상대방에게 정확하게 정보가 전달될 수 있는지를 고려하여 중요한 사실이 아니라면 생략이 가능하다.

46 투자성과보장 등에 관한 표현의 금지 규정을 설명한 것으로 옳지 않은 것은?

① 금융소비자에게 투자권유를 하면서 투자성과를 보장하는 듯한 표현을 사용해서는 안 된다.

② 증권투자상담을 하면서 일정한 기대성과를 확약하는 것은 투자성과의 보장에 해당한다.

③ 금융투자업자가 투자자의 손실을 보전해 줄 것을 사전에 약속하거나 사후에 보전하는 행위, 이익을 보장할 것을 사전에 약속하거나 사후에 제공하는 행위는 금지된다.

④ 금융투자업종사자가 금융소비자에게 손실부담을 약속하여 투자권유가 이루어진 경우 금융소비자가 그 권유에 따라 위탁을 하지 않는다면 금지 규정을 위반한 것이 아니다.

해설 | 금융투자업종사자가 금융소비자에게 손실부담을 약속하여 투자권유가 이루어진 경우 금융소비자가 그 권유에 따라 위탁을 하지 않더라도 금지 규정을 위반한 것이다.

47 허위·과장·부실표시의 금지 규정을 설명한 것으로 옳지 않은 것은?

① 소속 회사 또는 자신의 실적을 좋게 보이기 위하여 자의적으로 부풀려진 실적을 제시하는 것은 금지된다.

② 실적의 허위·과장·부실표시의 금지 규정은 예외적으로 투자중개업이나 투자자문업에 종사하는 자에게는 적용되지 않는다.

③ 운용실적 산출과정에서 여러 가지 선택 가능한 방법 중에서 자의적으로 취사선택을 함으로써 고객을 오인시킬 소지가 있는 행위도 허용되지 않는다.

④ 수탁된 자산규모를 부풀린다든지, 운용실적이 좋은 펀드매니저를 대표 펀드매니저로 제시하는 행위도 허용되지 않는다.

해설 | 실적의 허위·과장·부실표시의 금지 규정은 집합투자기구의 운용역뿐만 아니라 투자중개업이나 투자자문업에 종사하는 자에게도 적용된다.

48 요청받지 않은 투자권유의 금지 규정에 대한 설명으로 옳지 않은 것은?

① 금융투자업종사자는 고객으로부터 요청이 없으면 방문·전화 등의 방법에 의하여 투자권유 등을 하여서는 아니 된다. 즉, 투자권유는 고객이 원하는 경우에만 하여야 한다.

② 장외파생상품은 원본 손실의 가능성이 매우 크고 분쟁 가능성이 크기 때문에 요청하지 않은 투자권유를 하여서는 아니 된다.

③ 증권과 장내파생상품의 경우에도 손실위험이 있기 때문에 요청하지 않은 투자권유를 할 수 없다.

④ 투자권유를 받은 투자자가 이를 거부하는 취지의 의사를 표시하였음에도 불구하고 투자권유를 계속하는 행위는 금지된다.

해설 | 금융투자업종사자는 고객으로부터 요청이 없으면 방문·전화 등의 방법에 의하여 투자권유 등을 하여서는 아니 된다. 다만, 투자자 보호 및 건전한 거래질서를 해할 우려가 없는 행위로서 증권과 장내파생상품의 경우에는 이를 금지하지 않는다.

정답 ▶ 43 ② 44 ③ 45 ④ 46 ④ 47 ② 48 ③

49 다음은 상품 판매 이후의 단계에서 실행되는 제도이다. (   )에 들어갈 말이 올바르게 짝지어진 것은?

> • 해피콜제도는 금융소비자가 상품 가입 후 (   ) 이내에 판매직원이 아닌 제3자가 전화를 통해 불완전판매 여부를 확인하는 제도이다.
> • 불완전판매보상제도는 금융소비자가 상품 가입 후 (   ) 이내에 불완전판매 행위를 인지한 경우 금융투자회사에서 배상을 신청할 수 있는 제도이다.

① 7일, 15일   ② 7영업일, 15영업일

③ 7일, 15영업일   ④ 7영업일, 15일

해설 | • 해피콜제도는 금융소비자가 상품 가입 후 7영업일 이내에 판매직원이 아닌 제3자가 전화를 통해 불완전판매 여부를 확인하는 제도이다.
　　　 • 불완전판매보상제도는 금융소비자가 상품 가입 후 15일 이내에 불완전판매 행위를 인지한 경우 금융투자회사에서 배상을 신청할 수 있는 제도이다.

50 투자자로부터 투자권유 요청을 받지 않고 방문 · 전화 등 실시간 대화의 방법을 이용하는 행위(불초청권유)가 가능한 금융투자상품이 아닌 것은?

① 집합투자증권   ② 주식

③ 장내파생상품   ④ 장외파생상품

해설 | 투자자로부터 투자권유 요청을 받지 않고 방문 · 전화 등 실시간 대화의 방법을 이용하는 행위(불초청권유)가 가능한 금융투자상품은 주식, 증권과 장내파생상품 등이다.

51 다음 중 부당권유에 해당하지 않는 것은?

① 불초청권유

② 투자권유를 받은 투자자가 이를 거부하는 취지의 의사표시한 후 1주일이 지난 후에 다시 투자권유를 하는 행위

③ 처음 권유한 상품에 대해 투자자가 거부의사를 표시하였지만, 다른 종류의 금융투자상품에 대하여 투자권유를 하는 행위

④ 투자권유를 받은 투자자가 이를 거부하는 취지의 의사를 표시하였음에도 불구하고 계속하여 투자권유를 하는 행위

해설 | 불초청 권유 및 투자권유를 받은 투자자가 이를 거부하는 취지의 의사를 표시하였음에도 불구하고 계속하여 투자권유를 하는 행위는 원칙적으로 금지된다. 다만, 투자권유를 받은 투자자가 이를 거부하는 취지의 의사를 표시한 후 1개월이 지난 후에 다시 투자권유를 하는 행위와 다른 종류의 금융투자상품에 대하여 투자권유를 하는 행위는 재권유가 가능하다.

52 상품 판매 이후 단계의 금융소비자 보호를 위한 보고 및 기록의무에 대한 설명으로 옳지 않은 것은?

① 금융투자업종사자는 고객으로부터 위임받은 업무에 대하여 그 결과를 고객에게 지체 없이 보고하고 그에 따른 필요한 조치를 취하여야 한다.

② '지체 없이'란 위임받은 업무를 처리한 후에 보고에 필요한 최소한의 소요기간 내에 가급적 신속하게 통지하여야 한다는 뜻이다.

③ '보고'는 단순히 위임받은 업무를 처리하였다는 사실을 통지하면 충분하며, 구두로 보고해서는 안 된다.

④ 금융투자업종사자는 업무를 처리함에 있어서 필요한 기록 및 증거물을 절차에 따라 보관해야 한다.

해설 | '보고'는 단순히 위임받은 업무를 처리하였다는 사실을 통지하는 것만이 아니라 금융소비자가 업무처리내용을 구체적으로 알 수 있고, 그에 따라 금융소비자가 적절한 지시를 할 수 있도록 필요한 사항을 알리는 것을 말한다. 보고의 방법은 합리적인 것이라면 제한이 없으므로, 구두 · 문서 · 전화 · 모사전송(팩스) · 기타 E-mail 등의 전기통신의 방법으로도 가능하다.

53 자본시장법에서는 '매매명세의 통지'에 관하여 다음과 같이 규정하고 있다. ㉠, ㉡에 차례로 들어갈 말은?

> 매매가 체결된 후 (㉠) 매매의 유형, 종목 · 품목, 수량, 가격, 수수료 등 모든 비용, 그 밖의 거래내용을 통지하고, 매매가 체결된 날의 다음 날 (㉡)까지 월간 매매내역 · 손익내역, 월말 현재 잔액현황 · 미체결 약정현황 등을 통지할 것

① 2일 이내에, 10일　　　　　　② 지체 없이, 20일
③ 2일 이내에, 20일　　　　　　④ 지체 없이, 10일

해설 | 매매가 체결된 후 지체 없이 매매의 유형, 종목 · 품목, 수량, 가격, 수수료 등 모든 비용, 그 밖의 거래내용을 통지하고, 매매가 체결된 날의 다음 날 20일까지 월간 매매내역 · 손익내역, 월말 현재 잔액현황 · 미체결 약정현황 등을 통지할 것

54 고객정보의 누설 및 부당이용 금지 규정에 관한 설명으로 옳지 않은 것은?

① 금융투자업종사자는 업무를 수행하는 과정에서 알게 된 금융소비자의 정보를 누설하거나 이용할 수 있는 처분권한은 없다.

② 매매내역 등 직무와 관련하여 알게 된 금융소비자의 정보를 정당한 사유 없이 자기 또는 제3자의 이익을 위하여 부당하게 이용하여서는 아니 된다.

③ 고객정보에 대하여 그 이용의 부당성을 문제 삼는 것일 뿐, 고객정보를 누설하는 행위 자체를 금지하는 것은 아니다.

④ 고객정보의 제공을 허용하는 별도의 법적 근거가 있는 경우에는 고객정보를 이용할 수 있다.

정답　49 ④　50 ④　51 ③　52 ③　53 ②　54 ③

해설 | 고객정보에 대하여 그 이용의 부당성 여부를 불문하고 고객정보를 누설하는 행위 자체를 금지한다. 자본시장법에서는 금융투자업자는 직무상 알게 된 정보로서 외부에 공개되지 아니한 정보를 정당한 사유 없이 자기 또는 제3자의 이익을 위하여 이용해서는 안 된다고 하여 포괄적으로 직무정보를 부당하게 이용하는 행위을 금지하는 규정을 두고 있다. 다만, 고객정보의 제공을 허용하는 별도의 법적 근거가 있는 경우, 이를테면 법원제출명령, 조세 관련법률 및 금융위원회의 감독을 위해 필요한 경우에는 업무상 필요한 범위 내에서만 제한적으로 제공이 가능하다.

55 금융소비자보호법상의 '위법계약해지권'에 대한 설명으로 옳지 않은 것은?

① 금융소비자는 금융상품의 계약체결일로부터 5년 이내이고 위법계약 사실을 안 날로부터 1년 이내에만 해지요구가 가능하다.

② 금융회사는 고객의 해지요구가 있는 경우 해당일로부터 10일 이내에 계약해지 요구의 수락 여부를 결정하여 통지하여야 하며, 거절하는 경우 그 거절사유도 같이 알려야 한다.

③ 위법계약해지권은 계약이 최종적으로 체결된 이후라는 전제조건이 있으며, 또한 금융회사의 귀책사유가 있어야 한다는 점에서 청약철회권과 유사하다.

④ 금융회사가 위법계약해지청구권을 수리하여 해지되는 경우에는 별도의 수수료, 위약금 등 계약해지에 따른 비용을 부과할 수 없다.

해설 | 청약철회권은 금융회사에 별도의 귀책사유가 없음에도 금융소비자보호법 제46조에서 정하고 있는 바에 따라 금융소비자가 각 상품별로 정하여진 해당기간 내에 청약을 철회할 수 있는 권리로서, 금융소비자가 금융상품의 계약을 최종적으로 체결하기 전 계약의 청약을 진행하는 단계에서 행사할 수 있다. 반면, 위법계약해지권은 금융소비자보호법 제47조 제1항에서 명기하고 있는 바와 같이 금융회사의 귀책사유가 있고 계약이 최종적으로 체결된 이후라는 전제조건이 있다.

56 다음 임의매매와 일임매매에 관한 설명으로 적절하지 않은 것은?

① 자본시장법에서는 임의매매와 일임매매를 엄격히 금지하고 있다.

② 임의매매는 금융소비자의 매매거래에 대한 위임이 없음에도 금융투자업 종사자가 자의적으로 매매를 한 경우이다.

③ 일임매매는 금융소비자가 매매거래와 관련한 전부 또는 일부의 권한을 금융투자업 종사자에게 위임한 상태에서 매매가 발생한 경우이다.

④ 임의매매와 일임매매는 손해배상책임에 있어 차이가 있다.

해설 | 일임매매는 일정 조건하에서는 제한적으로 허용하고 있다.

57 임의매매와 일임매매를 구분하는 기준은 금융소비자보호의무 중에서 가장 관련이 있는 의무는?

① 보고 및 기록의무 ② 공정성 유지의무
③ 합리적 근거 제공의무 ④ 선량한 관리자의 주의의무

해설 | 임의매매와 일임매매를 구분하는 것은 '투자일임약정'이라는 기록의 존재유무이다. 즉 '보고 및 기록의무'에 해당한다.

58 투자상담업무를 담당하고 있는 자가 고객에 대하여 투자를 권유할 때 직무윤리기준을 위반하지 않은 것은?

① 정밀한 조사 · 분석을 거치지 않았지만, 자신의 주관적인 예감에 확실히 수익성이 있다고 생각되는 금융투자상품을 권한다.
② 주가는 미래의 가치를 반영하는 것이므로 투자정보를 제시할 때에 현재의 객관적인 사실보다는 미래의 전망을 위주로 하여 설명한다.
③ 고객을 강하게 설득하기 위해 필요하다면 투자성과가 어느 정도 보장된다는 취지로 설명하는 것도 가능하다.
④ 중요한 사실이 아니라면 오히려 그것을 설명함으로 인하여 고객의 판단에 혼선을 줄 수 있는 사항은 설명을 생략할 수 있다.

해설 | 투자판단에 중요한 사실은 빠짐없이 설명해야 하지만 중요한 사실이 아니라면 오히려 그것을 설명함으로 인하여 고객의 판단에 혼선을 줄 수 있는 사항은 설명을 생략할 수 있다. 또한 투자권유는 객관적인 사실에 기초하여야 하며, 사실과 의견을 구분하여야 한다.

59 금융소비자의 사후구제를 위한 기타법적제도에 대한 설명으로 옳지 않은 것은?

① 조정이 신청된 사건에 대하여 신청 전 또는 신청 후 소가 제기되어 소송이 진행 중일 때에는 수소법원은 조정이 있을 때까지 소송절차를 중지할 수 있다.
② 조정위원회는 조정이 신청된 사건과 동일한 원인으로 다수인이 관련되는 동종 · 유사 사건에 대한 소송이 진행 중인 경우에는 조정위원회의 결정으로 조정절차를 중지할 수 있다.
③ 소액분쟁사건에 대하여 조정절차가 개시된 경우에는 조정안을 제시받기 전에는 소를 제기할 수 없다.
④ 소액분쟁사건의 충족 요건으로는 모든 금융소비자가 신청한 권리나 이익의 가액이 2천만 원 이내에서 대통령령으로 정하는 금액 이하여야 한다.

해설 | 소액분쟁사건은 일반금융소비자가 신청한 사건이어야 한다.

60 본인에 대한 윤리로서 법규준수에 관한 설명으로 옳지 않은 것은?

① 금융투자업무종사자는 직무와 관련된 윤리기준, 그리고 이와 관련된 모든 법률과 그 하부규정, 정부·공공기관 또는 당해 직무활동을 규제하는 자율단체의 각종 규정을 숙지하고 그 준수를 위하여 노력하여야 한다.

② 금융투자업종사자가 법규의 존재 여부와 내용을 알지 못하여 위반한 경우에는 그에 대한 법적 제재가 가해지지 않는다.

③ 준수해야 할 법규는 자본시장법과 같이 직무와 직접적으로 관련 있는 법령뿐만 아니라, 직무와 관련하여 적용되는 인접 분야의 법령 및 자율적으로 만든 사규까지 포함한다.

④ 준수하여야 할 법규는 법조문으로 되어 있는 것은 물론이고, 그 법정신과 취지에 해당하는 것도 포함한다.

해설 | 법에 대한 무지는 변명되지 아니한다. 이는 금융투자업종사자가 법규의 존재 여부와 내용을 알지 못하여 위반한 경우라도 그에 대한 법적 제재가 가해진다는 뜻이다.

61 금융투자업종사자가 준수하여야 할 직무윤리로 그 성격이 나머지 셋과 다른 하나는?

① 법규준수   ② 자기혁신
③ 품위유지   ④ 시장질서 존중

해설 | 시장질서 존중은 사회 등에 대한 윤리이며, 나머지는 본인에 대한 윤리이다.

62 본인에 대한 윤리로서 자기혁신에 관한 설명으로 옳지 않은 것은?

① 금융투자업종사자가 본인이 담당하고 있는 직무에 관한 이론과 실무를 숙지하고 전문지식을 배양하는 것이다.

② 금융투자업종사자가 윤리경영 실천에 대한 의지를 스스로 제고하기 위해 노력하는 것이다.

③ 금융투자업종사자가 윤리기준을 위반하는 경우 법률위반에는 해당하지 않는다.

④ 금융투자협회는 표준윤리준칙을 제정하여 개별 회원사들이 준용할 수 있도록 권고하고 있다.

해설 | 금융투자업종사자가 윤리기준을 위반하는 경우 사람들의 지탄으로 끝나는 것이 아니라 법률로써 강제화되어 있어 법률위반에 해당하는 경우가 많다.

63 본인에 대한 윤리로서 품위유지에 관한 설명으로 옳지 않은 것은?

① 금융투자업종사자는 품위유지는 공정성 및 독립성을 유지하는 것과도 관련이 깊다.

② 금융투자업종사자는 해당 직무를 수행함에 있어서 공정한 입장에 서야하고 독립적이고 객관적인 판단을 하도록 하여야 한다.

③ 온정주의나 타협은 업무의 공정성과 독립성을 해치는 가장 큰 걸림돌이 된다.

④ 직위를 이용하여 상급자가 하급자에게 부당한 명령이나 지시를 하지 않으며, 부당한 명령이나 지시를 받은 직원은 일단 지시에 따른 후 이를 준법감시인에게 보고하여야 한다.

해설 | 직위를 이용하여 상급자가 하급자에게 부당한 명령이나 지시를 하지 않으며, 부당한 명령이나 지시를 받은 직원은 이를 거절해야 한다.

PART 01

PART 02

64 품위유지를 위한 공정성과 독립성에 대한 설명으로 옳지 않은 것은?

① 금융투자업종사자는 다양한 이해관계의 상충 속에서 어느 한쪽으로 치우치지 아니하고 특히 금융소비자보호를 위하여 항상 공정한 판단을 내릴 수 있도록 하여야 한다.

② 직무수행의 공정성을 기하기 위해서는 금융투자업종사자 스스로가 독립적으로 판단하고 업무를 수행하여야 한다.

③ '독립성'이란 자기 또는 제3자의 이해관계에 의하여 영향을 받는 업무를 수행하여서는 안 되며, 독립성과 객관성을 유지하기 위해 합리적 주의를 기울여야 한다는 것이다.

④ 공정성과 독립성을 유지해야 하는 대표적인 금융투자업의 업무 중 하나는 기업금융 업무이다.

해설 | 공정성과 독립성을 유지해야 하는 대표적인 금융투자업의 업무 중 하나는 조사분석업무이다.

PART 03

PART 04

PART 05

65 본인에 대한 윤리로서 부당한 금품수수 및 제공 금지 규정에 관한 설명으로 옳지 않은 것은?

① 금융투자업종사자는 업무수행의 대가로 이해관계자로부터 부당한 재산상 이득을 제공받아서는 아니 된다.

② 금융투자업종사자는 금융소비자로부터 직무수행의 대가로 또는 직무수행과 관련하여 사회상류에서 벗어나는 향응, 선물, 그 밖의 금품 등을 수수하여서는 아니 된다.

③ 자본시장법 시행령에서는 투자자 또는 거래상대방에게 직접 또는 간접적으로 재산상의 이익을 제공하거나 제공받는 행위를 불건전영업행위로 금지하고 있다.

④ 재산상의 이익을 제공하거나 제공받는 행위는 예외 없이 엄격히 규제하고 있다.

해설 | 사회적으로 허용되는 범위 내에서는 예외적으로 인정하되, 해당 제공(수령) 내역의 준법감시인 승인 및 기록의 유지 관리 등을 의무화하여 통제를 엄격히 하고 있다. 금융투자협회에서는 규정을 일부 개정(시행일 2017.5.22.)하여 그동안 금융투자업자에게만 존재하던 재산상 이익의 제공 및 수령 등에 관한 한도규제를 폐지하는 대신 내부통제절차를 강화하였다.

정답 60 ② 61 ④ 62 ③ 63 ④ 64 ④ 65 ④

66 부당한 금품 등의 제공 및 수령 금지에 대한 설명으로 옳지 않은 것은?

① 금융투자협회는 재산상 이익의 제공 및 수령 한도규제를 폐지하는 대신 내부통제절차를 강화하였다.

② 금융투자회사가 거래상대방에게 제공하거나 거래상대방으로부터 수령한 재산상 이익의 가액이 10억 원을 초과하는 즉시 인터넷 홈페이지를 통해 공시하도록 의무화하였다.

③ 금융투자회사는 이사회가 정한 금액 이상을 초과하여 동일한 거래상대방과 재산상 이익을 제공하거나 수령하려는 경우 이사회의 사전승인을 받아야 한다.

④ 금융투자회사(및 임직원)는 재산상 이익을 제공 및 수령하는 경우 해당 사항을 기록하고 3년 이상의 기간 동안 관리 · 유지하여야 할 의무가 있다.

해설 | 금융투자회사(및 임직원)는 재산상 이익을 제공 및 수령하는 경우 해당 사항을 기록하고 5년 이상의 기간 동안 관리 · 유지하여야 할 의무가 있다.

67 다음 사례에서 ○○증권사의 S부장이 위반한 윤리기준으로 적절한 것은?

> ○○증권사의 S부장은 평소 알고 지내던 친구가 금융투자업 관련 자격증 취득반이 있는 학원을 개업하면서 ○○증권사가 소속 임직원들에게 해당 학원에 대해 이용 등 협찬을 하고 있는 것처럼 해달라는 부탁을 받고 마치 ○○증권회사에서 해당 학원을 협찬하는 것처럼 전단지 등 광고물에 회사의 명칭 등을 사용토록 하여 많은 사람들이 해당 학원의 공신력을 얻고 수강하도록 유도하였다.

① 공정정 및 독립성 유지

② 부당한 금품 등의 제공 및 수령 금지

③ 직위의 사적 이용 금지

④ 공용재산의 사적 사용 및 수익 금지

해설 | 직위의 사적 이용 금지 규정을 위반한 사례이다. 금융투자업종사자는 직무의 범위를 벗어나 사적 이익을 위하여 회사의 명칭이나 직위를 공표, 게시하는 등의 방법으로 이용하거나 이용하게 해서는 아니 된다. 하지만, 일상적이고 특정인이 이익을 위한 목적이 아닌 경우에는 윤리기준 위반행위로 볼 수 없다. 대표적으로 경조사 봉투 및 화환 등에 회사명 및 직위를 기재하는 행위나 지점 개업식 또는 계열회사의 창립기념일에 축하 화환 등을 보내면서 회사의 명칭을 기재하는 것 등은 직무와 관련하여 회사 명칭이나 직위를 사용하는 행위로서 위반에 해당하지 않는다.

68 다음 중 '금융투자회사의 영업 및 업무에 관한 규정'에서 정하고 있는 부당한 재산상 이익의 제공에 해당하지 않는 것은?

① 거래상대방만 참석한 여가 및 오락 활동 등에 수반되는 비용을 제공하는 경우

② 제조업체의 고유재산관리를 담당하는 직원에게 문화상품권을 제공하는 경우

③ 자산운용사 직원이 펀드판매 증권사 직원에게 백화점상품권을 제공하는 경우

④ 증권사 직원이 금융소비자에게 펀드 판매사 변경을 이유로 현금을 제공하는 경우

해설 | 문화 활동을 할 수 있는 용도로만 정해진 문화상품권의 제공은 부당한 재산상 이익의 제공에서 제외된다.

69 다음 재산상 이익의 제공에 관한 설명 중 틀린 것은?

① 영업직원이 거래상대방으로부터 10만 원 상당의 백화점상품권을 수령한 경우 이를 즉시 준법감시인에게 신고하여야 한다.

② 금융투자회사는 거래상대방에게 제공하거나 수령한 재산상 이익의 가액이 10억 원을 초과하는 즉시 홈페이지 등을 통해 공시하여야 한다.

③ 금융투자회사는 재산상 이익 제공 현황 및 적정성 점검 결과 등을 매년 대표이사에게 보고하여야 한다.

④ 거래상대방이 금융투자회사인 경우 상호 교차점검을 위해 임직원의 동의를 받은 후 대표이사 명의의 서면으로 관련 자료를 요청하여야 한다.

해설 | 대표이사가 아니라 이사회에 보고하여야 한다.

70 금융투자업종사자의 회사에 대한 윤리를 설명한 내용으로 옳지 않은 것은?

① 금융투자업종사자는 회사에서 맡긴 자신의 직무를 신의로서 성실하게 수행하여야 한다.

② 금융투자업종사자는 소속 회사의 직무수행에 영향을 줄 수 있는 지위를 겸하거나 업무를 수행한 때에는 사전에 회사의 승인을 얻어야 하고 부득이한 경우에는 사후에 즉시 보고하여야 한다.

③ 소속 회사의 직무수행에 영향을 줄 수 있는 것이라 할지라도 회사와 경쟁관계에 있지 않거나 이해 상충 관계에 있지 않으며, 일시적인 경우에는 예외가 인정된다.

④ 회사와의 신임관계 및 신임의무 존부를 판단함에 있어서는 정식의 고용계약관계의 유무, 보수 지급의 유무, 계약기간의 장단은 문제되지 않는 것이 원칙이다.

해설 | 소속 회사의 직무수행에 영향을 줄 수 있는 것이면 회사와 경쟁관계에 있거나 이해상충 관계에 있는지의 여부를 불문하며, 계속성 여부도 불문하고 금지된다.

71 금융투자업종사자의 회사에 대한 윤리로서 상호존중에 관한 설명으로 옳지 않은 것은?

① 상사의 부당한 지시가 있을 경우 상호존중의 차원에서 일단 따른 후 해당 지시내용의 잘못된 점은 회사에 보고하여야 한다.

② 회사는 임직원 개개인의 자율과 창의를 존중함으로써 임직원이 자신의 삶의 질을 향상시킬 수 있도록 도와주어야 한다.

③ 상호존중에 포함되는 것 중의 하나가 성희롱 방지로 넓은 의미의 품위유지의무에도 해당하나 그 이상의 것이 포함된다.

④ 금융투자회사는 정부의 권고에 따라 매년 1회 이상 성희롱 예방 등에 관한 교육을 정기적으로 실시하고 있다.

해설 | 상사의 부당한 지시에 대해 이를 거부하거나 해당 지시내용의 잘못된 점은 회사에 보고하여야 한다.

정답 ▶ **66** ④ **67** ③ **68** ② **69** ③ **70** ③ **71** ①

72 금융투자업종사자의 공용재산의 사적 사용 및 수익 금지 규정에 대한 설명으로 옳지 않은 것은?

① 회사의 재산을 사적인 용도로 사용하거나 자신의 지위를 이용하여 사적 이익을 추구하는 행위는 금지된다.

② 회사의 중요정보를 사전에 회사와 협의하지 않고 유출하는 행위는 금지된다.

③ 고객관계, 영업기회 등과 같은 무형의 것도 회사의 재산에 모두 포함된다.

④ 회사가 임직원에게 부여한 지위는 회사의 재산으로 볼 수 없다.

해설 | 회사의 재산은 매우 넓은 개념으로 동산, 부동산, 무체재산권, 영업비밀과 정보, 고객관계, 영업기회 등과 같은 유형·무형의 것이 모두 포함된다. 회사가 임직원에게 부여한 지위도 그 지위를 부여받은 개인의 것이 아니고 넓은 의미에서의 회사재산이 된다. 회사의 재산을 부당하게 유용하거나 유출하는 행위는 형사법상 처벌의 대상이 될 수 있다(횡령죄, 절도죄, 업무방해죄).

73 금융투자업종사자의 공용재산의 사적 사용 및 수익 금지 사항에 해당하지 않는 것은?

① 회사의 비품이나 자재를 사적인 용도로 사용하는 행위

② 사적인 용도로 회사 전화를 장시간 사용하는 행위

③ 신문, 방송 등 언론매체 접촉을 준법감시인 등의 승인 없이 하는 행위

④ 회사의 업무와 무관한 E-mail을 사용하거나 게임을 하는 행위

해설 | 신문, 방송 등 언론매체 접촉을 준법감시인 등의 승인 없이 하는 행위는 대외활동 시의 준법절차 준수의무에 관한 사항이다. 또한 회사 내에서의 지위를 이용하여 사적인 이익을 추구하는 행위, 회사의 정보를 무단으로 유출하는 행위 등도 공용재산의 사적 사용 및 수익 금지 사항이다.

74 금융투자회사 경영진의 책임에 대한 설명으로 옳지 않은 것은?

① 금융투자업종사자가 소속된 회사 및 그 경영진은 스스로 법규 및 직무윤리기준을 준수하여야 함은 물론, 당해 회사 소속 업무종사자가 관계 법규 등에 위반하지 않고 직무윤리를 준수하도록 필요한 지도와 지원을 하여야 한다.

② 지도와 지원을 할 최종적인 책임은 당해 법인 또는 단체의 업무집행권한을 보유하는 대표자에 있지만, 경영진을 포함한 중간책임자도 자신의 직위와 직제를 통하여 지도와 지원을 하게 된다.

③ 지도의 부족으로 소속 업무담당자가 업무수행과 관련하여 타인에게 손해를 끼친 경우, 회사와 경영진은 사용자로서 피해자에게 배상책임(사용자 책임)을 질 수도 있다.

④ 투자권유대행인은 회사의 피용자가 아니므로, 투자권유대행인이 투자권유를 대행함에 있어 투자자에게 손해를 끼친 경우 민법의 사용자책임 규정을 준용할 수 없다.

해설 | 자본시장법에서는 투자권유대행인이 투자권유를 대행함에 있어 투자자에게 손해를 끼친 경우 민법상 사용자 책임 규정을 준용한다. 투자권유대행인은 개인사업자로서 회사의 피용자는 아니지만, 투자자를 투텁게 보호하기 위하여 이러한 준용규정을 둔 것이다.

75 금융투자회사와 그 임직원의 정보보호에 대한 설명으로 옳지 않은 것은?

① 미공개된 회사의 경영전략이나 새로운 상품 및 비즈니스 등에 관한 정보는 기록 형태나 기록 유무와 관계없이 비밀정보로 본다.

② 특정한 정보가 비밀정보인지 불명확한 경우, 그 정보를 이용하기 전에 준법감시인의 사전 확인을 받아야 한다.

③ 특정한 정보가 비밀정보인지 불명확한 경우, 준법감시인의 사전 확인을 받기 전에는 당해 정보는 비밀정보가 아닌 것으로 분류되어야 한다.

④ 비밀정보를 제공하는 경우에는 '필요성에 의한 제공원칙(Need to Know Rule)'에 부합하는 경우에 한하여 준법감시인의 사전 승인을 받아 제공하여야 한다.

해설 | 특정한 정보가 비밀정보인지 불명확한 경우, 준법감시인의 사전 확인을 받기 전에는 당해 정보는 비밀정보로 분류되어야 한다.

76 다음 비밀정보의 관리에 관한 사항 중 맞는 것은?

① 회사의 경영전략이나 새로운 상품 등에 관한 정보는 인쇄된 경우에 한하여 비밀정보로 본다.

② 정보차단벽이 설치된 부서에서 발생한 정보는 비밀정보로 간주되어야 한다.

③ 임직원이 회사를 퇴직하는 경우 본인이 관리하던 고객정보는 향후 관계 유지를 위해 반출할 수 있다.

④ 특정한 정보가 비밀정보인지 불명확한 경우 부서장이 판단하여야 한다.

해설 | ① 기록 여부, 매체 여부 관계없이 비밀정보로 본다.
③ 퇴직 예정 임직원 등은 회사 업무와 관련된 정보는 고객정보를 포함하여 모두 회사에 반납하여야 한다.
④ 비밀정보의 판단 여부는 준법감시인의 역할이다.

77 금융투자회사 임직원이 직무와 관련된 법규 위반, 부조리 및 부당행위 등의 윤리기준 위반행위가 있거나 있을 가능성이 있는 경우 신분노출의 위험 없이 해당 행위를 회사에 제보할 수 있게 만든 제도는?

① Whistle Blower

② Chiness wall

③ Know Your Customer Rule

④ Need to Know Rule

해설 | 내부제보(Whistle Blower)제도에 관한 설명이다.

78 다음 대외활동에 관한 설명 중 틀린 것은?

① 언론기관 접촉이 예정된 경우 예외 없이 관계부서와 반드시 사전협의하여야 한다.

② 회사가 최종 승인하지 않은 홍보물을 사전에 사용하는 행위는 금지된다.

③ 개인이 운용하는 블로그 등에 회사의 상품을 홍보하는 행위가 금지된다.

④ 사전승인절차에는 대가로 지급받는 보수의 적절성도 같이 검토되어야 한다.

해설 ❘ 예고가 없는 언론 인터뷰 등 불가피한 경우 언론기관 접촉 후 즉시 보고하는 등 예외적으로 추인받으면 된다.

79 금융투자회사의 임직원이 대외활동 시 준수해야 할 사항에 대한 설명으로 옳지 않은 것은?

① 회사의 공식의견이 아닌 사견을 표현해서는 아니 된다.

② 대외활동으로 인하여 회사의 주된 업무 수행에 지장을 주어서는 아니 된다.

③ 대회활동으로 인하여 금전적인 보상을 받게 되는 경우 회사에 신고하여야 한다.

④ 불확실한 사항을 단정적으로 표현하거나 다른 금융투자회사를 비방하여서는 아니 된다.

해설 ❘ 사견도 말할 수 있다. 다만, 회사의 공식의견이 아닌 경우 사견임을 명백하게 표현하여야 한다.

80 금융투자업종사자가 대회활동을 하는 경우의 준법절차에 대한 설명으로 옳지 않은 것은?

① 대외활동이란 외부 강연, 연설, 교육, 기고 등의 활동, 신문, 방송 등 언론매체 접촉활동, 회사가 운영하는 온라인 커뮤니티(블로그, 인터넷 카페 등), SNS, 웹사이트 등 전자통신 수단을 이용한 대외 접촉활동 등을 말한다.

② 금융투자업종사자가 대외활동을 함에 있어서는 회사, 주주 또는 고객과 이해상충이 발생하지 않도록 하며 필요한 준법절차를 밟아야 한다.

③ 해당 활동의 성격, 이해상충의 정도 등에 따라 소속 부점장, 준법감시인 또는 대표이사의 사전 승인을 받아야 한다.

④ 회사가 대외활동의 중단을 요구할 때에는 즉시 회사의 요구에 따라야 한다.

해설 ❘ 대외활동이란 외부 강연, 연설, 교육, 기고 등의 활동, 신문, 방송 등 언론매체 접촉활동, 회사가 운영하지 않는 온라인 커뮤니티(블로그, 인터넷 카페 등), SNS, 웹사이트 등 전자통신 수단을 이용한 대외 접촉활동 등을 말한다.

81 금융투자회사 임직원의 대외활동 시 금지사항이 아닌 것은?

① 중요자료나 홍보물 등을 배포하거나 사용하는 행위

② 불확실한 사항을 단정적으로 표현하는 행위 또는 오해를 유발할 수 있는 주장이나 예측이 담긴 내용을 제공하는 행위

③ 합리적인 논거 없이 시장이나 특정 금융투자상품의 가격 또는 증권발행기업 등에 영향을 미칠 수 있는 내용을 언급하는 행위

④ 경쟁업체의 금융투자상품, 인력 및 정책 등에 대하여 사실과 다르거나 명확한 근거 없이 부정적으로 언급하는 행위

해설 | 회사가 승인하지 않는 중요자료나 홍보물 등을 배포하거나 사용하는 행위가 금지된다. 그 밖에 자신이 책임질 수 없는 사안에 대해 언급하는 행위, 주가조작 등 불공정거래나 부당권유 소지가 있는 내용을 제공하는 행위도 금지된다.

PART 01
PART 02
PART 03
PART 04
PART 05

82 임직원의 언론기관 접촉 활동을 하는 경우의 준수사항에 대한 설명으로 가장 거리가 먼 것은?

① 임직원이 언론기관 등에 대하여 업무와 관련된 정보를 제공하고자 하는 경우 사전에 관계부서(홍보부 등)와 충분히 협의하여야 한다.

② 관계부서의 장은 제공하는 정보가 거짓의 사실 또는 근거가 희박하거나, 일반인의 오해를 유발할 수 있는 주장이나 예측을 담고 있는지 여부를 검토하여야 한다.

③ 관계부서의 장은 정보제공자가 언급하고자 하는 주제가 회사를 충분히 홍보할 수 있는 내용을 담고 있는지의 여부를 검토하여야 한다.

④ 관계부서의 장은 내용의 복잡성이나 전문성에 비추어 언론기관 등을 통한 정보 전달이 적합한지의 여부 등을 검토하여야 한다.

해설 | 관계부서의 장은 정보제공자가 언급하고자 하는 주제에 대하여 충분한 지식과 자격을 갖추고 있는지의 여부를 검토하여야 한다.

83 임직원이 전자통신수단(이메일, 대화방, 게시판 및 웹사이트)을 사용하는 경우의 준수사항으로 옳지 않은 것은?

① 회사 이외의 장소에서 임직원과 금융소비자 간의 이메일은 개인정보이므로 표준내부통제기준 및 관계법령 등의 적용을 받지 아니한다.

② 임직원의 사외 대화방 참여는 공중포럼으로 간주하여 언론기관과 접촉할 때와 동일한 윤리기준을 준수하여야 한다.

③ 임직원이 인터넷 게시판이나 웹사이트 중에 특정 금융투자상품에 대한 분석이나 권유와 관련된 내용을 게시하고자 하는 경우 사전에 준법감시인이 정하는 절차와 방법에 따라야 한다.

④ 임직원이 인터넷 게시판이나 웹사이트 등에 자료의 출처를 명시하고 그 내용을 인용하거나 기술적 분석에 따른 투자권유를 하는 경우에는 사전에 준법감시인이 정하는 절차와 방법을 따르지 않아도 된다.

해설 | 임직원과 금융소비자 간의 이메일은 사용 장소와 관계없이 표준내부통제기준 및 관계법령 등의 적용을 받는다.

84 금융투자업종사자의 고용계약 종료 후의 의무에 대한 설명으로 옳지 않은 것은?

① 금융투자업종사자의 회사에 대한 선관주의 의무는 재직 중에는 물론이고 퇴직 등의 사유로 회사와의 고용 내지 위임계약관계가 종료된 이후에도 합리적인 기간 동안 지속된다.

② 고용기간이 종료된 이후에도 회사로부터 명시적으로 서면에 의한 권한을 부여받지 않으면 비밀정보를 출간, 공개 또는 제3자가 이용하도록 하여서는 아니 된다.

③ 고용기간의 종료와 동시에 또는 회사의 요구가 있을 경우에는 보유하고 있거나 자신의 통제하에 있는 기밀정보를 포함한 모든 자료를 회사에 반납하여야 한다.

④ 고용기간 동안 본인이 생산한 지적재산물은 회사의 재산으로 반환하여야 하며, 고용기간이 종료한 후에야 퇴직자가 이용하거나 처분권한을 가지게 된다.

해설 | 고용기간 동안 본인이 생산한 지적재산물은 회사의 재산으로 반환하여야 하며, 고용기간이 종료한 후라도 그 이용이나 처분권한은 회사가 가지는 것이 원칙이다.

85 금융투자업종사자의 소속 회사에 대한 의무를 설명한 것으로 옳지 않은 것은?

① 회사의 재산은 회사의 이익을 위한 용도로만 사용되어야 하며, 개인의 사적 이익을 위하여 부당하게 사용되어서는 아니 된다.

② 회사, 주주 또는 고객과 이해상충이 발생할 수 있는 대외활동을 하는 경우 준법감시인에게 사후보고를 하여야 한다.

③ 임직원과 고객 간의 이메일은 사용장소에 관계없이 표준내부통제기준 및 관계법령 등의 적용을 받는다.

④ 회사에 대한 선관주의 의무는 퇴직 등의 사유로 고용관계가 종료된 이후에도 상당기간 지속된다.

해설 | 회사, 주주 또는 고객과 이해상충이 발생할 수 있는 대외활동을 하는 경우 해당 활동의 성격, 이해상충의 정도 등에 따라 소속 부점장, 준법감시인 또는 대표이사의 사전승인을 받아야 한다.

86 사회 등에 대한 윤리에 관한 설명 중 옳은 것은?

① 시장질서 교란행위는 불공정거래행위의 다른 표현으로 그 의미는 같다.

② 미공개정보의 이용에 대한 불공정거래행위의 적용은 내부자, 준내부자 및 미공개정보의 1차 수령자까지만을 대상으로 한다.

③ 특정한 목적성 없이 금융투자상품의 시세에 영향을 미쳤다면 불공정거래행위로 구분되어 관련 법령의 적용을 받는다.

④ 프로그램 오류로 인한 시세의 급격한 변동은 단순 실수이므로 과징금 등의 벌칙조항의 적용을 받지 않는다.

해설 | ① 불공정거래행위와 시장질서교란행위는 대상과 목적성 여부에 따라 적용되는 범위가 다르다.
③ 목적성이 없다면 시장질서 교란행위에 해당한다.
④ 자본시장법 제429조의2에 따라 5억 원 이하의 과징금이 부과될 수 있다.

87 자본시장법상의 '시장질서 교란행위'에 대한 설명으로 옳은 것은?

① 정보의 1차 수령자뿐만 아니라 모든 수령자까지 적용대상이 된다.

② 타인을 거래에 끌어들이는 등 거래의 목적성이 있어야 한다.

③ 단순 프로그램 오류로 시세에 영향을 미치는 경우는 위반행위가 아니다.

④ 타인의 해킹 등을 통해 획득한 정보이지만 이를 단순히 전달하는 것은 위반행위가 아니다.

해설 | 시장질서 교란행위는 목적성이 없이 단순 프로그램 오류 등을 통해서도 시세에 영향을 주는 행위를 모두 위반행위로 규정하고 있으며, 해킹 등을 통한 정보 획득임을 알면서도 전달하는 행위 역시 금지하고 있다. 과거에는 미공개 중요정보의 내부자, 준내부자, 1차 수령자만이 제재의 대상이었던 것과는 달리 이를 전달한 자, 자신의 직무와 관련하여 정보를 알게 된 자, 해킹·기망 등의 부정한 방법으로 정보를 알게 된 자 등으로 그 적용대상을 확대함으로써 시장질서를 교란하는 행위를 사전에 방지하고자 하였다.

88 빈칸에 알맞은 것은?

> 시장질서교란행위에 따른 이익이나 회피한 손실액의 (   )에 해당하는 금액이 (   )를 초과할 경우, 그에 상당하는 과징금으로 부과한다.

① 1.5배, 2억 원
② 1.5배, 5억 원
③ 2배, 2억 원
④ 2배, 5억 원

해설 | 1.5배, 5억 원이다. 예를 들어 시장질서교란행위를 통해 얻은 이익 또는 손실회피액이 4억 원이라면 '4억 원 ×1.5배=6억 원', 즉 5억 원을 초과할 경우 해당 금액(6억 원)을 과징금으로 한다.

정답 ▶ 83 ① 84 ④ 85 ② 86 ② 87 ① 88 ②

89 주주가치 극대화를 위해서 금융투자업종사자가 준수하여야 할 사항과 가장 거리가 먼 것은?

① 주주의 이익보호를 위하여 탁월한 성과 창출로 회사의 가치를 높여야 한다.

② 회계자료의 정확성과 신뢰성을 유지하여야 한다.

③ 주주와 금융소비자에게 필요한 정보를 관련 법규 등에 따라 적시에 공정하게 제공하여야 한다.

④ 주주와 금융소비자의 모든 요구와 제안을 존중하여 상호 신뢰관계를 구축하여야 한다.

해설 | 주주와 금융소비자의 정당한 요구와 제안을 존중하여 상호 신뢰관계를 구축하여야 한다. 또한 투명하고 합리적인 의사결정과 절차를 마련하고 준수하여야 하며, 효과적인 리스크 관리체계 및 내부통제시스템을 운영하여 금융사고 등 제반 위험을 미연에 방지하고 경영환경에 능동적으로 대처할 수 있어야 한다.

SECTION 03   직무윤리 준수절차 및 위반 시의 제재

90 금융투자회사의 내부통제기준에 대한 설명으로 옳지 않은 것은?

① 내부통제는 회사의 임직원이 업무수행 시 법규를 준수하고 조직운영의 효율성 제고 및 재무보고의 신뢰성을 확보하가 위해 회사 내부에서 수행하는 모든 절차와 과정을 말한다.

② 금융투자업자는 효과적인 내부통제 활동을 수행하기 위한 조직구조, 위험평가, 업무분장 및 승인절차 등의 종합적인 체제로서 내부통제체제를 구축하여야 한다.

③ 금융투자업종사자가 기본적으로 준수해야 할 윤리기준은 상당 부분 법률 등과 중첩되어 강제되고 있어, 회사들은 윤리기준을 사규로 제정하는 등의 노력을 하고 있다.

④ 금융투자업종사자가 윤리기준을 위반하는 것은 비난과 지탄의 대상이 되지만 다른 사규들의 위반행위와 동일하게 제재의 대상이 되지는 않는다.

해설 | 금융투자업종사자가 윤리기준을 위반하는 것은 사규 및 관련 법규를 위반하는 것으로 다른 사규들의 위반행위와 동일하게 제재의 대상이 된다.

91 금융투자업자가 법령을 준수하고, 자산을 건전하게 운용하며, 이해상충 방지 등 투자자를 보호하기 위하여 금융투자업자의 임직원이 직무을 수행함에 있어서 준수해야 할 적절한 기준 및 절차를 정한 것은?

① 내부통제기준   ② 준법감시제도
③ 자금세탁방지제도   ④ 이해상충방지시스템

해설 | 금융투자업에 있어서 내부통제의 하나로 두고 있는 준법감시제도는 '감사'로 대표되는 관련 법규에 의한 사후적 감독만으로는 자산운용의 안정성 유지와 금융소비자 보호라는 기본적인 역할을 수행하는 데 한계가 있다는 점에 착안하여 감사와는 달리 사전적 · 상시적 사고예방 등의 목적을 위해 도입된 내부통제시스템이다.

92 금융투자회사의 표준내부통제기준에 따른 준법감시인에 대한 설명으로 옳지 않은 것은?

① 내부통제기준의 적정성을 정기적으로 점검해야 한다.

② 이사회와 대표이사의 지휘를 받아 그 업무를 수행한다.

③ 내부통제체제의 구축 · 유지 · 운영 및 감독책임이 있다.

④ 관련 규정상 조건 충족 시 준법감시업무 중 일부를 준법감시업무를 담당하는 임직원에게 위임할 수 있다.

해설 | 내부통제체제의 구축 · 유지 · 운영 및 감독책임은 대표이사에게 있다. 준법감시인은 이사회와 대표이사의 지휘를 받아 그 업무를 수행하며, 대표이사와 감사위원회에 아무런 제한 없이 보고할 수 있다. 또한, 내부통제기준의 적정성을 정기적으로 점검하고 문제점 또는 미비사항이 발견된 경우 이의 개선 또는 개정을 요구할 수 있다.

93 준법감시인의 내부통제의 근간이 되는 내부통제체제 구축 및 운영에 관한 기준을 정하는 주체는?

① 이사회 ② 대표이사

③ 준법감시인 ④ 지점장

해설 | 이사회는 내부통제의 근간이 되는 내부통제체제 구축 및 운영에 관한 기준을 정한다. 대표이사는 내부통제체제의 구축 및 운영에 필요한 제반 사항을 수행 · 지원하고 적절한 내부통제 정책을 수립하여야 한다.

94 준법감시인의 권한 및 의무에 대한 설명으로 옳지 않은 것은?

① 임직원들의 내부통제기준 준수 여부를 정기 또는 수시 점검한다.

② 임직원의 부당행위 발견 시 감사 및 이사회에 보고하여 시정을 요구한다.

③ 준법감시인은 감사의 지휘를 받아 그 업무를 수행한다.

④ 임직원에게 업무와 관련하여 각종 자료나 정보제출을 요구할 수 있다.

해설 | 준법감시인은 이사회 및 대표이사의 지휘를 받아 그 업무를 수행한다.

95 내부통제기준 준수를 위한 준법감시체제에 대한 설명으로 옳지 않은 것은?

① 회사는 임직원의 업무수행의 공정성 제고 및 위법 · 부당행위의 사전 예방 등에 필요한 효율적인 준법감시체제를 구축 · 운영하여야 한다.

② 준법감시인은 임직원의 관계법령 등 내부통제기준의 준수 여부를 점검하기 위해 회사의 업무전반에 대한 준법감시 프로그램을 구축 · 운영하여야 한다.

③ 임직원은 회사가 정하는 준법서약서를 작성하여 준법감시인에게 제출하여야 한다.

④ 내부제보제도는 조직문화를 흐리고 조직의 결속력을 해칠 우려가 있으므로 회사는 가급적 내부제보제도의 운영을 자제하여야 한다.

해설 | 회사는 내부통제의 효율적 운영을 위하여 내부제보제도를 운영하여야 하며, 이에 필요한 세부운영지침을 정할 수 있다. 이 경우 회사는 정당한 내부제보자에 대하여 부당한 인사성 불이익을 부과하여서는 아니 된다.

정답 ▶ 89 ④ 90 ④ 91 ② 92 ③ 93 ① 94 ③ 95 ④

96 내부통제기준 준수를 위한 준법감시체제에 관한 설명으로 옳지 않은 것은?

① 회사는 임직원이 금융투자업무를 수행하는 데 필요한 직무윤리와 관련된 윤리강령을 제정·운영하여야 한다.

② 준법감시 담당부서는 해당 회사의 임직원이 다른 회사의 임직원을 겸직하려는 경우 겸직 개시 전에 겸직의 내용을 검토하며, 준법감시인은 검토결과 필요하다고 인정하는 경우 겸직내용의 시정 및 중단을 요구할 수 있다.

③ 회사는 임직원 업무수행의 적정성을 점검하기 위해 금융사고 발생 우려가 높은 업무를 수행하고 있는 임직원을 대상으로 권고휴가제도를 운영하여야 한다.

④ 회사는 입·출금 등 금융사고 발생 우려가 높은 단일거래에 대해 복수의 인력이 참여하도록 하는 등의 직무윤리 기준을 마련·운영하여야 한다.

해설 | 회사는 임직원 업무수행의 적정성을 점검하기 위해 금융사고 발생 우려가 높은 업무를 수행하고 있는 임직원을 대상으로 명령휴가제도를 운영하여야 한다.

97 준법감시인이 영업점에 대한 준법감시업무를 위하여 지명하는 영업점별 영업관리자가 구비하여야 할 요건으로 옳지 않은 것은?

① 영업점에서 1년 이상 근무한 경력이 있거나 준법감시·감사업무를 1년 이상 수행한 경력이 있는 자로서 당해 영업점에 상근하고 있을 것

② 본인이 수행하는 업무가 과다하거나 수행하는 업무의 성격으로 인하여 준법감시업무에 곤란을 받지 아니할 것

③ 영업점장일 것

④ 준법감시업무를 효과적으로 수행할 수 있는 충분한 경험과 능력, 윤리성을 갖추고 있을 것

해설 | 영업점장이 아닌 책임자급일 것. 다만, 당해 영업점의 직원 수가 적어 영업점장을 제외한 책임자급이 없는 경우에는 그러지 아니한다.

98 회사가 특정 고객을 위하여 고객전용공간을 제공하는 경우 준수하여야 할 사항에 대한 설명으로 옳지 않은 것은?

① 당해 공간은 직원과 분리되어야 하며, 영업점장 및 영업관리자의 통제가 용이한 장소에 위치하여야 한다.

② 사이버룸의 경우 반드시 '사이버룸'임을 명기하고 외부에서 내부를 관찰할 수 있도록 개방형 형태로 설치되어야 한다.

③ 고객에 대한 서비스 차원에서 명패, 명칭, 개별 직통전화 등을 사용하도록 하거나 제공해야 한다.

④ 영업점장 및 영업관리자는 고객전용공간에서 이루어지는 매매거래의 적정성을 모니터링하고 이상매매가 발견되는 경우 지체 없이 준법감시인에게 보고하여야 한다.

해설 | 다른 고객이 사이버룸 사용 고객을 직원으로 오인하지 않도록 명패, 명칭, 개별 직통전화 등을 사용하도록 하거나 제공해서는 안 된다.

99 내부통제기준을 위반한 경우 5천만 원 이하의 과태료를 부과하는 경우에 해당하지 않는 것은?

① 내부통제기준을 마련하지 않은 자

② 준법감시인을 두지 아니한 자

③ 주주총회의 결의를 거치지 아니하고 준법감시인을 임면한 자

④ 준법감시인의 겸직금지업무를 수행한 자와 이를 담당하게 한 자

해설 | 이사회 결의를 거치지 아니하고 준법감시인을 임면한 자이다. 준법감시인은 이사회에서 임면한다. 회사는 내부통제기준 위반자에 대한 처리기준을 사전에 규정하고, 위반자에 대해서는 엄정하고 공정하게 조치하여야 한다.

100 직무윤리의 절차적 규정 중 성격이 다른 하나는?

① 민사책임   ② 형사책임

③ 행정제재   ④ 내부통제

해설 | ①~③은 외부통제이고 ④는 내부통제이다.

101 다음의 행정제재 중 '금융투자업자에 대한 제재'에 해당하는 것은?

① 감독권, 등록취소권, 6개월 이내 업무의 전부 또는 일부의 정지명령권, 위반행위의 시정명령 또는 중지명령권, 기관경고, 기관주의 등

② 해임요구, 6개월 이내의 직무정지, 문책경고, 주의적 경고, 주의 등

③ 면직, 6개월 이내의 정직, 감봉, 견책, 경고, 주의 등

④ 청문 및 이의신청권

해설 | ② 임원에 대한 조치권, ③ 직원에 대한 조치권, ④ 회사, 임직원 공통

102 금융위원회가 처분 또는 조치 중에서 반드시 청문을 실시해야 하는 대상이 아닌 것은?

① 종합금융투자업자에 대한 지정의 취소

② 금융투자업자에 대한 인가 · 등록의 취소

③ 금융투자업자 임직원에 대한 해임요구 또는 면직요구

④ 직원에 대한 정직요구

해설 | 지정취소, 인가등록취소, 해임요구, 면직요구는 청문을 실시해야 하는 대상이다(정직은 대상이 아님).

103 직무윤리 및 내부통제기준 위반행위에 대한 제재를 설명한 내용으로 옳지 않은 것은?

① 금융투자협회는 회원 간의 건전한 영업질서 유지 및 투자자 보호를 위한 자율규제업무를 담당한다.

② 금융위원회는 금융투자업자의 직원에 대하여 면직, 6개월 이내의 정직, 감봉, 견책, 경고, 주의 등의 조치를 할 수 있다.

③ 형사처벌은 법에 명시적 규정이 없더라도 가능하며, 이 경우 행위자와 법인 양자 모두를 처벌하는 경우가 많다.

④ 직무윤리강령 및 직무윤리기준 등을 위반한 행위에 대하여 법적 제재를 받지 않을 수도 있으나, 고객 및 시장으로부터의 신뢰 상실과 명예 실추, 고객과의 단절이 야기된다.

해설 | 형사처벌은 법에서 명시적으로 규정하고 있는 것에 한정하며(죄형법정주의) 그 절차는 형사소송법에 의한다. 또 행위자와 법인 모두를 처벌하는 양벌규정을 두는 경우가 많다.

104 직무윤리 및 내부통제기준을 위반한 행위에 대하여 행정제재를 할 수 있는 기관이 아닌 것은?

① 금융투자협회   ② 금융위원회
③ 금융감독원   ④ 증권선물위원회

해설 | 금융투자협회는 회원 간의 건전한 영업질서 유지 및 투자자 보호를 위한 자율규제업무를 담당한다(금융투자협회의 자율규제위원회).

105 직무윤리 및 내부통제기준을 위반한 행위에 대하여 다음과 같은 제재를 결정할 수 있는 기관은?

> • 6개월 이내의 업무의 전부 또는 일부의 정지
> • 위법행위의 시정명령 또는 중지명령
> • 위법행위로 인한 조치를 받았다는 사실의 공표명령

① 금융투자협회 자율규제위원회   ② 금융위원회
③ 금융감독원   ④ 한국거래소

해설 | 금융위원회는 금융투자업자에 대하여 6개월 이내의 업무의 전부 또는 일부의 정지, 위법행위의 시정명령 또는 중지명령, 위법행위로 인한 조치를 받았다는 사실의 공표명령 또는 게시명령 등을 내릴 수 있다.

106 시장으로부터 신뢰상실과 명예실추, 고객과의 단절은 직업인으로서 당해 업무에 종사하는 자에게 가해지는 가장 무섭고 만회하기 어려운 제재가 된다. 이는 무엇을 말하는가?

① 형사책임　　　　　　　　　　　　② 자율규제

③ 민사책임　　　　　　　　　　　　④ 시장의 제재

해설 | 시장의 제재는 외부통제 중 명시적인 법률적 제재를 받지 않으나 당해 업무에 종사하는 자에게 가장 큰 타격이 될 수 있다.

107 금융소비자 보호가 필요한 이유와 가장 거리가 먼 것은?

① 금융소비자가 금융상품의 공급자에 비해 교섭력이 떨어지기 때문

② 금융상품은 일반금융상품과 달리 소비자가 선택할 수 있는 상품이 다양하지 못하고, 가격 흥정 및 교체하기도 어렵기 때문

③ 금융회사와 소비자 간에 존재하는 정보의 대칭성 때문

④ 금융상품은 계약이 복잡하고 전문성을 요하기 때문

해설 | 금융회사와 소비자 간에는 정보의 비대칭성이 존재하기 때문에 약자인 금융소비자를 보호해야 한다.

108 다음 (　　)에 적절한 말은?

> 금융산업에 있어서 내부적 통제로서의 (　　)는 임직원이 고객재산의 선량한 관리자로서 고객이익을 위해 선관주의 의무를 다하였는지, 업무처리과정에서 제반 법규 등을 준수하였는지에 대하여 사전적 또는 사후적으로 통제·감독하기 위한 것이다.

① 준법감시제도　　　　　　　　　　② 직무윤리

③ 신의성실의무　　　　　　　　　　④ 이해상충방지체계

해설 | 투자자 보호를 위해 관련 법규에 의한 사후적 감독이 가능하지만, 준법감시제도는 상시적인 내부통제시스템을 통한 사전적인 예방장치가 필요함에 따라 만들어진 제도이다.

109 직무윤리 및 내부통제기준을 위반한 행위에 대하여 취해지는 제재조치와 거리가 먼 것은?

① 형사벌칙　　　　　　　　　　　　② 행정제재

③ 민사책임　　　　　　　　　　　　④ 금융분쟁조정위원회

해설 | 금융분쟁조정위원회는 금융기관과 예금자 금융수요자가 기타 이해관계인 사이에 발생하는 금융 관련 분쟁의 조정에 관한 사항을 심의·의결하기 위하여 금융감독원에 설치된 기구이다. ①～③ 이외에도 자율규제기관에 의한 제재, 회사 자체의 제재조치 등이 있다. 또한 직무윤리 위반행위에 대하여 아무런 법적 제재가 가해지지 않는 경우에도 고객의 신뢰상실과 명예실추 등으로 인하여 전문직업인으로서의 업무수행에 장애를 받을 수 있다.

110 직무윤리 및 내부통제기준을 위반한 행위에 대하여 취해지는 형사벌칙에 관한 설명으로 옳지 않은 것은?

① 거짓의 내용을 알리는 행위나 불확실한 사항에 대하여 단정적 판단을 제공하거나 확실하다고 오인하게 할 소지가 있는 내용을 알리는 행위를 하는 경우에는 3년 이하의 징역 또는 1억 원 이하의 벌금형에 처할 수 있다.

② 법을 위반하여 투자광고를 하게 한 자, 사전에 자기가 투자매매업자인지 투자중개업자인지를 밝히지 아니하고 금융투자상품의 매매에 관한 청약 또는 주문을 받은 자는 1년 이하의 징역 또는 3천만 원 이하의 벌금에 처해질 수 있다.

③ 형사벌칙은 징역과 벌금을 병과하여 부과할 수 없다.

④ 법인의 대표자나 법인 또는 개인의 대리인·사용인, 그 밖의 종업원이 위반행위를 한 경우에는 그 행위자를 벌하는 외에 그 법인 또는 개인에게도 벌금형이 부과된다.

해설 | 형사벌칙은 징역과 벌금을 병과하여 부과할 수 있다.

111 다음 중 내부통제기준 위반 시 회사의 조치 및 제재가 다른 하나는?

① 내부통제기준을 마련하지 않은 경우

② 준법감시인을 두지 아니한 경우

③ 이사회의 결의를 거치지 아니하고 준법감시인을 임면한 경우

④ 준법감시인의 임면 사실을 금융위원회에 보고하지 않은 경우

해설 | ①~③은 1억 원 이하의 과태료를 부과하는 경우이고 ④는 2천만 원 이하의 과태료를 부과하는 경우이다.

CHAPTER 05 투자권유와 투자자분쟁예방

SECTION 01 투자권유

1. 투자권유

① 투자권유란 특정투자자를 상대로 금융투자상품의 매매 또는 투자자문계약·투자일임계약·신탁계약 (관리형 신탁계약 및 투자성 없는 신탁계약 제외)의 체결을 권유하는 것을 의미

② 금융투자상품의 매매 또는 체결계약의 권유가 수반되지 않는 정보제공(투자광고) 등은 투자권유에 해당 안 됨

③ 임직원 등의 투자권유 또는 판매 시 준수사항

ㄱ 관계법령 등을 준수하고, 신의성실의 원칙에 따라 공정하게 업무를 수행할 것
ㄴ 금융소비자가 합리적인 투자판단과 의사결정을 할 수 있도록 투자에 따르는 위험 및 거래의 특성과 주요 내용을 명확히 설명할 것
ㄷ 금융소비자 자신의 판단과 책임에 따라 스스로 투자에 관한 의사결정을 하여야 하고, 그에 대한 결과가 금융소비자 본인에게 구속됨을 금융소비자에게 알릴 것
ㄹ 정당한 사유 없이 금융소비자의 이익을 해하면서 자기가 이익을 얻거나 회사 또는 제3자가 이익을 얻도록 하여서는 안 됨

※ 임직원 등 : 금융회사의 임직원을 포함하여 금융상품판매업자 등과 계약을 체결하고 투자권유를 하는 투자권유대행인

2. 투자권유 전 준수절차

투자권유 희망 여부 확인	• 투자권유대행인은 금융소비자가 투자권유를 희망하는지 확인 • 금융소비자가 투자권유를 희망하지 않는 경우 투자권유대행인은 투자를 권유할 수 없다는 사실을 안내하고 투자권유에 해당하는 행위를 할 수 없음(단, 금융투자상품의 매매 또는 체결계약의 권유가 수반되지 않고, 금융소비자의 요청에 따라 객관적인 정보만을 제공하는 경우에는 투자권유에 해당 안 됨) • 금융소비자가 투자권유를 희망하지 않고 투자하고자 하는 경우라도 투자권유대행인이 금융소비자에게 알려야 하는 사항 　－원금손실 가능성 　－투자에 따른 손익은 모두 금융소지자에게 귀속한다는 사실 등 투자에 수반되는 주요 유의사항을 알려야 함
금융 소비자 유형 파악	① 전문금융소비자 • 금융상품에 관한 전문성 또는 소유자산규모 등에 비추어 금융상품 계약에 따른 위험감수능력이 있는 금융소비자 • 국가, 한국은행, 대통령령으로 정하는 금융회사, 주권상장법인 등 　－투자성 상품 : 대부업자, 투자권유대행인 포함 　－대출성 상품 : 상시근로자 5인 이상 법인, 겸영여신업자, 대출상품 금융상품판매대리·중개업자 등 포함

	• 일반금융소비자와 같은 대우를 받겠다는 의사를 금융상품 판매업자등에게 서면으로 통지하는 경우 해당 금융상품 판매업자 등은 정당한 사유가 있는 경우를 제외하고는 이에 동의하여야 하며, 이 경우 해당 전문 금융소비자는 일반 금융소비자로 대우 • 주권상장법인이 금융회사와 장외파생상품을 거래하는 경우 : 원칙적으로 일반 금융소비자로 보되, 해당 법인이 전문 금융소비자와 같은 대우를 받겠다는 의사를 금융회사에 서면으로 통지하는 경우 전문 금융소비자 대우 ② 일반 금융소비자 • 전문 금융소비자가 아닌 자 • 개인, 상장되지 않은 법인
고지의무 등	• 투자권유대행계약을 체결한 금융상품직접판매업자의 명칭 및 업무내용 • 하나의 금융상품직접판매업만을 대리하거나 중개하는지 여부 • 금융상품직접판매업자로부터 계약체결권을 부여받지 아니한 경우 자신이 금융상품계약을 체결할 권한이 없다는 사실 • 고의 또는 과실로 법을 위반하여 금융소비자에게 손해를 발생시킨 경우 손해배상책임이 있다는 사실
투자자 정보 파악	• 취약투자자 여부 확인 　－고령자, 은퇴자, 미성년자, 주부, 투자경험이 없는 자 등 　－'취약투자자 유의사항 설명 확인서' 수령 • 투자자 성향 분석

Tip 투자자 성향 분석

투자자 정보 확인서 작성	• 투자권유를 희망하는 금융소비자를 대상으로 금융상품의 투자권유를 할 때마다 투자자 성향 분석 • 면담 · 질문 등을 통하여 투자자 정보를 '투자자 정보 확인서'에 따라 파악하고, 투자자로부터 서명 등의 방법으로 확인을 받아 유지 · 관리 • 온라인 펀드 거래 시 : 금융회사는 금융소비자가 투자성향 및 투자하고자 하는 상품의 위험도를 온라인으로 확인할 수 있도록 시스템 구축
투자자 성향 분류	위험선호형, 적극형, 성장형, 안정성장형, 위험회피형 등
대리인을 통한 투자자 성향 분석	원칙적으로 금융소비자 본인으로부터 투자자 정보를 파악하여야 하지만, 대리인으로부터 금융소비자 본인의 정보를 파악할 수 있음
투자자 정보의 파악 간소화 대상	투자목적, 재산상황, 투자경험의 투자자 정보만을 간략하게 파악 : 단기금융투자기구의 집합투자증권(MMF), 국채증권, 지방채증권, 특수채증권 등 위험이 높지 않은 금융투자상품 및 환매조건부매매(RP)를 하는 금융소비자
장외파생상품의 거래	장외파생상품을 거래하고자 하는 경우에는 투자권유 여부와 상관없이 '장외파생상품 투자자 정보 확인서'를 이용하여 투자자 정보 파악
투자자 정보의 유효기간	금융회사가 투자자 정보 유효기간을 설정하고 금융소비자가 별도의 변경 요청이 없는 한 투자자 정보를 파악한 날로부터 12~24개월 동안 투자자 정보가 변경되지 않은 것으로 간주

3. 투자권유 주요 내용

(1) 투자권유 일반 원칙

투자자에게 적합하지 않은 상품의 투자권유	• 투자권유대행인은 금융소비자가 본인에게 적합하지 않은 것으로 판단되는 금융투자상품에 투자하고자 하는 경우 해당 금융투자상품을 투자권유해서는 안 됨 • 금융소비자가 원하는 경우에도 투자권유 금지 • '투자권유 희망 및 투자자 정보 제공 여부 확인서', '투자성향에 적합하지 않은 투자성 상품 거래확인서'를 받고 판매하는 행위도 금지
계약체결 전 적합성 보고서 제출	• 대상 : 신규 일반 금융소비자(개인, 법인 모두 포함), 만 65세 이상의 고령투자자 및 만 80세 이상의 초고령투자자 • 상품 : 공모와 사모 형태를 불문하는 E(D)LS, E(D)LF, E(D)LT • 투자권유 시 '적합성 보고서'를 계약체결 이전에 제공
고령투자자에 대한 투자권유	• 고령자 보호기준을 의무적으로 만들어 고령투자자 대상, 금융상품의 범위 및 강화된 보호 수단 등에 관한 사항 포함 • 만 65세 이상의 고령투자자에게 금융투자상품을 판매하려는 경우 '고령투자자 보호기준' 준수 • 2영업일 이상의 숙려기간 부여

(2) 투자권유 시 유의사항

① 금융투자상품의 내용을 사실과 다르게 알리는 행위

② 불확실한 사항에 대하여 단정적인 판단을 제공하거나 확실하다고 오인하게 할 소지가 있는 내용을 알리는 행위

③ 투자자로부터 투자권유 요청을 받지 아니하고 방문 · 전화 등 실시간 대화의 방법을 이용하는 행위(다만, 증권과 장내파생상품에 대하여 투자권유 하는 경우는 제외)

④ 투자권유를 받은 투자자가 이를 거부하는 취지의 의사표시를 하였음에도 불구하고 투자권유를 계속하는 경우

    ㉠ 1개월이 지난 후에 다시 투자권유를 하는 행위

    ㉡ 다른 종류의 투자상품에 대하여 투자권유를 하는 행위

⑤ 투자성 상품에 관한 계약의 체결을 권유하면서 투자자가 요청하지 않은 다른 대출성 상품을 안내하거나 관련 정보를 제공하는 행위

⑥ 금융상품의 가치에 중대한 영향을 미치는 사항을 미리 알고 있으면서 투자자에게 알리지 아니하는 행위 또는 투자성 상품의 가치에 중대한 영향을 미치는 사항을 알면서 그 사실을 투자자에게 알리지 않고 그 금융상품의 매수 또는 매도를 권유하는 행위

⑦ 금융상품 내용의 일부에 대하여 비교대상 및 기준을 밝히지 아니하거나 객관적인 근거 없이 다른 금융상품과 비교하여 해당 금융상품이 우수하거나 유리하다고 알리는 행위

⑧ 자기 또는 제3자가 소유한 투자성 상품의 가치를 높이기 위해 금융소비자에게 해당 투자성 상품의 취득을 권유하는 행위

⑨ 투자자가 자본시장법상 미공개정보 이용행위 금지, 시세조정 행위 등의 금지, 부정거래행위 등의 금지에 위반하는 매매, 그 밖의 거래를 하고자 한다는 사실을 알고 그 매매, 그 밖의 거래를 권유하는 행위

⑩ 투자자의 사전 동의없이 신용카드를 사용하도록 유도하거나 다른 대출성 상품을 권유하는 행위

⑪ 금융소비자보호법상 적합성 원칙을 적용받지 않고 권유하기 위해 투자자로부터 계약 체결의 권유를 원하기 않는다는 의사를 서면 등으로 받은 행위

⑫ 관련법령 등 회사가 정한 절차에 따르지 않고 금전 · 물품 · 편익 등의 재산상 이익을 제공하거나 제공받는 행위

4. 설명의무

중요 내용 설명	• 중요 내용 : 금융투자상품의 내용, 투자에 따르는 위험, 금융투자상품의 투자성에 관한 구조와 성격, 투자자가 부담하는 수수료에 관한 사항, 조기상환조건이 있는 경우 그에 관한 사항, 계약의 해제·해지에 관한 사항 등 • 설명한 내용을 투자자가 충분히 이해하도록 설명
설명의 차등화	• 투자자가 주요 손익구조 및 손실위험을 이해하지 못하는 경우 투자권유를 중단 • 투자자의 투자경험과 금융투자상품에 대한 지식수준 등 투자자의 이해수준을 고려하여 설명의 정도를 달리할 수 있음
설명 내용 확인	설명한 내용을 투자자가 이해하였음을 서명 등의 방법으로 확인
설명서 제공	• 서면교부, 우편 또는 전자우편, 휴대전화 문자메시지 또는 이에 준하는 전자적 의사표시를 통해 교부 • 예외 　-금융소비자가 서면, 전화·전신·모사전송, 전자우편 및 전자통신 등의 방법 설명서 수령을 거부하는 경우 　-이미 취득한 것과 같은 집합투자증권을 계속하여 추가로 취득하려는 때에 직전에 교부한 투자설명서의 내용과 같은 경우 　-동일한 내용으로 갱신하는 경우 또는 계속적·반복적인 계약

> **Tip** 외화증권 투자를 권유하는 경우에 추가적으로 설명해야 하는 사항
>
> • 투자대상 국가 또는 지역의 경제, 시장 상황 등의 특징
> • 투자에 따른 일반적 위험 외에 환율 변동 위험, 해당 국가의 거래제도, 세제 등 제도의 차이
> • 투자자가 직접 환위험 헤지를 하는 경우 시장 상황에 따라 헤지 비율 미조정 시 손실이 발생할 수 있다는 사실

5. 금융투자상품의 위험도 분류

① 금융투자상품 위험도 분류표는 금융투자상품의 위험도에 따라 3가지 색상(적색, 황색, 녹색)으로 구분하여 금융투자상품의 위험도에 대한 투자자의 직관적인 이해도를 높여야 한다.
② 투자자 성향 분류 단계 및 실제 투자자 성향 분포를 감안하여 분류하며, 시장 환경 등의 변화에 따른 금융투자상품의 위험도 변화를 반영하여 주기적으로 조정
③ 장외파생상품의 대한 위험도 분류는 일반금융소비자 대상으로는 헤지 목적 거래만 허용되는 점을 감안하여 별도의 산정기준을 적용
④ 포트폴리오 투자의 경우, 이를 구성하는 개별 금융투자상품의 위험도를 투자금액 비중으로 가중 평균한 포트폴리오 위험도를 사용

6. 투자권유대행인의 금지행위

① 회사를 대리하여 계약을 체결하는 행위

② 투자자로부터 금전·증권, 그 밖의 재산을 수취하는 행위

③ 회사로부터 위탁받은 투자권유대행업무를 제3자에게 재위탁하는 행위

④ 투자자를 대리하여 계약을 체결하는 행위

⑤ 투자자로부터 금융투자상품에 금전을 대여하도록 중개·주선 또는 대리하는 행위

⑥ 제3자로 하여금 투자자에게 금전을 대여하도록 중개·주선 또는 대리하는 행위

⑦ 둘 이상의 회사와 투자권유 위탁계약을 체결하는 행위

⑧ 회사가 이미 발행한 주식의 매수 또는 매도를 권유하는 행위

⑨ 자기 또는 제3자가 소유한 금융투자상품의 가격 상승을 목적으로 투자자에게 해당 금융투자상품의 취득을 권유하는 행위

⑩ 투자목적, 재산상황 및 투자경험 등을 감안하지 아니하고 투자자에게 지나치게 투자권유를 하는 행위(과당매매)

SECTION 02 | 투자자분쟁 예방

1. 투자자 분쟁 예방을 위한 방법

직무윤리의 준수	• '고객우선의 원칙'과 '신의성실의 원칙' • 소극적으로 고객의 희생 위에 자기 또는 제3자의 이익을 취하는 것을 금지하는 것이 아니라, 신의성실의 원칙에 따라 적극적으로 고객이 실현 가능한 최대한의 이익을 취득할 수 있도록 업무를 수행하여야 할 의무
6대 판매원칙 준수	• 적합성의 원칙, 적정성의 원칙 위반 시 : 위법계약해지권, **3천만 원** 이하의 과태료, 고의·과실 손해배상책임, **6개월** 이내의 업무정지, 기관 및 임직원 제재 대상 • 설명의무, 불공정영업행위 금지, 부당권유행위 금지 위반 시 : 위법계약해지권, **1억 원** 이하의 과태료, 고의·과실 손해배상책임(회사의 입증책임), **6개월** 이내의 업무정지, 기관 및 임직원 제재 대상, 관련 계약으로 얻은 수입(거래금액)의 **50%** 이내 과징금 부과 • 허위·부당광고 금지 위반 시 : **1억 원** 이하의 과태료, 고의·과실 손해배상책임(회사의 입증책임), **6개월** 이내의 업무정지, 기관 및 임직원 제재 대상, 관련 계약으로 얻은 수입(거래금액)의 **50%** 이내 과징금 부과
분쟁예방 요령	• 임직원 개인계좌로 고객자산 등의 입금 금지 • 금융투자업에서 일정 범위 내에서 허용되는 일임매매의 경우 그 범위 및 취지에 맞게 업무 수행 • 금융회사 임직원은 금융상품거래의 조력자 역할임을 명심 • 손실보전 약정 금지 • 지나친 단정적 판단 제공 금지 • 업무수행 중 취득하게 된 정보의 취급에 신중할 것

구분		적합성의 원칙	적정성의 원칙	설명의무	불공정영업 행위 금지	부당권유행위 금지	허위·부당 광고 금지
위법계약해지권 행사 대상		○	○	○	○	○	×
과태료	3천만 원 이내	○	○	–	–	–	–
	1억 원 이내	–	–	○	○	○	○
고의 또는 과실로 인한 손해배상책임		○	○	○ (회사의 입증책임)	○ (회사의 입증책임)	○ (회사의 입증책임)	○ (회사의 입증책임)
6개월 이내의 업무정지, 기관 및 임직원 제재		○	○	○	○	○	○
관련계약으로 얻은 수입(거래금액)의 50% 이내 과징금 부과		×	×	○	○	○	○

- 금지 행위
  - 투자자가 입을 손실의 전부 또는 일부를 보전하여 줄 것을 사전에 약속하는 행위
  - 투자자가 입을 손실의 전부 또는 일부를 사후에 보전하여 주는 행위
  - 투자자에게 일정한 이익을 보장할 것을 사전에 약속하는 행위
  - 투자자에게 일정한 이익을 사후에 제공하는 행위
- 손실보전 등의 금지 예외(사전에 준법감시인에게 보고한 경우)
  - 회사가 자신의 위법(과실로 인한 위법 포함) 행위 여부가 불명확한 경우 사적 화해의 수단으로 손실을 보상하는 행위(단, 증권투자의 자기책임원칙에 반하는 경우는 그러하지 아니함)
  - 회사의 위법행위로 인하여 회사가 손해를 배상하는 행위
  - 분쟁조정 또는 재판상 화해절차에 따라 손실을 보전하거나 손해를 발생하는 행위

2. 개인정보보호법 관련 고객정보 처리

(1) 개인정보

① 개인정보의 개념 : 살아 있는 개인에 관한 정보로서 성명, 주민등록번호 및 영상 등을 통하여 개인을 알아볼 수 있는 정보

고유식별정보	주민등록번호, 여권번호 등
민감정보	건강상태, 진료기록, 병력, 정당의 가입 등
금융정보	신용카드번호, 통장계좌번호 등

※ 민감정보 및 고유식별정보는 정보주체에게 별도의 동의를 얻거나, 법령에서 구체적으로 허용된 경우에 한하여 예외적으로 처리를 하여야 함

정보주체	처리되는 정보에 의하여 알아볼 수 있는 사람으로서 그 정보의 주체가 되는 사람
개인정보파일	개인정보를 쉽게 검색할 수 있도록 일정한 규칙에 따라 체계적으로 배열하거나 구성한 개인정보의 집합물
개인정보처리자	업무를 목적으로 개인정보파일을 운용하기 위하여 스스로 또는 다른 사람을 통하여 개인정보를 처리하는 공공기관, 법인, 단체 및 개인

② 개인정보처리자의 개인정보 보호원칙
  ㉠ 개인정보처리자는 개인정보의 처리 목적을 명확히 하여야 하고 그 목적에 필요한 범위에서 최소한의 개인정보만을 적법하고 정당하게 수집
  ㉡ 개인정보의 처리 목적에 필요한 범위에서 적합하게 개인정보를 처리하여야 하며, 그 목적 외의 용도로 활용하여서는 안 됨
  ㉢ 개인정보의 처리 방법 및 종류 등에 따라 정보주체의 권리가 침해받을 가능성과 그 위험 정도를 고려하여 개인정보를 안전하게 관리
  ㉣ 개인정보의 처리목적에 필요한 범위 내에서 정확성, 완전성 및 최신성이 보장되어야 함
  ㉤ 개인정보 처리방침 등 개인정보의 처리에 관한 사항을 공개하여야 하며, 열람청구권 등 정보주체의 권리를 보장
  ㉥ 정보주체의 사생활 침해를 최소화하는 방법으로 개인정보를 처리
  ㉦ 개인정보의 익명처리가 가능한 경우에는 익명에 의하여 처리될 수 있도록 하여야 함
③ 정보주체가 자신의 개인정보 처리와 관련하여 갖는 권리
  ㉠ 개인정보의 처리에 관한 정보를 제공받을 권리
  ㉡ 개인정보의 처리에 관한 동의 여부, 동의 범위 등을 선택하고 결정할 권리
  ㉢ 개인정보의 처리 여부를 확인하고 개인정보에 대하여 열람(사본의 발급 포함)을 요구할 권리
  ㉣ 개인정보의 처리 정지, 정정·삭제 및 파기를 요구할 권리
  ㉥ 개인정보의 처리로 인하여 발생한 피해를 신속하고 공정한 절차에 따라 구제받을 권리

(2) 개인정보의 처리 및 관리

① 개인정보의 수집·이용
  ㉠ 정보주체의 동의를 받은 경우
  ㉡ 법률에 특별한 규정이 있거나 법령상 의무를 준수하기 위하여 불가피한 경우
  ㉢ 공공기관이 법령 등에서 정하는 소관 업무의 수행을 위하여 불가피한 경우
  ㉣ 정보주체와의 계약의 체결 및 이행을 위하여 불가피하게 필요한 경우
  ㉤ 정보주체 또는 그 법정대리인이 의사표시를 할 수 없는 상태이거나 주소불명 등으로 사전 동의를 받을 수 없는 경우로서 명백히 정보주체 또는 제3자의 급박한 생명, 신체, 재산의 이익을 위하여 필요하다고 인정되는 경우
  ㉥ 개인정보처리자의 정당한 이익을 달성하기 위하여 필요한 경우로서 명백하게 정보주체의 권리보다 우선하는 경우

> **Tip**　정보주체에게 고지하는 내용
>
> • 개인정보의 수집·이용 목적
> • 수집하려는 개인정보의 항목
> • 개인정보의 보유 및 이용 기간
> • 동의를 거부할 권리가 있다는 사실 및 동의 거부에 따른 불이익이 있는 경우 그 불이익 내용

② 개인정보의 수집 제한
  ㉠ 목적에 필요한 최소한의 개인정보를 수집
  ※ 최소한의 개인정보 수집이라는 입증책임은 개인정보처리자가 부담

ⓛ 정보주체의 동의를 받아 개인정보를 수집하는 경우 필요한 최소한의 정보 외의 개인정보 수집에는 동의하지 아니할 수 있다는 사실을 구체적으로 알리고 개인정보를 수집하여야 함

③ 개인정보의 제공 : 개인정보처리자는 정보주체의 동의를 받거나 법률에 특별한 규정이 있는 경우 등에 해당하는 경우에는 정보주체의 개인정보를 제3자에게 제공(공유를 포함)할 수 있음

> **Tip** 정보주체의 동의를 받았을 때 정보주체에게 고지하는 내용
>
> - 개인정보를 제공받는 자
> - 개인정보를 제공받는 자의 개인정보 이용 목적
> - 제공하는 개인정보의 항목
> - 동의를 거부할 권리가 있다는 사실 및 동의거부에 다른 불이익이 있는 경우에는 그 불이익의 내용

④ 개인정보의 관리

ⓜ 민감정보 및 고유식별정보는 정보주체에게 별도의 동의를 받거나, 법령에서 구체적으로 허용된 경우에 한하여 예외적으로 처리를 하도록 엄격하게 제한하고 있음

ⓛ 주민등록번호를 내부망에 저장할 경우에는 영향평가 및 위험도분석을 통해 위험이 있는 경우 암호화하도록 규정하고 있으며, 2016년 1월부터 주민등록번호는 내외부망 구분 없이 암호화하여 안전하게 보관하여야 함

ⓒ 주민등록번호는 정보주체의 동의를 받았더라도 법령 근거가 없는 경우에는 원칙적으로 처리가 금지되므로 2016년 8월 6일까지 주민등록번호는 삭제 조치를 취해야 함

(3) 개인정보 유출에 대한 처벌 강화

① 개인정보보호법은 정보 유출에 대한 손해배상을 강화하면서 징벌적 손해배상제도를 도입하여 고의·중과실로 개인정보 유출 등이 발생하여 손해가 발생한 때에는 법원은 손해액의 **5배**를 넘기지 않는 범위에서 손해배상액을 정할 수 있도록 규정

② 개인정보 유출로 인해 피해를 입었을 경우 구체적 피해액을 입증하지 못하더라도 법원 판결을 통해 정해진 일정 금액(**300만 원** 이내)을 보장받는 법정 손해배상제도를 도입함

③ 개인에 대해서도 부정한 방법으로 개인정보를 취득하여 타인에게 제공하는 자에게는 징역 **5년** 이하 또는 **5천만 원** 이하의 벌금에 처하도록 규정

3. 분쟁조정제도

(1) 금융감독원의 금융분쟁조정제도(금융분쟁조정위원회)

① 분쟁 당사자의 신청에 기초하여 주장내용과 사실관계를 확인하고 이에 대한 합리적인 분쟁 해결 방안이나 의견을 제시하여 당사자 간의 합의에 따른 원만한 분쟁해결을 도모하는 제도

② 금융 관련 분쟁의 조정에 관한 사항을 심의·의결하기 위하여 금융감독원에 '금융분쟁조정위원회'를 설치(금융투자협회는 '분쟁조정위원회', 한국거래소는 '분쟁조정심의위원회')

③ 금융분쟁조정위원회 절차

분쟁조정 신청	이해관계인은 금융감독원장에게 분쟁조정 신청
합의 권고	분쟁조정 신청을 받은 날로부터 **30일** 이내
분쟁조정위 회부	**30일** 이내 합의가 이루어지지 않은 때
조정안 작성	조정위에서 **60일** 이내에 조정안 작성

조정안 수락권고	금감원장은 분쟁조정 신청인 관계 당사자에게 조정안 제시·수락 권고
수락	조정안 제시받은 날로부터 20일 이내 조정안 수락
효력	**재판상 화해**와 동일한 효력

④ 분쟁조정의 효력

　　㉠ 조정은 법원의 판결과 달리 그 자체로는 구속력이 없고 당사자가 이를 수락하는 경우에 한하여 효력을 가짐

　　㉡ 금융감독원에 설치된 금융분쟁조정위원회의 조정안을 당사자가 수락하면 당해 조정안은 **재판상 화해**와 동일한 효력을 가짐(그 밖의 기관은 **민법상 화해계약**으로서의 효력)

구분	금융감독원	금융투자협회	한국거래소
분쟁조정의 효력	재판상 화해	민법상 화해계약	민법상 화해계약

⑤ 분쟁조정의 장단점

장점	단점
• 소송비용 없이 최소한의 시간 내에 합리적으로 분쟁처리 가능 • 전문가의 조언 및 도움을 받을 수 있음	• 합의가 도출되지 아니하면 분쟁처리가 지연됨 • 판단기관에 따른 결과의 차이가 발생할 수 있음

(2) 금융투자협회의 분쟁조정제도(분쟁조정위원회)

① 분쟁조정제도 : 협회 분쟁조정제도는 협회 회원의 영업행위와 관련된 분쟁에 대하여 소송에 따른 비용과 시간의 문제점을 해결하고 당사자 간의 원만하고 신속한 분쟁 해결을 유도함으로써 시장 참가자들의 편의를 제공하기 위한 제도임

② 분쟁조정위원회 취급 업무

　　㉠ 회원의 영업행위와 관련한 분쟁조정

　　㉡ 회원 간의 착오매매와 관련한 분쟁조정

③ 분쟁조정위원회 절차

분쟁조정신청 접수/통지	신청인은 본인이 직접 신청함이 원칙이나 대리인도 신청 가능하며 협회로 직접방문 또는 우편으로 신청 가능
사실조사	제출한 자료검토 및 당사자 간 대면질의 등의 방법
합의권고	분쟁의 원만한 해결을 위하여 당사자에게 구두 또는 서면으로 합의 권고
분쟁조정위원회 회부 전 처리 (종결처리)	• 일방 당사자 주장내용의 전부 또는 일부가 이유 있다고 판단되는 경우 위원회 회부 전 양 당사자에게 합의권고안 제시 • 분쟁조정신청 취하서가 접수되거나 수사기관의 수사진행, 법원의 제소 • 신청내용의 허위사실 등 일정한 사유에 해당하는 경우
분쟁조정위원회 회부	합의가 성립하지 않은 경우 조정신청서 접수일로부터 30일 이내(30일 이내 심의하여 조정 또는 각하 결정함을 원칙으로 하나 부득이한 경우 15일 이내에서 기한 연장 가능)
조정의 성립	당사자가 조정결정수락서에 기명 날인한 후 이를 조정결정의 통지를 받은 날로부터 20일 이내에 협회에 제출(조정이 성립한 날로부터 20일 이내에 조정에 따른 후속조치를 취하고 그 처리결과를 지체 없이 협회에 제출)
조정의 효력	**민법상 화해계약**(민법 제732조)
재조정 신청	조정 또는 각하 결정을 받은 날로부터 30일 이내(조정의 결과에 중대한 영향을 미치는 새로운 사실이 나타난 경우)

4. 금융투자상품 관련 분쟁

(1) 금융투자상품 관련 분쟁의 특징

① 증권 또는 선물거래는 은행거래, 보험거래 등 다른 금융거래와는 달리 투자대상의 높은 가격변동에 따른 고투자위험, 투자과정에서의 전문성 필요 등과 같이 내재적인 특성을 가지고 있음

② 고객과 금융투자회사 간의 법률관계에서도 거래과정에서 고객이 증권회사 직원에 대한 높은 의존성, 위임과정 중 금융투자회사 직원의 폭넓은 개입 기회, 불공정거래 가능성 등 일반적인 위임의 법률관계와는 다른 특성이 존재

③ 거래과정 중에 고객과 금융투자회사 임직원 간에 예기치 못한 분쟁이 발생할 개연성이 높은 특징을 가지며, 분쟁 발생 시 당사자 간의 분쟁 해결이 쉽지 않은 경향

(2) 분쟁 관련 금융투자상품의 내재적 특성

원금손실 가능성	수익뿐만 아니라 원금초과 손실 가능성
투자결과에 대한 본인 책임	투자결과는 본인 귀속이 원칙이므로, 금융상품에 대하여 '자신의 판단과 책임하에 투자'
투자상품에 대한 지속적인 관리 요구	투자상품의 고유특성에 따라 손익내역이 주기적으로 변하기 때문

(3) 금융투자상품 관련 분쟁의 유형

임의매매	고객이 증권회사 또는 선물회사 직원에게 금융투자상품의 관리를 맡기지 아니하였고 그 금융투자회사 직원이 매매주문을 받지 않았음에도 고객의 예탁자산으로 마음대로 매매한 경우에는 민사상 손해배상책임뿐만 아니라 직원의 처벌도 가해질 수 있음
일임매매	투자일임업자가 고객과 투자일임계약을 체결한 상태에서 당초의 일임계약 취지를 위반하여 수수료 수입목적 등의 사유로 인하여 과도한 매매를 일삼은 경우 등 고객충실의무 위반이 인정될 수 있는 경우에는 민사상 손해배상책임이 발생할 수 있음
부당권유	증권회사 또는 선물회사 등의 금융투자회사 또는 은행, 보험 등의 겸영 금융투자회사 직원이 고객에게 투자권유를 하면서 금융투자상품에 대한 설명의무를 충실하게 이행하지 않아 위험성에 대한 투자자의 인식 형성을 방해하거나, 과대한 위험성이 있는 투자를 부당하게 권유한 경우에는 사안에 따라 민사상 손해배상책임이 발생할 수 있음
집합투자증권 등 불완전판매	불완전판매도 부당권유의 한 유형으로 분류되는 것이 보통이므로 적합성의 원칙, 적정성의 원칙, 설명의무, 손실보전약정 금지 등을 종합적으로 고려하여 민법상의 불법행위 여부를 판단함
주문 관련	고객이 낸 주문을 증권회사, 선물회사 등 투자중개업자인 금융투자회사가 다르게 처리하거나 주문권한이 없는 자로부터의 매매주문을 제출받아 처리한 경우 민사상 손해배상책임이 발생할 수 있음
기타분쟁	전산장애가 발생하여 매매가 불가능함으로 인해 발생된 손해, 금융투자회사의 부적절한 반대매매처리로 인한 분쟁, 기타 무자격상담사로 인한 분쟁 사례 등이 있음

CHAPTER 05 출제예상문제

SECTION 01   투자권유

01 투자권유대행인에 대한 설명 중 옳지 않은 것을 고르면?

① 투자권유대행인은 금융소비자가 투자권유를 희망하는지 여부에 관계없이 진행할 수 있다.

② 투자권유대행인은 금융소비자가 합리적인 투자판단과 의사결정을 할 수 있도록 위험 및 거래의 특성과 주요 내용을 명확히 설명해야 한다.

③ 투자권유대행인은 투자권유 전 상대방이 전문 금융소지자인지, 일반 금융소비자인지 확인하여야 한다.

④ 투자권유대행인은 본인이 투자권유대행인임을 나타내는 증표를 금융소비자에게 제시하여야 한다.

해설 | 투자권유를 하기 전 투자권유를 희망하는지 여부를 확인해야 한다.

02 다음 중 투자권유에 대한 설명으로 적절한 것을 고르면?

① 투자권유는 계약의 체결까지를 포함하는 개념이다.

② 금융소비자의 요청에 따라 객관적인 정보만을 제공하는 것도 투자권유로 보아야 한다.

③ 금융소비자가 투자권유 없이 스스로 특정상품에 대한 투자를 하는 경우 투자권유대행인은 원금손실 가능성 등에 대해 설명하여야 한다.

④ 주권상장법인이 장외파생상품 거래를 하는 경우 원칙적으로 전문 금융소비자로 보아야 한다.

해설 | 투자권유는 계약체결을 포함하지 않으며, 금융소비자의 요청에 따라 객관적인 정보만을 제공하는 것은 투자권유로 보지 않는다. 주권상장법인의 장외파생상품거래는 별도로 신청하지 않는 한 일반 금융소비자의 거래로 취급되어야 한다.

03 투자권유대행인이 고지하여야 할 사항이 아닌 것은?

① 투자권유대행인과 계약을 체결한 금융상품직접판매업자의 명칭 및 업무내용

② 투자권유대행인이 하나의 금융상품직접판매업자를 대리 또는 중개하는지 여부

③ 금융소비자가 제공한 개인정보 등은 금융상품직접판매업자가 보유·관리한다는 사실

④ 투자권유대행인의 투자권유로 인한 과거 성과

해설 | 투자권유대행인의 투자권유로 인한 과거의 성과는 고지내용이 아니다.

정답 ▶ 01 ① 02 ③ 03 ④

04 다음 중 투자권유대행인의 금지사항에 해당하지 않은 것은?

① 투자자로부터 금전·증권, 그 밖의 재산을 수취하는 행위

② 투자목적, 재산상황 및 투자경험 등을 감안하지 아니하고 투자자에게 지나치게 투자권유를 하는 행위

③ 투자권유의 요청을 받고 실시간 대화의 방법을 이용하는 행위

④ 투자성 상품에 대한 투자권유 시 투자자가 요청하지 않은 대출성 상품에 관한 정보를 제공하는 행위

해설 | 투자권유 요청을 받고 실시간 대화의 방법으로 투자권유를 하는 행위는 허용이 된다.

05 투자권유대행인의 투자권유 시 유의사항으로 옳지 않은 것은?

① 투자자로부터 투자권유의 요청을 받지 아니하고 방문·전화 등 실시간 대화의 방법을 이용하는 행위를 하여서는 아니 된다.

② 실시간 대화의 방법으로 투자권유가 금지되는 금융투자상품은 증권과 파생상품이 해당된다.

③ 투자권유를 받은 투자자가 이를 거부하는 취지의 의사를 표시하였음에도 불구하고 투자권유를 계속해서는 아니 된다.

④ 투자권유를 받은 투자자가 이를 거부하는 취지의 의사표시를 한 후 1개월이 지났거나 다른 금융투자상품에 대해 투자권유를 하는 행위는 가능하다.

해설 | 증권과 장내파생상품에 대하여 투자권유를 하는 경우는 투자자로부터 투자권유의 요청을 받지 아니하고도 권유가 가능하다.

06 투자권유대행인이 일반투자자를 상대로 투자권유를 하는 경우 설명하여야 하는 내용으로 법령에서 정하고 있는 사항이 아닌 것은?

① 유사 금융상품과의 수익률 비교 수치

② 금융투자상품의 투자에 따르는 위험

③ 금융투자상품의 투자성에 관한 구조와 성격

④ 계약의 해제·해지에 관한 사항

해설 | 유사 금융상품과의 수익률 비교 수치는 법으로 정하고 있는 설명의무 사항이 아니다.

07 투자권유에 대한 설명으로 옳은 것은?

① 자본시장법의 '투자권유'는 특정 투자자에게 금융투자상품의 매매를 권유하는 것이며, 투자자문 · 투자일임 · 신탁계약 체결을 권유하는 것은 포함되지 않는다.

② 매매 또는 계약체결의 권유가 수반되지 않는 정보제공의 경우라도 투자자 정보 확인서를 작성하여야 한다.

③ 투자권유를 희망하지 않는 투자자에 대하여는 투자권유에 해당하는 행위를 할 수 없다.

④ 투자권유를 받지 않고 투자하고자 하는 투자자에 대해서는 투자에 수반되는 주요 유의사항을 알릴 필요가 없다.

해설 | ① 자본시장법에서는 '투자권유'의 대상은 금융투자상품뿐만 아니라 투자자문 · 투자일임 · 신탁계약까지 포함한다.
② 금융투자상품의 매매 또는 계약체결의 권유가 수반되지 않는 금융투자상품에 대한 단순한 설명, 상담 및 안내 같은 정보제공 등은 투자권유로 보기 어려우며, 이 경우 일반투자자 정보 확인서를 확인할 필요가 없다.
④ 투자자가 투자권유를 받지 않고 투자하고자 하는 경우라도 원금손실 가능성, 투자에 따른 손익은 모두 투자자에게 귀속된다는 사실 등 투자에 수반되는 주요 유의사항을 알려야 한다.

08 투자권유에 대한 설명으로 옳지 않은 것은?

① 투자자가 서명 또는 기명날인으로 설명서의 수령을 거부하는 경우에는 설명서를 교부하지 아니하여도 된다.

② 펀드의 경우에는 투자자가 투자설명서 교부를 별도로 요청하지 아니하는 경우 간이투자설명서 교부로 갈음할 수 있다.

③ 투자자는 일반투자자와 전문투자자로 구분하며, 주권상장법인이 회사와 장외파생상품 거래를 하는 경우에는 일반투자자로 본다.

④ 일반투자자가 전문투자자의 대우를 받겠다고 요청할 경우 이에 동의하여야 한다.

해설 | 전문투자자가 일반투자자와 같은 대우를 받겠다는 의사를 금융투자업자에게 서면으로 요청하는 경우 정당한 사유가 없는 한 이에 동의하여야 한다. 회사는 투자자에게 투자권유를 하기 전에 해당 투자자가 일반투자자인지 전문투자자인지 확인해야 한다.

09 투자권유에 대한 설명으로 옳지 않은 것은?

① 회사는 투자자의 성향에 맞는 상품을 투자권유해야 한다.

② 회사는 정량적 요소로만 각 금융투자상품별 위험도를 분류한다.

③ 장외파생상품에 대한 위험도 분류는 일반금융소비자 대상으로 헤지 목적 거래만 적용되는 점을 감안하여 별도의 산정기준을 적용할 수 있다.

④ 금융투자상품 위험도 분류표는 금융투자상품의 위험도에 따라 3가지 색상(적색, 황색, 녹색)으로 구분하여 금융투자상품의 위험도에 대한 투자자의 직관적인 이해도를 높여야 한다.

해설 | 회사는 정량적 요소와 정성적 요소를 감안하여 각 금융투자상품별 위험도를 분류한다.

정답 04 ③ 05 ② 06 ① 07 ③ 08 ④ 09 ②

10 금융투자상품별 위험도를 분류할 때 사용되는 정량적 요소와 거리가 먼 것은?

① 상품구조의 복잡성   ② 과거 가격의 변동성

③ 원금 손실 가능범위   ④ 레버리지 정도

해설 | 상품구조의 복잡성은 정성적 요소이다.

11 표준투자권유준칙 중 투자자 정보 파악단계에 대한 설명으로 옳지 않은 것은?

① 투자권유를 희망하는 투자자에게 투자권유를 하기 전에 반드시 투자자의 정보를 파악하여야 한다.

② 투자자 정보는 반드시 투자자가 자필로 작성할 필요는 없다.

③ 투자자의 대리인으로부터 투자자 본인의 정보를 파악해서는 아니 된다.

④ 온라인으로 펀드에 투자 시 투자권유가 있거나 투자자가 원하는 경우 적합성 원칙 등 투자권유절차를 구현할 수 있는 시스템을 온라인상에 구축하여야 한다.

해설 | 투자자의 대리인이 그 자신과 투자자의 실명확인증표 및 위임장 등 대리권을 증빙할 수 있는 서류 등을 지칭하는 경우 대리인으로부터 투자자 본인의 정보를 파악할 수 있다.

12 투자권유 일반원칙에 대한 설명으로 옳지 않은 것은?

① 투자성향 분류와 금융투자상품 위험도 분류기준을 참조하여 투자권유를 시행하되, 투자자에게 적합하지 아니하다고 인정되는 투자권유를 하여서는 아니 된다.

② 회사가 이미 투자자 정보를 알고 있는 투자자에 대하여는 기존 투자자 성향과 그 의미에 대해 설명하고 투자권유를 하는 것이 바람직하다.

③ 투자자가 위험회피 목적으로 투자하거나 적립식으로 투자하는 경우 금융투자상품 위험도 분류기준보다 완화된 기준을 적용하여 투자권유할 수 있다.

④ 투자자가 본인에게 적합하지 않은 것으로 판단되는 금융투자상품을 투자하고자 하는 경우, 회사는 해당 금융투자상품을 판매할 수 없다.

해설 | 투자자가 본인에게 적합하지 않은 것으로 판단되는 금융투자상품을 투자하고자 하는 경우, 투자자에게 투자의 위험성을 알리고 해당 투자자로부터 서명 등의 방법으로 이를 고지 받았다는 사실을 확인받은 후 판매를 하거나 거래를 중단할 수 있다.

13 표준투자권유준칙상 투자자 정보 파악단계에 대한 설명으로 옳지 않은 것은?

① 투자권유를 희망하는 투자자라 하더라도 투자자 정보를 제공하지 아니하는 경우에는 투자권유를 할 수 없다.

② 투자권유를 희망하지 않는 투자자에 대하여는 투자자가 원하는 객관적인 정보만 제공할 수 있다.

③ MMF, 국채증권 등 위험이 높지 않은 금융상품 투자 및 환매조건부매매를 하는 투자자에 대하여는 투자자 정보를 간략하게 파악할 수 있다.

④ 투자자에게 파생상품 등을 판매하는 경우 투자권유를 하지 않은 경우에는 투자자 정보를 파악하지 않아도 된다.

해설 | 투자자에게 파생상품 등을 판매하려는 경우 투자권유를 하지 않더라도 투자자 정보를 파악하여야 한다.

14 다음 중 투자자 정보 파악에 대한 설명으로 적절하지 않은 것은?

① 대리인을 통해 투자자 정보를 얻는 경우 위임장 등으로 정당한 대리인 여부를 확인하고 대리인으로부터 투자자 본인의 정보를 파악할 수 있다.

② 온라인으로 펀드에 투자하는 경우 권유가 발생하지 않기 때문에 투자성향 및 투자하고자 하는 펀드의 위험도를 확인할 수 있는 절차를 온라인에 구축하지 않아도 된다.

③ 파생상품 등의 경우 적정성 원칙에 따라 투자자 정보를 파악하고 투자자가 적정하지 않은 상품 거래를 원할 경우 경고 등을 하여야 한다.

④ RP 등 위험이 높지 않은 금융투자상품만을 거래하는 투자자의 경우 간략한 투자자 정보 확인서를 사용할 수 있다.

해설 | 온라인으로 펀드에 투자하는 경우에도 투자자 본인의 투자성향 및 투자하고자 하는 펀드의 위험도를 확인할 수 있는 시스템을 구축하여야 한다.

15 투자자 성향 분석에 대한 설명으로 옳지 않은 것은?

① 투자자 정보 파악이 이루어지고 나면 취득한 정보를 바탕으로 투자자의 성향을 평가하여 투자자에게 제공하여야 한다.

② 투자자의 성향을 평가하기 위해서는 회사가 자체적으로 마련한 적합성 판단기준을 가지고 있어야 한다.

③ 투자자의 성향을 분류하는 방식에는 점수화(Scoring) 방식, 추출(Factor – out) 방식, 혼합방식, 상담보고서 활용방식 등이 있다.

④ 투자자 성향을 분류하는 방식 중에는 점수화(Scoring) 방식이 절대적으로 우위에 있다.

해설 | 투자자 성향을 분류하는 방식 중에는 어느 방식이 절대적으로 우위에 있다고 볼 수 없다. 각 방법들은 각각의 장단점을 가지고 있으며, 고객의 투자성향도 금융시장의 환경 변화, 시간의 경과에 따라 바뀌게 되어 있다.

정답 ▶ 10 ① 11 ③ 12 ④ 13 ④ 14 ② 15 ④

16 투자자의 실제 성향에 가장 근접하게 분석할 수 있지만 판매직원별로 질적 차이가 발생하여 시간이 오래 걸리는 투자자 성향 분석 방식은?

① 점수화(Scoring) 방식　　　　　　② 추출(Factor – out) 방식
③ 혼합방식　　　　　　　　　　　　④ 상담보고서 활용 방식

해설 | 상담보고서 활용 방식에 대한 설명이다.

17 표준투자권유준칙 중 설명의무에 대한 내용으로 옳지 않은 것은?

① 투자자가 주요 손익구조를 이해하지 못하는 경우 투자권유를 중단하여야 한다.
② 투자권유 시 투자자의 이해수준과 관계없이 동일한 수준으로 설명하여야 한다.
③ 추후에 금융투자상품 문의를 위해 투자자에게 판매직원의 연락처 등을 반드시 알려야 한다.
④ 투자자가 서명 등으로 설명서의 수령을 거부하는 경우 설명서를 교부하지 않아도 된다.

해설 | 투자자의 투자경험과 금융투자상품에 대한 지식수준 등 투자자의 이해수준을 고려하여 설명의 정도를 달리할 수 있다.

18 다음 중 투자권유 시 설명의무에 대한 내용으로 적절하지 않은 것은?

① 투자권유 시 금융투자상품의 복잡성 및 위험도 등 상품 측면만을 고려하여 설명한다.
② 동일 또는 유사 상품에 대해 투자 경험이 있거나 해당 상품에 대한 지식수준이 높은 투자자는 간단한 설명이 가능하다.
③ 계속적 거래가 발생하는 단순한 구조의 상장증권의 경우에는 최초 계좌 개설 시에만 설명의무를 이행할 수 있다.
④ 외화증권에 투자권유 시 환위험 헤지 여부, 환율 위험 및 대상 국가에 대한 위험 등 추가적인 설명을 하여야 한다.

해설 | 상품 측면뿐만 아니라 투자자의 경험 및 인식능력 등을 고려하여 설명하여야 한다.

19 금융투자상품 권유 및 판매와 관련한 의무와 가장 거리가 먼 것은?

① 선관의무 – 고객이익 최우선의 원칙
② 금융투자회사 임직원의 소속회사에 대한 충실의무
③ 회사재산과 정보의 부당한 사용 및 유출 금지의무
④ 고객에게 정확한 정보제공 의무

해설 | 회사재산과 정보의 부당한 사용 및 유출 금지의무는 임직원이 회사에 대해 지켜야 할 의무로서, 고객에 대한 상품의 권유 및 판매와 관련된 의무와는 거리가 멀다.

20 고객과 이해충돌이 발생할 경우의 우선순위 등에 대한 설명으로 옳지 않은 것은?

① 고객이익 최우선의 원칙은 단순히 고객의 희생 위에 자기 또는 제3자의 이익을 취하는 것을 금지하는 소극적인 의무이다.

② 어떠한 경우에도 고객의 이익은 회사와 주주 및 임직원의 이익에 우선한다.

③ 회사의 이익은 임직원의 이익에 우선한다.

④ 모든 고객의 이익은 상호 동등하게 취급한다.

해설 | 고객이익 최우선의 원칙은 소극적으로 고객의 희생 위에 자기 또는 제3자의 이익을 취하는 것을 금지하는 것에 그치는 것이 아니라, 적극적으로 고객이 실현 가능한 최대한의 이익을 취득할 수 있도록 업무를 수행하여야 할 의무를 진다는 것으로 이해하여야 한다.

21 금융투자회사의 임직원은 고객에게 정확한 정보를 제공할 의무가 있다. 이와 관련한 설명으로 옳지 않은 것은?

① 고객에게 정확하고 충분한 정보를 제공하는 것이야 말로 고객인 투자자로 하여금 최적의 상품을 선택하게 하는 기초가 된다.

② 정보를 제공함에 있어서 되도록 고객에게 유리한 정보에 치중하여야 하며, 고객에게 불리한 정보는 최소한으로 제공하여야 한다.

③ 대부분의 분쟁은 고객에게 정확한 정보를 제공하였는가에서 출발한다.

④ 고객에게 특별한 위험이 내재된 상품에 대한 고지 또는 설명의무 등을 위반하였을 때에는 회사 또는 직원이 손해배상책임을 질 수도 있다.

해설 | 정보를 제공함에 있어서 일시적으로 약정을 많이 올리기 위해서 고객에게 유리한 정보에 치중하여서는 안 되며, 고객에게 불리한 정보도 제공하여 고객이 이를 이해할 수 있도록 하여야 한다.

22 금융투자회사 임직원이 회사에 대하여 지켜야 할 충실의무 등을 설명한 것으로 옳지 않은 것은?

① 금융투자회사 임직원은 회사와 위임계약 또는 고용계약에 의하여 맡은 업무를 수임자로서 성실하게 수행하여야 할 의무가 있으며 또한 직무에 전념할 의무가 있다.

② 금융투자회사 직원은 소속 회사의 승인을 받은 경우가 아니면 회사와의 이해상충 관계에 있는 지위를 맡거나 업무를 수행하여서는 안 되며, 회사의 승인을 받은 경우에도 대외활동을 함에 있어서 자신의 이익을 위하여 회사의 자산이나 인력 등을 사용할 수 없다.

③ 만일 이해상충의 우려가 있는 거래의 경우에는 반드시 준법감시인과 협의하여 고객과 회사의 이익이 침해받지 않는 범위 내에서 합리적인 절차를 거쳐 행하도록 하여야 한다.

④ 약정한 고용계약기간이 종료된 시점에 회사에 대해 지켜야 할 의무가 사라진다.

해설 | 미리 약정한 고용계약기간이 종료된 경우라도 일정한 의무가 부가된다.

23 금융투자회사 임직원이 직무수행과정에서 알게 된 **고객의 정보**와 관련하여 준수하여야 할 내용으로 옳지 않은 것은?

① 금융투자회사의 임직원은 투자상담 등 직무수행과정에서 알게 된 고객정보를 누설하거나 고객이 아닌 자의 이익을 위하여 부당하게 이용하는 행위를 하여서는 아니 된다.

② 만일 고객에 관한 어떤 사항이 비밀정보인지 여부가 불명확할 경우에는 일단 비밀정보가 아닌 것으로 취급하여야 한다.

③ 법관이 발부한 영장에 의한 경우 등의 예외적인 경우를 제외하고는 금융기관 임직원이 고객의 금융거래정보를 타인에게 제공하거나 누설하는 것은 원칙적으로 금지되어 있다.

④ 자본시장법은 고객의 정적인 금융거래정보 외에도 동적인 정보(고객의 매매주문 동향 등)도 자기 또는 제3자의 이익을 위하여 이용하는 행위를 금지하고 있다.

해설 | 고객에 관한 어떤 사항이 비밀정보인지 여부가 불명확할 경우에는 일단 비밀정보로 취급하여야 한다.

24 금융투자회사 임직원이 직무수행과정에서 알게 된 **회사의 정보**와 관련하여 준수하여야 할 내용으로 옳지 않은 것은?

① 금융투자회사의 임직원이 직무수행 중 알게 된 회사의 정보는 회사의 재산에 속하는 것이고, 회사의 이익을 위해서만 사용되어야 한다.

② 임직원이 고객 또는 회사의 비밀정보를 관련 법령에 따라 제공하는 경우에는 정보를 제공한 후 준법감시인에게 보고하여야 한다.

③ 정부 또는 감독기관과 연락하거나 정보를 제공하는 경우에는 준법감시인에게 사전 통보를 하고 협의를 거쳐야 한다.

④ 회사로부터 사전 허락을 받아 강연·방송 등에 참여하는 경우에도 원고 등을 준법감시인의 사전 승인을 받은 후 사용하여야 하고, 고객의 동의 없이 특정고객에 대한 언급이나 확정되지 아니한 기획단계의 상품 등에 대한 언급을 하여서는 아니 된다.

해설 | 정부 또는 감독기관과 연락하거나 정보를 제공하는 경우에도 준법감시인에게 사전승인을 받아 직무수행에 필요한 최소한의 범위 내에서 제공하여야 한다.

25 일반법과 특별법의 관계에 있어 특별법에 의거하여 우선 처리하고 특별법에 정함이 없으면 일반법을 적용한다. 다음 중 다른 법의 일반법의 지위에 있는 법은?

① 개인정보보호법
② 전자금융거래법
③ 금융실명거래 및 비밀보장에 관한 법률
④ 신용정보의 이용 및 보호에 관한 법률

해설 | 개인정보보호법은 일반법으로서 관련 특별법이 없는 경우는 해당 법의 적용이 되나 관련 규정이 특별법에 없을 경우에는 개인정보보호법에 따라 처리해야 한다. 개인정보보호법은 개인정보의 처리 및 보호에 관한 사항을 정함으로써 개인의 자유와 권리를 보호하고, 나아가 개인의 존엄과 가치를 구현함을 목적으로 하여 2011년 9월 30일 시행되었다.

26 다음 개인정보 중 민감정보에 해당하는 것은?

① 성명
② 여권번호
③ 정당의 가입
④ 통장계좌번호

해설 | 성명, 여권번호는 고유식별정보, 통장계좌번호는 금융정보이다.

27 다음 중 개인정보 처리자의 개인정보 보호 원칙으로 옳지 않은 것은?

① 개인정보의 처리목적에 필요한 범위에서 적합하게 개인정보를 처리하여야 하며, 그 목적 외의 용도로 활용해서는 안 된다.
② 개인정보의 처리 방침 등 개인정보의 처리에 관한 사항을 공개해서는 안 된다.
③ 정보주체의 사생활 침해를 최소화하는 방법으로 개인정보를 처리하여야 한다.
④ 개인정보는 익명처리가 가능한 경우 익명으로 처리한다.

해설 | 개인정보의 처리 방침은 공개하여야 한다.

28 개인정보 처리 및 관리에 관한 설명으로 옳지 않은 것은?

① 개인정보 처리자는 불가피한 경우를 제외하고는 정보주체의 동의를 받은 경우 개인정보를 수집할 수 있다.
② 보유기간이 경과하여 개인정보가 불필요하게 된 경우에는 다른 법령에 따른 보존의무가 없는 경우를 제외하고 지체 없이 개인정보를 파기하여야 한다.
③ 민감정보 및 고유식별정보는 정보주체에게 별도의 동의를 얻거나, 법령에서 구체적으로 허용된 경우에 한하여 예외적으로 처리를 하도록 엄격하게 제한하고 있다.
④ 주민등록번호는 원칙적으로 정보주체의 동의를 받은 경우에만 처리할 수 있다.

해설 | 주민등록번호는 법 개정에 따라 정보주체의 동의를 받았다 하더라도 법령 근거가 없는 경우에는 원칙적으로 처리기 금지되므로 2016년 8월 6일까지 수집된 주민등록번호에 대한 삭제 조치를 취해야 한다.

정답 23 ② 24 ② 25 ① 26 ③ 27 ② 28 ④

29 **개인정보 유출에 대한 처벌에 대한 설명으로 옳지 않은 것은?**

① 개인정보보호법은 정보유출에 대한 손해배상을 강화하면서 징벌적 손해배상제도를 도입하였다.
② 고의 · 중과실로 개인정보 유출 등이 발생하여 손해가 발생한 때에는 법원은 손해액의 5배를 넘기지 않는 범위에서 손해배상액을 정할 수 있도록 하였다.
③ 개인정보 유출로 인해 피해를 입었을 경우에 구체적 피해액을 입증한다면, 법원 판결을 통해 정해진 일정 금액을 보상받는 법정 손해배상제도를 도입하였다.
④ 개인에 대해서도 부정한 방법으로 개인정보를 취득하여 타인에게 제공하는 자에게는 징역 5년 이하 또는 5천만 원 이하의 벌금에 처하도록 규정하고 있다.

해설 | 개인정보 유출로 인해 피해를 입었을 경우에 구체적 피해액을 입증하지 못하더라도, 법원 판결을 통해 정해진 일정 금액(300만 원 이내)을 보상받는 법정 손해배상제도를 도입하였다.

SECTION 02 투자권유

30 **분쟁조정제도에 관한 설명으로 옳지 않은 것은?**

① 금융기관과 예금자 등 금융수요자, 기타 이해관계인 사이에 발생하는 금융 관련 분쟁의 조정에 관한 사항을 심의 · 의결하기 위하여 금융감독원에 금융분쟁조정위원회를 두고 있다.
② 금융감독원장은 분쟁조정의 신청을 받은 때에는 관계당사자에게 그 내용을 통지하고 합의를 권고할 수 있다.
③ 금융감독원에 설치된 금융분쟁조정위원회의 조정안을 당사자가 수락하여 조정안이 성립되더라도 이는 사적 조정안이기 때문에 법률상 효력을 갖는 것은 아니다.
④ 한국거래소 분쟁조정심의위원회, 금융투자협회 분쟁조정위원회 등 금융감독원 이외의 기관에 의한 조정은 민법상 화해계약으로서의 효력을 갖는다.

해설 | 금융감독원에 설치된 금융분쟁조정위원회의 조정안을 당사자가 수락하면 당해 조정안은 재판상 화해와 동일한 효력을 갖는다. 금융감독원 이외의 기관(한국거래소 분쟁조정심의위원회, 금융투자협회 분쟁조정위원회 등)에 대한 조정은 민법상 화해계약으로서의 효력을 갖는다.

31 분쟁조정제도에 관한 설명으로 옳지 않은 것은?

① 분쟁조정기관은 중립적인 조정안을 제시하기 위해 통상적으로 분쟁의 양 당사자와 법조계, 학계, 소비자단체, 업계 전문가로 구성된 분쟁조정위원회를 구성하고 운영한다.

② 조정은 법원의 판결과는 달리 그 자체로는 구속력이 없고 당사자가 이를 수락하는 경우에 한하여 효력을 갖는다.

③ 금융감독원장은 조정신청사건의 진행 중에 일방당사자가 소를 제기한 경우에는 조정의 처리를 중지하고 이를 당사자에게 쌍방으로 통보하여야 한다.

④ 분쟁조정제도의 단점은 분쟁조정기관에 따라 결과의 차이가 있을 수 있으며, 양당사자의 합의가 도출되지 아니하면 분쟁처리가 지연될 수 있다는 것이다.

해설 | 분쟁조정위원회의 구성에 양 당사자는 제외한다. 분쟁조정제도의 장점은 소송비용 없이 최소한의 시간 내에 합리적으로 분쟁처리가 가능하며, 전문가의 조언 및 도움을 받을 수 있고, 개인이 직접 확인하기 어려운 금융회사의 자료를 조정 기관을 통해 간접적으로 확인이 가능하다는 것이다.

PART
01

PART
02

PART
03

PART
04

PART
05

32 금융감독원 금융분쟁조정위원회의 분쟁조정 절차를 순서대로 바르게 나타낸 것은?

| ㉠ 분쟁내용의 통지 및 합의권고 | ㉡ 조정위원회 회부 |
| ㉢ 조정안의 작성 | ㉣ 조정안의 제시 및 수락권고 |

① ㉠ → ㉡ → ㉢ → ㉣
② ㉠ → ㉡ → ㉣ → ㉢
③ ㉠ → ㉡ → ㉢ → ㉣
④ ㉢ → ㉣ → ㉠ → ㉡

해설 | 금융분쟁조정위원회의 분쟁조정 절차는 ㉠ 분쟁내용의 통지 및 합의권고 → ㉡ 조정위원회 회부 → ㉢ 조정안의 작성 → ㉣ 조정안의 제시 및 수락권고의 순서로 진행한다.

33 금융분쟁에 관한 설명으로 옳지 않은 것은?

① 금융수요자 등이 금융업무 등과 관련하여 이해관계 등이 발생함에 따라 금융 관련 기관을 상대로 제기하는 분쟁이 금융분쟁이다.

② 금융업무 관련이라도 금융 관련 기관이 금융 관련 기관을 상대로 제기하는 분쟁은 금융분쟁에 해당하지 않는다.

③ 금융투자 관련 금융분쟁은 주로 자본시장법령 등에서 금융투자업자에게 부여하는 의무 이행 여부가 쟁점이 된다.

④ 금융투자업 영위과정에서 거래관계가 수반되는 권리의무에 대한 상반된 주장을 분쟁이라는 형태로 도출된다.

해설 | 금융 관련 기관이 금융업무와 관련하여 금융 관련 기관을 상대로 제기하는 분쟁도 금융분쟁에 해당한다.

정답 ▶ 29 ③ 30 ③ 31 ① 32 ① 33 ②

34 금융분쟁조정절차에 대한 설명이다. (   )에 들어갈 단어로 올바른 것은?

> • 금융감독원장은 분쟁조정의 신청을 받은 날로부터 (   ) 이내에 당사자 간에 합의가 이루어지지
>   아니한 때에는 지체 없이 이를 금융분쟁조정위원회에 회부하여야 한다.
> • 금융분쟁조정위원회는 조정의 회부를 받은 때에는 (   ) 이내에 이를 심의하여 조정안을 작성하여
>   야 한다.

① 7일, 30일   ② 10일, 30일

③ 20일, 60일   ④ 30일, 60일

해설 | 금융감독원장은 분쟁조정의 신청을 받은 날로부터 30일 이내에 금융분쟁조정위원회에 회부하여야 하고, 조정
위원회는 60일 이내에 조정안을 작성하여야 한다.

35 금융투자상품 관련 분쟁의 특성과 거리가 먼 것은?

① 증권 또는 선물거래는 은행거래, 보험거래 등 다른 금융거래와는 달리 투자대상의 높은 가격변동
에 따른 고투자위험, 투자과정에서의 전문성 필요 등과 같은 내재적인 특성을 가지고 있다.

② 고객의 증권회사 직원에 대한 높은 의존성, 금융투자회사 직원의 폭넓은 개입 기회, 불공정거래
가능성 일반적인 위임의 법률관계와는 다른 특성이 존재한다.

③ 계좌개설부터 거래종료까지의 거래과정 중에 고객과 금융투자회사 임직원 간에 예기치 못한 분
쟁이 발생할 개연성이 높다.

④ 고객과 금융투자회사 임직원 간에 분쟁 발생 시, 금융분쟁조정위원회의 도움을 받을 수 있어 당사
자 간에 분쟁 해결이 쉽다.

해설 | 금융투자상품은 내재적 속성(원본 손실 가능성)으로 계좌개설부터 거래종료까지 거래 과정 중에 고객과 금융
투자회사 간에 예기치 못한 분쟁이 발생할 개연성이 높은 특징을 가지며, 분쟁 발생 시 금융분쟁조정위에 회부
되어도 강제성이 없어서 당사자 간 해결이 쉽지 않은 경향이 있다.

36 금융투자상품의 내재적 특성과 가장 거리가 먼 것은?

① 원금 손실 가능성

② 투자결과에 대한 본인책임

③ 낮은 분쟁 가능성

④ 투자상품에 대한 지속적인 관리 요구

해설 | 금융투자상품은 금융투자상품의 속성으로 인해 분쟁 가능성이 상존한다.

37 고객과 금융회사 임직원 간 금융투자상품 관련 분쟁의 유형으로 보기 어려운 것은?

① 임의매매
② 일임매매
③ 부당권유
④ 내부자거래

해설 | 내부자거래란 상장기업의 주요주주나 임직원이 자신의 지위를 통하여 취득한 미공개의 중대한 정보(내부 정보)를 이용하여 자기 회사의 주식을 매매하는 등 부당하게 이득을 취하는 것을 말한다. 따라서 내부자거래는 고객과 금융회사 임직원 간 금융투자상품 관련 분쟁과는 거리가 멀다.

38 분쟁 예방 요령에 대한 설명으로 가장 적절하지 않은 것은?

① 부당권유행위의 경우에는 금전 제공, 수수료 할인 또는 비정상적 조건 등 고객에 대한 직간접적 손실보전행위를 금지한다.
② 과다 일임매매와 관련하여 고객으로부터 포괄적 일임매매를 받는 것이 최선이며, 빈번하거나 과도한 거래권유를 삼간다.
③ 임의매매의 경우 위반 시 엄격한 제재 등을 감안할 때 고객의 위임 없는 거래는 금지하여야 한다.
④ 금융투자상품 주문거래에는 녹취와 서류 등의 증빙을 갖추어 분쟁 예방 또는 발생 시를 대비하여야 한다.

해설 | 과다 일임매매와 관련하여 고객으로부터 포괄적 일임매매를 받지 않는 것이 최선이며, 일임의 경우에는 관련 규정을 준수하여 분쟁소지를 제거하는 것이 바람직하다.

39 다음의 분쟁 사례를 통해 강조되는 판매회사 임직원의 의무로 가장 적절한 것은?

> A은행에서 1년 전에 판매한 홍콩 H지수 주가연계증권(ELS)을 매입한 고객이 투자매매업자 · 투자중개업자인 A은행 OO지점을 찾아와 자신은 원금이 보장된다고 한 말을 믿고 노후자금을 투자하였으며, 원본 손실이 날 줄 알았더라면 애당초 거래를 하지 않았을 것이라고 주장하면서 원리금 상당액의 보전을 요구하였다.

① 신의성실의무
② 공정성유지의무
③ 투자설명서 교부 및 주요내용 설명의무
④ 소속회사의 직원에 대한 지도 · 지원의무

해설 | 투자설명서 교부 및 주요내용 설명의무는 투자자 보호의 기능뿐 아니라 분쟁 발생 시 판매회사와 그 임직원을 보호하는 수단으로 작용할 수 있으므로 투자설명서를 철저히 준수하여야 한다.

정답 ▸ 34 ④ 35 ④ 36 ③ 37 ④ 38 ② 39 ③

40 주식형 펀드를 판매한 회사의 직원이 고객에게 써준 수익률 보장각서의 효력에 관한 설명으로 가장 거리가 먼 것은?

① 일반거래약관이든 개별약정이든 강행법규에 위반하는 내용은 무효이다.

② 자본시장법은 투자원금의 보장 등 수익을 보장하는 권유행위를 금지하고 있다.

③ 비록 판매회사 직원이 임의로 수익률 보장각서를 제공하였다고 하더라도 이는 강행규정 위반행위로서 무효이다.

④ 직원이 제공한 수익률 보장각서의 내용은 무효이나 해당 직원은 불법행위에 대한 책임을 지며 소속 회사는 책임을 부담하지 않는다.

해설 I 직원이 제공한 수익률 보장각서의 내용은 무효이며 직원과 불법행위 책임을 회사는 사용자로서 손해배상책임을 지게 된다.

41 신탁상품의 운용 및 판매와 관련된 설명으로 옳지 않은 것은?

① 위탁회사가 수집된 정보를 바탕으로 신중하게 신탁재산의 운영에 관한 지시를 하였더라도 그 예측이 빗나가 신탁재산에 손실이 발생하였을 경우에는 선량한 관리자로서의 주의의무를 다한 것이라고 볼 수 없다.

② 임직원이 고객에게 수익증권의 매입을 권유하는 때에는 투자에 따르는 위험 등의 주요 내용을 명확히 설명하지 않음으로써 고객에게 손해가 발생한 때에는 불법행위로 인한 손해배상책임이 성립한다.

③ 투자경험이 전무한 투자자에게 투자를 권유하는 경우에는 각종 위험에 관하여 명확히 설명함으로써 고객으로 하여금 합리적인 투자판단을 할 수 있도록 고객을 보호하여야 할 주의의무가 있다.

④ 신탁상품에 가입하려는 자는 회사에 당해 상품에 부실채권 등이 포함되어 있는지 등에 관하여 확인하여 볼 필요가 있다고 할 것이므로, 이러한 사실을 확인하지 않은 투자자의 과실도 일정 부분 있다고 할 수 있다.

해설 I 위탁회사가 가능한 범위 내에서 수집된 정보를 바탕으로 신탁재산의 최상의 이익에 합치된다는 믿음을 가지고 신중하게 신탁재산의 운용에 관한 지시를 하였다면, 설사 그 예측이 빗나가 신탁재산에 손실이 발생하였다고 하더라도 그것만으로는 선량한 관리자의 주의의무를 다하지 못한 것이라고 볼 수 없다.

CHAPTER 06

투자권유 사례분석

SECTION 01 | 투자권유

1. 재무설계

① 재무설계란 재정적인 자원의 적절한 관리를 통해 삶의 목표를 달성해 가는 과정
② 현재 또는 미래의 재무자원, 자산, 소득을 증대시키고 보전하여 우리가 바라는 생활양식에 적합한 재무목표를 설정하고 이를 달성하기 위해 행동계획을 수립하고 실행하는 전 생애에 걸친 과정

재무설계	계획
	일생 동안의 과정
	체계적인 접근과 전략을 필요로 함

2. 개인 재무설계 및 재무설계 전문가의 필요성

우리가 바라는 생활양식 달성	우리가 바라는 생활양식을 달성하려면 현재 소득이 작더라도 가계의 재무상황을 통제하여 현재와 미래의 소득, 자산, 재무자원을 증대시키고 보전할 필요가 있음
생애소비만족의 극대화	일생 동안의 소득의 흐름과 소비지출 흐름의 불일치를 완화
미래의 불확실성에 대한 대비	• 실질구매력 하락에 대한 대비 : 물가 상승, 이자율 변동 • 재무자원의 손실 또는 필요증대에 대한 대비 : 실업과 질병, 화재와 도난, 교통사고 등
사회경제적 환경의 변화	• 금융자산의 증대, 금융자유화에 따른 금융상품의 다양화 • 평균수명의 연장과 고령사회로의 진입

3. 개인 재무설계의 목표

소득과 부의 극대화	• 부의 극대화 목표 극대화 : 소득 극대화 • 자산소득 극대화 : 투자의 선택이 중요
효율적 소비의 실천	효율적인 재무관리를 위한 기법을 개발하여 지출, 저축, 투자를 위한 돈 증대
재무 생활만족의 발견	재무적 성공은 더 높은 생활의 질의 수단
재무 안전감의 달성	장·단기 목표를 세우고, 우선순위 설정
노후대비를 위한 부의 축적	은퇴 후 일반적 목표인 '편안한 생활양식'이 달성되도록 노후소득 준비

4. 개인 재무설계 목표 달성을 위한 주요 단계

전 생애에 걸친 완벽한 재무설계	전 생애에 걸쳐서 가능한 한 완벽하게 하고, 그 계획이 수행될 수 있도록 하는 것이 중요
효율적인 수입과 지출의 관리	개인신용관리 : 예산에 맞추어 재화와 용역의 구매를 효율적으로 하여 건전한 재무기록 유지
소득과 자산의 보호	개인위험관리 : 보험에 가입하여 경제적 손실로부터 자기자신을 보호하고 위험을 관리
자산의 증대	개인투자관리 : 소득과 부를 극대화시키려는 목표를 달성하기 위해서는 미래를 예측하고 그것을 위한 기술과 방법에 대한 지식 필요
노후설계와 상속	은퇴설계 및 세금관리 : 노후설계는 생애 전체에 걸쳐서 개발되는 과정이고 이 중 부주의한 부동산 설계를 바로잡는 데 많은 어려움이 있으므로 신중한 태도 요구

5. 개인 재무설계 과정

(1) 1단계 : 고객 관련 자료수집 및 재정상태의 평가

① 자료수집

양적 자료	질적 자료
• 인적 **사항** • 대출 **사항** • 저축예금이나 보통예금계정 관련 **자료** • 주식, 채권 및 뮤추얼펀드 관련 **자료** • 소득자료, 교육자금, 세금 **자료** • 보험의 보장범위 관련 **자료** • 유언 및 상속 관련 **자료**	• 다양한 목적의 **우선순위** • 투자상품에 대한 과거 **경험** • 생명보험에 대한 **태도** • 금융지식 수준 **이해도** • 화폐에 대한 **태도**

② 재정상태의 평가

자산상태표	• 개인의 재무상태를 나타내는 개인대차대조표 • 고객의 자산 및 부채 포트폴리오가 적절한가, 부채나 자산을 보유하는 목적은 무엇인가를 검토 • 재정상태의 건전성 평가
현금수지상태표	• 고객의 현금 유입과 유출을 나타내는 것 • 지출의 원천을 파악하고 지출의 건전성을 평가함으로써 잉여자금 마련에 도움을 줄 수 있음

※ 가계의 재무상태를 파악하기 위해 두 가지 이상의 재무변수를 조합한 재무비율이 최근 많이 사용됨

(2) 2단계 : 재무목표의 설정

① 재무목표는 현실적이어야 함
② 재무목표는 구체적이고 측정 가능한 용어로 기술되어야 함
③ 다양한 재무목표가 있을 경우 우선순위가 정해져야 함
④ 재무목표 설정 시 취할 행동의 종류가 포함되어야 함

(3) 3단계 : 재무목표 달성을 위한 대안 모색 및 평가

대안	• 현재 재무행동을 지속하거나 • 현재 상황을 더욱 확대시키거나 • 현재 상황을 수정하거나 • 완전히 새로운 행동을 취하는 것을 고려
평가	인플레이션 위험, 이자율 위험, 소득 위험, 개인적인 위험 및 유동성 위험 등 위험에 대한 평가도 필요

(4) 제4단계 : 재무행동계획의 실행

　① 재무목표의 달성을 위해 수립한 계획, 즉 선택된 대안을 실천에 옮기는 것

　② 가장 중요한 점 : 자기통제와 융통성

(5) 제5단계 : 재무행동계획의 재평가와 수정

　재무관리는 역동적인 과정이므로 수립한 재무목표가 달성되지 못했을 경우 문제점을 파악하여 이를 수정하는 지속적인 과정이 반복되어야 함

6. 노인가계의 재무설계

(1) 재무목표와 필요금액 산정

　① 기본적인 생활자금 : 노부부생활비 + 남편 사망 후 부인 생활비

기본적인 생활자금 (㉠+㉡)	
㉠ 노부부생활비	㉡ 남편 사망 후의 부인 생활비
월 생활비×12개월×정년 후의 평균 기대여명	월 생활비×12개월×남편 사망 후의 평균 기대여명

　② 의료비 및 긴급 예비자금 : 본인의 건강유지 및 예방과 치료를 위한 비용과 가족, 친척의 질병, 사망에 따른 부대비용, 불의의 사고 시 불시의 지출자금 포함

　③ 자녀교육과 결혼을 위한 자금(미혼자녀가 있는 경우) : **60세 이상** 노인가구주 가계의 **1/5**은 미혼자녀가 있음(자녀의 학업과 결혼을 위한 비용 고려)

　④ 특별활동 및 여가를 위한 자금 : 여유있는 노년을 위해서는 교제와 취미활동(여행 등)을 위한 비용도 필요

(2) 필요자금 조달 및 평가

　① 저축 및 이자소득

　② 연금 및 퇴지금 : 국민연금, 개인연금, 기타 연금, 보험, 퇴직금

　③ 각종 부동산 임대료 : 주택과 토지, 상가 등

　④ 자녀들의 보조

　⑤ 근로소득(재취업)

　⑥ 사회보조, 기타

(3) 노인가계를 위한 포트폴리오 작성

자산 운용 목적에 맞는 관리	어느 정도의 여유자산이 있는 경우에는 자산보호와 증식을 위한 자산관리가 필요하나 생활비도 빠듯한 경우라면 자산관리보다 지출관리가 더 중요
자산 관리 원칙	• 자산증식보다 안정적인 소득창출이 주목적이어야 함 • 인플레이션에서 자산가치를 보호할 장치 마련 • 투자와 상속계획은 충분한 여유자금이 있을 때만 해야 함

(4) 퇴직 후의 자산관리 운용지침

명확한 목표의식을 갖고 자산배분	가능하면 자녀에 대한 상속보다 먼저 자신의 경제적 독립 확보
안정성을 가장 먼저 고려	원금을 지키는 것을 원칙으로 하고 수익성을 위한 투자가 필요한 경우 반드시 일정 금액은 분산투자하는 원칙을 지킬 것

유동성을 높일 것	최소한 3~6개월분의 생활비를 현금화할 수 있는 형태로 보유
월 이자지급식 상품 이용	• 목돈을 월이자지급식 상품에 예치하고 매달 이자로 생활비 충당 • 여유가 있으면 3개월 또는 6개월 복리로 이자 지급하는 상품 선택
보험 활용	보험가입이 가능한 때(보통 60세 이전) 생명보험이나 건강보험 등 각종 보장성 보험에 가입
부채 최소화	노인가정의 부채는 다른 어느 것보다 먼저 해결해야 할 항목
절세상품 활용	비과세저축, 세금우대저축 외 퇴직금이나 노인고객에게 세금 혜택을 주는 상품 활용
상속계획을 미리 세우고 실행	상속세 과세 대상인 경우 미리 자녀에게 합법적으로 증여(5년에 3,000만 원씩 등)하거나 상속세를 낮출 수 있는 형태로 자산을 배분

(5) 투자권유 사례분석

투자자 성향	투자성향에 적합한 금융상품
공격투자형 (위험선호형)	• 초저위험 상품부터 초고위험 상품까지 모든 금융투자상품을 권유 가능 • 위험이 낮은 CMA, 국공채 등의 상품부터 위험성이 높은 파생상품 등까지 권유 가능
적극투자형 (적극형)	• 초저위험 상품부터 고위험 상품까지 권유 가능 • 위험이 낮은 CMA, 국공채 등의 상품부터 고위험 상품인 주식투자, 원금비보장 ELS 등까지 권유 가능
위험 – 수익중립형 (성장형)	• 초저위험 상품부터 중위험 상품까지 권유 가능 • 위험이 낮은 CMA, 국공채 등의 상품부터 중위험 상품인 원금 부분보장형 ELS, 회사채 BBB+~BBB-등까지 권유 가능
안정추구형 (안정성장형)	• 초저위험 상품부터 저위험 상품까지 권유 가능 • 위험이 낮은 CMA, 국공채 등의 상품부터 원금보장형 ELS, 채권형펀드 등까지 권유 가능
안정형 (위험회피형)	• 초저위험 상품만 권유 가능 • 위험이 낮은 CMA, 국공채, RP 등의 상품만 권유 가능

출제예상문제

SECTION 01 투자권유

01 재무설계에 대한 설명으로 부적절한 것은?

① 재무설계는 집을 지을 때의 설계도면 같은 인생의 계획이다.

② 재무설계는 재무적 문제를 해결하는 일시적 혹은 단기적인 계획과 전략이다.

③ 재무설계는 다양한 문제를 해결하기 위한 체계적인 접근과 전략을 필요로 한다.

④ 재무적 문제의 장기적인 해결책은 재무자원의 적절한 관리이다.

> **해설** | 재무설계는 경제적으로 어려움이 닥치거나 재무적인 문제가 발생했을 때만 하는 것이 아니라, 우리가 살아가는 동안 지속적으로 이루어지는 일생 동안의 과정이다. 재무설계는 개인적 상황의 변화, 새로운 상품의 가용성, 경제환경의 변화 등을 고려하여 영구적으로 행해져야 하는 것이다.

02 Kapoor, Delabay, Hughes 등이 지적한 재무설계의 편익과 가장 거리가 것은?

① 전생애에 걸쳐 재무자원을 획득하고 사용하고 보호하는 데 있어 효율성을 증진시켜 준다.

② 과도한 채무, 파산 혹은 경제적인 안정을 이해 타인에게 의존하는 것 등을 피하게 해줌으로써 자신의 재정문제를 통제할 수 있는 힘을 키워 준다.

③ 잘 계획하고 효과적인 의사소통을 통해 재무의사결정을 하게 함으로써 대인관계를 증진시켜 준다.

④ 소득을 증가시켜 줌으로써 저축여력을 증대시켜 준다.

> **해설** | 소득과 부의 극대화는 재무설계의 목표가 되는 것이지 재무설계를 한다고 해서 저절로 얻어지는 것은 아니다. ①~③ 이외에도 예측하고 지출을 예견하며 개인의 경제적인 목표를 달성함으로써 금전적인 불안을 제거시킬 수도 있다.

03 다음 중 재무설계 및 재무설계전문가의 필요성이라고 할 수 없는 것은?

① 재무설계를 통해 바라는 생활양식을 달성할 수 있다.
② 중년기의 잉여소득을 저축 및 보험 등의 방법으로 신혼기로 이전시킬 수 있어 생애 소비 만족을 극대화할 수 있다.
③ 미래의 물가 상승 또는 이자율 변동에 따른 실질구매력 하락에 대비할 수 있다.
④ 사회경제적으로 평균수명의 연장과 고령화의 가속화로 장기적인 생활설계에 대한 필요성이 더욱 커지고 있다.

해설 | 중년기의 잉여소득을 융자 또는 소비자신용 등의 방법으로 노년기로 이전시킴으로써 일생 동안 소득의 흐름과 소비지출 흐름의 불일치를 완화시켜 생애 소비만족을 극대화할 수 있다.

04 재무설계 및 재무설계 전문가의 필요성에 대한 설명으로 부적절한 것은?

① 일생 동안의 소득의 흐름과 소비지출 흐름의 불일치를 완화시킬 수 있다.
② 금융자산의 감소로 체계적인 자산의 운용에 대한 니즈가 증가하고 있다.
③ 실업과 질병, 화재와 도난 등의 재무자원의 손실 또는 필요증대에 대한 대비를 할 수 있다.
④ 금융자유화에 따른 금융상품의 다양화로 인해 투자설계에 대한 필요성이 커지고 있다.

해설 | 금융자산의 증대로 가계의 투자행동도 크게 변화하고 있어 체계적인 자산의 운용에 대한 니즈가 증가하고 전문적인 재무설계 인력이 필요하게 되었다.

05 생애 소비만족의 극대화와 관련된 설명으로 옳지 않은 것은?

① 가계의 소득은 생애주기 전(全) 기간 동안 소비지출을 감당할 만큼 항상 충분하지 않다.
② 신혼기, 중년기, 노년기 중에서 대체로 중년기의 가계소득이 생애주기에서 가장 높다.
③ 생애주기에 따른 소득의 흐름은 소비지출의 흐름보다 완만하며, 소득의 흐름과 소비의 흐름이 불일치하게 된다.
④ 중년기의 잉여소득을 융자 또는 소비자신용 등의 방법으로 신혼기로 이전시키고, 보험 또는 저축의 방법으로 노년기로 이전시킴으로써 일생 동안 소득의 흐름과 소비지출 흐름의 불일치를 완화시켜 생애 소비만족을 극대화할 수 있다.

해설 | 생애주기에 따른 소비지출의 흐름은 소비지출의 흐름보다 완만하며, 소득의 흐름과 소비의 흐름이 불일치하게 된다.

06 실질구매력 하락과 관련된 설명으로 옳지 않은 것은?

① 물가가 오르면 화폐의 실질구매력이 하락한다.

② 이자율이 오를 것으로 예상될 때는 지금 돈을 빌리는 것이 유리하다.

③ 이자율이 내릴 것으로 예상될 때는 단기저축이 장기저축보다 유리하다.

④ 이자율 계산방식이 복리방식일 경우가 단리방식일 경우보다 수익률이 훨씬 높다.

해설 | 이자율이 내릴 것으로 예상될 때는 지금의 높은 이자율로 저축을 하는 것이 수익률이 높으므로 장기저축이 단기저축보다 유리하다.

PART
01

PART
02

PART
03

PART
04

PART
05

07 재무설계 및 재무설계전문가가 필요하게 된 사회경제적 환경변화에 대한 설명으로 부적절한 것은?

① 노년기가 길어져 자녀교육과 양육기간이 줄어들게 됨으로써 노후에 대한 생활설계가 한층 수월해졌다.

② 자녀수는 줄고 평균수명이 연장되면서 노후에 대한 장기적인 생활설계가 미리 마련되어야 할 필요성이 제기되고 있다.

③ 도시가계의 평균소득과 가계금융자산이 꾸준히 증가하면서 자산관리에 대한 관심이 더욱 고조되고 있다.

④ 금리자율화 등 금융자유화로 인해 같은 상품이라도 은행에 따라 금리가 차이가 나는 등 금융상품이 다양해짐에 따라 가계의 저축행동에 큰 변화가 생기고 있다.

해설 | 자녀수는 줄고 평균수명이 연장되면서 노년기가 길어졌지만 자녀교육과 양육기간은 오히려 늘어나 노후에 대한 장기적인 생활설계가 미리 마련되어야 할 필요성이 제기되고 있다.

08 개인재무설계의 목표에 관한 설명으로 가장 적절하지 않은 것은?

① 소득과 부의 극대화

② 바라는 생활양식의 달성

③ 재무 생활만족의 발견

④ 노후대비를 위한 축적

해설 | 우리가 바라는 생활양식의 달성은 개인재무설계 및 재무설계전문가가 필요한 이유에 해당한다.

09 개인재무설계의 목표와 관련된 설명으로 부적절한 것은?

① 부의 극대화 목표를 달성하려면 우선 소득을 극대화하여야 한다.

② 소득을 극대화하기 위해서 취업의 선택이 중요하며, 자산소득을 극대화시키려면 투자의 선택이 중요하다.

③ 우리는 소비와 저축의 두 가지 목적을 위해 돈을 쓴다.

④ 재무적 만족감을 위해서는 소비의 극대화가 중요하다.

해설 | 소비지출, 즉 재화와 용역의 구매를 위해서 소득의 많은 부분을 사용하므로 소비의 극대화가 아닌 효율적 소비가 중요하다.

10 개인재무설계의 목표와 관련된 설명으로 부적절한 것은?

① 대부분 사람들은 생활의 질과 만족을 추구하는데, 재무적 성공은 더 높은 생활의 질의 수단이 된다.

② 채무 안전감이란 사람들의 모든 요구와 대부분의 욕망을 충족시킬 만큼 재무적 자원이 충분하다고 느끼는 편안한 상태이다.

③ 재무 안전감을 달성하려면 단기 목표를 세우고 우선적으로 이를 성취해야 한다.

④ 저축하고 부를 축적하는 일반적인 목표는 편안한 생활양식으로 생활하기에 충분한 노후 소득을 갖는 것이다.

해설 | 재무 안전감을 달성하려면 장·단기 목표를 세우고 우선순위를 설정해야 한다.

11 다음은 개인재무설계의 목표를 달성하기 위한 주요 단계 중 어디에 해당하는 내용인가?

> 기능적으로 수립된 예산에 맞추어 현금과 신용을 효율적으로 관리하고 주택, 자동차, 금융상품 등의 재화와 용역의 구매를 효율적으로 하여 재무기록을 유지하도록 한다.

① 효율적인 수입과 지출의 관리

② 소득과 자산의 보호

③ 자산의 증대

④ 전(全) 생애에 걸친 완벽한 재무설계

해설 | 효율적인 수입과 지출의 관리는 개인신용관리 단계이다.

12 개인재무설계의 목표를 달성하기 위한 단계별 내용이 바르게 연결된 것은?

① 효율적인 수입과 지출의 관리 – 개인자산관리
② 소득과 자산의 보호 – 개인투자관리
③ 자산의 증대 – 개인위험관리
④ 노후설계와 상속 – 은퇴설계 및 세금관리

해설 | ① 개인신용관리, ② 개인위험관리, ③ 개인투자관리

PART 01

PART 02

PART 03

PART 04

PART 05

13 고객을 대상으로 한 재무설계 활동에 대한 설명으로 부적절한 것은?

① 표준화된 과정이 있어야 하는 것은 아니지만, 중요한 것은 재무설계를 위해서는 정교하며 전문적인 접근을 해야 한다는 것이다.
② 재무설계사와 고객 간의 관계는 장기적인 안목에서 형성되어야 한다.
③ 개인 재무설계영역에서 고객이 진정으로 원하는 것이 무엇인가 하는 것은 객관적인 측면보다는 주관적인 측면을 말하는 것이다.
④ 고객과 재무설계 계약을 체결하는 경우, 재무설계사가 제공하는 서비스의 범위와 수수료, 설계과정에서의 고객의 책임에 대한 내용을 포함하여야 한다.

해설 | 개인 재무설계영역에서 고객이 진정으로 원하는 것이 무엇인가 하는 것은 주관적인 측면보다는 객관적인 측면을 말하는 것이다.

14 개인 재무설계 과정에서 단계별 순서를 바르게 나타낸 것은?

> ㉠ 재무행동계획의 실행
> ㉡ 재무목표의 설정
> ㉢ 재무행동계획의 재평가와 수정
> ㉣ 고객 관련 자료수집 및 재정상태의 평가
> ㉤ 재무목표 달성을 위한 대안 모색 및 평가

① ㉡ → ㉣ → ㉤ → ㉢ → ㉠
② ㉣ → ㉡ → ㉤ → ㉠ → ㉢
③ ㉣ → ㉤ → ㉡ → ㉠ → ㉢
④ ㉡ → ㉣ → ㉠ → ㉤ → ㉢

해설 | 개인 재무설계는 고객 관련 자료를 수집하여 재무목표를 설정하고, 대안을 모색하여 실행에 옮기며, 재무행동계획을 재평가하고 수정하는 단계로 이루어진다.

정답 ▶ 09 ④ 10 ③ 11 ① 12 ④ 13 ③ 14 ②

15 개인 재무설계 과정 1단계에서 수집해야 할 고객 관련 자료 중 양적 자료에 해당하지 않는 것은?

① 투자상품에 대한 과거의 경험

② 유언 및 상속 관련 자료

③ 보험보장범위 관련 자료

④ 주식, 채권 및 펀드 관련 자료

해설 | 투자상품에 대한 과거의 경험은 질적 자료에 해당한다.

16 개인 재무자료를 위한 고객 관련 자료 중 양적 자료를 모두 고르면?

㉠ 다양한 목적의 우선순위	㉡ 대출사항
㉢ 투자상품에 대한 과거 경험	㉣ 인적사항
㉤ 유언 · 상속 관련 자료	㉥ 위험인내 수준

① ㉠, ㉡, ㉢

② ㉡, ㉢, ㉣

③ ㉡, ㉣, ㉤

④ ㉠, ㉡, ㉣

해설 | ㉡, ㉣, ㉤은 양적 자료이고, 나머지는 질적 자료이다.

17 개인 재무설계를 위한 자료수집에 대한 설명으로 가장 부적절한 것은?

① 자료를 수집하기 전에 재무설계사는 고객에게 되도록 상세한 고객의 개인적, 재정적, 심리적인 자료들이 필요한 이유에 대해 설명해 주는 것이 좋다.

② 양적 자료를 수집하는 가장 효율적인 방법은 설문지를 이용하는 것이다.

③ 설문지는 수집해야 하는 정보의 성격에 관계없이 단순한 것이 좋다.

④ 질적 자료는 목표나 목적을 달성하기 위해 면담을 하는 과정에서 얻을 수 있다.

해설 | 설문지는 단순할 수도 있지만 경우에 따라서는 상당히 복잡한 것일 수도 있으며, 수집해야 하는 정보의 성격이나 양에 따라 다르다.

18 효과적인 재무관리를 위해 고객의 재정상태를 파악하는 데에 유용한 정보를 제공하는 자료를 모두 고르면?

> ㉠ 부채부담지표   ㉡ 자산상태표
> ㉢ 유동성지표   ㉣ 가계수지지표
> ㉤ 현금수지상태표

① ㉠, ㉡   ② ㉠, ㉤

③ ㉡, ㉣   ④ ㉡, ㉤

해설 | 효율적인 고객재무관리를 위해서는 먼저 고객의 재정상태를 파악하고 분석하는 것이 우선되어야 하는데, 이는 자산상태표와 (개인)현금수지상태표를 통해 파악할 수 있다. 나머지 지표들은 가계의 재무상태를 파악하기 위해 자산상태표와 (개인)현금수지상태표를 이용하여 두 가지 이상의 재무변수를 조합한 재무비율이다.

19 재무목표 설정에 대한 설명으로 가장 적절하지 않은 것은?

① 재무목표 설정은 성공적인 재무관리에서 가장 중요한 작업이다.

② 재무목표는 현재의 재정상태와 고객의 가족상황 및 가치관 혹은 시장경제 상황 등에 관계없이 일정해야 한다.

③ 고객의 가치관은 모든 결정에서 길잡이 역할을 하므로, 이것과 일치하는 의사결정을 하도록 하는 것이 투자권유대행인이 수행해야 하는 중요한 역할이다.

④ 재무목표는 달성시기를 기준으로 일반적으로 단기(1년 이내), 중기(1~3년), 장기목표(3년 이상)로 구분한다.

해설 | 재무목표는 현재의 재정상태와 고객의 가족상황 및 가치관 혹은 시장경제 상황 등에 따라 다양하다.

20 재무목표를 보다 쉽게 달성하기 위해 재무목표 설정 시 유의하여야 할 사항으로 부적절한 것은?

① 재무목표는 현실적이어야 한다.

② 재무목표는 구체적이고 측정 가능한 용어로 기술되어야 한다.

③ 다양한 재무목표가 있을 경우 우선순위가 정해져야 한다.

④ 행동계획을 배제하고 목표 설정에 집중해야 한다.

해설 | 취할 행동의 종류가 포함되어야 한다.

정답 ▶ 15 ① 16 ③ 17 ③ 18 ④ 19 ② 20 ④

21 재무목표 달성을 위한 대안모색 및 평가에 대한 설명으로 부적절한 것은?

① 어떤 대안이 가장 적절한 것인지는 고객의 가족상황 및 현재의 재정상태와 가치관 혹은 시장경제 상황 등을 고려하여 선택해야 한다.

② 재무적 의사결정으로 인해 발생하는 기회비용을 고려해서는 안 된다.

③ 인플레이션 위험, 이자율 위험, 소득 위험, 개인적인 위험 및 유동성 위험 등에 대한 평가도 반드시 따라야 한다.

④ 위험과 관련된 평가를 위해서는 고객과 시장상황에 대한 정보 획득이 중요하다.

해설 | 대안을 선택할 때는 재무적 의사결정으로 인해 발생하는 기회비용에 대한 고려도 간과해서는 안 된다. 즉 기회비용이란 어떤 대안을 선택할 때 그로 인해 포기하는 것 중에 가장 큰 것의 가치를 말한다.

22 개인 재무설계 과정 중 재무설계사의 자기통제와 융통성이 가장 필요한 단계는?

① 제1단계 : 고객 관련 자료수집 및 재정상태의 평가

② 제2단계 : 재무목표의 설정

③ 제3단계 : 재무목표 달성을 위한 대안모색 및 평가

④ 제4단계 : 재무행동계획의 실행

해설 | 재무행동계획의 실행이란 재무목표의 달성을 위해 수립한 계획, 즉 선택된 대안을 실천에 옮기는 것이다. 이때 가장 중요한 점은 자기통제와 융통성이다.

23 개인 재무설계 과정에 대한 설명으로 가장 부적절한 것은?

① 고객의 양적 자료는 설문지를 이용하여 수집하는 것이 가장 효율적이다.

② 현재 진행 중인 재무행동을 지속하는 것도 재무목표를 달성하기 위한 대안이 될 수 있다.

③ 대안모색 과정에서 위험은 고려하되 기회비용은 고려하지 않는다.

④ 재무행동계획의 재평가를 통해 문제점을 지속적으로 수정·보완한다.

해설 | 재무목표 달성을 위한 대안을 모색하는 경우 기회비용 및 위험을 모두 고려하여야 한다. 재무목표를 달성하기 위한 대안으로는 현재 재무행동을 지속하거나, 현재 상황을 더욱 확대시키거나, 현재 상황을 수정하거나 혹은 완전히 새로운 행동을 취하는 것 등을 모두 고려할 수 있다.

24 노인가계의 재무설계에 대한 설명으로 적절하지 않은 것은?

① 기본생활자금은 노부부 생활비와 남편 사망 후 부인생활비로 구분한다.

② 최소한 3~6개월분의 생활비 정도의 긴급자금은 누구에게나 필요하다.

③ 미혼자녀가 있는 경우 자녀교육과 결혼을 위한 자금을 고려해야 한다.

④ 안정적인 소득 창출보다는 자산의 증식이 주목적이 되어야 한다.

해설 | 자산의 증식보다는 안정적인 소득 창출이 주목적이 되어야 한다.

25 노인가계의 재무설계에 대한 설명으로 적절하지 않은 것은?

① 특별활동 및 여가를 위한 최소한의 필요자금은 최소한의 생활비와 긴급예비자금(생활비 3개월분)이다.

② 가용자금이 부족한 경우 자산을 처분하거나 축소하는 것을 고려해야 한다.

③ 노년기에 지출관리보다 자산관리가 더 중요하다.

④ 최소한의 생활비를 안정적으로 조달할 수 있도록 매월 이자를 지급하는 안전한 금융상품에 일정액을 우선적으로 배정한다.

해설 | 노년기에 여유자산이 있는 경우라면 자산보호와 증식을 위한 자산관리가 필요하나 생활비도 빠듯한 경우라면 자산관리보다 지출관리가 더 중요하다.

26 노인가계의 재무설계에 대한 설명으로 적절하지 않은 것은?

① 자산증식보다 안정적인 소득 창출이 주목적이어야 한다.

② 인플레이션에서 자산가치를 보호할 장치를 만들어야 한다.

③ 투자와 상속계획은 충분한 여유자금이 있을 때만 해야 한다.

④ 여유자금이 있어 투자를 하고자 할 때에는 수익 극대화를 목표로 단기보다는 장기상품 위주로 상품을 선택한다.

해설 | 여유자금이 있어 투자를 하고자 할 때에도 무조건 수익 극대화를 꾀하기보다는 안정적인 투자를 하는 것이 더 낫다. 예를 들어 주식보다는 펀드를 선택하고 장기보다는 단기상품 위주로 상품을 선택한다.

27 노인가계를 대상으로 자산관리운용을 상담할 때 명심하여야 할 사항으로 적절하지 않은 것은?

① 고정적인 추가 근로소득을 기대할 수 없으므로 수익성을 우선 고려한다.

② 질병, 사고 등 예기치 않은 위험에 노출될 가능성이 높으므로 유동성을 높인다.

③ 보험가입이 가능할 때 생명보험, 건강보험 등 보장성 보험에 종신형으로 가입한다.

④ 상속세 과세대상인 경우 미리 자녀에게 합법적으로 증여(5년에 3,000만 원씩 등)하거나 또는 상속세를 낮출 수 있는 형태로 자산을 배분한다.

해설 | 고정적인 추가 근로소득을 기대할 수 없으므로 원금을 지키는 것을 원칙으로 삼아야 한다. 고수익을 추구하다가 원금을 잃게 되면 회복이 어렵기 때문에 안전성을 가장 먼저 고려해야 한다.

28 퇴직 후 자산관리 운용지침으로 옳지 않은 것은?

① 명확한 목표의식을 가지고 자산을 배분한다.

② 안전성을 가장 먼저 고려한다.

③ 유동성을 높인다.

④ 부채를 활용하여 수익성도 고려한다.

해설 | 부채는 시장가치가 상승할 가능성이 있는 물건을 사거나 미래소득의 향상을 위해 써야 한다. 노인가정의 부채는 다른 어떤 것보다 먼저 해결해야 할 항목이다.

29 퇴직 후 자산관리 운용을 위한 지침으로 부적절한 것은?

① 자산의 유동성을 높이되 최소한 3~6개월분의 생활비에 해당하는 액수는 곧바로 현금화할 수 있는 형태로 보유한다.

② 금리가 낮고 물가가 빠르게 상승하는 시기에는 금융자산의 투자 비중을 높인다.

③ 목돈을 월 이자지급식 상품에 예치하고 매달 이자를 받는다.

④ 주거용 부동산은 그대로 보유하되 너무 큰 경우 크기를 조절한다.

해설 | 금리가 낮고 물가가 빠르게 상승하는 특별한 시기에는 금융자산보다 실물자산에 투자하는 것이 화폐가치 보전에 유리하다.

30 퇴직 후 자산관리 운용을 위한 지침으로 부적절한 것은?

① 재무적 손실에 대비하여 보험가입이 가능할 때(보통 60세 이전) 각종 저축성 보험에 가입한다.

② 부채는 시장가치가 상승할 가능성이 있는 물건을 사거나 미래소득의 향상을 위해 써야 한다.

③ 노인가정의 부채는 다른 어느 것보다 먼저 해결하여야 할 항목이다.

④ 현금자산이 없으면 주택의 크기를 줄여서라도 부채를 먼저 갚는다.

해설 | 보험가입이 가능할 때(보통 60세 이전) 생명보험이나 건강보험 등 각종 보장성 보험에 종신형으로 가입한다.

31 투자권유에 관련된 설명으로 옳지 않은 것은?

① 투자자를 대상으로 금융투자상품의 권유행위를 행하는 경우 투자자의 성향에 적합한 투자상품을 권유해야 한다.

② 투자자의 성향은 판매회사에서 자율적으로 정할 수 없다.

③ 투자자의 성향을 공격투자형, 적극투자형, 위험중립형, 안정추구형, 안정형으로 분류할 수 있다.

④ 금융투자상품은 증권과 파생상품으로 나눌 수 있다.

해설 | 투자자의 성향은 판매회사에서 자율적으로 정할 수 있다.

32 다음 중 투자성향이 위험중립형인 투자자에게 권유할 수 있는 금융투자상품은?

① 채권혼합형 펀드　　　　　　② 원금비보장형 ELS

③ 주식투자　　　　　　　　　　④ BB등급 회사채

해설 | 위험중립형 투자자에게는 초저위험등급, 저위험등급 및 중위험등급 금융투자상품을 권유할 수 있다. ②, ③은 고위험등급, ④는 초고위험등급의 금융투자상품에 해당하므로 공격투자형 투자자에게 권유할 수 있다.

33 다음 중 투자성향이 공격투자형인 투자자에게만 권유할 수 있는 금융투자상품은?

① ELW　　　　　　　　　　　② 원금비보장형 ELS

③ BBB등급 회사채　　　　　　④ 주식

해설 | ELW는 초고위험등급의 금융투자상품에 해당하므로 공격투자형 투자자에게만 권유할 수 있다. ②~④는 고위험등급의 금융투자상품으로 적극투자형 이상의 투자자(적극투자형, 공격투자형)에게 권유할 수 있다.

정답　27 ①　28 ④　29 ②　30 ①　31 ②　32 ①　33 ①

MEMO

PART 03

부동산펀드

부동산펀드 관련 법규

1. 부동산펀드의 정의

① 자본시장법은 '부동산 집합투자기구'(이하 '부동산펀드')를 집합투자재산(이하 '펀드재산')의 50%를 초과하여 부동산(부동산을 기초자산으로 하는 파생상품, 부동산 개발과 관련된 법인에 대한 대출, 그 밖에 대통령령으로 정하는 방법으로 부동산 및 대통령령으로 정하는 부동산과 관련된 증권에 투자하는 경우를 포함)에 투자하는 집합투자기구(이하 '펀드')로 정의

② 펀드재산을 부동산 등에 투자함에 있어서 부동산을 직접 취득하는 방법으로 투자하는 경우뿐만 아니라 그 밖에 여러 다양한 방법에 의한 부동산 투자를 허용

③ 부동산의 관리 및 개량(**개량형**), 부동산의 임대 및 운영(**임대형**), 부동산의 개발(**개발형**), 부동산 관련한 증권에 대한 투자(**권리형**), 부동산과 관련된 증권에 대한 투자(**증권형**), 부동산을 기초자산으로 한 파생상품에 대한 투자(**파생상품형**) 등

④ 부동산과 관련된 대출(**대출형**) 등의 행위도 부동산펀드의 투자대상 범위로 규정

펀드재산의 50%를 초과하여	'**부동산**' 실물에 투자하는 경우	① 실물형 부동산펀드 : 매매 · 임대 · 경공매 · 개량 · 개발형
	'**부동산과 관련된 자산**'에 투자하는 경우	② 권리형 부동산펀드(부동산 관련된 권리)
		③ 증권형 부동산펀드(부동산 관련된 증권)
		④ 파생상품형 부동산펀드(부동산을 기초자산으로 하는 파생상품)
	'**부동산과 관련된 투자행위**'	⑤ 대출형 부동산펀드

2. 부동산펀드의 종류

실물형 부동산펀드	펀드재산의 50%를 초과하여 실물로서의 부동산에 투자하는 펀드	
	매매형 부동산펀드	부동산을 취득한 다음 단순히 매각하는 부동산펀드
	임대형 부동산펀드	부동산을 취득하여 임대사업 영위 후 매각하는 부동산펀드
	개량형 부동산펀드	부동산을 취득하여 개량한 후에 단순히 매각하거나 또는 임대사업 영위 후 매각하는 부동산펀드
	경공매형 부동산펀드	경매 또는 공매부동산을 취득하여 매각하거나 또는 임대사업 영위 후 매각하는 부동산펀드
	개발형 부동산펀드	부동산을 매입한 후 부동산개발사업을 통해 개발된 부동산을 분양하거나 또는 임대 후 매각하는 부동산펀드
대출형 부동산펀드	펀드재산의 50%를 초과하여 **부동산개발과 관련된 법인**에 대한 **대출** 형태의 투자행위를 하는 부동산펀드	
증권형 부동산펀드	펀드재산의 50%를 초과하여 부동산과 관련된 증권(부동산담보부채권)에 투자하는 부동산펀드	

권리형 부동산펀드	펀드재산의 50%를 초과하여 '지상권 · 지역권 · 전세권 · 임차권 · 분양권 등 부동산 관련 권리의 취득'의 방법으로 투자하는 형태
파생상품형 부동산펀드	부동산을 기초자산으로 하는 파생상품(선물 · 옵션 · 스왑)에 투자하는 부동산펀드

Tip 실물형 부동산펀드

매매형 부동산펀드	부동산 취득 → 단순 매각
임대형 부동산펀드	부동산 취득 → 임대 후 매각
개량형 부동산펀드	부동산 취득 → 개량(리모델링) → 매각 또는 임대사업 후 매각
경공매형 부동산펀드	(경매 · 공매)저가로 부동산 취득 → 매각 또는 임대사업 후 매각
개발형 부동산펀드	부동산 매입 → 부동산 개발사업 → 분양 또는 임대 후 매각

3. 부동산펀드의 법적 형태에 따른 구분(7가지 법적 형태)

부동산펀드 구분	설정 · 설립 주체	집합투자규약	발행증권 형태
부동산 투자신탁	집합투자업자 설정	신탁계약서	수익증권
부동산 투자회사	발기인이 설립	정관	주식
부동산 투자유한회사	집합투자업자가 설립	정관	지분증권
부동산 투자합자회사	집합투자업자가 설립	정관	지분증권
부동산 투자유한책임회사	집합투자업자가 설립	정관	지분증권
부동산 투자합자조합	집합투자업자가 설립	조합계약	출자증권
부동산 투자익명조합	집합투자업자가 설립	익명조합계약	출자증권

Tip 이익분배 등

• 원칙적으로 펀드에서는 투자자 평등의 원칙에 따라 이익분배 등에 대해 투자자를 차별대우 할 수 없지만, 예외가 있음
• 이익배당 · 손실배분의 예외

구분	투자합자회사	투자합자조합
이익 배당	정관이 정하는 바에 따라 무한책임사원과 유한책임사원의 배당률 또는 배당순서 등을 달리 정할 수 있음	조합계약으로 정하는 바에 따라 무한책임조합원과 유한책임조합원이 배당률 또는 배당순서 등을 달리 정할 수 있음
손실 배분	무한책임사원과 유한책임사원의 배분율 또는 배분순서를 달리 정할 수 없음	무한책임조합원과 유한책임조합원의 배분율 또는 는 배분순서를 달리 정할 수 없음

4. 환매금지형 부동산펀드의 집합투자증권 추가발행

기존투자자의 이익을 해할 우려가 없는 등 다음의 사유가 있는 경우에만 집합투자증권 추가 발행

① 환매금지형 펀드로부터 받은 이익분배금의 범위에서 집합투자증권을 추가로 발행하는 경우
② 기존 투자자의 이익을 해칠 염려가 없다고 신탁업자로부터 확인을 받은 경우
③ 기존 투자자 전원의 동의를 받은 경우
④ 기존 투자자에게 집합투자증권의 보유비율에 따라 추가로 발행되는 집합투자증권의 우선 매수기회를 부여하는 경우
⑤ ④에 따라 기존 투자자에게 집합투자증권의 우선 매수기회를 부여하였으나 매수되지 아니한 집합투자증권이 있는 경우로서 기존 투자자가 아닌 자에게 매수기회를 부여하는 경우

5. 부동산펀드의 투자대상

(1) 부동산펀드 투자대상으로서의 부동산

① 부동산 : 토지와 그 정착물(민법)

토지	일정한 지면과 이 지면의 상·하(지상과 지하)를 의미
정착물	토지에 고정되어 사용되는 물건(건물, 수목, 교량, 돌담, 도로의 포장 등)

② 부동산에 투자하는 방법
  ㉠ 부동산 매각
  ㉡ 부동산 개발
  ㉢ 부동산의 관리 및 개량
  ㉣ 부동산의 임대 및 운영
  ㉤ 지상권·지역권·전세권·임차권·분양권 등 부동산 관련된 권리의 취득
  ㉥ 채권금융기관이 채권자인 금전채권(부동산을 담보로 한 경우만 해당)
  ㉦ 부동산을 기초자산으로 한 파생상품에 대한 투자
  ㉧ 부동산 개발과 관련된 법인에 대한 대출
③ 부동산펀드가 주로 투자하는 부동산은 오피스빌딩, 상가, 호텔, 물류센터 등 임대료를 수취하는 수익형 부동산

(2) 부동산과 관련된 자산

① 부동산 관련된 권리
  ㉠ 지상권·지역권·전세권·임차권·분양권 등 부동산 관련된 권리
  ㉡ 채권금융기관이 채권자인 금전채권(부동산을 담보로 한 경우만 해당)
② 부동산과 관련된 증권
  ㉠ 다음 어느 하나에 해당하는 자산이 신탁재산, 펀드재산 또는 유동화자산의 50% 이상을 차지하는 경우 그 수익증권, 집합투자증권 또는 유동화증권
   • 부동산
   • 지상권·지역권·전세권·임차권·분양권 등 부동산 관련된 권리
   • 채권금융기관이 채권자인 금전채권(부동산을 담보로 한 경우만 해당)
  ㉡ 「부동산투자회사법」에 따른 부동산 투자회사가 발행한 주식
  ㉢ 특정한 부동산을 개발하기 위하여 존속기간을 정하여 설립된 회사(이하 부동산개발회사)

② '부동산', 부동산 매출채권(부동산의 매매·임대 등에 따라 발생한 매출채권), '부동산담보부채권'을 기초로 하여 발행된 유동화증권으로 그 기초자산의 합계액이 유동화자산 가액이 70% 이상인 유동화증권

⑩ 「한국주택금융공사법」에 따른 주택저당채권담보부채권 또는 주택저당증권

ⓢ 다음 요건을 갖춘 회사(부동산투자회사)가 발행한 지분증권
- 부동산 또는 다른 부동산의 투자목적회사의 투자증권에 투자하는 것을 목적으로 설립될 것
- 부동산 투자목적회사와 그 종속회사가 소유하고 있는 자산을 합한 금액 중 부동산을 합한 금액이 90% 이상일 것

③ 부동산을 기초자산으로 한 파생상품

(3) 부동산과 관련된 투자행위

'부동산 개발과 관련된 법인에 대한 대출' : 개발사업 시행법인, 부동산신탁업자 및 부동산 투자회사, 다른 부동산펀드

> **Tip** 특별자산펀드와의 비교
> - 특별자산펀드는 펀드재산의 50%를 초과하여 특별자산에 투자하는 펀드
> - 특별자산은 증권 및 부동산을 제외한 투자대상 자산을 의미 : 사회기반시설, 선박, 미술품, 엔터테인먼트 등

6. 부동산펀드의 운용제한(공모·사모 부동산펀드 동일하게 적용)

(1) 부동산 취득한 후 일정 기간 내 처분제한

국내에 있는 부동산 중 주택	1년(다만, 집합투자기구가 미분양주택을 취득하는 경우에는 집합투자규약이 정하는 기간)
국내에 있는 부동산 중 주택에 해당하지 아니하는 부동산	1년
국외에 있는 부동산	집합투자규약으로 정하는 기간
부동산펀드 일정 기간 내 처분제한의 예외	• 부동산 개발사업(토지를 택지·공장용지 등으로 개발하거나 그 토지 위에 건축물, 그 밖의 공작물을 신축 또는 재축하는 사업을 말함)에 따라 조성하거나 설치된 토지·건축물 등을 분양하는 경우 • 투자자 보호를 위하여 필요한 경우로서, 부동산펀드가 합병·해지 또는 해산되는 경우

(2) 부동산펀드에서 토지를 취득한 후 처분제한

부동산 개발사업을 시행하기 전 처분제한	부동산펀드는 원칙적으로 건축물, 그 밖의 공작물이 없는 토지를 취득한 경우에는 그 토지에 대하여 부동산 개발사업을 시행하기 전에는 처분행위 제한
토지 처분제한의 예외	• 부동산펀드가 합병·해지 또는 해산되는 경우 • 투자자 보호를 위하여 필요한 경우로서, 부동산 개발사업을 하기 위하여 토지를 취득한 후 관련 법령의 제정·개정 또는 폐지 등으로 인하여 사업성이 뚜렷하게 떨어져서, 부동산 개발사업을 수행하는 것이 곤란하다고 객관적으로 증명되어 그 토지의 처분이 불가능한 경우

(3) 부동산 외의 자산에 대한 운용제한(부동산과 관련된 자산)

부동산과 관련된 권리	• 자산운용의 제한이 없음(실물 부동산의 경우 취득 이후 처분제한 기간 있음) • 금전채권에 대해서도 거래상대방 한도 등과 같은 제한 사항 없음
부동산과 관련된 증권	• 부동산개발회사가 발행한 증권, 부동산투자목적회사가 발행한 증권, 주택저당채권담보부채권, 주택저당증권의 경우에는 공·사모 구분 없이 펀드재산의 100분의 100까지 투자 가능 • 부동산개발회사, 부동산투자목적회사의 지분증권에 대해서는 동일법인 발행지분 투자제한 적용 안 됨
부동산을 기초자산으로 하는 파생상품	해당 파생상품이 헤지(hedge) 목적이 아니라면 파생상품위험평가액이 펀드순자산액(자산총액 – 부채총액)의 100%를 초과할 수 없고(일반 사모펀드의 경우에는 400%까지), 위험평가액이 펀드순자산총액의 10%를 초과하는 경우에는 파생형 부동산펀드로 설정

7. 부동산펀드의 운용 특례

(1) 부동산 취득·처분 및 부동산개발사업 시 운용특례

부동산 취득·처분 시 운용특례	부동산개발사업 시 운용특례
집합투자업자는 펀드재산으로 부동산을 취득하거나 처분하는 경우 다음 사항이 포함된 '실사보고서'를 작성·비치하여야 함	집합투자업자는 펀드재산으로 부동산 개발사업을 하는 경우 다음 사항이 포함된 '사업계획서'를 작성하여 감정평가업자로부터 사업계획서가 적정한지를 확인받아야 하며, 이를 인터넷 홈페이지 등을 이용하여 공시해야 함
※ 포함 내용 • 부동산의 현황 • 부동산의 거래가격, 부동산의 거래비용 • 부동산과 관련된 재무자료 • 부동산의 수익에 영향을 미치는 요소 • 담보권 설정 등 부동산과 관련한 권리·의무관계에 관한 사항, 실사자에 관한 사항	※ 포함 내용 • 부동산 개발사업 추진일정·방법 • 건축계획 등이 포함된 사업계획에 관한 사항 • 자금의 조달·투자 및 회수에 관한 사항 • 추정손익에 관한 사항 • 사업의 위험에 관한 사항 • 공사시공 등 외부용역에 관한 사항 • 그 밖에 투자자 보호를 위하여 필요한 사항으로 금융위가 정하여 고시하는 사항

(2) 금전차입 및 금전대여

금전차입	금전대여
• 자본시장법상 다른 펀드는 예외적인 경우를 제외하고는 원칙적으로 당해 펀드의 계산으로 금전을 차입하지 못함 • 부동산펀드에서 부동산을 취득하는 경우에는 정해진 방법으로 당해 부동산펀드의 계산으로 금전 차입을 할 수 있음	• 부동산펀드는 다른 펀드는 콜론을 제외하고는 원칙적으로 당해 펀드재산 중 금전을 대여하지 못함 • 부동산펀드는 부동산개발사업을 영위하는 법인에 대하여 일정한 요건을 충족시는 방법에 따라 금전을 대여할 수 있음
차입금 한도는 부동산펀드는 순자산액의 200% 이내(부동산펀드가 아닌 펀드에서 차입하는 경우에는 펀드 순자산액이 70%까지 차이 가능)	대여금 한도는 부동산펀드 순자산액의 100% 이내

※ 차입 상대방	※ 금전 대여 요건
• 금융기관(은행, 한국산업은행, 중소기업은행, 한국수출 입은행, 투자매매업자 또는 투자중개업자, 증권금융회 사, 종합금융회사, 상호저축은행) • 보험회사 •「국가재정법」에 따른 기금 • 다른 부동산펀드 • 위에 준하는 외국 금융기관	• 집합투자규약에서 금전의 대여에 관한 사항을 정하고 있을 것 • 집합투자업자가 부동산에 대하여 담보권을 설정하거나 시공사 등으로부터 지급보증을 받은 등 대여금을 회수 하기 위한 적절한 수단을 확보할 것

(3) 제3자에의 업무위탁

① 집합투자업자는 본질적 업무에 대해서 원칙적으로 제3자에게 위탁할 수 없음

② 부동산펀드의 집합투자업자는 업무 일부를 제3자에게 위탁할 수 있음

> **Tip** 제3자에게 위탁 가능한 업무
>
> • 부동산의 개발 및 부수업무
> • 부동산의 관리 · 개량 및 부수업무
> • 부동산의 임대 · 운영 및 부수업무

(4) 부동산의 평가

① 원칙적으로 시가로 평가하되, 평가일 현재 신뢰할 만한 '시가'가 없는 경우에는 '공정가액'으로 평가

② 공정가액 : 부동산의 취득 가격, 부동산의 거래 가격 및 감정평가법인 등이 제공한 가격 등을 고려하여
집합투자재산평가위원회가 평가한 가격

01 자본시장법은 부동산 집합투자기구를 '집합투자재산의 (   )%를 초과하여 부동산 등에 투자하는 집합투자기구'로 정의하고 있다. (   )에 알맞은 숫자는?

① 20 ② 50
③ 70 ④ 100

해설 | 부동산 집합투자기구는 집합투자재산의 50%를 초과하여 부동산 등에 투자하는 집합투자기구로 정의하고 있다.

02 자본시장법 부동산펀드의 요건을 충족하기 위해 펀드재산의 50%를 초과하기 위해 투자해야 하는 투자대상에 해당하지 않는 것은?

① 부동산개발과 관련된 법인에 대한 대출
② 부동산과 관련된 증권
③ 부동산을 많이 소유하고 있는 상장회사 주식
④ 부동산을 기초자산으로 한 파생상품

해설 | 부동산을 많이 소유하고 있더라도 상장회사 주식에 50%를 초과하여 투자한 펀드는 부동산펀드가 아니라 증권펀드이다. 부동산펀드는 펀드재산의 50%를 초과하여 부동산 및 부동산 관련 자산에 투자하고 난 이후에 나머지 펀드재산으로 이러한 증권에 투자할 수 있다.

03 부동산 집합투자기구가 펀드재산의 100%를 투자할 수 없는 대상은?

① 부동산투자회사(REITs)가 발행한 증권
② 부동산개발회사가 발행한 증권
③ 부동산투자목적회사가 발행한 증권
④ 주택저당증권 또는 주택저당담보부채권

해설 | 부동산투자회사(REITs)는 100% 투자대상이 아니다.

04 부동산 집합투자기구에서 실물로서의 부동산 자체에 투자하는 방법으로서 취득 · 처분의 방법 이외에 허용하고 있는 것이 아닌 것은?

① 부동산의 관리 및 개발 ② 부동산의 중개
③ 부동산의 임대 및 운영 ④ 부동산의 개발

해설 | 부동산의 중개는 공인중개사가 담당하는 전문영역이다.

05 다음 중 자본시장법상 부동산펀드의 법적 형태에 따른 종류에 해당하지 않는 것은?

① 부동산투자신탁 ② 부동산투자회사
③ 부동산투자합명회사 ④ 부동산투자익명조합

해설 | 합명회사의 경우 사원 모두가 무한책임을 지는 무한책임사원으로만 구성되기 때문에 자본시장법은 펀드의 법적 형태로 인정하지 않고 있다.

06 부동산펀드의 법적 형태 중에서 부동산개발 사업을 수행하기 적합한 형태는?

① 부동산투자신탁 ② 부동산투자합자회사
③ 부동산투자유한회사 ④ 부동산투자합자조합

해설 | 부동산펀드가 직접 부동산개발사업의 시행주체가 되기 위해서는 책임이 제한되면서도 법인격을 갖추고 있는 형태가 적합하다. 따라서 투자유한회사나 투자회사 형태가 활용된다.

07 자본시장법상 부동산펀드의 법적 형태 중에서 발기인이 설립하는 부동산펀드에 해당하는 것은?

① 부동산투자회사 ② 부동산투자유한회사
③ 부동산투자합자회사 ④ 부동산투자유한책임회사

해설 | 자본시장법에 의하면 부동산투자회사의 경우에 한해 발기인이 설립주체가 되고, 나머지 부동산펀드에 대해서는 집합투자업자가 설정 · 설립의 주체가 된다.

정답 01 ② 02 ③ 03 ① 04 ② 05 ③ 06 ③ 07 ①

08 부동산투자회사의 경우 관련 당사자의 역할에 대한 설명으로 옳지 않은 것은?

① 발기인이 펀드 설립의 주체가 된다.

② 펀드업무를 집행하는 법인이사(집합투자업자) 1인과 펀드 감독업무를 하는 감독이사 2인 이상이 필요하다.

③ 펀드 관련 일반사무업무를 처리하기 위해 상근 임직원을 고용하여야 한다.

④ 펀드재산의 보관 · 관리는 신탁업자에게 위탁한다.

해설 | 부동산투자회사는 임직원이 필요 없는 서류상의 회사(Paper Company)이다. 따라서 펀드 관련 일반사무업무는 일반사무관리회사에 위탁한다.

09 펀드 투자자 간 이익분배에 관련된 설명으로 옳지 않은 것은?

① 투자합자회사 또는 투자합자조합의 경우에 무한책임사원(무한책임조합원)인 집합투자업자와 유한책임사원(유한책임조합원) 간에 배당률 또는 배당순서를 집합투자규약에 달리 정할 수 있다.

② 투자합자회사 또는 투자합자조합의 경우에 이익을 집합투자업자인 무한책임사원(무한책임조합원)이 우선적으로 취하는 것은 금하고 있다.

③ 전문투자형 사모펀드의 경우에는 투자자 간 손익의 순위화 분배에 대해서도 집합투자규약에 달리 정할 수 있다.

④ 최근 자본시장법 개정안에는 부동산펀드 등 실물펀드와 실물자산에 투자하는 재간접펀드 등의 경우에 있어서 공모펀드도 투자자별 손익배분을 차등화할 수 있도록 하고 있다.

해설 |
투자합자회사 또는 투자합자조합의 경우에 손실을 집합투자업자인 무한책임사원(무한책임조합원)이 우선적으로 부담하는 것은 금하고 있다.

10 부동산펀드와 관련된 설명으로 옳지 않은 것은?

① 자본시장법은 부동산펀드에 대해서는 원칙적으로 환매금지형 펀드로만 설정 · 설립토록 하고 있다.

② 부동산을 기초자산으로 한 파생상품이나 부동산 관련 증권 등 시가 또는 공정가액으로 조기 현금화가 가능한 자산에 투자하는 경우에는 해당 부동산펀드를 환매금지형 펀드로 설정 · 설립하지 않아도 된다.

③ 공모 환매금지형 부동산펀드는 해당 집합투자증권을 최초로 발행한 날부터 30일 이내에 증권시장에 상장하여야 한다.

④ 환매금지형 부동산펀드는 존속기간을 정하도록 하고 있기 때문에 존속기간이 도래하면 원칙적으로 해산하여야 한다.

해설 | 환매금지형 부동산펀드를 공모로 설정·설립함에 있어 집합투자규약에 환금성 보장을 위한 별도의 방법을 정하지 아니한 경우에는 해당 집합투자증권을 최초로 발행한 날부터 90일 이내에 증권시장에 상장하여야 한다. 존속기간을 정한 펀드에 대해서만 집합투자증권의 환매를 청구할 수 있는 펀드, 즉 환매금지형 펀드(폐쇄형 펀드)로 설정·설립할 수 있다.

11 다음 중 자본시장법상 상장의무가 있는 부동산펀드는?

① 공모부동산투자회사
② 사모부동산투자회사
③ 공모부동산투자합자회사
④ 공모부동산투자조합

해설 | 자본시장법상 상장의무가 있는 부동산펀드는 공모펀드만 해당되고, 공모펀드 중에서도 그 법적 형태가 투자신탁 또는 투자회사가 아닌 다른 공모부동산펀드(부동산투자유한회사, 부동산투자유한책임회사, 부동산투자합자조합, 부동산투자익명조합)는 상장의무가 없다.

12 '부동산'의 법적인 정의에 대해 우리나라 민법은 '(㉠)와 그 (㉡)'로 규정하고 있다. ㉠, ㉡에 들어갈 말을 순서대로 나열한 것은?

① ㉠ 토지, ㉡ 정착물
② ㉠ 토지, ㉡ 주택
③ ㉠ 상가, ㉡ 건물
④ ㉠ 토지, ㉡ 건축물

해설 | '부동산'의 법적인 정의에 대해 민법은 '토지와 그 정착물'로 규정하고 있다.

13 부동산펀드의 투자대상에 관한 설명으로 옳지 않은 것은?

① 자본시장법상 부동산펀드는 부동산 및 부동산 관련 자산에 펀드 재산의 100분의 50을 초과하여 투자하여야 한다.
② 부동산펀드는 채무증권, 지분증권 등 자본시장법에서 정하는 증권에 투자할 수 있다.
③ 부동산펀드는 특별자산에 투자할 수 있다.
④ 부동산펀드는 파생상품에 투자할 수 없다.

해설 | 자본시장법상의 법적 요건(50% 초과)를 충족한 펀드는 나머지 펀드재산으로 다른 자산에 투자할 수 있다.

14 부동산펀드에서 부동산에 투자하는 방법에 대한 설명으로 옳은 것은?

① 부동산펀드가 주로 투자하는 부동산은 아파트, 빌라 등 주거형 부동산이다.

② 기존에 건축되어 운영 중인 부동산 외에 개발단계에 있는 부동산에는 투자할 수 없다.

③ 부동산펀드가 호텔, 리조트 등을 직접 운영할 수 있다.

④ 부동산펀드는 경매에 나온 부동산을 취득한 후 매각하여 시세차익을 노린 형태로는 투자가 불가능하다.

해설 | 자본시장법 개정으로 부동산을 운영하는 형식으로 투자가 가능해져서 부동산펀드가 호텔, 리조트 등을 직접 또는 간접적으로 운영할 수 있다.

15 다음 중 자본시장법상 부동산펀드에서 투자 가능한 부동산과 관련된 권리가 아닌 것은?

① 지상권   ② 전세권

③ 저당권   ④ 분양권

해설 | 부동산펀드에서 투자하는 부동산과 관련된 권리로서 지상권, 전세권, 임차권, 분양권 등이 있으며, 채권금융기관이 채권자인 금전채권(부동산을 담보로 한 경우에만 해당)도 투자 가능하다.

16 다음 중 자본시장법상 부동산펀드의 요건을 충족하기 위해 펀드재산의 50%를 초과하여 투자해야 하는 투자대상에 해당하지 않는 것은?

① 부동산이 신탁재산의 50% 이상을 차지하는 경우의 집합투자증권

② '부동산투자회사법'에 따른 부동산투자회사가 발행한 주식

③ '사회기반시설에 대한 민간투자법'에 따른 사회기반시설사업의 시행을 목적으로 하는 법인이 발행한 주식과 채권

④ 부동산을 기초자산으로 한 파생상품

해설 | '사회기반시설에 대한 민간투자법'에 따른 사회기반시설사업의 시행을 목적으로 하는 법인이 발행한 주식과 채권은 특별자산에 해당하는 증권이다. 부동산펀드는 펀드재산의 50%를 초과하여 부동산 및 부동산 관련 자산에 투자하고 난 이후에 나머지 펀드재산으로 이러한 특별자산에 해당하는 증권에 투자할 수 있다. 이러한 특별자산에 해당하는 주식과 채권에 펀드재산의 50%를 초과하여 투자한 펀드는 부동산펀드가 아니라 특별자산펀드이다.

17 다음 중 자본시장법상 부동산펀드의 요건을 충족하기 위해 펀드재산의 50%를 초과하여 투자해야 하는 투자대상에 해당하지 않는 것은?

① 부동산 및 부동산 관련 권리가 펀드재산의 50% 이상을 차지하는 경우의 집합투자증권

② 증권을 기초자산으로 한 파생상품

③ 부동산투자목적회사가 발행한 지분증권

④ 부동산개발회사가 발행한 증권

해설 | 증권을 기초자산으로 한 파생상품은 부동산펀드에서 펀드재산의 100분의 50을 초과하여 부동산 등에 투자한 후 나머지 펀드재산으로 투자할 수 있는 증권에 해당한다.

PART
01

PART
02

PART
03

PART
04

PART
05

18 다음의 요건을 갖춘 회사(부동산투자목적회사)가 발행한 지분증권에 부동산펀드는 펀드재산의 50%를 초과하여 투자할 수 있다. (   )에 알맞은 숫자는?

> • 부동산 또는 부동산투자목적회사의 투자증권에 투자하는 것을 목적으로 설립될 것
> • 부동산투자목적회사와 그 종속회사가 소유하고 있는 자산을 합한 금액 중 '부동산' 또는 '부동산 관련 권리'를 합한 금액이 (   )% 이상일 것

① 30   ② 50

③ 70   ④ 90

해설 | 부동산투자목적회사와 그 종속회사가 소유하고 있는 자산을 합한 금액 중 '부동산' 또는 '부동산 관련 권리'를 합한 금액이 90% 이상이어야 한다.

19 부동산펀드에 대한 설명으로 가장 적절하지 않은 것은?

① 부동산펀드는 부동산개발 사업을 수행하는 법인의 개발사업비에 대해서 직접 대출을 할 수 있다.

② 개발사업비에 대한 대출은 프로젝트금융(Project Financing)에 해당한다.

③ 대출 시 담보가치에 대한 판단이 중요하다.

④ 부동산펀드에서 대출이 가능한 부동산개발과 관련된 법인으로는 개발사업 시행법인 외에 부동산 신탁업자, 부동산투자회사, 다른 부동산펀드를 포함하고 있다.

해설 | 대출금 상환이 프로젝트의 사업성에 좌우되기 때문에 담보가치보다는 '투자성'에 대한 판단이 중요하다.

20 다음은 부동산펀드의 부동산 처분 제한에 관한 설명이다. ㉠~㉢에 알맞은 것은?

> 원칙적으로 부동산펀드에서 취득한 국내에 있는 부동산 중 '주택법'에 따른 주택은 (㉠) 이내, '주택법'에 따른 주택에 해당하지 않은 부동산은 (㉡) 이내, 국외에 있는 부동산은 (㉢) 이내에 해당 부동산을 처분할 수 없다.

① ㉠ 1년, ㉡ 1년, ㉢ 집합투자규약에서 정하는 기간
② ㉠ 1년, ㉡ 2년, ㉢ 집합투자규약에서 정하는 기간
③ ㉠ 3년, ㉡ 2년, ㉢ 1년
④ ㉠ 3년, ㉡ 1년, ㉢ 6개월

해설 | 부동산펀드에서 취득한 국내에 있는 부동산 중 '주택법'에 따른 주택은 1년 이내, '주택법'에 따른 주택에 해당하지 않은 부동산은 1년 이내, 국외에 있는 부동산은 집합투자규약에서 정하는 기간 이내에 해당 부동산을 처분할 수 없다.

21 부동산펀드에서 부동산을 취득한 후 일정 기간 내 처분제한 규정을 적용받지 않고 예외적으로 해당 부동산을 처분할 수 있는 경우가 아닌 것은?

① 부동산개발사업에 따라 조성하거나 설치한 토지·건축물 등을 분양하는 경우
② 부동산펀드의 환매청구가 대량으로 발생하는 경우
③ 부동산펀드가 합병되는 경우
④ 부동산펀드가 해지 또는 해산되는 경우

해설 | 부동산펀드는 환매가 허용되지 않는 폐쇄형 펀드이다.

22 부동산펀드에서 토지를 취득한 후 처분을 제한하는 규정에 대한 설명으로 옳지 않은 것은?

① 부동산펀드는 원칙적으로 건축물, 그 밖의 공작물이 없는 토지를 취득한 경우에는 그 토지에 대하여 부동산 개발사업을 시행하기 전에 처분할 수 없다.
② 토지를 취득한 후 사업성이 현저히 떨어지는 경우에는 부동산 개발사업을 시행하기 전에 해당 토지를 처분할 수 없다.
③ 부동산펀드가 합병되는 경우에는 부동산 개발사업을 시행하기 전이라도 해당 토지를 처분할 수 있다.
④ 부동산펀드가 해지 또는 해산되는 경우는 부동산개발사업을 시행하기 전이라도 해당 토지를 처분할 수 있다.

해설 | 관련법의 제정·개정 또는 해지 등으로 인하여 사업성이 현저히 떨어져서 부동산 개발사업을 시행하는 것이 곤란하다고 객관적으로 증명되어 그 토지의 처분이 불가피한 경우에는 부동산 개발사업을 시행하기 전에 해당 토지를 처분할 수 있다.

23 부동산펀드에서 부동산외 자산(부동산과 관련된 자산)에 대한 운용제한 규정을 설명한 것으로 옳지 않은 것은?

① 부동산펀드에서 부동산과 관련된 권리를 취득한 경우에는 언제라도 처분이 가능하며, 공모 · 사모펀드 구분 없이 거래상대방 한도의 제한도 없다.

② 부동산개발회사가 발행한 증권, 부동산투자목적회사가 발행한 증권, 주택저당채권담보부채권, 주택저당증권의 경우에는 공모 · 사모펀드 구분 없이 펀드재산의 100%까지 투자가 가능하다.

③ 부동산개발회사 및 부동산투자목적회사의 지분증권에 대해서는 동일법인 발행지분증권 투자제한도 적용받지 않는다.

④ 부동산 및 부동산과 관련된 권리에 50% 이상 투자하는 수익증권이나 집합투자증권, 유동화증권에 대해서도 각종 투자한도 규제를 적용하지 않는다.

해설 | 부동산 및 부동산과 관련된 권리에 50% 이상 투자하는 수익증권이나 집합투자증권, 유동화증권에 대해서도 각종 투자한도 규제를 적용받는다.

PART 01
PART 02
PART 03
PART 04
PART 05

24 다음은 부동산펀드에서 부동산을 기초자산으로 하는 파생상품에 투자하는 경우에 대한 설명이다. ㉠~㉢에 순서대로 들어갈 알맞은 숫자는?

> • 부동산을 기초자산으로 하는 파생상품에 투자하는 경우 동 파생상품이 헤지목적이 아니라면 파생상품위험평가액이 펀드순자산액의 (㉠)%를 초과할 수 없다. 다만, 전문투자형 사모펀드의 경우에는 (㉡)%까지 가능하다.
> • 파생상품위험평가액이 펀드순자산액의 (㉢)%를 초과하는 경우에는 파생형 부동산펀드로 설정해야 한다.

① 100, 200, 10
② 100, 300, 10
③ 100, 400, 10
④ 10, 100, 10

해설 | 순서대로 100, 400, 10이다.

25 자본시장법상 부동산펀드의 펀드재산으로 부동산을 취득 또는 처분하는 경우에 작성하는 실사보고서에 포함되지 않는 내용은?

① 해당 부동산의 현황
② 부동산개발사업 추진일정 및 방법
③ 부동산과 관련된 재무자료
④ 부동산 거래가격 및 거래비용

해설 | 부동산개발사업 추진일정 및 방법은 사업계획서에 포함되는 내용이다.

정답 20 ① 21 ② 22 ② 23 ④ 24 ③ 25 ②

26 부동산펀드에서 금전 차입에 대한 설명으로 옳지 않은 것은?

① 차입기관에는 은행, 투자매매업자 또는 투자중개업자, 보험회사, 다른 부동산펀드가 포함된다.

② 차입기관에 대해 부동산을 담보로 제공하는 방법으로 차입할 수 있다.

③ 차입금의 한도는 부동산펀드의 순자산총액의 100% 이내이다.

④ 차입한 금전은 원칙적으로 부동산에 운용하는 방법 외의 방법으로 운용하여서는 안 된다.

해설 | 부동산펀드에서 부동산을 취득함에 있어 금전을 차입하는 경우에 그 차입금의 한도는 원칙적으로 부동산펀드
의 자산총액에서 부채총액을 뺀 가액의 200%이며, 다만, 집합투자자총회에서 다르게 의결한 경우에는 그 의
결한 한도까지 차입할 수 있다. 차입한 금전은 부동산에 운용하는 방법 외의 방법으로 운용하여서는 아니 된
다. 다만, 부동산에 투자할 수 없는 불가피한 사유가 발생하여 일시적으로 현금성 자산에 투자하는 경우는 가
능하다.

27 부동산펀드에서 부동산을 취득하는 경우 금전 차입이 가능한 기관에 해당하지 않는 것은?

① 새마을금고   ② '국가재정법'에 따른 기금

③ 다른 부동산펀드   ④ 한국산업은행

해설 | 새마을금고는 부동산펀드의 차입대상 금융기관에 해당하지 않는다.

28 부동산펀드에서 부동산을 취득하는 경우 그 차입금의 한도는 펀드 순자산액의 (㉠)% 이내이며,
부동산펀드가 아닌 펀드에서 부동산을 취득하는 있어 금전을 차입하는 경우에 그 차입금 한도는 해
당 펀드에 속하는 부동산 가액의 (㉡)%이다. ㉠, ㉡에 알맞은 숫자는?

① ㉠ 100, ㉡ 70   ② ㉠ 200, ㉡ 50

③ ㉠ 200, ㉡ 70   ④ ㉠ 200, ㉡ 100

해설 | ㉠ 200, ㉡ 70이다.

29 집합투자업자가 부동산펀드의 펀드재산으로 부동산 개발사업에 투자하는 경우에 작성하는 사업계
획서에 포함되지 않는 것은?

① 부동산개발사업 추진일정 및 추진방법

② 부동산의 거래가격 및 거래비용

③ 자금의 조달 · 투자 및 회수에 관한 사항

④ 추정손익에 관한 사항

해설 | 부동산의 거래가격 및 거래비용은 부동산을 취득 · 처분하는 경우에 작성하는 실사보고서에 포함되는 사항 중
하나이다. 집합투자업자는 사업계획서를 작성하여 감정평가업자로부터 사업계획서의 적정성 여부에 대해 확
인을 받아야 하며, 이를 인터넷 홈페이지 등을 이용하여 공시하여야 한다.

30 부동산펀드에서의 금전 대여에 대한 설명으로 옳지 않은 것은?

① 부동산펀드의 재산으로 부동산 개발사업을 영위하는 법인에 대하여 금전을 대여할 수 있다.

② 해당 집합투자규약에서 금전의 대여에 관한 사항을 정하고 있어야 하며, 이는 사모부동산펀드에서도 동일하게 적용된다.

③ 집합투자업자가 부동산에 대하여 담보권을 설정하거나 시공사 등으로부터 지급보증을 받는 등 대여금을 회수하기 위한 적절한 수단을 확보하여야 하며, 이는 사모부동산펀드에도 동일하게 적용된다.

④ 대여금의 한도는 해당 부동산펀드의 순자산액(자산총액에서 부채총액을 뺀 가액)의 100%로 한다.

해설 | 자본시장법은 사모부동산펀드의 경우에는 ③의 요건을 충족하지 않아도 ②의 요건만 충족하면 금전 대여가 가능하다.

31 부동산펀드의 집합투자업자가 제3자에게 위탁할 수 있는 업무에 해당하지 않는 것은?

① 부동산의 취득 · 처분 및 부수업무

② 부동산의 개발 및 부수업무

③ 부동산의 관리 · 개량 및 부수업무

④ 부동산의 임대 · 운영 및 부수업무

해설 | 집합투자업자는 본질적 업무에 대해서 원칙적으로 제3자에게 위탁할 수 없다. 다만, 부동산펀드의 집합투자업자는 운용특례로서 펀드재산의 운용에 해당하는 업무의 일부를 제3자에게 위탁할 수 있다.

32 부동산펀드에서 펀드재산을 평가하는 방법에 관한 설명으로 옳지 않은 것은?

① 집합투자업자는 부동산펀드의 펀드재산을 시가에 따라 평가하여야 한다.

② 평가일 현재 신뢰할 만한 시가가 없는 경우에 공정가액으로 평가하여야 한다.

③ 부동산의 경우에 공정가액이란 부동산의 취득가격, 부동산의 거래가격 및 신탁업자가 제공한 가격 등을 고려하여 집합투자업자가 평가한 가액을 말한다.

④ 추가설정을 하지 않은 환매금지형 펀드의 경우에는 펀드의 기준가격을 산출할 의무가 없어 부동산을 평가하더라도 이를 결산재무제표에 반영하면 된다.

해설 | 부동산의 경우에 공정가액이란 부동산의 취득가격, 부동산의 거래가격 및 감정평가업자가 제공한 가격 등을 고려하여 집합투자재산평가위원회가 평가한 가액을 말한다.

33 자본시장법상 공모부동산펀드의 처분규제와 관련하여 가장 거리가 먼 것은?

① 국외에 있는 부동산은 집합투자규약에서 정하는 기간 동안 처분할 수 없다.

② 부동산펀드가 합병되는 경우에는 해당 규제가 적용되지 않는다.

③ 주택법상 미분양주택은 취득한 후 1년 이내에 처분할 수 없다.

④ 주택법상 주택에 해당하지 않는 부동산은 1년 이내에 처분할 수 없다.

해설 | 주택법상 미분양주택은 집합투자규약에서 정하는 기간 이내에 처분할 수 없다.

34 자본시장법상 부동산펀드에서 펀드재산으로 금전을 대여하는 경우에 관한 설명으로 가장 거리가 먼 것은?

① 부동산 개발사업을 영위하는 법인을 대상으로 금전을 대여할 수 있다.

② 해당 집합투자규약에서 금전의 대여에 관한 사항을 정하고 있어야 한다.

③ 다른 부동산펀드에는 금전을 대여할 수 없다.

④ 대여금의 한도는 해당 부동산펀드의 자산총액에서 부채총액을 뺀 가액의 100%로 한다.

해설 | 부동산 개발사업을 영위하는 법인, 부동산신탁업자, '부동산투자회사법'에 따른 부동산투자회사, 다른 펀드 등에 금전을 대여할 수 있다.

35 ( )에 들어갈 적절한 단어를 나열한 것은?

> 자본시장법에 따라 부동산펀드의 펀드재산에 속한 부동산은 원칙적으로 (㉠)(으)로 평가하여야 하며, 평가일 현재 신뢰할 만한 (㉠)이/가 없는 경우에는 (㉡)(으)로 평가하여야 한다.

① ㉠ 장부가, ㉡ 시가　　　　　　② ㉠ 장부가, ㉡ 공정가액

③ ㉠ 시가, ㉡ 장부가　　　　　　④ ㉠ 시가, ㉡ 공정가액

해설 | ㉠ 시가, ㉡ 공정가액이다.

부동산펀드 영업실무

CHAPTER 02

1. 부동산의 개념과 특성

(1) 부동산의 개념

부동산	유형적 측면	물리적 측면 (자연 · 공학 · 건축 등)	기술적 측면	물리적 개념
	무형적 측면	경제적 · 사회적 측면 (경제 · 경영 · 사회 · 심리 · 지리)	경제 · 사회적 측면	경제적 개념
		법률 측면 (법 · 행정 · 정치 · 사회규범)	법률적 측면	법 · 제도적 개념

① 부동산의 물리적 개념 : 부동산을 물리적 개념으로 자연물, 공간, 위치 등으로 이해

② 부동산의 경제적 개념 : 부동산을 경제적 개념으로 자산, 생산요소, 자본, 소비재 등으로 이해

③ 법 · 제도적 개념 : 부동산을 법률적 개념으로 소유권 등 권리의 목적물이 되는 물건으로 이해

Tip	부동산(민법 제99조)		
협의 부동산	• 토지와 그 정착물 • 토지에 부착된 정착물은 토지와 독립된 물건으로 간주되는 건물과 토지의 일부로 간주되는 수목, 돌담, 교량 등이 있음
의제부동산 (준부동산)	• 등기 · 등록 등의 공시방법을 갖춤으로써 부동산에 준하여 취급되는 특정의 동산이나 동산과 일체로 된 부동산의 집단 • 광업재단, 공장재단, 선박(20톤 이상), 항공기, 자동차, 건설기계, 어업권, 입목 등이 있음

(2) 부동산의 특성

① 자연적 특성

ㄱ 부동성(지리적 위치의 고정성)

• 부동산의 지리적 위치는 부동산의 효용성과 유용성(토지의 이용)을 지배

• 동산과 부동산을 구별하여 공시 방법을 달리하는 근거가 되고, 부동산을 국지화시킴으로써 부동산 활동은 임장활동 및 정보활동이 됨

• 부동산시장을 추상적 시장, 불완전경쟁시장화함

ㄴ 영속성(내구성 · 불변성 · 비소모성)

• 부동산은 물리적인 면에서 시간의 경과나 사용에 의해 소모 · 마모되지 않음

※ 경제적인 유용성은 변화 가능하며, 건물은 영속적이지 않음

• 일반 재화와 같이 가치가 소모되지 않기 때문에 투자대상으로 선호

- 물리적 상태의 토지는 소모를 전제로 하는 재생산 이론이 적용되지 않기 때문에 부동산 감정평가에 있어서 원가방식은 적용되지 않음
- 토지는 소모·마멸되지 않는다는 점에서 감가상각이 배제되지만, 건물의 경우에는 적용
ⓒ 부증성(비생산성)
- 부동산은 생산비나 노동을 투입하여 물리적 절대량을 늘릴 수 없으며 재생산할 수도 없음(공유수면의 매립이나 택지의 조성은 물리적인 증가 보다는 토지이용의 측면에서 파악)
- 완전 비탄력적 공급곡선을 가지게 되어 균형가격 성립이 불가능, 토지 집약화 원인이 되며 지대 발생
ⓔ 개별성(비동질성·비대체성)
- 지리적 위치가 고정되어 있어 물리적으로 위치, 지형, 지세, 지반 등이 완전히 동일한 복수의 토지가 없음(사회·경제적인 면에서는 용도의 유용성이 유사한 토지는 다수 존재)
- 개별성으로 인하여 일물일가의 법칙이 적용되지 않고 감정평가 및 투자분석 시 개별 분석이 필요
② 인문적 특성
ⓐ 용도의 다양성 : 부동산은 주거용, 상업용, 공업용, 공공용, 그리고 제1차 산업용 등의 용도로 구분
ⓑ 합병·분할의 가능성 : 부동산은 그 이용목적에 따라 법률이 허용하는 한도 내에서 그 면적을 인위적으로 큰 규모로 합치거나 작은 규모로 나눌 수 있음
ⓒ 사회적·경제적·행정적 위치의 가변성 : 부동산은 사회적·경제적·행정적인 환경의 변화에 따라 그 가치나 용도가 변하게 됨

2. 부동산의 법률적 측면

(1) 물권으로서의 부동산 소유권

물권의 본질	지배성, 배타성, 절대성
물권의 효력	• 우선적 효력 　–물권은 그 배타성에도 불구하고 종류, 성질, 범위, 시간을 달리하는 물권은 동일 물권은 동일 물건 위에 함께 성립할 수 있는데, 물권 상호 간에는 먼저 성립한 물권이 이후에 성립한 물권에 우선 　–동일 물건 위에 물권과 채권이 함께 성립하는 경우에는 그 성립의 선후에 관계 없이 물권이 채권에 우선 • 물권적 청구권 : 물권이 방해를 당하거나 방해당할 염려가 있는 경우에 그 방해의 제거 또는 예방에 필요한 일정한 행위를 요구할 수 있는 권리

(2) 소유권

법률의 범위 내에서 부동산을 자유로이 사용·수익·처분할 수 있는 권리로서 타인의 부동산을 부분적·일시적으로 지배하는 제한물권과 구별

(3) 제한물권

일정한 목적을 위하여 타인의 물건을 제한적으로, 즉 부분적·일시적으로 지배하는 물권으로 등기능력이 있는 권리

지상권	타인의 토지 위에 건물 기타의 공작물이나 수목 등을 소유하기 위하여 그 토지를 사용할 수 있는 물권
지역권	설정행위에서 정한 일정한 목적을 위하여 타인의 토지를 자기 토지의 편익에 이용하는 권리, 즉 요역지(편익을 받는 토지)의 이용가치를 증대시키기 위하여 승역지(편익을 제공, 승낙하는 토지)를 일정한 방법으로 지배하는 물권
전세권	전세금을 지급하고 타인의 부동산을 점유하여 그 용도에 따라 사용·수익하는 권리
유치권	타인의 물건이나 유가증권을 점유한 자가 그 물건이나 유가증권에 관하여 생긴 채권이 변제기에 있는 경우에 그 채권을 변제받을 때까지 그 물건이나 유가증권을 유치할 수 있는 권리로서 법정담보물건이며, 점유로써 공시되므로 등기가 필요 없음
저당권	채무자 또는 제3자가 채권의 담보로 제공한 부동산을 담보제공자의 사용·수익에 맡겨 두면서 채무의 변제가 없는 경우에 그 부동산의 가격으로부터 다른 채권자보다 우선하여 변제를 받을 수 있는 권리

3. 부동산 투자방식별 비교

(1) 직접투자 vs 간접투자(부동산펀드)

세제효과	• 재산세 분리 과세, 종합 부동산세 없음 • 법인세 및 매각 차익에 대한 과세 없음
운용 전문성	• 부동산 전문 인력을 통한 철저한 투자 리스크 검토 및 대응 방안 마련 • 설정 이후에도 다수의 경험을 바탕으로 프로젝트의 체계적인 관리
상품이 다양성	• 국내외 다수의 기관들과 공동투자 용이 • 각 기관의 자금 속성에 맞춘 상품 설계가 가능
안정성	• 폐쇄형 공모펀드의 경우 한국거래소에 상장되므로 직접투자 대비 유동성 제고 • 각종 보고 및 공시 의무로 자금집행 및 관리의 투명성 확보

(2) 공모 vs 사모

① 부동산의 투자의 특성(물권 확보를 위한 과열 경쟁, 복잡한 거래방식 등)으로 인하여 주로 사모 방식으로 이루어져 왔으나, 최근에는 공모형 부동산펀드의 설정도 증가하는 추세

② 부동산 간접투자 시장은 지속적으로 확대될 것으로 예상되며, 이로 인하여 공모부동산펀드시장 또한 점진적인 성장을 기대할 수 있을 것으로 예상됨

③ 부동산펀드는 투자 물건의 특성 및 투자 자금의 성격에 따라 공모·사모투자 방식선택 가능

(3) Equity(지분) vs Debt(대출) 투자

① 투자자금의 속성(투자자 성향·기대수익·투자기간 등)에 따라 Equity/Debt 투자가 결정됨

② 일반적으로 부동산시장의 상승기에는 고수익 창출이 가능한 Equity에 투자에, 하락기에는 안정적인 Debt 투자에 집중되는 경향이 있음

투자방식	Debt투자	Equity투자 (실물매입형)	Equity투자 (투자개발형)
펀드기간	단기(3~5년)	중기(5~7년)	중장기(7년~)
수익원천	이자수익	운영이익+자산가치 상승	개발이익+운영이익+자산가치 상승
기대수익/위험	저위험/저수익	중위험/중수익	고위험/고수익
주요 위험	차주 리스크, 담보가치 리스크	시장 리스크, 임차인 리스크	시행사, 인허가, 파이낸싱, 시장 리스크

4. 부동산펀드의 종류

(1) 부동산펀드의 종류(자본시장법)

실물형 부동산펀드	펀드재산의 50%를 초과하여 실물로서의 부동산에 투자하는 부동산펀드 → 임대형, 개량형, 경공매형, 개발형 부동산펀드	
	임대형 부동산펀드	부동산을 취득하여 임대사업 영위 후 매각하는 부동산펀드
	개량형 부동산펀드	부동산을 취득하여 개량한 후에 단순히 매각하거나 또는 임대사업 영위 후 매각하는 부동산펀드
	경공매형 부동산펀드	경매 또는 공매부동산을 취득하여 매각하거나 또는 임대사업 영위 후 매각하는 부동산펀드
	개발형 부동산펀드	부동산을 매입한 후 부동산개발사업을 통해 개발된 부동산을 분양하거나 또는 임대 후 매각하는 부동산펀드
대출형 부동산펀드	펀드재산의 50%를 초과하여 부동산개발과 관련된 법인에 대한 대출 형태의 투자행위를 하는 부동산펀드	
재간접형 부동산펀드	펀드재산의 40% 이상을 다른 부동산펀드에 투자하는 부동산펀드로서 주로 해외증권시장에 상장된 포트폴리오를 구성하여 투자함	
증권형 부동산펀드	펀드재산의 50%를 초과하여 부동산과 관련된 증권(부동산담보부채권)에 투자하는 부동산펀드	

(2) 부동산펀드의 다른 분류방법

① 법적 형태 기준에 따른 부동산펀드의 분류

신탁형 펀드	계약형 펀드라고 하며, 집합투자업자와 신탁업자 간의 신탁계약에 의거하여 설정되는 펀드
회사형 펀드	투자회사, 투자유한회사, 투자합자회사 등 회사 형태로 설립되는 펀드로서 펀드 자체가 법인격이 있음
조합형 펀드	투자합자조합, 투자익명조합 등 조합형태로 설립되는 펀드로서 법인격이 인정되지 않는 것이 일반적임

② 모집방식에 따른 부동산펀드의 종류

공모펀드	증권신고서를 제출하는 모집의 방법으로 집합투자증권을 발행하는 펀드
사모펀드	집합투자증권을 사모로란 발행하는 펀드로서 투자자의 총수가 100인 이하인 경우를 말하며, 일정한 요건을 갖춘 적격투자자만이 투자가 가능

③ 투자대상지역에 따른 부동산펀드의 종류

국내투자펀드	펀드자금을 국내자산에만 투자하는 펀드
해외투자펀드	펀드자금의 일부 또는 전부를 해외자산에 투자하는 펀드

④ 법적 형태 기준에 따른 부동산펀드의 분류

사전특정형 펀드 (Project 펀드)	펀드자금을 모집하기 이전에 사전적으로 펀드의 투자대상자산 또는 투자방식을 특정하고 투자하는 펀드
사전불특정형 펀드 (Blind 펀드)	펀드자금을 모집하기까지는 펀드의 투자대상자산 또는 투자방식을 특정하지 않다가 펀드자금을 모집한 이후에 투자대상자산을 발굴하여 투자하는 펀드

⑤ 법적 형태 기준에 따른 부동산펀드의 분류

국내펀드	국내 법령에 의거하여 설정·설립되고, 국내 금융감독기관의 감독을 받는 펀드(역내펀드/On-shore fund)
외국펀드	외국 법령에 의거하여 설정·설립되고, 외국 금융감독기관의 감독을 받는 펀드(역외펀드/Off-shore fund)

5. 부동산펀드의 종류별 특성

(1) 실물형 부동산펀드

① 임대형 부동산펀드

개요	• 펀드재산으로 주로 업무용부동산(오피스빌딩 등) 또는 상업용부동산(상가 등) 등과 같은 수익성 부동산을 취득한 후 임대함으로써 안정적인 이자소득 성격의 임대소득을 획득하는 것을 주된 운용전략으로 함 • 리츠(REITs) : 자본시장법상의 임대형 부동산펀드와 내용이 유사
수익 및 위험	• 임대형 부동산펀드는 이자소득 성격의 임대소득과 자본소득 성격의 매각차익을 획득하는 것을 주된 운용전략으로 함 • 해당 부동산과 관련된 광열비, 전기 및 수도료 등의 경비가 과다한 경우에는 임대수익을 감소시키는 위험요인으로 작용함 • 주요 위험요인 　－취득한 부동산펀드로부터의 임대료 하락 가능성 　－취득한 부동산에 있어서의 공실률 증가 가능성 　－취득한 부동산의 가격 하락 가능성
주요 사항	• 향후 매각 가능성 및 매각가격 • 임대료와 공실률에 영향을 미치는 요인 • 차입규모의 적정성

② 개량형 부동산펀드

개요	업무용 오피스텔, 상업시설, 호텔 등을 취득한 후 해당 부동산의 용도를 변경한다든지 리모델링 등을 통해 자산 가치를 제고하여 매각하거나 임대 운영 후 매각하여 투자수익을 취극하는 것을 목적으로 함
수익 및 위험	• 개량에 소요되는 비용보다 개량에 따라 얻을 것으로 기대하는 추가적인 임대수익 및 매각차익이 더 크다고 판단되어야 함 • 개량에 소요되는 비용 < 임대수익 및 매각차익 • 민원 발생과 인허가 지연 등은 위험요인
주요 점검사항	• 개량비용이 임대수익이나 매매차익의 증가로 나타날 수 있는지 점검 • 소요된 개량비용에 상응하는 경제적 효과가 펀드의 수익률 제고로 연계될 수 있는지에 대한 점검 • 자본적 지출(일반적인 경비가 아닌 해당 부동산의 가치를 증가시키는 비용) 점검 • 인허가가 용이한지, 민원발생 우려가 없는지 점검

③ 경공매형 부동산펀드

개요	가치투자형 부동산펀드의 성격 → 경매나 공매와 같은 매각절차를 통해 시장가격 대비 상대적으로 낮은 가격에 부동산을 취득하여 적정 가격에 도달 시 매각함으로써 매각차익을 추구
수익 및 위험	• 사전불특정형(Blind) 방식(펀드재산으로 투자할 부동산 등을 미리 특정하지 않은 상태에서 펀드자금을 모집한 후에 투자할 부동산 등을 탐색하여 투자) → 경공매형 부동산의 미확보가 오래되면 펀드수익률 저하 • 경공매부동산 처리에 다양한 법적 문제 → 처리시간과 비용과다 시 펀드수익률에 부정적 영향 • 경공매형 부동산시장이 과열되는 경우에는 낙찰가격이 증가하게 되어 시세차익을 취하고자 하는 목적을 달성하기 어려움
주요 점검사항	• 부동산운용전문인력의 전문성 보유 여부 • 경공매형 부동산펀드 규모의 적정성 여부 → 펀드의 규모가 너무 작으면 소수의 부동산에 집중 투자함에 따라 위험(경공매부동산 미확보)이 커질 수 있는 반면에, 규모가 너무 크면 경공매부동산을 펀드의 적정 수준까지 편입할 때까지 펀드 내 미운용자금의 비중이 높아 펀드의 수익률이 상당기간 낮은 상태를 유지할 위험성이 있음 • 체계적이고 투명한 펀드 운용 가능성 여부 • 펀드 관련 비용의 적정성 여부

④ 개발형 부동산펀드

개요	개발형 부동산펀드는 부동산을 취득한 후 직접 부동산개발사업을 추진하여 부동산을 분양·매각하거나 또는 임대 후 매각함으로써 개발이익을 획득하는 것을 목적으로 하는 실물형 부동산펀드를 의미
수익 및 위험	부동산 개발사업이 지연되거나 실패하는 경우 당초 목표로 한 펀드수익률에 미달하게 됨은 물론 펀드원본 손실까지도 초래할 위험이 발생
주요 점검사항	• 사업부지가 완전히 확보되어 있는지 • 인허가는 받았는지 • 우량한 시공사가 선정되어 있는지 • 부동산개발사업을 성공적으로 추진하기 위해 필요한 요소들이 사업계획서에 충분히 포함되어 있는지 • 당해 부동산개발사업의 사업성이 충분한지, 즉 조성한 토지 또는 신축한 건축물 등의 분양·매각 또는 임대 가능성이 충분한지

(2) 대출형 부동산펀드

① 프로젝트 파이낸싱(PF)의 특징
  ㉠ 프로젝트 파이낸싱은 담보대출 또는 신용대출 형태를 띠는 기존의 기업금융방식에 비해 자금공급의 규모가 큰 것이 일반적
  ㉡ 프로젝트 파이낸싱은 비소구금융 또는 제한적 소구금융의 특징을 가지고 있음 → 그만큼 채권자가 부담하는 대출위험은 증가함
  ㉢ 프로젝트 파이낸싱은 부외금융의 성격을 가짐 → 프로젝트 시행과 관련하여 발생된 제반 부채는 프로젝트 시행 법인이 부담하므로, 실질사업자는 자신의 재무상태표상에 당해 프로젝트와 관련된 부채를 계상하지 아니함
  ㉣ 프로젝트 파이낸싱은 다양한 주체의 참여가 가능하고, 참여한 주체별로 위험배분이 가능
② 대출형 부동산펀드

개요	• 부동산 개발사업을 영위하는 시행사에 대한 대출을 통해 대출이자를 지급받고 대출원금의 상환을 받는 것을 운용목적으로 함 • 일반적으로 프로젝트 파이낸싱(Project Financing, PF)형 부동산펀드라고 불리기도 함
수익 및 위험	부동산 개발사업이 지연되거나 실패하여 대출이자 지급 및 대출원금 상환이 늦어지거나 중단되면 펀드원본 손실이 발생될 수 있음
주요 점검사항	• 시행법인의 사업부지 확보 여부 • 시공사의 신용평가등급 → 책임준공 확약, 시공사의 지급보증 또는 채무인수 등 신용보강을 한 시공사의 신용평가등급 확인 • 부동산개발사업의 사업성 유무와 사업성 규모를 분석한 후에 대출 여부 결정

(3) 증권형 부동산펀드

의미	자본시장법상 부동산펀드는 펀드재산의 50%를 초과하여 '부동산과 관련된 증권'에 투자가 가능하며, 이를 '증권형 부동산펀드'로 구분
종류	• 특정 부동산자산 관련 증권에 투자하는 증권형 부동산펀드 　− 특정 부동산자산이 '부동산'인 경우 　− 특정 부동산자산이 '지상권·지역권·전세권·임차권·분양권 등 부동산 관련 권리'인 경우 　− 특정 부동산자산이 '금융기관이 채권자인 부동산담보부 금전채권'인 경우 • 부동산투자회사(REITs) 발생주식에 투자하는 증권형 부동산펀드 • 부동산개발회사 발생증권에 투자하는 증권형 부동산펀드 • 부동산투자목적회사 발행지분증권에 투자하는 증권형 부동산펀드

(4) 파생상품형 부동산펀드

자본시장법에 의하면 펀드재산의 50%를 초과하여 '부동산을 기초자산으로 한 파생상품'에 투자하는 형태로 부동산펀드의 설정·설립이 가능하며, 이러한 부동산펀드를 '파생상품형 부동산펀드'라고 함

6. 부동산펀드 투자

(1) 부동산 투자 결정 과정

투자목표	투자자들이 원하는 수준의 기대수익률과 위험
제약조건	• 투자자금의 규모 • 유동성 • 투자기간 • 분석 및 예측능력 • 규제 및 세금

(2) 부동산 투자환경의 분석

① 시장분석
② 법적 환경분석
③ 사회정치적 환경분석

7. 부동산시장의 개념 및 특징

개념	부동산 권리의 교환, 상호 유리한 가액으로서의 가액결정, 경쟁적 이용에 따른 공간배분, 토지이용 및 공간이용의 패턴 결정 및수요와 공급의 조절 등이 일어나는 추상적인 기구
특징	• 시장의 국지성 • 거래의 비공개성 • 부동산 상품의 비표준화성 • 시장의 비조직성 • 수요공급의 비조절성 • 일반시장에 비해 매매기간의 장기적이며, 법적 규제가 과다하며, 부동산 금융에 영향을 많이 받음

8. 부동산펀드투자

(1) 3가지 형태의 부동산시장 분석

공간시장	공간 이용에 관한 권리를 사고 파는 시장을 말하며, 임대시장이라고도 함
자산시장	자산으로서의 부동산을 사고 파는 시장
개발시장	개발사업자는 공간시장의 임대 현황 및 자산시장의 시장가격 등을 감안하여 부동산을 개발할지를 결정

(2) 거시경제 변수와 부동산시장

경제성장	경제성장 증가 → 임대수요 증가 → 임대료 상승 → 매매가격 상승
소비	부동산가격 상승 → 소비 증가(자산효과)
투자	토지가격 상승 → 토지사용량 증가 → 보완적 자본투자 감소

순수출	부동산가격 상승 → 생산비 상승 → 수출 감소, 수입 증가
총공급	• 부동산가격 상승 → 근로의욕 저하 → 노동생산성 감소 • 주택가격 상승 → 노동의 지역 간 이동 감소 → 인력수급 애로 → 임금상승 • 임대료 상승 → 생산비 상승
총통화	통화량 증가 → 물가 상승 → 부동산가격 상승
물가	물가 상승 → 부동산가격 상승(인플레이션 헤지 효과)
금리	금리 상승 → 부동산가격 하락
주가	주가 상승 → 부동산가격 상승

(3) 부동산 경기변동 4국면

호황국면	경기회복 국면이 지속되어 감에 따라서 불황을 벗어나 경기 정점을 향해가는 국면 • 부동산 거래 활기, 부동산의 거래가격 계속 상승 • 매도인 우위 시장 : 매도인은 거래를 미루려는 경향/매수인은 거래를 앞당기려 하는 분위기 형성 • 건축허가신청이 급격하게 늘어나고 그 증가율도 상승
경기후퇴국면	경기가 호황국면의 정점을 확인하고 하향세로 바뀌는 국면 • 매수인 우위시장 • 부동산 공실률 점차 증가
불황국면	경기가 저점을 향해 지속적으로 하강하는 국면 • 지속적으로 부동산 가격이 하락하고 건축활동이 급감 • 공실률이 크게 증가 • 부동산 가격이 지속적으로 하락하여 부동산 거래가 거의 이루어지지 않으므로 금리가 높아지는 경향 • 이전의 부동산 경기가 심하게 과열되었을수록 불황의 깊이는 깊은 편 • 매수인 우위 시장 강화 • 건축허가건수 지속적 감소
경기회복국면	일반적으로 경기의 저점을 확인하고 상향하기 시작하는 국면 • 부동산 거래와 관련된 고객 수가 감소하던 것이 멈추고 조금씩 증가하기 시작 • 부동산 공실률이 줄어들기 시작 • 일부 지역시장의 경우 점차 시장 분위기가 개선되어 가는 징후가 나타남 • 매수인 우위시장에서 매도인 우위 시장으로 전환

(4) 부동산의 수요 · 공급요인과 부동산에 미치는 영향

	부동산의 가격	부동산가격 상승 → 수요 감소(부동산가격 하락 → 수요 증가)	
수요 요인	소득수준	• (정상재인 부동산) 소득 증가 → 수요 증가 → 가격 상승 • (열등재인 부동산) 소득 증가 → 수요 감소 → 가격 하락	
	인구	• 인구 증가 → 임대수요와 구입수요 증가 → 가격 상승 • 핵가족화 및 단독세대 증가 → 소형주택 수요 증가 → 소형주택 가격 상승	
	대체관계 부동산의 가격	대체관계에 있는 다른 부동산의 가격 상승 → 해당 부동산의 수요 증가 → 해당 부동산의 가격 상승	
	소비자의 기호	소비자의 기호에 부합하는 부동산의 수요 증가 → 가격 상승	
	대출정책의 변화	• LTV : 대부비율 • DTI : 소득 대비 대출 비율	이 비율을 올리면 부동산의 수요 증가(비율 낮추면 수요 감소)
	기대	부동산가격이 오를 것으로 기대하면 부동산은 수요 증가	
	금리	금리 인상 → 수요 감소(금리 인하 → 수요 증가)	

	부동산의 가격	부동산가격 상승 → 공급 증가(부동산가격 하락 → 공급 감소)
공급 요인	건설비용	건설비용 증가 → 부동산 신규 공급 감소
	기술수준	기술수준 향상 → 부동산 신규 공급 증가
	기대	부동산가격이 오를 것으로 기대되면 부동산 공급 증가
	공급자 수	공급자의 수 증가 → 부동산 공급 증가

(5) 정부의 주요 부동산정책

수요 정책	부동산담보대출 기준금리 조정	부동산담보대출금리 산정의 기초는 되는 기준금리를 조정하여 부동산 수요를 결정
	부동산담보대출 규모 조정	LTV나 DTI를 통해 대출규모를 조절하여 부동산 수요를 조절
	주택담보대출 세제혜택 조정	주택담보대출을 받은 주택구매자에 대한 세제혜택 수준을 조정하여 부동산 수요를 조절
	임대료보조제 실시	일정소득 이하 계층의 주택임차인에 대해 임대료를 보조하여 임대주택에 대한 수요 조절
공급 정책	용도지역·지구제	용도지역과 용도지구 지정으로 부동산의 용도 및 밀도를 조정하여 부동산 공급을 조절
	개발제한구역 (그린벨트)제도	개발제한구역(그린벨트)의 지정 및 해제를 통해 부동산 공급을 조절
	택지개발사업	택지개발지구의 지정 등으로 주택을 공급
	도시개발사업	도시개발구역의 지정 등을 통해 주거, 상업, 유통 등의 기능을 가지는 부동산을 공급
	정비사업	주거환경개선사업, 주택재개발사업, 주택재건축사업 등을 통해 도시 내 부동산을 공급
가격 정책	분양가 상한제	신규분양주택의 분양가를 최고가격 이하로 책정토록 하여 주택의 수요 및 공급을 조절
	임대료 상한제	임대료를 일정수준 이하로 책정토록 하여 임대주택의 수요 및 공급을 조절
조세 정책	취득세	부동산의 취득단계, 보유단계, 처분단계별로 조세를 적용하여 부동산의 수요를 조절하고, 토지의 개발사업을 통해 발생된 개발이익을 환수함으로써 부동산의 공급을 조절
	재산세, 종합부동산세	
	양도소득세	
	개발부담금	

PART 01

PART 02

PART 03

PART 04

PART 05

(6) 부동산펀드의 투자전략

핵심(Core) 전략	저위험 – 저수익	중심지역이나 교통의 요지에 존재하는 부동산에 투자 → 양호한 현금흐름을 창출하는 우량부동산에 대한 투자자 주된 전략
핵심플러스 (Core – plus) 전략	핵심전략보다 약간 높은 위험 – 약간 높은 수익	다소 간의 가치 제고 활동을 수반하거나 입지여건의 개선이 기대되는 부동산에 투자
가치부가 (Value added) 전략	중위험 – 고수익	• 부동산 개량이나 일정수준의 재개발투자를 실행하고 시장이 좋을 때 되파는 전략을 사용 • 전통적으로 관리방법의 변경이나 물리적 개선 등을 수행하며, 개선작업을 통해 임대수익의 제고를 추구함
기회추구 (Opportunistic) 전략	고위험 – 고수익	개발되지 않은 토지에 투자하여 개발하거나, 저평가된 시장이나 교통이 덜 발달한 지역의 토지 등에 투자함

9. 부동산펀드 리스크 관리

(1) 전통적인 금융투자상품의 투자위험

시장위험	시장성 있는 증권 등에서 주가, 이자, 환율 등 시장 가격 결정 변수의 변동으로 인하여 입을 수 있는 잠재적인 손실
신용위험	거래상대방의 계약불이행이나 신용도의 저하로 인하여 입게 될 예상손실 및 비예상손실
운영위험	부적절하거나 잘못된 내부의 절차, 인력 및 시스템의 관리부실 또는 외부의 사건 등으로 인하여 발생할 수 있는 잠재적인 손실로서 거래위험, 운용위험, 시스템위험으로 세분화

(2) 부동산 투자의 위험

대체투자의 특성	• 투자대상으로서는 짧은 역사 • 투자 포트폴리오에서 보편적이지 않은 투자형태 • 전통적인 투자에 비해 유동성이 낮음 • 장기 투자자 대부분으로 장기간 환매 불가 기간이 있음 • 높은 수수료(취득 및 처분수수료, 성과수수료, 운용수수료 등) • 일시에 대규모의 자금을 확실히 조달해야 하는 특성상 일반 개인투자자보다는 기관투자자의 투자수단으로 활용 • 전통적 투자자산과는 상관관계가 낮은 경향 • 대부분 대안투자 자산은 주식, 채권 등 전통적 투자자산과는 달리 투명한 공개시장에서 대량으로 거래가 이루어지지 않아 공정가치를 평가하는 데에 어려움이 있음 • 대부분의 대안투자 자산은 주식, 채권 등 전통적 투자자산과는 달리 투명한 공개시장에서 대량으로 거래가 이루어지지 않아 공정가치를 평가하는 데에 어려움이 있음 • 실제 거래 시에 거래 가격은 개별적인 가치평가된 가격이 아니라 협상에 따라 달라짐 • 성과 비교의 기준이 되는 적절한 벤치마크가 없으며, 절대적 수익률을 고려하게 됨 • 운용역의 전문성에 의존하는 경우가 많음

(3) 부동산 투자 위험

① 사업위험
  ㉠ 시장위험 : 시장상황으로부터 유래되는 위험으로 경제가 위축되면 부동산에 대한 수요가 줄어들게 되고 공실률이 증가되어 임대료가 하락하므로 부동산투자의 수익성에 대한 위험을 증대시킴
  ㉡ 운영위험 : 부동산의 관리, 근로자의 파업, 영업경비의 변동 등으로 인해 야기될 수 있는 수익성의 불확실성을 폭넓게 지칭함
② 금융위험 : 부채(타인자본)을 사용하여 투자하면 자기자본에 대한 수익률은 증가할 수 있으나, 부채가 많으면 많을수록 원금과 이자에 대한 채무불이행의 가능성이 높아지며, 파산할 위험도 그만큼 커지게 되는데, 이를 레버리지위험이라고 함
③ 법적 위험 : 부동산투자의 의사결정은 정부의 정책, 토지이용규제, 조세제도 등의 법적 환경 아래서 이루어지는 것이므로 이러한 법적 환경의 변화와 소송 등은 부동산투자에 대한 위험을 야기함
④ 인플레이션 위험
  ㉠ 부동산을 원하는 시기에 현금화하는 것은 쉽지 않고, 급매를 하는 경우에는 낮은 가격으로 매각해야 하는 위험(환금성위험)
  ㉡ 부동산은 다른 자산에 비해 유동성위험이 매우 큰 자산

(2) 대출형 부동산펀드 리스크

- 사업 인허가 위험 · 사업부지 관련 위험
- 부도 위험 · 분양 위험
- 계약불이행 위험 · 투자원금 손실 위험
- 공모펀드 위험 : 높은 금융비용, 융통성 결여

(3) 임대형 부동산펀드 리스크

매입단계	매입가격의 적정성, 법률적 위험, 물리적 위험, 재무타당성
건설 중인 부동산 매입위험	개발사업 위험, 부동산권리 확보 위험, 기타 공사 관련 위험
운용단계	임차인 위험, 공실위험, 관리비 증가 위험, 타인자본 위험, 재해 등 물리적 위험, 제도변화 관련 위험
청산단계	사업계획 미달 위험, 매각 위험, 추가비용발생 위험

(4) 경 · 공매형 부동산펀드 리스크

매입단계	투자자산 확보의 위험, 법률 위험, 자산평가 위험, 비용증가 위험
매각단계	부동산 경기 악화 및 매각기간 장기화 위험

(5) 해외부동산펀드 리스크

① 해외부동산펀드의 리스크 유형

- 해당국의 정치 · 경제 · 법률적 차이 · 현지인 위험
- 제도 및 실사비용 위험 · 조세 위험
- 환매 유동성 위험 · 환율 위험
- 펀드 정보의 제한 · 글로벌 신용경색 위험

② 해외부동산펀드의 환위험

환헤지	국내 자산운용사가 운용하는 펀드는 펀드 내 환헤지를 하는 경우가 많으나, 해외 역외펀드는 개인 (투자자)이 환헤지를 해야 되는 경우가 많아 환율변동에 따른 위험이 존재
달러화 이외의 환헤지	미국달러화로 투자하지 않는 경우 미국 달러화에 대해서만 환헤지를 했을 때는 환위험에 노출됨
과도한 환헤지	투자금액에 대해 FX Swap으로 환헤지를 하는 경우 투자대상 부동산의 가치가 크게 하락하면 과도한 환헤지로 인해 위험이 증가할 수 있음
기준가 변동	환헤지를 하는 경우 기준가격이 일시적으로 투자원본 이하로 하회할 수 있으므로 이 점을 투자자에게 고지
위험의 전가	환위험 회피를 위해 해외 시행사에 원화로 대출을 해주게 되면 환율변동 위험이 사업시행자에게 전가되어 사업위험을 높일 수 있음

출제예상문제

SECTION 01 부동산투자의 기초

01 '부동산은 소유권 등 권리의 목적이 되는 물건이다'라는 것은 부동산의 어떤 측면을 말하는 것인가?

① 기술적 측면   ② 경제 · 사회적 측면

③ 법률적 측면   ④ 기술적 측면

해설 | 법 · 제도적 개념으로 법률적 측면이다.

02 부동산의 특성과 거리가 먼 것은?

① 비소모성   ② 비동질성

③ 대체성   ④ 합병 · 분할의 가능성

해설 | 대체성이 아니라 비대체성이다. 부동산은 지리적 위치가 고정되어 있어서 물리적으로 위치, 지형, 지세, 지반 등이 완전히 동일한 복수의 토지는 없다는 것이다.

03 물권으로서의 부동산 소유권에 대한 설명으로 옳지 않은 것은?

① 물권은 지배성, 배타성, 상대성을 가진다.

② 부동산 소유권은 제한물권과 구분된다.

③ 제한물권은 용익물권과 담보물건으로 구분된다.

④ 용익물권으로는 지상권, 지역권, 전세권이 있고 담보물권으로는 유치권, 질권, 저당권 등이 있다.

해설 | 물권은 지배성, 배타성, 절대성을 가진다. 부동산 소유권이란 법률의 범위 내에서 부동산을 자유로이 사용 · 수익 · 처분할 수 있는 권리로서 타인의 부동산을 부분적 · 일시적으로 지배하는 제한물권과 구별된다.

04 부동산과 동산의 차이점에 대한 설명 중 옳지 않은 것은?

① 부동산은 용도의 다양성, 동산은 용도의 한계성을 특징으로 한다.
② 부동산의 가격 형성에는 1물 1가의 원칙이 배제되나 동산은 1물 1가의 원칙이 지배된다.
③ 부동산의 취득시효는 20년(등기 10년)이고 동산은 10년(선의 · 무과실의 경우는 5년)이다.
④ 부동산은 공신력이 인정되지만 동산은 공신력(선의취득)이 인정되지 않는다.

해설 | 부동산은 공신력이 인정되지 않지만 동산은 공신력(선의취득)이 인정된다.

SECTION 02 | 부동산 투자 구분

05 다음은 부동산 간접투자의 장점이다. 가장 거리가 먼 것은?

① 직접투자에 비해 절세효과가 있다.
② 전문가의 전문적인 운용과 체계적인 관리를 받을 수 있다.
③ 기관투자자들과 공동투자가 가능하여 투자대상의 폭이 넓어진다.
④ 직접투자에 비해 고수익을 기대할 수 있다.

해설 | 간접투자가 직접투자에 비해 반드시 수익률이 높은 것은 아니다.

06 부동산 간접투자 시 얻을 수 있는 세제혜택이 아닌 것은?

① 부동산 보유 시 재산세가 면제된다.
② 부동산 보유 시 종합부동산세가 면제된다.
③ 부동산 양도 시 매각차익에 대해서 과세되지 않는다.
④ 법인세가 면제된다.

해설 | 재산세는 면제되는 것이 아니라 분리과세된다.

07 부동산 공모펀드와 부동산 사모펀드에 대한 설명으로 옳지 않은 것은?

① 공모펀드는 주로 실물자산을 매입하지만, 사모펀드는 대출이나 지분출자 등 다양한 대상에 투자한다.
② 공모펀드는 상장의무가 있지만, 사모펀드는 상장의무가 없다.
③ 수익률은 사모펀드가 좀 더 높은 편이며, 유동성은 공모펀드가 더 좋은 편이다.
④ 우리나라에서는 공모펀드가 대부분을 차지하고 있다.

해설 | 우리나라의 경우 사모펀드가 대부분이다.

정답 | 01 ③ 02 ③ 03 ① 04 ④ 05 ④ 06 ① 07 ④

08 부동산 투자 시 대출투자(Debt)와 지분투자(Equity)에 대한 설명이다. 틀린 것은?

① 부동산시장의 상승기에 Equity투자에, 하락기에는 Debt투자에 집중하는 경향이 있다.

② Debt투자는 이자수익률을 목표로 하지만, Equity투자는 운영이익과 자산가치 상승을 목표로 한다.

③ 기대수익률과 위험이 가장 높은 것은 Equity투자의 개발형이다.

④ 투자기간이 가장 긴 것은 Equity투자 실물매입형이다.

해설 | 투자기간이 가장 긴 것은 Equity투자의 개발형이다(중장기 7년 이상).

09 부동산투자회사(REITs)에 대한 설명이다. 가장 거리가 먼 것은?

① 부동산투자회사법에 근거하며 국토교통부의 영업인가를 받고 설립할 수 있다.

② 리츠의 종류별로 최소한 50억 원 이상의 최소자본금 요건을 갖추어야 한다.

③ 회사 재산의 70% 이상을 부동산에 투자해야 한다.

④ 모든 리츠는 설립 후 증권시장에 상장해야 한다.

해설 | 자기관리형 리츠와 위탁형 리츠는 공모로 설립하고 상장을 해야 하지만, 기업구조조정리츠(Co-REITs)는 공모의무 및 상장의무가 없다.

10 부동산투자회사(REITs) 중에서 자산의 투자나 운용 등 전반적인 자산관리를 자체 운용전문인력이 수행하는 곳은?

① 자기관리형 리츠   ② 위탁관리형 리츠

③ 기업구조조정 리츠   ④ 위탁관리형 리츠, 자기관리형 리츠

해설 | 실체가 있는 리츠는 자기관리형 리츠가 유일하다(나머지는 서류상의 회사이므로 위탁하여 운용한다).

SECTION 03 부동산펀드의 종류

11 자본시장법상 부동산펀드의 정의 등 관련 규정에 근거한 부동산펀드의 종류와 거리가 먼 것은?

① 실물형 부동산펀드   ② 증권형 부동산펀드

③ 재간접형 부동산펀드   ④ 혼합형 부동산펀드

해설 | 자본시장법은 부동산펀드의 종류를 명시적으로 규정하고 있지는 않지만, 자본시장법상의 부동산펀드 정의 등 관련 규정에 의해 실물형 부동산펀드, 대출형 부동산펀드, 재간접형 부동산펀드, 증권형 부동산펀드 등으로 구분할 수 있다.

12 자본시장법상의 부동산펀드 정의 등 관련 규정에 근거한 부동산펀드의 종류에 대한 설명으로 옳지 않은 것은?

① 실물형 부동산펀드는 펀드재산의 50%를 초과하여 실물로서의 부동산에 투자하는 부동산펀드를 말한다.

② 대출형 부동산펀드는 펀드재산의 50%를 초과하여 부동산개발과 관련된 법인에 대한 대출 형태의 투자행위를 하는 부동산펀드를 말한다.

③ 재간접형 부동산펀드는 펀드재산의 50% 이상을 다른 부동산펀드에 투자하는 부동산펀드를 말한다.

④ 증권형 부동산펀드는 펀드재산의 50%를 초과하여 부동산과 관련된 증권에 투자하는 부동산펀드를 말한다.

해설 | 재간접형 부동산펀드는 펀드재산의 40% 이상을 다른 부동산펀드에 투자하는 부동산펀드를 말한다.

13 다음 중 부동산펀드가 부담하는 비용에 대한 설명으로 옳지 않은 것은?

① 실물 부동산 투자에서 발생하는 비용을 모두 투자자가 부담하게 된다.

② 부동산펀드 판매보수와 판매수수료를 모두 투자자가 부담한다.

③ 부동산펀드 운용보수와 판매보수는 모두 순자산가치를 기준으로 산출된다.

④ 투자자는 제반 수수료 외에 이익분배나 청산 시 부담하는 세금을 같이 고려해야 한다.

해설 | 부동산펀드의 운용보수는 순자산가치가 아닌 부동산가액을 기준으로 부과되기도 한다.

14 다음 중 실물형 부동산 재무타당성 분석에 대한 설명으로 옳지 않은 것은?

① 실물 부동산은 부동산 매입 자금을 자본금이나 차입금으로 조달 후 운영기간 동안 발생하는 임대료 수입으로 상환이 가능한지 검토한다.

② 부동산 담보대출이 사업계획에 반영된 경우 대출기관의 대출의향서 확인을 통해 적절한지 점검한다.

③ 1명의 임차인에게 전체를 임대하는 경우에도 전차인들에 대해 분석이 필요하다.

④ 노후 건물에 대한 일상적 수선유지비가 과거 대비 적절한지 검토하면 충분하다.

해설 | 일상적 수선유지비뿐만 아니라 자본적 지출계획이 적절한지 검토해야 한다.

15 실물형 부동산펀드의 위험에 대한 설명으로 가장 거리가 먼 것은?

① 공실 위험이 존재한다.

② 관리비나 보유와 관련된 제세공과금 위험이 있다.

③ 레버리지를 일으킨 경우 디폴트 위험이 존재한다.

④ 실물형 부동산은 차입금 등 각종 비용 이상을 임대료로 충당이 가능한 경우 원금손실 위험이 없다.

해설 | 실물형 부동산은 Exit 시점의 매각금액에 따라 원금손실이 발생할 수 있다.

16 다음에서 설명하고 있는 펀드는 자본시장법상에 근거한 부동산펀드의 종류 중 어떤 유형으로 볼 수 있는가?

> • 펀드재산의 40% 이상을 다른 부동산펀드에 투자하는 부동산펀드이다.
> • 주로 해외증권시장에 상장된 글로벌리츠에 포트폴리오를 구성하여 투자한다.

① 임대형 부동산펀드   ② 재간접형 부동산펀드

③ 경공매형 부동산펀드   ④ 개발형 부동산펀드

해설 | 재간접형 부동산펀드에 관한 설명이다.

17 다양한 분류기준에 따른 부동산펀드의 종류에 대한 설명으로 옳지 않은 것은?

① 펀드의 투자대상지역에 따라 국내펀드와 외국펀드로 구분할 수 있다.

② 펀드의 법적 형태를 기준으로 신탁형 펀드, 회사형 펀드, 조합형 펀드로 구분할 수 있다.

③ 펀드의 모집방식에 따라 공모펀드와 사모펀드로 구분할 수 있다.

④ 펀드 투자대상의 사전특정 여부에 따라 사전특정형 펀드와 사전불특정형(Blind) 펀드로 구분할 수 있다.

해설 | 펀드의 설정·설립 국가를 기준으로 국내펀드와 외국펀드로 구분할 수 있으며, 펀드의 투자대상지역에 따라 국내펀드와 해외투자펀드로 구분할 수 있다.

18 자본시장법에 근거한 부동산펀드의 종류 중 실물형 부동산펀드로 옳지 않은 것은?

① 증권형 부동산펀드   ② 임대형 부동산펀드

③ 경공매형 부동산펀드   ④ 개량형 부동산펀드

해설 | 증권형 부동산펀드는 실물형 부동산펀드가 아니고 별도로 분류할 수 있다.

19 임대형 부동산펀드에 대한 설명으로 옳지 않은 것은?

① 임대형 부동산펀드는 펀드재산으로 주로 주거용 부동산을 취득한 후 임대함으로써 안정적인 이자소득 성격의 임대소득을 획득하는 것을 주된 운용전략으로 한다.

② 향후 부동산의 가격이 취득시점 대비 상승할 때는 부동산을 매각함으로써 자본소득 성격의 매각차익을 획득하는 것을 운용전략으로 한다.

③ 임대형 부동산펀드의 가장 대표적인 위험요인은 공실률이다.

④ 임대형 부동산펀드에서 임대수익은 기본적으로 임대료와 공실률에 의해 결정된다.

해설 | 임대형 부동산펀드는 펀드재산으로 주로 오피스 빌딩 등 업무용 또는 상업용 부동산을 취득한 후 임대함으로써 안정적인 이자소득 성격의 임대소득을 획득하는 것을 주된 운용전략으로 한다.

20 임대형 부동산펀드에 대한 설명으로 옳지 않은 것은?

① 임대형 부동산펀드는 이자소득 성격의 임대소득과 자본소득 성격의 매각차익을 획득하는 것을 주된 운용전략으로 한다.

② 부동산 취득 당시 공실이 없더라도 운용 중에 공실이 발생할 수 있으므로, 공실률은 위험요인에 해당한다.

③ 임대형 부동산펀드에서 관리비는 건물 유지관리에 대한 비용을 징수하는 것이므로 임대수익 산정 시 고려하지 않는다.

④ 임대형 부동산펀드에서 해당 부동산과 관련된 광열비, 전기 및 수도료 등의 경비가 과다한 경우에는 임대수익을 감소시키는 위험요인으로 작용할 수 있다.

해설 | 임대형 부동산펀드가 당초 목표로 한 적정 수준의 임대수익을 확보하기 위해서는 적정 수준의 임대료 확보가 필요하고, 또한 임대료 이외의 관리비·주차료·전용선임대료 등의 기타 소득도 수령할 필요가 있다.

21 임대형 부동산펀드에서 일반적인 위험요인으로 보기 어려운 것은?

① 시행사 인허가 획득 실패 가능성

② 임대료 하락

③ 공실률 증가

④ 취득한 부동산의 가격 하락

해설 | 시행사의 인허가 획득 실패 가능성은 대출형 부동산펀드의 위험요인 중 하나이다.

22 임대형 부동산펀드의 주요 점검사항으로 가장 거리가 먼 것은?

① 향후 매각 가능성 및 매각가격

② 임대료와 공실률에 영향을 미치는 요인

③ 시공사의 신용등급

④ 차입규모의 적정성

해설 | 시공사의 신용등급은 대출형 부동산펀드의 주요 점검사항에 해당한다.

23 부동산펀드 중에서 외국의 대표적인 부동산간접투자상품인 리츠(REITs)와 가장 유사한 부동산펀드는?

① 개량형 부동산펀드　　　　　　② 임대형 부동산펀드

③ 개발형 부동산펀드　　　　　　④ 대출형 부동산펀드

해설 | 미국 등 외국의 대표적인 부동산간접투자상품인 리츠(REITs ; Real Estate Investment Trust)는 대부분 자국 및 외국의 수익성 부동산을 대상으로 포트폴리오를 구성하고, 해당 수익성 부동산을 임대한 후 매각하는 형태로 운용되고 있다. 우리나라의 부동산펀드 중 임대형 부동산펀드가 이러한 리츠와 가장 유사한 형태를 띠고 있다.

24 임대형 부동산펀드에 대한 설명으로 옳지 않은 것은?

① 경기침체 또는 취득한 부동산의 주변 상권이 취약한 경우에는 임대형 부동산펀드에서 취득한 부동산의 공실률이 증가하고 임대료가 감소하여 펀드수익률이 떨어질 수 있다.

② 부동산을 담보로 한 차입을 통해 임대수입을 제고하고자 하는 경우 과다한 차입을 실행한다.

③ 일반적으로 책임임대차계약이나 사전매매계약의 체결 없이 시장을 통해 해당 부동산에 대한 임차인을 구성하여 임대한다.

④ 해당 부동산과 관련된 경비(광열비, 전기 및 수도료, 청소비, 관리인건비 등)를 적절한 수준으로 유지해야 한다.

해설 | 차입 관련 비용이 과다한 경우에는 차입의 효과가 미미할 수 있고, 특히 공실률의 증가나 임대료의 미지급과 같은 임대수익을 감소시키는 사유가 발생하면 과다한 차입 관련 비용은 오히려 임대형 부동산펀드의 수익률을 저하시키는 요인으로 작용할 수 있다.

25 개량형 부동산펀드에 대한 설명으로 옳지 않은 것은?

① 개량형 부동산펀드는 실물형 부동산펀드의 일종이다.

② 개량형 부동산펀드는 부동산을 취득한 후 적극적으로 개량하여 자산가치와 수익가치를 증대시킴으로써 임대수익 및 매각차익을 높이는 것을 목적으로 한다.

③ 개량형 부동산펀드는 개량에 소요되는 비용보다 개량으로 기대하는 추가적인 임대수익 및 매각차익이 더 작다고 판단되어야 한다.

④ 인허가가 지연되거나 민원이 발생하여 소송 등으로 이어지는 경우에는 개량사업의 진행에 어려움을 겪게 된다.

해설 | 개량형 부동산펀드는 개량에 소요되는 비용보다 개량에 따라 얻을 것으로 기대하는 추가적인 임대수익 및 매각차익이 더 크다고 판단되어야 한다.

26 개량형 부동산펀드에 대한 주요 점검사항으로 가장 거리가 먼 것은?

① 개량비용이 임대수익이나 매매차익의 증가로 나타날 수 있는지 점검

② 해당 부동산과 관련된 광열비, 전기 및 수도료 등과 같은 일반적 경비 점검

③ 자본적 지출 점검

④ 인허가가 용이한지, 민원발생 우려는 없는지 점검

해설 | ②는 임대형 부동산펀드의 점검사항이다. 개량형 부동산펀드의 개량비용은 광열비, 전기 및 수도료 같은 일반적인 경비가 아니라 해당 부동산의 가치를 증대시키기 위한 자본적 지출이기 때문에 개량비용의 규모가 적지 않다. 따라서 소요된 개량비용에 상응하는 경제적 효과가 펀드의 수익률 제고로 연계될 수 있는지에 대한 점검이 필요 없다.

27 경공매형 부동산펀드에 대한 설명으로 옳지 않은 것은?

① 경공매형 부동산펀드는 펀드자금의 모집 및 운용에 있어 일반적으로 사전 불특정형(Blind)방식을 취하고 있다.

② 경공매형 부동산펀드는 저평가된 부동산에 투자하는 일종의 가치 투자형 부동산펀드의 성격을 띠고 있다.

③ 경·공매 부동산시장이 과열되는 경우에는 경매부동산에 대한 감정가격 대비 낙찰가격의 비율인 낙찰가율이 증가하게 된다.

④ 경공매형 부동산펀드는 펀드규모가 작을수록 펀드의 위험이 낮아지는 것이 일반적이다.

해설 | 경공매형 부동산펀드는 규모가 너무 작으면 소수의 경공매 부동산에 집중 투자됨에 따라 펀드의 위험이 커질 수 있다.

28 경공매형 부동산펀드에 대한 주요 점검사항과 가장 거리가 먼 것은?

① 부동산운용전문인력의 전문성 보유 여부

② 임대료와 공실률에 영향을 미치는 요인

③ 부동산펀드 규모의 적정성 여부

④ 체계적이고 투명한 펀드운용 가능성 여부

해설 | 임대료와 공실률에 영향을 미치는 요인은 임대형 부동산펀드의 주요 점검사항에 해당한다.

29 일반적으로 펀드의 규모가 클수록 펀드수익률이 낮아질 가능성이 가장 높은 부동산펀드는?

① 경공매형 부동산펀드   ② 임대형 부동산펀드

③ 개량형 부동산펀드   ④ 개발형 부동산펀드

해설 | 경공매형 부동산펀드의 경우 펀드의 규모가 너무 크면 경공매 부동산을 펀드의 적정 수준까지 편입할 때까지 펀드 내 미운용자금의 비중이 높아 펀드의 수익률이 상당기간 낮은 상태를 유지할 위험성이 있다.

30 다음 중 경공매형 부동산펀드와 관계가 없는 내용은?

① 사전 불특정형 방식   ② 폐쇄형 펀드

③ 추가형 펀드   ④ 가치투자형 펀드

해설 | 경공매형 부동산펀드는 일종의 가치투자형 펀드로서 펀드재산으로 투자할 부동산 등을 미리 특정하지 않은 상태에서 펀드자금을 모집한 후에 비로소 투자할 부동산 등을 탐색하여 투자하는 사전 불특정형, 환매가 허용되지 않은 폐쇄형 펀드, 추가적으로 집합투자증권를 발행하지 않고 기한의 정함이 있는 단위형 펀드이다.

31 개발형 부동산펀드에 대한 설명으로 옳지 않은 것은?

① 개발형 부동산펀드는 부동산을 취득한 후 직접 부동산 개발사업을 추진하여 부동산을 분양·매각하거나 또는 임대 후 매각함으로써 개발이익을 획득하는 것을 목적으로 하는 실물형 부동산펀드이다.

② 개발형 부동산펀드는 해당 펀드가 시행사의 역할을 수행하는 직접개발방식의 부동산펀드라고 할 수 있다.

③ 집합투자업자가 개발형 부동산펀드의 재산으로 부동산 개발사업에 투자하고자 하는 경우 사전에 사업계획서를 작성해 감정평가업자의 확인을 받고 이를 공시해야 한다.

④ 부동산 개발사업이 지연되거나 실패하는 경우 당초 목표로 한 펀드수익률에 미달하는 상황이 벌어질 수 있으나 원본 손실의 위험은 발생하지 않는다.

해설 | 부동산개발사업이 지연되거나 실패하는 경우 당초 목표로 한 펀드수익률에 미달하는 상황이 벌어질 수 있으나 원본 손실의 위험은 발생할 수 있다.

32 개발형 부동산펀드에 대한 주요 점검사항과 가장 거리가 먼 것은?

① 우량한 시공사가 선정되어 있는지 여부

② 인허가를 받았는지의 여부

③ 사업부지가 완전히 확보되어 있는지의 여부

④ 우량한 시행사가 선정되어 있는지의 여부

해설 | 개발형 부동산펀드에서는 펀드 자체가 시행사 역할을 하므로 별도로 시행사를 선정할 필요가 없다.

PART
01

PART
02

PART
03

PART
04

PART
05

33 부동산펀드 중 일반적으로 프로젝트 파이낸싱(Project Financing)형 부동산펀드로 불리는 것은?

① 개발형 부동산펀드　　　　　　② 임대형 부동산펀드

③ 대출형 부동산펀드　　　　　　④ 경공매형 부동산펀드

해설 | 대출형 부동산펀드는 일반적으로 프로젝트 파이낸싱(Project Financing)형 부동산펀드로 불린다. 프로젝트 파이낸싱은 금융기관 등이 부동산개발사업을 영위하는 시행법인인 시행사에 대해, 그 시행사의 신용도나 물적담보의 가치를 배제하고 순수하게 해당 프로젝트 자체의 사업성에 근거하여 자금을 대출해 주고, 향후 프로젝트의 시행으로 인해 얻어지는 수입금으로 자금을 회수하는 선진금융기법을 말한다.

34 다음 중 프로젝트 파이낸싱의 특징으로 옳지 않은 것은?

① 소구금융 또는 제한적 소구금융 형태가 일반적이다.

② 부외금융(Off – balance sheet Financing)의 성격을 가진다.

③ 다양한 주체의 참여가 가능하고 또한 참여한 주체별로 위험배분이 가능하다.

④ 담보대출 또는 신용대출 형태를 띠는 기존의 기업금융방식에 비해 자금공급의 규모가 큰 것이 일반적이다.

해설 | 프로젝트 파이낸싱은 비소구금융 또는 제한적 소구금융의 특징을 가지고 있다. 비소구금융 또는 제한적 소구금융이란, 프로젝트 시행법인이 도산하는 경우에 금융기관 또는 부동산펀드 등은 원칙적으로 그 프로젝트 시행법인이 보유하고 있는 자산과 당해 프로젝트로부터 발생하는 현금흐름의 범위 내에서 대출채권의 상환을 청구할 수 있을 뿐이고, 실질사업자에 대해서는 대출채권의 회수와 관련된 어떠한 청구도 할 수 없거나 또는 제한된 범위 내에서만 청구를 할 수 있다는 것을 의미한다.

35 대출형 부동산의 위험에 대한 설명으로 가장 거리가 먼 것은?

① 토지 소유권을 확보한 경우에는 명도와 관련된 위험이 존재한다.

② 인허가 위험이 존재하므로 신용도 있는 시공사의 채무인수가 필요하다.

③ 초기 분양률이 높으면 위험이 존재하지 않게 된다.

④ 분양위험에 노출된다.

해설 | 초기 분양률이 높으면 조기상환 위험에 직면한다.

36 대출형 부동산펀드에 대한 설명으로 옳지 않은 것은?

① 부동산개발사업을 영위하는 시행사에 대한 대출을 통해 대출이자를 지급받고 대출원금을 상환받는 것을 운용목적으로 한다.

② 일반적으로 프로젝트 파이낸싱(PF)형 부동산이라고 불리기도 한다.

③ 부동산개발사업을 영위하는 시행사는 일반적으로 자본금이 작고 신용평가등급이 없으며, 시행법인이 추진하는 부동산개발사업의 사업성도 대출하는 시점에 확정할 수 없다.

④ 자본시장법은 대출이자의 지급 및 대출원금의 상환을 담보하기 위해 반드시 시공사의 지급보증을 받도록 의무화하고 있다.

해설 | 시행사에 대해 대출하는 시점에 시행사가 추진하는 부동산개발사업의 사업성을 확정할 수 없기 때문에 대출형 부동산펀드는 다양한 대출채권담보장치를 확보할 필요성이 있다. 자본시장법은 이러한 필요성을 수용하여 부동산에 대하여 담보권 담보권을 설정하거나 시공사 등으로부터 지급보증을 받는 등 대출금을 회수하기 위한 적절한 수단을 확보할 것을 요구하고 있다. 그러나 의무화하고 있지는 않다.

37 대출형 부동산펀드에 대한 설명으로 옳지 않은 것은?

① 우리나라의 경우 대부분 부동산개발사업의 시행법인에 자금을 자금을 대출하는 방식으로 프로젝트 파이낸싱이 운용된다.

② 일반적인 기업금융과 비교할 때, 시행법인에 대해 해당 프로젝트 자체의 사업성에 근거하여 자금을 대출한다.

③ 프로젝트 파이낸싱의 특성상 대출채권담보장치를 마련하지 않는 것이 일반적이다.

④ 부동산 개발사업이 지연되거나 실패하여 대출이자 지급 및 대출원금 상환이 늦어지거나 중단되면 펀드 원본에 손실이 발생할 수 있다.

해설 | 대출형 부동산펀드에서는 시행법인의 채무불이행으로부터 대출채권을 담보하기 위해 우선적으로 사업부지인 부동산에 대해 담보권을 설정하고, 이에 더해 시공사의 책임준공 확약, 시공사의 지급보증 · 채무인수 · 책임분양 · 공사비 후순위 · 부족자금 충당 등과 같은 다양한 형태의 신용보강장치를 마련해두고 있다.

38 대출형 부동산펀드에 대한 사전 점검사항과 가장 거리가 먼 것은?

① 시행법인의 사업부지 확보 가능성 및 인허가 획득 가능성

② 대출목적으로 조달한 차입금의 이자 수준

③ 시공사의 신용평가등급 수준

④ 부동산개발사업의 사업성

해설 | 임대형 부동산펀드의 경우에는 부동산 취득을 목적으로 금융기관 등으로부터 자금을 차입할 수 있으나, 대출형 부동산펀드는 대출을 목적으로 차입을 할 수 없다.

39 대출형 부동산펀드의 주요 점검사항을 설명한 것으로 적절하지 않은 것은?

① 책임준공 확약, 시공사의 지급보증 또는 채무인수 등 신용보강을 한 시공사의 신용평가등급을 확인해야 한다.

② 사전에 시행사가 추진하는 개발사업의 사업성 유무와 사업성 규모를 분석한 후에 대출 여부를 결정해야 한다.

③ 시공사가 관할 행정당국으로부터 부동산 개발사업을 하기 위한 인허가를 획득했는지 확인해야 한다.

④ 시행사가 당해 사업 부지를 확보하지 못할 위험은 없는지를 점검하여야 한다.

해설 | 시공사가 아니라 부동산 개발사업을 주체적으로 하는 시행법인(시행사)이 관할 행정당국으로부터 부동산 개발사업을 하기 위한 인허가를 획득하였는지 확인해야 한다.

40 경제여건과 부동산시장에 대한 설명으로 가장 거리가 먼 것은?

① 소비가 줄어든다면 상가용 부동산에 부정적인 영향을 미친다.

② 투자가 늘어나면 산업용 부동산이나 오피스 등과 같은 업무용 부동산에 긍정적인 영향을 줄 수 있다.

③ 순수출이 크게 늘어나면 수출 중심의 기업이 많이 입지한 지역의 부동산에 좋은 영향을 줄 수 있다.

④ 지역 및 국가의 경제여건은 세 가지 형태의 부동산시장 중에서 특히 개발시장의 수요 측면에 직접적인 영향을 준다.

해설 | 지역 및 국가의 경제여건은 세 가지 형태의 부동산시장 중에서 특히 공간시장의 수요 특면에 직접적인 영향을 준다. 더 나아가서 자산시장 및 개발시장에까지 직·간접적인 영향을 미치게 된다.

41 금융시장 여건과 부동산시장에 대한 설명으로 가장 거리가 먼 것은?

① 부동산은 금융시장, 특히 자본시장의 여건 변화에 상당한 영향을 받게 된다.

② 부동산은 금리변동에 직·간접적으로 영향을 받는다.

③ 채권금리가 상당히 높게 형성되어 있는 경우나 또는 주식시장이 활황인 경우에는 부동산투자에 따른 요구수익률이 상대적으로 낮아진다.

④ 금융산업의 업황이 좋아지면 해당 산업이 입지한 지역의 오피스 빌딩에 대한 임대수요가 늘어난다.

해설 | 채권금리가 상당히 높게 형성되어 있는 경우나 또는 주식시장이 활황인 경우에는 부동산투자에 대한 요구수익률 수준도 상대적으로 높아진다.

42 부동산시장은 세 가지 형태의 시장으로 구성되는데, 이 세 가지 시장과 거리가 먼 것은?

① 공간시장 ② 자산시장
③ 개발시장 ④ 투자시장

해설 | 부동산시장은 세 가지 형태의 시장, 즉 공간시장, 자산시장, 개발시장으로 구성되는데 이들은 서로 유기적으로 연결되어 움직이는 특성이 있다.

43 공간시장에 대한 설명으로 옳지 않은 것은?

① 공간시장이란 공간 이용에 관한 권리를 사고파는 시장을 말하며, 흔히 임대시장이라고도 한다.

② 공간시장에서의 부동산에 대한 수요와 공급에 의하여 직접적으로 자산시장에서의 부동산에 대한 시장요구자본환원율이 결정된다.

③ 점유율은 공실률의 반대개념으로 점유율이 90%이면 공실률은 10%가 된다.

④ 공간시장의 수요는 주로 경제상황에 크게 영향을 받으며, 공간시장의 공급은 건설하여 완공되는 물량에 따라서 결정된다.

해설 | 공간시장에서의 부동산에 대한 수요와 공급에 의하여 부동산의 점유율과 임대료가 결정된다. 그리고 자산시장에서의 부동산 수요와 공급에 의해 해당 부동산시장의 시장요구자본환원율의 수준이 결정된다.

44 자산시장과 개발시장에 대한 설명으로 옳지 않은 것은?

① 자산으로서의 부동산에 대한 수요와 공급에 의하여 해당 부동산시장의 시장요구자본환원율의 수준이 결정된다.

② 금리가 하락하고 주식, 채권 등의 기대수익률이 낮아지게 되면 부동산의 시장요구자본환원율도 낮아지게 된다.

③ 공간시장의 점유율과 임대료에 따라서 자산시장의 현금흐름이 결정되는데, 이 현금흐름과 시장요구자본환원율을 알면 부동산의 시장가격을 추정할 수 있다.

④ 부동산개발사업자는 현재 토지를 매입하여 공사비용, 금융비용, 마케팅 비용 등을 고려하여 산정한 대체 원가가 시장 추정가격보다 높으면 부동산을 개발할 것이다.

해설 | 개발시장에서의 부동산개발사업자는 공간시장에서의 임대 현황 및 자산시장의 시장가격 등을 감안하여 부동산을 개발할지를 검토한다. 부동산개발사업자는 현재 토지를 매입하여 공사비용, 금융비용, 마케팅 비용 등을 고려하여 산정한 대체 원가가 시장 추정가격보다 높으면 부동산을 개발할 것이다. 이렇게 부동산을 개발하게 되면 공간시장에 새로운 임대공간을 제공하는 한편 자산시장에 새로운 자산을 공급하게 되는 것이다.

45 부동산 자산의 현금흐름 또는 순영업수입이 100억 원이고 시장요구자본환원율이 10%라면 직접환원법으로 추정한 해당 부동산의 가치는 얼마인가?

① 100억 원

② 110억 원

③ 1,000억 원

④ 1,100억 원

해설 | 부동산 감정평가방식의 하나인 소득접근법 중에서 직접환원법에 의하면 [자산의 시장가격 = 현금흐름/시장요구자본환원율]이다. 따라서, 이 문제에서 부동산의 시장가치는 1,000억 원(= 100억 원/0.1)이다. 이렇게 추정된 시장가격은 개발시장에서의 사업성 분석의 기초자료가 된다.

정답 40 ④ 41 ③ 42 ④ 43 ② 44 ④ 45 ③

46 부동산시장과 거시경제 변수와의 관계에 대한 설명으로 옳지 않은 것은?

① 일반적으로 경제가 성장하면 기업이나 가계의 수요가 증가하는데, 부동산에 대한 임대수요가 늘어남에 따라 임대료 등 부동산의 매매가격도 상승한다.

② 부동산가격이 상승하게 되면 부동산의 자산 평가금액은 커지지만 실제로 소득이 늘어난 것은 아니기 때문에 소비가 늘어나지 않는다.

③ 토지가격이 상승하면 토지사용량이 감소할 것이고 토지를 동반한 자본투자가 감소할 것이다.

④ 부동산가격이 상승하면 생산비가 늘어나고, 생산비가 증가하면 수출 경쟁력이 약화되기 때문에 수출이 감소하고 수입은 증가할 가능성이 있다.

해설 | 부동산가격이 상승하게 되면 부동산의 자산 평가금액은 커지지만 실제로 소득이 늘어난 것은 아니지만 소비가 늘어나는 경우가 많은데, 이를 자산효과라고 한다.

47 부동산시장과 거시경제 변수와의 관계에 대한 설명으로 옳지 않은 것은?

① 부동산가격이 상승하면 임금소득에 대한 의존도가 높은 근로자들의 근로의욕이 저하되어 노동생산성을 감소시키는 결과를 가져올 수 있다.

② 통화량이 늘어나게 되면 물가가 상승할 것이고 물가의 상승은 부동산 가격을 올리는 역할을 한다.

③ 물가가 상승하게 되면 현금보유보다는 상대적으로 인플레이션 헤지 기능이 있는 부동산에 대한 수요가 늘어나서 부동산 가격이 상승할 수 있다.

④ 물가가 상승하면, 부동산 관련 대출금리가 하락하므로 부동산 투자에 대한 요구수익률이 낮아져 부동산 가격에 긍정적 영향을 줄 수 있다.

해설 | 물가가 상승하면 명목금리가 상승하고, 부동산 관련 대출금리도 상승하므로 부동산 투자에 대한 요구수익률이 높아져 부동산 가격에 부정적인 영향을 줄 수 있다.

48 부동산시장과 거시경제 변수와의 관계에 대한 설명으로 옳지 않은 것은?

① 주가가 상승하면 일정한 시차를 두고 부동산 가격이 하락하는 경향이 있다.

② 금리가 상승하면 부동산 가격은 하락할 것이다.

③ 부동산 가격이 상승하면 소비가 증가할 것이다.

④ 통화량이 증가하면 물가가 상승하고 부동산 가격도 상승할 것이다.

해설 | 부동산 가격은 주가에 후행하며, 주가가 상승하면 일정한 시차를 두고 부동산 가격이 상승하는 경향이 있다.

49 경기변동은 반복적이지만 비주기적인 특징이 있는데, 대개 경기(㉠)국면이 경기(㉡)국면보다 긴 특징이 있다. ㉠, ㉡에 알맞은 말은?

① ㉠ 확장, ㉡ 수축　　　　　　　② ㉠ 수축, ㉡ 확장
③ ㉠ 호황, ㉡ 불황　　　　　　　④ ㉠ 불황, ㉡ 호황

해설 | 경기변동은 반복적이지만 비주기적인 특징이 있는데, 대개 경기확장국면이 경기수축국면보다 긴 특징이 있다.

50 부동산 경기변동에 대한 설명으로 옳은 것을 고르면?

① 부동산 경기변동은 경기회복기, 경기후퇴기, 불황기 그리고 침체기로 국면을 구분한다.
② 부동산 경기의 정점과 저점의 크기를 부동산 경기의 주기라고 한다.
③ 부동산 경기는 일반 경기에 비해서 선행하는 것으로 알려져 있다.
④ 부동산 경기변동은 지역적으로 다르고 개별적으로 다르게 나타날 수 있다.

해설 | ① 부동산 경기변동은 호황, 경기후퇴, 불황 그리고 경기회복국면으로 국면을 구분한다.
　　　② 부동산 경기의 정점과 저점의 크기를 부동산 경기의 진폭이라고 한다.
　　　③ 부동산 경기는 일반 경기에 비해서 후행하거나 동행하는 것으로 알려져 있다.

51 부동산 경기변동의 4국면에 대한 설명으로 적절하지 않은 것은?

① 호황국면에서는 부동산의 가격이 점차 상승하는 추세를 보이기 때문에 매도인은 거래를 미루려는 경향이 있고 매수인은 거래를 앞당기려 하는 분위기가 생긴다.
② 경기후퇴국면에서는 부동산시장에서 매도인 우위 시장에서 매수인 우위 시장으로 전환하는 분위기가 나타난다.
③ 불황국면에서는 부동산 가격이 지속적으로 하락하고 공실률도 크게 늘어나기 때문에 매도인이 더욱 우위에 있게 된다.
④ 경기회복국면에서는 부동산 거래건수도 점차 증가하기 시작하고 공실률도 줄어들기 시작하면서, 매수인 우위 시장으로 조금씩 전환된다.

해설 | 불황국면에서는 부동산 가격이 지속적으로 하락하고 공실률도 크게 늘어나기 때문에 매수인이 더욱 우위에 있게 된다. 즉, 매도인은 마음이 급하지만 매수인은 여유가 생긴다.

52 부동산 경기변동의 불황국면에서 나타나는 현상으로 옳지 않은 것은?

① 부동산 가격이 지속적으로 하락하면서 부동산거래가 거의 이루어지지 않으며 금리가 높아지는 경향이 있다.

② 이전의 부동산경기가 심하게 과열되었을수록 불황의 깊이는 깊은 편이다.

③ 부동산시장에서 매수인이 더욱 우위에 있게 된다.

④ 건축허가신청 건수가 지속적으로 증가한다.

해설 | 불황국면에서는 건축허가 건수가 지속적으로 줄어든다.

53 부동산 경기변동의 경기회복국면에 나타나는 현상으로 옳지 않은 것은?

① 부동산거래와 관련된 고객 수가 감소하던 것이 멈추고 조금씩 증가하기 시작한다.

② 낮은 금리로 인하여 여유자금이 부동산에 투자되기 시작하면서 공실률이 줄어들기 시작한다.

③ 매도인 우위 시장에서 매수인 우위 시장으로 조금씩 전환된다.

④ 일부 지역시장의 경우 점차 시장분위기가 개선되어 가는 징후를 보이기 시작한다.

해설 | 경기회복국면에서는 매수인 우위 시장에서 매도인 우위 시장으로 조금씩 전환된다.

54 경기변동이 호황국면 → 경기후퇴국면 → 불황국면 → 경기회복국면의 순서로 진행되는 경우, 부동산시장의 거래 주도권은 어떻게 변화되는가?

① 매도인 우위 → 매수인 우위로 전환 → 매수인 우위 → 매도인 우위로 전환

② 매수인 우위 → 매도인 우위로 전환 → 매도인 우위 → 매수인 우위로 전환

③ 매수인 우위로 전환 → 매수인 우위 → 매도인 우위로 전환 → 매도인 우위

④ 매도인 우위로 전환 → 매수도 우위 → 매수인 우위로 전환 → 매수인 우위

해설 | 매도인 우위 → 매수인 우위로 전환 → 매수인 우위 → 매도인 우위로 전환

55 부동산시장의 수요와 공급에 관한 설명으로 옳지 않은 것은?

① 부동산가격(매매가격, 임대료)은 부동산의 수요와 공급에 의해서 결정된다.

② 부동산가격이 상승하면 부동산의 수요는 증가하고, 부동산가격이 하락하면 부동산의 수요는 감소하는데 이를 수요의 법칙이라고 한다.

③ 부동산가격이 상승하면 부동산의 공급은 증가하고, 부동산가격이 하락하면 부동산의 공급은 감소하는데 이를 공급의 법칙이라고 한다.

④ 부동산의 수요곡선과 공급곡선이 만나는 곳에서 부동산의 가격과 거래량이 결정된다.

해설 | 부동산가격이 상승하면 부동산의 수요는 감소하고, 부동산가격이 하락하면 부동산의 수요는 증가하는데 이를 수요의 법칙이라고 한다.

56 다음 중 부동산의 수요에 영향을 미치는 요인과 거리가 먼 것은?

① 건설비용
② 소득수준
③ 대체관계의 부동산가격
④ 대출정책(LTV, DTI)의 변화

해설 | 건설비용은 부동산의 공급에 영향을 미치는 요인이다.

PART
01

PART
02

PART
03

PART
04

PART
05

57 부동산의 수요 분석에 대한 설명으로 옳지 않은 것은?

① 정상재인 경우 소득이 늘면 부동산 수요도 늘어난다.
② 소득이 늘면 다가구주택의 지하 셋방 수요는 줄고 소형 아파트나 주거용 오피스텔의 수요는 증가하는데, 이때 다가구주택의 지하 셋방은 열등재에 해당한다.
③ 인구가 증가하면 부동산의 임대수요 및 구입수요가 늘어나서 부동산가격을 상승시킨다.
④ 어떤 부동산(A)과 대체관계에 있는 부동산(B)의 가격이 상승하면 해당 부동산(A)의 수요가 감소한다.

해설 | 어떤 부동산(A)과 대체관계에 있는 부동산(B)의 가격이 상승하면 해당 부동산(A)의 수요가 증가한다.

58 부동산시장의 수요 분석에 대한 설명으로 옳지 않은 것은?

① 정부가 대부비율(LTV ; Loan To Value)을 낮추거나 소득 대비 대출비율(DTI ; Dabt To Income)을 낮추면 부동산에 대한 수요가 늘어난다.
② 부동산가격이 상승할 것으로 기대되면 부동산에 대한 수요가 증가하고, 가격이 하락할 것으로 기대되면 수요가 감소한다.
③ 금리가 인상되면 부동산에 대한 수요가 줄어든다.
④ 핵가족화가 진전되고 단독세대가 증가하면 소형 주택의 수요가 늘어서 가격이 상승한다.

해설 | 정부가 대부비율(LTV ; Loan To Value)을 낮추거나 소득 대비 대출비율(DTI ; Dabt To Income)을 낮추면 부동산에 대한 수요가 감소한다.

59 부동산시장의 공급 분석에 대한 설명으로 옳지 않은 것은?

① 원자재가격이 상승하면 부동산의 신규 공급이 줄어드는 것이 일반적이다.

② 건설기술이 발달하여 생산성이 향상되면 부동산의 신규 공급이 늘어나는 경향이 있다.

③ 부동산가격이 상승할 것으로 기대되면 부동산의 공급이 감소한다.

④ 부동산 공급자의 수가 늘어나면 부동산에 대한 공급이 증가하는 경향이 있다.

해설 | 부동산가격이 상승할 것으로 기대되면 부동산의 공급이 증가한다.

60 부동산 A와 부동산 B는 대체관계에 있다고 한다. 부동산 B의 가격이 변화할 때 부동산 A의 수요량이 어느 정도 민감하게 변화하는지를 나타내는 수요의 탄력성을 무엇이라고 하는가?

① 수요의 교차탄력성　　　　　　② 수요의 소득탄력성

③ 수요의 가격탄력성　　　　　　④ 수요의 호탄력성

해설 | 부동산 A수요량의 변화율을 대체관계에 있는 부동산 B의 가격변화율로 나눈 것이 수요의 교차탄력성이다.

61 다가구 주택의 지하 셋방과 주거용 오피스텔에 대한 설명으로 옳지 않은 것은?

① 다가구 주택의 지하 셋방과 주거용 오피스텔은 대체관계에 있다고 볼 수 있다.

② 다가구 주택의 지하 셋방의 가격이 상승하면 주거용 오피스텔의 수요는 증가하게 된다.

③ 다가구 주택의 지하 셋방과 주거용 오피스텔의 수요의 교차탄력성은 정(+)의 값을 나타낸다.

④ 다가구 주택의 지하 셋방은 수요의 소득탄력성이 일반적으로 정(+)의 값을 보이기 때문에 정상재에 속한다.

해설 | 다가구 주택의 지하 셋방은 소득이 증가할 때 오히려 수요가 감소하는 열등재이다.

62 부동산시장의 가격결정에 관한 설명으로 옳지 않은 것은?

① 부동산가격은 부동산의 수요와 공급이 일치하는 점에서 결정된다.

② 부동산의 수요곡선과 공급곡선이 교차하는 점에서 결정되는 가격을 수요가격, 이때의 거래량을 공급거래량이라고 한다.

③ 만일 부동산의 가격이 균형가격보다 아래로 이탈하는 경우에는 초과수요가 발생한다.

④ 만일 부동산의 가격이 균형가격보다 올라간다면 초과공급이 발생한다.

해설 | 부동산의 수요곡선과 공급곡선이 교차하는 점에서 결정되는 가격을 균형가격, 이때의 거래량을 균형거래량이라고 한다.

63 다음 중 부동산시장의 특징으로 거리가 먼 것은?

① 수요자와 공급자 수의 제약
② 부동산 상품의 동질성
③ 높은 거래비용
④ 정보의 비공개성 및 비대칭성

해설 | 부동산 상품은 비동질성의 특징이 있다.

PART
01

PART
02

PART
03

PART
04

PART
05

64 부동산시장의 특징에 관한 설명으로 옳지 않은 것은?

① 부동산의 특징인 위치의 고정성(부동성)으로 인하여 부동산시장은 근본적으로 지역성을 띨 수밖에 없다.
② 부동산은 표준화하여 대량생산하기 쉽다.
③ 부동산을 거래하는 당사자 간의 상호이익을 위해 부동산 관련 정보를 왜곡하거나 은폐하는 등 정보의 비공개성이 존재한다.
④ 부동산을 거래할 경우 취득세, 양도소득세 등과 같은 거래비용이 주식, 채권 등과 같은 다른 자산에 비해 크다.

해설 | 부동산상품의 비동질성이라는 특징으로 인해 부동산을 표준화하여 대량생산하기에는 원천적인 한계가 있다.

65 다음은 부동산시장의 실패요인 중 무엇에 관한 사례인가?

> 어느 지역 인근에 쓰레기 소각장이 생기면서 부동산가격에 악영향을 주는 경우가 발생하게 된다.

① 독과점
② 외부경제효과
③ 외부불경제효과
④ 정보의 비대칭성

해설 | 외부효과 중 외부불경제에 대한 설명이다. 외부효과란 자신의 경제활동으로 인하여 다른 경제주체의 경제활동에 긍정적 또는 부정적인 영향을 주는 것을 말하며 긍정적인 영향은 외부경제효과, 부정적인 영향은 외부불경제 또는 외부비경제효과라고 한다.

66 정부의 부동산정책에 대한 설명으로 옳지 않은 것은?

① 정부의 부동산정책으로는 수요 정책, 공급 정책, 가격 정책, 조세 정책 등이 있다.

② 정부는 부동산시장에 직접 개입하는 방식보다는 부동산의 수요에 영향을 미치는 요인에 변화를 주어 수요를 진작 또는 억제시키는 간접적인 방식을 선호한다.

③ 정부가 부동산 공급을 조절하는 정책은 부동산 담보대출 기준을 강화하거나 억제하는 금융 관련 정책이 주종을 이루고 있다.

④ 수요 정책이나 공급 정책과는 달리 가격 정책은 정부가 부동산시장에 직접적으로 개입하는 정책이다.

해설 | 부동산 담보대출 기준을 강화하거나 억제하는 금융 관련 정책은 대표적인 수요 정책이다. 부동산 공급을 조절하는 정책은 택지공급 및 건축물에 대한 밀도 규제가 주종을 이루고 있다.

67 정부의 부동산정책 중 가장 직접적으로 개입하는 정책은?

① 대부비율의 조정

② 개발부담금 징구

③ 분양가 상한제 적용

④ 용도지역 · 용도지구의 지정

해설 | 분양가 상한제는 부동산시장의 가격을 직접 규제하는 정책이다.

68 부동산시장에 대한 정부의 수요 정책을 설명한 것으로 부적절한 것은?

① 저소득층의 임차인에게 임대료를 보조하면 임대주택에 대한 수요를 진작시킬 수 있다.

② 한국은행이 기준금리를 인상하면 부동산수요를 진작시키는 효과를 기대할 수 있다.

③ 주택담보대출을 받는 경우 세제혜택을 높여주면 주택수요를 진작시키는 효과를 기대할 수 있을 것이다.

④ 대부비율(LTV) 또는 소득 대비 대출비율을 낮추면 부동산에 대한 수요를 억제시키게 된다.

해설 | 한국은행이 기준금리를 인상하면 부동산수요를 억제시키는 효과를 기대할 수 있다.

69 부동산시장에 대한 정부의 공급 정책을 설명한 것으로 부적절한 것은?

① 용도지구·용도제의 용적률 기준을 상향조정하면 부동산의 공급이 줄어들 것이다.

② 개발제한구역(그린벨트)의 해제 면적을 늘리면 부동산의 공급이 늘어날 것이다.

③ 정부가 택지개발지구를 지정하거나 또는 택지개발사업과 관련된 규제를 완화하는 경우에는 택지 공급이 늘어나게 되고, 신규 부동산이 공급되는 효과를 기할 수 있다.

④ 정부가 도시개발구역을 지정하거나 또는 도시개발사업과 관련된 규제를 완화하는 경우에는 다양한 형태의 신규 부동산이 대량으로 공급되는 효과를 기할 수 있다.

해설 | 용도지구·용도제의 용적률 기준을 상향조정하면 건축연면적이 늘어나서 부동산의 공급을 촉진하게 된다.

70 부동산펀드 투자 시 유의해야 할 사항으로 적절하지 않은 것은?

① 투자자산의 입지와 함께 그 용도가 중요하다.

② 핵심지역에 속한 우량부동산에 대한 투자는 안전하다.

③ 부동산투자에 있어 가장 중요한 것은 부동산펀드에서 투자하고자 하는 투자대상자산의 입지라고 할 수 있다.

④ 부동산펀드가 투자하고자 하는 투자대상자산의 수급상황과 산업생태계의 변화도 잘 살펴보아야 한다.

해설 | 핵심지역에 속한 우량부동산에 대한 투자는 위험이 적은 것이지 안전한 것은 아니다.

71 부동산펀드 투자 시 고려해야 할 자산운용회사 분석에 대한 설명으로 옳지 않은 것은?

① 자산운용회사의 시장평판과 과거 운용실적이 좋았더라도 앞으로도 좋을 것이라고 보기는 어렵다.

② 시장의 상황과 관계없이 꾸준한 성과를 보여주는 자산운용회사의 펀드를 선택하는 것이 리스크를 줄일 수 있다.

③ 시장의 평판을 고려함에 있어 부동산투자 관련 업계의 평판이 중요하다.

④ 투자운용인력의 이직률이 높은 경우에 운용성과의 안정성이 높다고 할 수 있다.

해설 | 안정적인 성과를 지속할 수 있는지의 여부는 투자운용인력의 이직률을 통해 추정해 볼 수 있다. 이직률이 높을 경우에는 운용성과의 안정성이 훼손될 개연성이 매우 크다고 할 수 있다.

72 부동산펀드의 투자전략에 대한 설명으로 옳지 않은 것은?

① 핵심(Core)전략은 가장 보수적인 낮은 리스크를 감수하며 낮은 기대수익을 추구한다.

② 핵심플러스(Core – plus)전략은 핵심전략보다는 다소 높은 리스크를 감수하며 보다 높은 수익을 추구한다.

③ 가치부가(Value added)전략은 중위험 – 중수익을 추구한다.

④ 기회추구(Opportunistic)전략은 고위험을 감수하며 최고의 수익을 추구한다.

해설 | 기회추구(Opportunistic)전략은 중위험 – 고수익을 추구한다.

73 다음에서 설명하고 있는 부동산펀드의 투자전략은?

> • 부동산 개량이나 일정수준의 재개발투자를 실행하고 시장이 좋을 때 되파는 전략을 사용한다.
> • 전통적으로 관리방법의 변경이나 물리적 개선 등을 수행하며, 그러한 개선 작업을 통해 임대수익의 제고를 추구한다.

① 핵심(Core)전략

② 핵심플러스(Core – plus)전략

③ 가치부가(Value added)전략

④ 기회추구(Opportunistic)전략

해설 | 중위험 – 고수익을 추구하는 가치부가(Value added)전략이다.

74 부동산펀드의 투자전략에서 부담하는 위험(또는 기대수익)의 크기를 바르게 나타낸 것은?

① 핵심전략 < 핵심플러스전략 < 가치부가전략 < 기회추구전략

② 핵심전략 < 핵심플러스전략 < 기회추구전략 < 기회추구전략

③ 핵심전략 < 핵심플러스전략 < 기회추구전략 < 가치부가전략

④ 가치부가전략 < 기회추구전략 < 핵심전략 < 핵심플러스전략

해설 | 핵심전략 < 핵심플러스전략 < 가치부가전략 < 기회추구전략 순서이다.

75 부동산펀드의 투자전략에 대한 설명으로 옳지 않은 것은?

① 핵심전략은 중심지역에서 존재하며 양호한 현금흐름을 창출하는 우량부동산에 대한 투자를 주된 전략으로 한다.

② 핵심플러스전략은 핵심전략보다 다소 높은 리스크를 감수하며 보다 높은 수익을 추구하는 전략으로 다소 간의 가치제고 활동을 수반하거나 입지여건의 개선이 기대되는 부동산에 투자한다.

③ 가치부가전략은 중위험 – 고수익을 추구하는 전략으로 전통적으로 저평가된 시장의 토지에 대한 투자를 주된 전략으로 한다.

④ 기회추구전략은 고위험 – 고수익을 추구하는 전략으로 전통적으로 부동산개발사업 등에 투자한다.

해설 | 가치부가전략은 중위험 – 고수익을 추구하는 전략으로 전통적으로 관리방법의 변경이나 물리적 개선 등을 수행하며, 저평가된 자산에 대한 투자는 기회추구전략에서 사용한다. 투자전략은 자산운용회사가 알아서 실행하는 부분이므로 투자자는 자산운용회사를 잘 선택하면 된다.

76 부동산펀드의 기대수익에 대한 설명으로 옳지 않은 것은?

① 부동산펀드의 기대수익률은 수익의 현금흐름(임대 등의 운영수익과 처분이익)으로 이에 대한 할인율을 적용하여 산출하게 된다.

② 주요 변수가 달라질 경우 기대수익률이 어느 정도 달라지는지에 대한 민감도를 분석해보고 비관적인 시나리오가 감내할 수 있는 것인지 판단해 본다.

③ 부동산펀드는 통상 차입을 통한 레버리지를 사용하기 때문에 금리가 상승할 경우 펀드의 기대수익률이 상승하게 된다.

④ 부동산 개발사업에 투자하는 경우 금리가 오르게 되면 총사업비가 증가하게 되어 사업의 안정성까지 훼손당할 우려가 있다.

해설 | 부동산펀드는 통상 차입을 통한 레버리지를 사용하기 때문에 금리가 상승할 경우 부담하게 될 이자비용의 증가와 함께 할인율의 상승에 따라 펀드의 기대수익률이 하락하게 된다.

77 부동산펀드의 투자비용에 대한 설명으로 옳지 않은 것은?

① 부동산펀드 운용보수와 판매보수는 모두 순자산가치를 기준으로 산출된다.

② 펀드 보유 부동산의 평가액이 상승하는 경우 운용보수와 판매보수를 추가적으로 부담하게 되기도 한다.

③ 투자자는 제반 수수료 외에 이익분배나 청산 시 부담하는 세금을 같이 고려해야 한다.

④ 부동산 투자를 실행함에 따라 발생하는 비용으로는 부동산 실사비용과 중개수수료, 취등록세, 대출취급수수료 등이 있으며, 이는 취득원가에 가산된다.

해설 | 부동산펀드 판매보수는 순자산가치에 보수율을 곱한 금액을 부담하지만 자산운용보수는 부동산가액에 보수율을 곱한 금액을 부담하므로 대체로 판매보수보다 많다.

정답 ▶ 72 ④ 73 ③ 74 ① 75 ③ 76 ③ 77 ①

78 다음 중 전통적인 금융투자상품의 투자위험과 가장 거리가 먼 것은?

① 시장위험

② 신용위험

③ 대체투자 위험

④ 운영위험

해설 | 대체투자는 전통적 투자와 달리 갖는 특성들로 인해 근본적으로 기존의 전통적인 주식, 채권 투자에 수반되는 위험과는 다른 투자위험을 수반하게 된다.

79 부적절하거나 잘못된 내부의 절차, 인력 및 시스템의 관리부실 또는 외부의 사건 등으로 인하여 발생할 수 있는 잠재적 손실은?

① 시장위험

② 신용위험

③ 대체투자 위험

④ 운영위험

해설 | 운영위험에 대한 설명이다.

80 금융투자상품의 투자위험 중 운영위험과 가장 거리가 먼 것은?

① 거래위험

② 운용위험

③ 시스템위험

④ 결제위험

해설 | 결제위험은 운영위험이 아니라 지급결제제도 등의 결함으로 결제가 이루어지지 못하는 신용위험이다.

81 다음 투자대상 중 대체투자(또는 대한투자, Alternative investment)로 보기 어려운 것은?

① 부동산

② SOC(사회간접자본)

③ PEF 투자

④ 주식, 채권

해설 | 대체투자는 전통적인 자산군 이외의 자산(대체적 자산군)에 투자하는 것을 의미하는데 부동산, SOC, 신재생에 너지, PEF 등에 대한 투자 등이 대체투자에 해당된다. 반면에 주식, 채권, 머니마켓 같은 자산은 전통적인 자산 군에 속한다. MMF(단기금융펀드)도 전통적인 자산군으로 분류할 수 있다.

82 다음 중 대체투자의 특성과 거리가 먼 것은?

① 대체투자는 상당히 높은 수준의 수수료가 발생한다.

② 전통적 투자자산과는 상관관계가 높은 경향을 보인다.

③ 투명한 공개시장에서 대량으로 거래가 이루어지지 않아 공정 가치를 평가하기 곤란하다.

④ 일시에 대규모의 자금을 조달해야 하는 특성상 개인보다는 기관투자자의 투자수단으로 활용된다.

해설 | 대체투자는 전통적 투자자산과는 상관관계가 낮은 경향을 가지고 있다. 따라서 전통적 자산과 대체투자 자산을 섞어서 포트폴리오를 구성하면 더 효율적인 포트폴리오를 구성할 수 있다. 효율적인 포트폴리오란 동일한 위험 수준에서 기대수익률을 높이거나, 동일한 기대수익률 수준에서 위험을 낮추는 포트폴리오를 구성하는 것을 말한다.

83 다음 중 대체투자의 특성과 가장 거리가 먼 것은?

① 대체투자는 실제 거래 시에 거래가격은 협상에 따라 달라진다.

② 통상 KOSPI 지수를 성과 비교의 기준이 되는 벤치마크로 정하게 된다.

③ 성과평가 시 절대적 수익률을 고려하게 된다.

④ 운용역의 전문성에 의존하는 경우가 많다.

해설 | KOSPI 지수는 전통적 투자자산인 주식형펀드의 벤치마크로 활용된다. 대체투자는 성과비교를 위한 적절한 벤치마크가 없으며, 절대적 수익률을 고려하게 된다.

84 다음 중 부동산투자에 수반되는 위험 중 사업위험과 가장 거리가 먼 것은?

① 시장위험   ② 운용위험

③ 관리위험   ④ 유동성위험

해설 | 유동성위험은 부동산을 원하는 시기에 현금화하기 어렵고 급매를 하는 경우에는 낮은 가격으로 매각해야 하는 위험으로 환금성위험이라고도 부른다. 관리위험은 운영위험과 유사한 개념이다.

85 다른 자산에 비해 특히 부동산에서 매우 큰 위험은?

① 유동성위험   ② 운영위험

③ 인플레이션 위험   ④ 금융위험

해설 | 유동성위험은 부동산을 원하는 시기에 현금화하기 어렵고 급매를 하는 경우에는 낮은 가격으로 매각해야 하는 위험으로 급매를 하는 경우에는 낮은 가격으로 매각해야 하는 위험인데, 부동산은 다른 자산에 비해 유동성위험이 매우 큰 자산이다.

정답 ▶ 78 ③   79 ④   80 ④   81 ④   82 ②   83 ②   84 ④   85 ①

86 부동산투자의 위험에 대한 설명으로 부적절한 것은?

① 부동산은 다른 자산에 비해 높은 유동성 프리미엄을 부담한다.

② 부채가 많을수록 원금과 이자에 대한 채무불이행의 가능성이 커져 파산할 위험이 높아지는데, 이를 금융위험이라고 한다.

③ 인플레이션 위험을 회피하기 위해 대출자들이 고정이자율로 대출하는 경우 채무자들의 원리금 상환부담이 가중될 수 있다.

④ 인플레이션으로 인해 장래 발생할 투자수익의 현재 가치가 하락할 위험을 인플레이션 위험이라고 한다.

해설 | 인플레이션이 발생하면 대출자들은 원금의 실질적인 가치가 하락하는 위험을 안게 된다. 이 같은 인플레이션 위험을 회피하기 위해 대출자들은 자금을 고정이자율로 대출하지 않고 변동이자율로 대출하는 경우가 많은데, 이 경우 채무자들의 원리금 상환부담이 가중될 수 있다. 유동성 위험으로 인해 발생하는 가격 할인을 유동성 프리미엄이라고 하며 부동산처럼 유동성이 낮은 자산일수록 높은 유동성 프리미엄을 부담하게 된다.

87 부동산투자의 위험관리 절차를 순서대로 바르게 나타낸 것은?

① 위험 식별 → 위험 분류 → 위험 분석
② 위험 분류 → 위험 식별 → 위험 분석
③ 위험 식별 → 위험 분석 → 위험 분류
④ 위험 분류 → 위험 분석 → 위험 식별

해설 | 위험 식별 → 위험 분류 → 위험 분석 순서이다.

88 부동산투자의 위험관리 절차에 대한 설명으로 옳지 않은 것은?

① 위험 식별이란 위험발생의 근원을 인식하고 위험 인자의 유형과 특성을 파악함으로써 특정 상황을 이해하는 단계이다.

② 위험 분류란 위험 인자를 유형과 특성별로 분류하여 각 인자들 사이의 상호 관련성을 파악하는 것이다.

③ 위험 분석이란 부동산투자의 위험요인을 식별하고 분석된 위험 인자의 처리방안을 고려하는 단계이다.

④ 위험을 분류하는 것은 위험의 부정적인 영향을 가능한 한 완벽하게 제거하고 위험에 대한 통제력을 강화하는 데 목적이 있다.

해설 | 위험을 분석하는 것은 위험의 부정적인 영향을 가능한 한 완벽하게 제거하고 위험에 대한 통제력을 강화하는 데 목적이 있다.

89 다음 중 위험 대응전략으로 적절하지 않은 것은?

① 위험 회피

② 위험 소멸

③ 위험 보유

④ 위험 전가

해설 | 위험을 소멸시킬 수는 없다. 위험 대응전략은 위험 회피, 위험 감소, 위험 보유, 위험 전가의 4가지로 나누어진다.

PART
01

PART
02

PART
03

PART
04

PART
05

90 부동산투자의 위험과 위험관리방안을 연결한 것으로 부적절한 것은?

① 가격변동위험 －파생금융상품

② 유동성위험 －사전옵션계약

③ 관리운영과 임대위험 －장기임대계약 또는 장기운영계약

④ 개발위험 －풋백옵션(Put back option)

해설 | 풋백옵션(Put back option)은 유동성위험을 관리하는 방안이 될 수 있다. 풋백옵션이란 투자자가 부동산 매매계약을 맺으면서 일정 기간이 지난 이후 이를 부동산 매도자에게 되팔 수 있는 권리를 말한다.

91 부동산투자의 위험관리방안에 대한 설명으로 옳지 않은 것은?

① 부동산은 개별성이 강하고, 우리나라는 부동산 가격지수들이 잘 개발되어 있지 않아 가격변동위험을 줄이기 위해 파생금융상품을 활용하여 위험을 관리하기가 쉽지 않다.

② 개발사업자가 완성된 부동산의 지분을 확정된 가격에 매각하는 사전 옵션계약을 맺어 유동성 위험을 줄일 수 있다.

③ 부동산 임대 등 관리운영과 관련된 위험을 관리하는 방법으로는 임차인과의 장기임대계약을 맺는 방법이 있다.

④ 부동산투자는 분산투자를 통해 어렵지 않게 수익을 감소시키지 않고 비체계적 위험 등 전체 포트폴리오의 위험을 감소시킬 수 있다.

해설 | 부동산투자는 투자규모가 매우 크기 때문에 분산투자의 어려움이 있어 글로벌 리츠에 투자하는 재간접부동산펀드가 비체계적 위험을 최소화하는 데 유력한 수단이 될 수 있다.

92 부동산의 관리운영과 관련된 위험을 관리하는 포괄적인 방법으로 부동산 소유자와 관리회사가 통제할 수 없는 외부시장여건의 변화에 대응하기 위하여 통제 가능한 내부여건을 변화시켜 적극적으로 대응해 나가는 전략을 무엇이라고 하는가?

① 풋백옵션(Put back option)
② 사전옵션계약
③ 리싱패키지(Leasing Package)
④ 아웃소싱(outsourcing)

해설 | 리싱패키지(Leasing Package)에 관한 설명이다. 외부여건이란 시장의 공실률, 흡수율, 신규 공급 및 임차 동향, 임대료 동향을 말한다. 이런 변화에 대해서 빌딩 내부의 향후 공실 가능성과 임차인들의 수요 변화를 예측하여 임대계약기간을 조정할 수 있다.

93 부동산의 개발위험을 관리하는 방안의 하나로서 시공사가 설계, 조달, 건설을 일괄추진하는 방식을 일컫는 용어는?

① 풋백옵션(Put back option)
② 사전옵션계약
③ 리싱패키지(Leasing Package)
④ EPC(Engineering Procurment and Construction)

해설 | EPC(Engineering Procurment and Construction)는 시공사가 설계, 조달, 건설을 일괄추진하는 방식이다.

94 부동산 위험관리 조직에 대한 설명으로 가장 적절한 것은?

① 부동산펀드의 위험은 자산운용회사의 운용역이 전문가로서 검토하기 때문에 판매회사는 펀드의 상품성만을 검토하면 충분하다.
② 위험관리부서는 부동산펀드의 투자한도 관리에 중점을 둔다.
③ 부동산펀드 위험관리는 정성적이고, 프로젝트 시작 이전 단계에서 사전적이며 적극적인 위험관리가 필요하다.
④ 부동산 위험은 정량적이고 시스템적으로 관리해야 한다.

해설 | ① 부동산 프로젝트는 다수의 이해관계자들이 참여하므로 각자가 적극적인 위험검토를 해야 한다.
② 대부분의 부동산펀드는 하나의 프로젝트를 대상으로 하므로 한도 관리는 하지 않는다.
④ 부동산 위험은 계수화하기 곤란하고 부동산의 개별성으로 인해 적용 또한 어렵다.

95 부동산 관련 사업의 타당성 분석에 있어서 법률·정책적 타당성 검토에 관한 설명으로 부적절한 것은?

① 프로젝트 관련 정책 변경 가능성, 인허가 가능성 등을 고려해 사업추진 절차와 방법이 적절한지 판단하고, 대출 등 관련 계약서가 법률상 하자가 없는지 검토한다.
② 인허가는 시행사가 수행하는 업무이므로 시행사의 의견에 따른다.
③ 프로젝트와 관련해서 필요한 계약서 등의 작성은 법무법인을 통해 법률상 하자가 없도록 한다.
④ 등기 이전이나 채권보전 등 권리확보는 법무사를 통해 하자가 없도록 한다.

해설 | 인허가와 관련해서는 건축사무소, 시공회사, 관할관청 등에 문의를 통해서 시행사의 의견이 맞는지 확인해야 한다.

PART 01

PART 02

PART 03

96 프로젝트 파이낸싱(Project Financing)에 대한 설명으로 옳지 않은 것은?

① 프로젝트 파이낸싱은 부외금융의 특징을 가진다.
② 부동산 개발 프로젝트는 투자된 자금을 회수하기까지 상당한 기간이 요구된다.
③ 프로젝트 파이낸싱은 사업주(시행사)를 직접 차주로 하고 시공회사의 지급보증 및 사업주 대표이사의 연대보증 등의 방법으로 신용위험을 담보하는 대출구조를 갖고 있다.
④ 부동산 개발사업이 성공하였을 경우에 가장 많은 이익을 얻는 주체는 시공사이다.

해설 | 부동산 개발사업이 성공하였을 경우에 가장 많은 이익을 얻는 주체는 시행사이고 그 다음은 공사 진척도에 따라 공사비를 받게 되는 시공사이다.

PART 04

PART 05

97 다음 중 대출형 부동산펀드의 리스크와 가장 거리가 먼 것은?

① 사업 인허가위험
② 사업부지 관련 위험
③ 분양위험
④ 공실위험

해설 | 공실위험은 임대형 부동산펀드의 운용단계에서 발생하는 위험이다.

98 대출형 부동산펀드의 리스크에 관한 설명으로 옳지 않은 것은?

① 부동산 개발사업에 대한 대출은 사업인허가 과정에서 사업계획상의 사업규모 및 매출액 등이 변경될 수 있어 대출원리금 상환재원에 악영향을 미칠 수 있다.

② 시장상황에 따라 분양 지연 및 분양률 저조 등으로 인해 원리금 상환 지연 및 미상환 위험이 존재한다.

③ 차주인 시행사 또는 시공사의 부도가 발생하는 경우 대체 시행사나 시공사 등으로 사업주체를 변경할 수 있어 위험이 높지 않다.

④ 사업 및 대출약정서 등 사업과 관련한 제반 계약서를 작성했음에도 불구하고 시공사의 채무인수 의무 불이행 등 계약당사자의 계약불이행으로 인해 사업이 지연되거나 중단될 위험이 있다.

해설 | 시행사 또는 시공사의 부도가 발생하는 경우 시행사나 시공사 교체 등으로 인하여 사업 지연과 원리금상환 지연 또는 미상환 위험이 있고, 사업주체를 변경하는 데도 상당한 시간과 비용이 소요된다.

99 대출형부동산펀드의 리스크에 대한 설명으로 옳지 않은 것은?

① 사업부지 매입과 관련하여 계약이 완료한 경우 토지와 관련된 위험은 없다.

② 부동산펀드의 특성상 투자원금이 보호되지 않는 위험이 있다.

③ 부동산 개발사업은 사업이 경과함에 따라 자금투입이 이루어지게 되는데 공모펀드 자금을 조달할 경우 유휴자금이 생겨 수익률이 하락할 수 있으므로 대출형 부동산펀드를 공모형태로 모집하는 것은 위험이 따른다.

④ 공모펀드는 사모펀드에 비해 대출조건 변경 등의 사항에 대한 합의의견 도출이 쉽지 않다.

해설 | 사업부지 매입 시 소유권 이전에 따른 위험이 존재한다. 사업부지 매입 시 근저당권, 압류, 가등기 등 각종 법률적 하자를 해소하는 데 리스크가 따르며, 임차인도 명도 및 이주와 관련하여 상당한 기간이 소요될 수 있는 위험요소를 가지고 있다. 특히, 관련법령상 토지 등의 수용조건을 구비하였더라도 집행이 용이하지 않으며 토지소유주 등과 개별 협상을 통해 해결해야 하는 경우가 많다.

100 빌딩, 물류창고, 상가 및 대형 오피스빌딩 등을 매입하여 임대수익과 부동산 매각차익을 얻고자 하는 목적으로 설립된 부동산펀드는?

① 대출형 부동산펀드   ② 임대형 부동산펀드

③ 경공매형 부동산펀드   ④ 개발형 부동산펀드

해설 | 임대형 부동산펀드에 관한 설명이다.

101 임대형 부동산펀드의 리스크 중에서 매입 단계의 위험과 가장 거리가 먼 것은?

① 물리적 위험
② 법률적 위험
③ 공실 위험
④ 적정 매입가격 산정 위험

해설 | 공실 위험은 임대형 부동산펀드의 운용 단계에서 발생하는 위험이다.

102 임대형 부동산펀드의 매입 단계의 위험에 대한 설명으로 옳지 않은 것은?

① 임대형 부동산펀드는 부동산 매입 시 적정 가격을 산정하는 것이 중요한데, 매입가격은 감정평가 금액만을 고려하여 결정하는 것이 바람직하다.
② 매입 부동산의 권리관계 및 이해관계자의 이의 제기 등 법률적 하자로 인하여 소유권의 이전 및 권리행사에 제약을 받을 수 있는 위험을 고려하여 매입한다.
③ 매입 부동산의 물리적 · 기술적 위험 최소화를 위해 안전진단 및 시설물 관리 전문 업체를 통해 물건 실사를 하여야 한다.
④ 임대수익과 비용 관리를 통한 운영기간 중 배당수익 확보와 미래 자본이득 달성 가능성 등을 분석해야 한다.

해설 | 임대형 부동산펀드는 부동산 매입 시 적정 가격을 산정하는 것이 중요한데, 매입가격은 유사거래사례, 감정평가금액, 임대수익, 예상수익률 등을 종합적으로 고려하여 결정한다.

103 임대형 부동산펀드의 리스크 중에서 건설 중인 부동산의 매입 위험과 가장 관계가 있는 것은?

① 임차인 위험
② 공실 위험
③ 부동산권리 확보 위험
④ 적정 매입가격 산정 위험

해설 | 건설 중인 부동산의 매입 위험으로는 개발사업 위험, 부동산권리 확보 위험, 기타 공사 관련 위험 등이 있다.

104 임대형 부동산펀드에서 건설 중인 부동산을 매입하는 경우의 위험에 관한 설명으로 옳지 않은 것은?

① 실물부동산시장이 매수자 우위인 시장에서 건설 중인 부동산을 매입할 경우 펀드나 투자자는 위험을 낮출 수 있다.
② 매도자인 개발시행회사 입장에서는 개발 초기단계에서 펀드에 선분양함으로써 분양위험을 제거하고 개발사업의 이익을 조기에 확정시킬 수 있다.
③ 토지매입 과정이나 사업인허가, 기타 개발사업 위험으로 시행사에 문제가 생길 경우 건설 중인 부동산을 선분양받은 펀드 역시 간접적으로 영향을 받게 된다.
④ 통상 건설 중인 부동산 매입 시에는 가급적 우량 시공사의 책임준공 확약을 받을 필요가 있다.

해설 | 실물부동산시장이 매도자 우위인 시장에서 건설 중인 부동산을 매입할 경우 좋은 위치의 첨단 오피스빌딩 등을 확보할 수 있어 펀드나 투자자는 위험을 낮출 수 있다.

정답 98 ③ 99 ① 100 ② 101 ③ 102 ① 103 ③ 104 ①

105 임대형 부동산펀드의 리스크 중에서 운용 단계의 위험과 가장 거리가 먼 것은?

① 임차인 위험
② 적정 매입가격 산정 위험
③ 관리비 증가 위험
④ 공실 위험

해설 | 매입가격의 적정성과 관련된 위험은 임대형 부동산펀드의 매입 단계에서 발생하는 위험이다.

106 임대형 부동산펀드의 운용 단계의 위험에 대한 설명으로 옳지 않은 것은?

① 임차인이 계약을 불이행할 위험에 대비하여 임차인들의 구성과 주요 임차인에 대한 재무상태와 평판을 확인해야 한다.
② 공실위험에 대비하여 주요 임차인의 임대계약은 가급적 단기로 체결해 임차인 변동에 따른 공실률 증가와 임대수입 변동 가능성을 최소화해야 한다.
③ 건물 관리비 증가위험에 대비하여 장래 물가상승률을 반영하여 미래 관리비를 사업계획에 반영한다.
④ 타인자본 위험에 대비하여 차입금의 만기와 사업기간이 다를 경우 부동산의 매입 시 부동산담보대출을 고정금리로 목표사업기간에 맞춰서 조달해야 한다.

해설 | 공실위험에 대비하여 주요 임차인의 임대계약은 가급적 장기로 체결해 임차인 변동에 따른 공실률 증가와 임대수입 변동 가능성을 최소화해야 한다.

107 임대형 부동산펀드의 운용 단계 및 청산 단계의 위험에 관한 설명으로 옳지 않은 것은?

① 사업계획 미달 위험
② 재해 등 물리적 위험
③ 매각 위험
④ 추가 비용발생 위험

해설 | 재해 등 물리적 위험은 운용 단계의 위험에 해당한다.

108 경공매형 부동산펀드에 대한 설명으로 옳지 않은 것은?

① 경공매형 부동산은 일반적으로 그 가격이 시장가격에 비해 평가절하되어 있는 경우가 많아 비교적 투자가치가 높다고 할 수 있다.
② 경매 부동산들은 통상 규모가 크고 권리관계도 복잡하지 않아 세입자 간의 민원이 발생하더라도 금융기관인 자산운용사가 대응하기 용이하다.
③ 다수의 부동산을 일정 기간 내에 편입하거나 매각하는 것이 현실적으로 어려워 안정적인 수익을 얻기 힘들다.
④ 경공매형 부동산펀드의 경우 가장 큰 변수는 우량물건의 확보에 있다.

해설 | 경매 부동산들은 통상 규모가 작고 권리관계가 복잡해 세입자 간의 민원 발생 시 금융기관인 자산운용사가 대응하기 쉽지 않다.

109 경공매형 부동산펀드의 리스크와 가장 거리가 먼 것은?

① 투자자산 확보의 위험
② 운용인력의 전문성
③ 비용증가위험
④ 사업인허가 위험

해설 | 사업인허가 위험은 대출형 부동산펀드의 리스크이다. 경공매형 부동산펀드의 리스크 유형으로는 투자자산 확보의 위험, 운용인력의 전문성, 법률위험, 자산평가위험, 비용증가위험, 매각위험 등이 있다.

110 경공매형 부동산펀드의 리스크에 대한 설명으로 옳지 않은 것은?

① 경공매형 부동산펀드의 가장 큰 리스크 요인 중 하나는 경매시장의 경쟁으로 인해 낙찰가율이 증가하거나 투자자산 확보가 어려울 위험이 있다는 것이다.
② 부동산 경공매는 입찰 시 파악하기 어려운 유치권, 선순위 소액 임차권 등과 같은 권리상의 하자로 인하여 예상치 못한 추가비용이 발생할 위험이 있다.
③ 경공매형 부동산의 초기 자산가치를 지나치게 높게 평가하여 입찰가격을 높게 설정하면 재매각 시 가격 하락에 따른 펀드수익률 저하를 감당하기 어려워진다.
④ 경공매형 부동산펀드는 경매를 통해 물건을 취득할 때는 비용이 적게 들고 펀드의 판매보수도 낮지만, 낙찰 후에는 명도, 리모델링, 재임대 등에 상당기간이 소요되어 비용이 추가로 발생하여 수익이 감소할 위험이 있다.

해설 | 경매를 통해 부동산 물건을 취득할 때 발생하는 비용인 취득세, 컨설팅 수수료 및 법무비용, 명도비용 등은 일반적으로 낙찰금액의 7~8% 정도가 소요된다. 그리고 경공매형 부동산펀드는 펀드보수가 연 3% 수준으로 특히 판매보수가 상당히 높고 고비용 구조이다. 또한 낙찰 후 명도, 리모델링, 재임대 등에 상당기간이 소요되어 비용이 추가로 발생하여 수익이 감소할 위험이 크다.

111 경공매형 부동산펀드의 리스크 관리방안에 대한 설명으로 옳지 않은 것은?

① 경공매형 부동산펀드 판매 시 투자자산 후보군이 결정되어 있는지, 투자대상 후보군의 자산가치, 임대현황, 물리적 하자 등에 사전 조사 및 평가시스템을 갖추고 있는지 살펴보아야 한다.
② 부동산 경매물건은 명도책임이 모두 낙찰자에게 있으므로 명도 관련 법률적 검토를 해야 한다.
③ 투자자산의 처분 지연에 따른 위험을 사전에 관리하기 위하여 펀드 청산시점으로부터 충분한 시간을 두고 처분 작업을 실시하여야 한다.
④ 경공매형 부동산펀드의 규모는 미운용 자금을 최소화하기 위해 가급적 작은 것이 좋다.

해설 | 경공매형 부동산펀드의 규모가 너무 크면 부동산을 펀드에 적정 수준으로 편입할 때까지 미운용자금의 비중이 높아 펀드의 수익률이 낮아질 수 있다. 반면에, 펀드 규모가 너무 작으면 소수의 부동산에 집중투자됨에 따라 리스크가 커질 수 있으므로 시장상황을 고려해 펀드 규모의 적정성을 검토해야 한다.

112 다음 중 해외 부동산펀드에 대한 설명으로 옳지 않은 것은?

① 해외펀드란 한국의 자산운용사가 국내에서 펀드를 만들어 해외에 투자하는 상품이다.

② 역외펀드란 해외자산운용사가 외국에서 펀드를 만들어 국내에 판매하는 상품으로 국내 투자자 입장에서 환율변동에 따른 환차익 및 환차손이 발생할 수 있다.

③ 대부분의 역외펀드는 체계적으로 검증된 유명한 해외운용사가 운용하고 전문적인 고급인력을 많이 보유하고 있어 장기투자 시 국내펀드보다 수익률이 높다.

④ 해외 재간접펀드(Fund of fund)란 일반적으로 국내운용사의 펀드가 해외운용사의 펀드에 투자하는 개념이다.

해설 | 대부분의 역외펀드는 체계적으로 검증된 유명한 해외운용사가 운용하고 전문적인 고급인력을 많이 보유하고 있는 경우가 많은 반면에 펀드 가입 시 선취수수료로 대략 1.5%를, 매년 운용보수로 약 1.5% 정도를 수취함으로써 국내투자자 입장에서 장기투자 시 국내펀드보다 수익률이 낮아질 수 있는 위험이 있다. 또한 환율변동에 따른 환차익 및 환차손이 발생할 수 있으며, 투자원금을 제외한 이익금의 약 15.4%가 과세된다.

113 다음 중 해외 부동산펀드의 리스크 유형과 거리가 먼 것은?

① 공실위험   ② 현지인위험

③ 환매유동성위험   ④ 환율위험

해설 | 공실위험은 임대형 부동산펀드의 리스크이다.

114 다음 중 해외 부동산펀드의 환헤지와 관련된 설명으로 가장 옳은 것은?

① 투자기간이 10년으로 예상되는 해외 부동산 투자는 통상 FX Swap 환헤지 계약이 이보다 짧기 때문에 계약을 중간에 갱신해야 한다.

② 환헤지를 한 해외 부동산펀드에 있어서 신용위험은 차주와 해외 시공사로부터만 발생한다.

③ 해외투자라는 특성상 환율 변동으로 인한 수익률 저하 위험이 가장 크기 때문에 해외 부동산 집합투자기구는 환헤지를 반드시 기축통화인 달러로 해야 한다.

④ 환위험 회피를 위해 해외 시행사에 원화로 대출을 해주게 되면 사업위험을 낮추고 사업성을 높일 수 있다.

해설 | FX Swap은 단기 환헤지 용도로 사용되거나 통상 3년 이하여서 계약을 중간에 갱신하게 된다.
    ② 환헤지를 할 경우 환헤지 상대방인 금융기관의 신용위험에 노출된다.
    ③ 미국 달러화로 투자하지 않는 경우 미국 달러화에 대해서만 환헤지를 하는 때에는 환위험에 노출되게 된다.
    ④ 원화 대출 시 환율변동 위험이 사업시행자에게 전가되어 사업위험을 높이게 된다.

115 해외 부동산펀드의 리스크에 대한 설명으로 옳지 않은 것은?

① 해외 부동산펀드의 현지의 정치, 경제, 시장상황, 부동산 제도 등 투자자가 파악하고 이해하는 데 한계가 있다.

② 환헤지 시에는 FX Swap보다는 비용이 저렴한 Put Option 매입을 통한 환헤지가 적절하다.

③ 해외부동산펀드는 해당국의 경제상황과 밀접하게 연관되어 있을 뿐만 아니라 글로벌 경제상황과도 밀접하게 연관되어 있다.

④ 투자금액에 대해 FX Swap으로 환헤지를 하는 경우 투자대상 부동산의 가치가 크게 하락했을 때 과도한 환헤지로 인해 위험이 증가할 수 있다.

해설 | 투자금액에 대해 FX Swap으로 환헤지를 하는 경우 투자대상 부동산의 가치가 크게 하락했을 때 과도한 환헤지로 인해 위험이 증가 할 수 있어 Put Option 매입을 통한 환헤지가 적절하지만 비용이 크다는 문제점이 있다.

MEMO

PART 04

실전모의고사

SECTION 01 　 펀드투자

01 다음 중 투자신탁 관계 당사자의 업무에 대한 설명으로 적절하지 않은 것은?

① 집합투자자는 투자신탁재산의 운용 · 운용지시의 업무를 담당한다.

② 신탁업자는 투자신탁재산의 보관 및 관리업무를 담당한다.

③ 신탁업자는 집합투자업자의 투자신탁재산에 대한 운용지시에 따라 수익증권의 판매대금 및 이익금을 지급하는 업무를 담당한다.

④ 판매회사인 증권사는 집합투자업자가 투자신탁재산으로 주식, 채권 등의 자산을 매매할 때 그 매매의 중개를 담당한다.

02 수익자총회에 관한 설명으로 옳지 않은 것은?

① 신탁계약으로 정한 수익자총회 결의사항에 대하여는 출석한 수익자의 의결권의 과반수와 발행된 수익증권 총좌수의 1/4 이상의 찬성으로 결의한다.

② 수익자총회는 출석하지 아니하고 서면에 의하여 의결권을 행사할 수 있다.

③ 수익자총회는 집합투자증권의 5% 이상을 소유한 수익자나 신탁업자의 요구로 소집할 수 있다.

④ 수익자총회 결의사항에 대하여 반대하는 수익자의 매수 청구권은 인정되지 않는다.

03 회사형 집합투자기구에 대한 설명으로 바르지 못한 것은?

① 투자회사가 가능한 투자자구 형태에는 일반적 상품 외에 M&A 투자기구, 부동산 투자기구, 기업구조조정투자기구, PEF 등이 있다.

② 투자합자회사는 이익배당 시 무한책임사원과 유한책임사원의 배당률, 배당순서 등을 달리 적용하는 것이 불가능하다.

③ 국내 대부분의 집합투자기구는 투자회사이다.

④ 투자회사는 집합투자업자가 법인이사, 2인 이상의 감독이사로 이사회로 이루어진 상법상 주식회사형태의 집합투자기구이다.

04 부동산펀드에 대한 설명으로 옳지 않은 것은?

① 자본시장법상 법적 요건을 충족한 부동산펀드는 나머지 펀드재산으로 다른 자산 즉 '증권 및 특별자산'에 자유롭게 투자할 수 있다.

② 부동산 관련 투자행위에 투자하는 것도 할 수 있다.

③ 국내 소재 부동산을 취득 한 경우 집합투자규약에서 정하는 기한 내에 처분할 수 없다.

④ 대출형 부동산펀드는 일반적으로 프로젝트파이낸싱(PF)형 부동산펀드라 불린다.

05 다음 중 특별자산펀드에 대한 설명으로 바르지 못한 것은?

① 특별자산은 증권 및 부동산을 제외한 경제적 가치가 있는 자산으로 자본시장법에서 명확하게 규정하고 있다.

② 특별자산은 시가에 의해 평가하되, 평가일에 신뢰할 만한 시가가 없을 경우 공정가액으로 평가한다.

③ 공모방식을 설정하는 경우 원칙적으로 중도에 환매가 불가하다.

④ 증권 및 부동산에 투자할 수 있다.

06 MMF의 운용 제한 사항에 관한 내용으로 옳은 것은?

① 증권을 대여하거나 차입하지 아니할 것

② 남은 만기가 1년 이상인 국채증권에 집합투자재산의 10% 이내에서 운용할 것

③ 환매조건부매도는 해당 집합투자기구가 보유하는 증권총액의 10% 이내일 것

④ 해당 집합투자기구 집합투자재산의 남은 만기의 가중평균이 100일 이내일 것

07 종류형 집합투자기구에 관한 설명으로 옳지 않은 것은?

① 집합투자업자 및 신탁업자 보수는 클래스별로 차별화하지 못한다.

② 투자자는 여러 종류의 집합투자증권 간에 전환할 수 있는 권리를 가지며, 이 경우 전환에 따른 환매수수료를 부과할 수 없다.

③ 특정 종류의 투자자에 대해서만 이해관계가 있는 때에는 다른 종류의 투자자 동의 없이도 그 종류의 투자자만으로 총회를 개최할 수 있다.

④ 종류(class) 수에는 제한이 없으나 기존에 이미 만들어진 비종류형 집합투자기구를 종류형 집합투자기구로의 전환은 제한된다.

08 특수한 형태의 집합투자기구에 대한 설명으로 옳지 못한 것은?

① 일반투자자를 대상으로 하는 펀드(MMF, ETF 제외)로서 자산총액의 50%를 초과하여 금융위원회가 정하여 고시하는 자산에 투자하는 경우에는 환매금지형 펀드로 설정하여야 한다.

② 기관전용 사모펀드(PEF) 간에는 전환하는 경우 환매수수료를 적용하지 않는다.

③ 모자형 집합투자기구의 상위펀드와 하위펀드의 집합투자업자는 동일하여야 한다.

④ 상장지수 집합투자기구(ETF)의 일반투자자는 발행시장에서 투자하는 것과 유사한 가격으로 유통시장에서 투자할 수 있다.

09 투자전략에 따른 집합투자기구의 분류에 대한 설명으로 옳지 않은 것은?

① Top－down Approach는 거시경제 및 금융변수에 따른 시장예측을 하지 않고 투자대상 종목의 저평가 여부만을 기준으로 판단하여 운용한다.

② 개별 종목의 위험을 피하기에는 인덱스펀드가 유리하다.

③ ETF는 인덱스 펀드의 추적오차를 최소화하기 위하여 고안된 펀드이다.

④ 패스브 운용전략은 운용에 있어 체계적인 거래기법을 이용하여 운용되는 펀드를 말한다.

10 일반적 분류에 따른 펀드에 대한 설명으로 옳지 않은 것은?

① 좌수추가 설정 여부에 따라 추가형과 단위형으로 나뉜다.

② 수익증권을 증권시장에 상장하지 아니하는 펀드가 대부분이다.

③ 공모는 사모에 비해 상대적으로 제약이 많다.

④ 대체투자상품은 기존 전통적 자산과 상관관계가 높아 분산투자 효과가 뛰어나다.

11 신탁에 대한 설명으로 바르지 못한 것은?

① 일반신탁상품은 예금자보호법 보호 대상이다.

② 투자일임과 신탁은 투자재산의 소유권의 이전 여부에 따라 구분된다.

③ 신탁재산에 대하여 강제집행, 담보권 실행 등을 위한 경매, 보전처분, 국세 등 체납처분을 할 수 없도록 특별규정을 두고 있다.

④ 수탁자가 여러 개의 신탁을 관리하고 있는 경우 신탁건별로 각 신탁재산을 다른 신탁재산과 구분하여 관리하여야 한다.

12 특정금전신탁에 대한 설명으로 옳지 않은 것은?

① 위탁자가 지정한 방법대로 운용할 수 없는 잔액이 있는 경우 만기 1일 이내의 단기자산으로 운용할 수 있다.

② 필요시 운용지시를 신탁회사에게 일부나 전부 위임 가능하다.

③ 신탁회사와 협의하에 신탁금액의 일부만을 해지할 수 있다.

④ 특성상 최저가입금액이 다른 금융상품에 비해 낮은 편이다.

13 연금저축신탁에 대한 설명으로 옳지 않은 것은?

① 상품의 종류에는 채권형과 안정형이 있다.

② 연금의 수령 기간은 가입일로부터 10년이 경과하고 만 55세 이후부터 5년 차 이상 연 단위로 정하여야 한다.

③ 신탁이익의 계산은 시가평가제를 적용한 기준가격방식으로 실적 배당을 한다.

④ 연금수령한도 외의 해당하는 경우 기타소득세(16.5%)로 부과한다.

14 다음 중 신탁상품의 판매절차에 대한 설명으로 적절하지 않은 것은?

① 위탁자가 신탁상품을 통해 파생상품 등을 거래하고자 하는 경우, 투자자 정보를 제공하지 않으면 일반투자자로서 보호를 받을 수 없다는 점을 통지하였음에도 불구하고 자신의 정보를 제공하지 않은 고객에 대하여는 그 거부 의사를 서면으로 확인받은 후 판매하여야 한다.

② 신탁회사가 신탁자산의 운용을 위한 투자판단의 일부나 전부를 행사하는 비지정형 금전신탁상품을 판매할 때에는 반드시 투자자 정보를 확인하여야 한다.

③ 위탁자가 본인 스스로의 투자판단에 따라 신탁재산의 운용방법을 구체적으로 지정하는 경우에는 해당 신탁상품을 통해 실제로 투자할 운용대상 자산을 기준으로 위탁자의 위험등급에 적합한 운용대상 자산을 제시하고 해당 신탁상품과 함께 투자권유하여야 한다.

④ 비지정형 신탁상품의 경우에는 매분기 1회 이상 재무상태 등의 변경 여부를 확인한 후, 변경사항이 있으면 신탁재산운용에 반영하여야 한다.

15 신탁상품의 집합운용규제와 관련된 금지 사항에 대한 설명으로 틀린 것은?

① 집합하여 운용한다는 내용으로 투자권유하거나 투자광고하는 행위

② 투자광고 시 특정 신탁계좌의 수익률을 제시하는 행위

③ 투자광고 시 여러 신탁계좌의 평균수익률을 제시하는 행위

④ 투자자를 유형화하여 운용할 경우 각 유형별 가중평균수익률 제시하는 행위

16 투자관리에 대한 설명으로 옳지 않은 것은?

① 투자관리의 핵심은 투자수익과 투자위험 면에서 성격이 다른 여러 가지 투자자산들에 대하여 투자자금을 효율적으로 배분하여 투자목표를 설정하는 것이다.

② 투자관리를 하고자 할 때 일차적으로 직면 과제 가운데 투자관리에 근간이 되는 것은 자산배분과 종목선정의 문제이다.

③ 자산배분과 종목선정 중에 어느 것을 먼저 하는가에 따라 투자성과에 큰 차이를 보이진 않는다.

④ 통합적 투자관리 과정은 자산배분을 한 다음에 종목 선정을 하는 하향식(top down)의 방법으로 투자성과를 높인다.

17 다음 중 자산배분의 중요성이 부각되는 이유가 아닌 것은?

① 투자대상 자상군의 증가

② 투자위험에 대한 관리의 필요성 증대

③ 저금리 시대 도래

④ 투자수익률 결정에 자산배분 효과가 절대적인 영향력을 미친다는 투자자들의 인식

18 펀더멘털 분석방법을 이용하여 자산집단의 기대수익률을 측정하기 위하여 다음과 같은 항목별 추정치를 얻었다. 주식집단의 기대수익률로 옳은 것은?

3년 만기 국고채 수익률	신용 위험 프리미엄	잔존만기 위험 프리미엄	주식시장 위험 프리미엄
4.5%	1.5%	1%	4%

① 5.5% 　　　　② 7%

③ 8.5% 　　　　④ 11%

19 다음 중 추세분석법에 관한 내용을 모두 몇 개인가?

> ㉠ 미래 각 상황별로 발생 가능한 수익률에 그 상황이 발생할 확률을 곱한 다음 이것의 합으로 기대수익률을 계산한다.
> ㉡ 자산집단의 과거 장기간 수익률을 분석하여 미래의 수익률로 사용하는 방법이다.
> ㉢ 과거의 자료를 바탕으로 하되 미래의 발생상황에 대한 기대치를 추가하여 수익률을 예측하는 방법이다.
> ㉣ 미래의 예측치를 사용한다는 점에서 기대수익률 측정에 가장 부합한다.
> ㉤ 한국처럼 자본시장의 역사가 짧은 경우 사용이 어렵다.
> ㉥ 실제로 해당기간이 지난 후 실현 수익률은 기대수익률과 다른 것이 일반적이다.

① 1개 　　　　② 2개

③ 3개 　　　　④ 4개

20 다음 중 벤치마크에 대한 설명으로 옳지 않은 것은?

① 운용성과와 위험을 측정하는 구체적인 포트폴리오이다.

② 벤치마크의 운용성과를 운용자가 추적하는 것이 가능해야 한다.

③ 적용되는 자산의 바람직한 운용상을 표현하고 있어야 한다.

④ 구체적인 내용(자산집단과 가중치)이 운용 후에 명확하게 정해져야 한다.

PART
01

PART
02

PART
03

PART
04

PART
05

21 다음 중 전략적 자산배분전략에 대한 설명으로 옳지 않은 것은?

① 소극적인 투자 관리의 방법이다.

② 증시가 효율적인 것을 전제로 한다.

③ 단기적인 투자 관리이다.

④ 시장 평균 수준의 투자수익을 얻거나 투자위험을 최소화하고자 한다.

22 다음 중 투자자산에 대한 설명으로 올바른 것만 바르게 묶은 것은?

> ㉠ 금융기관이나 채권 발행자에게 자금을 빌려주고 대가로 지급하는 이자수익을 주목적으로 하는 자산이다.
> ㉡ 높은 변동성으로 높은 수익도 얻을 수 있는 반면 손실도 볼 수 있는 자산이다.
> ㉢ 투자지역에 따라 해외주식과 국내주식으로 나뉜다.
> ㉣ 언제든지 현금화가 가능한 단기금융상품을 말한다.

① ㉠, ㉢　　　　　　　　　　② ㉠, ㉣

③ ㉡, ㉢　　　　　　　　　　④ ㉡, ㉣

23 다음 중 리밸런싱에 대한 설명으로 옳은 것은?

① 자산집단의 매입·매각을 통해서 포트폴리오를 재구성하는 것을 말한다.

② 위험에 비해 상대적으로 높은 기대수익을 얻고자 하거나, 기대수익에 비해 상대적으로 낮은 위험을 부담하도록 자산 포트폴리오의 구성을 수정하는 것을 말한다.

③ 많은 경우 높은 성과를 지닌 자산을 식별하는 것보다 큰 손실을 가져다주는 자산을 식별하여 포트폴리오에서 제거하는 방법을 사용한다.

④ 자금의 재배분을 통해 자본이득의 가능성이 사라진 주식에서 앞으로 그 가능성이 큰 주식으로 옮겨가게 되는 장점이 있다.

24 다음 중 투자수익률 측정방식에 대한 설명으로 올바른 것은?

① 내부수익률은 기간별 상이한 투자금액의 크기에 가중치가 주어져 시간가중평균수익률이라고도 한다.

② 산술평균수익률은 기간별 투자금액의 크기를 고려하지 않고 기간에만 가중치가 주어지므로 금액 가중평균수익률이라고 한다.

③ 자금운용자가 중도 투자금액이나 현금흐름에 재량권이 없는 경우에는 금액가중평균수익률의 계산이 더 적절하다.

④ 기하평균수익률은 중도 현금이 재투자되고 최종 시점의 부의 크기가 감안된 계산방법이다.

25 다음 중 자산배분전략에 대한 설명으로 적절하지 않은 것은?

① 전략적 자산배분전략은 투자목적을 달성하기 위해 장기적인 포트폴리오의 자산구성을 정하는 의사결정이다.

② 전략적 자산배분의 실행방법은 시장가치 접근방법, 위험 – 수익 최적화 방법, 투자자별 특수상황을 고려하는 방법, 다른 유사한 기관 투자자의 자산배분을 모방하는 방법이 있다.

③ 전술적 자산배분이란 시장의 변화 방향을 예상하여 사후적으로 자산구성을 변동시켜 나가는 전략이 있다.

④ 전술적 자산배분의 실행도구는 가치평가모형, 기술적 분석, 포뮬러 플랜 등이 있다.

26 다음 중 펀드를 분석하고 평가하는 목적과 거리가 먼 것은?

① 투자시점과 투자규모를 정하기 위해서

② 투자하기 좋은 펀드를 고르기 위해서

③ 투자한 펀드가 정상적으로 운용되고 있는지를 판단하기 위해서

④ 펀드의 운용결과의 성공 및 실패를 분석하고 재투자 여부를 판단하기 위해서

27 집합투자기구 모니터링(Monitoring)에 대한 설명으로 틀린 것은?

① 집합투자기구의 성과에 대한 모니터링은 주기적으로 실시하고 성과의 우열을 따지는 것에 중점을 두는 것이 바람직하다.

② 펀드의 보유자산과 매매현황을 모니터링하는 것은 펀드의 성과원인과 특성의 변화 여부를 파악하기 위해서이다.

③ 펀드의 운용자와 운용회사를 모니터링을 통해 운용자의 교체가 발생하지 않는지 여부 등을 파악한다.

④ 펀드의 자금흐름을 모니터링하는 이유는 자금흐름이 집합투자지구의 종합적인 상황 등을 반영한 결과일 수 있기 때문이다.

28 집합투자기구 운용결과 분석에 대한 설명으로 틀린 것은?

① 집합투자기구 운용결과를 분석하는 궁극적인 이유는 (일부)환매 여부 또는 재투자 여부를 결정하기 위함이다.

② 성공적인 운용결과를 보인 펀드에 계속 투자해야 하고, 실패한 펀드는 투자를 중단해야 한다.

③ 운용결과를 분석함에 있어 단순히 단기운용의 성패를 분석하는 차원에서 나아가 장기운용의 성공과 실패로 연결될지 여부를 파악하여야 한다.

④ 장기간 운용의 성공과 실패를 판단하기 위해서 일차적으로 집합투자기구의 성과가 절대적·상대적으로 양호하였는지 판단하고, 이러한 성과가 나타난 원인이 무엇인지를 판단하여 해당성과가 지속될지 여부를 판단하여야 한다.

29 펀드의 성과평가에 대한 설명으로 옳지 않은 것은?

① 펀드의 운용결과가 양호했는지 여부에 초점을 맞춘다.

② 펀드를 운용하는 운용자와 운용회사의 운용능력을 평가하기 위한 것이다.

③ 자산배분, 투자시점, 선정한 펀드의 성과 등을 모두 고려하여 수익이 만족할 만한 수준이었는지를 판단한다.

④ 펀드의 성과평가는 투자자가 펀드에 일시불로 투자한 경우, 투자자 관점의 성과평가 결과와 동일하다.

30 집합투자기구 유형분류에 관한 설명으로 옳지 않은 것은?

① 집합투자기구 평가의 공정성과 객관성을 확보하기 위해 투자목적 등 성격이 비슷한 것들로 분류하는데, 이를 집합투자기구 유형이라 한다.

② 집합투자기구의 성과를 절대적으로 비교 측정하기 위하여 집합투자기구 투자목적, 투자자산, 투자전략, 투자스타일, 특징 등이 유사한 집합투자기구들끼리 묶어놓은 동류집단을 말한다.

③ 동일한 유형의 집합투자기구라면, 수익과 위험의 구조가 유사하고 벤치마크가 유사하다는 특징을 지니며, 역으로 수익·위험 구조와 벤치마크가 유형분류의 기준이 되기도 한다.

④ 집합투자기구가 어떤 유형에 속하는가에 따라 상대적인 우열(순위 등)이 바뀔 수 있다.

31 투자하는 자산 유형과 벤치마크(Benchmark)의 종류가 바르게 연결된 것은?

① 종합주가지수 – 섹터지수

② 가치주 – 시장지수

③ 포트폴리오 보험 – 정상 포트폴리오

④ 혼합형 펀드 – 합성지수

32 운용회사의 그룹수익률을 산출하는 이유로 거리가 먼 것은?

① 대표계정의 오류를 제거하기 위해

② 생존계정의 오류를 제거하기 위해

③ 하나의 그룹수익률로 나타냄으로써 수익률 측정기간을 일치시키면 객관적으로 운용사 간의 성과 비교가 가능하기 때문에

④ 투자결과의 이전 가능성의 문제를 제거하기 위해

33 다음의 위험지표 중에서 성격이 다른 하나를 고르면?

① 표준편차

② 공분산

③ 베타

④ 추적오차

34 다음 중 위험 조정성과 측정 및 위험 조정지표에 대한 설명으로 적절하지 않은 것은?

① 샤프비율은 수익률을 위험으로 나누어 체계적 위험 한 단위당 무위험 초과수익률을 나타내는 지표이다.

② 펀드의 알파가 0보다 크다는 것은 시장 균형하에서 베타 위험을 가지는 펀드의 기대수익률보다 실현된 수익률이 더 높았다는 것을 의미한다.

③ 위험 조정성과는 수익률과 위험 두 가지를 고려하여 집합투자기구의 성과를 측정한 것이다.

④ 정보비율은 적극적 투자활동의 결과로 발생한 초과수익률과 집합투자기구의 초과수익률에 대한 표준편차(추적오차)의 비율로 평가비율이라고도 한다.

35 펀드 평가에 대한 설명으로 옳지 않은 것은?

① 시장이 강세라고 예상되는 경우 베타가 높은 종목의 편입비중을 높여야 한다.

② 젠센알파가 높으면 그 만큼 펀드의 성과가 양호했음을 의미한다.

③ 샤프비율이 낮으면 성과가 부진했음을 의미한다.

④ 가간누적수익률은 금액가중 수익률 방식으로 평가기간별로 계산한다.

36 자본시장법상 공모 투자신탁의 수익증권에 대한 설명으로 가장 거리가 먼 것은?

① 수익자는 신탁 원본의 상환 및 이익의 분배 등에 관하여 수익증권의 좌수에 따라 균등한 권리를 가진다.

② 집합투자업자가 수익증권을 발행하는 경우 신탁업자의 확인을 받아야 한다.

③ 수익증권은 액면 · 기명식으로 발행한다.

④ 집합투자업자는 수익증권의 발행가액 전액이 납입된 경우 수익증권을 발행해야 한다.

37 자본시장법상 신탁업자가 공모 집합투자기구의 집합투자재산과 관련하여 확인해야 하는 사항으로 가장 거리가 먼 것은?

① 장외파생상품 운용에 따른 위험관리방법의 작성이 적정한지 여부

② 시정 요구된 운용지시 등에 대한 집합투자업자의 이행 명세

③ 투자대상자산 결정이 적정한지 여부

④ 기준가격 산정이 적정한지 여부

38 자본시장법상 공모 투자신탁의 당사자와 그 업무를 연결한 것으로 가장 거리가 먼 것은?

① 집합투자업자 – 투자신탁의 설정

② 신탁업자 – 투자신탁의 해지

③ 집합투자업자 – 투자신탁재산의 운용

④ 신탁업자 – 투자신탁재산의 보관

39 (   )에 들어갈 말을 순서대로 올바르게 묶은 것은?

> 자본시장법상 공모 집합투자기구의 집합투자증권을 판매한 투자매매업자, 투자중개업자가 투자자에게 지속적으로 제공하는 용역의 대가로 집합투자기구로부터 받는 금전을 (   )라 하고, 집합투자증권을 판매하는 행위에 대한 대가로 투자자로부터 직접 받는 금전을 (   )라고 한다.

① 판매수수료, 판매보수   ② 판매수수료, 성과보수

③ 환매수수료, 판매보수   ④ 판매보수, 판매수수료

40 자본시장법상 집합투자재산의 평가 및 회계에 대한 설명으로 가장 거리가 먼 것은?

① 집합투자업자는 집합투자재산에 대한 평가가 법령 및 집합투자재산평가 기준에 따라 공정하게 이루어졌는지를 확인해야 한다.

② 단기금융 집합투자기구(MMF)에 대해서는 장부가 평가를 허용하고 있다.

③ 기준가격을 변경하는 때에는 사전에 준법감시인 및 신탁업자의 확인을 받으며, 변경내용을 금융위원회에 보고해야 한다.

④ 자산총액 200억 원 이하부터의 집합투자기구는 외부감사를 받지 않는다.

41 (   )에 들어갈 말을 순서대로 올바르게 묶은 것은?

> 자본시장법상 공모 집합투자기구를 운용하는 집합투자업자는 자산운용보고서를 작성하여 (   )의 확인을 받아야 하며, 원칙적으로 (   )개월마다 1회 이상 해당 집합투자기구의 투자자에게 교부하여야 하고, 자산운용보고서를 작성 · 교부하는 데 드는 비용은 (   )가 부담한다.

① 일반사무관리회사, 6, 집합투자기구

② 신탁업자, 6, 투자자

③ 신탁업자, 3, 집합투자업자

④ 신탁업자, 3, 집합투자기구

42 자본시장법상 집합투자증권의 환매에 대한 설명으로 가장 거리가 먼 것은?

① 집합투자재산의 처분이 불가능하여 사실상 환매에 응할 수 없는 경우에는 신탁업자의 동의를 얻어 환매를 연기하여야 한다.

② 환매 연기 기간 중에는 해당 집합투자증권의 환매가 금지된다.

③ 집합투자자 전원의 동의가 있는 경우 금전이 아닌 집합투자기구가 보유한 집합투자재산으로 환매대금을 지급할 수 있다.

④ 외화자산의 투자비중이 50%를 초과하는 집합투자기구의 경우 환매기간을 15일을 초과하여 정할 수 있다.

43 자본시장법상 공모 집합투자기구의 동일종목 투자한도가 다른 것은?

① 특수채

② OECD 회원국 정부가 발행한 채권

③ 파생결합증권

④ 정부가 원리금을 보증한 채권

44 사모펀드에 대한 특례로 옳지 않은 것은?

① 사모펀드에 대해서는 일부 규정의 적용을 면제하는 방식으로 특례를 인정하고 있다.

② 자본시장법상 사모펀드는 '기관전용 사모펀드'와 '일반 사모펀드'로 구분된다.

③ 모든 사모펀드도 투자자에게 핵심상품설명서, 자산운용보고서를 교부하여야 한다.

④ 일반사모펀드는 적격투자자[전문투자자＋최소투자금액(3억 원) 이상 투자하는 일반투자자]가 투자할 수 있는 사모펀드이다.

45 금융소비자보호법상 금융소비자보호를 위해 '상품 판매 단계'에서 이행해야 하는 의무는?

① 상품개발 단계에서 금융소비자보호를 위한 부서의 의견 반영

② 불완전판매를 예방하기 위한 적정한 자격증 확보와 보수교육의 이행

③ 요청하지 않은 투자권유의 금지, 부당한 투자권유의 금지 등 준수

④ 미스터리 쇼핑, 해피콜 서비스, 불완전판매 배상제도 등의 운영

46 펀드판매 절차에 대한 설명으로 옳지 않은 것은?

① 투자자가 투자자 정보파악 절차를 거부하는 경우 확인서에 투자자의 서명 등을 받고, 투자자가 요구하는 펀드를 판매해야 한다.

② 투자자가 투자자 성향에 따른 판매회사 권유 펀드를 거부하고 더 높은 위험수준의 펀드 매수를 요청하는 경우 거래를 중단해야 한다.

③ 온라인·전화판매 또는 전문투자자를 대상으로 판매 등에 대해서는 판매절차를 달리 적용할 수 있다.

④ 설명을 들은 투자자가 펀드 매수를 원하지 않는 경우 투자자 의사를 재차 확인하고 해당 펀드의 투자권유를 중지해야 한다.

47 수익증권 저축에 대한 설명으로 옳지 않은 것은?

① 수익증권 저축계약의 당사자는 판매회사와 저축자이며 저축자는 저축재산 관리에 필요한 일체의 사항을 판매회사에 위임한다.

② 임의식은 저축기간이 종료된 이후 일부 인출 시 환매수수료가 면제된다.

③ 수익금 인출식은 일정 금액을 일정 기간 이상 저축하면서 저축기간 중 수익금 범위 내에서 인출할 수 있는 방식이다.

④ 수익증권 저축약관은 판매회사와 저축자를 당사자로 하여 저축의 종류와 방법, 저축자의 의무, 판매회사의 면책사항 등을 규정하여 정형화한 계약조항이다.

48 수익증권 저축의 주요 내용에 대한 설명으로 거리가 먼 것은?

① 판매회사는 수익증권의 매매가 체결된 경우에 매월 마지막 날까지 펀드에서 발생한 모든 비용을 반영한 실질 투자 수익률, 투자원금 및 환매예상 금액, 총 보수와 판매수수료 각각의 요율을 통지해야 한다.

② 판매회사는 수익증권의 매매가 체결된 경우에는 판매회사와 저축자 간에 미리 합의된 방법으로 통지하여야 한다.

③ 저축기간을 월 또는 연 단위로 정한 경우에는 저축기간이 만료되는 월의 최초 납입 상당일을 만기 지급일로 한다.

④ 저축계약 해지 또는 저축기간의 종료에도 불구하고 재산을 인출 청구하지 않는 경우에는 인출 청구 시까지 저축기간이 종료된 것으로 본다.

49 수익증권 저축자의 우대조치에 대한 설명으로 바르지 못한 것은?

① 목적식 저축의 경우 저축자가 저축기간을 연장한 경우 기존에 정한 저축기간의 종료 이후 수익증권을 환매하는 경우 그 수익증권의 환매수수료를 받는다.

② 이익분배금은 별도의 약정이 없는 한 해당 투자신탁의 수익증권을 매수하고 그 수익증권을 환매하는 경우 환매수수료를 면제한다.

③ 저축자가 수익증권의 양도에 저축자 간 과세금액을 확정하기 위하여 수익증권 전부를 환매한 경우 재매수한 수익증권의 환매수수료 계산시작일은 당초 수익증권의 매수일로 한다.

④ 소규모 투자신탁 또는 집합투자기구를 해지함에 있어 저축자가 그 상환금으로 판매회사가 정한 수익증권을 매수하여 저축하는 경우 선취판매수수료를 면제하고 그 수익증권을 환매하는 경우에도 후취판매수수료 및 환매수수료를 면제한다.

50 다음 수익증권 매매 시 입·출금의 계산산식으로 옳지 않은 것은?

① 매수좌수 = 저축금액 ÷ (매수 시 기준가격/1,000), 좌 미만 절상

② 저축금액 = 매수좌수 × 매수 시 기준가격/1,000, 원 미만 절사

③ 환매수수료 = [환매좌수 × (환매 시 기준가격 − 매수 시 기준가격)/1,000] × 환매수수료율, 원 미만 절사

④ 과세소득 = 환매좌수 × (환매 시 과표기준가격 − 매수 시 과표기준가격)/1,000

51 소득세법상 금융소득의 구분이 다른 것은?

① 법인으로 보는 단체로부터 받는 배당 또는 분배금은 배당소득이다.

② 채권 또는 증권의 환매조건부 매매차익은 이자소득이다.

③ ELS, DLS, ELB, DLB, ELW로부터 발생한 이익은 배당소득이다.

④ 저축성 보험의 보험차익은 이자소득이다.

52 소득세법상 집합투자기구 세제에 대한 설명으로 바르지 못한 것은?

① 변액보험을 세법상 집합투자기구에서 제외하고 있어 저축성 보험의 보험차익으로 과세한다.

② 투자신탁이 세법상 요건을 모두 충족하지 못하는 경우에는 투자신탁 외의 신탁과 동일하게 과세한다.

③ 일부손익과세 제외 규정은 직접투자와의 형평성을 고려한 규정이나 완전한 과세형평을 실현하지는 못하였다.

④ 집합투자기구의 경우 소득이 신탁재산에 귀속되는 때를 수입시기로 한다.

PART 01

PART 02

PART 03

PART 04

PART 05

53 상장채권과 상장주식을 기초자산으로 하는 선물에 투자하는 펀드에 가입한 투자자가 집합투자증권을 환매하여 아래와 같은 손익으로 구성되었을 경우, 원천징수 대상이 되는 세법상 집합투자기구로부터의 이익은?

투자대상자산	이자 · 배당소득	매매 · 평가손익
상장채권	2,000,000	3,000,000
상장주식	1,000,000	4,000,000

① 3,000,000원

② 5,000,000원

③ 6,000,000원

④ 11,000,000원

54 부동산 집합투자기구 운용에 따른 과세에 대한 설명으로 옳지 않은 것은?

① 부동산을 취득하는 경우 취득세와 등록면허세가 부과된다.

② 사모부동산펀드의 경우 2020년 6월부터 취득한 토지에 대해서는 별도합산과세 대상으로 구분된다.

③ 부동산 집합투자기구에 귀속된 부동산양도소득은 부동산 집합투자기구 단계에서 과세되지 아니하고 투자신탁에 귀속되는 다른 소득과 통산되어 투자자가 환매금 또는 이익분배금을 수령할 때에 양도소득으로 과세한다.

④ 부동산을 취득 · 보유 · 처분하는 과정에서 부가가치세가 과세될 수 있다.

55 투자자 단계에서의 과세에 대한 내용으로 옳지 않은 것은?

① 투자자가 거주자인 경우로 다른 금융소득과 합산하여 2천만 원을 초과하는 경우에는 2천만 원까지는 14%로 과세하고 그 초과분은 다른 소득과 합산하여 기본세율로 과세한다.

② 투자자가 금융법인의 경우 투자신탁의 이익은 예외적으로 원천징수 대상에 해당한다.

③ 투자자가 내국법인의 경우 원천징수된 집합투자기구의 이익도 당해 법인의 이익금으로 합산되어 과세되며, 원천징수된 세액은 기납부세액으로 차감하여 납부한다.

④ 투자자가 투자매매업자 · 투자중개업자인 경우 투자신탁의 이익은 원천징수 대상에 해당하지 않는다.

56 금융투자업자의 영위와 관련하여 이해상충이 발생할 경우 우선순위에 대한 설명으로 가장 거리가 먼 것은?

① 회사의 이익은 임직원의 이익에 우선한다.

② 고객의 이익은 임직원의 이익에 우선한다.

③ 고객의 이익은 회사 및 그 임직원의 이익에 우선한다.

④ 장기거래 고객의 이익은 신규고객의 이익에 우선한다.

57 자본시장법상 금융투자업자의 이해상충 방지체계에 대한 설명으로 가장 거리가 먼 것은?

① 금융투자업자의 인가 · 등록 시부터 이해상충 방지체계를 갖추도록 의무화하고 있다.

② 금융투자업자와 투자자 간, 특정 투자자와 다른 투자자 간의 이해상충을 방지하기 위한 적절한 관리를 하여야 한다.

③ 이해상충이 발생할 가능성이 있다고 인정되는 경우, 그 사실을 미리 해당 투자자에게 알려야 한다.

④ 이해상충이 발생할 가능성을 낮추는 것이 곤란하다고 판단되는 경우, 준법감시인의 승인하에 매매를 하여야 한다.

58 다른 산업에 비하여 금융투자업에서 직무윤리가 특히 강조되는 이유와 가장 거리가 먼 것은?

① 직무윤리를 준수하는 것이 관련 업무종사자를 보호하는 안전장치가 된다.

② 금융소비자의 자산을 관리하는 산업의 속성상 이해상충의 가능성이 크다.

③ 자본시장에서 취급하는 금융투자상품은 원본손실 위험의 가능성을 지닌다.

④ 금융투자상품의 전문화 · 복잡화 등으로 고객이 관련 상품의 내용을 정확하게 파악하는 것이 어렵다.

59 다음 중 직무윤리가 법제화된 것을 모두 고르면?

> ㉠ 신임의무
> ㉡ 선관주의 의무
> ㉢ 이해상충 방지의무
> ㉣ 금융소비자 보호의무

① ㉠, ㉡
② ㉢, ㉣

③ ㉡, ㉢, ㉣
④ ㉠, ㉡, ㉢, ㉣

60 다음의 설명은 투자권유준칙 중 어디에 속하는가?

> 금융투자업자는 일반투자자에게 투자권유를 하지 않고 파생상품 등을 판매하려는 경우 면담이나 질문 등을 통하여 그 일반투자자의 투자목적, 재산상황 및 투자경험 등의 정보를 파악해야 한다.

① KYC Rule
② 적합성의 원칙

③ 적정성의 원칙
④ 설명의무

61 금융투자업종사자가 준수해야 할 직무윤리로 그 성격이 나머지 셋과 다른 하나는?

① 상호존중
② 법규준수

③ 자기혁신
④ 품위유지

62 사적인 용도로 회사전화를 장시간 사용하거나 회사의 업무와 무관한 인터넷 쇼핑몰 사이트를 방문하는 행위는 어떤 직무윤리 기준의 위반인가?

① 상호존중
② 품위유지

③ 사적이익 추구
④ 직위의 사적 이용

63 금융투자업자의 대외활동에 대한 설명으로 옳은 것은?

① 금전적인 보상은 수고에 대한 대가이므로 반드시 신고할 필요는 없다.

② 대외활동이 회사의 주된 업무수행에 지장을 주어서는 아니 된다.

③ 경쟁회사에 대한 부정적인 언급은 정도가 심하지 않은 경우 허용된다.

④ 회사의 공식의견이 아닌 사견은 대외활동 시 발표할 수 없다.

64 자본시장법상의 '시장질서 교란행위'에 대한 설명으로 옳은 것은?

① 정보의 1차 수령자뿐만 아니라 모든 수령자까지 적용대상이 된다.

② 타인을 거래에 끌어들이는 등 거래의 목적성이 있어야 한다.

③ 단순 프로그램 오류로 시세에 영향을 미치는 경우는 위반행위가 아니다.

④ 타인의 해킹 등을 통해 획득한 정보이지만 이를 단순히 전달하는 것은 위반행위가 아니다.

65 회사가 특정 고객을 위하여 고객전용공간을 제공하는 경우 준수하여야 할 사항에 대한 설명으로 옳지 않은 것은?

① 당해 공간은 직원과 분리되어야 하며, 영업점장 및 영업관리자의 통제가 용이한 장소에 위치하여야 한다.

② 사이버룸의 경우 반드시 '사이버룸'임을 명기하고 외부에서 내부를 관찰할 수 있도록 개방형 형태로 설치되어야 한다.

③ 고객에 대한 서비스 차원에서 명패, 명칭, 개별 직통전화를 사용하도록 하거나 제공해야 한다.

④ 영업점장 및 영업관리자는 고객전용공간에서 이루어지는 매매거래의 적정성을 모니터링하고 이상매매가 발견되는 경우 지체 없이 준법감시인게에 보고하여야 한다.

66 투자권유에 대한 설명으로 옳은 것은?

① 자본시장법의 '투자권유'는 특정 투자자에게 금융투자상품의 매매를 권유하는 것이며, 투자자문 · 투자일임 · 신탁계약 체결을 권유하는 것은 포함되지 않는다.

② 매매 또는 계약체결의 권유가 수반되지 않는 정보제공의 경우라도 투자자 정보 확인서를 작성하여야 한다.

③ 투자권유를 희망하지 않는 투자자에 대하여는 투자권유에 해당하는 행위를 할 수 없다.

④ 투자권유를 받지 않고 투자하고자 하는 투자자에게는 투자에 수반되는 주요 유의사항을 알릴 필요가 없다.

67 온라인 펀드 거래에 관한 내용으로 거리가 먼 것은?

① 금융회사는 금융소비자가 본인의 투자성향 및 투자하고자 하는 상품의 위험도를 온라인상으로 확인할 수 있는 시스템을 구축하여야 한다.

② 투자권유를 희망하지 않는 경우 투자자가 회사의 투자권유 없이 투자한다는 사실을 인지하고 투자할 수 있도록 온라인 화면을 구축하여야 한다.

③ 파생상품의 경우 적합성의 원칙에 따라 투자자 정보를 파악하고, 투자자가 적합하지 않은 상품 거래를 원할 경우 경고 등을 하여야 한다.

④ 회사는 온라인으로 판매하는 펀드가 멀티클래스 펀드인 경우, 클래스별 수수료 및 보수의 차이점을 비교하여 표시하여야 한다.

PART
01

PART
02

PART
03

**PART
04**

PART
05

68 자본시장법상 투자권유대행인의 금지행위에 대한 설명으로 가장 거리가 먼 것은?

① 위탁한 금융투자업자를 대리하여 계약을 체결하는 행위

② 위탁한 금융투자업자를 대리하여 계약을 체결하는 행위

③ 투자권유를 위탁한 금융투자업자의 명칭을 투자자에게 알리는 행위

④ 투자자로부터 금융투자상품에 대한 매매권한을 위탁받는 행위

69 표준투자권유준칙 중 설명의무에 대한 내용으로 옳지 않은 것은?

① 투자자가 주요 손익구조 및 손실위험을 이해하지 못하는 경우 투자권유를 중단하여야 한다.

② 투자권유 시 투자자의 이해수준을 달리하여 설명하여야 한다.

③ 추후에 금융투자상품 문의를 위해 투자자에게 판매직원의 연락처 등을 반드시 알려야 한다.

④ 일반투자자의 경우 서명 등으로 설명서의 수령을 거부하여도 반드시 설명서를 교부하여야 한다.

70 다음 중 투자권유에서 금지되는 것은?

① 투자자로부터 투자권유요청을 받지 않고 방문, 전화 등의 실시간 대화의 방법을 이용하여 장내파생상품에 대해 투자권유를 하는 행위

② 투자자가 투자권유를 거부한 저위험상품인 단기금융펀드(MMF)에 대해 다음 날 다시 권유하는 행위

③ 투자자가 투자권유를 거부한 후 1개월이 지난 후 동일한 금융투자상품을 다시 권유하는 행위

④ 투자자가 투자권유를 거부한 후 다른 종류의 금융투자상품에 대해 투자권유를 하는 행위

71 다음 설명에 해당하는 분쟁의 유형은?

> 금융투자회사의 직원이 고객의 주문을 받지 않았음에도 불구하고, 고객의 예탁자산을 매매하여 발생한 분쟁이다.

① 일임매매   ② 임의매매
③ 불완전판매   ④ 주문착오

72 개인정보 처리 및 관리에 대한 설명으로 옳지 못한 것은?

① 개인정보처리자는 불가피한 경우를 제외하고는 정보주체의 동의를 받은 경우 개인정보를 수집할 수 있다.
② 보유기간이 경과하여 개인정보가 불필요하게 된 경우에는 다른 법령에 따른 보존의무가 없는 경우를 제외하고 지체 없이 개인정보를 파기하여야 한다.
③ 민감정보 및 고유식별정보는 정보주체에게 별도의 동의를 얻거나, 법령에서 구체적으로 허용된 경우에 한하여 예외적으로 처리를 하도록 엄격하게 제한하고 있다.
④ 주민등록번호는 원칙적으로 정보주체의 동의를 받은 경우에만 처리할 수 있다.

73 금융소비자 보호가 필요한 이유와 가장 거리가 먼 것은?

① 금융소비자가 금융상품의 공급자에 비해 교섭력이 떨어지기 때문이다.
② 금융상품은 일반상품과 달리 소비자가 선택할 수 있는 상품이 다양하지 못하고, 가격 흥정 및 교체하기도 어렵기 때문이다.
③ 금융회사와 소비자 간에 존재하는 정보의 대칭성 때문이다.
④ 금융상품은 계약이 복잡하고, 전문성을 요하기 때문이다.

74 금융분쟁조정절차에 대한 설명이다. 빈칸에 들어갈 날짜로 옳은 것은?

> • 금융감독원장은 분쟁조정의 신청을 받은 날로부터 (㉠) 이내에 당사자 간에 합의가 이루어지지 아니한 때에는 지체 없이 이를 금융분쟁조정위원회에 회부하여야 한다.
> • 금융분쟁조정위원회는 조정의 회부를 받은 때에는 (㉡) 이내에 이를 심의하여 조정안을 작성하여야 한다.

① ㉠ 7일, ㉡ 10일   ② ㉠ 10일, ㉡ 30일
③ ㉠ 14일, ㉡ 60일   ④ ㉠ 30일, ㉡ 60일

75 고객과 금융회사 임직원 간 금융투자상품 관련 분쟁의 유형으로 보기 어려운 것은?

① 임의매매   ② 일임매매
③ 부당권유   ④ 내부자거래

76 다음 중 재무설계 및 재무설계전문가의 필요성이라 할 수 없는 것은?

① 재무설계를 통해 바라는 생활양식을 달성할 수 있다.
② 중년기의 잉여소득을 저축 및 보험 등의 방법으로 노년기로 이전시켜 생애 소비만족을 극대화할 수 있다.
③ 미래의 물가 상승 또는 이자율 변동에 따른 실질구매력 하락에 대비할 수 있다.
④ 사회경제적 변화를 대응하기 위해 단기적인 생활설계의 필요성이 더욱 커지고 있다.

77 개인재무설계의 목표에 대한 설명으로 적절하지 않은 것은?

① 소득과 부의 극대화   ② 바라는 생활양식 달성
③ 재무 생활만족의 발견   ④ 노후 대비를 위한 축적

78 개인재무설계를 위한 자료수집에 대한 설명으로 부적절한 것은?

① 자료를 수집하기 전에 재무설계사는 고객에게 되도록 상세한 고객의 개인적, 재정적, 심리적인 자료가 필요한 이유에 대해 설명해 주는 것이 좋다.
② 양적 자료를 수집하는 가장 효율적인 방법은 설문지를 이용하는 것이다.
③ 질문지는 수집해야 하는 정보의 성격에 관계없이 단순한 것이 좋다.
④ 질적 자료는 목표나 목적을 설정하기 위해 면담을 하는 과정에서 얻을 수 있다.

79 노인가계의 재무설계에 대한 설명으로 적절하지 않은 것은?

① 기본생활자금은 노부부 생활비와 남편사망 후 부인생활비로 구분한다.
② 최소한 3~6개월분의 생활비 정도의 긴급자금은 누구에게나 필요하다.
③ 미혼 자녀가 있는 경우 자녀교육과 결혼을 위한 자금을 고려해야 한다.
④ 노년기에도 부족한 수입을 유지하기 위해 적극적인 투자활동이 더욱 강조된다.

80 퇴직 후 자산관리 운용을 위한 지침으로 부적절한 것은?

① 항상 중도해지의 가능성을 염두해 두고 수수료를 확인한다.

② 금리가 낮고 물가가 빠르게 상승하는 시기에는 금융자산의 투자 비중을 줄인다.

③ 확정금리보다 변동금리 또는 실세연동형 금리를 선택한다.

④ 장기상품보다는 단기상품을 활용한다.

SECTION 03 부동산펀드

81 자본시장법상 부동산펀드의 요건을 충족하여 펀드재산의 50%를 초과하기 위해 투자해야 하는 투자대상에 해당하지 않는 것은?

① 부동산개발과 관련된 법인에 대한 대출

② 부동산과 관련된 증권

③ 부동산 건설회사의 주식

④ 부동산을 기초자산으로 한 파생상품

82 부동산펀드가 직접 개발사업시행자로서 부동산개발사업에 투자할 경우 적합한 부동산 집합투자기구의 법적 형태로 옳게 묶은 것은?

㉠ 부동산투자회사	㉡ 부동산투자유한회사
㉢ 부동산투자유한책임회사	㉣ 부동산투자합자회사

① ㉠

② ㉠, ㉡

③ ㉠, ㉡, ㉢

④ ㉠, ㉡, ㉢, ㉣

83 다음의 설명에 해당하는 것은?

집합투자재산평가위원회가 충실업무를 준수하고 평가의 일관성을 유지하여 평가한 가액을 말한다.

① 시가

② 공정가액

③ 표준가액

④ 장부가액

84 다음 설명 중 적절하지 않은 것은?

① 공모 부동산펀드의 상장의무는 부동산투자신탁과 부동산투자회사에만 부과된다.

② 국내부동산의 경우 취득한 후 1년 내에는 처분이 제한되는데, 이는 공모나 사모 구분 없이 적용된다.

③ 부동산개발사업을 하기 위해서는 사업계획서를 작성하고 감정평가업자로부터 사업계획서의 적정성에 대해 확인을 받아야 한다.

④ 부동산펀드는 순자산의 200%까지 차입이 가능하고 순자산의 100%까지 대여가 가능한데, 금융기관으로부터 차입할 수 있으며 타 부동산펀드로부터는 차입이 불가하다.

85 자본시장법상 부동산펀드의 펀드재산으로 부동산을 취득 또는 처분하는 경우에 작성하는 실사보고서에 포함되지 않은 내용은?

① 부동산의 현황

② 부동산개발사업 추진방법

③ 부동산과 관련된 재무자료

④ 부동산의 거래가격 및 거래비용

86 자본시장법상의 부동산펀드 정의 등 관련 규정에 근거한 부동산펀드의 종류에 대한 설명으로 옳지 않은 것은?

① 실물형 부동산펀드는 펀드재산의 50%를 초과하여 실물로서의 부동산에 투자하는 부동산펀드를 말한다.

② 대출형 부동산펀드는 펀드재산의 50%를 초과하여 부동산개발과 관련된 법인에 대한 대출 형태의 투자행위를 하는 부동산펀드를 말한다.

③ 재간접형 부동산펀드는 펀드재산의 50% 이상을 다른 부동산펀드에 투자하는 부동산펀드를 말한다.

④ 증권형 부동산펀드는 펀드재산의 50%를 초과하여 부동산 관련된 증권에 투자하는 부동산펀드를 말한다.

87 임대형 부동산펀드에 대한 설명으로 옳지 않은 것은?

① 임대형 부동산펀드는 이자소득 성격의 임대소득과 자본소득 성격의 매각차익을 획득하는 것을 주된 운용전략으로 한다.

② 부동산 취득 당시 공실이 없더라도 운용 중에 공실이 발생할 수 있으므로, 공실률은 위험요인에 해당한다.

③ 임대형 부동산펀드에서 관리비는 건물 유지관리에 대한 비용을 징수하는 것이므로 임대수익 산정 시 고려하지 않는다.

④ 임대형 부동산펀드에서 해당 부동산과 관련된 광열비, 전기 및 수도료 등의 경비가 과다한 경우에는 임대수익을 감소시키는 위험요인으로 작용할 수 있다.

88 임대형 부동산펀드에 대한 주요 점검사항으로 가장 거리가 먼 것은?

① 향후 매각 가능성 및 매각가격
② 임대료와 공실률에 영향을 미치는 요인
③ 시공사의 신용등급
④ 차입규모의 적정성

89 임대형 부동산펀드에 대한 설명으로 옳지 않은 것은?

① 경기 침체 또는 취득한 부동산의 주변 상권이 취약한 경우에는 임대형 부동산펀드에서 취득한 부동산에서의 공실률이 증가하고 임대료가 감소하여 펀드수익률이 떨어질 수 있다.

② 부동산을 담보로 한 차입을 통해 임대수익을 제고하고자 하는 경우 과다한 차입을 실행한다.

③ 일반적으로 책임임대차계약이나 사전매매계약이 체결 없이 시장을 통해 해당 부동산에 대한 임차인을 구성하여 임대한다.

④ 해당 부동산과 관련된 경비(광열비, 전기 및 수도료, 청소비, 관리인건비 등)를 적절한 수준으로 유지해야 한다.

90 개량형 부동산펀드에 대한 주요 점검사항으로 가장 거리가 먼 것은?

① 개량비용이 임대수익이나 매매차익의 증가로 나타날 수 있는지 점검
② 해당 부동산과 관련된 광열비, 전기 및 수도료 등과 같은 일반적인 경비 점검
③ 자본적 지출 점검
④ 인허가가 용이한지, 민원 발생 우려가 없는지 점검

91 경공매형 부동산펀드에 대한 주요 점검사항과 가장 거리가 먼 것은?

① 부동산운용전문인력의 전문성 보유 여부
② 임대료와 공실률에 영향을 미치는 요인
③ 부동산펀드 규모의 적정성 여부
④ 체계적이고 투명한 펀드운용 가능성 여부

92 다음 중 대출형 부동산펀드에 대한 주요 점검사항과 가장 거리가 먼 것은?

① 펀드 규모의 적정성 여부
② 사업부지가 완전히 확보되어 있는지 여부
③ 인허가는 받았는지 여부
④ 우량한 시공사가 선정되어 있는지 여부

93 대출형 부동산펀드에 대한 설명으로 옳지 않은 것은?

① 부동산개발사업을 영위하는 시행사에 대한 대출을 통해 대출이자를 지급받고 대출원금의 상환을 받는 것을 운용목적으로 한다.
② 일반적으로 프로젝트 파이낸싱형 부동산펀드라고 불리기도 한다.
③ 부동산개발사업을 영위하는 시행사는 일반적으로 자본금이 작고 신용평가등급이 없으며, 시행법인이 추진하는 부동산개발사업의 사업성도 대출하는 시점에 확정할 수 없는 것이 일반적이다.
④ 자본시장법은 대출이자의 지급 및 대출원금의상환을 담보하기 위해 반드시 시공사의 지급보증을 받도록 의무화하고 있다.

94 대출형 부동산펀드에 대한 사전 점검사항과 가장 거리가 먼 것은?

① 시행법인의 사업부지 확보 가능성 및 인허가 획득 가능성
② 대출목적으로 조달한 차입금의 이자수준
③ 시공사의 신용평가등급 수준
④ 부동산개발사업의 사업성

95 부동산 경기변동의 4국면에 대한 설명으로 적절하지 않은 것은?

① 불황국면에서는 매수인이 더욱 우위에 있게 된다.

② 회복국면에서는 매도인 우위시장에서 매수인 우위 시장으로 조금씩 전환된다.

③ 회복국면에서는 일부 지역시장의 경우 점자 시장분위기가 개선되어 가는 징후를 보이기 시작한다.

④ 불황국면에서는 건축허가 건수가 급감하게 된다.

96 다음에서 설명하고 있는 부동산펀드의 투자전략은?

> • 부동산 개량이나 일정수준의 재개발투자를 실행하고 시장이 좋을 때 되파는 전략을 사용한다.
> • 전통적으로 관리방법의 변경이나 물리적 개선 등을 수행하며, 그러한 개선작업을 통해 임대수익을 추구한다.

① 핵심전략(Core전략)

② 핵심플러스전략(Core-plus전략)

③ 가치부가전략(Value added전략)

④ 기회추구전략(Opportunistic전략)

97 민법상 물권 중에서 용익물권이 아닌 것은?

① 유치권   ② 지상권
③ 지역권   ④ 전세권

98 부동산 수요요인에 대한 설명이다. 적절하지 않은 것은?

① 부동산수요자들의 소득이 늘어나면 다세대 또는 다가구주택의 수요가 감소하고 아파트에 대한 수요가 증가한다.

② 주거용 오피스텔에 대한 수요가 증가하면 소형아파트의 수요는 감소한다.

③ LTV 또는 DTI 비율이 강화되면 부동산 수요가 증가한다.

④ 부동산가격이 향후 오를 것으로 전망되면 부동산수요는 증가한다.

99 다음 중 부동산시장에 영향을 미치는 수요요인과 거리가 먼 것은?

① 소득
② 인구
③ 기술수준
④ 대출정책

100 정부의 부동산 정책 중 수요정책이 아닌 것은?

① 담보대출규모 조정
② 임대료 보조제 실시
③ 용도지역 · 지구제
④ 주택담보대출 세제혜택 조정

SECTION 01 | 펀드투자

01 다음 중 수익자총회의 결의가 필요한 신탁계약의 변경에 대한 내용으로 바르게 짝지어진 것은?

> ㉠ 신탁계약기간의 변경
> ㉡ 환매금지형 투자신탁이 아닌 투자신탁의 환매금지형 투자신탁으로의 변경
> ㉢ 집합투자업자 · 신탁업자 등이 받는 보수, 그 밖의 수수료의 인상
> ㉣ 환매대금 지급일의 연장

① ㉠   ② ㉠, ㉡
③ ㉠, ㉡, ㉢   ④ ㉠, ㉡, ㉢, ㉣

02 다음 중 투자회사와 투지신탁의 비교로 바르지 못한 것은?

① 투자회사의 투자자의 지위는 주주가 되며 투자신탁의 투자자의 지위는 수익자가 된다.
② 투자회사는 실체가 있어 펀드와 관련된 법률행위를 직접 수행할 수 있다.
③ 투자회사는 집합투자기구와 관련된 업무를 외부에 위탁하여서는 안 된다.
④ 투자신탁의 자산소유자는 신탁업자가 되며 투자회사의 자산소유자는 투자기구가 된다.

03 자본시장법상 집합투자기구의 종류에 대한 설명으로 바르지 못한 것은?

① 주택저당채권담보부채권 또는 주택저당증권은 증권 집합투자기구의 투자대상에서 제외된다.
② 부동산 집합투자기구는 부동산을 기초자산으로 하는 파생상품에도 투자할 수 있다.
③ 특별자산 집합투자기구는 편입자산에 증권과 부동산은 포함하지 않아야 한다.
④ 잔존만기 6개월 이내인 양도성예금증서는 단기금융 집합투기구의 투자대상에 해당한다.

04 부동산펀드에 관한 설명으로 거리가 먼 것은?

① 환매금지형 펀드이다.

② 공모형의 경우 30일 이내에 상장의무가 있다.

③ 개량형은 부동산을 취득한 후 가치를 증대하기 위해 개량 후에 매각 또는 임대 후 매각하는 펀드이다.

④ 토지를 취득한 경우 원칙적으로 부동산 개발사업을 시행하기 전에 해당 토지를 처분할 수 없다.

05 특별자산펀드에 대한 설명으로 옳지 않은 것은?

① 환매금지형 공모특별자산 투자회사의 경우 집합투자증권을 최초로 발행한 날부터 90일 이내에 증권시장에 상장의무 적용이 배제된다.

② 공모 특별자산펀드는 자본시장법상 운용제한 규정에도 불구하고 집합투자규약에 해당 내용을 정한 경우 예외적으로 펀드 자산 총액의 100%까지 동일 종목에 투자가 가능하다.

③ 통화, 일반상품, 신용위험 등을 합리적인 방법으로 산출이나 평가가 가능한 것을 기초자산으로 하는 파생상품은 특별자산펀드의 운용대상이 될 수 있다.

④ 펀드재산의 50%를 초과하여 특별자산에 투자하는 펀드로 나머지는 "증권 및 부동산"에도 투자할 수 있다.

06 다음 중 단기금융 집합투자기구(MMF)가 투자할 수 있는 단기금융상품에 해당되는 것은?

① 잔존만기 9개월인 양도성 예금증서

② 만기가 2년인 금융기관이 발행한 어음

③ 잔존만기 6년인 국채증권

④ 잔존만기 3년인 환매조건부매수

07 상장지수 집합투자기구(ETF)에 대한 설명으로 옳지 않은 것은?

① 투자자가 원하는 가격과 시간에 시장에서 매매가 가능하다.

② 대주주와의 거래가 제한된다.

③ 특정 주가지수를 따라가는 수익을 실현하는 것을 목적으로 한다.

④ 일반적 집합투자기구와는 달리 유통시장과 발행시장이 동시에 존재한다.

08 특수한 형태의 집합투자기구에 대한 설명으로 바르지 못한 것은?

① 존속기간을 정한 집합투자기구만 환매금지형 집합투자기구로 설정할 수 있다.

② 자집합투자기구가 모집합투자기구의 집합투자증권 외의 다른 집합투자증권을 취득할 수 있다.

③ 종류형 집합투자기구는 여러 클래스에 투자된 자산을 합쳐서 운용하여 규모의 경제를 달성할 수 있다.

④ 투자기구 세트 내에서 투자기구를 전환하게 되면 투자기구의 포트폴리오의 구성이 전환된다.

09 인덱스펀드에 대한 설명으로 옳지 않은 것은?

① 비교대상 지수인 인덱스와 유사하거나 근접한 수익률을 올리는 것을 목표하는 펀드이다.

② 초과위험을 최소화하는 것이 목적인 펀드이다.

③ 저렴한 비용, 투명한 운용, 시장수익률의 힘이 장점이다.

④ 추적대상지수 수익률을 초과하는 수익률을 목표로 운용할 수 없다.

10 일반적 분류에 따른 펀드의 구분에 대한 설명으로 거리가 먼 것은?

① 장외파생상품은 단위형, 개방형으로 설정된다.

② 대부분의 펀드는 추가형, 개방형, 상장형으로 설정된다.

③ 지속적인 상승추세가 예상되는 경우에는 거치식으로 투자하면 적립식보다 더 나은 수익을 기대할 수 있다.

④ 헤지펀드, PEF는 기존 전통적 자산과 상관관계가 낮은 대체투자상품이다.

11 신탁상품에 대한 설명으로 옳지 않은 것은?

① 자산의 운용 권한에 따라 금전신탁과 재산신탁으로 구분된다.

② 재산신탁은 자산유동화 또는 자금조달 목적으로 주로 이용된다.

③ 특정금전신탁을 통해 부동산에 투자하거나 대출로 운용할 수 있다.

④ 재산신탁에는 증권신탁, 금전채권신탁, 동산신탁, 부동산신탁, 부동산권리신탁, 무체재산권신탁 등이 대표적인 상품이다.

12 특정금전신탁에 대한 설명으로 바르지 못한 것은?

① 제3자를 수익자로 지정한 경우에는 증여세가 부과될 수 있다.

② 자본시장법에서는 신탁재산인 금전을 보험상품으로 운용하는 것을 원칙적으로 금지하고 있다.

③ 신탁기간 만료 이전에도 해지가 가능하나 소정의 중도수수료가 부과된다.

④ 신탁 해지 시 운용 중인 신탁재산을 처분하여 현금으로 지급하여야 한다.

13 연금저축신탁에 대한 설명으로 옳지 않은 것은?

① 연금개시 전에 중도해지를 하면 세액공제를 받은 납입금액과 운용수익을 합산한 금액을 대상으로 기타소득세(16.5%)로 부과한다.

② 연간납입액 중 600만 원을 한도로 13.2% 또는 16.5%(지방세 포함)까지 세액공제 혜택이 있다.

③ 연금소득금액(사적연금)이 연간 1,200만 원을 초과하는 경우 분리과세 또는 종합과세를 선택할 수 있다.

④ 연금지급 기간은 10년 이상 연 단위로 정할 수 있다.

14 신탁상품의 판매절차에 대한 설명으로 옳은 것은?

① 위탁자가 비지정형특정금전신탁 및 불특정금전신탁을 거래하고자 하는 경우 투자자 정보를 확인해야 하며, 고객이 정보를 제공하지 않는 경우에는 거부의사를 서면으로 확인받은 후 투자권유를 하여야 한다.

② 이미 투자자 정보를 알고 있는 경우에도 고객정보를 재파악하여 위탁자의 위험성향을 위험등급 분류체계에 따라 일정 유형으로 분류하고, 위탁자에게 위험분류체계와 위탁자의 등급을 설명하여야 한다.

③ 특정금전신탁 등을 통해 파생상품에 투자하는 경우에는 투자자의 연령과 파생상품에 대한 투자경험을 추가로 고려한 회사의 기준에 적합하지 않다고 인정되는 투자권유를 하여서는 안 된다.

④ 전문투자자인 고객에 대해서는 상품설명서 및 상담확인서의 징구를 생략할 수 있다.

15 신탁상품의 판매 관련 불건전 영업행위에 대한 내용으로 바르지 못한 것은?

① 확정되지 않은 사항을 확정적으로 표시하거나 포괄적으로 나타내는 행위는 금지된다.

② 특정 또는 불특정 다수에 대하여 정보통신망을 이용하거나 상품안내장 등을 배포하여 명시적으로나 암시적으로 예정수익률을 제시하는 행위는 금지된다.

③ 수탁고가 10만 원 이하인 경우는 신탁재산의 운용내역 통보의무가 배제된다.

④ 신탁업자가 취급하는 모든 특정금전신탁상품의 안내장이나 상품설명서를 영업점에 비치하거나 배포하는 등의 방법으로 불특정 다수의 투자자에게 홍보하는 행위는 금지된다.

16 다음 중 투자관리로서 자산배분의 중요성에 대한 설명으로 옳지 않은 것은?

① 전략적 자산배분과 다른 자산구성 비율이 적용되는 것을 방지하기 위하여 전술적 자산배분 실행 시 주관적인 판단을 적용하지 않아야 한다.

② 기본적으로 시장 가격이 상승하여 내재가치 대비 고평가되면 매도하고, 시장 가격이 하락하여 내재가치 대비 저평가되면 매수하는 역투자 전략을 이론적 배경으로 한다.

③ 기관투자자는 자산배분의 전문성을 증가시키기 위해 운용전략팀, 전략가 등 별도의 조직을 갖추거나 외부전문가를 활용하기도 한다.

④ 투자수익과 투자위험면에서 성격이 다른 여러 자산들에 대하여 투자자금을 효율적으로 배분하여 투자목표를 달성하고자 하는 목적을 가지고 있다.

17 투자목표를 설정하기 위한 제약조건으로 거리가 먼 것은?

① 고객의 특별한 요구사항   ② 투자자금의 성격

③ 법적 규제   ④ 자산배분 모델 선정

18 다음의 각 주식의 확률분포표를 분석한 설명 중 올바른 것을 모두 고른 것은?

상황	확률	예상 수익률	
		주식A	주식B
호황기	0.4	20%	5%
정상	0.4	10%	10%
불경기	0.2	−15%	15%

> ⊙ A주식의 기대수익률이 B주식의 기대수익률보다 높다.
> ⓛ A주식이 B주식보다 높은 위험을 보인다.
> ⓒ 위험 한 단위당 기대수익률은 B주식이 A주식보다 높다.

① ㉠, ㉡   ② ㉡, ㉢

③ ㉠, ㉢   ④ ㉠, ㉡, ㉢

19 다음 중 위험에 대한 설명으로 적절하지 않은 것은?

① 미래 기대수익률의 분산 또는 투자수익의 변동 가능성, 기대한 투자수익이 실현되지 않을 가능성을 지닌다.

② 투자로 인한 손실 가능성은 투자로부터 예상되는 미래 기대수익률의 분산 정도가 클수록 커지게 된다.

③ 위험을 측정하는 합리적인 방법은 분산 혹은 표준편차를 이용하는 것이다.

④ 분산은 발생 가능한 수익률의 평균수익률로부터의 편차들을 평균한 값으로 변동성의 크기를 측정한 것이다.

20 다음 중 미래 경제상황의 불확실성에 대비하여 적절한 투자 방안을 찾는 합리적인 투자의사 판단으로 적절하지 않은 것은?

① 이자율 상승이 예상된다면 지금 돈을 빌리는 것이 부채비용이 낮다.

② 물가가 오르면 우리의 실질구매력은 감소한다.

③ 인플레이션이 지속되는 시기에는 나중에 지불하면 더 많은 돈을 지불해야 한다.

④ 이자율 하락이 예상되는 경우 단기저축이 장기저축보다 유리하다.

21 다음 중 전략적 자산배분 전략에 대한 설명을 모두 고르시오.

> ㉠ 적극적 투자관리 전략이다.
> ㉡ 증시가 효율적인 것을 전제로 한다.
> ㉢ 시장 평균 수준의 투자수익을 얻거나 투자위험을 최소화하고자 한다.
> ㉣ 단기적인 투자관리 방법이다.
> ㉤ 정보수집·분석의 노력과 비용이 많이 소요된다.

① ㉠, ㉣
② ㉡, ㉢
③ ㉢, ㉣
④ ㉣, ㉤

22 자산집단의 선정에 대한 설명을 틀린 것은?

① 자산집단은 분산 가능성과 독립성을 갖춰야 한다.

② 투자자산은 이자지급형 자산보다 변동성이 높아 수익과 손실이 크다.

③ 하나의 자산집단은 다른 자산집단과 상관관계가 충분하게 낮아야 분산투자 시 위험 감소효과가 발휘된다.

④ 단기금융상품은 이자지급형 자산으로 정기예금, 정기적금 등이 있다.

23 다음 중 업그레이딩에 관한 내용을 모두 고르시오.

> ㉠ 상황 변화가 있을 경우 자산포트폴리오가 갖는 원래의 특성을 그대로 유지하고자 하는 것이다.
> ㉡ 위험에 비해 상대적으로 높은 기대수익을 얻고자 하거나, 기대수익에 비해 상대적으로 낮은 위험을 부담하도록 자산 포트폴리오의 구성을 수정하는 것이다.
> ㉢ 자신집단의 상대가격의 변동에 따른 투자비율의 변화를 원래대로의 비율로 환원시키는 방법이다.
> ㉣ 많은 경우 높은 성과를 지닌 자산을 식별하는 것보다 큰 손실을 가져다주는 자산을 식별하여 포트폴리오에서 제거하는 방법을 사용한다.

① ㉠, ㉢   ② ㉠, ㉣

③ ㉡, ㉢   ④ ㉡, ㉣

24 전략적 자산배분에 대한 설명으로 바르지 않은 것은?

① 묵시적으로 투자기간 중 기본적인 가정이 변화하지 않는 이상 포트폴리오의 자산구성을 변경하지 않는 장기적인 의사결정이다.

② 자산집단의 가격이 단기적으로는 적정가치에서 벗어나지만, 중장기적으로는 내재가치로 복귀한다는 가정을 이용한다.

③ 현실은 투자자들의 위험선호는 변화할 수밖에 없으나 위험선호도의 단기적인 변화를 반영하지 않는다.

④ 장기적인 자산구성비율과 중기적으로 개별자산이 취할 수 있는 분산투자의 상하한선을 결정한다.

25 전술적 자산배분에 대한 내용으로 적합하지 않은 것은?

① 자산집단의 균형가격은 어떠한 모형이나 이론으로도 규명이 어려우므로 주관적인 가격 판단을 활용하는 경우도 많다.

② 자산 집단의 기대수익률, 위험, 상관관계의 변화를 중기적으로 계속하여 예측한다.

③ 시장가격이 상승하면 매수하고, 시장가격이 하락하면 매도하는 전략이다.

④ 실행도구로는 가치평가모형, 기술적 분석, 포뮬러플랜이 있다.

26 다음 중 펀드 분석 및 평가의 목적에 관한 설명 중 옳지 않은 것은?

① 펀드의 분석은 분석대상 펀드의 특징을 찾아내는 과정이며 펀드의 평가는 펀드의 운영성과를 측정하여 그 우열이나 순위를 가리는 과정을 의미한다.

② 일차적으로 측정한 계량적인 성과는 과거의 성과가 양호했다는 결과뿐만 아니라 향후에도 양호한 펀드가 유지될 수 있는 여부를 판단할 수 있다.

③ 정량적인 성과는 실력과 관계없는 운에 의해 양호한 성과가 나타날 가능성을 배제하여선 안 된다.

④ 성공적인 운용결과를 보여주었다고 해서 계속투자하거나 실패한 펀드라고 해서 투자를 중단하는 식으로 일률적으로 판단해서는 안 된다.

27 펀드 평가에 있어서 질적 평가 요소가 아닌 것은?

① 펀드 등급(Rating)
② 운용자와 운용회사에 대한 평가
③ 성과요인 분석
④ 포트폴리오 분석

28 다음 중 집합투자기구의 가격정보에 해당하는 것은?

① 기준가격
② 수익률
③ 위험
④ 등급

29 다음 중 펀드의 운용성과를 결정하는 요소로 적절하지 않은 것은?

① 투자하는 펀드의 운용수익률
② 시장 예측을 통한 투자시점의 결정
③ 투자대상 유형별 자산배분의 선택
④ 투자성과에 대한 적절한 모니터링

PART
01

PART
02

PART
03

PART
04

PART
05

30 집합투자기구 유형분류에 관한 설명으로 옳지 않은 것은?

① 미국을 중심으로 한 선진국 시장의 경우 주식집합투자기구와 채권집합투자기구를 스타일에 따라 분류한다.

② 스타일 분류는 각 스타일의 집합투자기구들이 시장의 국면변화와 무관하게 동일한 운용성과를 나타낸다는 특징을 지니고 있다.

③ 해외투자지역에 따라 집합투자기구의 유형을 달리 분류하는 것이 원칙이다.

④ 유형분류는 객관적인 평가를 위해 필요한 요소일 뿐만 아니라 투자자의 자산배분의 기초단위로 집합투자기구 선택을 위해서도 중요한 요소이다.

31 다음 중 벤치마크 설정에 대한 설명으로 옳지 않은 것은?

① 벤치마크는 집합투구기구별로 정해진다.

② 집합투자기구의 벤치마크는 성과평가의 기준 역할도 한다.

③ 벤치마크 설정 시 투자 견해를 반영하는 것은 객관성이 결여되어 바람직하지 못하다.

④ 주식이 투자대상인 주식형 집합투자기구의 벤치마크로는 1차적으로 종합주가지수가 고려된다.

32 사전에 자산배분이 정해지고, 실제 운용단계에서는 벤치마크를 추구하는 집합투자기구의 위험 측정에 사용되기에 적합하지 않은 위험 지표는?

① 공분산   ② 초과수익률
③ 베타   ④ VaR

33 A펀드의 수익률이 7%, 무위험 이자율이 3%, A펀드의 표준편차가 1%, A펀드의 베타가 0.5일 경우 샤프비율은 얼마인가?

① 4.0   ② 7.0
③ 8.0   ④ 14.0

34 다음 중 위험 조정성과 측정 및 위험 조정지표에 대한 설명으로 적절하지 않은 것은?

① 샤프비율은 수익률구간(일간, 주간, 월간)에 따라 결과가 달라지므로 성과 분석 시 유의하여야 한다.

② 젠센의 알파가 집합투자기구 실제수익률이 시장균형을 가정한 경우의 기대수익률보다 얼마나 높은지를 측정하는 지표이다.

③ 정보비율은 이론적인 근거를 바탕으로 0.5 이상인 경우 "우수", 0.75 이상인 경우 "매우 우수", 1.0 이상인 경우 "탁월"한 것으로 운용자의 능력을 평가할 수 있다.

④ 정보비율은 펀드 운용자의 능력 이외에 운 등 다른 요인이 큰 비중을 차지하기 때문에 운용자의 능력을 평가하기 위해서는 성과 측정기간이 충분해야 한다.

35 다음은 무엇에 대한 설명인가?

> • 성과에 가장 큰 요인을 주는 변수를 골라내 이를 기준으로 펀드를 분류하는 기법이다.
> • 사전적으로 향후 시장을 예측하여 특징에 맞는 집합투자기구를 고르는 판단 요소가 되며 사후적으로는 과거 집합투자기구성과의 원인을 적절하게 설명해주는 역할을 한다.
> • 효과적인 분산투자 방안을 마련하는 투자전략에 사용한다면 투자의 효율성을 높일 수 있다.

① 운용회사 · 운용자 질적 분석

② 포트폴리오 분석

③ 스타일 분석

④ 성과요인 분석

▌SECTION 02 ┃ 투자권유

36 자본시장법상 투자회사의 이사에 대한 설명으로 가장 올바른 것은?

① 투자회사의 이사는 법인이사와 감독이사가 있다.

② 해당 투자회사의 신탁업자가 법인이사가 된다.

③ 감독이사는 1인 이상이어야 한다.

④ 해당 투자회사의 대주주는 감독이사가 된다.

37 다음 중 수익자총회의 결의를 필요로 하지 않는 것은?

① 집합투자업자 · 신탁업자의 변경

② 보수 · 수수료 인상

③ 주된 투자대상 자산의 변경

④ 환매금지형 펀드에서 개방형 펀드로의 변경

38 다음 설명 중 적절하지 않은 것은?

① 집합투자업자 또는 투자회사 등은 금융위에 등록한 집합투자기구 관련사항이 변경된 경우에는 2주 이내에 그 내용을 금융위에 변경등록을 해야 한다.

② 환매연기를 결정한 날로부터 2주 이내에 집합투자자총회에서 환매연기결정에 관한 사항을 의결해야 한다.

③ 수익자총회의 결의가 이루어지지 않은 경우에는 2주 이내에 연기된 수익자총회를 소집해야 한다.

④ 수익자총회의 결의사항 중 합병이나 신탁계약의 중요 내용에 반대하는 경우 매수청구권을 행사할 수 있는데, 매수청구권은 수익자총회 결의일로부터 20일 내로 서면으로 통지하여 행사한다.

39 다음 중 투자신탁을 당연해지(법정해지)할 수 있는 경우에 해당하지 않는 것은?

① 수익자 전원이 동의한 경우

② 신탁계약에서 정한 신탁계약기간의 종료

③ 수익자총회에서 투자신탁 해지 결의

④ 투자신탁의 등록 취소

40 종류형 집합투자기구에 관한 설명으로 옳지 않은 것은?

① 집합투자업자 및 신탁업자 보수는 클래스별로 차별화하지 못한다.

② 투자자는 여러 종류의 집합투자증권 간에 전환할 수 있는 권리를 가지며, 이 경우 전환에 따른 수수료를 부과할 수 없다.

③ 특정 종류의 투자자에 대해서만 이해관계가 있을 때에는 다른 종류의 투자자 동의 없이도 그 종류의 투자자만으로 총회를 개최할 수 있다.

④ 종류형 집합투자기구에서 만들 수 있는 종류(Class)의 수는 4개이다.

41 자본시장법상 집합투자증권을 환매하는 경우 부과하는 환매수수료가 귀속되는 주체로 가장 올바른 것은?

① 집합투자재산
② 신탁업자
③ 집합투자업자
④ 집합투자증권을 판매한 투자중개업자

42 다음 중 환매금지형 펀드로 설립해야 하는 경우가 아닌 것은?

① 부동산 집합투자기구를 설정·설립하는 경우
② 종류형 집합투자기구를 설정·설립하는 경우
③ 각 집합투자기구의 자산총액의 20%의 범위에서 금융위가 정하여 고시하는 시장성 없는 자산에 투자할 수 있는 펀드를 설정·설립하는 경우
④ 일반투자자를 대상으로 하는 펀드로서 자산총액의 50%를 초과하여 금융위가 정하여 고시하는 자산에 투자하는 펀드를 설정·설립하는 경우

43 자본시장법상 공모 집합투자기구의 동일종목 투자한도가 가장 높은 것은?

① 지방채증권
② OECD 회원국 정부가 발행한 채권
③ 한국은행이 발행한 통화안정증권
④ 주권상장법인이 발행한 채권

44 집합투자업자의 이해관계인과의 거래 제한에 대한 설명으로 옳지 않은 것은?

① 집합투자업자는 집합투자재산을 운용함에 있어 이해관계인과 거래를 할 수 없다.
② 집합투자업자는 집합투자기구의 재산으로 그 집합투자업자가 발행한 증권을 취득할 수 없다.
③ 집합투자업자는 집합투자기구의 재산으로 집합투자업자의 계열회사가 발행한 지분증권에 투자할 수 없다.
④ 집합투자업자는 계열사가 발행한 지분증권 외의 증권에 투자하고자 하는 경우 계열회사 전체가 그 집합투자업자에 대해 출자한 비율 해당금액을 초과할 수 없다.

45 외국집합투자기구 등록 시 필요한 외국집합투자업자의 요건으로 옳지 않은 것은?

① 최근 사업연도 말 현재의 자산운용규모가 3조 원 이상일 것

② 국내에서 판매하려는 외국집합투자기구의 종류에 따라 집합투자업 인가업무 단위별 최저자기자본 이상일 것

③ 최근 3년간 본국 또는 국내감독기관으로부터 업무정지 이상에 해당하는 행정처분을 받거나 벌금형 이상에 해당하는 형사 처벌을 받은 사실이 없을 것

④ 적격 연락책임자(집합투자업자, 판매회사, 법무법인, 회계법인)를 국내에 둘 것

46 펀드판매 절차에 대한 설명으로 옳지 않은 것은?

① 투자자가 판매회사 영업점 방문을 통해 펀드에 투자하는 경우에는 6단계 판매절차로 구분할 수 있다.

② 투자자에게 적합한 펀드선정을 하는 단계는 투자자 정보 파악 절차에 따라 파악된 투자자 성향 등급에 부합하는 펀드 선정 및 투자 권유를 하는 단계이다.

③ 기존투자자에게 ELS, ELF, ELT, DLS, DLT 등과 같은 고위험 파생결합 상품을 판매하는 경우에는 계약체결 이전에 투자자에게 '적합성 보고서'를 교부하여야 한다.

④ 투자자에게 설명 자료를 이용하여 투자권유 펀드의 주요 사항을 구체적으로 설명해야 한다.

47 수익증권 저축의 종류 중 저축목표금액을 정하여 일정 기간 이상 저축금액 및 납입횟수에 제한 없이 수시로 입금이 가능한 방식은?

① 임의식   ② 수익금 인출식
③ 자유 적립식   ④ 목표식

48 수익증권 저축의 주요 내용에 대한 설명으로 거리가 먼 것은?

① 판매회사는 저축금에 대해 저축자에게 고지한 지급기준에 따른 저축금 이용료를 지급하여야 한다.

② 저축자는 저축재산의 관리에 필요한 일체의 사항을 판매회사에 위임한다.

③ 매매가 체결된 경우, 다음 달 마지막 날까지 펀드에서 발생한 모든 비용을 반영한 실질 투자 수익률, 투자원금 및 환매예상 금액, 총 보수와 판매수수료 각각의 요율을 통지하여야 한다.

④ 저축자가 보유한 집합투자증권이 ETF, MMF, 사모펀드의 집합투자증권인 경우에는 판매회사가 영업점에서 고객이 확인 가능하도록 마련하거나 인터넷 홈페이지에서 확인을 가능케 함으로써 통지를 대신할 수 있다.

49 수익증권 저축자의 우대조치에 대한 설명으로 바르지 못한 것은?

① 투자신탁에 대한 투자수요 확대를 개발하고 장기저축을 유도하기 위한 방법으로 수익증권 저축자에 대해 개별신탁의 신탁계약에 우선하여 환매수수료의 면제 등 저축 특성에 맞는 우대조치를 취해주고 있다.

② 저축자가 세금정산 목적으로 수익증권 전부를 환매하고 즉시 그 환매자금으로 해당 수익증권을 재매입하는 때에 재매수한 수익증권의 환매수수료 계산시작일은 수익증권 재매수일로 한다.

③ 거치식 저축의 경우 환매수수료 받는 기간 중에 당초 저축한 금액의 전부 또는 일부에 해당하는 수익증권 환매 시 이미 환매한 수익증권에 대하여 면제된 환매수수료를 받는다.

④ 저축기간을 1년 이상으로 하는 목적식 저축의 경우 저축기간 종료 이후 수익증권을 환매하는 경우 환매수수료를 면제한다.

50 수익증권 매매 시의 입 · 출금 처리에 대한 설명으로 바르지 못한 것은?

① 좌수를 금액으로 환산하는 경우 원 미만의 단수는 수납 시에는 절상하고 지급 시에는 절사한다.

② 상환금 출금이란 투자신탁의 신탁계약기간의 종료로 인한 상환금의 당일 출금 시 처리하는 방식이다.

③ 이익금 출금이란 거치식 저축의 수익금을 환매수수료를 부담하지 않고 출금하는 경우를 말한다.

④ 금액 입금 시에는 현금 이외의 판매회사가 인정하는 수표, 어음 등 추심할 수 있는 증권으로도 납입할 수 있다.

51 소득세법상 양도소득 과세대상 중 파생상품에 대한 내용으로 옳은 것은?

① 개별주식 관련 파생상품은 양도소득 과세대상이다.

② 주가지수 관련 장외파생상품은 양도소득 과세대상이다.

③ 파생상품에 대한 양도소득세 과세는 기본세율 20%이다.

④ 해외시장에서 거래되는 장외파생상품은 과세대상에 해당한다.

52 집합투자기구의 세법상 요건이 아닌 것은?

① 자본시장법에 의한 집합투자기구일 것

② 당해 집합투자기구의 설정일부터 매년마다 1회 이상 결산 · 분배할 것

③ 금전으로 위탁받아 금전으로 환급할 것

④ 이익금을 유보하지 않을 것

53 집합투자기구 세제에 대한 내용으로 바르지 못한 것은?

① 일부손익과세제외 규정은 이익뿐 아니라 손실도 과세 제외되어 그 손실이 소득을 초과하여 원금 대비 투자손실이 발생한 경우에도 과세가 이루어질 수 있다.

② 현금수령이 없더라도 재투자특약에 의하여 원본에 전입하는 경우에도 이를 지급받은 것으로 보고 원본에 전입되는 날을 수입시기로 본다.

③ 집합투자증권 현물거래는 개방형 펀드의 경우에도 증여나 상속 또는 양도의 목적으로 이루어진다.

④ 주식 · 채권 · 파생상품 등 원본손실 가능성이 있는 투자자산의 매매차익을 결산분배일마다 과세한다.

54 부동산 집합투자기구 운용에 따른 과세에 대한 설명으로 바르지 못한 것은?

① 부동산은 취득할 때, 보유할 때, 처분할 때에 세금이 발생할 수 있다.

② 재산세는 건축물의 경우 종합합산과세대상, 별도합산과세대상, 분리과세대상 토지로 구분한다.

③ 종합부동산세는 토지와 주택에 대하여 과세된다.

④ 토지와 건물을 일체로 공급하는 경우 건물분에 대해서만 부가가치세를 납부한다.

55 투자자 단계에서의 과세에 대한 내용으로 옳지 않은 것은?

① 무조건 분리과세 대상인 투자신탁의 이익은 원천징수만으로 납세의무가 종결된다.

② 무조건 종합과세되는 금융소득은 원천징수가 되지 않는 예외적인 금융소득에 대하여 적용한다.

③ 투자신탁의 이익은 종합소득금액에 배당소득에 포함되어 배당소득세액공제를 받을 수 있다.

④ 투자자가 내국법인인 경우 예외적으로 투자신탁의 이익도 원천징수한다.

56 금융투자회사의 직무윤리 특성에 대한 설명이다. 가장 거리가 먼 것은?

① 직무윤리는 자율규제의 성격이 강하다.

② 금융투자회사의 내부통제기준으로 직무윤리준수를 요구한다.

③ 금융투자회사의 준법감시인은 내부적인 직무윤리를 감독한다.

④ 직무윤리 위반 시 강제적 제재수단은 없다.

57 직무윤리는 투자 관련 직무에 종사하는 일체의 자를 대상으로 한다. 여기서 '일체의 자'를 모두 고르면?

> ㉠ 회사와 정식의 고용관계에 있지 않은 자로 투자 관련 직무에 종사하는 자
> ㉡ 무보수로 일하는 자
> ㉢ 투자권유자문인력 등의 관련 전무자격증을 소유하고 있지 않으나 관련 업무에 실질적으로 종사하는 자
> ㉣ 아무런 계약관계가 없는 잠재적 고객을 대상으로 투자 관련 직무를 수행하는 자

① ㉠, ㉡

② ㉠, ㉡, ㉢

③ ㉠, ㉢, ㉣

④ ㉠, ㉡, ㉢, ㉣

PART 01

PART 02

PART 03

PART 04

PART 05

58 신의성실의 원칙이 갖는 기능에 대한 설명으로 옳지 않은 것은?

① 권리의 행사와 의무를 이행함에 있어서 행위준칙이며, 법률관계를 해석함에 있어서 해석상의 지침이 된다.

② 계약이나 법규의 흠결이나 불명확한 점이 있는 경우, 신의칙은 이를 메워주고 명확하게 하는 기능을 한다.

③ 권리의 행사가 신의칙에 반하는 경우에는 권리남용이 되어 권리행사로서의 법률효과가 인정되지 않는다.

④ 신의칙 위반이 법원에서 다루어지는 경우, 당사자의 주장이 있는 경우에만 법원은 신의칙 위반 여부를 판단할 수 있다.

59 과당매매와 관련하여 특정 거래가 빈번한 거래인지 또는 과도한 거래인지 판단할 때에 고려되어야 할 사항으로 부적절한 것은?

① 일반투자자가 당해 거래로 인하여 실제 투자손실을 입었는지의 여부

② 일반투자자가 부담하는 수수료의 총액

③ 일반투자자의 재산상태 및 투자목적에 적합한지 여부

④ 일반투자자가 투자지식이나 경험에 비추어 당해 거래에 수반되는 위험을 잘 이해하고 있는지 여부

60 금융소비자 보호의무에 대한 설명으로 옳지 않은 것은?

① 신의성실의 원칙에 바탕을 두고 있다.

② 윤리적 의무인 동시에 법적인 의무이다.

③ 회사의 평판위험 관리와도 관련이 있다.

④ 전문투자자에 대해서는 적용되지 않는다.

61 금융소비자 보호를 위한 설명의무에 대한 설명으로 옳지 않은 것은?

① 금융투자업자는 일반투자자를 상대로 투자권유를 하는 경우에는 금융투자상품의 내용, 투자에 따르는 위험 등을 일반투자자가 이해할 수 있도록 설명하여야 한다.

② 금융투자업자는 설명내용을 일반투자자가 이해하였음을 서명, 기명날인, 녹취 등의 방법으로 확인을 받아야 한다.

③ 중요사항을 거짓 또는 왜곡하여 설명하거나 누락하여서는 아니 된다.

④ 투자자의 투자경험 등 투자자의 이해수준을 고려하여 설명의 정도를 달리하여서는 아니 된다.

62 회사에 대한 신임의무를 이행하는 것과 가장 거리가 먼 것은?

① 회사의 이해충돌이 발생할 수 있는 직무에 대한 겸임 금지

② 회사의 재산이나 회사로부터 부여받은 지위를 이용하여 사적 이익을 추구하는 행위를 하지 않을 것

③ 고용계약이 종료된 이후에도 일정 기간 동안 회사의 명함을 사용하지 않는 행위

④ 합리적인 의사결정과 적정한 업무수행을 통해 주주가치를 극대화하고자 하는 행위

63 금융투자회사 표준내부통제기준에 따른 준법감시인에 대한 설명으로 옳지 않은 것은?

① 내부통제기준의 적정성을 정기적으로 점검해야 한다.

② 이사회와 대표이사의 지휘를 받아 그 업무를 수행한다.

③ 내부통제체제의 구축ㆍ유지ㆍ운영 및 감독책임이 있다.

④ 관련 규정상 조건 충족 시 준법감시업무 중 일부를 준법감시업무를 담당하는 임직원에게 위임할 수 있다.

64 직무윤리 위반 시 가해지는 외부통제 중에서 금융감독기구가 취할 수 있는 제재사항에 속하지 않는 것은?

① 금융투자업자에 대한 검사권 또는 조치명령권
② 회원사에 대한 제명
③ 금융투자업자 임원에 대한 해임 요구
④ 금융투자업자 직원에 대한 면직

65 금융투자업종사자의 고용계약 종료 후의 의무에 대한 설명으로 옳지 않은 것은?

① 퇴직 등의 사유로 회사와의 고용계약이 종료된 이후에도 합리적인 기간 동안 지속된다.
② 회사로부터 명시적인 서면에 의한 권한을 부여받지 않으면 비밀정보를 출간, 공개 또는 제3자가 이용하도록 하여서는 아니 된다.
③ 회사의 요구가 있을 경우에는 보유하고 있거나 자신의 통제하에 있는 기밀정보를 포함한 모든 자료를 회사에 반납하여야 한다.
④ 고용기간 동안 본인이 생산한 지적재산물은 회사의 재산으로 반환하여야 하며, 고용기간이 종료한 후에야 퇴직자가 이용하거나 처분권한을 가지게 된다.

66 투자권유에 대한 설명으로 옳지 않은 것은?

① 투자자가 서명 또는 기명날인으로 설명서의 수령을 거부하는 경우에는 설명서를 교부하지 아니하여도 된다.
② 펀드의 경우에는 투자자가 투자설명서 교부를 별도로 요청하지 아니하는 경우 간이투자설명서 교부로 갈음할 수 있다.
③ 투자자는 일반투자자와 전문투자자로 구분되며, 주권상장법인이 장외파생상품거래를 하는 경우에는 일반투자자로 본다.
④ 일반투자자가 전문투자자의 대우를 받겠다고 요청할 경우 이에 동의해야 한다.

67 표준투자권유준칙 중 투자자 정보 파악단계에 대한 설명으로 옳지 않은 것은?

① 투자권유를 희망하는 투자자에게 투자권유를 하기 전에 반드시 투자자의 정보를 파악하여야 한다.
② 투자자 정보는 반드시 투자자가 자필로 작성할 필요는 없다.
③ 투자자의 대리인으로부터 투자자 본인의 정보를 파악하면 아니 된다.
④ MMF, 국채증권 등 위험이 높지 않은 금융상품 투자 및 환매조건부매매를 하는 투자자에 대해서는 간략한 투자자 정보를 이용할 수 있다.

68 금융투자상품 권유 및 그 판매와 관련한 의무와 가장 거리가 먼 것은?

① 고객이익 최우선의 원칙
② 금융투자회사 임직원의 소속회사에 대한 충실의무
③ 회사재산과 정보의 부당한 사용 및 유출 금지의무
④ 고객에게 정확한 정보제공 의무

69 자본시장법 제79조에서는 집합투자업자에게 적용되는 의무 등을 별도로 규정하고 있는데, 다음 중 이와 관계가 가장 깊은 것은?

① 신의성실의무
② 공정성 유지의무
③ 선관의무 및 충실의무
④ 전문지식배양의무

70 다음 중 개인정보처리자의 개인정보보호원칙으로 옳지 않은 것은?

① 개인정보의 처리목적에 필요한 범위 내에서 적합하게 개인정보를 처리하여야 하며, 그 목적 외의 용도로 활용해서는 안 된다.
② 개인정보의 처리방침 등 개인정보의 처리에 관한 사항을 공개하여야 한다.
③ 정보주체의 사생활 침해를 최소화하는 방법으로 개인정보를 처리하여야 한다.
④ 개인 정보는 정확한 정보를 필요로 하므로, 익명처리를 하여서는 안 된다.

71 개인정보 유출에 대한 처벌에 대해 설명한 것으로 옳지 않은 것은?

① 개인정보보호법은 정보 유출에 대한 손해배상을 강화하면서 징벌적 손해배상제도를 도입하였다.
② 고의 · 중과실로 개인정보 유출 등이 발생하여 손해가 발생한 때에는 법원은 손해액의 5배를 넘기지 않는 범위에서 손해배상액을 정할 수 있다.
③ 개인정보 유출로 인해 피해를 입었을 경우에 구체적 피해액을 입증한다면, 법원 판결을 통해 정해진 일정 금액을 보상받는 법정 손해배상제도를 도입하였다.
④ 개인에 대해서도 부정한 방법으로 개인정보를 취득하여 타인에게 제공하는 자에게는 징역 5년 이하 또는 5천만 원 이하의 벌금에 처하도록 규정하고 있다.

72 분쟁조정제도의 장 · 단점에 대한 설명이다. 틀린 것은?

① 소송수행으로 인한 추가적인 부담 없이 최소한의 시간 내에 합리적으로 분쟁처리가 가능하다.

② 복잡한 금융 관련 분쟁에 대한 전문가의 조언 및 도움을 받을 수 있다.

③ 개인투자자가 확인하기 어려운 금융투자회사의 보유자 등을 조정기관을 통해 직접적으로 확인이 가능하다.

④ 양 당사자의 합의가 도출되지 않으면 분쟁처리가 지연될 수 있다.

73 다음은 어떤 금융분쟁의 유형에 속하는가?

> 금융투자회사는 직원이 고객에게 투자권유를 하면서 금융투자상품에 대한 설명의무를 충실히 이행하지 않음으로써, 위험에 대한 투자자의 인식 형성을 방해하고 과도하게 위험성이 높은 투자를 권유한 경우 사안에 따라 민사상 손해배상책임이 발생할 수 있다.

① 일임매매

② 임의매매

③ 부당권유

④ 주문 관련

74 다음 설명 중 가장 거리가 먼 것은?

① 금융투자상품의 매매나 계약체결의 권유가 수반되지 않는 정보 제공은 투자권유가 아니므로, 투자자 정보 확인서를 작성할 필요가 없다.

② 투자자의 투자정보는 반드시 투자자가 자필로 작성할 필요는 없다.

③ 투자권유불원고객에 대해서는 원금 손실 가능성 등의 주요 유의사항을 알리지 않아도 된다.

④ 투자설명서는 법정 투자권유 문서이므로 투자권유불원고객이라도 해당 증권에 투자하고자 하는 경우에는 판매 전에 알려야 한다.

75 해외자산에 투자하는 신탁계약을 투자권유할 때 추가적으로 설명해야 할 사항이 아닌 것은?

① 투자대상 국가 또는 지역 및 자산별 투자비율

② 투자대상 국가 또는 지역의 경제, 시장상황 등의 특징

③ 과거의 환율변동 추이가 미래의 환율변동을 전부 예측하지 못한다는 사실

④ 환위험 헤지를 할 경우 환율변동 위험을 안전하게 제거할 수 있다는 사실

76 다음 설명 중 적절하지 않은 것은?

① 재무설계는 전 생애에 걸친 과정이다.

② 재무설계는 개인마다 특수성이 있기 때문에 전문가의 도움을 받아 단기적으로 설계해야 한다.

③ 유언이나 상속 관련 자료, 보험 보장범위에 대한 자료는 양적인 자료이다.

④ 재정상태의 건전성을 파악할 수 있는 것이 자산상태표이다.

77 재무설계 설정 시 유의사항이 아닌 것은?

① 재무목표는 현실적이어야 한다.

② 재무목표는 구체적이고 측정 가능한 용어로 기술되어야 한다.

③ 다양한 재무목표가 있을 경우 가장 중요한 목표를 재무목표로 선택한다.

④ 취할 행동의 종류가 포함되어 있어야 한다.

78 노인가계의 재무설계에 대한 설명으로 적절하지 않은 것은?

① 자산 증식보다는 안정적인 소득 창출이 주목적이어야 한다.

② 인플레에서 자산가치를 보호할 장치를 만들어야 한다.

③ 투자와 상속계획은 충분한 여유자금이 있을 때만 해야 한다.

④ 여유자금이 있어 투자를 하고자 할 때에는 수익 극대화를 목표로 단기보다는 장기상품 위주로 상품을 선택한다.

79 퇴직 후 자산관리 운용지침의 하나로써, 안전성을 가정 먼저 고려하는 것과 가장 거리가 먼 것은?

① 주식투자와 같은 공격형 투자를 하지 않도록 해야 한다.

② 사금융을 피한다.

③ 실세연동형 금리보다는 변동금리를 선택한다.

④ 은행 정기예금, CD, MMDA, MMF, 국공채 등에 투자한다.

80 다음 중 투자성향이 위험중립형인 투자자에게 권유할 수 있는 금융투자상품은?

① 채권혼합형 펀드   ② 원금비보장형 ELS

③ 주식투자   ④ BB등급 회사채

81 다음의 요건을 모두 충족하는 부동산 집합투자기구의 법적 형태는?

> • 부동산펀드가 직접 개발사업시행자로서 부동산개발에 투자하고자 한다.
> • 공모형이며 상장형으로 설정 또는 설립하고자 한다.

① 부동산투자신탁   ② 부동산투자회사

③ 부동산투자유한회사   ④ 부동산투자합자회사

82 다음 중 자본시장법상 상장의무가 있는 부동산펀드는?

① 공모부동산투자회사   ② 사모부동산투자신탁

③ 공모부동산투자합자회사   ④ 공모부동산투자조합

83 부동산 집합투자기구가 차입할 수 있는 기관이 아닌 것은?

① 상호저축은행   ② 종합금융회사

③ 우체국금융   ④ 다른 부동산펀드

84 부동산펀드의 집합투자업자가 제3자에게 위탁할 수 있는 업무에 해당하지 않는 것은?

① 부동산의 취득 · 처분 및 부수업무

② 부동산의 개발 및 부수업무

③ 부동산의 관리 · 개량 및 부수업무

④ 부동산의 임대 · 운영 및 부수업무

85 지분(Equty) 투자와 대출(Debt) 투자를 비교한 것으로 적절하지 않은 것은?

① 부동산시장 상승기에는 지분투자가 유리하고, 부동산시장의 하락기에는 대출투자가 유리하다.

② 기대수익률과 위험을 높은 순서대로 나열하면 '지분투자 중 개발형, 지분투자 중 실물매입형, 대출형' 순이다.

③ 대출형은 이자수익만 가능하며 투자기간이 지분투자에 비해서 상대적으로 높다.

④ 지분투자와 대출투자는 모두 인허가 위험에 노출된다.

86 다음 설명 중 물권에 대한 설명으로 적절하지 않은 것은?

① 민법상 부동산은 토지와 그 정착물로 정의된다.

② 용익물권에는 지상권, 지역권, 전세권이 있다.

③ 담보물권에는 유치권, 질권, 저당권이 있다.

④ 물권은 지배성, 배타성, 상대성을 가진다.

87 임대형 부동산펀드에서 일반적인 위험요인으로 보기 어려운 것은?

① 시행사의 인허가 획득 실패 가능성

② 취득한 부동산펀드로부터의 임대료 하락 가능성

③ 취득한 부동산펀드로부터의 공실률 증가 가능성

④ 취득한 부동산의 가격 하락 가능성

88 부동산펀드 중에서 외국의 대표적인 부동산간접투자상품인 리츠(REITs)와 가장 유사한 부동산펀드는?

① 개량형 부동산펀드   ② 임대형 부동산펀드

③ 개발형 부동산펀드   ④ 대출형 부동산펀드

89 개량형 부동산펀드에 대한 설명으로 옳지 않은 것은?

① 개량형 부동산펀드는 실물형 부동산펀드의 일종이다.

② 개량형 부동산펀드는 부동산을 취득한 후 적극적으로 개량하여 자산가치와 수익가치를 증대시킴으로써 임대수익 및 매각차익을 높이는 것을 목적으로 한다.

③ 개량형 부동산펀드는 개량에 소요되는 비용보다 개량으로 기대되는 추가적인 임대수익 및 매각차익이 더 작다고 판단되어야 한다.

④ 인허가가 지연되거나 민원이 발생하여 소송 등으로 이어지는 경우에는 개량사업의 진행에 어려움을 겪게 된다.

90 경공매형 부동산펀드에 대한 설명으로 옳지 않은 것은?

① 경공매형 부동산펀드는 펀드자금의 모집 및 운용에 있어 일반적으로 사전불특정형(Blind) 방식을 취하고 있다.

② 경공매형 부동산펀드는 저평가된 부동산에 투자하는 일종의 가치투자형 부동산펀드의 성격을 띠고 있다.

③ 경·공매 부동산시장이 과열되는 경우에는 경매부동산에 대한 감정가격 대비 낙찰가격의 비율인 낙찰가율이 증가하게 된다.

④ 경공매형 부동산펀드는 펀드규모가 작을수록 펀드의 위험이 낮아지는 것이 일반적이다.

PART
01

PART
02

PART
03

PART
04

PART
05

91 개발형 부동산펀드에 대한 설명이다. 옳지 않은 것은?

① 개발형 부동산펀드는 부동산을 취득한 후 직접 부동산개발사업을 추진하여 부동산을 분양·매각하거나 또는 임대 후 매각함으로써 개발이익을 획득하는 것을 목적으로 하는 부동산펀드를 의미한다.

② 개발형 부동산펀드는 해당 펀드가 시행사의 역할을 수행하는 직접개발방식의 부동산펀드라고 할 수 있다.

③ 집합투자업자가 개발형 부동산펀드의 재산으로 부동산개발사업에 투자하고자 하는 경우 사전에 사업계획서를 작성해 감정평가업자의 확인을 받고 이를 공시해야 한다.

④ 부동산개발사업이 지연되거나 실패하는 경우 당초 목표로 한 펀드수익률에 미달하는 상황이 벌어질 수 있으나 원본 손실의 위험은 발생하지 않는다.

92 자본시장법에 근거한 실물형 부동산펀드에 관한 설명으로 옳은 것은?

① 임대형 부동산펀드는 일반적으로 펀드재산으로 주거용 부동산을 취득하여 임대함으로써 임대소득을 획득한다.

② 경공매형 부동산펀드는 일반적으로 안정적인 임대소득을 획득하는 것을 주된 운용목적으로 한다.

③ 개발형 부동산펀드에서 추진하는 부동산개발사업이란 토지를 택지 또는 공장용지 등으로 개발하는 것만을 말한다.

④ 개량형 부동산펀드의 경우 취득한 부동산을 개량하기 위해 소요되는 개량비용은 부동산의 가치를 증가시키기 위한 일종의 자본적 지출에 해당하는 것으로 볼 수 있다.

93 프로젝트 파이낸싱에 대한 설명이다. 가장 거리가 먼 것은?

① 기존의 기업금융방식(담보대출방식)에 비해 자금의 공급규모가 크다.

② 비소구금융의 성격이 있다.

③ 부외금융의 성격이 있다.

④ 출자방식과 대출방식이 있는데 우리나라는 대부분 출자방식으로 시행법인에게 PF를 제공한다.

94 대출형 부동산펀드가 대출채권에 대한 신용보강을 하는 수단 중 시공사를 통한 신용보강수단이 아닌 것은?

① 사업부지에 대한 담보권 설정   ② 책임준공 확약

③ 지급보증   ④ 채무인수

95 대출형 부동산펀드에 대한 설명으로 옳지 않은 것은?

① 우리나라의 경우 대부분 부동산개발사업의 시행법인에 자금을 대출하는 방식으로 프로젝트파이낸싱이 운용된다.

② 일반적인 기업금융과 비교해볼 때, 시행법인에 대해 해당 프로젝트 자체의 사업성에 근거하여 자금을 대출한다.

③ 프로젝트 파이낸싱의 특성상 대출채권담보장치를 마련하지 않는 것이 일반적이다.

④ 부동산개발사업이 지연되거나 실패하여 대출이자 지급 및 대출원금 상환이 늦어지거나 중단되면 펀드원본에 손실이 발생될 수 있다.

96 대출형 부동산펀드에 대한 주요 점검사항을 설명한 것으로 적절하지 않은 것은?

① 책임준공 확약, 시공사의 지급보증 또는 채무인수 등 신용보강을 한 시공사의 신용평가등급을 확인하여야 한다.

② 사전에 시행사가 추진하는 개발사업의 사업성 유무와 사업성 규모를 분석한 후에 대출 여부를 결정해야 한다.

③ 시공사가 관할 행정당국으로부터 부동산 개발사업을 하기 위한 인허가를 획득했는지 확인해야 한다.

④ 시행사가 당해 사업 부지를 확보하지 못할 위험은 없는지를 점검하여야 한다.

97 부동산펀드의 투자전략에 대한 설명으로 옳지 않은 것은?

① 핵심(Core)전략은 가장 보수적인 낮은 리스크를 감수하며 낮은 기대수익을 추구한다.

② 핵심플러스(Core-plus)전략은 핵심전략보다 다소 높은 리스크를 감수하며 보다 높은 수익을 추구한다.

③ 가치부가(Value added)전략은 중위험-중수익을 추구한다.

④ 기회추구(Opportunistic)전략은 고위험을 감수하며 최고의 수익을 추구한다.

PART
01

PART
02

PART
03

PART
04

PART
05

98 부동산펀드의 투자리스크에 대한 설명으로 옳지 않은 것은?

① 부동산펀드 투자는 실물부동산 투자에 따른 리스크와 유사한 리스크를 가지지만, 리스크의 질과 양에는 차이가 있다.

② 부동산펀드 투자 시 실물자산의 취득, 관리, 운영, 처분에 따르는 리스크를 상당 부분 자산운용사에 떠넘길 수 있다.

③ 부동산펀드 투자를 하면 펀드의 가격변동위험, 유동성위험, 환율변동위험, 불완전판매위험 등의 상당부분을 자산운용사로 이전시킬 수 있다.

④ 가격변동위험은 펀드가 보유하고 있는 실물부동산의 가격변동위험과 부동산펀드가 거래되는 시장에서 발생하는 집합투자증권 가격변동위험으로 나누어 볼 수 있다.

99 다음 중 부동산시장의 하부시장에 해당되지 않는 것은?

① 공간시장   ② 자산시장

③ 중개시장   ④ 개발시장

100 거시경제변수와 부동산의 관계로 적절하지 않은 것은?

① 경제가 성장하면 임대 수요가 증가하고 임대료는 상승하지만 매매 가격은 하락한다.

② 부동산가격이 올라가면 근로의욕이 저하되어 노동생산성이 감소된다.

③ 금리가 올라가면 부동산 가격은 하락한다.

④ 주가가 올라가면 부동산 가격은 상승한다.

01	02	03	04	05	06	07	08	09	10
④	④	③	③	①	①	④	②	①	④
11	12	13	14	15	16	17	18	19	20
①	④	②	①	④	③	③	③	②	④
21	22	23	24	25	26	27	28	29	30
③	③	④	④	③	①	①	②	③	②
31	32	33	34	35	36	37	38	39	40
④	④	①	①	④	③	③	②	④	④
41	42	43	44	45	46	47	48	49	50
③	①	④	③	③	②	②	④	①	④
51	52	53	54	55	56	57	58	59	60
③	②	③	③	②	④	④	②	③	③
61	62	63	64	65	66	67	68	69	70
①	③	②	①	③	③	③	③	④	②
71	72	73	74	75	76	77	78	79	80
②	④	③	④	④	④	②	③	④	③
81	82	83	84	85	86	87	88	89	90
③	②	②	④	②	③	④	③	②	④
91	92	93	94	95	96	97	98	99	100
②	①	④	②	②	③	①	③	③	③

SECTION 01 ｜ 펀드투자

01 정답 | ④

증권사는 투자신탁재산 매매의 중개도 해당한다. 다만, 증권사는 판매회사로서 그 업무를 담당하는 것이 아니라 중개기관으로서 그 업무를 담당하는 것이다.

02 정답 | ④

수익자총회 결의사항에 대하여 반대하는 수익자가 서면으로 그 의사를 밝힐 경우, 집합투자업자는 그 투자신탁재산으로 해당 수익자가 소유하고 있는 수익증권을 매수하여야 한다.

03 정답 | ③

투자신탁과 비교해서 펀드 설립 · 등록 시 비용, 이사회 개최 및 유지 비용 등 불편한 점이 많은 반면 경제적으로는 별 차이가 없으므로 국내 대부분 집합투자기구는 투자신탁이다.

04 정답 | ③

국외 소재 부동산을 취득 한 경우에 집합투자규약에서 정하는 기한 내에 처분할 수 없으며, 국내 소재 부동산을 취득 한 경우에는 1년 이내에 처분이 불가능하다.

05 정답 | ①

특별자산은 포괄주의에 의거하여, 증권 및 부동산을 제외한 경제적 가치가 있는 모든 자산이다.

06 정답 | ①

② 남은 만기가 1년 이상인 국채증권에 집합투자재산의 5% 이내에서 운용할 것
③ 환매조건부매도는 해당 집합투자기구가 보유하는 증권 총액의 5% 이내일 것
④ 해당 집합투자기구 집합투자재산의 남은 만기의 가중평균이 75일 이내일 것

07 정답 | ④

종류(class) 수에 대한 제한이 없으며, 기존에 이미 만들어진 비종류형 집합투자기구를 종류형 집합투자기구로 전환할 수 있다.

08 정답 | ②

전환형 집합투자기구는 서로 다른 법적 형태를 가진 펀드나 기관전용 사모펀드(PEF) 간에는 전환이 금지되어 있다.

09 정답 | ①

Bottom - up Approach에 대한 설명이다. Top - down Approach는 경제 및 금융동향의 변화에 따라 자산 간 업종 간 투자비율을 탄력적으로 조절하여 운용한다.

10   정답 | ④

대표적인 대체투자상품은 부동산으로 기존 전통적 자산과 상관관계가 낮아 대체투자상품에 투자하여 변동성을 완화시킬 수 있다.

11   정답 | ①

연금신탁과 같은 원금보장신탁상품은 예금자보호법의 보호 대상이나 일반신탁상품은 예금자보호대상에 해당하지 않는다.

12   정답 | ④

단기운용신탁의 특성상 최저가입금액이 다른 금융상품에 비해 보통 1천만 원 이상으로 높은 편이다.

13   정답 | ②

연금의 수령 기간은 가입일로부터 5년이 경과하고 만 55세 이후부터 10년 차 이상 연 단위로 정하여야 한다.

14   정답 | ①

위탁자가 파생상품 등을 거래하고자 하는 경우 적정성의 원칙에 따라서 반드시 투자자 정보를 신탁회사에 제공하여야 하며, 미제공 시에는 거래할 수 없다.

15   정답 | ④

투자자를 유형화하여 운용할 경우 반드시 각 유형별 가중평균수익률과 최고, 최저 수익률을 함께 제시하지 않는 행위에 대하여 금지하고 있다.

16   정답 | ③

자산배분과 종목선정 중에 어느 것을 먼저 하는가에 따라 투자성과에 차이가 크며 상대적으로 상향식이 투자성과가 저조한 것으로 알려진다.

17   정답 | ③

저금리의 중요성은 자산배분의 중요성과 관련이 없다.

18   정답 | ③

주식집단의 기대수익률 = 무위험수익률 + 주식시장 위험프리미엄

∴ 4.5% + 4% = 8.5%

19   정답 | ②

추세분석법에 관한 내용은 ⓒ과 ⑪이다. ⓒ, ⓔ, ⑭은 시나리오분석법, ⓒ은 펀더멘털 분석법에 관한 내용이다.

20   정답 | ④

구체적인 내용은 운용하기 이전에 명확해야 한다.

21   정답 | ③

전략적 자산배분 전략은 중장기적인 투자 관리이다.

22   정답 | ③

ⓒ, ⓔ은 이자지급형 자산에 대한 설명이다.

23   정답 | ④

리밸런싱은 자신집단의 상대가격의 변동에 따른 투자비율의 변화를 원래대로의 비율로 환원시키는 방법으로 자금의 재배분을 통해 자본이득의 가능성이 사라진 주식에서 앞으로 그 가능성이 큰 주식으로 옮겨가게 되는 장점이 있다.

① ~ ③은 업그레이딩에 대한 설명이다.

24   정답 | ④

① 내부수익률은 기간별 상이한 투자금액의 크기에 가중치가 주어져 금액가중평균수익률이라고도 한다.

② 산술평균수익률은 기간별 투자금액의 크기를 고려하지 않고 기간에만 가중치가 주어지므로 시간가중평균수익률이라고 한다.

③ 자금운용자가 중도 투자금액이나 현금흐름에 재량권이 없는 경우에는 시간가중평균수익률의 계산이 더 적절하다.

25   정답 | ③

사전적으로 자산의 구성을 변동시켜 나가는 전략이다.

26   정답 | ①

투자시점과 투자규모는 투자자의 상황과 시장상황을 고려하는 단계에서 행해진다.

27   정답 | ①

집합투자기구의 성과에 대한 모니터링은 성과의 우열을 따지는 것보다 펀드가 투자하는 시장상황과 성과원인에 중점을 두는 것이 바람직하다.

28   정답 | ②

단순한 단기운용의 결과를 분석을 넘어 장기 운용의 성공과 실패로 연결될지 여부를 파악하여야 한다.

29   정답 | ③

운용자는 투자자의 자산배분이나 투자시점을 예측하기 어렵기 때문에 운용자가 역할을 수행할 수 있는 펀드 성과에만 초점을 맞추는 것이 당연하다.

30   정답 | ②

펀드의 유형분류는 집합투자기구의 성과를 상대적으로 비교 측정하기 위해서이다.

31   정답 | ④
① 종합주가지수 – 시장지수
② 가치주 – 스타일 지수
③ 포트폴리오 보험 – 맞춤 포트폴리오

32   정답 | ④
운용회사의 운용자의 이동이 발생한 경우의 그룹수익률은
이동한 운용자의 운용성과가 반영되는데 현재의 운용회사
환경과 다른 과거의 환경의 수익률을 이용하여 해당 운용
회사의 능력을 판단하는 것은 적절하지 않다. 이는 그룹수
익률의 문제점에 해당한다.

33   정답 | ①
표준편차는 절대적 위험지표에 해당한다. 나머지는 상대
적 위험지표이다.

34   정답 | ①
샤프비율은 수익률을 위험으로 나누어 총위험(표준편차)
한 단위당 무위험 초과수익률을 나타내는 지표이다.

35   정답 | ④
운용회사의 기간누적수익률은 운용회사의 평가대상이 되
는 펀드들을 대상으로 매일 금액 가중한 평균수익률을 구
해 평가보고서 작성 기준일로부터 최근 6개월 · 1년 · 3년
등 평가기간의 시간가중 수익률 방식으로 계산한다.

SECTION 02	투자권유

36   정답 | ③
수익증권은 무액면 · 무기명식으로 발행해야 한다.

37   정답 | ③
투자대상자산 결정이 적정한지 여부는 신탁업자의 확인
사항이 아니다.

38   정답 | ②
투자신탁의 설정 · 해지는 집합투자업자의 업무이다.

39   정답 | ④
자본시장법상 공모 집합투자기구의 집합투자증권을 판매
한 투자매매업자, 투자중개업자가 투자자에게 지속적으로
제공하는 용역의 대가로 집합투자기구로부터 받는 금전을
판매보수라 하고, 집합투자증권을 판매하는 행위에 대한
대가로 투자자로부터 직접 받는 금전을 판매수수료라고
한다.

40   정답 | ④
자산총액 300억 원 이하부터의 집합투자기구는 외부감사
를 받지 않는다.

41   정답 | ③
자본시장법상 공모 집합투자기구를 운용하는 집합투자업
자는 자산운용보고서를 작성하여 신탁업자의 확인을 받
아야 하며, 원칙적으로 3개월마다 1회 이상 해당 집합투
자기구의 투자자에게 교부하여야 하고, 자산운용보고서
를 작성 · 교부하는 데는 드는 비용은 집합투자업자가 부
담한다.

42   정답 | ①
집합투자재산의 처분이 불가능하여 사실상 환매에 응할
수 없어 환매연기를 결정한 경우에는 6주 이내에 집합투
자총회에서 의결을 해야 한다.

43   정답 | ④
정부가 원리금을 보증한 채권은 100%까지 투자가 가능하
고, 나머지는 30%까지 투자가 가능하다.

44   정답 | ③
일반투자자 대상 일반 사모펀드에만 강화된 투자자 보호
장치를 도입하여, 핵심상품설명서 교부, 자산운용보고서
교부, 외부감사 등의 규제를 두고 있다.

45   정답 | ③
① 상품개발 단계, ② 상품 판매 이전 단계, ④ 상품 판매
이후 단계

46   정답 | ②
투자자가 투자자 성향에 따른 판매회사 권유 펀드를 거부
하고 더 높은 위험수준의 펀드 매수를 요청하는 경우 부적
합 금융투자상품 거래확인내용이 포함된 확인서를 받고
판매하거나 거래를 중단해야 한다.

47   정답 | ②
저축자가 저축금 인출요건, 저축기간, 저축금액 및 저축목
표금액을 정하지 않고 임의로 저축하는 방식으로 정해진
저축기간이 없어 저축재산을 인출하는 경우 신탁계약에서
정하는 바에 따라 환매수수료를 징구한다.

48   정답 | ④
저축계약 해지 또는 저축기간의 종료에도 불구하고 재산
을 인출 청구하지 않는 경우에는 인출 청구 시까지 저축기
간이 계속된 것으로 본다.

49 정답 | ①

목적식 저축의 경우 저축자가 저축기간을 연장한 경우 기존에 정한 저축기간의 종료 이후 수익증권을 환매하는 경우 그 수익증권의 환매수수료를 면제한다.

50 정답 | ④

과세소득 = 환매좌수 × (환매 시 과표기준가격 − 매수 시 과표기준가격)/1,000 − 환매수수료

51 정답 | ③

ELW로부터 발생한 소득은 배당소득에서 제외된다.

52 정답 | ④

집합투자기구의 경우 소득이 신탁재산에 귀속되는 때가 아니라 투자자에게 소득이 분배되는 때를 수입시기로 본다.

53 정답 | ③

상장주식을 대상으로 하는 장내파생상품의 매매평가손익은 일부손익 과세제외 제도에 따라 원천징수대상이 되지 않으므로 상장주식 선물의 배당소득(1,000,000)과 상장채권 선물의 이자소득(2,000,000)과 매매차익(3,000,000)을 합산한 6,000,000원이 과세대상이 된다.

54 정답 | ③

부동산 집합투자기구에 귀속된 부동산양도소득은 부동산 집합투자기구 단계에서 과세되지 아니하고 투자신탁에 귀속되는 다른 소득과 통산되어 투자자가 환매금 또는 이익분배금을 수령할 때에 배당소득으로 과세한다.

55 정답 | ②

투자자가 금융법인의 경우 이자소득과 배당소득은 금융법인의 주요 사업에 해당하여 사업소득으로 보아 원천징수대상에 해당하지 않는다.

56 정답 | ④

장기고객이든 신규고객이든 상관없이 모든 고객의 우선순위는 동일하다.

57 정답 | ④

이해상충이 발생할 가능성을 낮추는 것이 곤란하다고 판단되는 경우, 거래를 중단하여야 한다.

58 정답 | ②

직무윤리를 준수하는 것은 관련 업무종사자를 보호하는 안전장치가 되는데, 이것은 금융산업에서뿐만이 아니라 비금융산업을 포함한 모든 산업에서 직무윤리가 요구되는 공통의 이유이기도 하다.

59 정답 | ③

㉠ 신임의무는 위임자(고객)의 신임을 받은 수임자(금융투자업자)로서 당연히 가지는 의무인데, 이는 법제화된 의무가 아니라 개념상의 의무이다. 현재 법제화된 의무는 이해상충 방지의무와 금융소비자 보호의무가 있다.

60 정답 | ③

적정성의 원칙에 대한 설명이다. 금융투자업자는 일반투자자에게 투자권유를 하지 않고 파생상품 등을 판매하려는 경우 면담이나 질문 등을 통하여 그 일반투자자의 투자목적, 재산상황 및 투자경험 등의 정보를 파악하고 적정하지 않을 경우 투자자에게 기명날인, 서명 등으로 확인을 받고 판매하여야 한다.

61 정답 | ①

상호존중은 회사와의 관계에서 적용하는 윤리이며 나머지 셋은 본인에 대한 윤리이다.

62 정답 | ③

공공재산의 사적 사용 및 수익금지 규정에 따르면 회사의 재산은 오로지 회사의 이익 그 자체만을 위하여 사용되어야 하고 이를 회사의 이익이 아닌 사적 용도로 이용하는 일체의 행위가 금지된다. 따라서 사적인 용도로 회사전화를 장시간 사용하거나 회사의 업무와 무관한 인터넷 쇼핑몰 사이트를 방문하는 행위는 공용재산의 사적 사용이며 이는 사적이익 추구 금지와 관련된 사항이다.

63 정답 | ②

대외활동 시 금전적인 보상은 반드시 신고해야 하며, 경쟁회사에 대한 비방은 금지된다. 사견임을 명백히 표시한 경우에는 사견을 발표할 수 있다.

64 정답 | ①

② 시장질서 교란행위는 목적성 여부와 관계가 없다.
③ 시장질서 교란행위는 목적성이 없는 단순 프로그램 오류 등을 통해서도 시세에 영향을 주는 행위를 모두 위반행위로 규정하고 있다.
④ 불법 취득한 정보를 단순히 전달하는 것도 위반행위이다.

65 정답 | ③

사이버룸은 직원으로 오인되지 않도록 명패, 명칭, 개별 직통전화를 사용하도록 하거나 제공하여서는 아니 된다.

66 정답 | ③

① 자본시장법상의 '투자권유'의 대상은 금융투자상품뿐만 아니라 투자자문 · 투자일임 · 신탁계약 체결까지 포함한다.

② 금융투자상품의 매매 또는 계약체결의 권유가 수반되지 않는 금융투자상품에 대한 단순한 설명, 상담 및 안내 같은 정보제공 등은 투자권유로 보기 어려우며, 이 경우 일반투자자 정보확인서를 작성할 필요는 없다.
④ 투자자가 투자권유를 받지 않고 투자하고자 하는 경우라도 원금손실 가능성, 투자에 따른 손익은 모두 투자자에게 귀속된다는 사실 등 투자에 수반되는 주요 유의사항을 알려야 한다.

67
정답 | ③
파생상품의 경우 적정성의 원칙에 따라 투자자 정보를 파악하고, 투자자가 적정하지 않은 상품 거래를 원할 경우 경고 등을 하여야 한다.

68
정답 | ③
투자권유대행인은 금융투자업자의 명칭 및 본인이 투자권유대행인이라는 사실을 증표, 표지 등으로 알려야 한다.

69
정답 | ④
투자자가 서명 등의 방법으로 설명서의 수령을 거부하는 경우 설명서를 교부하지 않아도 된다.

70
정답 | ②
저위험상품이라도 투자상품이므로 투자자가 거부한 경우에는 1개월 지난 뒤에 하는 재권유가 아니면 금지된다.

71
정답 | ②
금융투자회사의 직원이 고객의 주문을 받지 않았음에도 불구하고, 고객의 예탁자산을 매매하는 행위는 임의매매에 해당된다.

72
정답 | ④
주민등록번호는 법 개정에 따라 정보주체의 동의를 받았더라도 법령 근거가 없는 경우에는 원칙적으로 처리가 금지되므로 2016년 8월 6일까지 수집된 주민등록번호에 대한 삭제 조치를 취해야 한다.

73
정답 | ③
금융소비자 보호가 필요한 이유는 금융소비자가 금융상품이 공급자에 비해 교섭력이 떨어지기 때문이다. 특히, 금융회사와 금융소비자 간에 존재하는 정보력의 차이에 의한 정보의 비대칭성은 교섭력의 불균형을 초래하는 가장 직접적인 원인이라 할 수 있다.

74
정답 | ④
금융감독원장은 분쟁조정의 신청을 받은 날로부터 30일 이내에 금융분쟁조정위원회에 회부하여야 하고, 조정위원회는 60일 이내에 조정안을 작성하여야 한다.

75
정답 | ④
내부자거래란 상장기업의 주요 주주나 임직원이 자신의 지위를 통하여 취득한 미공개의 중대한 정보(내부 정보)를 이용하거나 자기 회사의 주식을 매매하는 등 부당하게 이득을 취하는 것을 말한다. 따라서 내부자거래는 고객과 금융회사 임직원 간 금융투자상품 관련 분쟁과는 거리가 멀다.

76
정답 | ④
재무설계는 단기적인 과정이 아닌 장기적인 계획이다.

77
정답 | ②
우리가 바라는 생활양식 달성은 개인재무설계 및 재무설계전문가가 필요한 이유에 해당한다.

78
정답 | ③
설문지는 단순할 수도 있지만 경우에 따라서는 상당히 복잡한 것일 수 있으며, 수집해야 하는 정보의 성격이나 양에 따라 다르다.

79
정답 | ④
노년기에는 투자보다는 안정적인 소득 창출이 되도록 자산관리를 해야 한다.

80
정답 | ③
변동금리보다는 확정금리 또는 실세연동형 금리를 선택한다.

SECTION 03 부동산펀드

81
정답 | ③
부동산 건설회사의 주식은 증권에 해당한다.

82
정답 | ②
법인격이 있으면서 유한책임을 지는 법적 형태가 적합하다. 투자합자회사는 무한책임, 유한책임회사는 유한책임이기는 하지만 채권에 대해 직접 책임을 지는 등 유한책임의 범위가 투자회사나 유한회사보다 크다.

83
정답 | ②
펀드평가는 시가가 원칙이지만 평가일 현재 신뢰할 만한 시가가 없는 경우에는 시가, 전문가 제공가격 등을 고려하여 집합투자재산평가위원회가 공정가액으로 평가한다.

84
정답 | ④
타 부동산펀드로부터도 차입이 가능하다. 그리고 차입한 금전은 부동산운용에만 사용되어야 한다.

85   정답 l ②

부동산개발사업 추진방법은 펀드재산으로 부동산개발사업을 영위하는 경우에 작성하는 사업계획서에 포함되는 사항 중 하나이다.

86   정답 l ③

재간접형 부동산펀드는 펀드재산의 40% 이상을 다른 부동산펀드에 투자하는 부동산펀드를 말한다.

87   정답 l ③

관리비는 임대수익에 대한 기여도가 높은 편이므로 적정 수준의 관리비를 책정하여 수령하여야 한다.

88   정답 l ③

시공사의 신용등급은 대출형 부동산펀드의 주요 점검사항에 해당한다.

89   정답 l ②

차입 관련 비용이 과다한 경우에는 차입의 효과가 미미할 수 있고, 특히 공실률의 증가나 임대료의 미지급과 같은 임대수익을 감소시키는 사유가 발생하면 과다한 차입 관련 비용은 오히려 임대형 부동산펀드의 수익률을 저하시키는 요인으로 작용할 수 있다.

90   정답 l ②

개량형 부동산펀드의 개량비용은 광열비, 전기 및 수도료 같은 일반적인 경비가 아니라 해당 부동산의 가치를 증가시키기 위한 자본적 지출이다. ②는 임대형 부동산펀드의 점검사항이다.

91   정답 l ②

임대료와 공실률에 영향을 미치는 요인은 임대형 부동산펀드의 점검 요인이다.

92   정답 l ①

①은 경공매형 부동산펀드의 점검 요인에 해당한다.

93   정답 l ④

자본시장법은 대출이자의 지급 및 대출원금의 상환을 담보하기 위해 반드시 시공사의 지급보증을 받는 등 적절한 회수수단을 확보할 것을 요구하고 있지만 법적 의무는 아니다.

94   정답 l ②

대출형 부동산펀드는 대출목적으로 차입을 할 수 없다.

95   정답 l ②

회복국면에서는 매수인 우위시장에서 매도인 우위 시장으로 조금씩 전환된다.

96   정답 l ③

중위험 – 고수익을 추구하는 가치부가전략(Value added 전략)에 해당한다.

97   정답 l ①

유치권은 담보물권에 해당한다. 담보물권에는 유치권, 질권, 저당권이 있다.

98   정답 l ③

LTV 또는 DTI 비율이 강화되면 부동산 수요가 감소한다.

99   정답 l ③

기술수준은 부동산시장의 공급요인에 영향을 미치는 요인이다. 공급요인으로는 부동산의 가격, 건설비용, 기술 수준, 공급자의 수 등이 있다.

100   정답 l ③

용도지역 · 지구제, 개발제한구역(그린벨트) 제도, 택지개발사업, 도시개발사업, 정비사업은 공급정책에 해당한다.

실전모의고사 정답 및 해설

01	02	03	04	05	06	07	08	09	10
④	③	③	②	①	④	②	②	④	②
11	12	13	14	15	16	17	18	19	20
①	④	③	④	①	④	②	④	②	④
21	22	23	24	25	26	27	28	29	30
②	④	④	②	③	②	①	①	④	②
31	32	33	34	35	36	37	38	39	40
③	④	①	③	③	②	④	②	①	④
41	42	43	44	45	46	47	48	49	50
①	②	③	③	①	③	④	③	②	①
51	52	53	54	55	56	57	58	59	60
②	④	④	②	④	②	④	④	①	④
61	62	63	64	65	66	67	68	69	70
④	④	③	②	④	④	③	④	③	④
71	72	73	74	75	76	77	78	79	80
③	③	③	③	④	②	②	④	③	①
81	82	83	84	85	86	87	88	89	90
②	①	③	①	④	④	①	②	③	④
91	92	93	94	95	96	97	98	99	100
④	④	④	①	③	④	③	③	③	①

SECTION 01   펀드투자

01
정답 | ④
모두 수익자총회 결의가 필요한 신탁계약 변경사항이다.

02
정답 | ③
투자회사는 실제 사람이 근무하지 아니하는 무인회사로 운영되어 모든 업무를 외부의 전문가에게 위탁한다.

03
정답 | ③
펀드재산의 50%를 초과하여 특별자산(증권 및 부동산 제외)에 투자하는 펀드로 나머지는 "증권 및 부동산"에 투자할 수 있다.

04
정답 | ②
공모부동산펀드의 경우 해당 집합투자증권을 최초로 발행한 날부터 90일 이내에 그 집합투자증권을 증권시장에 상장하여야 한다.

05
정답 | ①
환매금지형 공모특별자산 투자회사의 경우도 별도로 정관에 투자자의 환금성 보장 등을 위한 방법을 정하지 아니한 경우 집합투자증권을 최초로 발행한 날부터 90일 이내에 증권시장에 상장의무를 적용하여야 한다.

06
정답 | ④
환매조건부매수의 경우 잔존만기 적용이 배제되므로 잔존만기에 상관없이 운용할 수 있다.
① 잔존만기 6개월 이내인 양도성 예금증서
② 만기 1년 이내의 기업어음증권을 제외한 금융기관이 발행·할인·매매·중개·인수 또는 보증하는 어음
③ 잔존만기 5년 이내인 국채증권

07
정답 | ②
ETF는 일반적 펀드와는 다른 속성이 있어 다음의 사항은 적용하지 않고 배제한다.

대주주와의 거래 제한
• 집합투자재산의 의결권 행사(Shadow voting만 가능)
• 자산운용보고서 제공 의무
• 주식 등의 대량보유 등의 보고
• 내부자의 단기매매차익 반환 의무
• 임원 등의 특정증권 등 소유상황 보고 의무
• 환매청구 및 방법, 환매가격 및 수수료, 환매의 연기
• 집합투자기구 설정, 추가설정 시 신탁원본 전액을 금전으로 납입

08
정답 | ②
자집합투자기구가 모집합투자기구의 집합투자증권 외의 다른 집합투자증권을 취득할 수 없다.

09 정답 | ④

인핸스드 인덱스펀드는 액티브펀드와는 달리 제한적 위험을 부담하면서 인덱스펀드의 추적대상지수 수익률을 초과하는 수익률을 목표로 운용하는 펀드이다.

10 정답 | ②

대부분 펀드는 개방형으로 언제든지 환매청구가 가능하여 별도의 유동성을 보완할 필요가 없으므로 비상장형으로 설정한다. 단, ETF의 경우 개방형, 상장형인 펀드이다.

11 정답 | ①

자산의 운용권한에 따라 특정금전신탁과 불특정금전신탁으로 구분된다. 특정금전신탁은 위탁자가 신탁재산인 금전의 운용방법을 지정하는 반면 불특정금전신탁은 위탁자의 운용지시 없이 수탁자가 신탁재산을 운용하게 된다.

12 정답 | ④

현금으로 지급하는 것이 곤란하거나 고객이 운용 중인 신탁을 그대로 수령하기 원하는 경우 신탁재산을 운용 현상 그대로 교부할 수 있다.

13 정답 | ③

연금소득금액(사적연금)이 연간 1,600만 원을 초과하는 경우 분리과세 또는 종합과세를 선택할 수 있다.

14 정답 | ③

① 위탁자가 비지정형특정금전신탁 및 불특정금전신탁을 거래하고자 하는 경우 투자자 정보를 확인해야 하며, 고객이 정보를 제공하지 않는 경우에는 계약을 체결할 수 없다.
② 이미 투자자 정보를 알고 있는 경우에는 기존 투자성향을 위탁자에게 알리고 투자를 권유하여야 한다.
④ 전문투자자인 고객에 대해서는 상품설명서 및 상담확인서를 징구하여야 한다.

15 정답 | ④

모든 특정금전신탁 상품에 대한 안내 및 홍보가 제한되는 것이 아니라 신탁업자가 운용대상이 사전에 정하였거나 운용지시가 정형화되어 있어 사실상으로 위탁자가 신탁재산에 대한 운용방법 지정이 곤란한 특정금전신탁에 대하여 안내 및 홍보행위가 금지된다.

16 정답 | ①

전술적 자산배분 전략은 이론으로도 규명하기 어려우므로, 실행 시 주관적인 가치판단을 활용하는 경우가 많다.

17 정답 | ④

투자목표 설정 시 투자시계, 위험수용도, 세금관계, 법적규제, 투자자금 성격에 따른 고객의 특별한 요구사항, 투자목표 등을 고려하여야 한다. 자산배분 모델 선정은 자산배분 전략 실행 시 구체적인 투자자산의 투자비중을 결정하는 과정이다.

18 정답 | ②

$E(R_A) = 0.4 \times 0.2 + 0.4 \times 0.1 + 0.2 \times (-0.15) = 0.09$ ∴9%

$E(R_B) = 0.4 \times 0.05 + 0.4 \times 0.1 + 0.2 \times 0.15 = 0.09$ ∴9%

$\sigma_A^2 = [0.09 - 0.2]^2 \times 0.4 + [0.09 - 0.1]^2 \times 0.4 +$
$\quad [0.09 - (-0.15)]^2 \times 0.2 = 0.0164$ ∴1.64%

$\sigma_B^2 = [0.09 - 0.05]^2 \times 0.4 + [0.09 - 0.1]^2 \times 0.4 +$
$\quad [0.09 - 0.15]^2 \times 0.2 = 0.0014$ ∴0.14%

분자에 해당하는 기대수익률이 동일하므로 분모에 해당하는 위험의 크기가 작은 B주식이 위험당 기대수익이 높다.

19 정답 | ④

분산은 편차의 제곱을 평균한 값으로 변동성의 크기를 측정한다.

20 정답 | ④

이자율이 하락한다면, 단기저축의 경우 만기가 되어 재예치하는 시점에 현재보다 낮은 이자율을 적용받을 수 있어 장기저축으로 상대적으로 높은 금리로 저축하는 것이 유리하다.

21 정답 | ②

㉠, ㉣, ㉤은 전술적 자산배분 전략에 해당한다.

22 정답 | ④

단기금융상품은 언제든지 현금화가 가능한 상품으로 요구불예금, 콜론, 어음, MMF, CMA, 기타 현금성 자산 등이 있다.

23 정답 | ④

㉠, ㉢은 리밸런싱에 대한 설명이다.

24 정답 | ②

②는 전술적 자산배분 전략의 이론적 배경으로 평균반전 과정에 대한 설명이다.

25 정답 | ③

전술적 자산배분전략은 시장가격이 상승(고평가)하면 매도하고, 시장가격이 하락(저평가)하면 매수하여 시장가격의 움직임과 반대활동을 하는 역투자전략이다.

26 정답 | ②

향후에도 양호한 펀드가 유지될 수 있는 여부를 판단하기 위해서는 성과요인 분석, 포트폴리오 분석, 운용자 및 운용회사의 분석과 같은 질적(정성적) 평가를 하여야 한다.

27 정답 | ①

펀드 평가 등급은 계량적 성과판단 기준이다.

28 정답 | ①

기준가격은 수익, 위험, 위험조정성과 등급과 같은 펀드의 성과를 측정하기 위하여 필요한 정보로 기준가격, 설정좌수, 분배율 등이 이에 해당한다.

29 정답 | ④

투자성과에 대한 적절한 모니터링은 펀드 분석과정에서 필요한 과정으로 모니터링 운용결과에 대하 적절한 조치를 취하지 않는 경우에는 운영성과에 미치는 영향은 없다.

30 정답 | ②

스타일 분류는 각 스타일의 집합투자기구들이 시장의 국면변화에 따라 상이한 운용성과를 나타낸다는 특징을 지니고 있다.

31 정답 | ③

운용자는 벤치마크 설정 시 투자성과를 이해하고 이에 대한 투자 견해를 가지고 있어야 한다.

32 정답 | ④

상대적 위험지표에 대한 내용이다. VaR은 절대적 위험지표에 해당한다.

33 정답 | ①

$$샤프비율 = \frac{펀드\ 평균수익률 - 무위험\ 이자율}{펀드의\ 표준편차(총위험)}$$

$$= \frac{7-3}{1} = 4.0$$

34 정답 | ③

정보비율은 일반적으로 높은 정보비율은 집합투자기구 운용자의 능력이 탁월한 것을 의미하나 절대적 수준에 대한 이론적 근거는 없다. 단, 실무적으로 미국의 경우 0.5 이상인 경우 "우수", 0.75 이상인 경우 "매우 우수", 1.0 이상인 경우 "탁월"한 것으로 판단한다.

35 정답 | ③

스타일 분석에 대한 설명이다.

SECTION 02   펀드투자

36 정답 | ②

해당 투자회사의 집합투자업자가 법인이사가 된다.

37 정답 | ④

환매금지형 펀드에서 개방형 펀드로의 변경은 수익자총회의 결의사항이 아니다.

38 정답 | ②

환매연기를 결정한 날로부터 6주 이내에 집합투자자총회에서 환매연기결정에 관한 사항을 의결해야 한다.

39 정답 | ①

수익자 전원이 동의한 경우에는 집합투자업자는 금융위의 승인 없이 투자신탁을 해지(임의해지)할 수 있다.

40 정답 | ④

종류(Class) 수는 제한이 없다.

41 정답 | ①

환매수수료는 조기 환매에 대한 일종의 패널티 형식이므로 집합투자재산에 귀속된다.

42 정답 | ②

종류형 집합투자기구를 설정 · 설립하는 경우는 환매금지형으로 설정 · 설립해야 하는 경우가 아니다. 이 외에도 혼합자산 집합투자기구 설정 · 설립 시 환매금지형으로 설정 · 설립해야 한다.

43 정답 | ③

③은 투자한도가 100%이고, 나머지는 30%이다.

44 정답 | ③

집합투자업자는 집합투자기구의 재산으로 집합투자업자의 계열회사가 발행한 지분증권에 투자할 수 있다. 다만, 이 경우 취득한도가 제한된다.

45 정답 | ①

최근 사업연도 말 현재의 자산운용규모가 1조 원 이상이어야 한다.

46 정답 | ③

신규투자자, 고령투자자 및 초고령투자자 ELS, ELF, ELT, DLS, DLT 등과 같은 고위험 파생결합 상품을 판매하는 경우에는 계약체결 이전에 투자자에게 '적합성 보고서'를 교부해야 한다.

47 정답 | ④

목표식은 저축목표금액을 정하여 일정 기간 이상 수시로 저축하는 방식으로 저축기간 종료 시 환매수수료를 면제하는 적립식의 장점과 저축금액 및 납입횟수에 제한 없이 수시로 입금이 가능한 임의식의 장점을 혼합한 방식이다.

48 정답 | ③

매매가 체결된 경우, 매월 마지막 날까지 펀드에서 발생한 모든 비용을 반영한 실질 투자 수익률, 투자원금 및 환매예상 금액, 총 보수와 판매수수료 각각의 요율을 통지하여야 한다.

49 정답 | ②

저축자가 세금정산 목적으로 수익증권 전부를 환매하고 즉시 그 환매자금으로 해당 수익증권을 재매입하는 때에 재매수한 수익증권의 환매수수료 계산시작일은 당초 수익증권 매수일로 한다.

50 정답 | ①

금액절사 제도란 좌수를 금액으로 환산하는 경우 원 미만의 단수는 수납 시에는 절사하고 지급 시에는 절상하는 제도이다.

51 정답 | ②

양도소득세 과세대상에 해당하는 파생상품에는 주가지수 관련 파생상품, 주가지수 관련 주식워런트증권(ELW), 해외시장에서 거래되는 장내파생상품, 주가지수 관련 장외파생상품, 차액결제거래(CFD)가 있으며, 파생상품에 대한 양도소득세 과세는 탄력세율 10%이다.

52 정답 | ④

결산을 매년 1회 이상으로 하는 것은 이익의 분배를 강제하여 집합투자기구를 이용한 조세회피를 막고자 하는 취지이나 고객은 실제 환매하는 경우 수익을 지급받으므로 아직 실현되지 않은 이익을 과세하는 문제를 보완하기 위해 집합투자규약에서 미리 정한 경우 투자자별로 이익금을 유보하여 과세를 이연할 수 있다.

53 정답 | ④

재투자수입시기규정이 투자기간에 상응하는 펀드의 이익에 과세하지 않고 결산분배일 또는 환매일에 과세가 되어 전체 투자기간 동안 과세손실이 과세소득을 초과하는 경우 투자자는 원금 대비 투자손실임에도 불구하고 과세될 수 있어 이를 개선하기 위해 원본 손실 가능성이 있는 투자자산의 매매차익을 결산 시 과세하지 않고 투자기간 동안 전체 손익을 통산하여 환매 시 과세한다.

54 정답 | ②

재산세는 토지의 경우 종합합산과세대상, 별도합산과세대상, 분리과세대상 토지로 구분하며, 건축물은 골프장, 고급오락장용, 공장용, 상가 등 기타건축물로 구분하여 각각 다른 세율을 적용한다.

55 정답 | ③

투자신탁의 이익은 배당소득세액공제대상 배당소득에 해당하지 않아 공제받을 수 없다.

56 정답 | ④

직무윤리 위반 시 행정책임, 민사책임, 형사책임 등의 강제적 제재수단이 존재한다.

57 정답 | ④

어떠한 경우라도 관련 업무에 실질적으로 종사하는 자는 모두 직무윤리를 준수해야 한다.

58 정답 | ④

신의칙 위반이 법원에서 다루어지는 경우, 이는 강행법규에 대한 위반이기 때문에 당사자의 주장이 없더라도 법원은 신의칙 위반 여부를 판단할 수 있다.

59 정답 | ①

일반투자자가 당해 거래로 인하여 실제 투자손실을 입었는지 또는 이익을 얻었는지 여부는 과당매매의 판단 기준이 아니다.

60 정답 | ④

일반투자자에 비해 적기는 하지만 전문투자자에 대해서도 법적으로 일부 보호되고 있다.

61 정답 | ④

투자자의 투자경험 등 투자자의 이해주순을 고려하여 투자자가 충분히 이해하도록 설명하여야 한다.

62 정답 | ④

주주는 회사의 범주를 벗어난 개념이다. 금융투자회사 표준윤리준칙에서는 주주가치 제고를 회사에 대한 의무로 분류하고 있다.

63 정답 | ③

내부통제체제의 구축 · 유지 · 운영 및 대표이사에게 책임이 있다.

64 정답 | ②

회원사에 대한 제재(회원사 제명, 회원사 임직원에 대한 제재권고)는 자율규제기관(금융투자협회)의 제재사항이다.

65 정답 | ④

고용기간 동안 본인이 생산한 지적재산물은 회사의 재산으로 반환하여야 하며, 고용기간이 종료한 후에도 회사가 처분권한을 가지게 된다.

66 정답 | ④

전문투자자가 일반투자자의 대우를 받겠다고 요청할 경우 이에 동의해야 한다.

67 정답 | ③

투자자의 대리인이 그 자신과 투자자의 실명확인증표 및 위임장 등 대리권을 증빙할 수 있는 서류 등을 지참하는 경우 대리인으로부터 투자자 본인의 정보를 파악할 수 있다.

68 정답 | ③

회사재산과 정보의 부당한 사용 및 유출 금지의무는 임직원이 회사에 대해 지켜야 할 의무로서, 고객에 대한 상품 권유 및 판매와 관련된 의무와는 거리가 멀다.

69 정답 | ③

집합투자업자는 투자자에 대하여 선량한 관리자의 주의로써 집합투자재산을 관리하여야 하며, 투자자의 이익을 보호하기 위해 해당 업무를 충실하게 수행해야 한다.

70 정답 | ④

개인정보의 익명처리가 가능한 경우에는 익명에 의해 처리될 수 있도록 하여야 한다.

71 정답 | ③

개인정보 유출로 인해 피해를 입었을 경우에 구체적 피해액을 입증하지 못하더라도 법원 판결을 통해 정해진 일정 금액(3백만 원 이내)을 보상받는 법정 손해배상제도를 도입하였다.

72 정답 | ③

직접적 확인이 아닌 간접적 확인을 할 수 있다.

73 정답 | ③

부당권유에 해당한다.

74 정답 | ③

원금 손실 가능성, 투자에 따른 손익이 투자자에게 귀속된다는 사실 등의 투자 유의사항은 투자권유불원고객이라도 알려야 한다.

75 정답 | ④

환위험 헤지는 환율변동 위험을 완전하게 제거하는 것이 아니라, 결제시점을 환율의 계약체결시점에서 미리 정함으로써 추가적인 환율변동 위험에 노출되지 않고자 하는 것을 말한다.

76 정답 | ②

재무설계는 장기적인 계획이다.

77 정답 | ②

다양한 재무목표가 있을 수가 있고 우선순위를 정한다.

78 정답 | ④

수익 극대화를 꾀하기보다는 안정적인 투자를 하여야 하며, 장기보다는 단기상품 위주로 상품을 선택해야 한다.

79 정답 | ③

변동금리상품이 아닌 확정금리 또는 실세연동형 금리상품을 활용한다.

80 정답 | ①

위험중립형 투자자에게는 초저위험등급, 저위험등급 및 중위험등급의 금융투자상품을 권유할 수 있다. ②, ③은 고위험등급의 금융투자상품이므로 적극투자형 이상인 투자자에게 권유할 수 있다. ④는 초고위험등급의 금융투자상품에 해당하므로 공격투자형 투자자에게 권유할 수 있다.

SECTION 03 **부동산펀드**

81 정답 | ②

개발형은 법인격이 있으면서 유한책임을 지는 부동산투자회사, 부동산투자유한회사가 적합하며, 공모형으로써 상장의무가 있는 법적 형태는 부동산투자신탁과 부동산투자회사이다. 따라서, 두 가지 요건을 모두 충족하는 법적 형태는 부동산투자회사이다.

82 정답 | ①

자본시장법상 상장의무가 있는 부동산펀드는 공모펀드만 해당되고, 공모펀드 중에서도 그 법적 형태가 투자신탁 또는 투자회사만 상장의무가 있다.

83 정답 | ③

우체국금융으로부터 차입은 불가하다(우체국은 대출영업을 하지 않음). 그리고 신용협동기구로부터 차입은 불가하다.

84 정답 | ①

집합투자업자는 본질업무에 대해서는 원칙적으로 제3자에게 위탁할 수 없다.

85 정답 | ④

지분투자 중 실물형은 이미 완공된 부동산을 매입하는 것이므로 인허가 위험이 없다.

86 정답 | ④

물권의 본질은 지배성, 배타성, 절대성을 갖는다.

87 정답 | ①

시행사의 인허가 획득 실패 가능성은 대출형 부동산펀드의 위험요인이다.

88 정답 | ②

미국 등 외국의 대표적인 부동산간접투자상품인 리츠(REITs)는 대부분 자국 및 외국의 수익성 부동산을 대상으로 포트폴리오를 구성하고, 해당 수익성 부동산을 임대한 후 매각하는 형태로 운용되고 있으며, 우리나라의 부동산펀드 중 임대형 부동산펀드가 이러한 외국의 리츠에 가장 유사한 형태를 띠고 있다.

89 정답 | ③

개량형 부동산펀드는 개량에 소요되는 비용보다 개량으로 기대되는 추가적인 임대수익 및 매각차익이 더 크다고 판단되어야 한다.

90 정답 | ④

경공매형 부동산펀드의 규모가 너무 작으면 소수의 경공매부동산에 집중 투자됨에 따라 펀드의 위험이 커질 수 있다.

91 정답 | ④

부동산개발사업이 지연되거나 실패하는 경우 당초 목표로 한 펀드수익률에 미달하는 상황은 물론이고 원본 손실의 위험이 발생할 수 있다.

92 정답 | ④

① 주거용이 아닌 업무용 또는 상업용 부동산을 취득한다.
② 경공매형 부동산펀드는 법원이 실시하는 경매 또는 자산관리공사가 실시하는 공매 등을 통해 주로 업무용 부동산을 저가에 취득하여 매각 또는 임대 후 매각하는 것을 운용목적으로 한다.
③ 자본시장법은 개발형 부동산펀드에서 추진하는 부동산개발사업이란 토지를 택지 또는 공장용지 등으로 개발하거나 그 토지 위에 건축물, 그 밖의 공작물을 신축 또는 재축하는 사업으로 규정하고 있다.

93 정답 | ④

우리나라는 대부분 대출방식으로 PF에 투자한다.

94 정답 | ①

사업부지에 대한 담보권 설정은 시행사를 통한 신용보강 수단이다.

95 정답 | ③

대출형 부동산펀드에서는 시행법인의 채무불이행으로부터 대출채권을 담보하기 위해 우선적으로 사업부지인 부동산에 대해 담보권을 설정하고, 이에 대해 시공사의 책임준공 확약, 시공사의 지급보증 · 채무인수 · 책임분양 · 공사비 후순위 · 부족자금 충당 등과 같은 다양한 형태의 신용보강장치를 마련해 두고 있다.

96 정답 | ③

관할 행정당국으로부터 부동산 개발사업을 하기 위한 인허가를 받는 것은 시공사가 아니라 시행사의 역할이다.

97 정답 | ③

가치부가(Value added)전략은 중위험 – 고수익을 추구한다.

98 정답 | ③

부동산펀드 투자를 하면 실물자산의 취득, 관리, 운영, 처분에 따르는 리스크를 상당 부분 자산운용사에 떠넘길 수 있지만, 펀드의 가격변동위험, 유동성위험, 환율변동위험, 불완전판매 위험 등을 부담하게 된다.

99 정답 | ③

부동산시장의 세 가지 하부시장으로는 공간시장, 자산시장, 개발시장이 있다.

100 정답 | ①

경제가 성장하면 임대 수요가 증가하고 임대료가 상승하고 매매 가격도 상승한다.

MEMO

PART 05

D-day
파이널 핵심체크

합격으로 가는 하이패스

토마토패스

펀드투자

SECTION 01 | 펀드의 이해

☑ 집합투자기구의 유형

① 집합투자업자의 역할
- 투자신탁의 설정 · 해지
- 투자신탁재산의 운용 · 운용지시
- 수익증권의 발행

② 수익자총회 결의가 필요한 변경사항
- 집합투자업자 · 신탁업자 등이 받는 보수, 그 밖의 수수료의 인상
- 환매금지형 투자신탁이 아닌 투자신탁의 환매금지형 투자신탁으로의 변경
- 집합투자업자 · 신탁업자의 변경

③ 수익자총회
- 집합투자증권의 5% 이상을 소유한 수익자나 신탁업자의 요구
- 출석한 수익자의 의결권의 과반수 and 발행된 수익증권 총좌수의 1/4 이상의 찬성
- 서면에 의한 의결권 행사 가능
- 간주의결권 : 수익자총회의 의결권 총좌수가 발행된 총좌수의 1/10 이상일 것
- 연기수익자총회 개최, 수익증권매수청구권

④ 금융위의 승인이 불필요한 투자신탁의 해지
- 수익자 전원의 동의
- 수익증권 전부에 대한 환매청구
- 사모 집합투자기구가 아닌 투자신탁(공모 · 추가형)으로서 설정한 후 1년이 되는 날에 원본액이 50억 미만인 경우와 1년이 지난 후 1개월간 계속하여 원본액이 50억 미만인 경우

⑤ 회사형 집합투자기구
- 투자회사 : 집합투자업자가 법인이사, 2인 이상의 감독이사, 일반사무관리 회사가 반드시 필요, 대부분 집합투자기구는 투자신탁
- 투자합자회사 : 집합투자업자가 무한책임사원이며 다수의 유한책임사원, 유한책임사원은 출자를 이행한 금액을 한도로 책임 부담, 손실을 배분함에 있어서 달리 적용 불가

⑥ 투자신탁과 투자회사의 차이점

구분	투자신탁	투자회사
형태	계약관계	회사형태
자산소유자	신탁업자	투자기구
법률행위주체	신탁업자	투자기구
의사결정	대부분 집합투자업자	이사회, 주주총회
가능한 투자기구형태	MMF, 주식형, 채권형 등 일반적 투자상품	일반적 상품 외에 M&A 투자기구, 부동산 투자기구, 기업구조조정투자기구, PEF, 등

⑦ 조합형 집합투자기구

- 투자합자조합 : 집합투자업자인 업무집행조합원 1인과 유한책임조합원 1인, 손실을 배분함에 있어서 달리 적용 불가
- 투자익명조합 : 집합투자업자인 영업자 1인과 익명조합원 1인, 영업자 1인이 운용, 손실을 전보하지 않더라도 이익배당 청구 불가

✅ 자본시장법상 집합투자기구의 종류

① 증권 집합투자기구 : 50%를 초과하여 증권에 투자

② 부동산 집합투자기구

- 50%를 초과하여 부동산, 부동산 권리, 부동산 증권, 부동산 파생상품, 부동산 투자행위에 투자
- 실물형(매매형, 임대형, 개량형, 경공매형, 개발형), 대출형, 권리형, 증권형, 파생상품형

③ 특별자산 집합투자기구:

- 50%를 초과하여 특별자산(증권 및 부동산 제외)에 투자
- 포괄주의에 의거, 시가평가가 원칙

④ 혼합자산 집합투자기구

투자대상 · 투자비율의 제한이 없음

⑤ 단기금융 집합투자기구 : 장부가로 평가, 가중평균이 75일 이내, 익일입출금제도

✅ 특수한 형태의 집합투자기구

① 환매금지형 집합투자기구

- 존속기간을 정한 집합투자기구만 설정
- 90일 이내에 상장의무
- 추가발행 가능
- 자산총액의 20%를 초과하여 시장성 없는 자산

② 종류형 집합투자기구

- 다양한 판매 보수 또는 수수료 구조
- 특정 종류의 투자자만 총회 개최 가능

③ 전환형 집합투자기구
- 다양한 자산과 투자전략을 가진 투자기구를 묶은 하나의 투자기구 세트
- 서로 다른 법적 형태를 가진 펀드나 기관전용사모펀드(PEF) 간에는 전환이 금지됨

④ 모자형 집합투자기구 : 동일한 집합투자업자

⑤ 상장지수 집합투자기구
- 인덱스펀드, 추가형, 개방형, 상장형
- 주식과 같이 편리하게 투자 가능
- 유통시장과 발행시장이 동시에 존재
- 동일종목에 자산총액의 30%까지 운용 가능
- 상장폐지일로 부터 10일 이내에 펀드 해지

☑ 일반적 분류에 따른 펀드의 구분

① 펀드성격에 따른 분류
- 추가형 VS 단위형
- 개방형 VS 폐쇄형
- 주식형 VS 채권형 VS 혼합형
- 증권형 VS 파생형
- 모집식 VS 매출식
- 거치식 VS 적립식
- 공모 VS 사모

② 투자지역에 따른 분류
- 투자 지역이 좁아질수록 변동성이 높아짐
- 환율변동 리스크, 과도한 환헤지로 인한 손실, 정확한 가치평가 곤란 등 추가적 리스크 존재

③ 투자전략에 따른 분류
- 액티브 운용전략 : Bottom-up Approach(투자대상 종목의 저평가 여부만을 기준으로 판단)
- 패시브 운용전략 : 시스템 펀드, 덱스, 포트폴리오보험, 차익거래형, 롱숏형, 시스템트레이딩펀드

④ 인덱스 펀드
- 저렴한 비용(보수), 투명한 운용, 시장수익률의 힘
- 개별종목의 리스크를 제거하고 시장리스크만 남음
- 인핸스드 인덱스펀드

⑤ 대체투자 여부에 따른 분류 : 기존 전통적 자산과 상관관계가 낮음

☑ 신탁일반이론

- 재산을 이전하지 않고 담보권을 설정하는 방식으로 가능
- 독립성, 강제집행의 금지, 수탁자의 상속 및 파산으로부터의 독립
- 연금신탁은 예외적으로 원금보장과 예금자보호 가능

☑ 신탁상품의 종류

① 신탁상품의 구분 및 내용
- 금전신탁 : 특정금전신탁, 불특정금전신탁
- 재산신탁 : 증권신탁, 금전채권신탁, 동산신탁, 부동산신탁, 부동산권리신탁, 무체재산권신탁

② 신탁상품별 상세 내용
- 특정금전신탁 : 최저가입금액 법령상 제한 없음, 가입기간 제한 없음, 보험상품으로 운용하는 것을 원칙적으로 금지
- 연금저축신탁 : 연금수령기간은 가입일로부터 5년이 경과하고 만 55세 이후부터 10년 차 이상, 세액공제와 이자소득세 비과세 혜택, 연간 1,500만 원을 초과하는 경우분리과세 또는 종합과세 선택

③ 금전채권신탁 : 자금을 조달하는 자산유동화 목적으로 주로 이용

☑ 신탁상품의 판매

① 신탁상품의 판매절차
- 비지정형 특정금전신탁 및 불특정금전신탁의 경우 투자정보 미제공 시는 신탁계약 체결 불가
- 위탁자가 파생상품 등을 거래하고자 하는 경우 투자자 정보를 신탁회사에 미제공할 경우에는 거래 불가
- 비지정형 특정금전신탁의 경우 고객이 자신의 성향보다 위험도가 높은 신탁상품에 투자하고자 하는 경우 계약 체결 불가

② 파생상품 등이 포함된 투자권유 특칙 준수 사항 : 일반투자자의 경우 위험회피를 위한 거래를 하는 경우에 한하여 장외파생상품 거래 가능

③ 집합운용규제와 관련된 금지 사항
- 집합하여 운용한다는 내용으로 투자권유하거나 투자광고하는 행위
- 투자광고 시 특정 신탁계좌의 수익률 또는 여러 신탁계좌의 평균수익률을 제시하는 행위
- 투자자를 유형화하여 운용할 경우 반드시 각 유형별 가중평균수익률과 최고, 최저 수익률을 함께 제시하지 않는 행위

SECTION 03 | 투자관리

☑ 자산배분과 투자관리

① 투자관리의 핵심 솔루션 "자산배분"
- 투자관리 3가지 과제 : 자산배분, 개별종목 선택, 투자시점의 선택
- 통합적(하향식) 투자관리 : 자산배분이 이루어진 다음에 종목을 선정하는 방식

② 자산배분 중요성이 부각되는 이유
- 투자대상자산군이 증가
- 투자위험에 대한 관리 필요성이 증대
- 투자수익률 결정에 자산배분 효과가 절대적인 영향력을 미침

☑ 자산배분 설계와 실행

① 투자목표설정 제약조건 : 투자시계, 위험수용도, 세금관계, 법적 규제, 투자자금 성격, 고객의 요구사항, 투자목표

② 기대수익률 측정
- 추세 분석법 : 자본시장의 역사가 짧은 경우 사용이 어려움
- 시나리오 분석법 : 여러 가지 경제변수의 상관관계를 고려하여 시뮬레이션
- 펀더멘털 분석법 : 미래의 발생상황에 대한 기대치(리스크 프리미엄), 무위험이자율은 3년 만기 국고채수익률
- 시장 공동예측치 사용법 : 주식기대수익률(배당평가모형, 현금흐름모형), 채권기대수익률(수익률 곡선에서 추정)

③ 위험
- 분산도 : 범위, 분산, 표준편차, 변동계수
- 분산 혹은 표준편차를 이용하는 것이 합리적

④ 벤치마크 조건
- 구체적인 내용이 운용하기 이전에 명확할 것
- 벤치마크의 운용성과를 운용자가 추적하는 것이 가능할 것
- 적용되는 자산의 바람직한 운용상을 표현하고 있을 것

⑤ 자산배분 전략
- 전술적 전략 : 적극적, 비효율적, 초과수익, 단기적, 노력과 비용이 많이 소요
- 전략적 자산배분 : 소극적, 효율적, 시장 평균 수준의 투자수익, 중장기적

⑥ 자산배분 자산집단의 선정 : 기본적 성격 – 분산 가능성, 독립성(낮은 상관성)

⑦ 자산배분 전략 수정
- 리밸런싱 : 상황 변화가 있을 경우 자산포트폴리오가 갖는 원래의 특성을 그대로 유지
- 업그레이딩 : 대부분 큰 손실을 가져다주는 자산을 식별하여 포트폴리오에서 제거

⑧ 다기간 수익률
- 금액가중수익률 : 내부수익률, 투자금액의 크기에 가중치, 금유출액의 현재가치와 현금유입액의 현재가치를 일치시켜 주는 할인율
- 산술평균수익률 : 단일기간수익률을 모두 합한 다음 관찰 수로 나누어 측정, 자금운용자가 중도 투자금액이나 현금흐름에 재량권이 없는 경우 더 적절
- 기하평균 수익률 : 중도현금흐름이 재투자되어 증식되는 것(복리)을 감안, 산술평균 수익률보다 합리적인 계산방법

☑ 자산배분 전략의 종류

① 전략적 자산배분 전략
- 투자비율의 한계 결정
- 진정한 효율적 투자기회선 규명이 어려움
- 실행방법 : 시장가치 접근법, 위험−수익최적화 방법, 투자자별 특수상황을 고려하는 방법, 다른 유사한 기관투자가의 자산배분을 모방

② 전술적 자산배분 전략
- 이론적 배경 : 균형가격 산출, 과잉반응 현상, 평균반전과정, 역투자전략
- 역투자 전략 : 시장가격이 상승(고평가)하면 매도하고, 시장가격이 하락(저평가)하면 매수하여 시장가격의 움직임과 반대활동을 하는 전략
- 실행도구 : 가치평가모형(기본적 분석, 요인모형 방식), 기술적 분석, 포뮬러플랜(역투자전략, 정액법, 정률법)

☑ 집합투자기구의 성과평가

① 투자성과요인
- 자산배분의 선택, 시장예측을 통한 투자시점의 결정, 투자한 펀드의 운용수익률
- 한 가지 요소만으로는 높은 성과를 내기 어려움

② 성과평가의 종류
- 투자자 관점의 성과평가 : 실제 수익규모를 측정하는 것을 기반, 자산배분의 선택, 투자시점의 결정, 집합투자기구의 선택 모두가 성과평가 대상
- 펀드의 성과평가 : 펀드의 운용결과가 양호했는지 여부에 초점, 운용자가 역할을 수행할 수 있는 펀드 성과에만 초점, 펀드에 일시불로 투자한 경우에는 투자자관점의 성과평가결과와 동일

☑ 펀드 분석 및 평가

① 의의
- 펀드 분석 : 펀드의 특징을 찾아내는 과정
- 펀드 평가 : 평가대상 펀드의 운용성과를 측정하여 우열이나 순위를 가리는 과정

② 펀드 분석 및 평가의 목적
- 좋은 펀드를 고르기 위함
- 정상적으로 운용되고 있는지 판단하기 위함
- 운용결과의 성공 및 실패 여부를 분석하고 재투자 여부를 판단하기 위함

③ 정량적 평가 VS 정성적 평가
- 정량적 : 수익률은 높고, 위험은 낮고, 위험조정성과가 높고, 등급은 높은 집합투자기구
- 정성적 : 성과요인 분석, 포트폴리오 분석, 운용자와 운용회사 분석, 미래의 지속성 예측

④ 집합투자기구 평가 프로세스

성과평가의 기준	• 집합투자기구 유형 분류 • 벤치마크 설정
성과 우열 가리기	• 수익률 측정 • 위험 측정 • 위험조정성과 측정 • 등급 부여
성과의 질적 특성 파악하기	• 성과요인 분석 • 포트폴리오 분석 • 운용회사, 운용자 정성평가

☑️ 집합투자기구의 평가프로세스 세부 사항

① 집합투자기구의 유형 분류
- 공정성과 객관성을 확보
- 수익, 위험 구조와 벤치마크가 유형분류의 기준

② 벤치마크 설정
- 집합투자기구별로 벤치마크를 정함
- 시장지수 : 모든 대상
- 섹터/스타일 지수 : 특정한 분야나 특정한 성격을 지는 대상
- 합성지수 : 복수 자산유형에 투자하는 경우
- 맞춤포트폴리오 : 일반성이 적은 집합투자기구, 포트폴리오 보험전략

③ 수익률 계산
- 개별 집합투자기구 수익률 : 분배율을 고려, 기준가는 일반적으로 떨어짐
- 운용회사 · 집합투자기구 유형 그룹 수익률 : 대표계정 · 생존계정의 오류를 제거하기 위함, 운용사 간의 성과비교가 가능, 투자결과의 이전 가능성 문제가 발생

④ 위험의 측정
- 절대적 위험 : 표준편차, 분산, VaR
- 상대적 위험 : 공분산, 초과수익률, 베타(β)
- 상대 VaR, 추적오차

⑤ 위험조정성과 측정
- 샤프비율(S) : 위험(표준편차) 1단위당 무위험 이자율을 초과 달성한 포트폴리오 수익률, 초과 수익률이 (−)인 경우에는 설명이 어려움
- 젠센알파 : 종목선택정보와 시장예측정보를 정확하게 구분하지 못함
- 정보비율 : 일반적으로 높은 정보비율은 집합투자기구 운용자의 능력이 탁월한 것을 의미, 실무적으로 0.5 이상 '우수', 0.75 이상 '매우 우수', 1.0 이상 '탁월'

⑥ 집합투자기구 등급 : 순수하게 과거의 계량적인 성과만을 이용하여 측정된 결과이기 때문에 미래성과를 보장하지 않으므로 절대적인 것으로 맹신하는 것은 바람직하지 않음

⑦ 성과요인 분석
- 시장예측능력 : 시장의 흐름을 예측하여 저점에서 매수 고점에서 매도하는 전략
- 종목선정능력 : 시장의 흐름과 무관하게 상대적으로 저평가되었거나 향후 상승 가능성이 높은 종목을 선택하는 운용방법

⑧ 포트폴리오 분석 : 집합투자기구 내 자산의 투자비중을 분석

⑨ 스타일 분석
- 주식형 펀드 : 주식의 규모(대형주, 중형주, 소형주)와 가치평가정도(가치주, 성장주)로 분류
- 채권형 펀드 : 신용등급의 높고 낮음(고 · 중 · 저)과 평균만기 길고 짧음(단기 · 중기 · 장기채)

☑ 집합투자기구 평가보고서 주요 사항 분석

- 기간누적수익률 : 운용회사의 수익률은 운용회사의 평가대상이 되는 펀드들을 대상으로 매일 금액 가중한 평균 수익률을 구해 시간가중 수익률 방식으로 계산
- % 순위 : 전체 비교 대상 집합투자기구를 100개로 가정했을 때 상대 순위를 말하며, 백분위 순위라고 도 함

투자권유

SECTION 01 펀드 관련 법규

☑ 투자펀드의 특징

집단성과 간접성	2인 이상 투자, 자금제공자≠자금운용자, 소극적 투자자
실적배당의 원칙	운용실적은 투자자에게 귀속
투자자 평등의 원칙	투자지분에 따라 동등한 권리(cf. 차등 ×)
펀드자산의 분리	집합된 자금은 펀드 운용자의 고유재산과 분리

☑ 투자펀드의 분류

법적 형태	• 신탁형(투자신탁) • 회사형(투자회사 · 투자유한회사 · 투자합자회사 및 투자유한책임회사) • 조합형(투자합자조합 · 투자익명조합) ※ 합명회사 : 법적 형태에 따른 분류에 해당되지 않음
운영구조 (환매여부)	• 개방형 펀드(환매 ○) • 폐쇄형 펀드(환매 ×, 90일 이내 상장의무)
모집방식	• 공모 펀드(모집 · 매출 / 일반투자자 50인 이상) • 사모 펀드(일반투자자는 49인 이하, 기관을 제외한 전문투자자를 포함하는 경우 100인까지)
적용법률	• 내국 펀드 • 외국 펀드
추가모집	• 추가형 펀드 • 단위형 펀드

☑ 집합투자기구

투자신탁	• 집합투자업자 : 투자신탁의 설정 · 해지, 투자 · 운용(지시), 수익증권 발행 • 신탁업자 : 투자신탁재산의 보관관리, 운용지시 이행, 환매대금 및 이익금 지급, 감시기능을 수행 • 수익자 : 수익권 좌수에 따른 균등한 권리, 환매청구권 등
투자회사	• 법인이사(집합투자업자), 감독이사(2인 이상) • 서류상회사(paper Company) : 주식회사 형태 　－투자회사는 투자업무 외의 업무를 할 수 없음 　－본점 외의 영업소 ×, 직원 고용 ×, 상근임원 × 　－모든 업무를 외부의 전문가에게 위탁

☑ 수익자총회(투자신탁)

구성	수익자총회는 전체 수익자로 구성(의장 : 수익자 중 선출)
결의사항	합병, 환매연기, 신탁계약의 중요내용 변경
소집 및 운영	• 원칙 : 집합투자업자가 소집 • 예외 : 신탁업자, **5% 이상** 보유한 수익자 • 총회일의 **2주** 전에 서면으로 총회소집 통지
의결	• 결의사항 : 출석한 수익자의 의결권의 과반수 & 발행된 수익증권 총좌수의 **4분의 1** 이상(신탁계약 : 5분의 1 이상) • 수익자는 서면에 의한 의결권 행사 가능
연기 수익자총회	• 수익자총회의 결의가 이루어지지 않은 경우 **2주** 이내에 소집(1주 전까지 소집 통지) • 결의사항 : 출석한 수익자의 의결권의 과반수 & 발행된 수익증권 총좌수의 **8분의 1** 이상(신탁계약 : 10분의 1 이상)
반대수익자의 수익증권매수청구권	• 수익자총회의 결의(합병, 신탁계약의 중요내용 변경)에 반대하는 수익자(**20일** 이내에 수익증권 매수 청구)

☑ 집합투자의 증권

수익증권	• 신탁업자 확인을 받아 집합투자업자가 발행 • 무액면·기명식 발행, 발행가액은 기준가격에 기초, 예탁결제원 일괄예탁 발행
주권	• 이사회가 결정하여 투자회사가 발행 • 무액면·기명식, **보통주로만** 발행, 예탁결제원 일괄예탁 발행

☑ 증권신고서 · 투자설명서

증권신고서	• 효력발생기간 : 원칙적으로 **15일**(정정신고서는 **3일**) • 일괄신고서 　－계속적으로 집합투자증권을 발행하는 개방형 집합투자기구 　－일괄신고서 제출 후 집합투자증권 발행 시 추가 서류 제출의무 ×
투자설명서	• 예비투자설명서 : 효력발생 **전**에 사용, 효력 미발생 사실 표시 • (본)투자설명서 : 증권신고서 효력발생 **후**에 사용 • 간이투자설명서 : 중요사항만 발췌, 효력발생 **전·후** 모두 사용 • 투자설명서 갱신 : 매년 **1회** 이상 정기 갱신(변경등록 **5일** 이내)

☑ 판매보수 및 판매수수료

판매보수	• 지속적으로 제공하는 용역의 대가로 집합투자기구로부터 받는 금전(**집합투자기구** → 판매회사) • 한도 : 집합투자재산의 연평균가액의 **100분의 1(1%)**
판매수수료	• 집합투자증권을 판매하는 대가로 판매회사가 투자자로부터 직접 받는 금전(**투자자** → 판매회사) • 한도 : 납입금액 또는 환매금액의 **100분의 2(2%)**

☑ 판매가격 및 환매가격

판매 기준가격	금전을 납입한 후 최초로 산정되는 기준가격으로 판매해야 함
환매 기준가격	환매청구일 이후 최초로 산정되는 기준가격을 요하지 않음

☑ 집합투자증권 환매

환매방법	• 금전으로 지급 • 예외 : 투자자 전원 동의 집합투자재산으로 지급 가능
예외적 취득	• 원칙은 소각 처리 • MMF : 판매규모의 5%와 100억 중 큰 금액 범위 내에 매수 가능

환매기간	• 원칙적으로 15일 이내
	• 예외
	  − 자산총액의 10%를 초과하여 시장성 없는 자산에 투자한 경우
	  − 자산총액의 50%를 초과하여 외화자산에 투자한 경우

☑ 환매연기

환매연기 절차	• 투자신탁이나 투자익명조합의 집합투자업자 또는 투자회사 등이 환매연기 결정 • 6주 이내에 집합투자자 총회 의결
부분 환매연기	집합투자재산의 일부가 환매연기사유에 해당하는 경우 일부에 대해서는 환매를 연기, 나머지에 대해서는 환매
펀드분리	일부에 대해서만 환매연기사유가 발생한 경우에 환매연기대상 자산을 정상자산으로부터 분리하여 별도의 펀드를 설립하는 것(정상펀드는 판매 및 환매 재개, 부실펀드는 계속 환매연기)

☑ 환매수수료

집합투자규약에서 정하는 기간 이내에 환매하는 경우에 부과하는 수수료로서 해당 투자자가 부담하여 당해 집합투자재산에 귀속

☑ 자산운용의 제한

① 증권
- **원칙 : 10%**를 초과 금지
- **100%** : 국채, 통안증권, 정부원리금보증채권('국정통')
- **30%** : OECD 회원국 또는 중국정부 발행 채권, 특수채, 파생결합증권, 지방채('오특파지')
- 시가총액이 10%를 넘는 경우 그 시가총액 비중까지
- 50% 이상을 5%씩 나누어 투자 하는 경우 : 25%까지
- 동일법인이 발행한 지분증권 총수의 **10%** 초과 금지
- 모든 집합투자기구 자산총액으로 **20%** 초과 투자 금지

② 파생상품
- 적격요건을 갖추지 못한 자와 거래 금지(공·사모 모두 해당)
- 파생상품 매매에 따른 위험평가액이 순자산총액의 **100%** 초과 금지(사모는 **400%**까지)
- 동일법인 발행 증권 등의 위험평가액이 자산총액의 **10%** 초과 투자 금지
- 동일 장외파생상품 거래상대방의 위험평가액이 자산총액의 **10%** 초과 투자 금지

③ 부동산
- 국내 소재 부동산은 취득일로부터 **1년** 이내 처분 제한
- 해외 부동산은 집합투자규약으로 정하는 기간 동안 처분 제한

④ 집합투자증권

동일한 집합투자업자 투자제한	동일한 집합투자업자가 운용하는 집합투자기구들에 자산총액의 **50%** 초과 금지
동일한 집합투자기구 (집합투자증권) 투자제한	자산총액의 **20%** 초과 금지
사모집합투자기구 투자제한	사모집합투자기구에 투자 금지

⑤ 기타
- 증권총액의 50%를 초과하여 환매조건부매도 금지
- 증권의 50%를 초과하여 증권 대여 금지
- 자산총액의 20%를 초과하여 증권 차입 금지

☑ 금전차입 및 대여 제한

① 금전차입
- 원칙적으로 금지
- 예외 : 차입상대방이 금융기관이고 순자산총액의 10% 한도 내 허용

② 금전대여
- 원칙적으로 금지
- 예외 : 콜론(30일 이내)
- ※ 부동산 운용 특례
  - 금전차입 : 부동산펀드 순자산총액의 200%, 부동산펀드가 아닌 펀드 부동산 가액의 70%
  - 금전대여 : 부동산개발사업을 영위하는 법인에 대해 순자산총액의 100% 한도

☑ 이해관계인과 거래제한

이해관계인 범위	• 집합투자업자의 임직원 및 그 배우자 • 집합투자업자의 대주주 및 그 배우자 • 집합투자업자의 계열회사, 계열회사의 임직원 및 그 배우자 • **30%** 이상 판매한 판매업자 • **30%** 이상 보관·관리하고 있는 신탁업자 • 투자회사의 감독이사

이해관계인과 거래허용	• 이해관계인이 되기 **6개월** 이전에 체결한 계약에 따른 거래 • 공개시장을 통한 거래 • 집합투자기구에 유리한 거래
집합투자업자 발행 증권	취득 금지
집합투자업자 계열사 발행 증권	취득 한도 규제

☑ 공모 성과보수

원칙	운용실적에 연동하여 성과보수 수수 금지(사모 펀드는 제한 없음)

예외적 허용	• 사모집합투자인 경우
	• 투자자보호 및 건전 거래질서 저해 우려가 없는 경우
	  −객관적인 지표 또는 수치(기준지표)를 기준으로 성과보수를 산정할 것
	  −운용성과가 기준지표보다 낮은 경우 : 성과보수를 적용하지 않는 경우보다 적은 운용보수를 받을 것

☑ 공시(정기공시, 수시공시)

정기공시 (자산운용보고서)	• 집합투자업자는 자산운용보고서를 작성하여 **신탁업자의 확인**을 받아 **3개월마다 1회 이상** 집합투자증권을 판매한 투자매매업자 · 투자중개업자를 통하여 2개월 이내에 투자자에게 직접 또는 전자우편의 방법으로 교부 • 작성 · 교부비용은 **집합투자업자가 부담**(투자자 부담 ×)
수시공시	**3가지 모두의 방법**으로 이행(3가지 중 1가지 방법 선택하는 것이 아님) ① **인터넷 홈페이지** 공시 ② 판매회사가 **전자우편**을 이용하여 투자자에게 알리는 방법 ③ 집합투자업자, 판매회사의 본점과 지점, 영업소에 **게시**하는 방법

☑ 집합투자기구의 종류

증권집합투자기구, 부동산집합투자기구, 특별자산집합투자기구, 혼합자산집합투자기구, 단기금융(MMF)집합투자기구

☑ 투자대상 자산 규제

구분	증권펀드	부동산펀드드	특별자산펀드	MMF	혼합자산펀드
증권	O	O	O	O	O
파생상품	O	O	O	×	O
부동산	O	O	O	×	O
특별자산	O	O	O	×	O

☑ 특수한 형태의 집합투자기구

환매금지형집합투자기구, 종류형집합투자기구, 전환형집합투자기구, 모자형집합투자기구, 상장지수집합투자기구(ETF)

☑ 환매금지형 집합투자기구

폐쇄형 펀드로 설립해야 하는 경우	① 부동산펀드, ② 특별자산펀드, ③ 혼합자산펀드, ④ 펀드자산 총액의 <u>20%</u>를 초과하여 시장성 없는 자산에 투자하는 펀드
증권시장 상장	<u>90일</u> 이내에 증권시장에 상장

☑ 집합투자재산의 평가

시가평가	원칙 : 집합투자업자는 집합투자재산을 시가로 평가
공정가액 평가	• 평가일 현재 신뢰할 만한 시가가 없는 경우 • 집합투자재산평가위원회가 평가한 가격(투자대상 자산의 취득 가격, 거래 가격, 전문가가 제공한 가격, 환율, 집합투자증권의 기준 가격 고려)
장부가 평가(MMF)	장부가에 따라 평가한 금액이 기준 가격과 시가·공정가액으로 평가한 기준 가격의 차이가 <u>1,000분의 5</u>를 초과하거나 초과할 염려가 있는 경우에는 집합투자규약에서 정하는 필요한 조치를 취해야 함

☑ 회계감사

① 회계기간의 말일 등부터 <u>2개월</u> 이내

② 회계감사 예외
- 자산총액이 <u>300억 원 이하</u>인 집합투자기구
- 자산총액이 <u>300억 원 초과~500억 원 이하</u>로 6개월 동안 집합투자증권을 추가로 발행하지 않은 경우

☑ 투자신탁의 해지

임의해지	• 수익자 전원이 동의 • 전부 환매청구 • <u>1년</u>이 되는 날의 원본액이 <u>50억 원</u> 미만인 경우 • <u>1년</u>이 지난 후 <u>1개월간</u> 계속하여 투자신탁의 원본액이 <u>50억 원</u>에 미달하는 경우
법정해지	• 신탁계약에서 정한 신탁계약기간의 종료 • 수익자총회에서 투자신탁 해지 결의 • 투자신탁의 피흡수합병 • 투자신탁의 등록취소 • 수익자의 총수가 <u>1인</u>이 되는 경우

☑ 금융상품 구분

구분	대상
투자성	펀드 등 금융투자상품, 신탁계약, 투자일임계약
예금성	예 · 적금
보장성	보험상품 등
대출성	대출상품, 신용카드 등

☑ 금융상품판매업자

구분	대상(예시)
직접판매업자	금융투자업자(증권회사 · 선물회사 등) 및 겸영금융투자업자 • 은행, 보험, 저축은행 등 • 신협중앙회 공제사업부문, P2P사업자, 대부업자, 증권금융 등 • 신용협동조합 등
판매대리 · 중개업자	투자권유대행인, 보험설계사, 보험중개사, 보험대리점, 카드모집인, 대출모집인 등
자문업자	• 투자자문업자(자본시장법) • 독립자문업자(금소법)

☑ 6대 판매원칙

판매원칙	주요 내용
적합성 원칙	• 판매업자 등은 일반금융소비자의 재산상황, 금융상품 취득 · 처분 경험 등에 비추어 부적합한 금융상품 계약체결의 권유를 할 수 없음 • 변액보험에서 대출성 상품, 보장성 상품 등으로 적용 확대
적정성 원칙	• 일반금융소비자가 자발적으로 구매하려는 금융상품이 소비자의 재산 등에 비추어 부적정할 경우 이를 고지 · 확인 • 파생결합증권 등에서 대출성 상품과 보장성 상품으로 확대
설명의무	금융상품 계약 체결을 권유하거나 일반금융소비자가 설명을 요청할 경우 상품의 중요한 사항을 일반금융소비자가 이해할 수 있도록 설명
불공정 영업행위	• 판매업자 등이 금융상품 판매 시 우월적 지위를 이용하여 금융소비자의 권익을 침해하는 행위 금지 • 대출과 관련하여 다른 금융상품 계약을 체결하는 강요하는 행위 등
부당권유금지	판매업자 등이 금융상품 계약 체결의 권유 시 금융소비자가 오인할 수 있는 허위 사실 등을 알리는 행위 금지
광고규제	• 판매업자 등이 금융상품 또는 판매업자 등의 업무에 관한 광고 시 필수적으로 포함해야 하는 사항과 금지행위 등을 금융소비자법에 규정 • 필수 포함사항 −금융상품 설명서 및 약관을 읽어볼 것을 권유하는 내용 −금융상품판매업자 등의 명칭, 금융상품의 내용 −보장성 상품 : 보험료 인상 및 보장내용 변경 가능 여부 −투자성 상품 : 운용실적이 미래수익률을 보장하지 않는다는 사항 등

광고규제	• 금지행위
	  – 보장성 상품 : 보장한도, 면책사항 등을 누락하거나 충분히 고지하지 않는 행위
	  – 투자성 상품 : 손실보전 또는 이익보장이 되는 것으로 오인하게 하는 행위
	  – 대출성 상품 : 대출이자를 일 단위로 표시하여 저렴한 것으로 오인하게 하는 행위

☑ 금융상품 꺾기 규제

판매제한 금융상품	취약차주	그 밖의 차주
일부 투자성 상품	금지	1% 초과 금지
보장성 상품	금지	1% 초과 금지
예금성 상품	1% 초과 금지	규제 없음

☑ 판매원칙 위반 시 제재 강화

위법계약 해지권	• 5대 판매규제를 위반한 계약에 대해 일정기간 내에 해당 계약을 해지할 수 있는 권리 ※ 5대 판매규제 : 적합성원칙, 적정성원칙, 설명의무, 불공정영업행위금지, 부당권유금지(**광고 규제 위반은 제외**) • 해지요구 기간 : **5년** 이내(위법사실을 안 날로부터 **1년**)
판매제한명령	금융상품의 판매과정에서 소비자 피해 최소화
징벌적 과징금	• 금융상품직접판매업자 또는 금융상품자문업자가 주요 판매원칙을 위반할 경우 위반행위로 인 한 수입 등의 **50%**까지 부과 • 적용 대상 : 설명의무 위반, 불공정영업행위, 부당권유행위, 광고규제 등(적합성의 원칙, 적정 성의 원칙은 징벌적 과징금 대상 아님) • 부과 대상 : 금융상품직접판매업자 또는 금융상품자문업자
과태료	• 부과 사유 : 6대 판매원칙 위반, 내부통제기준 미수립, 계약서류 제공의무 위반(적합성 · 적정 성 원칙 위반행위에 대해 과태료 **3천만 원** 부과 규정 신설 • 과징금과 달리 금융상품대리 · 중개업자도 직접 부과 가능

☑ 상품 판매 이후 단계의 금융소비자를 위한 제도

판매 후 모니터링 제도(해피콜 서비스)	계약을 맺은 날로부터 **7영업일** 이내에 판매직원이 아닌 제3자가 해당 금융소비자와 통화하 여 판매직원의 설명의무 이행 확인
미스터리 쇼핑	금융소비자임을 가장하여 영업점을 방문해서 판매과정에서 규정 준수여부 등을 확인하는 것
위법계약해지권	법령을 위반하여 금융상품에 관한 계약을 체결한 경우 **5년** 이내에 서면 등으로 해당 계약의 해지를 요구할 수 있음
법원의 소송 중지	조정이 신청된 사건에 대하여 소가 제기되어 소송이 진행 중일 때에는 수소법원은 조정이 있을 때까지 소송절차를 중지
소액분쟁사건의 분쟁조정 이탈 금지	권리나 이익의 가액이 **2천만 원** 이내인 분쟁사건에 대하여 조정절차가 개시된 경우에는 소를 제기할 수 없음
손해배상책임	고의 또는 과실로 법을 위반하여 금융소비자에게 손해를 발생시킨 경우(손해배상의 입증책 임은 금융회사)

SECTION 03 | 영업실무

☑ 펀드 판매 절차

- **영업점을 방문한 경우를 전제**
- 투자자 **정보파악절차를 거부하는 경우** 확인서에 투자자의 서명 등을 받고, 투자자가 요구하는 펀드 판매
- **더 높은 위험수준의 펀드 매수를 요청하는 경우** 부적합 금융투자상품 거래확인내용이 포함된 확인서를 받고 판매하거나 거래 중단
- 신규투자자, 고령투자자 및 초고령투자자에게 ELS, ELF, ELT, DLS, DLT를 판매하는 경우 계약체결 이전에 투자자에게 '적합성보고서' 교부

☑ 수익증권 저축거래

① 수익증권 저축의 종류

- **임의식** : 수익금 범위 내에서의 인출 불가
- 거치식 : 추가납입 불가, 수익금 인출식, 일정금액 인출식
- 적립식 : 정액적립식(6개월 이상 미납 시 판매회사가 해지 가능), 자유적립식(저축기간을 일정기간 이상으로 정하고 저축기간 동안 금액에 제한 없이 수시로 저축하는 방식)
- 목표식 : 약정 만기일에 저축목표금액 미달 시는 저축기간 **연장, 적립식의 장점과 임의식의 장점**을 혼합한 방식

② 수익증권 저축의 주요 내용

- 저축금액의 최고 및 최저한도는 제한하지 않는 것이 원칙
- 투자신탁의 신탁계약이 해지되는 경우에는 **그 해지 결산일까지 저축기간**
- 저축기간은 수익증권의 **최초 매수일부터 시작**
- 1매의 수익증권을 별도로 분할하지 않고 2 이상의 저축자에게 수익증권 단위 범위 내 매각 가능
- 매매거래 통지를 대신할 수 있는 경우 : **ETF, MMF, 사모펀드의 집합투자증권, 평가금액이 10만 원 이하, 통지를 받기를 원하지 않을 경우**
- 저축기간을 **월 또는 연 단위**로 정한 경우 : 저축기간이 만료되는 월의 최초 납입 상당일을 만기지급일로 한다. 다만, 만료되는 월에 그 해당일이 없는 때에는 그 월의 말일이 만기지급일
- 저축기간을 **일 단위**로 정한 경우 : 수익증권의 최초 매수일부터 계산하여 저축기간이 만료되는 날의 다음 영업일이 만기지급일
- 투자신탁의 신탁계약을 해지하는 경우 : 투자신탁의 신탁계약의 해지로 인하여 저축기간이 종료되는 경우에는 **해지결산 후** 첫 영업일이 만기지급일
- 저축재산의 일부를 지급하는 경우 **선입선출법**이 원칙
- 재산을 인출 청구하지 않는 경우에는 인출 청구 시까지 저축기간이 **계속**된 것으로 봄
- 저축자에 대한 통지의 효력은 **도달한 때**로부터 발생
- 판매회사의 **동의를 얻어** 저축금 및 수익증권을 양도하거나 질권의 설정 가능

③ 저축자에 대한 우대조치
- 저축기간을 <u>**1년 이상**</u>으로 하는 목적식 저축의 경우 저축기간 종료 이후 수익증권을 환매하는 경우 환매수 수료 면제
- 거치식 저축의 저축기간 중 수익금에 상당하는 금액의 수익증권을 환매하거나 사전에 정한 일정금액에 상 당하는 수익증권을 환매하는 경우 환매수수료 면제
- 이익분배금은 별도의 약정이 없는 한 해당 투자신탁의 수익증권을 매수하고 그 수익증권을 환매하는 경우 환매수수료 면제
- 소규모 투자신탁 또는 집합투자기구 해지함에 있어 저축자가 그 상환금으로 판매회사가 정한 수익증권을 매수하여 저축하는 경우 선취판매수수료를 면제하고 그 수익증권을 환매하는 경우에도 후취판매수수료 및 환매수수료를 면제
- 저축자가 수익증권의 양도에 저축자 간 과세금액을 확정하기 위하여 저축자가 수익증권 전부를 환매하고 즉시 그 환매자금으로 해당 수익증권을 재매수하는 때에는 환매하는 수익증권의 환매수수료를 면제, 이 경우 재매수한 수익증권의 환매수수료 계산시작일은 **당초 수익증권 매수일**로 함
- 저축자가 세금정산 목적으로 수익증권 전부를 환매하고 즉시 그 환매자금으로 해당 수익증권을 재매입하 는 때에는 환매하는 수익증권의 환매수수료 및 매입하는 수익증권의 판매수수료는 연 2회에 한하여 면제, 이 경우 재매수한 수익증권의 환매수수료 계산시작일은 **당초 수익증권 매수일**로 함

④ 수익증권 매매 시의 입·출금 처리
- 입금유형 : 금액 입금, 단체 입금, 현물 입금
- 출금유형 : 금액 출금, 좌수 출금, 이익금 출금, 이익분뱁금 출금, 상환금 출금, 현물 출금
- 좌수 절상 : 금액을 좌수로 환산하는 경우 수납 시 좌 미만 절상
- 금액 절사 : 좌수를 금액으로 환산하는 경우 수납 시 원 미만 절사
- 출금금액＝환매 시 평가금액－환매수수료－세액
- 과세소득＝환매좌수×(환매 시 과표기준가격－매수 시 과표기준가격)/1,000－환매수수료

☑ 펀드 세제

① 소득세법의 일반적 내용
- 금융소득과 금융소득종합과세
- 이자소득 및 배당소득은 금융상품의 보유이익의 성격으로서 통상적인 '금융소득'
- <u>**거주자별 금융소득의 합계액이 2천만 원을 초과**</u>하는 경우에는 그 **초과분**은 다른 소득과 합산하여 누진세 율로 과세

② 이자소득
- 시장지수연동 정기예금(ELD)
- 채권 또는 증권의 환매조건부 매매차익
- **저축성 보험차익**
- **채권대차거래**
- 외화예금을 기초자산으로 한 선도계약에서 발생한 이익

③ 저축성 보험차익
- 계약자 1명당 납입할 보험료 합계액이 **1억 원 이하** & 기간이 **10년 이상**인 것
- **월 적립식** 저축성보험계약 : 기간이 **10년 이상**, 납입기간이 **5년 이상**, 기본보험료가 **균등**, 선납기간이 **6개월 이내**, 월 보험료가 **150만 원 이하**
- **종신형 연금보험계약** : **55세 이후**부터 사망 시까지 연금으로 지급받는 계약, 사망 시 보험계약 및 **연금재원이 소멸**

④ 배당소득
- **법인으로 보지 아니하고 공동사업자로 보는 단체로부터 받은 분배금은 사업소득에 해당**
- 파생결합증권(ELS, DLS)으로부터 발생한 이익(단, **ELW로부터 발생한 이익은 제외**)
- (ETN, ETF)를 거래하여 발생한 이익(**단, 국내주식형 ETN, 또는 ETF을 거래하여 발생한 이익은 제외**)

⑤ 양도소득
- 지분증권 이외의 채무증권, 파생결합증권 등의 매매차익은 소득세법상 비열거소득에 해당
- **과세대상 파생상품 : 주가지수 관련** 파생상품, 주가지수 관련 주식워런트증권(ELW), 해외시장에서 거래되는 장내파생상품, 주가지수 관련 장외파생상품, 차액결제거래(CFD)
- 파생상품에 대한 양도소득세 과세는 **탄력세율 10%**(기본세율 20%) 적용

⑥ 집합투자기구와 신탁, 변액보험
- 신탁 형태의 집합투자기구(투자신탁)로부터의 이익은 배당소득으로 과세하고, 그 외의 신탁의 이익은 재산권에서 발생한 소득의 내용별로 과세
- **변액보험**을 세법상 집합투자기구에서 제외하고 있어 **저축성보험의 보험차익(이자소득)으로 과세**

⑦ **집합투지구의 세법상 요건**
- 자본시장법에 의한 집합투자기구일 것
- 당해 집합투자기구의 설정일부터 매년마다 **1회 이상** 결산 · 분배할 것
- 금전으로 위탁받아 금전으로 환급할 것
- 특정단독사모 집합투자기구에 해당하지 아니할 것

⑧ 일부손익 과세 제외
- 완전한 과세형평은 아님
- 이익뿐 아니라 손실도 과세 제외되어 그 손실이 소득을 초과하여 원금 대비 투자손실이 발생한 경우에도 과세가 됨
- 제외대상
  ㉠ 증권시장에 상장된 증권(채권, 외국집합투자기구의 주식 또는 수익증권은 제외)
  ㉡ 벤처기업의 주식 또는 출자지분
  ㉢ 상기 ㉠의 증권을 대상으로 하는 장내파생상품

⑨ 수입시기
- 소득이 신탁재산에 귀속되는 때가 아니라 **투자자에게 소득이 분배되는 때**
- **현금수령이 없더라도 재투자특약에 의하여 원본에 전입하는 경우에도 이를 지급받은 것으로 간주**

⑩ 집합투자증권의 양도
- 집합투자증권 현물거래는 수시환매가 불가능한 폐쇄형 투자펀드나 사모투자펀드에서 주로 발생하며 개방형 펀드의 경우에도 증여나 상속 또는 양도의 목적으로 이루어짐
- 집합투자증권의 양도로 발생한 이익도 소득세법상 **집합투자기구로부터의 이익에 해당하는 것으로 함으로써 배당소득으로 과세**

⑪ 부동산집합투자기구 운용에 따른 과세
- 부동산 취득 : 취득세(**지방세**), 등록면허세(**지방세**)
- 부동산 보유 : 재산세(지방세), 종합부동산세(**국세**)
- 부동산 처분 : 부동산 집합투자기구에 귀속된 부동산양도소득은 배당소득으로 과세
- 부동산을 취득 · 보유 · 처분하는 과정에서 부가가치세가 과세, **토지는 면세**
- 투자회사의 경우 결산기에 **배당가능이익의 90% 이상**을 투자자에게 분배한 경우 소득금액에서 공제하여 사실상 **법인세 면제**

⑪ **투자자 단계에서의 과세**
- 투자자가 거주자인 경우 : 이자소득, 배당소득, 사업소득, 근로소득, 연금소득, 기타소득으로 구분하여 이를 합산하여 **누진세율**로 과세, **투자신탁의 이익은 배당소득세액공제대상 배당소득에 해당하지 않아 공제받을 수 없음**
- 투자자가 내국법인인 경우 : **투자신탁의 이익(배당소득)은 예외적으로 원천징수대상에 해당**

☑ 금융투자업에서의 직무윤리가 더욱 강조되는 이유

산업의 고유속성	고객의 자산을 위탁받아 운영·관리하는 것을 주요 업무로 하므로 고객의 이익을 침해할 가능성이 높음
상품의 특성	금융투자상품은 투자성(원본 손실 가능성)을 내포하고 있어 고객과의 분쟁 가능성 상존
금융소비자의 질적 변화	금융투자상품의 전문화·복잡화·다양화로 인해 단순한 정보 제공의 차원을 넘어 금융소비자의 보호를 위한 노력이 요구됨
안전장치	직무윤리를 준수하도록 하는 것은 외부의 부당한 요구로부터 금융투자업종사자 스스로를 지켜주는 안전판 내지 자위수단이 됨

☑ 직무윤리의 적용대상

- 투자관련 직무에 종사하는 일체의 자는 직무윤리 적용대상
- 관련 자격증을 보유하고 있는 자, 자격을 갖기 이전에 관련 업무에 실질적으로 종사하는 자, 직접 또는 간접적으로 이와 관련되어 있는 자
- 회사와의 위임계약관계 또는 고용계약관계 및 보수의 유무, 고객과의 법률적인 계약관계 및 보수의 존부를 불문함
- 회사와 정식 고용계약관계에 있지 않거나 무보수로 일하는 자
- 아직 아무런 계약관계를 맺지 않은 잠재적 고객

☑ 금융투자업 직무윤리

2대 기본 원칙	고객 우선의 원칙, 신의성실의 원칙 ※ 직무윤리의 법제화 : 금융소비자보호의무, 이해상충방지의무		
이해상충 방지의무	• 공시 또는 회피의 원칙(공시 – 조정 – 거래중지) • 이익 우선 순위 : 고객(신규고객과 장기고객 동일>회사 및 주주>임직원 • 자기거래 금지		
금융소비자 보호의무	상품 개발 단계, 상품 판매 이전 단계, 상품판매 단계, 상품 판매 이후 단계 모두 적용		
본인, 회사 및 사회에 대한 윤리	본인에 대한 윤리	• 법규준수 • 품위유지 • 사적 이익 추구 금지	• 자기혁신 • 공정성 및 독립성 유지
	회사에 대한 윤리	• 상호존중 • 경영진의 책임 • 위반행위의 보고 • 고용계약 종료 후의 의무	• 공용재산의 사적 사용 및 수익 금지 • 정보보호 • 대외활동
	사회 등에 대한 윤리	• 시장질서 존중 • 사회적 책임	• 주주가치 극대화

☑ 정보교류차단의무(금지 행위)

- 정보제공행위
- 겸직행위
- 공간 및 시설 공동이용행위(공동 출입문 사용)
- 그 밖에 이해상충이 발생할 가능성 있는 행위

☑ 투자목적 등에 적합하여야 할 의무

- Know-Your-Customer-Rule : 투자목적, 투자경험, 재산상황
- 적합성의 원칙 : 적합하지 아니하다고 인정되는 투자권유 금지
- 적정성의 원칙 : 투자권유하지 않고 파생상품 등을 판매하려는 경우 적정하지 아니하면 기명날인, 서명 등의 방법으로 확인받고 판매

☑ 설명의무

- 일반투자자가 충분히 이해하도록 수준을 달리해서 설명
- 설명을 이해하였음을 고객에게 확인(기명날인, 서명 등)
- 위반 시 손해배상책임(손해액은 원본손실액)

☑ 부당권유 금지

합리적 근거 제공의무	금융소비자에 대한 투자정보 제공 및 투자권유는 정밀한 조사 · 분석에 의한 자료에 기하여 합리적이고 충분한 근거에 기초함
적정한 표시 의무	• 중요 사실에 대한 정확한 표시 의무 – '중요한 사실' : 금융소비자의 투자판단에 중요한 영향을 미친다고 생각되는 사실(외국의 중요정보도 중요 사실에 해당) – '정확한 표시' : 투자판단에 중요한 사항은 빠짐없이 모두 포함 • 투자성과보장 등에 관한 표현의 금지 • 허위 · 과장 · 부실 표시의 금지

요청하지 않은 투자권유 금지	• 장외파생상품은 원본 손실의 가능성이 매우 크고 분쟁 가능성이 크기 때문에 요청하지 않은 투자권유를 하여서는 아니 됨(증권과 파생상품의 투자권유는 가능)
	• 재권유 금지(원칙)
	• 재권유 금지(예외)
	  – <u>1개월</u>이 지난 후에 다시 투자권유를 하는 행위
	  – 다른 종류의 금융투자상품에 대하여 투자권유를 하는 행위

☑ 손실보전

① 원칙 : 금지

② 예외 : 사전에 준법감시인에게 보고 후 손실보전을 할 수 있는 경우
- 회사의 위반행위 여부가 불명확한 경우 화해수단
- 회사의 위법행위로 인하여 손해를 배상하는 경우
- 분쟁조정 또는 재판상의 화해절차에 따라 손실 보상

☑️ 내부통제 관련 제도

준법감시 제도	직무윤리를 포함한 제반 법규를 엄격히 준수하고 있는지에 대하여 사전적으로 또는 상시적으로 통제·감독하는 장치
내부제보(고발) 제도	• 회사는 내부통제의 효율적인 운영을 위하여 회사 또는 다른 임직원의 위법·부당한 행위 등을 회사에 신고 • 내부제보자가 제보행위를 이유로 인사상 불이익을 받은 것으로 인정되는 경우 준법감시인은 회사에 대해 시정 요구
명령휴가제도	금융사고 발생 우려가 높은 업무를 수행하고 있는 임직원을 대상으로 일정 기간 휴가를 명령하고, 업무수행 적정성을 점검하는 제도
영업점에 대한 내부통제	• 영업점에서 <u>1년</u> 이상 근무한 경력이 있거나 준법감시·감사업무를 <u>1년</u> 이상 수행한 경력이 있는 자로서 당해 영업점에 상근하고 있을 것 • 영업점장이 아닌 책임자급일 것

☑️ 직무윤리 위반행위에 대한 제재

① 자율규제

• 금융투자협회는 회원 및 그 임직원에 대한 자율규제업무를 담당
• 주요 직무 종사자의 등록 및 관리권과 회원의 제명 또는 그 밖의 제재권(회원의 임직원에 대한 제재의 권고를 포함)을 발동할 수 있음

② 행정제재 : 금융감독기구인 금융위원회, 증권선물위원회, 금융감독원 등에 의한 제재가 중심

※ 금융위원회 제재·조치권

금융투자업자에 대한 제재권	조치명령권, 금융투자업 인가 또는 금융투자업 등록의 취소권
금융투자업자의 임원에 대한 조치권	해임요구, <u>6개월</u> 이내의 직무정지, 문책경고, 주의적 경고, 주의
금융투자업자의 직원에 대한 조치권	면직, <u>6개월</u> 이내의 정직, 감봉, 견책, 경고, 주의
청문 및 이의신청	고지를 받는 날로부터 <u>30일</u> 이내에 금융위원회에 이의신청

③ 민사책임

손해배상	채무불이행(계약책임) 또는 불법행위에 의하여 손해를 입은 자는 손해를 배상을 청구할 수 있음

④ 형사책임

죄형법정주의	법에서 명시적으로 규정하고 있는 것에 한하여 제재
양벌규정	행위자와 법인 양자를 모두 처벌

⑤ 시장에의 통제

고객과 시장으로부터의 신뢰상실과 명예실추, 고객과의 단절을 통한 당해 업무에 종사하는 자에게 가해지는 가장 무섭고 만회하기 어려운 제재

☑ 분쟁 예방을 위한 방법

직무윤리의 준수	• '고객 우선의 원칙'과 '신의 성실의 원칙' • 소극적으로 고객의 희생 위에 자기 또는 제3자의 이익을 취하는 것을 금지하는 것이 아니라, 신의성실의 원칙에 따라 적극적으로 고객이 실현 가능한 최대한의 이익을 취득할 수 있도록 업무를 수행하여야 할 의무

☑ 6대 판매원칙 위반 시 책임

구분		적합성의 원칙	적정성의 원칙	설명의무	불공정영업 행위 금지	부당권유행위 금지	허위 · 부당 광고 금지
위법계약해지권 행사 대상		○	○	○	○	○	×
과태료	3천만 원 이내	○	○	–	–	–	–
	1억 원 이내	–	–	○	○	○	○
고의 또는 과실로 인한 손해배상책임		○	○	○ (회사의 입증책임)	○ (회사의 입증책임)	○ (회사의 입증책임)	○ (회사의 입증책임)
6개월 이내의 업무정지, 기관 및 임직원 제재		○	○	○	○	○	○
관련계약으로 얻은 수입(거래 금액)의 50% 이내 과징금 부과		×	×	○	○	○	○

☑ 개인정보

고유식별정보	주민등록번호, 여권번호 등
민감정보	건강상태, 진료기록, 병력, 정당의 가입 등
금융정보	신용카드번호, 통장계좌번호 등

※ 민감정보 및 고유식별정보는 정보주체에게 별도의 동의를 얻거나, 법령에서 구체적으로 허용된 경우에 한하여 예외적으로 처리를 하여야 함

☑ 개인정보의 수집 제한

• 목적에 필요한 최소한의 개인정보를 수집

　※ 최소한의 개인정보 수집이라는 입증책임은 개인정보처리자가 부담

• 정보주체의 동의를 받아 개인정보를 수집하는 경우 필요한 최소한의 정보 외의 개인정보 수집에는 동의하지 아니할 수 있다는 사실을 구체적으로 알리고 개인정보를 수집하여야 함

☑ 개인정보 유출에 대한 처벌 강화

• 개인정보보호법은 정보유출에 대한 손해배상을 강화하면서 징벌적 손해배상제도를 도입하여 고의 · 중과실로 개인정보의 유출이 발생하여 손해가 발생한 때에는 법원은 그 손해액의 **5배를 넘지 않는 범위에서** 손해배상액을 정할 수 있음

- 개인정보 유출로 인해 피해를 입었을 경우 구체적 피해액을 입증하지 못하더라도 법원 판결을 통해 정해진 일정 금액(**300만 원** 이내)을 보장받는 법정 손해배상제도를 도입함

☑ 금융감독원의 금융분쟁조정제도(금융분쟁조정위원회)

분쟁조정 신청	이해관계인은 금융감독원장에게 분쟁조정 신청
합의 권고	분쟁조정 신청을 받은 날로부터 **30일** 이내
분쟁조정위 회부	**30일** 이내 합의가 이루어지지 않은 때
조정안 작성	조정위에서 **60일** 이내에 조정안 작성
조정안 수락권고	금감원장은 분쟁조정 신청인 관계 당사자에게 조정안 제시 · 수락 권고
수락	조정안 제시받은 날로부터 20일 이내 조정안 수락
효력	**재판상 화해와 동일한 효력**

☑ 분쟁조정 효력

구분	금융감독원	금융투자협회	한국거래소
분쟁조정의 효력	재판상 화해	민법상 화해계약	민법상 화해계약

☑ 분쟁조정의 장단점

장점	단점
• 소송비용 없이 최소한의 시간 내에 합리적으로 분쟁 처리 가능 • 전문가의 조언 및 도움을 받을 수 있음	• 합의가 도출되지 아니하면 분쟁 처리가 지연됨 • 판단기관에 따른 결과의 차이가 발생할 수 있음

☑ 금융투자상품의 내재적 특성

원금손실 가능성	수익뿐만 아니라 원금초과 손실 가능성
투자결과 책임	투자결과는 본인 귀속이 원칙이므로, 금융상품에 대하여 '자신의 판단과 책임하에 투자'
투자상품에 대한 지속적인 관리	투자상품의 고유특성에 따라 손익내역이 주기적으로 변하기 때문

☑ 금융투자상품 관련 분쟁의 유형

임의매매	고객이 증권회사 또는 선물회사 직원에게 금융투자상품의 관리를 맡기지 아니하였고 그 금융투자회사 직원이 매매주문을 받지 않았음에도 고객의 예탁자산으로 마음대로 매매한 경우에는 민사상 손해배상책임뿐만 아니라 직원의 처벌도 가해질 수 있음
일임매매	체결한 상태에서 당초의 일임계약 취지를 위반하여 수수료 수입목적 등의 사유로 인하여 과도한 매매를 일삼은 경우 등 고객충실의무 위반이 인정될 수 있는 경우에는 민사상 손해배상책임이 발생할 수 있음
부당권유	금융투자회사 직원이 고객에게 투자권유를 하면서 금융투자상품에 대한 설명의무를 충실하게 이행하지 않고 투자를 부당하게 권유한 경우에는 사안에 따라 민사상 손해배상책임이 발생할 수 있음

집합투자증권 등 불완전판매	적합성의 원칙, 적정성의 원칙, 설명의무, 손실보전약정 금지 등을 종합적으로 고려하여 민법상의 불법행위여부를 판단함
주문관련	금융투자회사가 고객 주문과 다르게 처리하거나 주문 권한이 없는 자에게 매매주문을 제출받아 처리한 경우 민사상 손해배상책임이 발생할 수 있음
기타분쟁	전산장애가 발생하여 매매가 불가능함으로 인해 발생된 손해, 금융투자회사의 부적절한 반대매매처리로 인한 분쟁, 기타 무자격상담사로 인한 분쟁 사례 등이 있음

SECTION 06 　투자권유 사례분석

☑ 재무설계

개인 재무설계 및 재무설계 전문가의 필요성	• 우리가 바라는 생활양식 달성 • 생애소비만족의 극대화 • 미래의 불확실성에 대비 • 사회경제적 환경변화
개인 재무설계의 목표	• 소득과 부의 극대화 • 효율적 소비의 실천 • 재무 생활만족감의 발견 • 재무 안전감의 달성 • 노후 대비를 위한 부의 축적
개인 재무설계 목표 달성을 위한 주요 단계	• 전 생애에 걸친 완벽한 재무설계 • 효율적인 수입과 지출의 관리(개인신용관리) • 소득과 자산의 보호(개인위험관리) • 자산의 증대(개인투자관리) • 노후설계와 상속(은퇴설계 및 세금관리)
개인재무설계 과정	• 고객관련 자료수집 및 재정상태의 평가 • 재무목표의 설정 • 재무목표 달성을 위한 대안 모색 및 평가 • 재무행동계획의 수립 • 재무행동계획의 재평가와 수정

☑ 노인가계 재무설계

노인가계의 재무설계	• 기본적인 생활자금 : 노부부 생활비+남편 사망 후의 부인 생활비 • 의료비 및 긴급예비자금 • 자녀교육과 결혼을 위한 자금 • 특별활동 및 여가를 위한 자금
노인가계를 위한 포트폴리오 작성	• 매월 이자지급식 상품 활용 • 자산증식보다는 안정적인 소득 창출이 주목적 • 인플레에서 자산가치를 보호할 장치 마련 • 투자와 상속계획은 여유자금이 있을 때만 해야 함 • 여유가 있으면 자산관리가 필요하나 생활비도 빠듯한 경우에는 지출관리가 더 중요

☑ 퇴직 후 자산관리 운용지침

명확한 목표의식을 갖고 자산배분	가능하면 자녀에 대한 상속보다 먼저 자신의 경제적 독립 확보
안정성을 가장 먼저 고려	원금을 지키는 것을 원칙으로 하고 수익성을 위한 투자가 필요한 경우 반드시 일정 금액은 분산투자하는 원칙을 지킬 것
유동성을 높일 것	최소한 <u>3~6개월</u>분의 생활비를 현금화할 수 있는 형태로 보유
월 이자지급식 상품 이용	• 목돈을 월이자지급식 상품으로 예치하고 매달 이자로 생활비 충당 • 여유가 있으면 <u>3개월</u> 또는 <u>6개월</u> 복리로 이자 지급하는 상품 선택
보험 활용	보험가입이 가능한 때(보통 <u>60세</u> 이전) 생명보험이나 건강보험 등 각종 보장성 보험에 가입
부채 최소화	노인가정의 부채는 다른 어느 것보다 먼저 해결해야 할 항목
절세상품 활용	비과세저축, 세금우대저축 외 퇴직금이나 노인고객에게 세금 혜택을 주는 상품 활용
상속계획을 미리 세우고 실행	상속세 과세 대상인 경우 미리 자녀에게 합법적으로 증여(<u>5년</u>에 <u>3,000만 원씩</u> 등)하거나 상속세를 낮출 수 있는 형태로 자산을 배분

☑ 투자권유 사례분석

투자자 성향	투자성향에 적합한 금융상품
공격투자형 (위험선호형)	• 초저위험상품부터 초고위험 상품까지 모든 금융투자상품을 권유 가능 • 위험이 낮은 CMA, 국공채 등의 상품부터 위험성이 높은 파생상품 등까지 권유 가능
적극투자형 (적극형)	• 초저위험 상품부터 고위험 상품까지 권유 가능 • 위험이 낮은 CMA, 국공채 등의 상품부터 고위험 상품인 주식투자, 원금비보장 ELS 등까지 권유 가능
위험-수익중립형 (성장형)	• 초저위험 상품부터 중위험 상품까지 권유 가능 • 위험이 낮은 CMA, 국공채 등의 상품부터 중위험 상품인 원금 부분보장형 ELS, 회사채 BBB+~BBB- 등까지 권유 가능
안정추구형 (안정성장형)	• 초저위험 상품부터 저위험 상품까지 권유 가능 • 위험이 낮은 CMA, 국공채 등의 상품부터 원금보장형 ELS, 채권형 펀드 등까지 권유 가능
안정형 (위험회피형)	•초저위험 상품만 권유 가능 •위험이 낮은 CMA, 국공채, RP 등의 상품만 권유 가능

CHAPTER 03 부동산펀드

SECTION 01 | 부동산펀드 관련 법규

☑ 부동산펀드

펀드재산의 50%를 초과하여	'**부동산**' 실물에 투자하는 경우	① 실물형 부동산펀드 : 매매 · 임대 · 경공매 · 개량 · 개발형
	'**부동산과 관련된 자산**'에 투자하는 경우	② 권리형 부동산 펀드(부동산 관련된 권리)
		③ 증권형 부동산 펀드(부동산 관련된 증권)
		④ 파생상품형 부동산펀드(부동산을 기초자산으로 하는 파생상품)
	'**부동산과 관련된 투자행위**'	⑤ 대출형 부동산펀드

☑ 부동산펀드 종류

실물형 부동산펀드	펀드재산의 50%를 초과하여 실물로서의 부동산에 투자하는 펀드	
	매매형 부동산펀드	부동산을 취득한 다음 단순히 매각하는 부동산펀드
	임대형 부동산펀드	부동산을 취득하여 임대사업 영위 후 매각하는 부동산펀드
	개량형 부동산펀드	부동산을 취득하여 개량한 후에 단순히 매각하거나 또는 임대사업 영위 후 매각하는 부동산펀드
	경공매형 부동산펀드	경매 또는 공매부동산을 취득하여 매각하거나 또는 임대사업 영위 후 매각하는 부동산펀드
	개발형 부동산펀드	부동산을 매입한 후 부동산개발사업을 통해 개발된 부동산을 분양하거나 또는 임대 후 매각하는 부동산펀드
대출형 부동산펀드	펀드재산의 50%를 초과하여 **부동산개발과 관련된 법인**에 대한 **대출** 형태의 투자행위를 하는 부동산펀드	
증권형 부동산펀드	펀드재산의 50%를 초과하여 부동산과 관련된 증권(부동산담보부채권)에 투자하는 부동산펀드	
권리형 부동산펀드	펀드재산의 50%를 초과하여 '지상권 · 지역권 · 전세권 · 임차권 · 분양권 등 부동산 관련 권리의 취득'의 방법으로 투자하는 형태	
파생상품형 부동산펀드	부동산을 기초자산으로 하는 파생상품(선물 · 옵션 · 스왑)에 투자하는 부동산펀드	

☑ 실물형 부동산펀드

매매형 부동산펀드	부동산 취득 → 단순 매각
임대형 부동산펀드	부동산 취득 → 임대 후 매각
개량형 부동산펀드	부동산 취득 → 개량(리모델링) → 매각 또는 임대사업 후 매각
경공매형 부동산펀드	(경매 · 공매)저가로 부동산 취득 → 매각 또는 임대사업 후 매각
개발형 부동산펀드	부동산 매입 → 부동산 개발사업 → 분양 또는 임대 후 매각

☑ 부동산 취득 후 처분제한

국내에 있는 부동산 중 주택	1년(다만, 집합투자기구가 미분양주택을 취득하는 경우에는 집합투자규약이 정하는 기간)
국내에 있는 부동산 중 주택에 해당하지 아니하는 부동산	1년
국외에 있는 부동산	집합투자규약으로 정하는 기간

☑ 부동산 운용 특례

부동산 취득 · 처분 시 운용특례	부동산개발사업 시 운용특례
집합투자업자는 펀드재산으로 부동산을 취득하거나 처분하는 '실사보고서'를 작성 · 비치하여야 함	부동산 개발사업을 하는 경우 '사업계획서'를 작성하여 감정평가업자로부터 사업계획서가 적정한지를 확인받아야 하며, 이를 인터넷 홈페이지 등을 이용하여 공시해야 함

☑ 부동산펀드 금전 차입 및 대여

금전차입	금전대여
• 차입금 한도는 부동산펀드는 순자산액의 200% 이내(부동산 펀드가 아닌 펀드에서 차입하는 경우에는 펀드 순자산액의 70%까지 차입 가능) • 차입 상대방은 은행, 차입금은 순자산의 10% 이내	대여금 한도는 부동산펀드 순자산액의 100% 이내

☑ 제3자에의 업무위탁

제3자에게 위탁 가능한 업무	• 부동산이 개발 및 부수업무 • 부동산의 관리 · 개량 및 부수업무 • 부동산의 임대 · 운영 및 부수업무

☑ 임대형 부동산펀드

개요	• 펀드재산으로 주로 업무용 부동산(오피스빌딩 등) 또는 상업용 부동산(상가 등) 등과 같은 수익성 부동산을 취득한 후 임대함으로써 안정적인 이자소득 성격의 임대소득을 획득하는 것을 주된 운용전략으로 함 • 리츠(REITs) : 자본시장법상의 임대형 부동산 펀드와 내용이 유사
수익 및 위험	• 임대형 부동산펀드는 이자소득 성격의 임대소득과 자본소득 성격의 매각차익을 획득하는 것을 주된 운용전략으로 함 • 해당 부동산과 관련된 광열비, 전기 및 수도료 등의 경비가 과다한 경우에는 임대수익을 감소시키는 위험요인으로 작용함 • 주요 위험요인 　－취득한 부동산펀드로부터의 임대료 하락 가능성 　－취득한 부동산에 있어서의 공실률 증가 가능성 　－취득한 부동산의 가격 하락 가능성
주요 사항	• 향후 매각가능성 및 매각가격 • 임대료와 공실률에 영향을 미치는 요인 • 차입규모의 적정성

☑ 개량형 부동산펀드

개요	업무용 오피스텔, 상업시설, 호텔 등을 취득한 후 해당 부동산의 용도를 변경하거나 리모델링 등을 통해 자산 가치를 제고하여 매각하거나 임대 운영 후 매각하여 투자수익을 취득하는 것을 목적으로 함
수익 및 위험	• 개량에 소요되는 비용보다 개량에 따라 얻을 것으로 기대하는 추가적인 임대수익 및 매각차익이 더 크다고 판단되어야 함 • 개량에 소요되는 비용<임대수익 및 매각차익 • 민원 발생과 인허가 지연 등은 위험요인
주요 점검사항	• 개량비용이 임대수익이나 매매차익의 증가로 나타날 수 있는지 점검 • 소요된 개량비용에 상응하는 경제적 효과가 펀드의 수익률 제고로 연계될 수 있는지에 대한 점검 • 자본적 지출(일반적인 경비가 아닌 해당 부동산의 가치를 증가시키는 비용) 점검 • 인허가가 용이한지, 민원 발생 우려가 없는지 점검

☑ 경공매형 부동산펀드

개요	가치투자형 부동산펀드의 성격 → 경매나 공매와 같은 매각절차를 통해 시장가격 대비 상대적으로 낮은 가격에 부동산을 취득하여 적정 가격에 도달 시 매각함으로써 매각차익을 추구
수익 및 위험	• 사전불특정형(Blind) 방식(펀드재산으로 투자할 부동산 등을 미리 특정하지 않은 상태에서 펀드자금을 모집한 후에 투자할 부동산 등을 탐색하여 투자) → 경공매형 부동산의 미확보가 오래되면 펀드수익률 저하 • 경공매부동산 처리에 다양한 법적 문제 → 처리시간과 비용과다 시 펀드수익률에 부정적 영향 • 경공매형 부동산시장이 과열되는 경우에는 낙찰가격이 증가하게 되어 시세차익을 취하고자 하는 목적을 달성하기 어려움

주요 점검사항	• 부동산운용전문인력의 전문성 보유 여부 • 경공매형 부동산펀드 규모의 적정성 여부 → 펀드의 규모가 너무 작으면 소수의 부동산에 집중 투자함에 따라 위험(경공매부동산 미확보)이 커질 수 있는 반면에, 규모가 너무 크면 경공매 부동산을 펀드의 적정 수준까지 편입할 때까지 펀드 내 미운용자금의 비중이 높아 펀드의 수익률이 상당기간 낮은 상태를 유지할 위험성이 있음 • 체계적이고 투명한 펀드 운용 가능성 여부 • 펀드 관련 비용의 적정성 여부

☑ 개발형 부동산펀드

개요	개발형 부동산펀드는 부동산을 취득한 후 직접 부동산개발사업을 추진하여 부동산을 분양·매각하거나 또는 임대 후 매각함으로써 개발이익을 획득하는 것을 목적으로 하는 실물형 부동산펀드를 의미
수익 및 위험	부동산 개발사업이 지연되거나 실패하는 경우 당초 목표로 한 펀드수익률에 미달하게 됨은 물론 펀드원본 손실까지도 초래할 위험이 발생
주요 점검사항	• 사업부지가 완전히 확보되어 있는지 • 인허가는 받았는지 • 우량한 시공사가 선정되어 있는지 • 부동산개발사업을 성공적으로 추진하기 위해 필요한 요소들이 사업계획서에 충분히 포함되어 있는지 • 당해 부동산개발사업의 사업성이 충분한지, 즉 조성한 토지 또는 신축한 건축물 등의 분양·매각 또는 임대가능성이 충분한지

☑ 대출형 부동산펀드

개요	• 부동산 개발사업을 영위하는 시행사에 대한 대출을 통해 대출이자를 지급받고 대출원금의 상환을 받는 것을 운용목적으로 함 • 일반적으로 프로젝트 파이낸싱(PF ; Project Financing)형 부동산펀드라고 불리기도 함
수익 및 위험	부동산 개발사업이 지연되거나 실패하여 대출이자 지급 및 대출원금 상환이 늦어지거나 중단되면 펀드원본 손실이 발생될 수 있음
주요 점검사항	• 시행법인의 사업부지 확보 여부 • 시공사의 신용평가등급 → 책임준공 확약, 시공사의 지급보증 또는 채무인수 등 신용보강을 한 시공사의 신용평가등급 확인 • 부동산개발사업의 사업성 유무와 사업성 규모를 분석한 후에 대출 여부 결정

☑ 거시경제변수와 부동산시장

경제성장	경제성장 증가 → 임대수요 증가 → 임대료 상승 → 매매가격 상승
소비	부동산가격 상승 → 소비 증가(자산효과)
투자	토지가격 상승 → 토지사용량 증가 → 보완적 자본투자 감소
순수출	부동산가격 상승 → 생산비 상승 → 수출 감소, 수입 증가
총공급	• 부동산가격 상승 → 근로의욕 저하 → 노동생산성 감소 • 주택가격 상승 → 노동의 지역 간 이동 감소 → 인력수급 애로 → 임금 상승 • 임대료 상승 → 생산비 상승
총통화	통화량 증가 → 물가 상승 → 부동산가격 상승

물가	물가 상승 → 부동산가격 상승(인플레이션 헤지 효과)
금리	금리 상승 → 부동산가격 하락
주가	주가 상승 → 부동산가격 상승

☑ 부동산 경기변동 4국면

호황국면	경기회복 국면이 지속되어 감에 따라서 불황을 벗어나 경기 정점을 향해가는 국면 • 부동산 거래 활기, 부동산의 거래가격 계속 상승 • 매도인 우위 시장 : 매도인은 거래를 미루려는 경향/매수인은 거래를 앞당기려 하는 분위기 형성 • 건축허가신청이 급격하게 늘어나고 그 증가율도 상승
경기후퇴국면	경기가 호황국면의 정점을 확인하고 하향세로 바뀌는 국면 • 매수인 우위시장 • 부동산 공실률 점차 증가
불황국면	경기가 저점을 향해 지속적으로 하강하는 국면 • 지속적으로 부동산 가격이 하락하고 건축활동이 급감 • 공실률이 크게 증가 • 부동산 가격이 지속적으로 하락하여 부동산 거래가 거의 이루어지지 않으므로 금리가 높아지는 경향 • 이전의 부동산 경기가 심하게 과열되었을수록 불황의 깊이는 깊은 편 • 매수인 우위 시장 강화 • 건축허가건수 지속적 감소
경기회복국면	일반적으로 경기의 저점을 확인하고 상향하기 시작하는 국면 • 부동산 거래와 관련된 고객 수가 감소하던 것이 멈추고 조금씩 증가하기 시작 • 부동산 공실률 줄어들기 시작 • 일부 지역시장의 겨우 점차 시장 분위기가 개선되어 가는 징후가 나타남 • 매수인 우위시장에서 매도인 우위 시장으로 전환

☑ 부동산 수요 공급요인이 부동산 시장에 미치는 영향

수요 요인	부동산의 가격	부동산가격 상승 → 수요 감소(부동산가격 하락 → 수요 증가)	
	소득수준	• (정상재인 부동산) 소득 증가 → 수요 증가 → 가격 상승 • (열등재인 부동산) 소득 증가 → 수요 감소 → 가격 하락	
	인구	• 인구증가 → 임대수요나 구입수요 증가 → 가격 상승 • 핵가족화 및 단독세대 증가 → 소형주택 수요 증가 → 소형주택 가격 상승	
	대체관계 부동산의 가격	대체관계에 있는 다른 부동산의 가격 상승 → 해당 부동산의 수요 증가 → 해당 부동산의 가격 상승	
	소비자의 기호	소비자의 기호에 부합하는 부동산의 수요 증가 → 가격 상승	
	대출정책의 변화	• LTV : 대부비율 • DTI : 소득 대비 대출 비율	이 비율을 올리면 부동산의 수요 증가(비율 낮추면 수요 감소)
	기대	부동산가격이 오를 것으로 기대하면 부동산은 수요 증가	
	금리	금리 인상 → 수요 감소(금리 인하 → 수요 증가)	
공급 요인	부동산의 가격	부동산가격 상승 → 공급 증가(부동산가격 하락 → 공급 감소)	
	건설비용	건설비용 증가 → 부동산 신규 공급 감소	
	기술수준	기술수준 향상 → 부동산 신규 공급 증가	
	기대	부동산가격이 오를 것으로 기대되면 부동산 공급 증가	
	공급자 수	공급자의 수 증가 → 부동산 공급 증가	

☑ 정부의 부동산 정책

수요 정책	부동산담보대출 기준금리 조정	부동산담보대출금리 산정의 기초는 되는 기준금리를 조정하여 부동산 수요를 결정
	부동산담보대출 규모 조정	LTV나 DTI를 통해 대출규모를 조절하여 부동산 수요를 조절
	주택담보대출 세제혜택 조정	주택담보대출을 받은 주택구매자에 대한 세제혜택 수준을 조정하여 부동산 수요를 조절
	임대료보조제 실시	일정소득 이하 계층의 주택임차인에 대해 임대료를 보조하여 임대주택에 대한 수요 조절
공급 정책	용도지역 · 지구제	용도지역과 용도지구 지정으로 부동산의 용도 및 밀도를 조정하여 부동산 공급을 조절
	개발제한구역 (그린벨트)제도	개발제한구역(그린벨트)의 지정 및 해제를 통해 부동산 공급을 조절
	택지개발사업	택지개발지구의 지정 등으로 주택을 공급
	도시개발사업	도시개발구역의 지정 등을 통해 주거, 상업, 유통 등의 기능을 가지는 부동산을 공급
	정비사업	주거환경개선사업, 주택재개발사업, 주택재건축사업 등을 통해 도시 내 부동산을 공급
가격 정책	분양가 상한제	신규분양주택의 분양가를 최고가격 이하로 책정토록 하여 주택의 수요 및 공급을 조절
	임대료 상한제	임대료를 일정수준 이하로 책정토록 하여 임대주택의 수요 및 공급을 조절
조세 정책	취득세	부동산의 취득단계, 보유단계, 처분단계별로 조세를 적용하여 부동산의 수요를 조절하고, 토지의 개발사업을 통해 발생된 개발이익을 환수함으로써 부동산의 공급을 조절
	재산세, 종합부동산세	
	양도소득세	
	개발부담금	

☑ 부동산펀드의 투자 전략

핵심(Core) 전략	저위험 – 저수익	중심지역이나 교통의 요지에 존재하는 부동산에 투자 → 양호한 현금흐름을 창출하는 우량부동산에 대한 투자자 주된 전략
핵심플러스 (Core-plus) 전략	핵심전략보다 약간 높은 위험 – 약간 높은 수익	다소 간의 가치 제고 활동을 수반하거나 입지여건의 개선이 기대되는 부동산에 투자
가치부가 (Value added) 전략	중위험 – 고수익	• 부동산 개량이나 일정수준의 재개발투자를 실행하고 시장이 좋을 때 되파는 전략을 사용 • 전통적으로 관리방법의 변경이나 물리적 개선 등을 수행하며, 개선작업을 통해 임대수익의 제고를 추구함
기회추구 (Opportunistic) 전략	고위험 – 고수익	개발되지 않은 토지에 투자하여 개발하거나, 저평가된 시장이나 교통이 덜 발달한 지역의 토지 등에 투자함

☑️ **시험에 나오는 펀드투자권유대행인 숫자 정리**

숫자	내용
1	• 1개월 이내 수익자총회 소집 • **판매보수 1%(100분의 1) 이내** • 발기인(1인 이상) • **법인이사 1인** • 투자설명서 정기 갱신(1년) • 공모성과보수(최소 존속기간 1년 이상) • 외국 집합투자업자 운용자산규모(1조 원) • **재권유 1개월 경과** • 투자권유대행인 1사 전속주의 • **국내소재 부동산 취득 제한 기간(1년)** • **꺾기 규제 1% 초과 금지** • 단기금융펀드(남은 만기 1년 이내인 지방채증권, 특수채증권. 사채권, 어음) • 영업점별 영업관리자(영업점에서 1년 이상 근무 경력 또는 준법감시·감사업무를 1년 이상 수행, 영업점 중 1개의 영업점에 상근 • 연 1회 이상 성희롱 예방교육
2	• **2인 이상에게 판매** • **감독이사 2인 이상** • 수익자총회 통지(2주 전 서면 통지) • 연기수익자총회(2주 이내 개최) • **판매수수료 2%(100분의 2) 이내** • 환매가격(2영업일 이후에 공고되는 기준가격) • 정기보고 매 분기 종료 2개월 이내 • 수시보고 사유가 발생한 날로부터 2개월 이내 • 분쟁조정위원 임기 2년
3	• 환매가격(기준가격을 지나서 환매하는 경우 3영업일 이후에 공고되는 기준가격) • **자산운용보고서(3개월 1회 이상)** • 정정신고서 효력 발생 3일 • 투자권유대행인 등록이 취소된 경우 3년이 경과하였을 것 • **3년간 본국 또는 국내감독기관으로부터 처벌받지 않을 것** • 일반사모집합투자업 투자운용인력 3인 이상 • 대출성 상품 3년 경과 시 중도상환수수료 부과 금지 • 노인가계 의료비 및 긴급 예비자금 월 3~6개월분의 생활비 정도 • 노인가계 특별활동 및 여가를 위한 자금 : 생활비 3개월분
5	• 투자설명서 변경 갱신(5일) • 전문투자자 요건(금융투자상품 잔고 5억 원 이상) • 단기금융펀드(남은 만기 5년 이내인 국채증권) • **수익자의 수익자총회 소집요구(1% 이상)** • **MMF 매수 판매금액의 5%와 100억 중 큰 금액** • **개인정보 유출 피해액의 5배까지 손해배상** • 내부통제기준 제정 및 운영 등에 관한 자료 5년 • **계약해지요구권 5년 이내**

6	• 이해관계인 거래 제한 예외(6개월 이전에 체결한 계약) • **행정제재 : 임직원 6개월 이내의 직무정지** • **직원 6개월 이내의 정직** • 자율제재 : 회원의 임원 6개월 이내의 업무집행정지 • 단기금융상품(남은 만기 6개월 이내인 양도성 예금증서) • 자료 열람 6영업일 이내 • **환매연기 6주 이내 집합투자자총회 의결**
7	**투자성 상품 · 금융상품 자문계약 청약철회권 행사 기간 7일**
10	• **동일종목 증권 10% 초과 투자 금지** • **집합투자기구 금전차입 한도 10%** • **동일법인이 발행한 지분증권의 시가 총액비중이 10% 초과하는 경우 그 시가총액 비중까지** • 동일증권 파생상품 위험평가액 10% • 장외파생상품 거래상대방 위험 10% • 일반사모집합투자업 자기자본 10억 원 이상 • **환매기간 예외(시장성 없는 자산에 10% 초과 투자)** • 집합투자증권 평가금액이 10만 원 이하의 자산보관 · 관리보고서 미제출 • 다른 집합투자기구가 그 집합투자기구의 집합투자증권 발행 총수의 10% 이상을 취득하는 경우 그 다른 집합투자기구의 투자자의 수를 합하여 산정 • 금융상품판매업자 업무자료의 유지 · 관리 기간 10년 • 징벌적 과징금 10억 원 이내(수입금액이 없거나 산정이 곤란한 경우)
14	• **집합투자기구 등록 14일(2주)** • **대출성 상품 청약철회권 행사 기간 14일**
15	• **환매대금 지급(원칙)** • **증권신고서 효력발생 기간** • 기준 가격을 매일 공고 · 게시하는 것이 곤란한 경우 15일 이내로 별도로 정함
20	• **집합투자기구 동일법인 투자비율 20%** • **증권차입(20%)** • **폐쇄형 펀드로 설립(시장성 없는 자산에 20% 초과 투자 시)** • 매매내역 통지(매매가 체결된 날의 다음 달 20일까지) • ETF 동일법인 지분법인 투자(30%) • 외국집합투자증권 국내 판매현황보고(다음 달 20일까지) • 조정결정 수락서 제출 20일
25	지분증권 : 각 집합투자기구 자산총액의 25% 초과 금지
30	• **동일종목 투자비율 제한(특수채, 지방채, OECD 회원국 또는 중국 정부 발행채권, 파생결합증권)** • 콜론(금융기관에 대한 단기 대출) • 이해관계인 거래제한(판매회사 30%, 신탁업자 보관 30%) • ETF 상장 • ETF 동일법인 지분증권 투자(30%) • 금융위원회 이의신청 30일 • **금융분쟁조정위원 · 분쟁조정위원회 합의 권고기간** • **분쟁조정위원회 조정안 작성 30일**
40	• MMF 채무증권 투자 • 재간접형 펀드 투자비율

50	• 각 집합투자기구 주요자산 투자비율(예 증권펀드 : 펀드재산의 50% 초과하여 증권에 투자) • 모든 집합투자기구의 동일 법인 투자비율 50% • 환매조건부매수(50%) • **증권대여(50%)** • **환매기간 예외(외화 자산에 50% 초과 투자)** • **임의해지(1년이 되는 날의 원본액이 50억 미만인 경우)** • 주요 판매원칙 위반 시 50% 과징금 부과
60	• 주식형(펀드 재산의 60% 이상을 주식 또는 주식 관련 파생상품에 투자하는 펀드) • 채권형(펀드 재산의 60% 이상을 채권 또는 채권 관련 파생상품에 투자하는 펀드) • 금융분쟁조정위원회 조정안 작성 기간 • 금융위원회 이의신청 결정기간
70	**부동산 집합투자기구가 아닌 경우 차입한도 70%**
75	단기금융펀드(남은 만기 가중평균기간 75일)
90	• **환매금지형(폐쇄형) 펀드 상장의무** • 부동산투자목적회사
100	• **사모집합투자기구 투자자 수(기관투자자를 제외한 투자자의 총수가 100인 이하)** • 파생상품 매매에 따른 위험 평가액(공모) 100% • **동일종목 투자비율(국채, 통안증권, 정부원리금보증채권) 100%** • **부동산펀드 금전대여 한도 100%** • 집합투자기구에 투자한 금액이 100만 원 이하인 경우 자산운용보고서 미교부
200	**부동산펀드 금전차입 한도 200%**
300	**300억 원 이하 시 외부회계 감사를 받지 않음**
400	파생상품 매매에 따른 위험 평가액(사모)
500	**500억 원 초과 시 외부회계 감사 대상**
1/4	**수익자총회 의결요건(법으로 정한 내용)**
1/5	**수익자총회 의결요건(신탁계약으로 정한 내용)**
1/8	연기수익자총회 의결요건(법으로 정한 내용)
1/10	연기수익자총회 의결요건(신탁계약으로 정한 내용)
50/100	위반 행위와 관련된 계약으로 얻은 수입 또는 이에 준하는 금액의 100분의 50 이내 과징금
1,000	• **기준가격 편차 1,000분의 3 이내 시 적정** • (금소법) 변동보고의무 위반 • 방문전화권유 판매규제 위반 시 1천만 원 과태료 및 벌금
2,000	**소액분쟁사건 2,000만 원**
3,000	• 적합성, 적정성 원칙 위반행위 과태료 3,000만 원 • 판매대리 · 중개업자 금지의무 및 고지의무 위반
1억	• 집합투자기구 등록 시 **출자금 및 자본금 1억 원 이상** • (금소법) 금전적 제재(징벌적 과징금 신설 과태료 최대 1억 원) • 내부통제기준 미수립, 설명의무 위반, 불공정영업행위금지 위반, 부당권유금지 위반, 광고규제 위반, 계약서류 제공의무 위반, 자문업자 영업행위준칙 위반, 자료유지의무 위반 등

MEMO

MEMO

01 증권경제전문 토마토TV가 만든 교육브랜드

토마토패스는 24시간 증권경제 방송 토마토TV · 인터넷 종합언론사 뉴스토마토 등을 계열사로
보유한 토마토그룹에서 출발한 금융전문 교육브랜드 입니다.
경제 · 금융 · 증권 분야에서 쌓은 경험과 전략을 바탕으로 최고의 금융교육 서비스를 제공하고 있으며
현재 무역 · 회계 · 부동산 자격증 분야로 영역을 확장하여 괄목할만한 성과를 내고 있습니다.

뉴스토마토	TomatotV	토마토증권통	e'Tomato
www.newstomato.com	tv.etomato.com	stocktong.io	www.etomato.com
싱싱한 정보, 건강한 뉴스	24시간 증권경제 전문방송	가장 쉽고 빠른 증권투자!	맛있는 증권정보

02 차별화된 고품질 방송강의

토마토 TV의 방송제작 장비 및 인력을 활용하여 다른 업체와는 차별화된 고품질 방송강의를 선보입니다.
터치스크린을 이용한 전자칠판, 핵심내용을 알기 쉽게 정리한 강의 PPT,
선명한 강의 화질 등으로 수험생들의 학습능력 향상과 수강 편의를 제공해 드립니다.

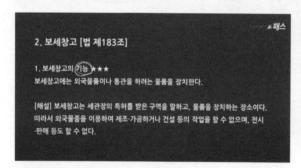 

03 최신 출제경향을 반영한 효율적 학습구성

토마토패스에서는 해당 자격증의 특징에 맞는 커리큘럼을 구성합니다.
기본서의 자세한 해설을 통해 꼼꼼한 이해를 돕는 정규이론반(기본서 해설강의) · 핵심이론을 배우고
실전문제에 바로 적용해보는 이론 + 문제풀이 종합형 핵심종합반 · 실전감각을 익히는
출제 예상 문제풀이반 · 시험 직전 휘발성 강한 핵심 항목만 훑어주는 마무리특강까지!
여러분의 합격을 위해 최대한의 효율을 추구하겠습니다.

정규이론반   핵심종합반   문제풀이반   마무리특강

04 가장 빠른 1:1 수강생 학습 지원

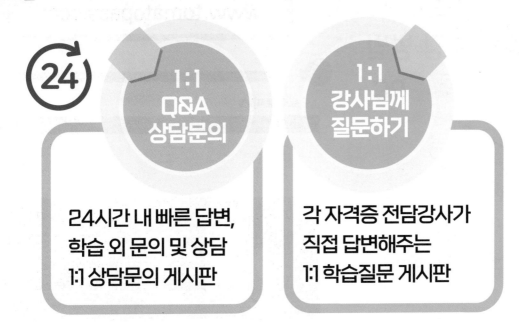

1:1 Q&A 상담문의

24시간 내 빠른 답변,
학습 외 문의 및 상담
1:1 상담문의 게시판

1:1 강사님께 질문하기

각 자격증 전담강사가
직접 답변해주는
1:1 학습질문 게시판

토마토패스에서는 가장 빠른 학습지원 및 피드백을 위해 다음과 같이 1:1 게시판을 운영하고 있습니다.
· Q&A 상담문의 (1:1) ㅣ 학습 외 문의 및 상담 게시판, 24시간 이내 조치 후 답변을 원칙으로 함 (영업일 기준)
· 강사님께 질문하기(1:1) ㅣ 학습 질문이 생기면 즉시 활용 가능, 각 자격증 전담강사가 직접 답변하는 시스템
이 외 자격증 별 강사님과 함께하는 오픈카톡 스터디, 네이버 카페 운영 등 수강생 편리에 최적화된
수강 환경 제공을 위해 최선을 다하고 있습니다.

05 100% 리얼 후기로 인증하는 수강생 만족도

● ● ● ● ● **96.4** ● ● ● ● ●

2020 하반기 수강후기 별점 기준 (100으로 환산)

토마토패스는 결제한 과목에 대해서만 수강후기를 작성할 수 있으며,
합격후기의 경우 합격증 첨부 방식을 통해 100% 실제 구매자 및 합격자의 후기를 받고 있습니다.
합격선배들의 생생한 수강후기와 만족도를 토마토패스 홈페이지 수강후기 게시판에서 만나보세요!
또한 푸짐한 상품이 준비된 합격후기 작성 이벤트가 상시로 진행되고 있으니,
지금 이 교재로 공부하고 계신 예비합격자분들의 합격 스토리도 들려주시기 바랍니다.

강의 수강 방법
PC

01 토마토패스 홈페이지 접속

www.tomatopass.com

02 회원가입 후 자격증 선택

· 회원가입시 본인명의 휴대폰 번호와 비밀번호 등록
· 자격증은 홈페이지 중앙 카테고리 별로 분류되어 있음

03 원하는 과정 선택 후 '자세히 보기' 클릭

04 상세안내 확인 후 '수강신청' 클릭하여 결제

· 결제방식 [무통장입금(가상계좌) / 실시간 계좌이체 / 카드 결제] 선택 가능

05 결제 후 '나의 강의실' 입장

06 '학습하기' 클릭

07 강좌 '재생' 클릭

· IMG Tech 사의 Zone player 설치 필수
· 재생 버튼 클릭시 설치 창 자동 팝업

강의 수강 방법
모바일

탭 · 아이패드 · 아이폰 · 안드로이드 가능

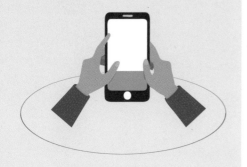

01 토마토패스 모바일 페이지 접속

 WEB · 안드로이드 인터넷, ios safari에서 www.tomatopass.com 으로 접속하거나

Samsung Internet (삼성 인터넷)

Safari (사파리)

 APP · 구글 플레이 스토어 혹은 App store에서 합격통 혹은 토마토패스 검색 후 설치

Google Play Store

앱스토어   tomato 패스 합격통

02 존플레이어 설치 (버전 1.0)

· 구글 플레이 스토어 혹은 App store에서 '존플레이어' 검색 후 버전 1.0 으로 설치
(***2.0 다운로드시 호환 불가)

03 토마토패스로 접속 후 로그인

04 좌측 아이콘 클릭 후
'나의 강의실' 클릭

05 강좌 '재생' 버튼 클릭

· 기능소개
과정공지사항 : 해당 과정 공지사항 확인
강사님께 질문하기 : 1:1 학습질문 게시판
Q&A 상담문의 : 1:1 학습외 질문 게시판
재생 : 스트리밍, 데이터 소요량 높음, 수강 최적화
다운로드 : 기기 내 저장, 강좌 수강 시 데이터 소요량 적음
PDF : 강의 PPT 다운로드 가능

토마토패스

금융투자자격증   은행/보험자격증   FPSB/국제자격증   회계/세무자

나의 강의실

과정공지사항	강사님께 질문하기
학습자료실	Q&A 상담문의

과정명	증권투자권유대행인 핵심종합반	
수강기간	2021-08-23 ~ 2022-08-23	
최초 수강일	2021-08-23	최근 수강일 2021-09-09
진도율	77.0%	

강의명	재생	다운로드	진도율	PDF
1강 금융투자상품01	▶	↓	0%	⬇
2강 금융투자상품02	▶	↓	100%	⬇
3강 금융투자상품03	▶	↓	100%	⬇
4강 유가증권시장, 코스닥시장01	▶	↓	94%	⬇
5강 유가증권시장, 코스닥시장02	▶	↓	71%	⬇
6강 유가증권시장, 코스닥시장03	▶	↓	0%	⬇
7강 채권시장01	▶	↓	96%	⬇
8강 채권시장02	▶	↓	0%	⬇
9강 기타 증권시장	▶	↓	93%	⬇

토마토패스
펀드투자권유대행인 핵심정리문제집

———

초 판 발 행   2017년 04월 20일
개정7판1쇄   2024년 06월 20일

편 저 자   송범용, 조성
발 행 인   정용수
발 행 처   (주)예문아카이브
주   소   서울시 마포구 동교로 18길 10 2층
T E L   02) 2038-7597
F A X   031) 955-0660

등 록 번 호   제2016-000240호

정   가   21,000원

홈페이지 http://www.yeamoonedu.com

I S B N   979-11-6386-297-0   [13320]